刘锦棠大传

谭云良 谭华◎著

上

SPM 南方传媒
广东人民出版社
·广州·

图书在版编目（CIP）数据
刘锦棠大传 / 谭运良，谭华著. -- 广州：广东人民出版社，2024. 9.（2025. 8 重印）--ISBN 978-7-218-17697-0
Ⅰ. K825.2
中国国家版本馆 CIP 数据核字第 2024D36U19 号

LIU JINTANG DAZHUAN
刘锦棠大传

谭运良　谭　华　著

出 版 人：肖风华

责任编辑：马妮璐
责任技编：吴彦斌
装帧设计：VIOLET

出版发行：广东人民出版社
地　　址：广东省广州市越秀区大沙头四马路 10 号（邮政编码：510199）
电　　话：（020）85716809（总编室）
传　　真：（020）83289585
网　　址：http://www.gdpph.com
印　　刷：三河市中晟雅豪印务有限公司
开　　本：787mm×1092mm　1/16
印　　张：42.5　　字　　数：530 千
版　　次：2024 年 9 月第 1 版
印　　次：2025 年 8 月第 2 次印刷
定　　价：118.00 元（全二册）

如发现印装质量问题，影响阅读，请与出版社（020-85716849）联系调换。
售书热线：（020）87716172

序

Preface

长篇历史小说《刘锦棠大传》终于与读者见面了！可惜的是，作者谭运良先生已仙逝四年有余了。

谭运良先生生于湖南省湘乡市泉塘镇，青年时期卫戍京畿，退伍后相当长一段时间在湘乡市委宣传部负责新闻宣传工作。从小口耳相传的湘军故事，从军和从业的特殊经历，使得他对湘军历史人物产生了浓厚的兴趣。2003年初秋，我和他组织湘乡市几名记者和文学爱好者赴新疆采写扎根各地的湘乡建筑工程队伍，行程及于南北疆的十多个城市。所到之处，刘锦棠及其所统带的老湘军事迹是他特别关注的，对刘锦棠的旷世功勋和高尚品格钦佩不已。他还专门造访位于乌鲁木齐市米东区的“湖南村”。我想，那时候他大概已萌发过写刘锦棠的念头了吧？2009年初，他告诉我准备写关于刘锦棠的长篇历史小说。我说，这是很有意义的事，恐怕也是艰难的事。他说：“难倒不怕，余生就写这本书了！”此后，他查找、翻阅了大量的历史资料，采访了众多的人物，三番五次到甘肃、青海、宁夏、新疆深入考察，踏看古战场，做了充分的准备工作。寒来暑往，他殚精竭虑，用时八年写出五十余万字的初稿；初稿既成，又反复修改，数易其稿，费时近两年。洋洋四十万言的大著凝聚了他无数心血和汗水。2019年仲秋，正当他完稿准备出版之际，突然撒手西去，不禁令人扼腕叹息，幸有其女谭华秉承父愿，修订书稿，付诸出版。

刘锦棠是湘军中后期的杰出代表人物，其煌煌功绩在同辈湘军将领中无与比肩者，放眼当时之世，亦出乎其类拔乎其萃。无论朝廷、重臣、时人都给予了高度评价。刘锦棠病逝后，清廷在上谕中说：“刘锦棠秉性忠勇，卓著勋勤”，“督办新疆军务，运筹决策，悉合机宜。于抚缉民间，创办屯垦事，尤臻妥协。补授甘肃新疆巡抚、赏加尚书衔，办理新疆善后及地方事宜，均能悉心规划，劳瘁不辞。”左宗棠在给朝廷的奏折中称赞刘锦棠：“英锐果敏，才气无双，志虑忠纯”；“其现办善后事宜，因地施治，宽猛得宜，吏畏民怀，已睹成效，洵一时杰出之才，非臣衰庸所能及也。”帝师、大学士翁同龢对刘锦棠推崇备至，认为刘是与曾国藩、左宗棠齐名的人物。他为刘锦棠撰写的挽联“齐名曾左无前绩，开府姑师第一人”，传诵不衰。就连那些眼高于顶的西方人也对刘锦棠衷心服膺。英国人包罗杰惊叹刘锦棠在收复新疆中“非凡的深谋远虑”“神速巧妙的攻击”。在清朝总税务司任职的美国人马士在《中华帝国对外关系史》中评价刘锦棠是“最值得钦佩之人，他在收复新疆中取得的成绩，可与西方国家统帅们最光辉灿烂的功绩相比”。

随着时光的流逝，历史的尘埃掩盖了刘锦棠的光辉。百卅年过去，世人大多对刘锦棠懵然无识，有的一知半解，有的则颇有误解甚至偏见。

所幸，谭运良先生和谭华女士扫去尘埃，用细致的笔触，展示了一个全面、客观、丰满、鲜活的刘锦棠形象。

《孙子兵法》云：“将者，智信仁勇严也。”智信仁勇严，古人谓之为将五德。五德俱备，方谓良将；五德俱备且融合贯通者，乃成为不世出的将帅。刘锦棠五德融通，而智勇尤其卓异。谭运良先生运用大量翔实的史料，通过多层次多角度的征战叙述和生动的细节，让读者深深感受到刘锦棠“忠勇罕俦、机敏神速、有谋能断、履险如夷”（左宗棠语）的大将风范。在甘肃战场，刘锦棠临危受命，初掌大军时才二十六岁，且品级不高。他善驭众将，谋定而动，奋勇攻克金积堡，一举扭转战局。西征战场凶险异常，阿古柏、伯克·胡里、白彦虎等皆悍匪巨恶，久经沙场，残暴奸诈，英俄等国耀武扬威。湘军出关万里征战，想要取胜，谈何容易！而刘锦棠深谋远虑，随机应变，从容不迫，横扫千军如卷席。如此神武，与古之名将比，亦大放异彩。如作者描写刘锦棠“三违左命”，千里疾进急击，战无不胜，攻无不克，便可见霍骠骑之遗风。

在作者笔下，西征战场上，阿古柏、伯克·胡里、白彦虎的凶残野蛮、嗜血成性与刘锦棠的体恤军民、仁慈宽厚，新疆各族人民对阿古柏、白彦虎之流的切齿痛恨与对刘锦棠等湘军将士的衷心拥戴和全力支持，战场环境的艰险卓绝与湘军的吃苦耐劳、坚韧不拔，形成了鲜明的对比，增强了作品的感染力。作者对西北风土人情、自然地理的描画独具特色，十分传神，让人顿生身临其境之感。如金积堡、魔鬼城、死亡谷、魔王峡之奇、之险、之绝，阅之神摇心悸。

收复新疆，如虎口夺食，而治理新疆亦绝非易事。此时的新疆，经济社会千疮百孔，民生凋敝，治理体系严重落后，矛盾复杂，裁军孔亟，而英俄等列强鹰视狼顾，仍不甘心失败。处置稍有不当，将导致社会动荡，甚至酿成大祸。作者用不容置疑的事实和质朴的语言，表现出刘锦棠军政兼优不同凡响的才干。作为新疆善后大臣，首任巡抚，他胸怀全局，改革政制，整顿武备、裁撤冗员，创办屯垦，安抚百姓，劝课农桑，广招商贾，大兴文教，新疆很快出现了政通人和、百业兴旺、边防稳固的大好局面。

作者对人物的塑造十分用心。刘锦棠之仁厚、机智、果敢、自律，让人心生敬意。左宗棠、黄翼升、余恩虎、董福祥、张俊、金顺、阿古柏、白彦虎、伯克·胡里等人物都个性鲜明。也许因为刘锦棠和老湘营的大部分将士都是湘乡人，作者也是湘乡人的原因，书中凸显了湘乡籍将士刘松山、谭拔萃、易开俊、罗镇嵩、谭兴宗、黄忠、谭邦瑚兄弟等人物群像，他们驱驰万里，效命疆场，英勇顽强，出生入死，无怨无悔。而刘锦棠和曾纪泽同为湘乡人，在不同战线文武相济，共保疆土，令人拍案称奇！书中渗透着浓郁的乡情和湘乡地域文化特色，既是自然之理，也是作者独具匠心的安排。如作者用白描的手法，将刘锦棠回乡省亲和居家养病期间修建成公桥、兴办族学、倡修东山书院等娓娓道来，彰显了刘锦棠礼贤下士、倾力兴教、造福桑梓的高风亮节和家国情怀，渲染了湘乡人重文兴教、热心公益的浓厚氛围。东山书院的建立，培养了毛泽东、萧三、陈赓、谭政等一大批人才，造就了全新的局面，刘锦棠首倡及继进之功，是应当记取的。

作者描述刘锦棠壮年多次重病和英年早逝的情景使人不忍卒读。刘锦棠十五岁从军，在几十年残酷的军旅生活中，身经百战，冲锋陷阵，舍生忘死，身体已严重透支；大战之后未有喘息休整，立即投身治理新疆艰巨浩繁的事务之中。他克己奉公，不辞劳苦，宵衣旰食，年届五十即与世长辞，是积劳积疾的结果，真正做到了鞠躬尽瘁，死而后已。

读罢大作，掩卷沉思，觉得谭运良先生呕心沥血著述刘锦棠是有深意的。晚清时期，中华民族灾难深重，列强对中国肆无忌惮，豆剖瓜分，大片国土沦为敌手。清朝军队每遇外战必败，军心民心极度低落。刘锦棠收复新疆、治理新疆的壮举伟业，不仅使占国土面积六分之一的广大地区重归中华版图，巩固了西北边防，更重要的是沉重打击了侵略者的嚣张气焰，振奋了士气，鼓舞了民心。他在新疆的作为，可谓挽狂澜于既倒，扶大厦之将倾。也许有人会说，这并非刘锦棠一人之功。是的，左宗棠运筹帷幄，西征将士归心用命，曾纪泽折冲樽俎，各族人民同心相助，都是取得成功的重要因素。可是如果没有刘锦棠又会怎样呢？毫无疑问，刘锦棠厥功至伟，不愧民族之柱石！它是撕破重重黑暗的闪电，是振聋发聩的号角，是威震群魔的怒目金刚，是给人温暖和信心的熊熊火炬！——他是当之无愧的民族英雄！没有英雄的民族是软弱涣散的民族，忘记英雄的民族是没有前途的民族。要实现中华民族的伟大复兴，中华儿女必须铭记英雄的业绩，发扬英雄的独特精神，继承英雄的不朽事业。谭运良先生创作本书的宗旨，应在于此，而此书的出版发行，足以告慰其在天之灵！

赵叶惠

中国作家协会会员、曾国藩与湘军研究会名誉会长

目录
Contents

第一章　大地狼烟

第二章　坎坷少年

第三章　战火磨炼

第四章　轶事遗闻

第五章　祭旗出关

第六章　首战北疆

第七章　战外之战

第八章　关门打狗

第九章　席卷南疆

第十章　龙旗高扬

第十一章　虎口夺食

第十二章　西域柱石

第十三章　解甲归田

第一章

大地狼烟

生逢乱世

巍巍南岳，由南而北，层峦叠嶂，无山不绿，无山不树，三四百岁的古松，还是小弟弟呢！那连绵飘逸的山势和满山茂密的森林，争妍斗丽，花团锦簇，绚烂夺目，五色缤纷，花香扑鼻，四季常青。在这群山之中，湘乡境内的九峰山，鹤立鸡群，俯视湘中，尤显磅礴气势。相传在古代时，九峰山周围大旱，禾苗受损，野草皆黄，一白衣女士，慈洒甘霖，众生受泽，普沾恩露。当地信士，为报神恩，恳问何神，承仙梦示，乃何祖仙姑是也。后人在山顶以土木石块，修庙一座，内塑何仙姑神像。

沿着南岳山脉走向，山与山之间，形成了一条条山沟，南方人将山沟叫“冲”。九峰山与望岳峰之间有一处酷似莲花的吉地，人们也就把这条冲叫莲花冲，冲中有一座竹蓠茅舍，名叫甘田屋场。

古人说得没错：深山大泽，实生龙蛇，人杰地灵，理固然矣。道光二十四年（1844）五月初一申时，正在田间劳作的甘田屋场男主人刘忠馥，只见自家屋场上空，一只白虎脚踏翻滚的五色祥云，冉冉而下。突然红光一闪，异香扑鼻，白虎不见了。刘忠馥顿觉稀奇，正在凝思时，妻子陈氏喜滋滋地在地坪中喊道：“快回家来，儿媳妇生了一个胖崽。”

刘忠馥猛然一惊，传说唐代征东大元帅薛仁贵是白虎星下凡，我这孙子难道是薛仁贵再世？

刘忠馥赶忙跑回家中。儿子厚荣正抱着一个白里透红，头脸周正，眼睛微微闭着，似笑非笑的，煞是逗人喜爱的婴儿。说道："爹爹，这是您的长孙。"

古书中说大人物降世，多有奇瑞，此子也不例外。刘忠馥正高兴时，门外有人笑道："哈哈！贵家之贵子，与老衲有缘，抱来看看！"

刘忠馥一瞧，原来是九峰山修真寺住持光明大师，连忙出门迎接。进到厅堂见了礼，分宾主坐下，即令刘厚云抱着儿子来至大师前。

光明大师用禅杖在孩子头顶划了一圈，说道："孺子生逢乱世，不枉浊世男儿，定当横刀立马，以建不世功勋，为华夏顶天立柱。"

光明大师一说，刘忠馥即道："大师可否为孩子赐一名字？"

光明大师略一思考，说："此子非同寻常，锦绣前程无限，那就名锦棠，字毅斋。"说罢，飘然而去。

刘氏一家欢喜异常。

果应了光明大师之言，刘锦棠长到五六岁时，中华大地狼烟四起，乱世来临。

金田起义

历史变革，滚滚潮流，势不可挡。大清国自大明崇祯十七年（1644年）入主北京之后，汉族人民时时图谋"反清复明""驱除鞑虏"，没一年不乱的。无奈终没有成过一回事。然而，天运循环，有兴有废。道光帝坐上龙椅，他不仅多灾多难而且命苦。

说道光多灾多难，并不过分，他正做着“天朝上国”美梦时，西方资本主义国家携工业革命的雄风，蒸蒸日上。列强为了扩大商品市场，争夺原料产地，加紧了征服殖民地的活动，中国的周边国家和邻近地区，陆续成为它们的殖民地或势力范围。中国作为一个幅员辽阔的古老封建国家，自然成为殖民主义者侵略扩张选择的最佳对象。道光二十年（1840年）中英鸦片战争爆发，中国失败，被迫签订丧权辱国的《南京条约》。内忧外患纷至沓来，“闭关锁国”后的满清逐步落后于世界大潮，中国封建社会在国际舞台已经走到了尽头。

道光命苦，他在位三十年，接近古稀时，有个广东农村的贫寒秀才建立了“拜上帝会”，会众一万多人云集广西桂平金田村，正式向清王朝宣战。英雄造时势，时势造英雄，洪秀全这个掀龙椅的人出山了。

史上农民起义，必须布告天下，声动大义，凝聚人心。洪秀全亦不例外，那布告写得铿铿铁铮：“奉承天道，吊民伐罪，大元帅洪，大义天下。窃以朝上奸臣，甚于盗贼；衙门酷吏，无异豺狼……”自此檄文布告之后，远近震惊，不数日，赴军前投顺者，不计其数。洪秀全正式组军，取炎汉以火德王天下的意义，军旗军服全用红色，全体将士蓄发易服，头裹红巾。由此，官府给了一个“红毛贼”的称号。没有人甘心挨骂，太平军对一切与其对立的朝廷官员、将官兵勇称之为“清狗”。

州府官军得信，组织人马，浩浩荡荡地杀奔金田而来。岂料被太平军杀得丢盔弃甲。

广西巡抚周天爵，得了这条信息，一惊非小！洪秀全如此声势，竟能大破官兵，自料广西兵力单薄，盗贼又多，尚不敷调遣，如何是好？想了一会，即调提督向荣，入桂林商议应敌之计。一面申奏朝廷，一面写文书到广东总督徐广缙处，布告乱事，兼请兵助战。

洪秀全名声大振，克梧州、陷全州、收桂林，所到之处，青壮农民、烧炭工人，全都归附太平军麾下，队伍日日壮大。当年八月，攻克永安城。攻克永安后，正式立号太平天国，洪秀全自号天王，诏封五军主将：杨秀清为东王、萧朝贵为西王，列一等；冯云山为南王、韦昌辉为北王，列二等；石达开为翼王，列三等。西王以下皆受东王节制。起义军称太平军，凡是有功将士都晋封官职，并颁布简明军律。

封赏过后，洪秀全指着案上一大堆书非常严肃地说："从今天开始，我们再也不能读这些妖书了。"说着，他把儒家认定的齐家治国的《易经》《诗经》《大学》《中庸》，一部一部拿起来，撕了个粉碎，然后点火焚烧。洪秀全一边烧书一边说："天下最坏的人就是孔老二。他编造了这么多邪书，吹捧和保护阎罗妖和一切妖魔鬼怪，还叫我们老百姓规规矩矩地受苦受难，不许反抗。因此，孔老二是我们的死对头，绝不能读他的书，信他的话！"

兴亡成败，大半都是自己造出来的。洪秀全此举，赤裸裸表现出一个屡试不第的老童生对中国传统文化的仇视发泄。天国将领和山区农民、烧炭工人遵天王之令，所到之处，净毁孔庙，拼命反儒。殊不知，儒家是中国传统文化的代表，而孔子是读书人的万世之师。如此，岂能得到读书人的拥护？所以，公开造反之后，只有少数读书人参加。太平军即将或者刚刚占领某地之时，读书人便设法逃走。有些无法逃走的，宁愿自杀，也不为之效劳。因为在他们看来，为太平军做事，不但丧失了人生的全部价值，而且成了中国文化的罪人，死后无颜见祖先于地下，留下永久骂名，还贻害子孙后代。无论这种看法应当怎么分析评估，在当时几乎是一边倒的观念。

洪秀全知道，烧了孔老二的书，还要有一种精神来替代，于是接着说道："我们应该崇拜上帝，不信邪神，把阎罗妖和那些魔鬼统统消灭了，我们就有好日子过了。到那时候，活着的人有吃有穿，无忧无苦；

死了以后，还可以登上天国，享受天堂的快乐。”

既然举起了反清的义旗，就要建立一个和清朝不一样的王国，有福同享有难同当，让弟兄姊妹都能享受天伦之乐。洪秀全训导天国大小官员：“兄弟姊妹们，现在这个国家坏透了，对外屈膝投降，割地赔款；对内残酷压迫，恶如虎狼，老百姓处在水深火热之中。本王乃上帝之子，岂有坐视不问之理？愿各位助我一臂之力，推倒满清，重整乾坤，另建太平世界！”

天王的这番举动和训话，让天国将士热血沸腾，一个个振臂高呼：“打倒满清！”“驱除鞑虏！”

由此，中华大地狼烟四起。

也是天助洪秀全，天国大旗竖起时，远在数千里之遥的紫禁城，一声晴天霹雳，把个金銮殿震垮一角，吓得道光帝滚下龙椅，由此一病不起，不到一月就殁了。可怜一代君王，中国历史上最大的农民起义太平天国运动让他赶上了；西方列强入侵中国之变局让他摊上了；中国几千年封建社会的没落也让他碰上了。他驾驭的又是一条已经航行了两百年的千疮百孔的破船。他无处回避，责无旁贷又无力回天，为此痛心疾首，抱恨终生。

国不可一日无主，皇长子早已身亡，各大臣便拥立道光帝四子，唤做奕詝的登位，改元咸丰。咸丰帝较道光帝强些，即位之后颇有振作之心，听得太平军妄想分庭抗礼，搅乱天下，龙颜大怒，将军机处大臣穆彰阿、耆英革职查办，任用肃顺等改革派官员，革新弊政；大举提拔汉族士绅官僚，命令大江南北各省在籍官绅举办团练，组织武装，合力抵挡太平军。

书生亮剑

湖南紧邻广西，太平天国起事，震动了湖南。湖南巡抚张亮基，桐城人氏，为人颇有才干，还能实心办事，自从广西起乱，不时奏报到京。如今得了这道办团练的谕旨，立刻布告出榜，号令属下文武官员，分头训练人马，又劝令在籍缙绅，倡办乡团。

张巡抚奉旨办团练，布告全省，湘乡、江宁两县最为积极，其他各地响应者寥寥无几。张亮基自觉在湖南的号召力不强，还得有一个名望权重的人出来帮忙。他将省内名人望族对比了一番，只有正在湘乡老家丁忧守制的曾国藩最合适。

曾国藩，原名子城，字伯涵，号涤生。曾国藩早年得志，从三甲进士，累迁内阁学士，礼部侍郎，署兵、工、刑、吏部侍郎。天国起事时，因母丧在家丁忧。曾氏兄弟五人，国藩居长，其次国璜，又次国华，又次国荃，又次国葆。曾国藩提倡忠君卫道，以儒家学说为本，常把忠臣孝子四个字，挂在口头。

“湖南办团练不用他，还有谁人？”张亮基主意一定，即向朝廷上了一折，求咸丰帝颁旨下来。果然八百里加急，十来天上下时光，就降下了一道谕旨：着湖南巡抚张亮基转在籍侍郎曾国藩倡办团练，以卫桑梓。张亮基接旨之后，便即行派人通知曾国藩。由此，引出湖南的一批书生亮剑。

张亮基奉旨办团练，榜文行到湘乡县，引出县城三坊石堪上一秀才亮剑沙场。此人叫王鑫，时年二十七岁，名开山，字璞山，又字家宾，号四愿居士、养拙子、返璞山人。他的祖父王之海是个秀才，在世时，是当地出了名的大善人，待人无欺，遇贫困残疾，寒则赠衣，饥则予食。王之海这种笃厚好施，为乡里人所钦重。王鑫的父亲王宗麓，字旭庵，也是积学有盛德之人，教学于乡里，弟子众多。王鑫自幼聪明好学，是远近闻名的才子，胸怀大志，三岁时母亲教授其经书，辄能背诵领悟，且过目不忘，五岁入私塾，读书时，常危坐终日不出，诵览不辍。道光二十八年（1848 年），受学于长沙知府恽光宸和梁国新先生；八月，二十岁的王鑫府试中秀才。湘乡名师罗泽南在家讲学，招收弟子，王鑫自省城回到湘乡，投师罗泽南门下研究经学，十分勤奋，深得罗泽南器重。王鑫非常有孝心，十一岁时，母亲的手生疽，肿得很大，痛苦难当，本地的几个郎中都医治无效，王鑫见状，用刀将母亲的患处切开，用口吸其脓血，血溅如箭，又用舌头舔尽其骨肉坏死之处，母亲晕死过去，王鑫号啕大哭，对天发誓，要以自己之命换母亲之命。在大家的惊慌中母亲活转过来。没有几天，母亲的手奇迹般地好了。王鑫的孝心一时在湘乡传为佳话。

王鑫素有大志。广西大乱，波及邻省湖南，他料定这场干戈，不易了事，于是仿古人办团自保之法，自出资金在老家组织乡邻自保，严防盗贼入户抢劫。巡抚张亮基奉旨办团练的消息传来，他就想图个军功，博一个封妻荫子。于是，他请来自己的老师罗泽南，同窗刘蓉、李续宾商议保境安民之大计。

这一帮书生都是湘乡人，平时经常聚会，议一些国家大事，也交换一些读书心得，罗泽南是他们的师傅。罗泽南是湘乡县善庆乡新林里人，字仲岳，号梅杰、梅泉；所居之地，峰峦罗列，又号罗山。罗泽南幼年好学，六岁时从父简拔公授学，过目成诵，十岁后就读涟滨书院、双峰书院、城南书院。罗泽南家境贫困，十九岁时就以授徒为生，先后任乡间塾师二十多年，他编写的教材被省内各塾师采用。

众人进入厅堂，公推罗泽南坐于上首，尚未开言，只听得槽门外一大嗓门声音盖过来：“今天下纷乱，正是王才子进身之时，怎么还在家中闲聊？”

此人一开言，厅中之人顿时起身出迎。王鑫迈出大门也喊道：“大丈夫不与国家出力，何故在此说些风凉话？”

你道来者何人？乃湘阴人士郭嵩焘，字筠仙，号云仙、筠轩，别号玉池山农、玉池老人。今天，他是路过湘乡县城，只想来王家歇歇脚，没料到在这碰上这么多老相识，众人一一打过招呼过后，重进大厅坐定。

“郭兄怎么有空驾临寒舍？”王鑫问道。

郭嵩焘便将此行之目的向众人交代：原来，张亮基把圣意转达曾国藩，生怕曾国藩借故推诿，为保险起见，又请曾国藩姻亲郭嵩焘出面游说。

众人听后哈哈大笑。罗泽南幽默地说：“不瞒郭兄，我等今日聚会，也是相商办团之事。不过涤生的面子大，他还没出山就惊动了巡抚和皇上，我们这些村野山人，恐怕连县官子也未必会来函相邀。”

天下之事，有时巧合得无人信。罗泽南话音刚落，有衙役在槽门外高喊道：“新任湘乡县太爷特来拜会王秀才！”

在场者无不惊讶，新县令怎么就到一个秀才家来了呢？众人出门一瞧，解职久已的老师爷紧随新任县太爷的大轿。还是王父宗麓反应敏捷，立即取一封喜炮，待县太爷的轿子抵达地坪前，爆竹声声回荡。众秀才和王家一大群人簇拥着县太爷步入大厅。

朱孙贻此次拜访王家，并非简单的礼贤下士，需从他上任湘乡知县说起：朱孙贻，字石翘，江西清江人。道光年间进士，先任刑部主事。不久改知县，发湖南，历署宁乡、长沙，早几天才赴湘乡上任。朱孙贻上任后查看县内账簿，发现库银亏了一大截，当年的税费还没进账，自己的薪俸也没着落。碰上这么一个财政烂摊子，省里还要各县自筹资金开办乡团，训练人马，严防太平天国骚扰。初来乍到，人生地不熟，他还真为这事伤脑筋。晚饭后，冰月悬空，朱孙贻脱去官服，独自一人出了县衙，几个衙役欲随行，朱孙贻摆手让他们退回去。

朱孙贻来到镇湘楼码头，一老翁捧着一根三尺长的旱烟杆在那里吞云吐雾。他凑上前去，盘膝于老翁身旁，向老翁打探湘乡现状。

老翁一听朱孙贻的话音，就知他是外地人。抽完一袋旱烟，吐出长长的烟雾，稍停一会，一声长叹："客官，你是外地人，不知湘乡的苦呀！"

朱孙贻同情地问道："湘乡人为啥苦？"

老翁叹息地说："天灾人祸接连不断，近十来年，几乎年年遭灾，水、旱、虫、风、雪接连不断。就拿今年来说吧，夏旱连秋旱，田里无谷收，红薯、萝卜也减收，本来半年蔬菜半年粮为生的农民，因秋旱而导致秋粮歉收，生活就更无着落，一千五六百文的谷价涨至三千五六百文。庶民百姓本来苦不堪言，然而官府钱漕却分文不能少。本来'作田还粮，养崽供娘'是天经地义，可俺湘乡百年来，官府钱漕悉由地丁、书吏征解，浮收倍取，天灾连着人祸，百姓还有出头之日？"

朱孙贻听罢，痛恨地说："这个征收制度难道改不了？"

老翁摇了摇头说："如今当官的有句口头禅：'当官不发财，请我都不来；当官不收钱，再当没本钱'。三坊石堪上的秀才王鑫，早年提出了一个国家钱漕，'官给以券，不复假手书吏，民自投纳'的建议，鄙人当时在县衙当差，力荐此法，不料得罪的人太多，不仅'民自投纳'的办法没有实施，老夫的饭碗也丢了。"

朱孙贻惊道："老人家是县府师爷啊！"

老翁将旱烟杆在码头上敲了敲说："过去是师爷，如今是一介草民。"

朱孙贻躬身而起，向老翁一揖，说："老师爷，烦您领路，明日与你去一趟秀才王鑫家。”

老翁惊起，问道：“您是新来的县太爷！”

朱孙贻笑道：“老师爷不必客气，今后还请多多指引。”

老师爷说：“老爷不必亲自去，令衙役通知他必然前来。听说王鑫正在训练乡民，严防盗贼骚扰乡里。”

朱孙贻一听，大喜过望，省里说要办团练，自己正苦于无策，想不到一个乡野秀才先行动起来了，如是说：“那本县就更应亲自去了，正好趁此下乡视察一番。”

两人正谈得浓，突然码头上一户人家，传来了孩儿的哭泣，在这宁静的夜晚显得特别的凄凉。接着，只听得那家的妇人吼道：“再哭，长毛鬼来了，捉了你去！”

孩子听到“长毛鬼”的吓唬话，哭声戛然而止。

老翁说：“看来，长毛的声势还真不小，一句长毛鬼，就能吓住小孩了。”

朱孙贻细思，长毛起事，已成燎原之火，进入湖南，只是迟早之事。他心里明白，自己只是一个小小的县令，与太平军交战，无疑是螳臂当车，但不能不顾境内百姓之安危啊。老师爷的话提醒了他，他决定先看看王秀才是怎样训练村民的。两人又谈了一阵，约定第二天，一同前往王鑫家。

闲话少叙，言归正传。宾主坐定，王鑫将众秀才逐一介绍，县令怎不乐得眉开眼笑，没想到在此巧遇县内这么多名人，正可与他们商议保境安民之大计。

朱孙贻先瞅着王鑫问道：“听老师爷说，王秀才近来正训练乡民，确有其事吗？”

王鑫答道：“红毛起事，为防盗贼入我坊抢劫闹事，邀乡邻趁此农闲之季，照得古者之法，寓兵于农，无事则各安耕作，有事则互为声援，力求实现一坊之自保。”说着，他特意加重语气说：“请大人放心，小人绝无他意。”

朱孙贻瞧了瞧众人，说：“国家不幸，贼匪横行，长毛倡乱，已攻破广西永安，自号太平天国，又陷全州，逼近楚境，三湘面临涂炭，王秀才此举，实乃免我湘乡遭受蹂躏痛苦之举。”他说着，略为停顿，见众秀才脸有喜色，便接着说：“在座者均为县内明智之人，有何对付红毛之妙策，都可说来，本县定当采纳。”

众秀才都是聪明人，听话听音，大家猜出了朱孙贻此行之目的。王鑫本来好言，不假思索地说道：“长毛子何以能如此猖獗？鄙人以为，洪秀全辈纵观史书，颇晓历代兴衰的原委，善于蛊惑民心，这是事实。但寻根溯源，当今八旗官员都是皇上的奴才，在主子的恩庇下，享有特殊的尊荣和富贵，执掌军政大权。可是这些人，大都不学无术，昏庸腐朽。平日趾高气扬，遇事一筹莫展。见了红毛，不战自溃，把枪炮器械白白送给红毛，更助长了红毛的气焰。目前，朝廷若不果断采取措施，一旦红毛羽翼丰满，到那时，湖南休矣！大清江山休矣！”

罗泽南叹息一声，接过话来说：“确实如此，我朝太平日久，官腐兵惰，只知贪图安逸，不顾国家兴衰，一县有事，他县袖手，明哲保身，但求无过，大事说小，小事说了，县瞒府，府骗道，道又骗巡抚、总督，一直骗到皇上，都怕负罪丢官。结果饮鸩止渴，挖肉补疮，自欺欺人，给红毛子造成可乘之机，以至酿成今日这个局面。”

刘蓉坐不住了，他也有话要说：“红毛大举来犯，湖南形势极其紧迫，兵法云，‘知己知彼，百战不殆’，时下要靠八旗子弟和绿营歼灭发匪，是绝对办不到的。洪杨作乱，志在北上，进入湖南，危及湘乡。县境欲免遭涂炭，县人想要保卫家乡，就非建立地方武装不可，必须组织团练乡兵，依靠自身力量，实现自保。”

朱孙贻大惊，一班乡下秀才能说出这番话来，说明这些人很不简单。与他们真有一见如故，相见恨晚之意。如是，他谦恭地问：“这团练怎么才能办好？”

王鑫立起说：“此事我琢磨了很久，照古人团练之法：团就是全县团拢到一块，抱成一团，生死相顾相救。练就是练兵器，练武艺，练阵法，尤其要练胆，而练胆必须练心。何谓练心，人人都想保全身家性命，但是怎样才能自保？只有打击盗贼。然而，盗贼是一伙，少的几十人，几百人，几千人，大的上万人，几万人。面对这样的盗贼，一个人的力量是有限的，百姓要想打赢，只有众人一致，同心共死，互相保护，才能自保，所以大家要团拢起来。”

谈论了好一阵，接近午餐了，王鑫再次站起，对朱孙贻说道：“县令大人，张巡抚布告省内，大办团练，抵御红毛，本人欲在乡里办一团，大人您能批准吗？”

朱孙贻细瞧王鑫，体貌清癯，目光炯炯射人，声大而远。王鑫提出的请求，正是他此行之目的，如是他说道：“在座各位听好了，王秀才带头办团练，本县一定全力支持，各位办团练，本县也一定鼎力相助。”

李续宾平时少言寡语，一听朱孙贻之语，当即表态：“吾家颇有资财，回乡即刻招募乡勇，与公等同举大事。”

真是英雄所见略同，朱孙贻与众人一拍即合。

众人只顾说话，郭嵩焘却在一旁冷笑不止，他心想，一个堂堂巡抚布告全省办团练，也没见效，不得不去攀曾侍郎这棵大树，凭你们几个秀才能成大事吗？

罗泽南何等聪明，他从郭嵩焘的脸色中想到了一个问题，于是对朱孙贻说道：“县令大人，曾侍郎正在荷叶塘老家丁忧守制，巡抚请他的这位姻翁前往游说，湘乡办团练何不也去请他拿拿主意呢？”

“本县早有此意，只是时间上没来得及，过一天即去拜见侍郎，还请郭举人在侍郎前多多美言。”朱孙贻说得非常诚恳。

郭嵩焘听后，脸露笑容，对朱孙贻说道：“县令大人放心，鄙人替巡抚前往曾家进言，也是为了办团之事。”

此时，在座者皆大欢喜。谁都没有料到，朱县令的这趟礼贤下士，成就了湘乡人主宰中华半个多世纪，造就了湘乡以一县之兵力纵横全国十八行省的奇迹。

时势造英雄

朱孙贻批准王鑫与一班秀才组织团练，保境安民。这样，县内各都、坊乡绅组织团练就成了名正言顺的大事。一时间，湘乡各地处处闻其办团之声。

县府贴出办团告示的次日，王鑫就开始招收团丁，附近青壮年争相报名。消息传到与三坊相邻的七都，走出兄弟两人：刘厚荣和弟弟刘厚富，两兄弟还邀了十几个年轻人一道投奔王鑫来了。

一行人行至山枣街上，对面也来了一大帮年轻汉子，刘厚荣一见那两个领头的是本都张运兰、张运桂兄弟，便上前招呼：“两位老弟，你们这是去哪里？”

张运兰回答道：“厚荣兄，你们莫不是去石堪上参加团练吧？”

“你们也是去王秀才家？”

“是啊，红毛起事闹得人心惶惶，王秀才练团保桑梓，大家都有责啊！”张运兰回答。

刘厚荣上前说道："我们一路同行，今后就是生死兄弟了。"

两队年轻人合到一块，有说有笑地投奔王鑫去了。

石堪上王鑫家的堂屋里，刘厚荣在黄帝纪元四千五百五十年，咸丰二年壬子《湘乡三坊团练花名册》上，填上了几人的名字：

姓名：刘厚荣，字祥声。年龄：二十六岁。籍贯：七都莲花乡板托保甘田屋场。

姓名：刘厚富，名松山，年龄：一十八岁。籍贯：七都莲花乡板托保甘田屋场。

……

王鑫见刘厚荣兄弟相貌堂堂，身材魁梧，虎背熊腰，声若巨雷，形貌异常，当下大喜。再瞧张氏兄弟，他俩中等身材，龙眉细目，英气勃发。再看这两队年轻人个个身强体壮，自然高兴。

登记完毕，王鑫对身旁一个小伙子说："开化，你领着大家先去演武坪，我一会就到。"

演武坪中已是人头攒动，几百人在那舞枪弄棒，把个平日寂寞的山冲闹得沸沸扬扬。

刘厚荣一进演武坪，就有两人奔过来一把抱住他："祥声哥，好久不见了，想死老弟了！"

"啊，原来是易德邻、黄万友老弟，你们也来了？"刘厚荣说着，拉过张氏兄弟，一一作了介绍。

大家聊得正欢，王鑫来了，只见他往一土台高处一站，别看王是一个秀才，可声如洪钟："各位兄弟，我现在宣布本团建制！"他定了定神继续说："一哨哨长张运兰，二哨哨长刘厚荣，三哨哨长易德邻，四哨哨长黄万友，营务总管王开化。"接下来便是队长、团丁名单。每哨四队，每队十人。后来，随着报名人数增加，每队的人数增至二十多人。

刘氏兄弟回到家中，向父亲说起参加团练见闻。父亲一听，一个当了哨长，一个做了队长。这哨长、队长虽不是什么大官，上不了品，但也是几十个人或十来个人的头儿，算得上一个小小官吧，昨日还是一个农夫，今日当了官，全家人自然高兴。

自王鑫组团后，从洙津渡到石堪上，长达五六里的长冲中，到处是旗帜，刀枪映日，鼓角相闻。石堪上不远的荫山冲山顶上，有一处宽阔的天然坪，约有四五亩，王鑫就将它作为演武坪。为了让团练能真正担负保家卫国的重任，朱县令还特意派来了两个武术教头，训练团丁。

湖南的初春，虽有寒气袭人，但寒冷的威力已渐渐衰竭。团练集训的第一天，是一个少见的和暖日子。王鑫以坪中土包作为指挥台，台前一杆五色大旗，上绣着一个硕大的“王”字，两旁插六面不同颜色的长条旗。吉时一到，十条三眼铳齐声鸣响，惊天动地，王鑫身着青色长衫，头戴虎皮寒帽，目光炯炯，英气勃发，两名教官着紧身上衣，灰布绑腿，分列两旁。然而，演武坪上的团丁，东一群，西一伙，教官大声地说了几遍，要大家按哨、队站列成队。

哨长、队长喊破了喉咙，还有一些人不听指挥，也不想站入队列，演武坪中照旧是人头攒动，一片混乱。

王鑫碰到这些棘手的事情，是有火无处发。邻里乡亲，骂不得打不得，只能慢慢教化。常言说“时势造英雄”。王鑫实乃一介书生，若不是太平天国起事，他哪会想到带兵打仗。可如今这团丁训练，困难重重，真让他有些头痛。

王鑫思维敏捷，而且好胜心极强，他站在指挥台上，目光炯炯有神，仰望蓝天，悲愤地对众人说：“各位兄弟：我们聚集到一起来，所为何事？当今祸乱并发，长毛异教，迷《新约》邪书，崇拜什么天父，所过之处，毁孔圣牌位，焚士子学宫，与我中华数千年文明为敌，已过之处天怒人怨，凡我孔孟之徒、斯文之辈，莫不切齿痛恨。我们都是读圣贤之书，敬奉天地祖宗之人，就是乡村愚民、贩夫走卒，亦不能容其砸菩萨神灵、关帝岳王像之暴行。”

王鑫的这一番话，实际上是一场捍卫封建礼教的演说，对于恪守封建礼仪的湘乡人来说，无疑起到了凝聚民心的作用。王鑫继续说道：“目前乱世之中，正是英雄崛起之时，孟子曰：‘天将降大任于是人也，必先苦其心志，劳其筋骨’。现各位兄长、贤弟正当年富力强，担当大任之时，应以天下为己任之壮志，展平生抱负，干一番轰轰烈烈的事业，拯黎民于水火之中，挽狂澜于既倒之时，彪炳青史！”王鑫口才不俗，声音洪亮，口若悬河，滔滔不绝，说得这些青年农民心潮澎湃，起伏不安。

有了这场实实在在的政治动员，团丁的思想开始发生变化，大家纷纷站到队列中来。以后，每次训练之前，王鑫发挥他擅长演讲的优势，都要声情并茂、慷慨激昂地讲一番礼义廉耻，对他们反复灌输，听者无不振奋。

整好了队伍，王鑫命人抬出两大捆号褂衣服，号褂主体为黄色，黑色绸缎嵌边，前襟书一个红色的“勇”字，背后书一个红色的“湘”字，这些号褂全是他出钱请裁缝赶制出来的。王鑫命哨长将号褂分发给每个团丁。

乡下人没有见过世面，觉得湘勇的制服，也就是所谓的号衣，样式非常可笑。大家一见这种似乎是戏剧里才有的服装，左瞧右看，哄笑不止，认为穿这种奇装异服非常羞耻，生怕别人笑话，扭扭捏捏像个临出嫁的大姑娘，死也不肯换上。

王鑫自己脱下长袍，拿过一件号褂，率先穿在身上，接着，两位教官也着上号褂，台上三人着装，更显得英姿勃发。领导的行动，成了无声的命令，团丁自觉地将号褂穿上，百多号人统一着装，演武坪中出现了一道亮丽的风景，上下数里的百姓，成群结队赶来观看。

一天，刘厚荣正向自己哨内的几位队长交代完训练任务，猛听得一阵喝彩声："练得好，再来一个！"接着，又是一阵掌声。他抬头一看，那阵喝彩声和鼓掌声是从坪中传来的。原来，有两位团丁，为显示自己的武艺，占据演练场中央，各显浑身解数，做起表演来，引得许多团丁围着观看。刘厚荣紧走几步，站在人群后边往里观看：见人群当中，有两个青年，一个手持花枪，一个拿着单刀，正在对打。刘厚荣使的是长枪，早年曾跟九峰山庙中的长老学过，此刻他看见使长枪的团丁与人对练，手也有点发痒，他也想上前露一手。刚想拨开围观的人群，他发现这两个年轻人武艺很平常，都是套子活，花架子，这种武艺中看不中用。等两个青年练完了，退到一旁。围观的人又是一阵热烈掌声。

这时，有人大吼一声："我来练一练。"

刘厚荣一瞧，原来是县里派来的教头。只见教头往坪中一站，双手一拱，扯着嗓子说："诸位，在下今天很高兴，想在诸位面前献丑。值好的话，你们就叫叫好；不值好呢，你们也别走，给我站脚助助威，我就感激不尽啦！"教头说了一阵，便从旁边拿过一对链子锤。这对链子锤，锤头有碗口那么大，链子长约一丈。他把锤链子往脖子上一搭，对四外说："请诸位往后闪闪，可别把你伤了。"说罢，就把双锤抡了几圈。围观的人不住地往后躲闪，引起一阵骚乱，霎时间，场子大了不少。

刘厚荣趁势挤进人群里，见这教头，两手舞动双锤，走行门，迈过步，练起来了。只练得锤头挂风，呼呼直响。刘厚荣明白，他练的是一套"流星赶月"，看起来还有些真功夫，比刚才那两个团丁可强多了，不由暗中喝彩。教头练完，把锤收住，四处又是一片掌声。

教头刚刚收锤，又有人大笑道："哈哈哈哈！今儿大家非常高兴。我们光这么练，也没有什么意思。现在呢，咱们换个花样，和大家打个赌。”说着，他指着坪外一块足有二三百斤的石头说道：“我举举这个玩意儿，看看我的力量大小。我举完了，欢迎诸位捧捧场，请出一位两位的，也举一举，假如跟我一样，也举起来了，或者超过了我，没说的，我给五钱银子的报酬。”说到这里，那人从怀中拿出一些碎银，托在掌中，往四周一晃。“看见没有，这是十足的五钱纹银，谁举起石头，谁就拿走。”说完，“吧嗒”一声，把银子扔到地上，他活动活动筋骨，围着石头转了几圈儿，然后一下腰，伸双手把石头的两端抠住，腰眼儿一挺劲儿，双手往上一翻，嘴里说了声“起”，上身往后一仰，真把石头提到了胸前。接着，他用膝盖垫了一下，缓一口气儿，然后双膀用力：“哼！”就把石头举过头顶。

“好神力啊！”“真是大力士！”顿时爆发出热烈的掌声，团丁和围观的群众叫好声此伏彼起。

那人把石头轻轻放在地上，喘了几口粗气，哈哈一笑：“诸位见笑了。现在我就请一位吧！哪位愿意较量较量？”说着，朝四周观众深施一礼，洋洋得意地把手一摆：“请吧！”

挤在人群中的刘厚富见了那块银子，心中不由一动。暗自想道：这可是个好机会呀，家里正为没钱发愁呢！真要把石头举起来，赢得银子，不就解了燃眉之急吗？他刚要进场，可又停下了。为什么？因为自己举过石槽、石碾、木头等东西，还真没举过这光秃秃的石头，怕举不起来，当众丢丑。那举石之人四外看看，没有一个敢搭言的，便笑道：“诸位真不捧场啊，难道我的银子不好花吗？”

这时，有人起哄说：“谁要是举得起，我加一钱银子。”

接着，又有人跟着起哄说：“我加二钱！”“我加三钱！”

刘厚富见石头周围摆放了一两多银子，又有点心动了，他鼓足勇气说道：“我来试试！”他这一喊，在场的人更是大声起哄：“松山，你举起石头，银子就是你的了！”大家都把目光投向了刘厚富。刘厚富说罢迈着大步，走近那块石头，朝围观的人群一抱拳：“请了！”

只见刘厚富把腰间的带子狠狠地勒了勒，把袖口挽起来，又把发辫盘到脖子上，浑身上下拾掇好了，微闭二目，运了运气，然后迈步来到石头跟前，伸出双手，抠住石头的两头，往上提了提。这是他先试一试，掂量一下石头的分量。他一看有门儿，这才把双腿叉开，把架势拉好，重新伸出双手，把石头端住，旁边的人又一齐为他鼓劲助威：“松山，加油！加油，松山！”刘厚富借着众人的势头，丹田聚气一较力，喊了一声：“起！”一下子就把石头举到胸前。接着，他进步挺身，双臂较力，又把石头举过头顶。在场的人掌声雷动，高声叫好：“好神力！”刘厚富举着石头，鼓着劲儿往前走了五步，又往后退了五步，这才轻轻地把石头放下。

刘厚富在掌声之中向外一抱拳，然后转过身来，对大家说：“对不起大家，我也太财黑了。”说着，弯下腰去，伸手就捡起地上的那些银子，装入袖中。

一时间，石堪上练兵的消息在湘乡传开。团练之风在湘乡迅速掀起，全境三坊四十八都，城乡各个角落皆见穿着号褂的团丁。

天国使者

这天，刘厚富兄弟训练后回到家中，厅堂桌上摆放着一个黄包，旁边是一把战刀。父亲正和一位从未见过的客人在厅中扯淡。那客人见了兄弟进屋，主动离座问道：“这是两位贤侄吧？”

刘忠馥向两个儿子介绍来人说：“这位是我表兄岳家的亲戚，家住衡阳，说是有事找你们。”

刘厚荣心想，这是一位瓜棚搭柳叶的亲戚，出于礼仪，他还是谦敬地说：“您是我兄弟的长辈，不知有何教诲？”

那人微笑着说：“我也是姓刘，不但是亲戚，更重要的还是本家，我们都是天父的子女，天父上帝是我们人间共同之父，天下男子皆兄弟，女子皆姐妹。”

刘忠馥父子初听，心里直嘀咕，依照他的说法，那伦理上没有了君臣、父子、兄弟、夫妇、朋友等人伦关系？

客人注意到刘氏父子的惊讶表情，他仍旧口若悬河地说：“当今人心太坏，政治腐败，天下将有大灾大难，唯信仰上帝入教者可以免难。入教之人，无论男女尊贵一律平等，男曰兄弟，女曰姊妹。所有人都是上帝的子女，都是兄弟姐妹。人的身体有生身之父母，自人肉身论，各有父母姓氏，而人的灵魂都是上帝所赐，万姓同出一姓，一姓同出一祖，其原亦未始不同，而若自人灵魂论，其各灵魂从何以生，从何以出，皆禀上帝一元之气以生以出，天下总一家。古语云天下一家，四海之内皆兄弟也。”

刘忠馥起初出于对客人的尊重而没有反驳，可这人越说越没边了。此时，他收敛了笑容，生气地说：“依老兄之说，我们都是天父的子女，那我们中华始祖、宗亲哪去了？”

从刘忠馥生硬的回话中，客人察觉主人大有不悦之情，但这人还是不知趣地说：“天下兄弟姐妹，崇拜天父，务使天下共享天父上主皇上帝大福，有田同耕，有饭同食，有衣同穿，有钱同使，无处不均匀，无人不饱暖也。崇拜天父，可以免灾免难，死后升入天堂……”

刘氏父子从没听过这样的理论，刘忠馥看见两个儿子也出现了愠怒的脸色，他对客人说：“我虽是一村夫，但臣事君，子事父，妻事夫，三者顺则天下治，三者逆则天下乱，天下之常道老夫还是知道的。”

客人也变得激动起来，他提高嗓音说，清妖违背天父上帝的意旨，吞并我疆土，杀戮我人民。他们不是上帝的儿子，而是阎罗妖，老蛇妖！清妖入犯中原二百年了，使我生灵涂炭，民不聊生，把堂堂五千年的文明古国，变成了人间地狱！可是，乱极则治，暗极则光，这乃是天道。因此，天父要他的子孙在广西永安建立了天国，愿我兄弟姊妹，跳出邪魔之门，循行上帝之道，随我天朝天兵，打碎这人间的地狱，建立起地上的天堂！说着，他就从身上棉衣内掏出一颗木制印章，对刘忠馥说，只要接受了这颗印章，多串连兄弟姊妹，等到天国军队打来，不但能保你刘家平安，你父子还是开国功臣。

此时，刘氏父子才真正明白过来，原来这位所谓的亲戚就是人们所说的“红毛”，刘忠馥厉声说道：“老弟，你那天父，俺真不晓得！你也不要再提你那天父了，逆天之事，俺刘家是不会去做的，今天的事，俺不去报官已对得住亲戚了，请你速速离去！”

客人长叹一声说：“看来，尔等不可救也。”他从桌上取了自带的包袱，匆匆忙忙地离去。

刘忠馥对两个儿子说：“看来，这长毛造反是真的了，你兄弟要记住，‘精忠报国’才是我对你们的希望！”

“爷爷，我知道‘精忠报国’的故事。”清脆的童音打断了刘忠馥的话语。

“啊！原来是毅斋伢子放学回家了。”刘忠馥抚摸着孙子的头。

毅斋伢子就是刘锦棠，系刘厚荣长子。刘厚荣还有一个次子，名刘鼒，字毅吉，尚在襁褓中。

刘忠馥特别喜爱刘锦棠，这孙子天性聪敏，会说话时，爷爷就叫他识字，入学不到一年，就能背诵《三字经》《增广贤文》《幼学琼林》，族塾刘先生非常喜欢刘锦棠，只要刘锦棠求教，他是百问不烦。刚才刘锦棠说出了知晓“精忠报国”故事，刘忠馥便说：“你能把‘精忠报国’的故事讲给爷爷听吗？”

刘锦棠告诉爷爷，这个故事是塾师先生在课堂上讲的。他学着先生的腔板，调着嗓门说：“南宋时，河南省汤阴县岳家庄的一户农民家里，生了一个小男孩。他的父母想：给孩子起个什么名字好呢？恰在这时，一群大雁从天空而过，父母高兴地说：‘好，就叫岳飞。愿吾儿像这群大雁，飞得又高又远。’这名字就定下来了。岳飞出生不久，黄河决口，滚滚的黄河水把岳家冲得一贫如洗，生活十分艰难。”

“毅伢子，说得不错。”坐在一旁的父亲鼓励儿子继续说下去。

刘锦棠受到父亲的表扬，说得更认真：“岳飞十五六岁时，北方的金人南侵，宋朝当权者腐败无能，节节败退，国家处在生死存亡的关头。一天，岳母把儿子叫到跟前，说：‘现在国难当头，你有什么打算？’‘到前线杀敌，精忠报国！’岳母听了儿子的回答，十分满意，‘精忠报国’正是母亲对儿子的希望。她决定把这四个字刺在儿子的背上，让他永远记着这一誓言。”

刘松山见侄儿说得有板有眼，便在一旁鼓掌赞扬：“说得好！”

有了叔父助阵，刘锦棠说得更来劲了：“岳飞解开上衣，请母亲下针。岳母问：‘你怕痛吗？’岳飞说：‘小小钢针算不了什么，如果连针都怕，怎么去前线打仗！’岳母先在岳飞背上写了字，然后用绣花针刺了起来。刺完之后，岳母又涂上醋墨。从此，‘精忠报国’四个字就永不褪色地留在了岳飞的后背上。后来，岳飞以‘精忠报国’为座右铭，奔赴前线，英勇杀敌，立下赫赫战功，成为一名抗金名将。”

故事说完了，刘锦棠斩钉截铁地对长辈们说：“我长大后，国家如有难，应作前锋。”

刘忠馥听了孙子的誓言，摸着刘锦棠的头说：“俺毅伢子有志气，将来定有出息。”

左宗棠长沙解围，曾国藩出山练军

金田起义，山岳为之动摇，风云为之突变，当年抵达广西。咸丰二年初，洪秀全亲点复汉将军翼王石达开、虎威将军西王萧朝贵、安汉将军北王韦昌辉、天官正丞相秦日纲、靖虏将军天将黄文金、虎卫将军天将洪仁发、定威将军天将洪仁达等，十万人马，申明军法，整齐队伍，监造舟船，沿湘江而进，水陆策应，择日出师湖南，直撼中原。起程时，先把檄文布告道：“盖闻唐虞揖让，固称上古之圣人……相率中原豪杰还我山河。具全才全德者，封万户侯；抱一技一能者，授千夫长；躬耕者免税三年；犯法者宥罪十世。上有务恤之主，下无罹网之民。惟有乘风掳抢者，决然剿灭不俚。然有汤武之行，再睹尧舜之世乎。檄文到日，薄海遵行。”

檄文布告之后，大军跟进，三湘大地起战火。天国大军一进湘南，声势大振，一路势如破竹，两个月中连克道州、江华、永明、嘉禾、蓝山、桂阳、郴州等州县。所经之处，大批农民砸碎几千年来的封建枷锁，五万多人加入到浩浩荡荡的造反队伍中来，军事力量迅速壮大。

长沙告急！巡抚张亮基礼贤下士，匆匆将督办广西军务钦差大臣赛尚阿的得力助手、全州蓑衣渡大败太平军的江忠源请到巡抚衙门，请他主持守卫长沙的军事。江忠源谦虚地说，巡抚大人欲保住长沙，非左宗棠不行，此人排兵布阵有今日诸葛亮之称。

张亮基上任湖南巡抚时，曾有好友向他推荐过左宗棠。他也记住了左宗棠的简介：字季高，一字朴存，号湘上农人，湘阴人氏。二十岁乡试中举，此后在会试中屡试不第，其功名虽只一举人，然经纶满腹，才华横绝，当世少有。尤可奇者，此人长期潜心舆地，埋首兵书，天下山川，了如指掌，古今战事，如数家珍。为人倜傥耿介，意气豪迈。现在，江忠源又推荐左宗棠，便问道："左宗棠能与将军相比吗？"

江忠源回答道："至于卑职与宗棠比，左宗棠真可谓人中之龙，两江总督陶澍认定左宗棠日后的前程会超过自己，竟不顾相差三十几岁而与之订忘年交。道光二十九年，林文忠公自云南引疾还闽，路过长沙，特地遣人至柳庄，招来左宗棠。那夜湘江舟次，文忠公与左宗棠抗谈今昔，通宵不眠，直到鸡鸣天晓，才依依惜别。文忠公为之倾倒，诧为绝世奇才。"至此，江忠源拍着胸脯说："卑职与左宗棠比，可以套用徐庶的一句现成话，真是以驽马比骐骥、寒鸦配鸾凤，百不及一也。"

林则徐和陶澍是张亮基最佩服的人，一听左宗棠与这两人之交往，顿时大喜过望，依江之言，把左宗棠请来。此后，张巡抚与左、江三人，计划谋略守城军务，长沙城里的混乱阶段过去，代之而起的是一派调度有方、忙而不乱的新气象。

再说西王萧朝贵率领秦日纲、石达开、洪宣娇数万人马，日夜兼程，从陆路杀气腾腾赶到长沙南门外。翼王石达开指挥水军塞满湘江。

这天清晨，东起小吴门，西到小西门，太平军向长沙南城发动了猛烈进攻。长沙城内城外，经过江忠源、左宗棠等人的重新部署，防守严密。天心阁下，萧朝贵冒着火石，跨马挥刀冲向前，他真想飞到墙头，亲手砍翻城墙上的妖头。太平军逼近城墙时，城墙上各种火炮齐射，引爆埋在地下火药，霎时，犹如天崩地裂。太平军自进入湖南以来，还从未遇到过如此战火，人人胆落，遗下尸首，丢掉辎重器械退去。城墙火炮延伸射击，一颗流弹飞来，击中萧朝贵胸部，顿时跌落马下没了，年仅三十二岁。

长沙守军见敌将落马，大开城门冲杀出来，欲抢萧朝贵尸体。李秀成大怒，挥兵直截过来。那洪宣娇在营里听得丈夫已殁，不觉眼中流泪，心中大愤，随引一队女兵，跟随李秀成而进。把出城官军、团练杀个寸草不留。慌得守城官兵传令收军，再也不敢轻易出城。

西王萧朝贵乃天国一员主将。天国在永安建制后，萧朝贵与天王洪秀全之妹洪宣娇拜堂成亲。新婚不久，二人就双双出征。天国折了一员大将，岂肯罢休，水陆两军十万人马，把长沙城围得水泄不通。长沙守军闭门不出，过了四五个月，太平军久攻长沙不下，走益阳，夺岳阳，战武汉，沿长江直下，定都金陵。

长沙险情过后，张亮基担心太平天国卷土重来，左宗棠、江忠源建议，一面调遣各地团练进驻长沙，一面再次致函曾国藩，请求迅速出山。

湘乡县令朱孙贻接到张亮基调团练赴省城的命令，即令正在县城涟滨书院训练团练的罗泽南、王鑫率领一千零八名团丁，自号“湘勇”赶赴长沙。出发前，罗、王致信曾国藩，说是奉张巡抚之命，已率团先行，侍郎若至长沙，湘勇定当归附麾下。这就不难看出，罗、王也想借助侍郎这杆大旗，干出一番事业来。

回头再说曾国藩，自接到张亮基转来的信，姻家郭嵩焘又上门代巡抚说出一番请求出山的话来后，自忖自思这团练不能不办，只是事体重大，自己乃一书生，没有带兵上阵之才干，只能靠人扶助。正犹豫不决时，罗、王的信函到了，阅后大喜，即时禀告父亲，说出一番忠君卫道的道理。秀才出身的曾麟书听了儿子的话，当然高兴，他认定目前适逢乱世，英雄辈出，儿子正可趁此机会大展宏图，为曾家光宗耀祖的机会来了。

曾国藩有了父亲的支持，随即叫上弟弟国华、国葆，匆匆打轿上路。兄弟三人终于在宁乡城外赶上罗泽南、王鑫率领的湘勇队伍。

罗泽南、王鑫有言在先，只要曾国藩一到，他俩愿听从侍郎的指挥，现在曾国藩到了，这支队伍当然就归曾管了。

曾国藩接管湘勇，第一件事就是检阅麾下队伍。一千多人除了那号褂是统一的外，大多数团丁衣襟破烂，草鞋赤脚，犹如乞丐。那武器也是多种多样，有刀矛、耙叉、长刀、七尺矛、腰刀、弓箭、藤牌等冷兵器；还有火罐、火箭喷筒、抬枪、鸟枪、劈山炮、短枪、三眼铳（号炮）等热兵器。这支即将上阵打仗的部队，与朝廷的八旗、绿营比起来，简直就是散兵游勇。曾国藩心底凉了一截。虽然如此，但团丁倒是个个精壮，不像游手好闲之辈。执掌营旗的旗手，胸挂"哨长"号牌，虎背熊腰，目光炯炯射人，一副威武相貌。曾国藩见了，顿生喜爱之意，便问道："哨长贵姓？"

一个洪亮的声音响起："回禀侍郎大人，小的刘厚富，字松山。"

旁边又一个挂哨长号牌的说道："侍郎大人，俺叫刘厚荣，松山乃吾之胞弟。"

"兄弟齐来投军，一门忠良，实属难得。"曾国藩赞扬刘氏兄弟，也记住了这对亲兄弟。

湘勇过了宁乡，早有哨探报告巡抚，张亮基亲自出城迎接，他一见到曾国藩便说道："侍郎大人，本官拜佛拜一尊。湖南是仁兄桑梓，仁兄对湖南的挚爱之心，定不在亮基之下。今后有关湖南保境安民的一切，都拜托给仁兄了，全仗大才经纬。”

张亮基这番话，说得曾国藩热血沸腾，恨与张亮基相见太晚，对先前的谢绝颇感愧赧。

张亮基把湘勇安排在城南书院后，曾国藩立刻把罗泽南和王鑫的人马编为两营，每营三百六十人，罗泽南带一营，王鑫带一营；余下者组成亲兵队，由曾国葆统领。曾国藩又要罗泽南把留在湘乡的李续宾等弟子，全都叫来，与王鑫一道全力练勇。

曾国藩以湘乡团练为基础，又把从各地调来防守长沙的“新宁勇”，“南勇”“浏勇”“宝勇”等一一组编，“略仿戚元敬氏成法”，择其优者建一大团，迅速组建成了一支正规的军队，到时拉出省外，与太平军较量。张亮基也表示同意，只是兹事体大，想要曾国藩亲自给皇上上一奏章。满人对汉人向来防范甚严，兵权由朝廷牢牢控制，从不放心让汉人多带兵，更不允许有人像明代戚继光那样建“戚家军”。或许是曾国藩的奏折写得含糊，或许是由于时局危急，咸丰帝知绿营不足依靠，希望有一支新的军事力量出现，也或许有恭亲王、肃顺和唐鉴的竭力担保，使得咸丰帝特别相信曾国藩，居然很快便亲自批复：“悉心办理，以资防剿。”

世事多变，曾国藩练团正红火的时候，巡抚张亮基调湖北上任，江忠源去了南昌，左宗棠也随张亮基走了，骆秉章出任湖南巡抚。骆秉章不像张亮基一样，听任曾国藩调遣。于是，侍郎与巡抚的矛盾来了。

几个月来，曾国藩已逐渐清醒地看出，长沙不是做事的地方。官场暮气沉沉，绿营腐朽透顶，他们自己什么正事都不干，而别人要干事，则又是嫉妒，又是掣肘，最后弄得你一事无成方肯罢休。这里好比一群乌鸦麇集之地，只有当你浑身变得和它们一样黑的时候，才不会听到前后左右的聒噪声。漫说建不成新军队，就是辛辛苦苦建起来，不久也会被绿营的恶习所传染，最终也必定会和他们一起烂掉。

一连几天，曾国藩郁郁寡欢。这一夜，他想起到长沙办团练的这七八个月来，事事不顺心，处处不如意，心里烦躁至极，身上的牛皮癣又发了，奇痒难耐。他气得死劲地抓，弄得浑身血迹斑斑，床上一层癣皮。思来想去，他给皇上写了一份奏折，说衡州一带地方混乱，拟带团练到衡州去驻扎一段时期。那时他已觉察到长沙官场的难处，暗中为自己埋下一条出路。皇上对此没有异议。曾国藩顾虑到衡州去扩充团练，会招致离开监督、自树一帜的非议。现在有了皇上的准许，他可名正言顺地去了。

曾国藩为避开与长沙军政大员的矛盾，避走衡阳，练成劲旅，独当一面，席卷两湖。

再说太平天国定都金陵后，出师征伐，连战皆捷，一直打到南昌城外。江忠源据守南昌城，向湖南巡抚骆秉章和团练大臣曾国藩求救。骆、曾虽有矛盾，但在对付太平天国这件事上是一致的。两人即命罗泽南、朱孙贻、李续宾、郭嵩焘率湘勇取道醴陵，前往江西，王鑫的部队留守长沙。罗泽南率部与太平军在南昌城下开战，湘勇个个踊跃向前，太平军撤出南昌城外。朝廷刑部右侍郎黄赞汤在城楼目睹了罗泽南、李续宾的指挥才略和湘勇敢于血战的英勇气概，发出无限感慨。罗泽南、李续宾领兵进城后，黄赞汤和江西巡抚设盛宴招待，庆祝南昌战役胜利。黄侍郎提出，将在南昌作战的两营湘勇称为湘军，分做中、右两营，罗泽南统领的营队号“玉字中营”，李续宾的叫“右营”，由官饷供给。湘军之名始于此也。

南昌解围，湖南衡阳、郴州盗贼大起，巡抚骆秉章命驻防南昌的湘军撤回，“玉字中营”改称中营，右营不变，留在湖南的王鑫带领的湘勇称之为“左营”，也叫“老湘营”或“老湘军”。既然成军，就得有军旗，最终确定：中营红旗，左营五色旗，右营白旗。后来，红、白军旗随同金陵裁军取消，唯有五色军旗在中华舞台上演出了一场又一场血与火、长达半个多世纪之久的历史大剧。

第二章

坎坷少年

兄亡弟往尚“忠义”

刘厚荣兄弟随王鑫征战，积功升迁至营官、哨长，丰厚的薪水完全可以养家。但是，在家的老父刘忠馥一想到尸横遍野的战争场面，就心惊肉跳，有时夜不能寝。不过，刘锦棠读书的天资给了爷爷莫大的宽慰，孙子出类拔萃的学习业绩，让老人从中体验到天伦之乐，他不断地鼓励刘锦棠“学业有成、考取功名、光耀门楣”。刘锦棠从入学的第一天就听到爷爷讲起这句话，几年过去了，他才真正体会到爷爷说这句话含义。

转眼间到了咸丰四年（1854 年），族塾先生择日找到刘忠馥说，他已将毕生所学，全部传授给了刘锦棠，如果刘锦棠在族塾再读下去，有误他的锦绣前程，建议刘锦棠到县城涟滨书院继续深造，博取功名。

夜晚，刘锦棠一想到自己不久就要到自己向往的书院读书，兴奋不已。涟滨书院在湘乡，甚至在湖南省内都是非常有名的，因坐落在流经县城的涟水河旁而得名，曾国藩、罗泽南、刘蓉、王鑫等县内一些名人都是这所书院的学生。湘勇组建时，王鑫、罗泽南、李续宾领团丁屯于涟滨书院，父亲和叔叔也是其中一员，爷爷曾带着他到那里看望亲人。书院后面有湘军练兵场，点将台。如今，涟滨书院一方面书声琅琅，学子济济；另一方面，它已成为“湘军摇篮”和湘军后方的大本营，是后方为前线补充兵源的兵站。

想着，想着，刘锦棠昏昏入睡，飘飘然然“来到了”涟滨书院，书院那宏伟的宫殿，那高高重檐上的五彩木雕，那一行行整齐古朴的琉璃红瓦，那瓦槽里长出的绿苔和飘逸的小草，大殿两旁的课堂里传出的琅琅读书声，令他高兴得压抑不住内心的喜悦。

刘锦棠正看得入迷，突然，后面传来一声呼唤：“儿啊！我不在世了，这里不是你读书的地方，快快回吧！”

刘锦棠返身一看，父亲满身鲜血，皮开肉绽，站在自己身后。刘锦棠一惊，大喊一声：“爹爹！你负伤了？”

随着喊声，刘锦棠惊醒，原是一场梦，但全身已是大汗淋淋。睡在隔壁房里的母亲也被儿子喊醒，急忙披衣下床，走过来一问。刘锦棠如实将梦情告诉母亲。

彭氏夫人一听，一下子将儿子抱入怀中，号啕大哭，儿子也跟着哭了起来。一会，全家人都起床，聚于刘锦棠的房中。刘忠馥得知哭因，大声训斥儿媳和孙子：“梦中之事，皆是无稽之谈。”

至此，刘家才恢复了平静。刘锦棠重新睡下，可父亲的血肉模糊的身影总是在脑海中浮现，挥之不去。

梦和现实，有时也许会成为一种巧合，就在刘锦棠梦见父亲的这一晚上，几百里外的岳州城，湘军与太平军正在展开一场殊死争夺战。太平天国定都金陵后，发起西征，西征军溯江而上，攻克武汉，占领岳州。王鑫奉骆秉章之命率部前往，抵达湖南和湖北两省交界处的羊楼司。太平军石祥祯和曾添养的部队正在夜色里悄悄等待敌军到来。寂静的夜晚，突然响起号角声，太平军漫山遍野地杀来，湘军全面溃退，丢下两百多具尸体。王鑫率部退向岳州城，埋伏在岳州附近的二万多名太平军突然出击，趁夜掩杀，湘军大败，王鑫率部退守岳州，与邹寿璋的部队会合。

邹寿璋见王鑫到来，便说：“城内空虚，没有食物，不能防守。”

王鑫不听，偏要固守岳州。

邹寿璋率部出城。这一天，洞庭北风大作，曾国藩在岳州的水师遭到风灾打击，二十多艘战船沉没，其他战船都有不同程度的损坏。湘军水师受挫撤退，王鑫却率部迎难而上，一支孤军守着一座空城，军士们一整天得不到食物，军心不稳。

太平军大举围攻岳州，一阵炮击后，黑压压的一大片兵丁抬着云梯攻城，城上的湘军火药接济不上，一时军心大乱。太平军火力压住了城墙上的湘军，越战越勇，乘虚攻入几处女墙。

营官刘厚荣负责固守的一段城墙，也被太平军攻破，城楼上双方短兵相接，展开了混战。刘厚荣带领几十个兄弟，拼死抵抗。太平军架起云梯，士兵前后呼叫着向城楼上涌来。刘厚荣见状，亲率一哨勇丁，舍命摧毁太平军的云梯。登城的太平军见云梯被毁，一时间乱作一团，刘厚荣趁机将其全歼。

城下的太平军见同伴倒在湘军的刀枪下，枪弹如雨点一般向城楼倾泻而来，刘厚荣猝不及防，射中数弹，身负重伤。

太平军继续攻城，湘军无力支撑，王鑫估计很难逃脱，便作困兽斗，眼看就要全军覆没。然而，“天不灭曹”，曾国藩水师驶到岳州西门，王鑫所部纷纷登船。王鑫还要逞强，质问军士们为什么逃走。部属回答：“曾大帅派船来接我们，我们为什么不走啊？”

王鑫恼羞成怒，拔刀自刎，被左右阻止，亲兵拥着他撤退。王鑫和部队一起逃出岳州。

刘松山和屋门口的几个兄弟，背着重伤的兄长，跟随溃逃的队伍到达湘阴，刘厚荣因没有及时医治，一命归天。

刘松山扶兄柩回到家里，一家人悲痛欲绝，夫人彭氏更是肝肠寸断。甘田屋场被一片浓重的悲哀笼罩着，肃穆的灵堂正面是一块连天接地的白色幔帐，两旁书一挽联：“巨石殒湘阴，英雄恨长鸣；战绩彰龙城，忠魂存湖湘”。黑漆棺材摆在幔帐的后边，只露出一个头面。棺材前面一个巨大的“奠”字，“奠”字下是身着战服的厚荣画像。到处是一片素白，大门口用松枝白花扎起了一座牌楼，做法事的和尚在门前大坪竖起一根竹竿，挂着长长的招魂幡，被风吹着，一会儿慢慢飘起，一会儿轻轻落下。

一位年迈的僧人领着七八个和尚，围坐在黑漆棺材旁边。只听见一下沉重的木鱼声响后，和尚们便同时哼了起来。谁也听不清他们究竟在哼些什么：既像在背诵经文，又像在唱歌。是不是在超度亡者，谁也弄不清。

披麻戴孝的刘锦棠跪伏灵前，他发誓：“长大投军，为父报仇。”

战乱的岁月里，一个人的命运，似乎更多地取决于偶然性，染上了更重的宿命色彩。当初，刘忠馥同意两个儿子投王鑫当勇丁，就是为了摆脱家庭的困境。一方面，因王鑫规定勇丁的饷银，直接寄给家属，且薪饷也较丰厚。因此，投军可获取饷银弥补家用，更重要的方面是，可以通过打仗立功，还有升官的希望。现在刘厚荣战死，不仅升官无望，就是那点饷银也没了，一家的主要经济来源也失去一半。刘忠馥遭受这一致命打击，没几天，就一病不起。白发人送了黑发人，黑发人又送白发人。

刘松山含泪将两位亲人送上山，思亲之情，与日浓厚，再返前线，上有老母和嫂嫂，下有两个侄儿；更让他牵挂的是，早年定亲的成氏，如今也过了二十，一直等着他去迎娶。想到这些，刘松山忧思不绝，方寸已乱，欲辞军职，侍亲左右，做一孝子贤孙而终此生。

树欲静而风不止，还沉浸在悲哀之中的刘松山，接到王鑫从省城差人送来的信。原来，王鑫自岳州大败后，老湘营经过几个月休整又恢复了元气，王鑫诚邀刘松山顶替兄职，统领兄长部下。王鑫在信中写得情真意切，他说，松山贤弟是一个明大事的人，如今天下人都看透了长毛的本来面目，人心归顺我们的勤王之师，天时、地利、人和一应具备，长毛还能长久吗？大丈夫办事，岂可过于拘泥！况且墨绖从戎，古有明训，为保桑梓而出，为保孔孟之道而出，正大光明，贤弟此番出山，不必多虑，日后即便不能封侯拜相，也可名留青史。贤弟勿再固小节而失大义，徒留千古遗恨！

刘松山将王鑫之信，告之母亲，请母亲定决。

没有想到，平时沉默寡言的母亲竟是一个明大事之人，她说："当今乱世，正是男儿报效国家之时，汝父年轻时，虽有报效之心，实乏济世之力。今皇上有煌煌明谕，上奉君命，名正言顺，你去吧，上不负朝廷，下不负百姓。老身深知，今日办事，千难万难，但古人说得好：世无艰难，何来人杰？此中道理，吾儿自明，哪再有犹豫之心？"这一番，说得通明透亮，刘松山哪有不出山之理！

战火没有摧毁刘家的忠诚，刘松山告别了家里的亲人，告别了未婚妻，再次踏上了为国效命的疆场。

九峰住持授兵书

刘松山再次从军好几个月了，可他的养家薪水分文不见。奶奶陈氏托人到县里的团练总局问过多次，得到的答复是这几个月还没有筹到钱。原来，湘勇只是一支民间武装，它不享受正规军的待遇，所需军费开支通过自筹和赞助取得，勇丁的薪水虽高，但在筹款不到的情况下，也就束手无策。失去了经济来源的刘家，一下子陷入窘境，刘锦棠被迫辍学。

在学堂读四书五经，那是为了取得一块进入仕途的敲门砖。而今，仕途的道路封死了，演义小说成了刘锦棠的偏爱，《水浒传》《三国演义》《岳飞传》《隋唐演义》《薛仁贵征东》《杨家将》这些书，刘锦棠一读起来，就仿佛山间的清风，田野的清香，让他暂时忘记了家庭的困苦。

穷人家的孩子哪能闲在家中，奶奶托人在附近一个财主家，给孙子找到了放牛的活。

十来岁的刘锦棠当起了牛倌。每天清晨，刘锦棠手执牛鞭驱赶着四五头黄牛，在莲花山冲的小道上悠然地走着。接着，又有几个放牛的伙伴，驱赶着他们的牛群走过来了，几个小牛倌凑到一块，有时十多头，有时几十头牛，在田野、山涧时聚时散。当牛儿尽情地啃食着青草时，刘锦棠俨然成了一个说书人，他凭着超人的记忆力，将演义小说中的故事人物说得活灵活现，讲得有板有眼，听众也是津津有味。不过，听完故事后，你就得给他捡一小梱柴，每次总有五六梱小柴凑成一大担。就这样，刘锦棠一边给人放牛，一边捡柴，慢慢地，家中的柴垒成一座小山。

莲花冲因山而得名。莲花山顶有一块非常平坦的大坪，它是小牛倌们一个重要的聚会点。每当春秋两季，大雁从南往北、从北往南的时候，附近几里路之内的看牛伢子，都要来莲花山顶聚会，好像成了一个没有成文的规定。他们站在山顶上，欣赏大雁展翅飞翔的雄姿，天空的大雁，也好像与山顶的这些看牛伢子成了老朋友，它们一接近莲花山，就要作低空飞翔表演。山顶的看牛伢子蹦跳着、大喊着，为天空成群结队的大雁朋友加油，大雁也会传下一两声清唳的鸣叫，向友好的朋友致意。这时，山顶上的看牛伢子更来劲了，他们会朝着大雁呼喊：“排成一个‘一’字！”大雁在上空回旋一圈，真的排成了“一”字；接着，又是一阵呼喊：“排成一个‘人’字！”大雁又在上空排成“人”字队形，朝山顶滑翔而来，表演完后，它们就展翅腾飞而去。

一个晴朗的春日，刘锦棠赶着几头牛，最先来到莲花山，将牛安排在山乇中，他就上了山顶，选一处空旷的土坪躺了下来，仰望天空，尚不见大雁踪影，他就学着大人闭目养神的方式，安享清闲之乐，不知不觉睡着了。

一会，几个看牛伢子慢慢地朝山上走来，当他们快到山顶时，土坪中躺着一只睡觉的大白虎，一个个吓得胆战心惊，虚汗直流。孩子们赶紧往回跑，大声呼叫，山上有只白老虎，救命啊！山下有人闻声，立即鸣响铜锣，召集附近乡亲，急拿锄头、棍棒、鸟铳往山上围堵。

乡亲们到达山顶，果见一只白虎四脚卷曲，侧身躺在坪中。众人皆惊出一身冷汗，有人急中生智，鸣响铜锣。只见得那白虎一个翻身，腾起一团白雾升空而去，众人大骇，白雾过后，再一细瞧，少年刘锦棠坐在地上。

这就奇了，人们看到的是一只大白虎？怎么一下子就变成了毅伢子了？

有人疑惑不解，有人推测，难道这刘锦棠是白虎星下凡，薛仁贵转世？那他将来一定会当大元帅！事后，这白虎星转世的奇事在当地传开来了。

有一天清晨，当刘锦棠赶着牛群走出牛棚，照常朝莲花冲方向走时，平时老实服帖的牛儿，却一反常态，朝九峰大山走去。九峰山是看牛伢子最怕的地方，因山中树高林密，常有虎狼隐藏，经常骚扰牛群。刘锦棠挥动牛鞭，在牛群中“啪啪”作响，这一下，惹恼了一头公牛，只见它“哞哞！”一声长鸣，就像一匹脱缰的野马，拼命朝九峰山狂奔。在公牛的带领下，其他牛儿四蹄奋起，卷起一片尘土，发疯似的你追我赶，一会就到了九峰山下。

书前说过：九峰山发脉于南岳祝融峰，经衡山、湘潭、转湘乡，蜿蜒至此，结成一座耸入云天的名山。明代年间，瞿公真人漫游全国，寻找修行得道之处。当他到达九峰山顶眺望南岳，发现此山非同一般，前有荆紫峰、大旗山，千山朝拱；后有涟水河，逶迤东去入注洞庭；右有马蹄寨，犹如一只雄壮宝驹，待命出征；左有门扇山，好像玉阙城门，屏护九峰。站在山顶，远观南岳祝融，犹如南天柱石，近看龙城文塔，又似对天挥毫。山中更是药材遍地，灵芝、人参、黄精、杜仲、枝子、银花、前胡、厚朴、天冬、百合、地黄、菊花。九峰处处得雨露之滋润，含天地之毓秀，寓乾坤之钏灵，聚日月之精华。如此风水宝地，正是真人理想的修道之地。于是，他在山腰建“修真寺”，在此修道登仙。由此，九峰山之仙姑庙、修真寺香火不断，数百年长盛不衰。

发疯的牛群，奔跑到修真寺前，昂头嘶鸣，群山回响。刘锦棠跟着一路奔跑，已是汗流浃背。只见寺内住持，一位须眉洁白、长髯飘拂的老和尚，神光奕奕，骨格清奇，一步步踱将出来。和尚朝牛群说：“孽畜，不得在此无礼。”刚刚发了疯似的牛，一下子都耷拉着脑袋，朝寺旁的草地啃食去了。

刘锦棠听这住持声音如洪钟一般嘹亮，心中甚为纳闷，他忙上去，施下一礼道：“大师，小民惊扰你了。”

老住持面现喜色，道：“好！好！我等你很久了，你可随我来，有话对你说。”

刘锦棠见那住持面上倒是一脸善气，于是恭恭敬敬地跟他到了禅院。

老住持笑道："老僧法号光明。夜中仙姑梦传，知你将于今日到此，特嘱徒辈守候你到来，授《太公兵法》和《仙姑秘笈》与你。"

刘锦棠心中大骇，民间传说九峰山仙姑登仙时，留下一本兵法和一本武功秘籍在山中，五百年之后将赠予有缘之人，传说是真是假，因为谁也没见过这两部书。

今日，光明住持说出此语，的确让刘锦棠吃惊。幸亏他颖悟敏捷，随即叩谢道："师父盛意栽培弟子，弟子岂不知感？"

光明住持伸手挽着刘锦棠的臂膊，呵呵大笑道："不必多礼，老僧已知，你是极聪慧之人，二岁启蒙，六七岁入经馆，但因世事混浊，兵凶战危，汝命中有此一段磨难。"老住持接着说："你随吾上山，拜见仙姑。"

住持前引便行，刘锦棠随后跟进。

行不过半里路，四下里都是茂林修竹，奇花异草，翠柳夭桃，听得潺潺的涧水响，看前面时，一座青石桥，桥下翻银滚雪般的水，欢快地顺山而下。到达山顶，又是另一番天地，仙雾腾腾，隐隐约约见一宫殿藏于雾中，中间平坦一条龟背大道，两旁夹种着大松树。刘锦棠暗暗寻思，九峰山有此仙境，吾先前真不知啊！跟随住持前行，两行奇树，中间一座大朱红棂星门。刘锦棠入得棂星门，抬头见一所宫殿，上书"九峰山仙女庙"。刘锦棠明白了，住持说的仙女宫，指的就是这仙女庙。

进了宫门，刘锦棠抬头舒眼，殿上金碧交辉，点着龙凤烛，两边是青衣女童，持笏捧圭，执旌擎扇侍从；正中七宝九龙上坐着那个仙姑，身穿金缕绛绡之衣，手秉白玉圭璋之器，天然妙目。光明住持跪伏仙姑前，口中念道："弟子奉令，引刘锦棠至此，拜见仙姑。"

刘锦棠于住持旁，躬身跪拜，俯伏在地，说："小人刘锦棠，拜见仙姑，伏望天慈俯赐怜悯！"

住持拜毕，转入仙姑塑像背后，轻轻一拍，机关大开，顿时宫中光彩熠熠，香风拂拂，从仙姑腹中取出黄罗缎包，递与刘锦棠。道：“毅斋，包内乃仙姑留在凡间五百年的《太公兵法》和《仙姑秘笈》，汝得此两书，只可替天行道，全忠仗义，辅国安民，勿忘勿泄。二十年后，老衲等你归还此书，再传有缘之人，谨记，谨记！”

刘锦棠看时，两书都是长一尺，宽八寸。他不敢当场开看，再拜仙姑。

早前，刘锦棠就听说过黄石公所著《太公兵法》一书。黄石公乃秦汉时人，因避秦世之乱，隐居东海下邳。其时张良因谋刺秦始皇不果，亡匿下邳，于下邳桥上遇到黄石公。黄石公三试张良后，赠《太公兵法》。张良研读黄石公所授兵书，助汉高祖刘邦夺得天下。刘锦棠做梦也没想到，今天仙姑向他赠此宝书。《仙姑秘笈》乃是一本武学秘籍，收录天下各门各派的绝技，并绘有示范图式和详细批注。

刘锦棠捧着两本书，对住持道：“小民天生愚钝，兵书玄远深长，一时恐不能透彻，如之奈何？”

光明住持哈哈大笑：“汝勿过虑，既然汝与此书有缘，以汝之才，自然通晓。”

刘锦棠听了这意外的话，一时疑惑不解，他说：“国之人事，权在天地，事关气势，贫寒卑微小民，岂能夺造化之权，到时有误国之大事也。”

光明住持说：“汝大可不必自卑，孟子曰：‘舜发于畎亩之中，傅说举于版筑之间，胶鬲举于鱼盐之中，管夷吾举于士，孙叔敖举于海，百里奚举于市。故天将降大任于是人也，必先苦其心志，劳其筋骨，饿其体肤，空伐其身，行拂乱其所为，所以动心忍性，增益其所不能。人恒过，然后能改。困于心，衡于虑，而后作。徵于色，发于声，而后喻。入则无法家拂士，出则无敌国外患者，国恒亡。然后知生于忧患，而死于安乐也。’自古英雄豪杰诸无种，均为时势造就英雄。”

光明住持说道：“历史上凡是有作为的军事家，大都自幼就熟读文武兵书，唯有兵书真正包容了社会和人生。你看，在狼烟四起和鼓角争鸣之后，有大智慧，也有大阴谋，让人感觉到战争是运气，更是技巧，凭精心斗志，靠审时度势。文书《太公兵法》，汝可精求熟练，足以运筹帷幄之中，决胜千里之外。武书《仙姑秘笈》，汝应切记之武德，‘习武先习德’，武功自然而然有诸般巧妙变化，全靠自悟。”

住持的话，刘锦棠似懂非懂，他问道：“历史上有熟读文武兵书的全才吗？”

住持毫不犹豫地回答：“有啊，诸葛亮就是一个熟读文武兵书，腹内藏雄兵的典范，他身居茅庐，就定下三分天下之势。他的用兵之道，神鬼莫测，火烧博望新野，舌战群儒，智激周瑜，草船借箭，借东风，三气周瑜，安居平五路，七擒孟获，六出祁山，空城计等等战例，可谓是：舌上纵横风雷，胸中笑换星斗，大展补天经纶，摇扇笑安乾坤。”

住持的一番话，让刘锦棠领会到一种难以言尽的妙处。他将兵书贴身藏于胸前，拜别光明住持。

《太公兵法》《仙姑秘笈》成了刘锦棠最心爱的书。寒来暑往，研读不断。少年刘锦棠虽没有亲历过战争，人世间的阅历也极其肤浅，但他从兵书中读到了不平和的人生。兵书的奥妙在于，一会儿是风平浪静，一帆正悬；一会儿又是险象环生，樯倒桅折。希望在眼前，一不留神却滑落于关键的瞬间，惋惜懊恼扭转不了乾坤。屏声静气，寻找战机，猛然一招，却能反败为胜，化险为夷。然胜者不可轻狂得意，败者不必黯然神伤，“骄兵必败，哀兵必胜”，就是这个道理。

江南的夏秋，夜幕降临，蚊子嗡嗡地嚷个不停，它叮上人的某个部位，那地方马上疖肿。刘锦棠是一个晚上不看书就睡不了觉的人，夜深人静的时候，家人都已睡去，而他读书兴致正浓。为躲避蚊子的骚扰，他将桐油灯置于蚊帐内，身子匍匐，思绪随着书本遨游。鸡鸣打破了黑夜的宁静，母亲醒来，发现儿子的房中还有灯光，披衣下床一瞧，不瞧则可，一瞧大吃一惊，这毅伢子帐内，团团黑雾笼罩，掀开蚊帐一看，匍匐在床的儿子，不知何时睡觉了，头前一盏油灯，正吐着火舌，烟雾腾腾。灯下的兵书上，还有他的梦涎。

母亲真是对他爱恨相加，爱的是，这孩子读书入了迷，说不定，将来定有出息；恨的是，床内油灯是无情之火源，弄不好，一场大火将全家付之一炬，本来贫困的家庭，到那时连一个落脚之地都没有了。

如此之场面，母爱是一种本能。母亲唤醒儿子，温和地说："儿啊！怎能这样读书？"

刘锦棠知道自己犯错，腼腆地回答："娘！儿子下次不敢了。"

落难幸遇好心人

冬天来临，乌云低垂，阴雨霏霏。刘家的日子也和这天气一样冰冷，米缸早就见底了，奶奶全用青菜萝卜代粮。

山枣街上赶集的日子到了，刘锦棠挑着一担茅柴去赶集。从家到山枣，足有五六里的路程，途中还要横过城江河。河不宽，对于一个挑着一担柴的少年来说，无论如何也是一道坎。河上没有桥，只能捋起裤腿涉水而过，水不是很深，空手过河无大碍，挑柴过河会弄湿半截。刘锦棠将柴放在河堤上，他捋起裤腿，准备探清水路再过。

这时，一位高大的男人也到达河堤，来人是当地有名的成石匠，刘锦棠亲热地叫一声"成叔叔"。

成石匠也早已瞧见了刘锦棠，他说："毅斋伢子，不要去探路了，叔帮你挑过去吧！"

遇到了这样的好心人，刘锦棠的愁容一扫而光，说："大叔帮忙，侄儿先谢谢了！"

刘锦棠跟在成叔身后，走到深水处，裤腿还是湿了一小截，他不在意地说了一句："我将来当了官或发了财，一定要在这里修一座桥，方便行人。"

成大叔接过话说："毅斋，你要真的修桥，只要我还活在世上，一定帮你出工出力，不取分文。"

两人在河中的闲言，后来成为一段美谈。

过了河，向东走上四里路就是山枣街上了。刘锦棠到达山枣街上时，已接近晌午，赶集的人已寥寥无几。他默默地站在集市的入口处，目不转睛瞧着赶集的人们，只想着自己的这担柴快些出手。北风呼叫着扑来，人们不自觉地打着寒战。刘锦棠挑柴走路时，虽然衣单裤破，但身上还是热乎乎的，一旦歇息，北风就往身上钻，刺得他浑身发抖。

赶集的人越来越少，刘锦棠一眼茫然，心里直嘀咕，今天这担柴还能卖出去吗？

就在这时，一个身着大衣皮袄的人，一看就知是一个做生意的老板，他的目光盯住这个肚皮凹进了肋骨，不断跺脚的少年问道："伢子，家住哪里？你的柴要多少钱？"

刘锦棠老实地回答说："大叔，我家在莲花冲。"说完了这句，瞧了瞧这大人和蔼可亲面孔，又说："大叔，你给一升米吧！"

"小孩子出来卖柴，不容易啊！你家里还有些什么人？"

"大叔，我都十多岁了，父亲今年在外战死了，家里还有奶奶、母亲和一个弟弟。"

那人一听，惊奇地问道："你是刘厚荣的儿子，叫毅伢子？"

刘锦棠望着眼前的这位大叔，点了点头，接着问道："大叔，您认得俺爷[①]？"

大叔说："你的柴，我买了！"

出了集市，刘锦棠挑着柴跟在他的身后，径直走到一个店子旁，大叔示意放下担子，将柴垒放在屋檐下。

刘锦棠一看，门额上写着"山枣饭店"，他好奇地问："大叔，这店子是您的？"

"是啊！这店子是父辈传下来的。"

刘锦棠进店里一望，好大的气派，大餐厅十几张桌子和几十条春凳都漆得油光闪亮，那大叔转换了称呼说："侄子，饿了吧，先吃饭，等会叔叔与你慢慢聊。"大叔朝屋内大喊道："纯伢子他娘，快要师傅炒几个鸡蛋，盛大碗饭来，厚荣兄的大崽来了！"

里面一个女人回答说："要得啰，就来了！"

大叔说完，拉着刘锦棠在角落里的一张桌子前面对面坐下，诚恳地说："毅伢子，俺姓王，叫开伟，你喊我开叔就行了。俺老弟王鑫办团练时，俺与你爷都是老湘营的哨长。自老湘营出征以来，俺与你爷就是生死相依的兄弟。"说至此，大叔眼中含满了泪水，停了一会才说："今年老湘营在岳州被长毛围困，俺与厚荣兄带领兄弟在城楼上血战，厚荣兄不幸中弹仙去，俺也身中数弹，捡了一条命回来。如今在家疗伤，过段时间我还得出征。"

刘锦棠这时才弄清，眼前的这位大叔就是父亲和叔叔常提起的王开伟叔叔，他流着泪水说："开叔，俺爷死后，叔叔又从军去了，可至今没有见到叔叔的薪水，俺不能让家里人挨饿，今日，赶集卖柴，想换点

① 我国部分地区称呼父亲为"爷"。

米回去。”

王开伟听后，不觉流下辛酸的泪水，效命疆场，为国捐躯的壮士，弄得家中无米下炊，他摸着刘锦棠的头，心底在说，真是造孽!

一会，跑堂的伙计端上饭菜，王开伟连忙说：“快吃吧，一定饿了吧？”

刘锦棠肚子正饿得咕咕叫，他见了这大碗的米饭，肚子更饿得发慌，但是，刘锦棠已是一个懂事的孩子了，不能平白无故的吃开叔的饭，他强装笑容，推辞地说：“开叔，我不饿！”

王开伟明白这孩子的心思，他严肃地对刘锦棠说：“毅伢子，你不要多说了，叔现在要你立即吃饭，我和你父亲在军队里，从不分你我。”

王叔把话说到这个份上，刘锦棠当然得吃了。

刘锦棠正吃得津津有味，上厢房一个年轻女人牵着一个五六岁的孩子走了出来，王开伟对刘锦棠说：“毅伢子，这是你婶婶，以后有事，我不在时，你就与婶婶说。”

王开伟又将那孩子拉到身边说：“纯伢子，这是你毅哥哥，你要向他学啊，十来岁就当家理事了。”

纯伢子歪着头说道：“毅斋哥，我有个大名叫王诗正，纯伢子只是乳名。你是哥哥，叫我大名和乳名都可以。”

一听，就知这纯伢子口齿伶俐，不同凡响。果真如此，纯伢子后来过继给了王鑫，不到二十岁就在左宗棠帐下做事，成为一代名将，他在收复新疆，收复台湾的战争中立下奇功。这是后话。

刘锦棠吃了王开伟的饭，柴还要不要钱呢？他委婉地说：“开叔，奶奶在家等我回去呢！”

王开伟当然是个聪明人，他一听，就知这孩子话中的下文，于是，他对夫人说：“伢子他娘，你去量两升米，作为柴钱，让毅伢子带回去。”然后，又用征求的口气问刘锦棠：“毅伢子，你看这样行吗！”

刘锦棠向王开伟深深地行了一个鞠躬礼，说道：“开叔，真的谢谢你了，一升米就够了，我怎么好意思受你的两升米呢！”

王开伟加重语气说：“毅伢子，你有柴就送到叔的店子来，每担柴两升米。”并叮嘱妻子，一定要照这个数给付。

刘锦棠知道开叔对自己的照顾，他流着眼泪说：“开叔，你的恩情，侄儿一定记在心中！如有机会，定当报答！”

刘锦棠回到家中，将两升米交给母亲，奶奶在一旁问道：“你一担柴，怎么有这么多米？”

刘锦棠将遇到王开伟的事，详细地告之奶奶。老人家对孙子说：“一定要记住人家的这份情！”

家里的日子一天比一天难挨。陈氏算得上一个开明的婆婆，有人为儿媳妇彭氏前来提婚，她考虑到一家四口挨饿，不如让儿媳寻条出路，安稳地渡过下半辈子。

彭氏下堂后，幼子刘鼒过继给刘松山。刘松山未婚妻成氏虽未过门成亲，但她已认定自己是刘家的人，就将义子带回娘家。成家对这个外孙倍加爱护，刘鼒才得以成人。

战争给平民百姓带来的只是灾难，刘厚荣一家在这场战争中妻离子散，仅仅两三年时间，家里只剩下祖孙两人相依为命。

闺秀相中穷轿夫

世上的事，无不有巧合之处。离莲花冲十几里地的洪塘，是一处一马平川的大垸，这垸中万顷肥田沃土，棉苗起伏，稻浪滚滚。更为壮观的是，平地上崛起一座青砖青瓦砌成的庄园，青砖围墙让这庄园更是森严壁垒。庄园主人姓晏，人称晏员外。员外称得上湘乡县内一大富户，开了大门，一眼望去，尽是他家的山水田土，骑马走上两个时辰，晏家不要踩别人的地。古人说得好：“贫居闹市无人问，富在深山有远亲。”晏员外家居乡下，却经常有府、县官员前来拜访，就连省里去宝庆府（邵阳）出差的官员，也要绕道到晏家走一趟。因为晏家总要赠送一封几十或几百两银子，这样的好事，当官的当然乐于进屋了。

咸丰九年（1859 年）的一个晚上，晏员外年方二八、才貌出众的女儿，刚刚躺到床上，似睡非睡，忽见门外一道白光冲进，呼呼一声风响，跳出一只白虎，望着晏小姐面门扑来。小姐吓得魂飞魄散，正要喊叫时，那白虎朝她点了几下头，跃出门房，飘然而去，小姐惊出一身冷汗醒来，原来仍是一梦。小姐醒后，想将起来，心里疑惑，夜梦白虎，甚为怪异，不知是祸是福？

第二天，小姐在大厅向父母请安过后，对父亲说，她昨晚梦见一只白色的大虎，直奔她的房。父亲听后，并未在意。

这时，墙外有人大叫：“看相算命呀！不准不要钱。”

坐在一旁的夫人对丈夫说：“女儿的梦，有些稀奇，何不叫外面的算命先生进来帮女儿解一解梦。”

员外觉得夫人说得有理，就让管家将算命先生请进来。算命先生落座，晏夫人说出女儿的梦情。

算命先生听后，稍一沉思，即刻起身，向员外和夫人高兴地说：“今天，府上有贵人来临，小姐的终身大事就应在这贵人身上。”

算命先生一语，让坐在一旁的小姐羞得满脸通红，羞答答地躲到夫人之身后。

员外着实吃了一惊，因为省里有一年轻官员要去宝庆府，昨晚下榻

"山枣饭店"，并送来了拜帖，说今天要来晏家拜望。员外心想，小女婚事难道应在这官员身上。

晏员外是一个见识多广的人，他对算命先生说："今天确实有贵客要来，但不知这客人是不是先生所说的人，请先生留下来，帮我看一看如何？"

算命先生谦恭地说："如果员外信得过，那我就恭敬不如从命。"

晏员外叫来管家和一群仆人，打扫庭院，安排佳肴，准备迎客。

这时，在山枣通往山田的大道上，一位乘坐四员大轿的官员，衙役鸣锣开道，随从左右护轿，好一派气势，人们都知道这是去拜访晏员外的官。路人更羡慕的是，以前那些坐轿的官员，大都是老态龙钟，而这官员还是一个年轻人，所见者，都是一派啧啧赞美之声。

抬轿的人中有一位十四五岁的轿夫，他就是刘锦棠。他本来还没有给这官员抬轿的资格，但省里官员从长沙乘船至湘乡县城，县里派轿接送。说来也巧，县里派出的轿夫中，昨晚有一人得病，山枣饭店的老板娘（王开伟的妻子）就让刘锦棠接替。她的本意是让刘锦棠多赚点工钱，没有想到，却成就了一桩美满姻缘，成为古今美谈。

一行人行至晏家落轿，主人热情邀请官员进入大厅。算命先生作为家人随同主人身后。说来也奇，自打官员走出轿子，算命先生就瞧他不是一块当大官的料。官员在大厅中入座，算命先生给官员递上茶水，趁机观其手掌，细瞧面相，他怎么也不像当大官的相貌。

算命先生心觉奇怪，百思不解。他站在官员身后，朝员外摇了摇头，员外点头示意，领会了先生之意。

再说那官员被主人迎进大厅后，轿夫和随从就在地坪中休息，凑到一块扯谈。刘锦棠可能是因他的年龄小，与这些人处不到一起，他独自一人为那官员乘坐的轿子擦抹灰尘。

此时，算命先生从晏家大厅出来，一见刘锦棠，心中“咯噔”一响，贵人之相，落在此人身上。他围着刘锦棠转了两圈，发出啧啧称赞之声，他说：“吾观尔相貌堂堂，将来必定是出将入相的大人物！”

那些轿夫和随从以为这相命先生取笑刘锦棠，其中一位姓陈的轿夫不以为意地说：“毅伢子要是做得大官，我就给他去抬轿子。”

算命先生回答说：“到时，恐怕你给他抬轿子的资格也没有呀！”

轿夫听算命先生的一说，自然心底不服气，他赌气地问道：“那我的命注定是干什么的？”

算命先生指着刘锦棠回答轿夫说：“你就在他家做长工吧！”

刘锦棠听出两人话中抬杠，就和解地说：“我要真做了大官，就要你当管家。”

算命先生马上对那轿夫说：“还不谢谢大人。”

轿夫毫不客气地回答：“等他做了官再说。”

算命先生惋惜地说：“真是天意，看来你只有做长工的命。”先生一句话，断定了轿夫一生前程。此是后话，书中自有交代。

算命先生与一群轿夫、随从在外面打口水仗，大厅中宾主叙谈结束，主人陪同官员参观庄园。算命先生随同在晏员外身旁，悄悄地对员外说：“小姐的姻缘落在外面那年轻的轿夫身上。”

晏员外着实吃了一惊，把算命先生叫到一旁，轻声细语地说：“我要你看一看这官员的像，你怎么看上轿夫了？”

“员外要我相贵人，这官员没有贵人相，也做不了大官，那年轻轿夫才是贵人，将来一定是出将入相的大官。”算命先生的话，让员外疑惑不解。

“员外若不相信，亲自见一见那年轻人不就知道了。”员外觉得算命先生说得没错。正好，那官员朝轿夫们歇息的地方走，员外就跟随在后。轿夫们见主人来了，个个站立起来。晏员外一心瞅着刘锦棠，眼前的年轻人虽然身着粗布大衫，但在众人中，独有他气宇轩昂，眉宇间透着一股英气。

员外见过了刘锦棠，心中自有几分喜意，但思想上一时转不过弯，这小伙子毕竟是个轿夫。员外还算开明，他喊来管家，暗暗地把算命先生的话告之，背地里手指刘锦棠说，你把那小伙子引到后院，要夫人和小姐在绣花楼上悄悄地看看，是否中意。管家进了堂屋，将员外之意转告夫人和小姐。

管家来到刘锦棠身旁说："小伙子，你能帮个忙吗，后院有一石凳想要搬动一下。"刘锦棠打扫打扫衣服，爽直地说："行，我跟您老去！"

进了院门，上了正屋台阶，到了大厅，转过影壁，才入堂屋，就闻得一阵香气扑脸而来，丫鬟们遍身绫罗，插金带银，个个花容玉貌。刘锦棠初入这样的大户人家，身子如在云端里一般，满屋之物都耀眼争光，使人头晕目眩。

来到后院，只见佳木茏葱，奇花闪烁，白石为栏，一带清流，从花木深处曲折泻于石隙之下。绕过那锦簇山石，树杪之间，隐隐见得一座飞楼。刘锦棠不知，夫人和小姐早到了绣花楼，母女俩倚栏观望。

小姐在楼上瞅见刘锦棠进了后院，这个年轻人穿戴破旧，却面上官星显现，人到楼下，头顶一团白雾显现，昨晚梦见的那只白虎在雾中盘上盘下，小姐心里一惊，莫非我的婚姻落在这人身上？再定睛一瞧，只是一个英俊的小伙子在眼前，那团白雾和白虎不见了。

刘锦棠也瞧见了楼上的夫人和小姐，小姐那沉鱼落雁之容，闭月羞花之貌，他从心底赞叹，却没有攀附之心。

晏小姐不愧是大家闺秀，见刘锦棠也在瞧她，便银铃婉转："娘，生人来了，我们不便撞见，回绣房去吧。"

刘锦棠一见小姐，似有早就相识之感，再听小姐银铃之声，犹如喝下一杯蜜糖。此时，他不知这富家小姐相中了自己这穷光蛋。

管家指着院中一条白玉石凳，说：“小伙子，你一人能挪得动吗？”

刘锦棠一看，这石凳不下三四百斤，他上前掐住石凳两头，试了一试，回答说：“您老要挪到哪？”

管家说，你就挪到那楼下吧。

一会工夫，刘锦棠就将石凳挪到了管家吩咐的位置。

管家心底赞叹，真乃神力也！

晏员外送走客人，他对算命的话还是将信将疑，一个轿夫，将来真是出将入相的大人物？将小姐许配刘锦棠，小子将来有了出息，我晏家虽说不上光宗耀祖，但也是一件光彩之事，如果刘锦棠将来仍是一个轿夫，我晏家脸面何在？员外左思右想，总是定决不了。

管家见主人在厅中踱来踱去，问其缘故，员外说出心中的缘由。管家说：“老爷不是要夫人和小姐也看过此人吗？何不听听夫人和小姐的意见！”员外觉得管家说得在理，就将夫人、小姐喊来商议。

夫人和小姐来到厅中，员外便将算命先生相贵人一事和心中的疑惑和盘托出，夫人尚未开口，平时很少言谈的小姐却先说出一番话来，让在场者莫不惊讶。

小姐轻启唇齿，说：“爹爹，女儿看到那人时，头顶似乎有一团白雾升起，茫茫中一只白虎在雾中盘旋。孩儿想，贵人自有贵人福，俗话说‘运去金成铁，时来铁是金。’古代的薛仁贵、岳鹏举不都是贫寒出身吗？人间婚配乃是前世之缘，五百年前注定。至于女儿婚事，乃由父母做主，小女告退。”

小姐的言下之意，她已相中了刘锦棠，而且还有非他不嫁之意，在场的人都明白这孩子的话中之话，可她偏偏还要将决定权推给父母，其聪明之处真非常人所及。

晏员外听了小姐一番话，与夫人商量一阵后对管家说，有劳你去刘家附近打探一下那毅伢子家境，重在人品。

第二天，管家从城江归来，向员外报告了他探听到刘锦棠的一切情况，特别是那白虎星转世的传说，更是说得活灵活现。员外听后，感叹地说：“看来这婚姻真是前世修来。”

几天后，刘锦棠闲在家中陪奶奶说话，祖孙两人正谈到兴处。突然，一乘大轿在地坪中落下，一位身着长衫，管家模样的人前来通报说：“刘家奶奶，洪塘晏员外前来探视！”

刘锦棠认得员外和管家，却不知为何事而来，他还在犹豫之间，员外已经下轿，笑容满脸地走过来。刘锦棠和奶奶慌忙迎接贵客，一阵迎客套话后，刘锦棠尊员外在厅堂上坐，东边管家陪着员外，刘奶奶西首侧坐，刘锦棠立于下首。

管家开言道：“员外到此，别无话说。只因见令孙十分聪俊，员外意欲奶奶若不嫌弃，员外愿将小女许配令孙，未识尊意允否？”

祖孙两人恍如梦境，一时不知如何回答。

还是刘锦棠反应较快，他稍作思索，即回答员外说：“承蒙员外美意，小侄父亲战死多年，母亲改嫁下堂，现与奶奶相依为命，家贫如洗，若谈小侄与小姐的婚事，岂非害了小姐受苦一生一世？我毅伢子之罪也！那天，我目睹小姐天生花容月貌，只有大富大贵之才子才能般配，怎能配我这穷人，此事断然使不得。”

管家听后说道：“贤侄，你言之差矣！姻缘讲的是缘分，自有月下老人定决，今老爷、夫人、小姐均相中相公，并无异见，你有何推托之理？”管家诚恳地说：“贤侄，员外说了，你若不嫌弃小姐，这婚事就定了。”

刘奶奶见晏家真心诚意，她就对孙子说："既然是员外之意，又是员外亲自登门谈论婚事，想必是深思熟虑，你也就不必推辞了。"

员外见刘奶奶表了态，就从怀中取出一纸，呈送刘奶奶，说："这是小女庚帖，请奶奶收了。"

奶奶大喜，观看小姐的年庚，说也奇异，晏小姐虽不与刘锦棠同年，却是同月同日同时辰生的，真正是"天作之合"。

奶奶将小姐庚帖递与刘锦棠道："这晏小姐的庚帖，供在家堂上。"

刘锦棠见奶奶说了话，双手接了庚帖，向员外行过礼，恭敬地说："小侄父亲虽不在了，但叔父在，犹似父在，待小侄去江西军营禀告叔父后再作定夺。"

刘锦棠的话，让员外倍加高兴，这句话中体现的是年轻人难得的"孝、义"之心。员外满心欢喜地说："贤侄说得在理，你动身前，先来老夫家，老夫给你叔叔写一纸，顺便捎带前去。"

奶奶喜悦地说："那就一言为定。"然后拉过刘锦棠说："毅伢子，过来拜谢岳父。"

刘锦棠即上来拜谢过了。员外满心欢喜，随即作别起身。

晏员外一行走后，奶奶笑得合不拢嘴，说："看来，我家毅伢子要成家啦！"

刘锦棠当然高兴，择一黄道吉日前往江西找叔父。临行前，遵员外之意，专程前往晏家。

刘锦棠此次进入晏家庄，非同前次。员外夫妇喜笑眉开，待于上宾，夫人自去厨房备餐，员外引刘锦棠进书房，分宾主坐定，两人在书房谈论。

刘锦棠说话，落落大方，员外听后，觉得这小子确不一般，老少两人言语投机，不知不觉已至晌午。刘锦棠陪员外夫妇用过午餐，管家呈上一个包袱，里面装有途中换洗衣服和员外写给刘松山的信函。管家还送给刘锦棠一个背袋，里面装有二十多斤闻名全国的湘乡烘糕，这是员外专门为刘锦棠准备的途中干粮。

刘锦棠回到家中，将大半烘糕留给奶奶。第二天，五更鸡鸣，奶奶为他安排早饭，又备些干粮，为路中之用。临行前，奶奶将一个绣有“平安”的绣花小袋子送给孙子，叮嘱说，这个平安符袋在九峰仙姑那里许愿开光，是非常灵验的，一定要贴身挂在胸前。刘锦棠身背未来岳父给他准备的行装，带着奶奶的嘱托，开始上路。

刘锦棠抵达湘乡县城，直奔设立在涟滨书院的湘乡县团练总局。在挂有“总管”的一间办公室里，他向上座的一位官员报上姓名，说明自己只身赴江西寻找叔父之事。那官员听后，才知这少年乃老湘军第四营刘松山之侄，内心由衷赞叹，小小年纪就有如此胆略，长江后浪推前浪，湘军后继有人矣。

那官员双眼紧盯着刘锦棠说：“此去江西千里之遥，太平盛世尚且难走，今逢乱世，路上盗贼生发，随时随地都有性命之忧，何况江西这么大，茫茫大野，人海渺茫，到哪里去寻找亲人？少君宜三思而行。”

真是初生牛犊不怕虎，刘锦棠利落地说：“大胆天下去得，小心寸步难行。三国时，关云长独行千里，过五关斩六将，还护着两位皇嫂，直到古城与刘皇叔相会，这才是大丈夫所为。小侄虽不能与关公相比，但我今独身行走，犹如天马行空，自然去得。”

官员听后，知刘锦棠心意已决，于是真心诚意告之，战争变化无穷，老湘营与“长毛”在江西你来我往，你进我退，军队无固定驻地，战场随时转换。这几年来，老湘营转战于浙、闽、赣，驻地变化无常，目前，也只略知在鄱阳湖一带。你若前往，可先赴南昌城湘乡会馆，到那才能得知老湘营的动向。

军中白马认主人

刘锦棠孤身一人前往江西寻亲。说来也巧，行至江西萍乡时，遇上了前去投奔老湘营统领张运兰的谭邦耀、谭邦忺、谭邦典、谭邦瑚四兄弟，他们是石狮港刘锦棠外祖家的邻里，于是结伴而行。到了南昌，寻得湘乡会馆，会主从馆中挑选一个精灵的青年，带着这五个年轻人，前往老湘军驻地景德镇。

数日后，前方军营林立，迎风招展的各色长条旗让一座座军营生机勃勃。不同的营中插着不同颜色的战旗，中间一座大营，旗杆上飘拂着一面五色长条旗，一瞧就知这是老湘军的军旗，上面用黑丝线绣着一个硕大的“张”字。那些稍小一点的营房环绕中营四周，营中的战旗也略小一点，旗上方分别绣着“刘”“谭”“王”“李”等各营官的姓。带路人喜悦地说：“那‘张’字帅旗下，就是张运兰的大营，我们到了目的地了。”刘锦棠忙问道：“我叔父的营房在哪？”那人回答说：“你看，‘张’字旗旁边不是有一面小一点的‘刘’字旗吗，那就是你叔父的军营。”带路人和谭氏兄弟直奔张运兰大营，刘锦棠独自投奔叔父处。

刘松山正在营帐内和幕僚研究军情，亲兵带着一个人进入帐内，他也没有在意，刘锦棠喊了一声“细爷！”

刘松山抬头一看，大吃一惊，说：“毅伢子，你怎么来了？”刘锦棠还未回答叔父的问话，有传令兵来报，请刘松山前往大营商议军情。刘松山对一旁的幕僚说：“他是俺侄儿毅伢子，你先替我照顾着。”刘锦棠立马认出，原来这幕僚是本家的堂叔刘树山。刘锦棠喊了一声：“树山叔！”刘树山见了这侄儿，真是欢喜得不得了，可能是好久不见家里人了的缘故，他向刘锦棠问这问那。刘锦棠一一回答，刘树山没有想到，这侄儿年纪不大，对答如流，都能得到满意的回答。

叔侄俩谈了一阵，刘树山还要检查军营情况，他就带着刘锦棠一块到军营中巡视。刘锦棠初进军营，一切都是那么新鲜，士兵们有的在那擦枪，有的在那磨刀，也有的在练拳，还有的是几人一伙搏斗摔跤。刘锦棠发现叔父的这营兵勇，基本是湘乡人，每到一处，大家都是用湘乡话交谈，树山叔与大家说得非常亲切。他不解地问道："树山叔，这里怎么尽是湘乡人？"

刘树山拍一拍刘锦棠的肩膀，说出了其中的缘由："张运兰、王开化统领的部队，其官兵基本上是王鑫在家乡组建团练时的成员。王鑫虽然战死了，但这支部队的官兵都留下来了，因此，外人称呼原王鑫的部队为'老湘营'或'老湘军'。你叔父统领的这旗（营），是'老湘营'中的'老湘营'，因大多数人来自山枣、泉塘、虞塘、东郊、城前一带，旗里的人不是同村、同族，就是同乡。正因有了这层至亲关系，打起仗来，各哨、队团结得如同一家人，大家齐心协力，拼死相帮。所以，外人说我们老湘营第四旗都是一些'猛子'，打到哪，赢到哪！"

叔侄俩正说得热闹，突然，一阵马嘶狂鸣。刘锦棠定睛一看，前面马棚内拴着几十匹战马，其中一匹白马，浑身雪白，并无一根杂毛，自头至尾足有一丈长短，自蹄至背约高八尺，头如博兔，眼若铜铃，耳小蹄圆，尾轻胸阔，件件俱好，好不欢喜。白马一声嘶鸣，其他马跟着狂鸣。刘锦棠不自觉地走近那白马，白马似乎要与他套近乎，把头伸了过来，朝刘锦棠呼呼地喘息。刘锦棠摸了摸白马的额头，那白马点头示意。刘锦棠觉得这马好亲热，加之他还未骑过马，如是，他对树山说："叔，让我骑一骑这白马吧！"

刘树山见前面有一位马夫，正在给马槽里添饲料，就将那人喊过来，要他将白马牵出来，让刘锦棠骑一次试试看。

马夫瞧了瞧刘锦棠，对刘树山说："这孩子是谁？晓得骑马？"

刘树山回答说："他叫毅伢子，是旗长的侄儿，你就教他骑吧。"

喂马人一听，连连摇手，说："使不得，使不得，这马是从北方买回的，如今已有年余，见了人乱踢乱咬，无人降得住他，好几个骑手都试过，都没有骑上去。有一个公认的好骑手，上了马背，也被它摔了下来。刘公子还是一个细伢子，摔坏了，我可赔不起。"

刘树山听后，以为刘锦棠一定会放弃骑马的愿望，没想到，马夫这一说，反而激起了他骑这匹白马的欲望，他央求地说："大叔，你教教俺，让俺试试吧。"

马夫叫声："少爷！须要仔细，这马却要伤人的，只怕你降它不住！若降得住，马就是你的了。"

这时，正好有一位骑手前来拴马，马夫说："你要这位叔叔教吧。"

刘树山对那骑手说："老兄，他是旗长的侄儿，你教教他的骑术吧。"

骑手问刘锦棠："你骑过马吗？"

刘锦棠回答说："冒（没）骑过。"

"好！看清啦！"骑手接着说："上马时站在马胸口附近，带紧缰绳的手要同时抓住一小撮马鬃，然后左脚踏蹬，右手扳鞍，翻身上马，双腿放松，膝盖轻靠顶住马鞍，然后靠两个马镫的支点来掌握平衡，缰绳松紧有度，最终达到人马合一。"骑手叮嘱说："你看我的示范。"骑手说着攀鞍上马，缰绳一带，马就跑了起来。骑手跑了回来，问道："看清了吗？"

刘锦棠回答说："看清了！"

马夫牵来白马，套上鞍辔、衬屉缰笼，刘锦棠接过缰绳，那马见有人来，不等刘锦棠近身，就举起蹄子乱踢。刘锦棠把身子一闪，那马又回转头来乱咬。刘锦棠望后又一闪，趁势一把把鬃毛抓住，举起掌来就打，一连几下，那马就不敢动了。然后，照着那骑手的式样，跃上马背，只听得白马一声嘶鸣，大地震颤，它昂扬着刚烈的颈项，后腿蹬地，前蹄腾空而起。旁人吓了一跳，骑手高喊："双手抓住马鬃，身子贴伏马身。"刘锦棠倒是镇定，照着骑手的吩咐做，那白马立刻恢复常态。刘锦棠缰绳一带，白马似乎特别听话，只听得忽喇喇四个马蹄翻盏相似，往前跑去！马夫惊奇不已，那些老骑手骑不了的马，怎么让这孩子骑上去了。

刘锦棠刚才学的是怎样上马，却没有注意怎样让马停住和下马，他上了马背，白马驭着他直朝营外奔去。刘树山急了，他要那骑手赶紧追上去，要刘锦棠停下来。

那骑手掉转马来，狠抽一鞭，营门外赶上了刘锦棠，他高声喊："快勒住缰绳，让马停住！"

刘锦棠听后，用力将缰绳勒住，白马乖乖地停了下来。骑手又说："你把缰绳勒紧，掉转马头，骑着它回去。"

刘锦棠照着骑手的话做，那白马就乖乖地往回走。马夫惊得嘴都合不拢，回到原地，刘锦棠将缰绳递过来，他才回过神来，说："看来，刘公子与白马有缘。"

自古道："物各有主。"这马该是刘锦棠骑坐的，自然属他的了。马夫突然冒出一句让在场者惊讶的话来，他说："恭喜刘公子，这白马归你了！"

马夫的这句话，让刘锦棠和众人摸不着头脑。

"哈哈！"马夫大笑："这马买回来后，骑手们争着要白马，到了试骑时，谁也驯服不了。最后，旗长表态说，以后谁把它驯服了，这马就归谁。今天，刘公子驯服了白马，这白马就是公子的了！"

马夫话音未落，旁边一洪亮的声音："毅伢子能驯服白马？不可能吧？”大家转目一瞧，说话人是旗长刘松山。

“您若不相信，可让公子再试一试。”马夫只想证明自己的没有说假话，在旗长跟前也没有啥拘束。

刘松山从马夫手中拿过缰绳，递给刘锦棠。不用叔父发话，刘锦棠就明白了其用意。只见他二话不说，翻身上马，两腿一夹，那白马得到主人命令，“哒哒”地向前跑了起来。刘锦棠骑着白马在营房中绕了一圈，回到原地。

刘松山顿感诧异，如果不是亲眼所见，他还真不相信自己的眼睛，侄儿天生的高超骑术，说明他是一块从军的好料。但一想到军中战火无情，万一有个好歹，自己怎能对得起逝去的兄长。想至此，刘松山要侄儿交还缰绳，然后说：“我们回帐吧。”

刘锦棠跟在刘松山身后出现在营帐，坐在案桌旁正等待开会的旗里大小头目，向这年轻后生投来惊奇的眼光。刘松山见状，向在座者简短地介绍了一下，说：“这是我厚荣兄长的儿子，叫刘锦棠。”然后，他又将侄儿拉到身旁，说：“毅伢子，在座的人，大都是与你父亲一块投军出来的，今后，你要尊重这些长辈们。”刘松山介绍侄儿的情况后，就要亲兵带他入后帐歇息。

刘松山忙了一天，直至夜晚才有了与侄儿详谈的时间。刘锦棠向叔父谈到奶奶对他的思念，刘松山长叹不止，终于还是鼻子一酸禁不住热泪盈眶，天下大爱，唯母亲最真。刘松山离家多年，还有挥之不去的乡恋，一想到这些，他就心如刀绞般刺痛。

刘锦棠从叔叔对他的问话中，也从中感受到一种血浓于水的亲情，叔侄俩心灵都在震颤，有着强烈共鸣。

已是子夜时分，刘锦棠才呈上晏员外给的叔父信函，又详细地述说了员外许亲的经过和奶奶的态度，最后说上一句：“侄儿婚事，请叔父做主。”

刘松山看了晏员外情真意切的信函，被员外的真心诚意所感动，他高兴对侄儿说：“员外这样看重我刘家，我家也不能辜负员外的一片好心，打完这一仗，我就回家给你完婚。”

叔侄俩真有许多说不完的话，但因刘松山军务繁忙，说不定天明还有一场大战，不能再耽误休息的时间了，叔侄两人垂头同宿。

花开两朵结良缘

光阴似箭，日月如梭，暑往寒来。刘锦棠走了一年多光景不见信息，真是急坏了晏家人，晏夫人派人去刘家打探，也未得到音讯。近来，太平军挥师湖南，在宝庆府展开了恶战，从涌来湘乡的伤兵、难民中得悉，战争之残酷，更让晏家人为刘锦棠捏了一把汗。

晏员外倒是沉得住气，他相信，吉人自有天相，毅伢子一定平安无事。员外在家尽心筹备女儿婚嫁之事，他对夫人说，毅伢子家寒，哪里办得起喜事。遂与夫人商量，在城江买下一处叫“富托”的山地，盖了一栋瓦房，先把刘锦棠奶奶接过来，又雇了一个丫鬟，服侍老人，奶奶自然欢喜，不消说得。一切妥当后，只等刘锦棠回来做新郎。

咸丰十年（1860 年）夏初的一天，一群喜鹊在富圫前面的槐树上叫个不停。日夜思念孙子的刘奶奶兴奋不已，老人家在想，喜鹊报喜，一定是俺孙子要回来了。也许是第六感官的情感效应，只听得“哒哒”的马蹄声从山凹外直奔富圫而来。一会，一匹高大的白马停在地坪中，一个青年跳下马背，高声喊叫：“奶奶，我回来了！”

“哈哈！我就知道俺孙伢子今天会回来。”奶奶大笑着迎出门，抱住孙子说："让奶奶看看俺孙子的变化？"老人左瞅右瞧，口中自言自语："长高了，变胖了，像个真正的男子汉了！"突然，又惊讶地问道："伢子，你怎么晓得奶奶住在这里？"

刘锦棠告诉奶奶，他先到了甘田屋场，邻里族叔说您到了这里。他说着，从马背上取下叔父给奶奶的一个包裹，打开一瞧，里面有人参、鹿茸等一些补品。他告诉奶奶，叔父现在掌管几个营的湘军分统，已官至总兵，加提督衔。叔父为俺捐了一个县丞的衔头。

"哈哈！儿子、孙子都当官啦，老身此生没有白活，俺就是现在登仙也能闭眼了。"奶奶笑后又问道："你怎么一去就是一年多，也没有信回来？"

刘锦棠说，他寻到叔父后，叔父非常满意这桩婚事，本想立即打转，不料湘军与太平军在江西战场的交战处于白热化，叔父作为统领，当然不能脱离战场；二是整个江西大地炮火连天，途中很不安全；三是叔父为了让侄儿学习军事知识，就安排他在自己帐下参划方略，也就是在指挥部当参谋。

刘锦棠说完，奶奶问道："你去岳父家没有？晏家可在等你成婚呀！"

刘锦棠回答："孙儿见过了奶奶，这就去！"说完，穿上县丞官服，骑上白马飞驰而去。十多里路程，快骑转眼即到。

晏员外见槽门外有一着官服的年轻人拴马，匆忙出门探个究竟，没料到是来者正是自家东床，高兴地喊道："夫人，毅斋来了！"这一喊，惊动了全屋所有的人，有丫鬟急忙奔绣楼告知小姐。

刘锦棠一见岳父、岳母出门迎接自己，匆匆上前叩首："小婿拜见岳父、岳母大人。"

自古云：姻缘本是前生定，莫作寻常世事看。晏员外瞧了瞧眼前这个穿着从七品官服的女婿，真是品貌不凡，人才俊雅，不似等闲之辈。夫人见了，也发觉眼前的女婿可谓是一表人才，出类拔萃，怎么也不能把他与轿夫联系到一块。岳父母只顾格外地高兴，欣喜不过。员外说道：“毅斋不必多礼，快进屋罢！”

小姐站在台阶上瞧见了自己日夜思念的未婚夫，因“男女授受不亲”的礼教，哪敢近前问候？她见刘锦棠搀扶父母走了过来，便带着丫鬟转身回房去了。真个是大家闺秀，不越礼教半步。

晏员外邀得刘锦棠坐定，员外道：“毅斋，你这一走就是一年多，我们是望眼欲穿呀！”

刘锦棠将前后经过如实禀告岳父母，呈上叔父给二老的回信，又一次再行叩谢大礼，说：“小婿的婚事全由岳父母做主。”

员外看了刘松山的信，就对刘锦棠说：“贤婿，你今不必过虑，待老夫择一吉日与小女完婚。”

刘锦棠道：“蒙岳父母大人如此深恩，叫小婿怎么消受？”

员外择定吉日，告之刘家。刘锦棠在富托收拾打扫院子，前后挂彩张灯，准备筵席，唤集了傧相乐人，热热闹闹，专等明日吉期。

黄道吉日，花轿先行，刘锦棠骑着白马不离左右。后面是抬着箱笼物件、粗细嫁妆的晏家人。随后两乘大轿，员外打破陈习亲自送亲。到了富托，一众乐人奏起乐来，两个喜娘扶小姐出轿，与刘锦棠参拜天地。接着，婚礼进入湘乡一个特定的习俗，由主持婚礼先生喊：“见面礼”，意思是所有前来参加婚礼的长辈都要给新婚夫妇送上一个红包或什物，钱不论多少，但到场的长辈不能缺员。按礼节祖母在先，奶奶送给新娘红包后，又送上一个绣有“平安”的绣花荷包。接下来就是岳父的见面礼，晏员外递上一个大红包，喊礼先生拆开读道：“富托山庄房屋一座，城江大塅良田百亩，还有银票等等。”在场者大惊，这么丰厚的嫁妆一辈子也没见过。

厅堂中众人惊叹员外重礼时，门外有人喊道："湘乡县令前来恭贺刘县丞大婚！"

县令也来贺喜，亲朋纷纷称贺，乐人傧相，吹唱匆忙，一家人心中好不欢喜。

刘锦棠出门迎接，只见县令身后跟着一老一少两个女人，一看就知是母女。在哪见过？似曾相识又不相识，刘锦棠一时想不起来。

县令朝刘锦棠拱手道："祝贺刘县丞大婚！"说着把身后母女推上前来，说："刘县丞，这是从湘潭来寻找县丞完婚的王氏母女，小女有县丞赠送的'平安绣花荷包'婚约为证。"县令令那小女掏出荷包递给刘锦棠。旁人一瞧，与奶奶刚才给孙媳妇的见面礼荷包无二。

刘锦棠大惊，他想起来了，去江西的途中曾赠烘糕救了母女，赠荷包也是愿这对母女平安，怎么说是定情之物？瞧那王女，当时还是个黄毛小丫头，瘦弱可怜，仅仅一年多时间，她已是个亭亭玉立的大姑娘，明媚中几分动人。刘锦棠心中忽而升起一种莫名的惆怅。

晏员外是一个有见识的人，他相信女婿的人品，不会做出有损道德的事来，如是向刘锦棠问道："这是怎么回事？"

刘锦棠解释说，他在去江西途中偶遇谭氏四兄弟，有一晚，一行人夜宿于荒村。半夜时分，突闻一妇人惨哭之声，揪人心肺。众人背上包袱，结伴循声寻去。哭声是从一破屋内传出来的，刘锦棠上前推开一扇破门，只见一床破被覆盖着一妇人和一个十五六岁的女孩，妇人哭得死去活来。那妇人忽见生人推门而入，吓得直哆嗦。刘锦棠近前一看，那女孩面色灰白，嘴唇发紫，眼睛发暗。一看就知这女孩是饿得快不行了。刘锦棠一阵心酸，立即从背包中取出几块烘糕，又拿过床头破碗，将烘糕掐碎，用水调兑成糊状，叫妇人喂下女孩。那女孩有粮入口，使劲一咽，妇人再喂，几块烘糕喂完，女孩活过来了，妇人也停止了泣哭。众人好言相慰，从妇人的话中得知，原来她是湘潭人，夫家姓王，丈夫随湘军出征，听说到了江西，她寻了大半个江西，也没寻到夫影，到南昌时遇到一熟人，听说丈夫上个月已战死，尸骨无还。妇人身处异乡，无亲可投，欲回湘潭，途中几乎无讨吃之处，几天粒米未进，孩子眼看就要饿死。众人听后，无不心酸，特别是刘锦棠，父亲战死后，自家也经受过类似的磨难，对这妇人有一种同感，他从包袱中取出本欲孝敬叔父的几斤烘糕，全部送给这妇人。妇人见状，朝刘锦棠四揖四拜，接受这份重礼。刘锦棠将妇人扶起，转身欲离去，那妇人扯住他的衣角，说："恩人，您是湘乡人吧？"谭邦耀替他说了："这位送你烘糕的人，叫刘锦棠，是湘乡山枣人。"刘锦棠瞧母女两人实在可怜，顿时泪水盈眶，他还想为母女俩做点什么，想了一想，从脖子上取下平安符，挂在到那女孩的脖子上，说："神女娘娘会保佑你母女平安的。"说完，别离妇人，行至门外，转头一瞧，那妇人又在跪地拜送。

刘锦棠将自己与谭氏兄弟赠烘糕救母女的经过说了出来，最后强调说："我只是可怜母女俩，从没有过赠定情之物的念头，大家不信的话，谭氏兄弟可作证。"

员外向母女问道："淑女，咋说荷包是定情之物？"

此时，刘奶奶站起说道："毅斋，你好糊涂，俺绣的荷包上有几个小字，你晓得吗？"

"奶奶，俺没注意，您不是说只是一个'保佑平安'之包吗？"

"真是糊涂小子，俺绣的是一对合心包，本意是给孙子和孙媳妇一人一个，故在包的右上角绣了'天作之合'四个小字，你糊里糊涂将包送给一个女孩，这不成了定情之物？"

这下子，刘锦棠是辩不清了，一场好好的婚事，羞得他下不了台。

一直站立在人群中尚未掀盖头的新娘，珊珊移步上前说道：“郎君，夙世姻缘，非今世事也，王小姐恰在吉时赶到，天命不可违呀！妾身也需要一个伴，郎君就许了这段百岁良缘吧？”

晏小姐一番话，说得在情在理，别人也无话可说。县令也为之感动，把晏员外叫到一旁嘀咕了几句，重回厅堂，说道：“王氏小女，本官保媒，在此吉时婚配刘郎！”

喜炮响起，一应乐工掌礼，分别将两位新娘送入洞房。

第三章

战火磨炼

刘锦棠军中献奇计，曾国藩妙评周公瑾

刘锦棠完婚这段时间，江西战场发生了很大变化，湘军节节胜利，把太平军逼出了江西全境，曾国荃乘势沿长江直下，逼近天国首都的屏障安庆。于是曾国藩将大营行辕移到安徽宿县，调老湘营归属自己直接指挥。一切调配妥当，岂料老湘营统领张运兰病重，奏请回老家湘乡养病的折子尚未回复，只得暂在军中休养。曾国藩任命刘松山与易开俊分统老湘营。张运兰仅留亲兵营随行辕行动。

刘松山独领一军，便急忙给侄儿去信，令他迅速归队。

刘锦棠新婚蜜月接到叔父来信。即辞别家人，打点行装上道，急匆匆赶往安徽宿县。

人的官运来了，想挡也挡不住。本来只有一个在籍侍郎、帮办团练大臣头衔的曾国藩，突然接到上谕："赏加曾国藩兵部尚书衔，迅速驰往江苏，署理两江总督。"两江总督府原驻金陵，现为太平天国占领，曾国藩有了官位，却没有官衙，两江总督驻节何处？大营行辕总不能停在宿县不动吧，上谕说"迅速驰往江苏"，曾国藩心里非常清楚，皇上的话不能不听。

曾国藩在江南地图上标出了几条线路，心里揣度这几条线路的利弊，琢磨了半天，又让幕僚们各抒己见。他的目光最后停留在安徽省南

端的祁门，手指反复点着祁门，幕僚们很快领会了大帅的意图，大营行辕要设在祁门。

祁门历来为兵家必争之地。地处崇山峻岭之中，通闽广、接苏杭，上达安庆以扼南京，下抵南昌以控西陲，其间险堑天成，攻守皆宜。曾国藩之所以选择祁门，出自两点考虑：他认为朝廷从浙江入手，通过苏、常包围南京的东面进攻决策，历史和现实证明都是错误的，必须改由两面进攻的策略，也就是从长江上游向南京包围。对于这一点，大多幕僚都清楚，而他的另一个心思，别人是无法忖度到的，只有他自己清楚，那就是印证自己是蟒蛇转世的传说，“祁邑多高山密林，正合巨蟒藏身，出可去，入可避”。正是从这两点出发，曾国藩把湘军驻扎在屯溪、休宁、祁门到赤岭一线的通衢要道，一则以截断太平军由赣赴皖的驰援路线；二则控扼安庆对南京形成合围之势。大军虽然没有“迅速驰往江苏”，但已做好了“驰往江苏”的准备，而且摆出了决战的阵势，圣命没有违背，皇上也不好责怪。

洪秀全非常清楚，曾国藩行辕大营驻扎在祁门，天国要打通与安庆、南昌之间的联系，构成犄角之势，拱卫天京，不能不占领祁门。于是，便暗中调动大部队进攻祁门。一场关系湘军行辕大营生死大战就在眼前，曾国藩却蒙在鼓里。

再说刘锦棠一路风餐露宿，赶到宿县时，行辕大营又到了祁门。只得快马加鞭赶到祁门。他一到祁门，便随叔父巡视兵营，这一看不要紧，他发觉祁门大营已犯了《太公兵法》说的兵家之大忌。原来，祁门虽说是一个县城，但四周山势险峻，与外界相连的仅有一条东通休宁、徽州，西联景德镇的官马大道，另有一条小道沟通背面的两个小镇，大赤岭和大洪岭。就是说，祁门县城嵌在一条狭长的山沟里，倘若东西官马大道被堵，与外面的联系一断，曾国藩行辕大营就陷于绝地。刘锦棠建议叔父快去劝说曾国藩，搬迁行辕大营。

刘松山非常迷信曾国藩，对侄儿说道："毅伢子，总督将大营设在祁门，自有他的道理，很多同僚都反对过，总督一概不予理睬。你要知道，讲排兵布阵，你与总督相比，恐怕还嫩得很。"

刘锦棠听叔父这么一说，自己也没有将建议直陈大帅的资格。他也没法，只得蕴藏在心中。

世上的事情，往往有凑巧的机遇。第二天，刘锦棠照常随叔父巡营，行至东门，遇上只几个亲兵跟随的曾国藩。

曾国藩与刘松山是同乡，早在长沙就认识。一见刘松山，他就主动打招呼。刘锦棠跟随叔父身后一同来到曾国藩跟前。曾国藩一见这个精神抖擞的青年，心中就有了喜意。他问道："寿卿，这是谁呀？"

刘松山回答说："他叫刘锦棠，是我侄儿。"刘松山边说边将刘锦棠拉到前面说："快给大帅行礼！"

曾国藩抚摸着刘锦棠的头问："是厚荣之子？"

曾国藩记忆确有超人之处，刘厚荣这位普通营官在咸丰四年就已战死，时间过去了五六年，曾国藩还能记住他的名字，这不是一般人所能做到的。

刘锦棠听后，眼角自然渗出泪水。这泪水一方面是怀念父亲，二是从内心发自对曾国藩的感激，眼前这位高官大人没有忘记自己的父亲，如果父亲泉下有知，也会感恩的。于是，刘锦棠给曾国藩深深鞠躬，恭恭敬敬行以大礼，然后非常感激地说："感谢大人对先父的记念！"

曾国藩个子不是很高，但官居高位，一般年轻人初见他，那对捉摸不定的三角眼，让人生畏，不敢与他攀谈。但刘锦棠没有这种感觉，他觉得曾国藩是一位值得自己敬佩的老师，一位先辈长者。刘锦棠向曾国藩说："大人，小侄有一句话想对您说，不知行不行？"

曾国藩慈祥地说："有话你就说吧。"

真是初生牛犊不怕虎，刘松山还想阻止侄儿，但刘锦棠早已脱口而出："大人，大营驻扎在祁门，犯了《太公兵法》说的兵家之大忌。"

曾国藩不是第一次听到类似的话，一些高级幕僚和将领早就劝说他向东移营。今天，刘锦棠说的话比他们还直白，曾国藩心里当然不满意，难道我一个堂堂总督，还比不上你这样的毛头小子。

站在一旁的刘松山，赶紧教训侄儿说："曾大人统率千军万马，过的桥比你这小子走过的路还长，什么时候轮到你来排兵布阵。"

曾国藩见刘松山这样斥责侄儿，心里倒有点过不去，因为他此时已觉得大营设在祁门确实不妥，但战事吃紧，又不能一时搬迁，目前处在骑虎难下的境地。怎样回答刘锦棠，曾国藩真是才识过人，他避开刘锦棠的话题说："小侄，你能在战时读兵书，研究军事，是好事，今后一定会成一位将帅之才。"

这句话，倒让刘松山摸不着头脑了，曾国藩对侄儿说的话，是鼓励鞭策还是……是福是祸？他还真有些捉摸不定。

刘松山还没有反应过来，一名戈什哈（侍卫）跑来说："有重要军情报告，请总督大人回营。"

刘松山正不知怎样回答曾国藩的话，曾国藩已转身离去，他只得客气地说："大人慢走！"

曾国藩走后，刘松山责怪侄儿说："你怎么能这样与曾大人说话？"

刘锦棠不以为意地说："我说的没有错呀。"

刘松山也明白侄儿的用意，但如果曾国藩认真起来，说刘锦棠以下犯上，给一个军纪处分也不为过。

再说曾国藩匆匆回营，拆开告急文书，不觉大惊失色。告急文书中说重建围困天京两年多的江南大营又被太平军摧毁。统帅和春率残部经石埠桥乘船逃往镇江，江北及九洑洲一带官军也随即逃遁。朝廷令曾国藩率军火速北上，严防“红毛贼”窜入京畿一带。告急文书还未看完，前方哨探来报，红毛襄王刘官芳大军奇袭祁门东北的羊栈岭，陷黟县，前锋打到祁东乡赤桥附近，距行辕大营仅六十里。曾国藩顿觉天旋地转，一下子跌坐在太师椅上。

祁门此时的兵力，只有老湘营张运兰、张运桂的二营亲兵和刘松山四营、易开俊二营。张运兰重病在身，上不了战场，二营亲兵全由张运桂统领护卫行辕大营。曾国藩自觉势孤力单，一面发出求救信函，一面急令刘松山入帐。

行辕大营中，曾国藩和易开俊、张运桂及一班幕僚，个个脸色灰暗，沉默不语。刘松山带着侄儿踏进大营，众人便把目光投向这叔侄俩。

曾国藩一见刘松山进来，说道：“寿卿，军情紧急！”便将告急文书递与刘松山。

刘松山看完告急文书，大吃一惊。

曾国藩指着案桌上的敌我态势图说：“寿卿，祁门大营已陷于红毛的四面包围之中：西南的浮梁、景德镇一带有李远继部；东南的休宁一带有李世贤部；南面有李秀成部方抵婺源。行辕大营岌岌可危。”接着又问道：“寿卿，你可有退敌之策？”

刘松山道：“总督大人，我一定率部誓死保卫行辕大营！”

曾国藩叹道：“大营不足两千人马，怎能敌过敌军十万大军？”

刘锦棠见状，便对曾国藩说道：“总督大人，小侄有一小计，不知能否可行？”

“你说来听听。”曾国藩开言。

“诸葛孔明曾用空城计吓退司马懿十五万大军，今用此计定然不妥，然而与孔明空城计反其道而行，我军在东北两座山岭上遍布老湘军军旗，烽火、炊烟不断，这叫‘虚张声势’。红毛刘官芳多次败在老湘营手下，到了祁门山口，定生疑惑，不敢轻易来犯。我们只要争取一天时间，唐义训部即可赶到，大营就有救了。”

“总督早有退敌之策，用不着你小子多嘴。”刘松山训斥侄儿。

曾国藩心中早已乱得像一锅粥，拿不定主意，刘锦棠说出“虚张声势”之计，眼下别无他策，不管此计成与不成，只能试一试，或许成功，一旦失败也是天意，踌躇半晌后说道：“寿卿，自古英雄出少年，他的年龄与当年周公瑾相仿，你就照他所说的部署吧，谋事在人，成事在天。”

刘松山遵令，召集部下黄万友、易德麟两员战将分别驻防东北两座山岭，逐个附耳授予密计，反复叮嘱依计而行。

次日，刘官芳大军进至距祁门四十里的历口，前锋进至离祁门仅十八里的石门桥。再欲前进，只见两岭之间，遍野尽是五色军旗，岭上炊烟滚滚。先锋官一看便知这是老湘军阵地，心中自有几分胆怯，不敢再往前行了，派出前哨打探，通往祁门的官道尘土飞扬，大有重兵驻扎之势。太平军前锋停得一两个时辰，襄王刘官芳赶来，察看地形和敌情后，已经挨近天黑，他也没胆量贸然前行，只得下令就地扎营，等明天再进军。

入夜，曾国藩见东北两座山岭到处是烽火，岭上岭下不断传来喊杀声，白天发出的求救信也没有回音，心想，此番必死无疑，将行辕大营设在祁门实在是一个大错误，不说那些军机参赞反对，就是刘锦棠这样的青年人也看出来了，但现在后悔已晚。当晚，曾国藩惊魂落魄，在绝望中，他写下遗书部署后事，真正走投无路时就自杀。

整个祁门大营，从大帅到士兵，都知危在旦夕，弥漫着惊恐的气氛，有的人还悄悄地做好了逃离的准备。老湘营官兵却是格外的镇定，因为他们中的大多是从湘乡走出来的老湘勇，个个身经百战，对于战场厮杀来说，已司空见惯了。

这一夜，太平军也是心惊胆战，营外尽是喊杀之声，湘军随时可能杀进大营，哪个敢安稳躺下睡觉。五更时，湘军不再闹腾，太平军官兵一夜未睡，大家都想合一合眼。太平军将士刚刚躺下，开花炮弹齐刷刷地落到营中，顿时死伤大片。刘官芳大惊，出帐察看，黑压压的人马直朝他杀过来。一员大将挥动军旗，所指之处，真有摧枯拉朽之势。刘官芳在众亲兵的护卫下，立即退至大赤岭。

杀进太平军大营的这队人马，正是赶来救援曾国藩的湘军副将唐义训。此时天已放亮，刘松山从望远镜中看到唐军冲入敌军大营，立即指挥分驻两岭的黄万友、易德邻与唐军合为一处，一齐冲向敌营。

退至大赤岭外的刘官芳，一见漫山遍野的湘军汹涌，顿时慌了神，带着部下绕道江西转移，祁门之险得以解除。

危机过去，曾国藩清醒过来，细思前后，还真是刘锦棠“虚张声势”一计，迷惑了敌军，祁门大营得以保住，自己才逃过一劫。那些准备逃命的幕僚也重新恢复了平静，曾国藩感叹地说：“这小子有点像当年的周公瑾，真是英雄不在年高。”

刘锦棠在老湘营中有周公瑾之称，源自曾国藩之口。

湘军失守宁国城，锦棠受命危难时

曾国藩祁门脱险，行辕大营移驻休宁。曾国藩令其弟曾国荃率陆师近万人，会同提督杨载福水师四千人进扎安庆北面的集贤关，并命副都统多隆阿、按察使李续宾率马步两万人打援，城外开挖了长壕二道，前壕用以围城，后壕用以拒援。又令刘松山夺取徽州，进军旌德。他和湖北巡抚胡林翼，统率湘军水陆师约五万人，乘太平军东征苏州、常州的机会，自湖北大举东进，连陷太湖、潜山。

老湘营攻克旌德时，捷报传来：曾国荃攻克安庆，歼敌两万余人。行辕大营迁往安庆。

刚刚坐上宝座的同治皇帝和垂帘听政的两宫太后，得知湘军取了安庆，便任命曾国藩为协办大学士、两江总督，统辖苏、赣、皖、浙四省军事。不用明说，江南大营没有了，消灭红毛的任务落到了湘军头上。升官后的曾国藩并不怎么兴奋，他清楚，湘军如果攻克不了金陵，他就有可能成为朝廷任意宰割的羔羊。

曾国藩接到圣旨，立即调集各路人马，直指金陵。决战序幕拉开。仅两个月光景，曾国荃陆师三万人直逼雨花台，曾国葆十营湘军五千人分守大胜关、江东桥及三汊河一带，彭玉麟率水师近万人进泊金陵护城河口，保护粮道。皖、浙各路相继攻占当涂、芜湖、板桥、秣陵关、大胜关、三汊河。天京处在湘军直接威胁之下。

天王洪秀全对于湘军兵临天京城下十分惊慌，一日三诏急调正在向松江、上海进攻的忠王李秀成及镇守浙江金华的侍王李世贤等部火速回师援救天京。李秀成奉天王之诏，督率十三王，从苏浙战场集结装备新式洋枪的十万太平军，兵分三路援救天京：北路由李秀成与李世贤率主力进攻围京湘军；中路由陈坤书等领兵攻安徽芜湖金柱关，以断敌粮道；南路由杨辅清、黄文金、胡鼎文等攻安徽宁国，以牵制敌援。

天国三路大军回援天京，单表南路取道宁国一支。宁国地处安徽省东南部，东邻浙江，西靠黄山，连接皖浙两省七个县市和沪、宁、杭三城，是皖南山区之咽喉，南北商旅通衢之要道。宁国建县始于东汉建安十三年（公元208年），县名意取“邦宁国泰、物阜民安”，境内山清水秀，风光旖旎，天目山蜿蜒屹立于东南边缘，黄山山脉由西延伸入境，构成南高北低、峰峦叠嶂的地势形态。

湘军大将鲍超率五千人马驻守宁国。天国辅王杨辅清、堵王黄文金、金王钟万信三部合一进攻鲍超，太平军攻克宁国县城。

湘军失去宁国的消息传到安庆大营，曾国藩心急如焚，太平军不但打通了救援天京的通道，而且拦腰截断了湘军的后勤供给线。太平军打下宁国的三王，可以说是曾国藩的老对手。杨辅清是东王杨秀清的兄弟，从广西打到南京，后又与李秀成东征，几乎是无役不从，在江西、浙江战场多年与湘军对敌，多次陷曾国藩于危境。黄文金、胡鼎文位天国五虎大将之列，也是屡败曾国藩的名将，曾国藩大营在祁门时，黄、胡同守湖口，断曾粮道，又攻城夺地，直指祁门，差点捉拿到曾国藩。与这样的强敌对阵，派谁去呢？曾国藩还真拿不住主意。

宁国不能丢，一定要夺回来，而且要快。曾国藩想到了正在攻打旌德的刘松山老湘营，从地理上看，旌德离宁国只有百多里路，刘松山部两三天就可到达。更重要的是，刘松山与攻打宁国的太平军三王也是老对手了，在祁门时，刘松山曾用几营之兵力，击退过黄文金、胡鼎文近万人的进攻。

攻下旌德的刘松山踏进县衙，尚未喘过气来，就接到曾国藩送来的军令，令他率部收复宁国。军情紧急，刘松山心中明白宁国在这次“剿匪”中的重要地位，急召黄万友、易德麟升帐议事，大家商量后，决定抄近路，翻越黄山。将士们心里都清楚，在山峰重峦的崎岖山路上行军，辎重部队就更加困难了，稍不小心，就会跌下悬崖绝壁，车毁人亡。为增加行军中的安全系数，尽量减少损失，刘锦棠率领从各营挑选出来的壮士，组成先头部队，在前面遇岭开路，遇沟架桥，滑坡险要之处铺上树枝，保障辎重车辆通过。刘松山率领大部队紧随其后，翻山越岭，浩浩荡荡向宁国急进。

从旌德通往宁国的行军路上，人烟绝迹。黄山山脉的崎岖道上除了老湘营行军相互的吆喝声和辎重车辆“吱呀吱呀”的喧闹声外，不见有人行走。战争，让一个一个的大村庄变成了空巢，所到之处都是阴森森的感觉。

这样走了两天，还有大概一天的路程就可到达宁国县城，部队在山沟的一个村庄稍作休息。灰蒙蒙的天空飘起了大块大块的雪片，暴风雪就要来了。刘松山大惊，这样的大雪只要下得一晚，明天行军就更加困难了。恰在这时，哨探来报，攻打宁国的红毛三路人马，已走了两路，只有黄文金一路留守宁国。

刘松山听后，天气虽然突然变幻，但敌军减少对我有利，他做出了一个大胆的决定，趁大雪没有封山堵路时，连夜起程，向宁国急进，打敌人一个措手不及，一鼓作气攻下宁国城。

清晨，堵王黄文金出得营帐一瞧，外面是一片白色的世界，宁国城没有了街道，没有了房子，只是坑坑洼洼的一片白色。堵王心想，这样的天气，湘军没有十天半月到不了宁国。“真是天助吾也！”堵王话音一落，北城门传来震天喊杀之声，一士兵跑来报告说，他们刚刚打开城门，雪地里突然窜出上百名清狗一跃而起，夺取了城门。

报信的士兵话未说完，炮弹就在黄文金身边炸开了。一下子吓得他晕头转向，跟随的亲兵一个个吓得胆战心惊。

黄文金大惊失色，匆忙组织部队反击，为时已晚，一路湘军已杀到府前。幸亏亲兵拼死还击，才护着黄文金逃出城来。

攻下了宁国，刘松山即命易德麟领一支人马，乘势夺取与宁国唇齿相依的浙江泾县，以拒浙江之敌。

宁国城内，百姓寥寥无几，青壮男女和儿童基本上全跑了，见到的只是老弱病残。城内粮食奇缺，很多人家已是多日没有了炊烟，那些躺在床上的老弱人员，更是到了死亡的边缘，如此惨状真是令人寒心。百姓，都是大清的子民，刘松山召集各营营官商议，决定设粥棚救民。饥寒交迫的百姓，在这大寒天能喝上一碗稀粥，也有了活命的希望。老湘营设棚放粥的消息很快传播开来，躲进深山老林的百姓，无论是在宁国城里有家的和没家的，都纷纷投宁国城而来。进了城里，有家的即回家，无家的找处房子就住，城中无主的房子有的是，即便是主人回来了也无所谓，再找一处空房就可以了。

一段时间后，宁国城有了一些人气，朝廷任命的知县王必蕃也到位赴任。知县一上任，就动员所有能够拿得动刀枪的男人，编成团练，与湘军一道守城。不久，知县又换成了江苏人王凤仪。刘松山为他们提供一些粮食，参加团练的人包吃包住，有了吃的就能活命，投奔团练的人越来越多。

春回大地，冰雪开始融化，和煦的春风吹拂大地，气温回升，本应给人一种暖洋洋的感觉，但是，老湘营的将士怎么也打不起精神，城里的百姓也是一样。走在大街上的人，无论是当兵的，还是普通百姓，一个个都是无精打采，浑身上下没有一点劲，兵士巡城回到营房，倒头就睡。更为严重的是，军队训练时，有的人拿不起枪，不到一会便晕倒一大片。

刘松山也是一样，这几天总是提不起神，走路提不起腿，坐下就想睡，平日那股劲不知跑到哪去了。几天后，他正和下属将官、幕僚商议军情，突然恶寒战栗。众人见状，大惊失色，接着，黄万友也倒在中军帐。军医得讯，立即诊脉，察病情，辨症候，一个不祥之兆，瘟疫爆发了。

“病了，自己得了重病。”刘松山心里在说，他强打精神，对坐在下面的将官幕僚说道：“吾本欲竭忠尽力，助总督收复金陵，奈天意不允，得此重病，生死未卜。”这一番话，众人听了怎不心酸。接下来，刘松山断断续续、有气无力地说：“本军一切军务，暂由毅斋全权处理。”说完，晕厥在中军帐大椅上。

在座将官，听从刘松山吩咐，齐声喊道：“卑职听从少统领调遣！”此后，湘军营中便有了“老统领”和“少统领”之称谓。

刘锦棠临危受命，替代叔父成了统领，急函向曾国藩报告。几天的时间，疫情在兵营中蔓延，有的高烧发晕、头昏头痛、呼吸和脉搏加快；有的虚弱或昏迷，面色苍白。城里的百姓已开始出现死亡，有的家庭，一人死了还没来得及掩埋，又有第二个死了，接着第三个又死去。营中死亡的兵勇也接二连三地出现，几位营官也相继病倒了。幸亏发往安庆大营的告急文书有了回音，曾国藩送来了很多的中草药材，军医采用大锅煎熬，然后分发给病人，将士和百姓同等对待，瘟疫才有所控制。不过老湘营兵勇和百姓已死去了不少。

世上没有不透风的墙。镇守湖州的太平军堵王黄文金自丢失宁国后，一直懊悔不已，时时想着要报此仇。忽有密探来报，宁国城里得了瘟疫，刘松山大病不起，清狗和百姓死了一大片。黄文金得知这一情报大喜，说道：“真是天助吾也！”立即传令古隆贤、刘官芳、赖文鸿几员大将升帐商议。将官们得知这一天赐良机，一个个摩拳擦掌，定要报失守宁国之仇。黄文金遂引一万兵马同军中三员大将，一齐杀奔宁国。

刘锦棠日夜坐镇大营中帐处理军务，突然一道阴影在脑海中掠过：如果红毛贼这时来袭，不但宁国城守不住，老湘营亦在全军覆灭的危险。想至此，真有些不寒而栗。他急忙召集病情好转的营官和知县王凤仪商议。他打破营制，将各营和团练没有得病的兵勇、团丁，编成临时的战斗部队，另驻一地，担负守城任务，在进入宁国城的各处路口，设岗布哨，严密监视敌情。

太平军兵临宁国城下，呐喊摇旗，黄文金没有料到的是，城墙上旌旗密布，刀枪林立，真是森严壁垒。堵王大惊失色，定睛看时，只见城墙上一面“刘”字五色军旗下，刘松山骑马立于城墙之上和身旁的营官谈笑风生，又见刘松山令旗挥舞，战鼓齐鸣。黄文金疑惑不定，情报说刘松山病得卧床不起，难道是清狗用诈术，诱我上钩。黄文金哪知，城墙上的刘松山是刘锦棠找一相貌相似的亲兵假扮的。

黄文金犹豫之间，“刘松山”令旗一指，一阵炮火在太平军阵营中开了花。黄文金立即指挥炮火还击，士兵抬梯冲锋攻城，城墙上圆木滚石纷纷落下，双方打到白热化的时候，突然，太平军的身后杀出一支湘勇。只见一个骑着白马的小将，带领一队勇士，直朝黄文金扑来。太平军一下子乱了阵脚，而那队湘勇越战越勇，如入无人之境。原来，刘锦棠得知太平军前来夺城的消息，令假扮的刘松山在城墙上指挥战斗，他自带一支人马，埋伏在城外的山中，等到太平军攻城时，突然从背后发起攻击。

太平军腹背受敌，哪还有心思攻城，站在城楼上的“刘松山”，见敌阵出现混乱，又是一阵排炮猛轰，敌阵更是乱作一团。堵王眼看刘锦棠率领的勇士就要到跟前了，清楚地听到这帮清狗喊着“活捉黄文金”口号朝他奔，堵王魂飞魄散，再看部下，已是弃甲丢盔，抛戈撇戟，各逃性命，自相践踏，死者无数。堵王已知无力回天，遂带着败兵撤回湖州去了。

宁国保卫战后，刘松山、黄万友很快恢复了健康，那些得病没有死亡的士兵，大多数也有了好转，加上城里的团练，宁国城又有了同仇敌忾之气概。

再说天国十三王挥师回援金陵，天京外围的攻守战开始。李秀成率军与天京城内守军配合，对湘军发起猛攻。湘军坚壁固守。太平军集中力量攻湘军东路，轰塌曾国荃雨花台营附近的营墙。湘军拼命抵抗，太平军往返冲杀五六次，终不得入。太平军又用地道进攻，湘军以挖对挖，每挖通一处地道，或熏以毒烟，或灌以秽水，或以木桩堵洞口，使太平军的地道连连失效。李秀成、李世贤围攻雨花台曾国荃军营月余不下，只得下令撤围。李世贤率部退秣陵关，李秀成率部入天京。至此，回援天京的作战完全失败。

天京解围战失败后，李秀成被“严责革爵”。天王洪秀全责令他领兵渡江，西袭湖北，企图调动天京围敌。

太平军进入安徽六安后，正值青黄不接，粮食奇缺，加之湘军防堵甚严，李秀成遂放弃原定进军计划，撤六安之围，折往寿州，随即东返。这时，围困天京的湘军已增至三万余人，并占领了聚宝门外各石垒。洪秀全又急令李秀成速回天京。

李秀成为集中兵力解天京之围，即命正在浙江与湘军、淮军激战失利的东平王何明亮、匡王赖文鸿、金王钟万信三王退守安徽，夺回宁国，大军直逼曾国荃的后营，实现城内城外夹击曾国荃，达到解天京之围之目的。

宁国城战事又起，一个舍命夺城，一个拼死守城。双方打到白热化不可开交时，一个晚上，突然不见太平军的影子了。刘松山和部下猜疑，红毛贼又在搞什么鬼？

府衙外一名信使滚鞍下马，大声地喊道：“禀告刘统领，金陵大捷！”说着，呈上曾国藩亲书的军情通报。刘松山展开一读，真是大喜过望。原来，金陵已经攻克，天王洪秀全也死了，只有李秀成、林绍璋等人拥幼主突围出走浙江湖州。众人恍然大悟，难怪红毛贼退得如此之快。黄万友欲带兵追击，刘锦棠说道：“黄将军，红毛退到湖州，左宗棠、杨昌濬必然清剿，红毛余孽尚未全部肃清，我军驻守宁国万万不可大意。”

金陵大捷，慈禧却没有朝中文武官员那种喜气。工于心计的太后在想，朝廷八旗、绿营都不是红毛贼对手，而湘军把它消灭了，现在只要曾国藩一声令下，挥师北上，紫禁城岂不要换主了？一想至此，她的脊背直冒冷汗。于是，她以朝廷的名义，一天三旨，下令曾国藩裁撤湘军。

曾国藩为减少朝廷的嫌疑，保护湘军名节，主动裁减大部嫡系。陆师除护卫金陵的三千多人外，仅保留刘松山、易开俊两人统带的“老湘营”五千余人，而且让他们留驻宁国、徽州，对付江浙一带的流窜红毛。另外，为对付流窜长江和鄱阳湖、洞庭湖的江湖匪患，保留了水师一万多人。湘军所余不及两万，名将星散，人员锐减，避免了“兔死狗烹”这一历史定律在晚清重演。

裁军也不能忘记封功受赏，曾国藩奏请朝廷，刘松山封得甘肃肃州镇总兵，保荐刘锦棠为直隶州知州。刘锦棠从湘乡走出来，仅仅四五年时间，从一介农夫，就成为一个从五品文职官员。真是“昨为种田汉，今为员外郎”。

刘松山接到朝廷赴甘肃肃州镇总兵任命，打点行装，准备北上。然而，时任皖南镇总兵唐义训开缺，曾国藩奏请皇上，调补刘松山为皖南镇总兵，办理徽、宁防务。总兵府驻宁国县城。

曾国藩奉旨剿捻，刘松山果断平变

湘军裁撤得差不多了，慈禧太后也就不担心湘军造反夺权了。她刚刚放下那悬着的心，岂料在北方剿捻的僧格林沁王爷，钻进了捻军在山东曹州府属菏泽西北高楼寨所布下的天罗地网，三万多八旗人马被捻军一举歼灭，他本人也被捻军砍下了头颅。噩耗震动朝野，皇上、两宫太后不得不重新启用曾经怀疑过的湘军统帅，把曾国藩推向剿捻的战场。命李鸿章署理两江总督。

说到捻军，还真是话长。捻，是从捻绳的意思而来的，就是合起几股为一股，团结起来有力量的意思。人多的叫作大捻，人少的叫作小捻。自康熙年间以来，一直存在于淮河流域，最先是老百姓的一种自卫组织，主要活动于山东、河南、江苏、安徽一带，史家称之为"捻党"，俗称"捻子"。由于不断受到朝廷的残酷镇压，捻党一直处于秘密、半秘密状态，人数不多，活动亦受到很大限制。鸦片战争后，阶级矛盾和民族矛盾日趋尖锐，捻党也开始活跃起来，组织规模和活动地区都有所扩大，并开始武装反抗清军的镇压。太平天国起义爆发后，捻党大受鼓舞，乘机而起，遂在各地组织"捻军"，发动起义，同清军展开武装斗争，在广阔的淮北大地，成为太平天国的忠实盟友。捻军长期与太平军联合作战，双方互相支持，互相鼓舞，壮大了声威。太平天国被镇压之前，北方捻军基本由僧格林沁组织清军进行镇压，但僧格林沁不但不能将捻军镇压下去，捻军反而在被镇压的过程中日益发展壮大。

曾国藩接到赴山东督剿捻军的圣旨，真有点坐立不安，有苦难言。他上奏皇太后、皇上，湘军遵旨撤军，目前兵力不足；捻军马队强大，湘军骑兵甚少；长江水师也不能北上守黄河，这三个基本情况，委婉地说出了一个"不"字。此外，捻军活动的范围达湖北、河南、安徽、山东、江苏五省，要与五省督抚协同作战，在如此广阔的地方与捻军周旋，都不是易事。曾国藩认为捻军已经成为流动的造反武装，朝廷应该训练固定驻防的部队，才能对付不定的敌人。

曾国藩的奏请不但未得到朝廷的批准，反而给他一个节制直隶、山东、河南三省旗各绿营及地方文武员弁的大权。曾国藩一面上疏推辞节制三省之命，“臣精力日衰，不任艰巨，更事愈久，心胆愈小，恳恩另简知兵大员督办北路军务，稍宽臣之责任，臣仍当以闲散人员效力行间。”然而圣命不可违，曾国藩开始调兵遣将，准备北上。

再说驻守宁国徽州的老湘营将士，刘松山和黄万友、刘锦棠在总兵府谈论北方捻军之事。突然，传令兵来报：“曾帅谕示到！”

刘锦棠从信使手中接过曾国藩的谕示，递交叔父，刘松山拆阅，谕示中写道：“曾国藩奏准，张运兰目疾增剧，准其回乡，所统之军交刘松山统带。着刘松山统领老湘营，会提督黄万友、易德麟、徽寿春镇总兵李祥和即日率镇标中营、右营二营，徽州营，池州营，芜采营，广德营等五千人马北上剿捻，随行辕大营抵徐州。”刘松山看了谕示，脸色大变，对黄万友和刘锦棠说，通知所有营以上将官到总兵府开会。

黄万友、刘锦棠阅后，也深感这一任务来得太突然。只一会工夫，老湘营所有营以上文武官员就到了总兵府，刘松山当众宣布曾国藩北上剿捻的谕示。

一石激起千层浪，会场中怨声载道之声不绝于耳。这也不能怪老湘营的将士们，因为自攻下金陵以来，老湘营的将士久役思归，军心不稳，听到被裁撤的官勇们，携带金银财宝，坐上西行船舶，由长江进洞庭湖，由洞庭湖换船进湘资沅澧，而后再换船进小河小港，或换骡马车担踏上大道小路，拿了这笔钱回到家中，建屋买田，经商跑大码头，过起了安然的日子。这些怎不让老湘营将士眼红？谁都有个家，谁不想过安稳日子？正当官勇们怀有着各式各样的幻想，做着形形色色的美梦时，曾国藩一道谕示，又把他们推向了新的战场，很多人又不习北方水土，这时偏偏要他们北上，不愿北上者纷纷站了出来诉说。

有营官说，自咸丰初年起，我们老湘营前赴后继，在战场上出生入死，与长毛拼死拼命这么多年，父死子往、兄亡弟上，负羽远征，骨肉分离。到头来，保住了大清江山，皇上、太后在宫中安享荣华富贵，我们老湘营的人得到了什么？战死者残骸暴于荒原，老母寡妇，望祭宵哭，有的战死，可谓极人世之至悲然。未死而残者，还得乞讨度日，说到激动之处，有人指责朝廷和两宫太后都是一些“喂不熟的狗”。

一人言毕，另一人站起说，我老湘营在军中欠饷最为严重，朝廷若不补足饷银，我们怎能北上再为朝廷卖命？

接着又一人说，除了补足我们老湘营历年欠饷外，还要看到，老湘营一贯清苦，出省征战时间最长，伤残者最多，因此还要发放一点伤病费，以便老了不能种田了，能有一口饭吃。

刘松山听了营官们的议论，霍然立起，情绪激昂地说：“本统领德薄能鲜，独服忠信二字，上有日月，下有鬼神，明有浩浩长江之水，幽有此前殉难各忠臣烈士之魂，实览吾心。吾也知在座者投身营武，不光是为了高官厚禄，亦为实现自己治国平天下的抱负，即使血洒疆场，也是死得其所。”

刘松山的一番话，暂时压住了那一片反对北上的舆论，那些持不同意见的营官也敢怒不敢言。最后，他坚决地表示，迫于王事，曾帅的命令坚决执行，近期内起程北上。

会后，刘松山心里明白，有些营官是口服心不服，说不定营中还有乱子发生。第二天，他带上一队亲兵，巡视各营。

刘松山到达一营时，营官正召集全营兵士传达北上的谕示，只听得一哨长说：“弟兄们有些事想不通，为啥要我们北上？”

刘松山走上前台，与营官并排站立，亲兵立于两侧。他认定说话的哨长是几个月前从太平军投降过来的，心想，一个投降者，敢如此放肆，今天若不果断处置他，必会酿成大乱。想至此，他指着那哨长问：“你说有些事想不通，是哪些事？”刘松山的语调显得严厉。

哨长已觉气氛不善，说：“弟兄们都不愿意就这样北上。”

刘松山面孔明显地冷下来，说：“你应该执行我的命令，立即做好北上的准备安排，哪有什么想得通想不通的！”

那哨长真有点不知死活，反而鼓劲说：“大家都没准备，而且还有半年的欠饷未发，如何向弟兄们交代？弟兄们说，补足了银子就北上，否则的话——”

“否则怎样？”刘松山脖子上的青筋已一根根鼓起来了。

“否则弟兄们不北上。”

“你说什么？”刘松山怒火中烧，瞪起两只发红的眼，吼道：“蓄谋造反还有道理？”

那哨长一时没有觉察出刘松山说这话是有意引他上钩，果然怒不可遏，嗓门变得更高了：“弟兄们没有造反，这是强加给我们的罪名。弟兄们早已忍耐不住了！”

哨长的话，很有鼓捣作用，几个一块与他投降过来的士兵，也跟着起哄。

这明明是要出大乱子的信号，刘松山明白，这几人的确是贼心不死。事不宜迟，马上下手！刘松山双手叉在腰间，把那几人死死地盯着。那些人并不害怕，平静地站在原地，头也不低下。刘松山越看越觉得眼前这几个原天国的兵士，浑身上下都长满了反骨。是的，这几个人不能留下，必须借他们的头颅来慑众北上，稳定湘军需要他们身首异处。

“来人啦！”随着刘松山一声高喊，一队亲兵立刻上来。

“给我把这个破坏北上、蓄意谋反的贼子拿下，就地正法！”

那几个人直到此刻，才终于明白过来，刘松山要他们的头了。

站在一旁的营官，怎么也没料到，事情会发展到杀人的地步，更没想到总统领会拿他的士兵开刀，待他明白过来求总兵宽大处理时，那哨长和几个士兵的头早就落地了。

斩了几个投降过来的士兵，刘松山更加严厉地说："有图谋造反，对抗军令者，都予以正法。"说完，他带着一队全副武装的亲兵，到另一营去了。

刘松山的这一绝招果然有用。从这天开始，不但是士兵还是营官，再也没有公开反对北上的了。

曾国藩"纸上谈兵"，老湘军勇救刘蓉

曾国藩移驻徐州，各路将官早已在此恭候。他与彭玉麟、李鸿章、黄翼升、赵烈文等人仔细磋商，反复斟酌，重蹈对付太平军"结硬寨，打硬仗"的战法，直白地说，就是先巩固好自己的营寨，保证自己的基本安全，然后再谈进攻。不过曾国藩为这剿捻计划取了一个好听的名字，叫"文武结合"。这办法对付太平军时非常有效的，因为太平天国再烂也是一个有组织的政权，而捻军就大大不同了。捻军几乎没有自己可靠的根据地，而且基本上不与官军硬碰硬的较量。这就让曾国藩挠头了，因为这与他制定的六字战术的战争模式是完全相反的。

曾国藩实施"文武结合"的剿捻战略时，陕甘回民起义进入高潮。捻军遵王赖文光抓住这一契机，将大军分为东西两支：东捻军约十万人，由遵王赖文光、鲁王任化邦、首王范汝增、魏王李组泰率领，转战在湖北、河南、安徽、山东、江苏之间；西捻军六万多人，由梁王张宗

禹、幼沃王张禹爵、怀王邱远才率领进军陕甘，联合回民起义军，成掎角之势，在陕甘共同抗击朝廷。

单说西捻军一支，梁王张宗禹审时度势，向西挺进，所向披靡，经洛阳、陕州、闺乡，避开潼关守敌，绕道商州，翻越秦岭，抵达华阴县境。署理陕西巡抚刘蓉当时正率一万四千湘军在陕甘交界处堵击回民起义军，在得知捻军入陕后，感到形势严重，匆忙中，他向亲家曾国藩求援。曾国藩接信后，令鲍超率湘军迅速入关追剿。鲍超畏惧西捻军，不愿孤军深入，借口筹备粮饷，畏缩不前，停军湖北。

刘蓉盼不到救兵，为解华阴之围，阻止西捻军占据陕西，只得亲率剿回之军救援华阴。张宗禹用兵出没无常，突然由华阴西进，逼近西安，分军进攻蓝田、临潼、渭南等处，刘蓉率湘军只得北上，回援省城。西捻军牵着湘军盘旋打转，把湘军搞得晕头转向。张宗禹在距城十里沪河旁的十里坡埋伏精兵三万。疲惫不堪的湘军追至十里坡，进入了伏击圈后，捻军伏兵立起，四面包围，猛烈冲杀，不到半天，胜利地结束战斗。刘蓉部下总兵萧得杨、提督杨得胜、萧胜山、萧长清、布政使衔候补道萧德纲和三千多湘勇战死，只有黄鼎率部突围而出。刘蓉躲进了西安城。

西捻军十里坡大获全胜，梁王挥师陕西省城西安。曾国藩亟令刘松山入陕解西安之围。刘松山得令，率老湘军十二营、寿春镇总兵李祥和两营、淮军营官编修张锡嵘敬字三营，共十七营一万人马，日夜奔驰，急赴西安。刘松山从此开始了在西北的军旅生涯，成为湘军老湘营西征的开端。

捻军这招棋，让西北大地陷入了一片混乱。曾国藩发觉，自己的“文武结合”剿捻战略成了纸上谈兵。他仰天长叹：“吾有平贼之志，但无平贼之才。”

陕甘危也！总督杨岳斌困守兰州，无可奈何之中上书朝廷“仰恳天恩另简能员接替办理，使甘事早有转机”。

朝廷慌忙授予左宗棠督办陕甘军务的大权，授钦差大臣关防，并发出了上谕：“左宗棠威望素著，熟娴韬略，于军务地方均能措置裕如，因特授为陕甘总督，以期迅扫回氛，绥靖边围。”

同治五年（1866年）年关这几天，老天真是眷顾西安，强冷空气再次发力，风吹雪舞，将西安城埋在寒冬的大雪之中。城里的人还躲在房子里畏惧低温冰冻。东门外火神庙、西门外火神庙、南门外小雁塔、北门外红庙坡皆是西捻军营垒，团团围困省城，四面环攻，势极危急。

除夕之夜，先锋刘锦棠率部抵达西安雨花庄。接着几天，刘松山大部队先后抵达。张宗禹将主力退至秦渡镇、花园铺、梁家桥一带，分股过渭河到达兴平、礼泉、泾阳、乾县秘密埋伏。

正月初六，天气仍没好转，刘松山与诸将正在大营议论军情，怀王邱远才率部前来攻营，刘松山欲亲自出战，编修张锡嵘说：“邱远才乃一武夫，杀鸡焉用牛刀，部下愿前去应战。”张锡嵘率领一百多名骑兵冲出大营，后面三营淮军尾随。张锡嵘远远瞧见，怀王大军在冰天雪地中一字排开。张锡嵘的骑兵冲上前去，一阵排枪射出，捻军倒下一片，后面三营步兵又冲至前列，朝捻军又是一阵排枪射出捻军阵营大乱，纷纷后撤。张锡嵘和骑兵穷追不舍，一路上，邱远才的捻军丢盔弃甲，狼狈溃败。张锡嵘带领部队，乘胜追击。行不到一程，见前面 一“张”大旗迎风招展，大旗之下，高头大马上端坐一人，剑指张锡嵘：“本王在此等候多时，尔等无名小辈，助纣为虐，还不快快下马投降！”张锡嵘一见，知是梁王张宗禹，急拨回马。此时，三营淮军也赶到，一同落入包围圈。怀王邱远才回头杀来，两侧有张宗禹、幼沃王张禹爵的数万将士掩杀过来，可怜张锡嵘被乱军戳死，身中十余枪，他的部下，全都命丧黄泉。

张锡嵘本来命不该绝，曾国藩调刘松山增援刘蓉时，张锡嵘不在列，然而，张锡嵘自咸丰三年（1853年）中进士，选庶吉士后，拜曾国藩为师，成为曾国藩的得意门生。曾国藩曾赠张锡嵘两块匾，一匾书“理学正宗”四字；一匾书“正学精忠”四字，落款“侍讲曾国藩题”；并赠一联：势如蛟龙跃沧海，坐与泰岱比雄姿。刘蓉求援，张锡嵘知刘蓉乃曾国藩的儿女亲家，欲报老师之恩，主动请命带兵增援，不料走上了一条不归之路。

张锡嵘战死，又失三营，刘松山不敢穷逼捻军，与其相持盘旋秦川、渭水上。两军相持于此，对于捻军来说，沟壑幽深起伏的黄土高原，秦巴山脉，捻军将士好似如鱼得水，畅游其间。捻军想打就打，打得赢就打，打不赢随便钻进哪条沟里。湘军来自江南，在冰天雪地的黄土高原，一时拿捻军没辙。

陕南山地给捻军创造了有利战机，同时又带来了危机，几万人马没有稳定的后方补给，粮草弹药都成了无法解决的大问题。刘松山料定，西南之咸阳定是敌军必取之补给地。于是，他令刘锦棠、李祥和各领三营人马悄悄埋伏于捻军取咸阳的必经之地沣河峡口。这峡口地形复杂，右岸有石峡沟、红草河、南石槽、小坝沟、大坝沟、拐扒沟、东富儿沟、平沟等；左岸有太平沟、四岔沟、蒿沟、西富儿沟、左龙沟等。湘军六营人马伏于这些沟中，犹如泥鳅入海，旁人寻不到踪迹。

果不出刘松山所料，不到两个月，捻军粮草耗尽，急需补给。梁王张宗禹亲率大军欲取咸阳，刚一露头，就被刘锦棠、李祥和扭住。刘松山闻得信息，即和黄鼎率部从捻军背后发起攻击，大获全胜。

刘松山正欲回程复命，突接曾国藩谕示，令他率老湘营人马归属左宗棠麾下，继续留在陕甘征讨捻回。

西安解围，本应论功封赏。然而，一些人在暗地里给刘松山等人使绊子。朝廷接到西安红旗捷报，朝中有人翻出了刘蓉的败绩账簿，当场参了一本。朝廷严旨斥责，将他革职，令回原籍。刘蓉虽被免官终养，但与其在湘乡石堪上一道出山的亮剑书生来比，还算是幸运的。当年的老师罗泽南早在咸丰六年（1856 年）战死湖北，王鑫在咸丰七年（1857 年）累死江西战场，李续宾战死在咸丰八年（1858 年）的三河之战中。

左大帅主掌西北，少将军月夜谈兵

话说左宗棠调任陕甘总督，遂在武汉组建西征楚军。同治六年（1867 年）五月十三日，由樊城分三路入陕：北路军由左宗棠亲率七千多人，由樊城北上，西入潼关，阻截西捻军东返河南；中路军由帮办陕甘军务刘典率五千多人，由樊城进荆紫关，经商州至蓝田，阻击西捻军南下湖北；南路军由高连升率四千多人，由樊城溯汉水西上，经郧阳抵旬阳蜀河口，以防西捻军进入陕南，三路大军会合于西安。各路人马调配妥当，又奏请朝廷，调湘军宿将陕西按察使陈湜驻汾州，节制文武。六月十八日左宗棠抵达潼关。刘松山、刘锦棠等湘军将领和陕西巡抚乔松年带领的地方官员，早已在此恭候，迎接征西楚军的到来。

楚军安营扎寨后，左宗棠顾不得一路颠簸劳顿，在高连升、刘典等楚军将领的陪同下，登潼关察看地势。刘松山、刘锦棠、乔松年陪同。

潼关位于关中平原东部，雄踞秦、晋、豫三省要冲之地，是关中的东大门，历来为兵家必争之地。左宗棠行至关前，仰望这座历史悠久闻名遐迩的雄关，潼关东门额书“第一关”三字，西门额书“金陡站”三字，乃乾隆御笔所题，丰润圆满，苍劲有力。他在赞赏先帝书法的同时，更敬佩先帝收复、经营边疆西陲的战略思想。

年近花甲的左宗棠，长期戎马征战，已经过早苍老了，这次奉旨赴陕甘前线，万里驰骋，更显得衰老。登关时，他虽然拄着拐杖，还显得有些力不从心，刘锦棠见状，箭步上前，说："总督大人，卑职扶您上去。"

左宗棠见是英气勃发的刘锦棠，便笑着问道："你就是松山的侄儿，毅伢子？"

刘锦棠回答："正是晚辈！"

左宗棠拍着刘锦棠的肩膀说："年纪轻轻的伢子，就带兵打仗，后生可畏！"

"谢谢大人的夸奖。"刘锦棠一边回答左宗棠，一边扶住左大人，一同登上城墙。

左宗棠站在关墙上一望，潼关之险，跃入眼帘，外有黄河，抱关而下，内有华山，周围山连山，峰连峰，谷深崖绝，山高路狭，中通一条狭窄的羊肠小道，往来仅容一车一马。左宗棠心底暗思，难怪人们常以"细路险与猿猴争""人间路止潼关险"来比拟这里形势的隆要。

古今多少事，浮沉潼关前。将军仗剑鸣鞭，壮潼关之威；文人咏关题赋，借潼关扬名。左宗棠仿佛看到了古人在此展开的一场又一场的殊死潼关之争，那鼓角争鸣、马蹄声声、尘烟四起、炮声隆隆的战场，多少刀光剑影，演绎着一代代王朝的崛起与暗淡；多少仁人志士，西出潼关无故人，东去潼关人已故，断臂抛尸，壮怀激烈；风沙挥不去，长卷血泪，历历在目。左宗棠理了理白须，心底只有一个理念，自己这把年纪出关，无论是福是祸，都要为朝廷安危、为民族拼死一战！

左宗棠察看关势，指着关东高原夹道询问刘锦棠："那条沟应是禁谷吧？"

“正是！”刘锦棠回答左宗棠的问话后，继续说：“杜甫游此后，留下了‘丈人视要处，窄狭容单车，艰难奋长戟，万古用一夫’的诗句。”

左宗棠扭头侧望一下刘锦棠，心想，这年轻人还是读了一些书，为试探刘锦棠，他问道：“元代散曲家张养浩路过潼关，写了一首《山坡羊·潼关怀古》，你记得吗？”

刘锦棠一下子明白了，总督大人在测试自己，左大人发问了，又不能不回答。于是，刘锦棠谦恭地对左宗棠说：“大人，若论才学，晚辈无法与大人相比，更不能在学富五车的大人前卖弄。这首元曲，晚辈先前并不知，是在到达潼关后才读的。”

说至此，刘锦棠见总督大人眉宇间透着一股喜气，他才放心地背诵：“峰峦如聚，波涛如怒，山河表里潼关路。望西都，意踌躇。伤心秦汉经行处，宫阙万间都做了土。兴，百姓苦；亡，百姓苦！”

左宗棠陷于思索之中，这次奉旨赴陕甘，出征西陲，从秦汉宫遗址经过，也和当年的张养浩一样，引发无限伤感，万间宫殿早已化作了尘土。一朝兴盛，百姓受苦；一朝灭亡，百姓依旧受苦。他心底明白，这次奉命讨回捻，免不得又是百姓受苦，想至此，不免一声长叹：“唉！”

刘锦棠从这声长叹中，领悟到总督的苦衷，他劝慰大人说：“天意如此，圣命难违啊！”

起初，左宗棠还以为刘锦棠不过是一名武生，没想到这后生不但学识深厚，还能体谅他人。

城墙上，刘锦棠不离这位老人的左右，老少两人谈得投机。紧随其后的刘松山、乔松年等文武官员，一直都没有插话的机会。

左宗棠察看关势后，下得城来，住到乔松年早已准备好的临时总督行辕。是晚，左宗棠独留刘锦棠于行辕。

左宗棠和刘锦棠都是湖南人，两人仍照江南人夜谈的习惯，各搬一条长椅，赏月助兴。西北地区气候干燥，很少下雨。六月的潼关夜晚，刹那间狂风卷地，沙尘弥漫，迎面的风吹得人憋气，猛一张嘴，一股碜牙的风便钻了进来，行辕后山的土岩上也不时传来飒飒的落土声，两人不得不进入行辕内房。

左宗棠未入陕甘就想找一个熟悉陕甘形势的将领谈一谈他的征西方略，完善自己的战略方案。他觉得刘锦棠是一个有头脑的年轻将领，于是，他把自己在汉口拟定的“先捻后回，先陕后甘，再进西陲”西征方略向刘锦棠全盘交底。

刘锦棠第一次与左宗棠接触，一开始，他觉得左宗棠这样的长辈，找晚辈谈话，免不了一场教诲，万万没有想到总督大人会与自己讨论战略决策这样的大事。再瞧左宗棠，眼前的总督是那样的和蔼可亲，犹如自己的父辈，敬佩之情油然而生。

左宗棠见刘锦棠迟迟没有发表意见，他慈祥地说：“毅伢子，老夫就是要听听你这后生的看法啊。”

刘锦棠试探地回答：“大人的战略决策，晚辈认为是完全正确的，在陕甘问题上，晚辈认为回捻要区别对待，造成回人造反的主要原因还在官府。回汉习俗不同，争执在所难免。但官府处理欠公道，失了人心！新疆情形则是一个民族问题，英俄对这片土地早已虎视眈眈，还有一些别有野心的国家也想趁机浑水摸鱼，我们必须尽快解决，不然夜长梦多。”他说至此，稍作停顿，想看看总督的脸色再说。

左宗棠脸带微笑，边听刘锦棠说话，边梳理胡须。

刘锦棠见状，知是总督在真心诚意听取自己的意见，如是，他继续说道：“西北战事最要紧的是保证粮路畅通。军粮大部分要靠从外省征购，一旦粮路被阻，大军就会不战自乱。当然军饷、军装、军火也无不要靠运路畅通来保证。”

这个问题，左宗棠早有考虑，他对刘锦棠说出了自己设想的三条军粮运道计划。一条是东南运道，走长江到汉口，再溯汉江而上，到襄阳后分两路，一路就此起岸陆运，走樊城，过潼关，到西安；一路则继续溯汉水而上，过老河口，折入丹江，在荆紫关起岸陆运，过龙驹寨至西安。这样，无论是上海来的军火，还是两湖的粮食，都可以通过这条运道运到西安。第二条是西南运道，主要运输从四川采购的军粮。四川总督张亮基，曾是当年荐他出山的湖南巡抚，不用说也会鼎力支持，左宗棠委托他设军米局，专事采购川米。购来的军粮从嘉陵江运到广元，经白水江再至阳平关，然后起岸陆运至宝鸡的渭河南岸，再从渭河水运，顺流而下到西安。第三条是东北运道，主要运输从山西购买的军粮。在山西设两个军米局，沿黄河运到西岸的陕西吴堡，再由吴堡起岸陆运至绥德，次第西运到西安。

对左宗棠规划的这三条运道，刘锦棠非常赞同，他建议每四五十里设一局站，层递接运。因为数万西征军，军粮辎重运输量极大，路途又远，长途跋涉运夫很容易疲劳，所以长运不如短运。

左宗棠笑着站了起来说："在汉阳时，有人就向我说了这个方法，看来你对这次西征，早就做了研究，继续说下去。"

刘锦棠见左宗棠兴起，又谈出了一个更大胆的设想，他说："陕甘和新疆本来就荒僻，粮食更是奇缺。平定陕甘，收复新疆，在时间上，我们应作长期的准备，如果军粮全靠外省征购，长途运输不但成本高，而且一旦出现特殊情况，就接济不上。晚辈看来，这西北，虽说常年干旱，但昆仑和天山进入夏天，积雪融化，汇流成河，水到之处，就有肥沃的土壤，只要开垦，就会产粮。晚辈曾想，先朝的军屯制倒是一个解决我们西征的一个好方法，选定一支部队，先行入疆，就地屯田，经几年努力，定有积粮，这样不但免去百姓的负担与转运粮饷的困难，还能实现军队的部分自给。兵强粮足时出征，我们就有了胜算的把握。”

左宗棠一听，极为赞赏，乐得直拍大腿说：“这个建议好！”

刘锦棠提出两条建议，没有料到总督会如此之高兴，他也打开了话匣子，继续说道：“晚辈认为，陕甘八旗、绿营军纪松弛，抢掠、奸淫作恶多端，虽兵似匪，亦兵亦匪，百姓畏之如虎，恨之入骨。”

左宗棠长叹一声，说：“声名狼藉的军队，哪有不败的。”

帅府里，一老一少讨论战事，似乎没有什么年龄悬殊，越谈越拢。左宗棠说：“毅斋，你说当前该怎么办？”左宗棠刚才还是喊“毅伢子”，一下子改口称“毅斋！”刘锦棠心里一惊，总督大人改了称呼，虽说是对自己的尊重，可还真有些不好意思。

一个功德震世的长者，对晚辈的建议这等奖掖，已使刘锦棠十分感动，何况态度如此谦和，语气如此恳切，更使刘锦棠大出意外。他略为思考一下，说：“晚生年轻学浅，在老大人面前一如蒙童牧夫，故也不怕出丑。差错之处，请老大人多加指教。”

“你说吧！”左宗棠的眼睛里流露出和蔼温暖的光芒，停了片刻的手又开始在胡须上缓缓地梳理起来。

刘锦棠见总督大人是诚心在和自己讨论平定西北的战术方针，他也少了许多拘束。他说，当务之急，在于扫平关内捻回。捻军以马队为主，行走极速，动辄数百里，在军事上相当主动，僧王采用的“以动制动、节节尾追”的“狂奔穷追”战术，应该说具有一定的针对性，然而，失败了，究其原因，僧王失去了地利。曾国藩接任大帅，先后采用“以静制动、动静结合”“聚兵防河”“查圩”的战术方针，实际上都是“守株待兔”。捻军采用“避其锋芒、重点突破”的战术，官军在城里驻扎，捻军在农村流动，只走乡村不攻城市，各行其是，在浩瀚的西北大地上，“守株待兔”只是一厢情愿，所以曾大人的多种战术同样没有地利。曾大人的“守株待兔”还有一个致命弱点，因为没有主动出击，所以给回捻联合创造了条件；加以湘淮军之间的矛盾，湘淮军与东军、豫军之间的矛盾日益尖锐，湘淮军官兵之间的厌战情绪日渐高涨，使曾大人指挥不灵，屡次战败。

说至此，刘锦棠稍作停顿对左宗棠说：“晚辈本不该对僧王和曾大人妄加评论，只是他们的节节失利，晚辈不得不思考这个问题。今日，大人与晚辈谈论这场战事，是晚辈班门弄斧，请大人见谅。”

左宗棠说：“毅斋，你对僧王和曾帅战术的分析，有一定道理，那么，你对本帅这次西征有何建议？”

刘锦棠谦恭地说：“大人奉旨西征，战略决策上高瞻远瞩，晚辈岂能布鼓雷门，有点想法，说出来，请大人不要见笑。”

左宗棠接过话说：“毅斋，不要客气，自古英雄出少年，长江后浪推前浪，你就大胆说下去。”

左宗棠的话，让刘锦棠放开说来，大帅这次西征，要想在西北站稳脚跟，天时、地利、人和，三者缺一不可。天时，要得到朝廷的全力支持，在这西北大漠，真正做到将在外，君命有所不受；但“天”不单是指朝廷，更重要的是百姓，百姓既是天，也是地。要得百姓之心，必须严肃军纪，不能欺负老百姓。凡吾勇夫人众，务宜体恤百姓。概不准搬民家门片板料，不拿民家桌椅、衣服、小菜、桶碗等项。倘有不遵，仰营官随时查办。营中买备一切食物等件，必须按照市价，平买平卖。如各勇夫以及买办倘有短少价值，勒令强买，以致滋生事端者，查明虚实轻重，分别惩办。对长夫砍柴放马也都有规定。长夫等人不得在外砍柴，屋边、庙边、祠堂旁、坟边、园内竹木及果树，概不准砍。更不准拆毁民房作柴，亦不可强令民船车夫帮助运输。马夫宜看守马匹，切不可践食百姓生菜，一经发现，无论何营人见，即将马匹牵至该营禀报，营官要立赏送马之人。如有再犯，则重责该马夫。军纪严明，才能得民心，有了民心，就有了地利，也有了人和。僧王虽有铁骑纵横，因失了民心，得道者多助，失道者寡助，故落得全军覆没的下场。

大风停了，皓月当空，月辉洒进行辕，一老一少，谈兴未退，左宗棠说："毅斋，我军当前该怎样行动？"

刘锦棠说，当务之急，应训练一支战斗力极强的骑兵和火炮战车营。捻回善于骑战，善于正面突击、迂回包围、追击、奔袭，其行动轻捷，受地形、气候影响较小。加之他们的活动范围遍及陕、甘、鲁、豫、冀、皖、苏等省，在如此广阔的地方作战，我军没有一支能征善战的铁骑，则会处处被动，疲于奔命，不可能达到围剿的目的。谈到火炮战车营，刘锦棠有其独特的见解，他说，随着火器时代的到来，先以火器轰击，继以骑兵冲击，步兵跟进，是对付捻回的有效战法。最后，刘锦棠诚实地说，大帅应该看到，兵力尚未全部集结，粮草亦不充足，战车营也没有设立，我军从南到西北，将士水土不服，其战斗力也不会旺盛，目前，应恳请朝廷不要催逼太紧，假以时日，才有把握平定西陲。

左宗棠在潼关与刘锦棠深谈一夜，英雄识才，深觉刘锦棠气宇不凡、思维周密、兵事綦详，他自叹老矣，直感后生可畏，暮年遇到刘锦棠这样的年轻将领，真是一生有幸，也是朝廷之大幸。

以后，左宗棠连做梦也念着："生子当如刘毅斋。"

左宗棠剿捻告捷，刘松山洛阳完婚

书前说到，左宗棠督办陕甘军务，两江总督曾国藩荐提督刘松山率湘军随左宗棠入关。左宗棠遂命刘松山部万余人，总兵郭宝昌、刘厚基各领三千余人，为“剿捻”之师。命提督高连升领三千人、帮办刘典率五千余人、川军将领黄鼎率三千余人为“剿回”之师。命总兵杨知贵、周金品率三千余人屯往凤翔，总兵周给濂率两千余人屯驻宜君，郎中吴士迈率一千余人防守渭水，又以亲兵三千余人、水师一千余人、黑龙江马队一千余人分驻华州、华阴、临潼、渭南之间，为“兼讨回捻”之师。对回、捻进行分割隔离牵制后，集中全力围攻进入陕境的捻军首领张宗禹所部。

刘松山得令，紧紧追着在西安沣河被老湘军所败的西捻军。张宗禹为了摆脱困境，率军转向陕北，企图与活跃在那里的回军汇合。张宗禹没有料到，他还未进陕北，回军首领马长顺、禹得彦率主力早已退回黄龙山，只有少量人马留守洛川。就在这时，张宗禹收到东捻军赖文光被困于山东的求援急信。为了践行“誓同生死，万苦不辞”的誓言，张宗禹立刻调转马头，借夜幕掩护，从陕北挥师南下，踏冰渡过黄河。老湘军先锋李祥和本以为咬住了张宗禹，第二天仍旧穷追不舍，却不见捻军踪影。

洛川因洛水而得名，北面临河，东、西、南三面有深沟，回军凭险据守。李祥和一到城下便发起总攻，守城回军等到湘军靠近城墙，几十门火炮以迅雷不及掩耳之势一齐向湘军发射。李祥和督队冲锋，被炮弹击中重伤坠马。湘军将勇欲救回主将，又一轮炮火袭来，城门大开，城中数千回军冒着炮火发起冲锋。湘军哪有回手之力，丢盔弃甲败下阵来。落马的李祥和被刺死。

刘松山一听李祥和阵亡，顿时暴跳如雷，亲率大军将洛川团团围住，定要攻下洛川，为这位和自己一同从湘乡农村走出来的兄弟报仇雪恨。回军苦苦支撑了三天，洛川即被攻破。他这一耽搁，张宗禹趁机避开陈湜守军，路过山西，挺进河北，进入直隶境内，同治七年（1868 年）正月，逼近北京，张宗禹自以为“围魏救赵”之策胜利在望，殊不知，两个多月前东捻军在山东寿光战斗导致全军覆没，赖文光遭俘虏后被杀。原是两军策应，现在西捻军变成了孤军，只能在京南一带来回突袭，势如飘蓬。强劲一时的捻军，已成强弩之末。

这一次，朝廷是铁了心要消灭捻军。捻军前锋突进到京郊卢沟桥时，同治严诏：将陈湜革职，留守军中，戴罪立功；急调左宗棠、李鸿章及直、鲁、豫、皖各督抚率军北上勤王。左是湘系代表，李是淮系代表，淮系虽起得晚，但势力大；从排资论辈来说，左宗棠与曾国藩属同僚，李鸿章是曾国藩的得意门生，左宗棠治理地方的路子务实，维护民族主权坦荡无私，舍得拼；李鸿章则处尽心机增强自家实力，保存实力。朝廷也看到两人的矛盾，命恭亲王奕訢节制各路大军，并协调左、李关系。有了恭亲王节制，李鸿章与左宗棠会于德州桑园，议定“就地圈围”之策，引运河水入减河，引黄河水入运河，命淮军、东军、皖军分段驻守，又调湘淮军精锐作为追剿的“游击之师”。

这时候，捻军在官军设定的几百里牢笼中。朝廷调用防御和攻击的部队超过十万之众，淮军和山东、安徽的八旗、绿营集结在德州、临清和东昌一带。左宗棠遵旨派张曜、宋庆、程文炳部归李鸿章调遣，而从吴桥到沧州、捷地一线，只有从陕西紧追在后的刘松山一军，由左宗棠亲自指挥。张宗禹在紧迫时向北冲突，企图冲到运河西北面。刘松山所部忽南忽北，日夜与捻军追逐搏斗，久战之下，疲劳不堪。此前，萨尔图·英翰奏请将郭运昌所部归并到安官军，现在，郭运昌主动请求与湘军合并，左宗棠便令他的部队与刘松山、喜昌两部分别驻扎在东光下口以北，与减河驻防军相接，待捻军冲过来时，便出兵迎击。决战终于到来，同治七年（1868 年）八月三日，捻军挺进宁津，刘松山所部趁夜逼近捻军列阵，捻军军心涣散，刘松山率部乘势发起攻击，捻军自相践踏，陆续投降。湘军追到吴桥西南面，斩杀一千多人。张宗禹率残部从商河、济阳奔向临邑、清平和博平，朝廷各路大军四面围困。这时天降大雨，徒骇河暴涨。淮军刘铭传等部将张宗禹所部逼到河滨，张宗禹投水自尽。西捻军至此全军覆没。

朝廷又除了捻军这心腹之疾，下诏询问战况，评论军功。各部大帅争相告捷，唯独左宗棠督率各部搜捕捻军残余，独在诸位报捷者之后。左宗棠不报告，不等于朝廷不给你事做。还在四野搜查残捻的左宗棠，朝廷给他下发寄谕，说陕甘等省军务紧要，急需左宗棠统原部刘松山、郭宝昌、喜昌等军回陕西镇压回军，要求即时拔营，由山西渡过黄河进入陕西，节节扫荡鄜州、延安、绥德和榆林等处的回民军，并令左宗棠动身之前，先行进京谒见。另外，朝廷还令李鸿章、萨尔图·英翰从其余部队中选拔将士跟随左宗棠西征。

左宗棠复奏说，只等粮饷到齐，刘松山等部便会开拔。他不同意仓促从其他部队选拔将士，要等他回到陕西，根据所能筹得的军饷计算出能供养多少部队，再派出营官和哨官到安徽与河南招募勇丁，以维持楚军的旧制。他不急于北上，实际上还有一桩心事未了。早在两年前，他就接到了曾国藩来信，说刘松山的未婚妻由兄长护送到了洛阳万安山下庞村马氏家中，请他在战争空隙为刘松山办了婚事。因此，剿捻一结束，左宗棠令老湘军赴洛阳修整的同时，专为刘松山完婚这个事上奏皇帝，曰：刘松山行师御敌，得古人静如山、动如水之义。居心仁厚，而条理秩如。语及时局艰危，辄义形于色，不复知有身家性命。从征伐十八载，仅募勇归籍一次，家居十余日耳。年三十有七，聘妇未娶者二十余年。臣由直隶西旋，知其妇家送女至南阳已两年余，嘱其行抵洛阳，于募勇未到之暇，克期完婚。

皇上和两宫太后隆恩浩荡，立即下旨，按左宗棠的意见办，令刘松山在洛阳完婚，并赐上如意等物品。

左宗棠接旨后，令老湘军开赴洛阳，临行前特别叮嘱刘松山，一定要在洛阳完婚，不可误人家一辈子。

刘松山率军扎营洛阳万安山下，自领一队人马进了庞村。村中一处高墙大院格外惹人注目，大门上书“马氏庄园”，门外一对狮子昂首挺立，两旁各站立两名家丁，全是武生打扮，一看便知他们是练武之人。

刘松山一见，立即下马，向门丁递上名帖。

那门丁一瞧，大呼：“刘将军到！”其他三人，立刻打开中门，齐声喊道：“请将军入府歇息！”

这一喊，只听得有一震荡庄园的声音传出：“马府上下迎接刘大将军光临寒舍！”这声音是那么苍老，又是那么苍劲。

刘松山跨过高高的门槛，见那庭院两旁站满了欢迎的男女老少，一鹤发童颜的老人，精神抖擞地迎上来说道：“老朽马彧彪在家恭候刘将军！”

刘松山匆忙撩起长衫叩见，说道：“小侄拜见叔父大人！”他未到马家之前，心里一直在想，一行这么多人上门拜访，马家人会有何种想法呢？没想到马家用如此隆重的仪式欢迎，令刘松山大喜过望，觉得与马家兄弟没有白交。

原来，这马氏兄弟与有刘松山过命之交。兄叫马德顺，弟呼马德中，咸丰六年（1856 年），兄弟俩投奔曾国藩。马氏兄弟俩貌生得奇特，虽觉布衣，但面带侠气，英雄精神。便令其回洛阳招募和训练一支精锐的骑兵部队。马德顺动员了马家武馆、鹣元武馆的六百多名弟子从军，又从洛阳各武馆招募近两百弟子，组成八百人的骑兵部队，在鹣元牧场经过严格训练后，开赴湘军大营。曾国藩命这二营骑兵部队独立成军，名为“顺”字营，马德顺任代理千总，为该营营官，马德中担任哨官。咸丰九年（1859年），“顺”字营在太湖作战，一举成名。以后，“顺”字营，在建德、黟县、德兴、祁门等地作战，马氏兄弟与刘松山等同为湘军主将。马德顺曾带领一百骑兵大破太平天国侍王李世贤部二十万，震惊天下。由此，马德顺升为从三品游击将军，担任湘军骑兵主将。左宗棠在浙江战场受阻时，曾国藩忍痛割爱，调“顺”字营赴左营。马氏兄弟跟随左宗棠平定全浙江，马德顺升迁正二品，代理浙江提督。马德中升任从二品副将。曾国藩奉旨剿捻，调马氏兄弟至剿捻前线训练骑兵，所部“顺”字营骑兵配属刘松山的老湘营，所以刘松山和马氏兄弟的情谊很深。左宗棠剿捻，曾国藩又奏朝廷，调马氏兄弟随同北上，刘松山是左部主力，马氏兄弟为骑兵部队的统帅。作战中两军相互配合，协同作战，配合默契。后李鸿章因剿捻需要成立骑兵，马德顺办理淮军营务处，成立淮军“顺”字三营骑兵，湘、淮军中各有“顺”字营成为军中奇特现象。马氏兄弟手下多人逐步成为湘军、淮军骑兵主将。

刘松山向马彧彪行了大礼，只见旁边厢房中急匆匆走来一人，他定睛一瞧，原是大舅哥成大利。

成大利一见刘松山便说道：“妹夫呀，多亏马叔叔照顾，我在老人家住了两年多，今日才把你等来。你和妹妹订婚快二十年了，这次一定要把你们的婚事办了。”

刘松山诚恳地检讨说：“大舅哥，是我误了你妹子，左帅已下令，一切听大舅哥的安排。”

马彧彪说道：“择日不如碰日，今日就是一个上等吉日，老夫做主，为刘将军和成氏今日完婚。”

家人得令，立即张灯结彩。刘松山与成氏这对少男少女时定下的婚配，终于到中年时，在远离家乡数千里之外的洛阳，由马彧彪老人操办了盛大婚礼。刘松山在马氏庄园大摆宴席，也算是犒劳部下，河南名流及湘、楚军将士共同见证了这一特殊婚礼。

刘锦棠奇袭镇靖堡，董世猷诚心了心事

左宗棠进京谒见，说得上风光无限，皇上、西太后亲自接见，赏加太子太保衔，被任命为钦差大臣，督办新疆军务。又调张曜、宋庆所部赶赴榆林，听从他的调遣。左宗棠受赏，顾不了年迈体衰，迅即启程，他要去西安作出征的准备。这个刚毅、坚韧、雄心未老的湖南汉子，面对内忧外患，且“兵疲、饷绌、粮乏、运艰”，仍信心百倍。他带着当年林则徐绘制的新疆地图，背负着千万中国人的重托，心胸燃烧着正义的烈火，他将要进行的是正义的战争。出京时，他向刘松山和马氏兄弟发函，令其迅速北上。刘松山刚刚新婚半月，蜜月之时与妻子分别。成氏没有料到，不久后便和丈夫阴阳两隔。

刘松山奉檄即行，取道景州，先抵彰德。左宗棠接踵而至，令谭拔萃、谭上连、易致中、朱德开归属刘松山指挥，布置妥当，当即下令各军拔营西行。

接近腊月，黄土高原，严寒冻地，呵气成冰。左宗棠真是老骥伏枥，从京城回到西安大营，便召开军事会议，部署三路进兵甘肃之策，实现他西征战略的第二步：命还在黄河之北的刘松山为北路，由绥德取道花马池，进宁、灵；命周开锡等为南路，直趋秦州，由巩昌进攻河、狄；自率刘典诸军，由西安至乾州、泾州进驻平凉，是为中路。

左宗棠做出进兵的战略决策后，却迟迟按兵不动，下属又不敢追

问。他知道，虽然陕西大局已定，但活跃在陇东和陕北一带的董福祥三十万汉民暴乱队伍不解决，自己率军西进，终是后患无穷，能够解决这支匪军的只有刘松山。他在等待刘松山的到来。

董福祥非同一般，道光十九年（1839年）生于甘肃环县，其父董世猷为当地“哥老会”首领，为人直爽，爱打抱不平。董福祥自小受家风影响，嗜好练武而不喜读书，青年时代喜欢结交绿林中人，经常往来于帮会，因而地方绅民对其皆存畏惧之心。

同治初年回民起义后，清政府在回民中无粮可征，官府向汉民苛派粮饷，加重徭役。加上各种自然灾害频发，兵扰匪掠回汉仇杀，土地荒芜，有的结寨自保，有的占山为王，有的流而为匪。董福祥利用其父与“哥老会”的关系组织地方团练，建立强大的汉族武装，护陵卫民，保卫地方安宁，一时追随者络绎不绝，势力不断壮大。同治三年（1864年），董福祥接受环县县令翁健邀请，防守环县县城。翁健喻以大义，筹发口粮，皆听招，致抚驭，协力堵御，城不得失。翁健此举，损伤了地方一些恶势力的利益，地痞与衙门一些官员勾结成奸，翁健受到排挤，被迫辞官。翁在时，董福祥为官方卖命，翁去后，则被逼出走，遂成“土匪”。董福祥一次为安化县把总王蔼臣所擒，备受荼毒，以沸水浇之，自头至脚糜烂，狱卒见其可怜，谎报已死，被抬出抛在野外。而董福祥平时能体恤照顾贫寒低贱之人，受其恩德者颇多，时有一老妇人发现，抬回家中，每日精心照料。愈后，号召四方，重振团勇。董福祥起事后，无业之民趋之若骛。似兵非兵，似团非团，似贼非贼。官军则是西捻军、回民军和董福祥所部之共同敌人，在这个前提下，董福祥与西捻军、回民军的关系则是遥相呼应时分时合。董福祥与回民军达成协议，互不侵犯，互相声援，共同抗击官军，借机发展。官军雷正绾在强家沙窝败退时，董福祥又率队追击，缴获无数。由此，董军声威大震。

董福祥的队伍就像滚雪球一样，越滚越大，到了同治七年（1868年），他手下号称三十万兵力，控制区域南及延安，北达伊克昭盟，东起绥德，西至环县、固原。董福祥将他的军队依照官军编制立哨队，任命统领营官，自封为“陕甘自卫团大元帅”，部下凡拥兵过万者，都封为元帅，内分老营（董之基本马步营）、新营（以后归从的）、联防（友军）。

闲话短说，言归正传。正在黄河以北布防的刘松山，接到左宗棠进剿董福祥的命令，立即率军从永宁渡过黄河，令易德麟、章合才两个湘乡大将攻打大理川，牵制董福祥骚扰榆林、延安的兵力，阻止董军渡过黄河。他自己和余虎恩领老湘营大部从永宁渡过黄河，令刘锦棠为先锋，抵绥德，进小理川。刘锦棠到达绥德后，距城十里扎营。第二天，刘松山大队到达后，刘锦棠与叔父并骑进城。绥德兵备道成定康大开城门，迎接老湘营的到来。刘松山进了绥德城，聚众商议军情。

成定康禀报说：“董福祥占据着怀远、安定、靖边等十几个县，这些县丘岭相连，堡寨林立。”他说着，将自绘的一幅陕西地图展开案上，指着地处陕甘宁蒙交界一个小镇说：“这是董福祥的老巢镇靖堡，地处北大路之咽喉，西墙筑于山上，其余三面居山畔平川，城墙极为坚固，董军据为大本营。不过，董军眷属则在靖边县城。攻克镇靖堡，等于拔掉董军大本营，其眷属也不保。”

站立在刘松山身旁的刘锦棠，他静静地听着，思考着一个问题：与董福祥的交战，战线这么长，战场无定处，如果全线扫荡，依老湘营这一万多人，根本就不可能？

军事会议还在继续，有探子来报，董福祥带领几万人马，正向绥德扑来。军情紧急，会堂中众将摩拳擦掌，齐声请战迎敌。

刘锦棠脑中突然产生激灵，他向叔父提出一个大胆的作战方案。乘主力迎战董福祥大军时，自己愿带一千精锐轻骑，奇袭镇靖堡。主力击退董福祥后，大军随后跟进，直捣靖边县城，堵住董福祥窜入内蒙。

刘锦棠话刚落音，成定康觉得此计过于冒险，从绥德到镇靖堡两百多里，沿途一百多处堡寨，都有重兵把守，只怕到不了镇靖堡，就会全军覆灭。

刘松山再三思考，权衡利弊，觉得此计可行，即命刘锦棠整装出发。

此时，只听得城外鼓声大振，喊声大举，如天摧地塌，岳撼山崩，众皆失惊。刘松山领众将登上城墙，董军还真不一般。原来这董福祥从小酷爱秦腔，他将这一特长嫁接到军队的训练，出征打仗。董福祥出征时，前面几排的兵士，都是身怀吹火、变脸、踩跷等秦腔绝技的高手，他们有的手持火枪，有的手持长矛、大刀，加上各种化妆造型，让这支军队充满一种神秘之感。

刘松山在城墙上，只听得董福祥在马背上大吼道："大宋朝有个天波府，天波府住的是杨姓之人，那老儿令公金刀手……"这高亢激越、苍凉雄壮的唱腔，从胸腔里吼出来的钢音，使人血气为之动荡。董的部众跟着高吼起来，声彻原野，气势雄壮，士兵在这狂吼中一个个气贯长虹，脚底生风，勇往直前，一鼓作气掩杀过去。

这种阵势，刘松山实在少见，难怪官军进剿，无不胆寒溃败。

这一次，董福祥失算了，老湘军百战余生，异常善战，而且配备的多是洋枪，比起董部的大刀长矛占据优势。

刘松山下令迎战董军，城门大开，老湘军将士个个如出山猛虎，喊声盖过秦腔，前排一阵快枪，子弹铺天盖地飞过来，管你什么吹火、变脸、踩跷高手，一下子倒下一大片。刘松山剑指长空，众将勇一齐掩杀过去，董福祥的部众已经闻风丧胆，四散奔逃。

湘军乘胜追击，刘松山令成定康回师防守绥德，又令刘锦棠绕道直扑镇靖堡，其余各部兵分两路，咬住董军不放，从怀远折向南面，抵达安定，然后又绕到西面的靖边。所到之处，董军皆倒戈而走，战死一万多人，投降者不计其数。

左宗棠在西安密切注视战场形势的发展，当他得知刘松山咬住了董福祥时，即命金顺部驻榆林，刘厚基部驻延安，郭运昌部驻延长，三军封死董福祥南逃北窜的去路。大兵压境，董福祥在陕北的活动范围已层层缩小，面临被官军分割包围、各个击破的被动局面。

再说刘锦棠，带领一千轻骑，行不到半天路程，只见前面一处平原，大小堡垒林立，似有重兵把守之迹象，铺开地图一看，原来这里就是小理川。冰冻的小理河与两岸连成一片。刘锦棠从亲兵手中接过双筒望远镜一瞧，冰冻的河面牛车来往，堡内士兵也是安然处之，看不到一点战前迹象。这里的人浑然不知，一场大战就在眼前。

刘锦棠指挥部队，出其不意攻入小理川。驻守在这里的董军，还没有清醒过来就做了俘虏，刘锦棠派人封锁小理川所有的进出口，不让走漏消息。清点被俘人数，不下两千。

刘锦棠对俘虏们说，愿意参加湘军的，全都收留，明天随军行动；不愿加入湘军的，三天后，遣散回家。俘虏原以为只有死路一条了，没想到刘锦棠如此宽宏大度，大多数俘虏纷纷表示愿意参加湘军，因为，他们其中的很多人已是无家可归，有家者，回去也没饭吃。

第二天，刘锦棠从中挑选健卒五百名，编入各哨营，又有五百人作挑夫，随军行动。部队稍作休整，趁着夜色悄悄奔向牛川。牛川是镇靖堡的屏障，拔除牛川，就直抵镇靖堡。

部队到了牛川才知道，这牛川不是字义上的川，却是峦叠起伏的山梁，各道山梁上堡垒林立。随行几位营官，力主按原定方案，以迅雷不及掩耳之势，一举拿下牛川。刘锦棠说：“地形的变化，对我军不利，必须调整部署；加之全军跋涉一晚，兵勇力困，应以暂歇。”

众营官也觉得少统领说得在理，主张放弃原部署。刘锦棠令人找来在小理川俘虏的几个老兵，向他们询问牛川的地形地貌。从中得知，这牛川因形似一条站立的大牛而得名，从牛头分成三条直岭，由北而南下，远看就像一个“川”字，中间为牛头岭，两旁分别为石牛岭，大牛岭。远看三岭成一片，堡垒林立，看似地形复杂，只要攻下牛头，岭与岭之间沟壑幽深，互不能救。

刘锦棠下令退军二十里，却和几位营官引数十骑，于岭下哨探小路。忽见男女数人，各背小包，于山僻路攀爬而走。刘锦棠命人将这几位百姓请来，好言以安其心，问其何来。百姓告曰：“某等皆镇靖堡居民，今欲还乡。牛川守军听知大军要来，早已封锁官道，吾等只能从小道返乡回家去。”刘锦棠问道：“这条路取牛头若何？”百姓回答：“从这条小路爬上去，便是牛头顶上。”刘锦棠大喜，带百姓入军营，予美食招待，吩咐一营官：“今晚你引兵正面攻寨，我亲自带精兵随百姓登上牛头。”

日已西沉，刘锦棠便令百姓引路，选精兵五百，配精良火枪，从小路而进。却说牛川守军乃董福祥手下元帅李双良，见湘军退去，心中正纳闷。突然，前哨急报，湘军在山下攻打，李双良披挂上马，却待下山，忽报：“牛头大营四五堡火起，不知何故？”李双良自领亲兵出堡观看，只听得四周大喊：“不要走了李双良！”方知湘军已攻上山头。李双良大惊，急往小路而走，后面湘军追赶甚急，李双良寻径而逃，方得走脱，随行只有十余人，直往镇靖堡逃去。

李双良逃回镇靖堡，堡内乱成了一锅粥，他多了一个心眼，悄悄地退出堡来。

董福祥知道这回遇上了硬对手，速召堡内文武大员共议对策。

镇靖堡董府大堂，大元帅董福祥端坐正中豹皮大椅，元帅、将军、统领和“参军处”谋士分列两旁。大家都明白，这回是打不过湘军了，大堂内众说纷纭，有人主张往北去投奔金积堡，也有欲做垂死挣扎孤注一掷之人，主张西去豫旺、环县躲开清军，绕到宁夏，重整旗鼓。

此时，一人立起，挥手止住众人言语。将僚一看，乃元帅兼军师张俊也，这张俊乃甘肃环县人士，字杰三。张俊少时务农，性格刚正不阿。同治元年（1862 年），回民起义占据陇东，成立乡民自卫军保卫家乡。董福祥在陕西起事时，张俊在甘肃同时起事，很快两军合二为一，转战于陇东、陕北一带。董张两人可谓生死之交。平时，张俊的话，董福祥虽说不上言听计从，但在几个元帅中，分量最重，董福祥一定要认真掂量掂量。只听得张俊主道：“我等本是躬耕田亩，自食其力的农人。当初起事，目的只在保护身家性命。今天走到这一步，也是被逼的。杀敌立功，报效国家，才是正路。”

张俊话语一出，大厅又是叽叽喳喳一片。

未等张俊劝服众人，哨探来报，元帅李双良已向刘松山投降。董福祥自知大势已去，却仍举棋不定。

董福祥的父亲在关系全军生死存亡的关键时刻，他揆时度势，毅然来到大厅，极力主张请降。

董父虽说平时很少参与军事会议，但他的话在董军中一言九鼎。既然父亲说了请降，董福祥也同意了这一主张。

然而，大家都顾虑，投降后能否保住性命？

董父说：“这样办吧，你们先把主力带走，躲进山去，我在这里向湘军乞降，看看动静。反正我已老了，要杀就杀。如果是诚意招降，我再派人叫你们来投。”

这样决定以后，董福祥即率余部转往距镇靖堡一百三十余里的洛珠川一带隐蔽起来。

董福祥刚刚离开，刘松山大部队就赶来了。叔侄两人率部攻进镇靖堡，本来预计会有一场恶战，没想到没有遇到丝毫抵抗，堡内空地上黑压压跪着一千多人，为首的正是董福祥的父亲董世猷。

刘松山说："左大帅有令，秦陇之事，终必归于抚。但良莠混杂，必定分别剿抚。如果不是真心求抚，而是缓兵之计，必当痛剿。抚后以叛，为匪作歹者，必当痛剿！"

董父："我以合家老小及我身后一千余众向军门保证，我们是真降。若是假降，这一千余颗人头，军门随时可取。"

刘松山："是真降还是假降，也不是你嘴上说说就是。本提督也不是三岁小儿，可任你欺哄。你说是真降，我问你，为什么求降的都是老弱，董福祥和他的精锐部众都到哪里去了？"

董父回答："将军说得不错，官军怕假降，我们怕假抚。我们自知罪过极大，也怕官军不肯放过，所以不瞒军门说，部众主力都撤走了，只要军门真的准许请降，他们会立即放下武器，前来请降。"

刘松山："这一千多人，现在我就可以向你保证，绝不杀一个。董福祥及他的部众，如果也是诚心求抚，交出全部军械马匹，并往指定地点集结，我也决不妄杀。"

董父："我们走到这一步，已是走投无路，都是真心求降，如果军门能够保证不杀他们，我立即进山，说服他们向军门投诚。"

董世猷找到儿子，将这边的情形详细说了。大家听说官军没杀一个人，心稍宽了些，确实已是无路可走，就派人先把军械、马匹都交了出来，以示诚意。对照董福祥所部的人数，军械马匹出入不大，刘松山就答应受降，并保证不杀一人。

当晚，刘松山带侄儿随行，以私人情谊入董家，安抚董家父子。到达董家门首，刘松山命亲兵前去通报。

董家父子闻得刘松山亲至府上，敞开大门迎接贵客。刘松山令众亲兵立于户外，只带刘锦棠一人进入董府。

刘松山一瞧董福祥，豹头环眼，燕领虎须，好一个军中将才。

进入董府中堂，董父尊刘松山上坐。松山谦让说："我初到贵府，只是前来叙叙私情，您老不必如此客气。"

刘锦棠一直随叔父左右，董父举目观看，见这年轻大将英姿俊伟，仪表不群，一身英气，真是难得的人才。突然心生一念，家中义女安氏尚无婚配，若许与此后生，也算了却心中一件大事，告慰安兄在天之灵。

原来，这董父在哥老会中，有一甘肃义兄姓安。安家本是富户，却因回民起事，抢劫汉人财物，仇杀汉人，安家乃其中受害汉人之一。当董世猷得知安家不幸，赶至甘肃时，安家大小数十口，全都遇难，仅留一女，被一穷人收养。董父顾及兄弟情谊，将安女收留带回家，视为己出，如今已过二八。董父在当地留意多年，尚未找到理想之男子。今日一见刘锦棠这后生，就有意将安女许配，冥冥之中自有天意。

刘松山与董世猷以兄弟之称，董世猷将收留义女一事告刘松山，最后，直言不讳地提出安女许与刘锦棠之婚事。

刘锦棠连忙说："侄儿家中已有二室，安女系大家闺秀，要她做三房，有辱安女，这事断断使不得。"

董父却说："只要安女能服侍大将军，鄙人也就对得起安兄的在天之灵了。"接着，他对刘松山说："老弟，你就成全此事如何？"

刘松山已无法回绝董世猷的话，只得对侄儿说："毅斋，这事就这么定了，到了西安禀报大帅即可完婚。"

董父要家人唤出安女。

安女立于董父之侧，初见外人，免不得两颊晕红，愈显标致。她一瞧见刘锦棠，心底一喜，妾身能许这么年轻的大将军，也就终身有靠了。

董父向安女说明婚事，安女更是风韵百倍，羞答答地回复说：“女儿婚配，全凭义父做主！”说完，羞得满脸通红，转身飘然而去。

刘松山、董家父子在一旁哈哈大笑。

左公妙计识人，“土匪”蜕变将军

刘松山正式接管镇靖堡，与董家父子商议降后事宜。第二天，左宗棠派来专差，让刘松山带董福祥去西安大营。

董福祥有些担心。刘松山说：“你放心就是，你既然已经受降，就是我的部众，我自会保护你。大帅也是顶天立地的男子汉，绝不是要手腕的小人。”

到了西安大营，左宗棠隆重升帐，从辕门到大帐，王德榜亲率亲兵手执洋枪虎视眈眈。进了大帐，两旁站立的武将怒目而视，文官幕僚严肃绷脸，左宗棠也是盔甲鲜明，一脸乌云。平时左宗棠多是穿件旧棉袍，很少顶戴袍服，对将领们也是非常随和，今天的情形令刘松山大感意外。

左宗棠说：“刘松山，土匪都缴械了？”

刘松山自觉情况有些不妙！

左宗棠冷冰冰的问话更让他摸不着头脑。

刘松山回答：“他们都是真心请降，军械马匹已经全数交出，无一留存。”

左宗棠冷笑说：“真心请降？人心隔肚皮，何来真心？他们不过是暂时假降，等待时机罢了。等你放松了警惕，他们啸聚反水，那时你怎么死的怕是也不知道吧！”

董福祥跪地磕头说：“大帅，我与部众实在走投无路，是真心求抚，请大帅明鉴！”

左宗棠说：“别人可以饶过，首恶绝不宽贷！你一日不死，你的部众便一日不死心！来呀，推出去立即斩决！”

刘松山连忙求情，说：“大帅，松山已经答应他们，绝不妄杀一人！”

左宗棠说：“你住口，是抚是剿这样的大事，能任你随口答应？你看董某人桀骜不驯，从进我营帐就毫无戒惧之心，岂是善类？今日留下此人，必是他日大患！推出去，斩！谁敢再求情，本部堂先摘了他的顶戴！”

刘松山立即把顶戴托到手上，递到左宗棠的条案上，说：“刘松山上阵杀敌，原也不是为了顶戴。如果大帅还不肯答应放过董福祥，就请大帅先杀刘松山。”

左宗棠说：“刘松山你好糊涂！他蛊惑百姓，啸聚山林，打家劫舍，罪无可恕！”

刘松山力争说：“大帅，杀一个董福祥，会激成大变！”

左宗棠说：“不是都缴械了吗？有什么好怕的？谁敢轻举妄动，格杀勿论。不要说十万，就是二十万又如何？”

刘松山把顶戴掼到地上，指着左宗棠的鼻子，声嘶力竭地喊道：“左宗棠，算我瞎了眼，把你引为知己！”

左宗棠挥挥手说：“他连顶戴都不要了，也犯不着客气，把他押到一边去。把董福祥推出大帐，本帅亲自砍下他的项上人头！”

董福祥被推出大帐，就捆在校场边的杨树上。左宗棠抽出他雪亮的宝刀，站到董福祥面前。董福祥冷冷一笑说：“刘军门还夸你是顶天立地的男人，我看他真是瞎了眼。陕甘的汉子宁肯站着死，绝不跪着生。你杀我董福祥，我要是皱一下眉头，就不是男人！不过，我的部众是听了我的话诚心求降的，请你善待他们，否则，董某就是去了阴间，化成厉鬼也不放过你！”说罢伸长脖子，吼起秦腔。

左宗棠抡起胳膊，宝刀闪过，咔嚓一声，董福祥身后的杨树被砍断。左宗棠拍着他的肩膀大笑：“连眼睛也不眨，是条好汉！来呀，松绑，备酒，我要为董福祥设宴压惊！”

刘松山说：“大帅，您这唱的哪一出！”

左宗棠说：“本部堂这叫赤心识英雄。临死之前，还请本部堂对部众手下留情，可见董福祥不是只为自己钻营的懦夫，他求抚也是诚心。刚才本部堂挥刀砍下去的时候，你们都闭了眼睛，可是董福祥的眼皮连眨也没眨，胆气过人，是真豪杰！”

左宗棠回帐落座说：“董福祥听令，本帅授你五品军功。”又指着刘松山说：“你肯为董福祥豁出顶戴，借这个机会，他也看清了你，可以放心追随你刘松山了。”

帐下众将说，大帅这一出戏，那可真是一箭双雕啊！

众将幕一一退去。左宗棠设宴，作陪的只有刘松山、刘典、王德榜、董福祥。一个亲兵在一旁侍候。这宴朴素得很，主菜是小鸡炖白菜，再就是两个青菜，两碟咸菜。因为菜太少，大家并不怎么下箸，但酒却喝得很豪爽。陕北问题如此迅速的解决，左宗棠自然很高兴，他叮嘱已经升任陕西巡抚的刘典，战事一结束，要立即帮助饥民和降众归耕。董福祥的部众，老家有产业又愿回去的，要发给盘缠，随其回乡复耕。无家可归或不愿归者，就在靖边、保安等地安插落户，发给种子，拨给土地，以保永业。

大家看看时候已经不早，左宗棠晚上还要处理公事，就告辞。左宗棠留董福祥就住在他的大帐里，说要秉烛夜谈。董福祥就陕甘的民风民情，各派势力情况，说了大半宿。

第二天一早，左宗棠醒过来时帐外刚刚放亮。他坐起来，黑乎乎一个人跪在床前。这个人正是董福祥。

左宗棠不解地问："董将军，你这是唱的么子戏？"

董福祥说："大帅，福祥从前万不得已，走错了路，您给我们一条生路，我和弟兄们感激您不杀之恩。"

左宗棠说："快起来！快起来！这些话昨天都说过了，何必再说。"

董福祥不肯起来，说："大帅听我把话说完了，福祥是刚刚投顺，大帅就留我住您的大帐，而且您的宝刀就在案头，若我有异心，随时可取大帅性命，大帅的信任令福祥感动万分。昨天晚上，您为福祥设宴，菜肴十分简单，福祥以为大帅有意慢待，后来听亲兵说，那已经是很奢靡了，可见大帅平日是多么省俭。宁夏将军穆图善一桌饭非有二十几个菜不成，他专门有一支人马，从京城给他采买山珍海味。就是一个小小的县令，怕是也比大帅吃得好住得好。大帅竟然亲住营帐，夜里寒风吹进帐来，就是福祥也有些吃不消。福祥真是万分佩服，从此跟定了大帅，赴汤蹈火，在所不辞。"

左宗棠拉起董福祥，哈哈大笑说："好，好，如此甚好！你快些回镇靖堡，让你的部众放心。我听说你部众里能征善战的人不少，就挑一部分，组建董字营，三营四营都可，但要挑选确实能征战的，还有你的几个元帅，就当董字营的营官，跟随刘松山立功去吧。"

董福祥还是跪着不起，左宗棠疑惑不解，责备地问道："为啥还不起来？”

董福祥说：“还有一事，请大帅成全。”

“何事？只要老夫能办得到的，一定给你办。”

董福祥把父亲将安女许配刘锦棠一事如实禀报，最后附上一句说：“请大帅保媒，了却小人父亲一桩心事。”

左宗棠听后，哈哈大笑，扶住董福祥说：“快起，本帅答应你父子就是了！”随即，左宗棠要帐外亲兵，传刘松山、刘锦棠速来。

不一会，松山叔侄到帐，左宗棠对刘锦棠说：“毅斋，董父有意将义女安氏许配与你，老夫已同意保媒，这几天暂无战事，去镇靖堡办了此事吧！”

刘松山代侄儿谢过大帅，刘锦棠也无话可说，自办婚事去了。

刘松山办完侄儿婚事，遵照左宗棠的旨意，解决和收编董福祥的部队。先留头领及精壮者选拔成营，按湘军编制，归董福祥统领，号董字三营，董福祥领中营，张俊领左营，李双良领右营。同时，刘松山还从降众中挑选千余人作其勇夫，三千人作运夫。合计起来，一次性挑选成军者六千余人。从十余万降众里挑选六千人，可谓精锐中的精锐，中国近代史上赫赫有名的甘军，从此发端。

董部的从军家属留居陕北，其他降众被分散安置于延安、绥德、庆阳、固原等地的荒地上，垦荒耕种，从事农业。

董福祥十万之众被收编安置后，陕西回民军退入宁夏府董志原，陕北的后顾之忧基本解除。

同治八年（1869年）春，左宗棠定“三路进兵之策”拉开了入甘序幕。刘松山与侄儿刘锦棠率提督黄万友、易德麟、总兵章合才、谭拔萃、谭上连、易致中、朱德开、五品军功董福祥由绥德西进，挺进花马池，直指金积堡，是为北路；李耀南、吴士迈率部由陇州、宝鸡趋秦州，是为南路；左宗棠和刘典率军自乾州经邠州、长武赴泾州，是为中路。其中，北路是重点进攻方向。南路和中路牵制夹击驻防董志原回民军，配合刘松山直捣回民军总部金积堡。左宗棠见部队繁杂，担心号令不能统一，传令各部都听刘松山的将令。

左宗棠急奔金积堡，刘松山殒命马五寨

大军压境，占据董志原（塬）的马正和、白彦虎、余彦禄、崔伟、陈琳、禹得彦、冯君福、马长顺、杨文治、马正刚、马生彦、毕大才、阎兴春、蓝明泰、哈连金、邹保和、张代雨、马维骧等回民军十八营大元帅，齐聚肖金镇。大敌前，十八营大帅一致决定，十八营并为由白彦虎、马正和、崔伟、于得彦领导的四大营，一半兵力护家口辎重先行，留崔伟、马正和等率万余伏董志原断后，并派出游骑数百，由太昌、政平等镇分扰泾河两岸，以牵缀官军。大军退往宁夏地区，与马化龙领导的甘肃回军并肩迎战，保卫金积堡。

金积堡位于灵州西南二十五余公里，它是西北各路回民大军的神经中枢，是马化龙部回民起义军的中心。从地理区位上看，金积堡东通花马池，西靠黄河，南通固原，北连银川地区，与关中地区遥相对应。战略地位相当重要。

坐镇金积堡的回民军首领马化龙，又名马朝清，世居宁夏灵州金积堡，哲合忍耶学派第五辈穆勒师德。同治元年（1862 年）春，太平军扶王陈得才、遵王赖文光和四川农民军兰大顺等部进军陕西，适逢渭南发生回汉纠纷，马化龙举旗反清，夺取宁夏府城和灵州城。至此，宁夏各县堡回民大多揭竿而起，反清烈火在大河两岸和六盘山地区形成燎

原之势。马化龙以总大阿訇、大教主、统理宁郡西河等处地方军机事务大总戎的身份自居，坐镇金积堡，委官颁印，全面指挥宁夏各地回民军与清军的斗争。同治五年（1866年）初，马化龙大败官军之后，主动把宁夏府城、灵州城和道、府、州大印一起退还官方，并向官军捐纳银粮，还把自己的名字改为“马朝清”，以示忠于朝廷，永不再反。新任宁夏将军穆图善也无志战斗，借此极力主抚，于是宁夏抚局告成。然而，马化龙对朝廷的招抚只是权宜之计，不过是为回军争取休整、补充和修筑堡寨的时间，继续经营以金积堡为中心的地盘，并援助其他回军。

左宗棠各路军马齐奔金积堡。九月初，刘松山一军攻下灵州，中路军则由固原、平凉北进，左宗棠进驻平凉，从而形成对金积堡的大包围态势。灵州回民心存疑惧，选派代表到湘军营中谒见刘松山，表明服从朝廷的诚意。刘松山回答：“我军此来，是为了对付不听命令的陕西回民。已经安抚的甘肃回民，都是良民，无须害怕。”于是他派人给金积堡的回民首领马朝清送信，要他告知各寨百姓，湘军并无恶意，不要恐慌，安居乐业。然而，刘松山接到报告，说陕西回民军余彦禄、马正和与马长顺等人占据了金积堡外围郭家桥。

郭家桥虽是一个弹丸之地，却是一个“鸡叫听三县，车马通四方”的交通咽喉。回民军在这里修建了二十一座堡垒，堡与堡之间又有街道、壕沟相连，一堡有难，各堡都可相救。刘松山率部刚抵郭家桥，只听得城内鼓角齐鸣，枪炮声、呐喊声，天崩地裂。紧接着，余彦禄、马正和、马长顺各领一军，冲杀而来。

这样的阵势，刘松山不为所动，令炮队迅速架炮，猛轰敌阵，又令易德麟、刘锦棠各领一军抵挡回击，自为中军，领着余虎恩骑兵挥师直指郭家桥正门，再令董福祥三营断后，随时增援各军。炮轰过后，三路湘军齐奔敌阵，回民军三路人马知道遇到了劲敌，纷纷溃退。湘军紧追不舍，攻入郭家桥镇内。然而，回民军不同于任何军队，他是全民皆兵，一人参军，举家随军，一旦战斗打响，回民军不分兵民，人无分男女，年无分老幼，教无分老新，全民参战。湘军一进城，就陷入了回民军的人海战术之中，湘军将士反倒越战越勇，狭窄的街道内，人马相挤，相互践踏，女人的哭声、孩子的叫喊，想要逃跑的人们，拥挤不动，前去不能，后退不得，回民军那些参战的未参战的老少妇幼大多丧命。余彦禄、马正和、马长顺知道大势已去，率军出逃，湘军连下二十多座庄堡，追至下桥。此桥跨秦渠与汉渠，桥头展开了混战，桥上挤得水泄不通，回民军大批随军家属又溺水身亡。

湘军穷追到金积堡的要塞吴忠堡。第二天，回民军依堡列阵，吹响号角，出寨袭扰湘军，遭到湘军反击，全部败退。刘松山发现对方阵前骑兵不多，起了疑心，登高瞭望，发现回民军的骑兵已到下桥以西，隐蔽在树林和废墟之中，企图袭击湘军营垒。

刘松山令谭上连留守大营，命令各部专攻寨堡南部，自己率部进入树林废墟，寻找埋伏的回军骑兵，将伏兵赶走。

鼓声擂响，湘军各部大声呼喊，发起冲锋。回民军屡次受挫，无心恋战，分部收兵回堡，等待援兵。

刘松山抓紧时间修筑军寨，安顿辎重。

陕西回民军白彦虎和马生彦等人，果然率领援军，从黑城北上，进入金积堡。马化龙又将崔三和李经举的部队召到金积堡。灵州的回民军也应调而来，黄河东西两岸的回民军精锐部队都来助战。

刘松山部署就绪之后，率易德麟部夜袭马正和寨堡。马正和不敢夜战，只在堡内发炮。易德麟身先士卒，接近一寨堡时中弹阵亡，时年三十六岁。

易德麟战死，刘松山怒发冲冠。传令各军，向吴忠堡发起总攻。刘锦棠率部越过桥卡，凫水包抄，首先拿下一堡。余虎恩的骑兵，骤若风雨，守寨者望风心惊，纷纷撤走。余虎恩穷追不舍，被回民军戳伤左膀，坠落马下，但他立刻上马再战，回民军大骇，马正和与余彦禄所部投降，未降者纷纷弃寨而去。湘军攻下三十多座村寨，将回民军追赶到吴忠堡以南金积堡外围。

马化龙再次请求安抚，他代替陕西的回民军交出少量战马和枪矛。而马长顺的回民军仍在抵抗。马化龙担心湘军发起攻击，又交出几百件烂朽的武器和几百匹瘦马。刘松山知道马化龙还是没有诚意，传令湘军各部在金积堡周边集结。

冬天的金积堡，到处覆盖皑皑白雪，没有了绿树如荫的点缀，显得有点破败。战争使人害怕，很少有人出门，街道有些冷清。天气也变得阴沉，满天是厚厚的、低低的、灰黄色的浊云。然而，只要堡内号角一鸣，霎时间，兵民齐集，堡寨为战，村户为战，人自为战。这个冬天，湘军与回民军在金积堡外围就这样展开了激烈的争夺战。回民军依托秦汉二渠，挖壕筑墙，步兵凭墙防守，骑兵则主动出击，忽东忽西，不断袭击敌人。

战争进入拉锯状态，左宗棠令提督李就山、总兵简敬临率楚军赶来支援，两人立功心切，攻入金积堡外围波浪湖，不料被回民军包围，几乎全军覆灭，李就山、简敬临战死。

又损两员大将，湘军复仇心切。除夕之夜，各路大军，鼓角相闻，仍在拼命围攻金积堡各寨堡。

同治九年（1870 年）正月十八日，刘松山率部进攻金积堡外围马五寨。这座寨堡面积大，工事坚固，回民军首领马五派精锐据守寨堡东卡，拼死抵抗。熊熊战火升起的浓烟，弥漫了整座城池。刘松山令谭拔萃所部攻克外卡，自己督率董福祥一军用引火材料焚烧寨门。

董福祥一见主将带头冲锋陷阵，立即截住刘松山，让他靠后指挥。刘松山不听董福祥的劝告，一个劲地往前冲。董福祥命令自己的一哨亲兵团团护卫刘松山。

风中猎猎招展的“刘”字五色纛旗竖立在马五寨内，守军还在作最后挣扎，一颗炮弹把纛旗轰得残破褴褛，似乎顷刻间就会坠落，一块弹片击中刘松山左胸，顿时落马坠地。

董福祥将刘松山背到破屋里，将领们听说统领负伤，都奔过来围着他涕泣。

刘松山喝令他们出去战斗。湘军将士健硕的身影，如波浪般起伏，他们口中发出了震动天地的喊声。这种喊声，互相传染，互相激励。空中炮火、子弹狂飞，为统领报仇之心，让将士杀红了眼，战火中虽有人不断地中弹倒地，使得将士更加的愤怒，战斗越来越激烈。

刘锦棠率军杀入马五寨堡，叔父负伤的消息传来，他顿时失去了理智，一边纵火，一边斩杀。寨内死尸伏地，浓浓的血腥味与汗气味相互夹杂着，充斥在空气中，刺鼻难闻。残阳如血，落日的余晖倾洒在马五寨上。守寨的回军首领马五成了湘军俘虏。

刘锦棠用衣袖抹抹额头的汗水，这次马五寨之战，在他心中似乎成了湘军入甘的最艰难之战。

将领们返回向刘松山告捷。刘锦棠、章合才、谭拔萃、余虎恩、易致中、朱德开、董福祥围在主帅周围，刘松山说：“我伤得很重，必死无疑了。但我身受国恩未报就死了，你们不要把我的尸体马上送回去，我还要化作厉鬼作战。只要大家奋力，我死而无憾！”他使出最后的力气，拉住董福祥的手，对众将说：“吾死后，望大家齐心辅助侄儿……”话未说完便溘然逝去，享年三十七岁。

曾与左同荐刘锦棠，马化龙舍生救众人

左宗棠端坐大营帐中，正和幕僚商议战情，突然心血上涌，一阵晕厥，众僚不知所措，一会骤然清醒。只见谭拔萃急急闯入帐中，左宗棠心底掠过不祥之兆，前方军情不好。

谭拔萃来不及行礼，失声哭告："大帅，刘松山阵亡。"

这一消息，让帐中众人顿时呆若木鸡。左宗棠醒悟过来时，大呼一声："吾失一膀也！"

刘松山确是左宗棠一膀。剿回大军百几十个营，刘松山所部的战功最大，他的部队自从进入宁夏府灵州，攻破了五十多座堡寨，扫平了回民军的九十多个根据地。每次作战，他都是策马前行，冒着弹林箭雨。与他交过手的回民军首领，都不敢与他交战。

左宗棠站立在刘松山的大棺前深深地鞠躬致哀，身后站立的湘、楚大军将领拜伏哀泣。刘松山继子未到，刘锦棠依照故乡以侄代子的俗规，披麻戴孝跪于一旁。

"毅斋，寿卿为国捐躯，死得其所，你要节哀自重。"左宗棠以征求刘锦棠的口气问道："寿卿丧事如何办理？"

刘锦棠恳求地说："爵帅，请您同意叔父遗嘱，灵柩暂停军中以系军心，属下当秉承叔父遗志，奋勇杀敌，不拿下金积堡和叛逆，誓不返乡！待到完成叔父生前未竟之业，吾再请假回乡为叔父办丧事，叔父无嗣，我将以子礼奉之，赡养婶母终老。"

说到伤心之处，左宗棠泪水纵横，悲痛之余，他突有一种预感：马化龙一定会趁机反扑。他即令诸将入帐议事。

众将入帐，左宗棠说道："老湘军即将建功之际，主将不幸身亡，诸位都是跟随寿卿多年的老部下，难道甘心就此罢兵？"

诸将轰然应道："坚决不能，誓将拿下金积堡，斩首马化龙，为统领报仇！"

左宗棠大声地宣布："老湘军之帅，待我与曾爵上报朝廷，由皇上、太后定决。本帅决定暂由刘锦棠统领老湘军，黄万友为副统领。"

黄万友率先表态说："毅斋，我与寿卿兄是同乡，同入老湘营，情同手足，他的侄儿就是我的侄儿，你大胆干，我会全力协助你的。"

谭拔萃响应道："毅斋之令犹如寿卿兄之令，谁敢不服？"

余虎恩坚决地说："少统领，你指到哪，我打到哪！"

诸将乃附和道："毅斋少年英雄，我等皆有目共睹，岂敢不服？"

也有人道："只要能打胜仗，我等自然服气。"

左宗棠不容诸将再议，他严肃地说道："圣意到达之前，毅斋之令，即本帅之意，任何人不得违抗！"

左宗棠当晚宿于老湘营，与刘锦棠促膝长谈。"毅斋，对今后战事有何考虑？""大帅胸有成算，小侄洗耳恭听。"左宗棠捋了捋胡须，面沉如水："你叔叔乃军中主将，遽然离世，挫我军威，你初掌大军，敌军势大，不宜轻举妄动。"他的目光停在刘锦棠脸上，"我有坚守不出和退屯备战两策，你意下如何？"刘锦棠毅然答道："我军围敌日久，敌军已如强弩之末，我虽受大创，但将士同仇敌忾。且我军深入敌境，相持日久，粮饷难继。如不力战，敌人得以喘息，容易寻机袭我，一旦战败，灵州也保不住，大局更会崩坏。小侄愚见，望大帅体察。"左宗棠沉吟半晌，迎着刘锦棠坚毅的目光："就依你！"

老湘军眼前虽属左宗棠麾下，但其军费全是曾国藩供给。左宗棠不敢越俎代庖，悲痛之余，飞书金陵，请曾国藩为老湘军荐一统帅。

曾国藩闻讯之下大恸，竟然彻夜无眠。第二天急派员赴陕吊唁，并给左宗棠亲笔书信一封。信中，曾国藩先忆刘松山之勇、之功，征战之利；又谈刘锦棠之智、之能。曾国藩最后才明确说出，希望与左宗棠联衔上奏朝廷，推荐刘锦棠代刘松山统带老湘军，提督黄万友做他的副手。

左宗棠阅信后，心中窃喜，曾国藩所荐与自己所想暗合。

折子八百里加急拜发，朝廷下旨许之，时年刚刚二十六岁的刘锦棠转眼之间跻身于大清最年轻的统兵大员。

圣旨到达西北军营之日，左宗棠下定决心攻下金积堡，扫除西征途中障碍。他令提督金运昌率领卓胜军，提督雷正绾、副将张福齐、川军将领黄鼎率总兵周兰亭、韦占彪驰援刘锦棠围攻金积堡，各部都必须听从刘锦棠的将令。

龙王庙峡口号称金积堡第一门户，地势十分险要，一旦解冻放水，就可能使金积堡成为一片泽国，马化龙派出精锐马步军上万，欲夺龙王庙峡口。

刘松山战死之前，曾约雷正绾部在峡口修筑壁垒，扼守渠水上游。此时刚从回军手中夺取龙王庙峡口不久，勉强修筑了三个壁垒。雷正绾部还没来得及喘上一口气，金积堡人马就已杀到。雷正绾仓促应战，激战一天，三个壁垒相继丢失，粮道被断，伤亡四百余人，只得率军退守营中，忍饥坚守，急呼援兵。

回军每天用大炮轰击雷正绾的军营，炮火下死伤不断，雷正绾苦战不支，伺机突围。

周兰亭和张福齐的部队由于粮食已尽，被迫向南退驻鸣沙洲。雷正绾部没有撤走，忍着饥饿坚守。刘锦棠传令黄鼎率领周兰亭和韦占彪等部前往驰援，两军在峡口混战，回军凭借山口险狭，顽强抵抗，黄鼎发起数次冲锋，都无功而返，阵前留下了数百具尸体，韦占彪不幸中炮阵亡。后方金积堡的回军见势蜂拥而出，扼守牛首山，堵住了黄鼎部的退路。

黄鼎自恃战力强大，请求继续强攻。刘锦棠见势不妙，怕强攻吃亏，又怕黄鼎不服从自己的命令，连夜亲抵黄鼎营中，命令他立即放弃正面强攻，改向敌防守薄弱的两翼进攻。黄鼎不解，质问道："我不救雷部，何人能救？此刻不救雷部，何时能救？"

刘锦棠道："他打他的，我打我的，或许能奏奇效！"

黄鼎正杀得兴起，对刘锦棠的命令置若罔闻。刘锦棠大怒，拔出佩刀，欲行军法，众人苦劝。黄鼎无奈，只得服从。

黄鼎率军退出正面战场，与刘锦棠军合为一军，以迅雷不及掩耳之势，向回军薄弱的两侧发起猛攻。回军猝不及防，被黄鼎军拦腰切断，陷入混乱之中，雷正绾正面之敌亦颇受动摇，攻势不若先前猛烈。

雷正绾抓住这个间隙，突围而出。

黄鼎从此战中认识到了刘锦棠的高明，俯首认错。

回军尚未清醒过来，黄鼎率军猛攻，回军丢盔弃甲，连连败退。刘锦棠令黄鼎穷追不舍，数日内连下数十堡，抢得粮秣无数。大量失守的回人全都向马家堡跑去，马家堡数日之内竟收容了数万败军。

刘锦棠认定马家堡中回军虽然人多，但由于分属各部，缺乏统一指挥，因此难以形成战斗力；且堡中尽是败落之兵，士气涣散，求生欲望远大于求胜欲望，即与黄鼎定下计策，令其部下围三缺一，设伏以待。

回军果然中计，战斗打响后不久即由缺口处蜂拥而出，争相逃命。黄鼎伏军大起，赶着狂遁的回军朝着龙王庙峡口、牛首山等回军阵地冲了过来，据守的回军各部不忍对自己人开枪，阵地瞬间被冲得大乱，狼狈不堪。

雷正绾对刘锦棠的挺身相救感激不已。诸将皆称左公用人独具慧眼，刘锦棠虽年纪轻轻，然英武睿智已不亚于其叔，由此大服。

再说马化龙，他一面联络河州与狄道的回民军，让他们东进渭源，向东北方的巩昌运动，被汤聘珍所部击退。在渭源东南方的礼县，傅先宗所部也对回民军发起攻击，获得胜利。回民军越过礼县东北方的盐关东进，袭击成县、徽县和两当县。在此同时，马化龙又增兵峡口，死守阵地。

刘锦棠想，回民军既已占据峡口，一定会开掘渠水灌淹湘军壁垒，便与黄万友率部急进，首先击败回民军的骑兵，然后将回民军的步兵向东南方压迫。刘锦棠提出在黄河两岸修筑壁垒，保护粮运。

果不出刘锦棠所料，冰冻消解时，回军步兵借助一个狂风的夜晚，掘开渠堤，向南灌淹，一时间汹涌的波涛滚滚而来，卓胜军的营垒顷刻之间没入汪洋之中。金运昌临危不惧，冒着枪林弹雨昼夜站在齐腰深冰冷的水中指挥战斗，将士们得到极大的鼓励，无不以一当十，勇往直前，视死如归，终于击退了对方。回军又在堡北用砖石筑卡阻碍清军进攻，掘开马连河堤引水攻击清军。马化龙水淹湘军的同时，又大举出兵，助胡堡的回民军开掘山沟，灌淹吴忠，阻断湘军通向黄河以西的运道。

刘锦棠将部队分为三路，凫水过渠，与金运昌部会合。黄万友下令发射开花劈山炮，轮番轰击，战到夜晚，才将回民军击退。

金积堡之战是一次生死大决战，持续时间长达三年之久，几乎天天都处于战斗中，两军伤亡十分严重。湘军提督黄万友在军中累死，参战的各路官军都有大将战死。回军首领马正刚、马正和、杨兴隆、余彦禄、王洪、袁希义等战死，余彦禄部全军覆灭。马化龙自觉力竭势穷，情绪急转直下，整天愁眉不展。

同治九年（1870 年）末，刘锦棠攻下金积堡周围大小堡寨一百多处，完成了对金积堡的四面合围。金积堡外部联系逐渐被阻断，马化龙的指挥部，设在金积堡城“保生堡”内，周长仅九里余，城墙壁高四丈，厚约三丈许，四周环濠，堡中有堡。

被困金积堡内的马化龙仍在负隅顽抗。堡内军人有限，老弱伤病和妇孺居多，而且围困日久，粮草断绝，人皆以树皮、草根、牛皮、死尸为食。即使如此凄哀，湘军攻城，回民拆毁房屋，木石纷投，间以火球，战斗激烈时倾倒热汤、麦粥和锅碗盆缸、箱柜桌凳，甚至以死尸投击，惨烈之状人间罕见。

这一年的最后一天，黑清泉堡中的老弱妇女每天跪在濠外呼号，请求首领陈林投降，让他们活命。陈林率领部属马化凤与黑清泉堡内兵民共八千多人，参见黄鼎与雷正绾，请求安抚。刘锦棠令他们交出马匹和武器，暂时发给赈济粮，让他们等候安插。

新年刚到时，马化龙见陈林等人已经投降，便通过陈林求告刘锦棠，请他撤除对马家滩的包围。刘锦棠同意，责令马家滩的回民军交出马匹武器。湘军开进堡内，只见回民挖地洞作为居所，精壮军士不过几百名，已是体无完肤了。

隔天，王洪堡也向湘军投降，刘锦棠令其中的居民返回故居。

自从陈林所部接受安抚以来，陕西回民闻风而动，纷至沓来，湘军接收投降的男女共一万多人。左宗棠下令将他们解送到平凉，等候安置。

马化龙自知金积堡不可保，自赴刘锦棠的大营。

刘锦棠下令打开营门，放他进来，派使者飞马驰告黄鼎、雷正绾和金运昌等人，商议如何处置。

马化龙伏地请罪，毅然向刘锦棠将领表态：“以我一人之死，赎万众无罪之生。”他想以自己的早日被处决，使全堡民众多保存些生命，以免同归于尽。

湘军将士们都认为马化龙反复无常，打算把他捆起来，处以磔刑。刘锦棠不许。他让军士们把马化龙安置在旁边的营帐里，派人守卫，令他交出马匹武器，毁掉堡墙，并招抚王家疃等回民堡寨，让他们以实际行动自赎。

左宗棠得报，派陈湜赶赴金积堡，与刘锦棠筹划安抚事宜。

马化龙又派使者召唤部属何生洲等人返回金积堡，他的儿子马耀邦也愿缴械投降。

左宗棠料想马化龙父子的话不能全信，命令刘锦棠等人将金积堡的居民迁徙到别处，搜查他们藏匿的枪炮。当时天寒地冻，回民挖掘的进度太慢，刘锦棠便派勇丁协助，果然从堡内挖出一千三百多条洋枪。

刘锦棠大怒，命部属将马化龙降军斩首。过后，刘锦棠向左宗棠请罪。左宗棠对马化龙几次诈降已痛恨至极，马化龙死有余辜。但刘锦棠杀降，先斩后奏，妄为了些。左宗棠思忖再三，替刘锦棠担待了所有责任，并且上书言明了其中逆贼三番五次诈降欺骗朝廷，平息了一些人借此企图打击湘军所作的文章。

同治十年（1871年）正月十三日，马化龙被凌迟处死，时年六十三岁。甘肃回民和金积堡百姓一万五千多人安置于平凉、固原。

刘锦棠攻克金积堡，马化龙被处死，陕甘回民军的主力基本消灭。朝廷下诏，赏左宗棠加一骑都尉世职，刘锦棠赏云骑都尉世职，赏穿黄马褂。

第四章

轶事遗闻

刘松山归葬故里，刘锦棠捐资办学

同治十年六月（1871 年 7 月），由左宗棠奏准，刘锦棠护送刘松山灵柩回乡。此前，刘锦棠命人去镇靖堡，接已孕在身的安氏先行至汉中十八里铺码头等待，同船回乡。

出发这一天，随行回乡的两千余名伤残将士皆撞跌而哭，哀思队伍绵绵流长。队伍越过秦岭，进入素有小江南之称的汉中盆地。汉中盆地北依秦岭，南屏巴山，中部为盆地，自古就被称为“天府之国”和“鱼米之乡”，它是中国南北气候分界线、江河分水岭，这里四季分明、气候温润、冬无严寒、夏无酷暑。然而，这个夏天，气候一反往常，狂风怒吼，暗云密布，源于此地的汉水，连续几天波涛汹涌，来往船只被迫停航。当地人说这样的天气千年不遇，他们只从祖辈的传说中听说三国时期，魏蜀争夺汉中时曾出现过此种现象，直至蜀国猛将张飞遇害，其灵柩路过此地时，恶劣天气才转好。

就在当地人捉摸不定时，汉中镇总兵和地方行政长官陕安道在汉水源头十八里铺码头扬幡举哀，准备隆重路祭刘松山。说来也巧，刘松山灵柩刚刚停稳码头，天昏地暗的天空顿时晴空万里，汹涌的汉水也风平浪静，青山肃立，白云凝神。这一巧合，让十八里铺人和在场的人无不惊讶，十八里铺的大小店铺和庶民百姓纷纷燃放爆竹，哀送刘松山灵柩。由此，当时的汉中人将刘松山说成张飞转世，越传越神，故后来有文人将刘松山比作左宗棠手下的张飞，源出此典也。

过了汉中，出汉口，转长江，渡洞庭，入湘江，进涟水，一路无话。刘锦棠兄弟等扶灵柩抵湘乡，镇湘楼码头早已扬起白旗，知县、绅士、在籍的湘军将领和团防局大小官员，尽皆挂孝，又是一场隆重的路祭。

山枣码头，城江刘氏宗姓族人早已更衣待丧，男女老幼，无不痛哭，哀声震地，闻数十里。原来，湘乡城江刘氏迁自江西，源出江西安成前溪刘氏，以南唐大理评事刘庄为远祖，明代刘翊圣迁湘数百年来，一直默默无闻，刘松山官至提督，城江刘氏族人为之骄傲。刘松山之死，犹如折了全族的大梁，故族人都为之悲痛。

扶柩上岸，炮仗响起，声震山河大地，哀乐齐奏，情动蓝天丽日。迎丧队伍逶迤前行，号哭声直冲云霄，所过之地的人们也都情不自禁地陪同流出一股伤心泪。

刘松山灵柩进了莲花老托甘田屋场，夫人成氏挺着大肚子，一声哭倒在地，顿着腹中阵痛，众人知其临产，扶入房中，产下一女。

灵柩停放七七四十九天出殡，葬山田区七都同埠烂茅蛇中嘴。

办完叔父丧事，刘锦棠实在累了，回到富托正想到书房椅上瞌睡一会，却见管家捧着一堆厚厚的账本放在桌上说："毅斋，你家的账务我实在管不了，我还是做你家的长工算了。"

管家不是别人，正是早年与刘锦棠抬轿至晏员外家的那陈轿夫。当年算命先生说刘锦棠将来是个出将入相的大人物，陈轿夫不信，与算命先生打了一场口水仗。刘锦棠与晏氏结婚后，自去军中，家中财产需要一人管理。刘锦棠不食前言，请了这陈轿夫当管家。刚开始时，刘家只有晏氏陪嫁的百几十亩田，进出账务不多，陈轿夫还能勉强管理。随着刘锦棠的官越做越大，刘家财产越来越多，往来文书增多，会见客人的礼仪、等级也繁琐得不得了。陈轿夫读书不多，账务、文书、会客经常出差错，他自知能力有限，故主动辞职，惭愧地对刘锦棠说："我还是在你家做长工算了。"管家话已至此，刘锦棠只得应允，说："你还是帮我管着家里的长工吧。"管长工的官还是长工，正应了当年算命先生的断言。正所谓"命里有时终须有，命中无时莫强求"。

陈管家辞职，刘锦棠想起了那年担柴过河时，向成石匠许下的修桥诺言。他对陈管家说："你去把成石匠和乡长、族长请来，我有要事与他们商量。"

刘锦棠不是皇上，但在家乡，他的话比皇上说的还顶用。第二天，成石匠和乡长、族长都到齐。刘锦棠对成石匠说："成叔，当年你帮我挑柴过河时，我说过将来要修一座桥，您老说，只要您在世，您要出工出力，今天请三位来，就是想兑现吾当年对成叔许下的诺言，在城江河修一座石桥。"

三人听得此言，大喜过望。族长说："毅斋，修桥修路是一件积德积善利民的大好事，我们一定全力支持。"

乡长说："毅斋，你在城江修桥，造福苍生，我给这桥取个名，就叫'刘公桥'吧！"

刘锦棠略一思索，说："这名字使不得，要取名的话也只能叫'成公桥'，若不是成叔当年帮我挑柴过河，我也不会想到要修桥。"

成石匠一听，急忙摆着手说："毅斋，'成公桥'这名字万万使不得，岂能将这千古流芳的名字冠到我一个无德无能的石匠头上，当年帮你也是举手之劳。你不食言，我亦如此，在其有生之年，一定尽力修好这座桥，即使中途去了蓬莱，我也心安理得。"

成石匠的一席话，让在座者更加钦佩这位平日默默无闻的匠人。刘锦棠立起身来说："成叔，善事有大小，大有大善，小有小善，但不分优劣，皆善也。故为善之举，不在大小，您的义举虽小，古人曰'积薄而为厚，聚少而为多'，您已是一个积善成德的好人。'成公桥'之名，非为您一人树碑立传也，而是让您这种积善之德，让后人得以传承。"

刘锦棠的话语中肯，句句在理，在场的人也示赞成。历经三年，成公桥落成，连贯南北，无论历史怎么变迁，其名不改，成公美德、刘公义举流传后世。

古人说，为人莫做官，做官不轻松。刘锦棠刚刚了却一桩心事，又有一事接踵而来。只听得刘氏族长在门外大呼："毅斋，载然的堂客（湘乡土话：即妻子）上吊死了。"

刘锦棠一闻此信，立即随同族长一同前往。族兄名叫刘载然，娶万氏为妻，婚后即投刘松山部，万氏在家侍候公婆，照顾小姑小叔，上下邻里交口称赞。刘载然先后转战十余省，去年阵亡甘肃。刘松山灵柩入土，万氏联想自己丈夫尸骨埋异乡荒外，触景更哀。回到家中，万氏哀哭更甚，眼中流血，誓以身殉随夫，家人劝喻之不可，竟乘间沐浴更衣，自缢死，时年二十八。

一家有事，百家不安，何况万氏这种贞节之举，更让邻里敬仰，族人闻知，无不哀痛，纷纷赶赴载然家中，一会光景，那块土坪中人头攒动。刘锦棠和族长到来，人们纷纷让出一条道来，孩子们躲在大人的身后，怯生生地瞅着刘锦棠这个大官从身旁路过。

进得万氏房中，只见那万氏静悄悄地躺在床上，万氏的公公婆婆、小姑子和载然的儿子，一个个泪痕如洗。刚刚从县城涟滨书院闻信赶回的小弟载物，跪伏在嫂嫂床边哭得更惨。旁人都知道，这个家庭全靠刘载然当兵的薪水支撑，弟弟载物才有了读书考秀才的机会。如今哥哥战死，嫂嫂一走，载物再也没有读书的机会，他想做一个读书人的美梦也就破灭了。这天愁地惨的场面沉重得令人窒息，真是苍生涂炭，凄凉得让人心碎。

刘载然父母见了刘锦棠和族长，当即向两人跪下，老父哀声道："毅斋，儿子、媳妇走了，我们这些活着的，老的老，少的少，怎么活啊？"

刘锦棠鼻子一酸，哽咽地说："大叔大婶，逝者已矣，是为不幸，生者如斯，情何以堪。"

族长扶起刘载物，刘锦棠只见这年轻人眼泪从眼眶里一粒一粒地掉落出来，他不愿擦干，也不愿停止哭声。载然的孩子长得虎头虎脑，特别是睫毛下那双黑葡萄似的眼睛，迷茫不知所措。

刘锦棠和族长面对这种家破人亡的惨况，不可能有起死回生之术，他俩说了一番安慰的话后，告别载然父母。回转途中，刘锦棠从载物那绝望的眼神总是浮现脑海中，他从中看到了自己失学时的那种痛苦，特别是载然的孩子到了读书年龄，一下子成了孤儿。还有那些躲在大人身后的孩子，一双双茫然的眼睛，好像都缺一种什么东西？

少了什么呢？刘锦棠向族长吐露心中的疑惑。

族长不假思索地回答说："这些儿童没有读书啊！他们的家中都没有供孩子读书的本钱。"

刘锦棠肩头剧烈地抖动起来，再次想到了自己的童年。不，绝不能让族上的孩子再走自己失学的老路了。他坚定地对族长说："族里要办一所义塾，我城江刘氏子弟入塾者不论贫富，一律免费入学。"

族长疑惑地问："师之束脩，生之食宿，何以取之？"

刘锦棠当机立断地回答说："族人捐资！有钱者出钱，无钱者出力、出教具，一定要把族里义塾办起来。"

"毅斋，有了你这句话，不怕族学办不好！你带个头，捐多少？往后的事族上来做。”

刘锦棠毫不犹豫地回答族长：“我在城江塅的五十亩田，全部捐出！”

城江刘氏大族，在刘锦棠的带领下，率先在湘乡办起了义学。族里议定：贫寒子弟入塾者每名岁资谷十石，路远不能入义塾的贫寒子弟，不论人数多寡，每名岁给谷三石，作为束修纸笔，听其择师自主，以三年为度。三年之后，均应于冬至带赴祠内察看，果系俊秀，堪以造就者提入义塾，其资质较劣者不提入义塾，听其自便。塾中子弟成绩优秀可赴各级考试者，均给予奖励。

刘锦棠这一义举，不仅为湘乡城江刘氏子弟的扫蒙事业做出了实质性的贡献，还为湘乡其他湘军将领捐资办学做出了榜样。在其影响之下，湘乡湘军将领均开办了自己的族学。

万氏之死，深深地刺激了刘锦棠。后来，他上书皇上，万氏得一贞节圣谕，立坊纪念。

刘锦棠正为修桥、办学的事操劳时，又一件大事找上门来了，他不得不出趟远门，拜访两江总督曾国藩。

刘锦棠上门讨饷，曾国藩礼贤下士

刘锦棠正在筹备修桥、办学两件造福桑梓的大事。然而，一件令人头痛的事出现了，裁撤的老弱病残将勇也陆续回乡。刘锦棠在甘肃大营时曾拍着胸脯答应他们，到了湖南一定将欠饷和安家费全数发给大家，但曾国藩的协饷迟迟没有到位。这些老弱病残者在家里等不到钱，只得找上门来讨债。

更令刘锦棠头痛的是老湘营一些早年回乡的旧部也找他诉苦要钱。这些早年回乡的兵勇为啥找上门来呢，他们确有自己的苦恼，当时发的抚恤银有限，一两年就用光了。眼看着一些当大官的和胆子大的人风风光光地回到家里，带来的财宝用船装，用车载，买田上百上千亩，盖朱门豪宅，而自家只是没有赔上一条命，一点分外财也没得到，他们怎能不气恼，不眼红！还有一些妇道人家因想起死去的丈夫、儿子，找到刘锦棠披头散发地哭上一阵，个别的劝也劝不走，几天几夜不罢休，弄得上下邻里都不得安宁。

刘锦棠理解大家的苦衷，他们都是起自田间的农人，原想靠当兵来养家糊口，不料伤残归来，失去了劳动能力，养家糊口都困难，谁能想得通？然而，自己手头实在拮据，拿不出银子，看来只有跑一趟江宁，面见曾大人，早日要到协饷，才能摆平这些人和事。

事不宜迟，刘锦棠带上两个亲随就出发了。到了县衙得知，正好曾国荃派了一条快船送东西回乡，返航汉口。所谓快船，就是在帆船上安装一台发动机，那时真是稀罕至极。

快船劈波斩浪，在清亮的江面上飞速前进。刘锦棠站在船头，秋风飒飒，放眼远处，田舍村庄转瞬即逝；近处，张挂着巨大风帆的木船被远远地挤在两旁，头上包着青布的船老大们，望着滚滚扬起的江浪，无可奈何地摇头叹气。

刘锦棠捡了一个大便宜，原要十天半月才能抵达汉口的行程，这下只用了不到五天的时间。到了汉口，刘锦棠给曾国藩发了一封电报，然后换乘黄鹄号前去江宁。“黄鹄”二字由曾国藩亲自命名，他把它比作一只健翮凌空的黄鹄，这是中国人造的第一艘由蒸汽机发动的轮船。

刘锦棠抵达江宁，从水西门码头上岸。这个六朝古都，乍看起来，令人眼花缭乱，那秦淮河的画舫丝竹，夫子庙的百业杂耍，胭脂巷的红男绿女，贡院街的肥马轻裘，把江宁城点缀得温柔富贵、风流旖旎。细看却不然。不用说城外那些烧砖的破窑里，低矮的土地庙中，城墙边一个接一个用旧席烂板搭成的小窝棚里，就在城里的屋檐下、桥墩下，以及那些形形色色的破烂棚子里，不知蜷缩着多少奄奄一息的饥民乞丐、逃荒流浪者。他们面黄肌瘦的脸孔，深凹失神的眼睛，用麻袋树皮裹着的身躯，还有那就在他们不远处躺着的一具具冻僵的饿殍……刘锦棠亲眼见到展现“朱门酒肉臭，路有冻死骨”的情景，心情异常沉重。

刘锦棠没有料到的是，在他到达两江督署时，曾国藩领着赵烈文一班子幕僚在衙门前迎接。他见到位极人臣的长辈如此盛情，匆匆上前行以大礼，说：“晚辈拜见大人，小侄何德何能，让大人亲自出门迎接，小侄怎能受得起啊！”

曾国藩说：“贤侄，快起来，从你的身上，看到了我们第二代湘军的希望。”

刘锦棠起身，细瞧这位一品大员，身着粗布长袍，针脚不甚精细，前襟还打了补丁，一看就知这长袍是家人做的。外人传说曾国藩之俭，今日见了这位中堂，方知曾中堂之俭，名副其实。刘锦棠不觉想起叔父初任统领时，曾向曾国藩请教带兵的要领，曾国藩回信说：“驭众之要，不外‘勤’‘廉’二字。廉则足以服人之心，勤则识见日广，精力日强。”刘锦棠看了这封回信，当时只觉是曾国藩应付官场之表面现象，现在看来，曾国藩真是一位廉官。

刘锦棠随同曾国藩进了衙门，仔细观看战后刚刚复建的江宁城里地位最高的总督府，没有盛装浓抹，屋内一切装饰摆设都是那么俭朴，所有一切与低级别的衙厅无异，如果说总督府有与众不同之处，就是这里格外干净整齐。

到了督署官厅，里面无甚摆设，几件简朴陈旧的座椅收拾得干干净净，一尘不染，正面粉壁悬挂着曾国藩的一联：虽贤德难免过差，愿诸君说论忠言，常攻吾短；凡堂属略同师弟，使寮友行修名立，方尽我心。刘锦棠品味此联，心里叹道，眼前这位“一人之下，万人之上”的老人，胸襟是如此坦荡。

刘锦棠的到来，曾国藩心情异常兴奋。两人分宾主坐定，幕僚依次入座，仆人泡茶，曾国藩说：“毅斋，我俩最初相识是在祁门吧。”又笑着说：“毅斋，你当时还是一个毛头小子，竟敢向本帅提出搬迁行辕大营的建议，也就是在那之后，我知你日后必会成为军中大将，我也真正领悟了‘后生可谓’这句名言的内涵。”

刘锦棠谦恭地说：“中堂大人还记得此事，我那时不知天高地厚，竟在大人面前班门弄斧。”

在官厅谈话，刘锦棠有些拘谨，曾国藩一看便知，一杯茶后，他说：“毅斋，我们换个地方，到熙园慢慢聊。”

煦园是典型的江南园林，位于督署西侧，与总督署连为一体，明朝初年为汉王府花园，以汉王朱高煦名中的“煦”字而得名。太平天国建天朝宫殿时予以扩建，因花园与东花园相对称，又称“西花园”。刘锦棠随同曾国藩进了煦园，园里静悄悄的，淹没在斑竹林中的石舫、夕佳楼、忘飞阁、漪澜阁、印心石屋建筑自然和谐。

煦园里，这一老一少，一对忘年之交，推心置腹地畅谈着。

话题扯到左宗棠，刘锦棠说：“中堂大人，我在西北军营，左中堂在军中多次赞颂您老人家知人之明，谋国之忠，自愧不如，看来，您俩真是莫逆之交啊！”

曾国藩沉思良久，才慢慢地说：“当今左季高，他是大清开国以来少见之将才。此人雄才大略，用兵打仗，自是第一好手；待人耿直，廉洁自守，亦不失为一良友贤吏。但喜出格恭维，自负偏激，这些毛病害得他往往吃亏，而他自己并不明白。金陵收复后，他不与我通往来，后人也许以为我们凶终隙末。其实我们所争的在兵略国事，不在私情。”

谈到左宗棠，话题自然扯到西征，曾国藩上上下下地梳理着长须，坚定地对刘锦棠说：“毅斋，朝廷命季高西征，意在收复西域全境，特别是新疆，高宗在平定边疆地区叛乱后，把这片疆土命名为‘新疆’，取‘故土新归’之意，现英、俄等虎视眈眈，无时不想据为己有。新疆乃吾国之大屏障，新疆丢了，谈何泱泱大国。然而，季高年事已高，气力受到限制，手下将领，能负此重任者，你是最佳人选。吾揣度季高，入疆之重任将落在你的身上。到时，你要不负朝廷重托，不负民族重托，不但要收复新疆，还要建设好新疆。”

江宁的秋天，格外明亮，西边天空渐由明朗转成绯红，最后，夕阳终于顽强地冲出云层，在即将坠入西山的最后一瞬间，露出了它火红的一角。余晖将两江总督衙门照得通明透亮，预示着明天将是一个晴朗的日子。

时间不早了，刘锦棠还没机会向曾国藩提起此行之目的，心里不免急躁。

最善察言观色的曾国藩，早就看出了刘锦棠此时的心情。

只见这中堂大人，又捋捋胡须说：“毅斋，我俩谈了一个下午，还没有入来此之正题啊，你是来催饷的吧？如果我没记错的话，自同治五年（1866 年）十二月，我派寿卿率部入陕，‘老湘军’的军饷每月按六万五千两解给，至今年六月止，历年累计已欠四十多万两。你放心，我接到你的电报，就为你作了准备，以后的协饷，老朽也不会少老湘营的。既然到了江宁，就放松玩几天，回去时我把这几年的欠饷一并给你，让你安心做好西征准备。”

有了曾国藩这句话，刘锦棠悬着的心终于复位了。他立即跪地，再次向曾国藩行以大礼，说："小侄感谢中堂大人对老湘营的关怀。"

"贤侄，快快起来，不必行此大礼，寿卿北上时，我俩就订了君子协议。"他对在座的幕僚说："你们都记住，即使我不在了，老湘营的银子一厘也不能少。"

刘锦棠还是跪着不起。

曾国藩揣度，刘锦棠还有事求他，如是说："毅斋，你还有事吗？只要吾能办得到的，一定给你办。"

刘锦棠说："中堂大人，您对叔父的关怀小侄牢记在心，求伯父给吾叔写一篇墓志铭吧！"

曾国藩说："我和寿卿亲如手足，好吧，老朽答应此事。"

此时，仆人前来说："大人，晚宴已备好了。"

曾国藩对仆人说："你去把纪泽、纪鸿都叫过来为毅斋接风洗尘。"又对刘锦棠说："今晚菜肴不佳，你不要见怪。"

家宴迎客，可是曾国藩待客的最高礼遇。

曾国藩说是家宴待客，随同的幕僚各自回府。刘锦棠进了餐厅，纪泽兄弟迎上来，相互问候。

曾国藩说的家宴，实则是一席平常不过的普通晚餐。刘锦棠并不奇怪，因他早就听说，曾国藩有一雅号，叫"一品宰相"。所谓一品，不是一品官阶，而是菜肴一品。曾国藩虽已官本一品，但"饮食起居，尚守寒素作风"，一生十分节俭，特别是吃得很简单。家中没有客人时，每餐用膳，他是一荤一蔬，或鱼或肉，或鸡或鸭，蔬菜几大碗，荤菜单一碟，而且荤菜多半还以豆腐为主，蔬菜则大多是自家种植的。他家来了客人，也是一样荤腥，上了泥鳅不上黄鳝，上了腊肉不上腊肠。今日见了，果真如此。

席上还摆放着一只泥坛子，刘锦棠一看，就知那是一坛湘乡米酒。

曾纪泽起封，为刘锦棠倒上一杯，自己盛了半杯。曾国藩待客自己历来不喝酒，纪鸿因身体不大好，父亲不让他喝。

刘锦棠走后，曾国藩记着为刘松山写一篇墓志铭之事，由于公务繁忙，一直没有动笔。过了小年，曾国藩病了，一连几天不能开口说话。同治十一年（1872 年）大年初一，曾国藩在仆人搀扶下，勉强出面，接受江宁文武的祝贺，并率领大家望北向太后、皇上叩拜。仪式刚一结束，便又卧倒床上。到了正月下旬，曾国藩能勉强坐起来了，一想到刘松山的墓志铭还没动笔，他心里明白，此时再不动笔，恐怕以后再没机会了，那就有负刘锦棠啊！他叫仆人扶起坐至书案前，右手颤颤抖抖地握着笔，写道：

君讳松山，字寿卿。少而沉雄豁达，通晓家人生事，亲长称誉，以谓“足昌吾门”。

咸丰壬子，癸丑之间，粤贼度岭北犯，围长沙，陷武昌。吾邑二三贤俊，召募丁壮，激扬家声，毅然有讨贼之志。君实隶王五壮公鑫部下，号曰“老湘营”。转战湖南北、江西诸省，历有名绩。王公既没，则从张忠毅公运兰战于江西饶、信诸郡，追余寇于闽边，别击逆党于广东、广西。才望日彰，超越辈流矣。

咸丰十年，余檄老湘军及鲍超之师，防剿宜、歙，攻牢保危，喋血二年，始克徽州、宁国两府。张忠毅以疾归故里，君乃与以易紫桥分领老湘营之半，自持枢柄，坚守宁国、经县等城，屡却巨敌，以底于江浙大定。

同治四年，国藩奉命讨捻贼。捻贼者，始于安徽、河南，而蔓延于秦、楚、燕、齐者也，其叛乱稍后于粤匪，而枭悍略同，其部队少于粤匪，而骁骑逾万，剽疾过之。湘中士卒，贯战江滨，未习车骑驮运之劳，不乐北征，奖之而不劝，痛之而不服。君独感奋请前，部卒不愿北渡者，杀数人而事定。师至临淮，易紫桥病归。

……

短短的三百余字，曾国藩却足足写了三天，本想努力完稿，然而，头昏眼花，耳鸣不止，病情加剧，不得不辍笔。数日之后，宫保曾侯病逝，为刘松山留下了一篇没有结尾的墓志铭，也是曾国藩在世留下的最后文稿。

曾国藩病逝，刘锦棠呈送一挽联：五百年名世挺生，立德立功立言，钟鼎旗常铭不朽；数十载阖门衔感，教忠教孝教战，江淮河汉泪同流。

老和尚畅怀论大势，刘锦棠虚心听奇闻

话说刘锦棠从江宁返回湖南省城，处理完老湘军裁撤将勇的欠饷，安心归家。这一向显得略为轻松一点，他想起了九峰山光明住持，那年赠送《太公兵法》和《仙姑秘笈》时，住持说二十年后归还，明天正好是二十年整，这是天缘？还是巧合？

一大早，刘锦棠沐浴更衣，早餐后，和几个亲兵扬鞭催马往九峰山而去。到达九峰山下，众人下马步行，以免惊扰这佛门圣地。当年一条卵石铺成的山间小路直抵修真寺，今日还是同样的小路，不过脚下的卵石显得更光滑一些。此时，正值秋冬之交，已是凉风袭人的时候，但到了这山中，却感到身边总有一股暖暖清风在吹，遍体清爽。四周异常的安静、清馨，隐隐约约听见山中花丛中蜜蜂振翅飞翔的嗡嗡声，远远就能闻到从修真寺飘来沁人心脾的茶香。历尽战火硝烟的湘军大将军，此刻如同置身于太虚仙境、蓬莱瀛洲，心悦气爽。

修真寺出现在眼前，只见一个清秀的小和尚在寺前见刘锦棠一行到来，便迎上前来，说："将军，住持令我迎接贵客！"

刘锦棠深感奇怪，他事前并未通知住持，而住持却知他要到来，真乃高人也。

进了寺门，住持正在大殿上香。刘锦棠见了住持，大吃一惊，他心底粗略推算一下，住持该到期颐之年了，可眼前的大师，仍是神光奕奕，骨格清奇。

"刘将军别来无恙？"住持仍旧声如洪钟。

刘锦棠上前，稽首施礼，说："弟子特来拜谒您。"

住持见状，忙说："刘将军，不必如此。"只见他健步上前，递给刘锦棠一柱清香，说："将军先拜菩萨，老衲有话与你说。"

拜了菩萨，住持令小和尚引随从厢房歇息，独领刘锦棠往客殿。

客殿内，一幅古色古香的观世音图挂在正墙上，室内清香袅袅，缭绕不绝。真个是仙家风味，清净无为！

住持坐定，小和尚上茶后随即退下。住持问道："刘将军，《太公兵法》《仙姑秘笈》读熟了吧？"

刘锦棠回答："弟子已熟记在心。"

"老衲等了你二十年，书带来了吗？"

刘锦棠从胸前取出两书，黄缎虽然有些泛色，但书仍是完好无损。

住持接过两书，藏于袖中，说："此书仍留九峰山中，等待下一位有缘之人。"

"弟子此次前来，想请大师指拨开窍。"

住持捋捋胸前白须说："刘将军既然要老衲指点，那就说说吧。不过你要切记，今日晤谈，非比寻常，有些话再不说，恐日后与将军永无机会了。不过，我也只是随便说说，你听后记在心里就行了，不必把它作为定评，更不要对旁人说起。”

刘锦棠细观那住持，两眼分外明亮宁静，充满着睿智的光芒。他心想，真是遇到世外高人！

光明住持又捋捋白须，说出一番石破天惊的话来：“当今天下，外狼视中国为一块肥肉，都想来啃一块。就拿当前的新疆来说吧，其地北邻俄罗斯，西界土耳其、天方、波斯各回国，南近英属之印度，沙俄早就垂涎欲滴，浩罕阿古柏受土耳其的封号，并与英、俄立约通商，勾结一气，一旦成气候，掠我新疆大片疆土，灭蒙古，消邻帮，长驱直入京城，到了那时，中国就像一具血肉模糊的尸体，横陈在外狼的眼前。复新疆、保蒙古，保蒙古者，卫京师也，此乃目光长远，防患于未然，非二十年不可。”

“二十年后又如何？”刘锦棠问道。

“吾堂堂中华，雄踞东方数千年，如今却像一只正在甜睡的猛狮，沙俄欲借此地为跳板拓展远东，英美则极力阻止沙俄南下，外日强大，内日侵削，琉球、越南、缅甸，这些藩属已被狼啃了，还剩一个朝鲜，倭寇欲占为己有，等于在中国的嘴边抢食，中国岂能轻易松口，二十年后，中日为此，必有一战。”

听了住持这番话，刘锦棠眉头紧锁，沉默好一会才问道：“此战胜负如何？”

住持明确地回答说：“中国败矣！”

刘锦棠忧心忡忡地问道：“亡国乎？”

住持十分肯定地说：“亡国乎？否也！国与人无异，此败，猛狮唤醒，世界为之震动。不过，大清一统，气数已尽，大势已去，抽心一烂，土崩瓦解，享国三百年，社稷易主矣。此后二十年，老衲度之，一统既久，先根本颠仆，而后方州无主，人自为政，列强趁火打劫。然而，雄狮醒转，立斩外狼。天下大势，分久必合，又四十年，猛狮雄起，世界为之发抖。虽人事，亦天意而已！”

听了住持这番谈话，刘锦棠眉头紧锁，将信将疑，他没有继续反驳，沉思良久后问道：“大师，能给弟子指点迷津吗？”

光明住持思忖一会道：“恕老衲直言，朝廷命左中堂收复新疆，然而，左中堂已不能驰骑战阵、沙尘飞骋了，不得不选将点兵。尔智谋全俱，勇毅果断，最善骑骋，必能担当大任，挑重担者非将军莫属。将军收复治理新疆，山河一统，上对得起炎黄列祖列宗，下对得起黎民百姓，名扬千古。”

刘锦棠又问：“弟子办理新疆之事后，何去何从？”

住持掐指推算，一番沉默后，他避开刘锦棠问话，说：“天机又不可泄露，到时，将军自然知晓。”

住持远离尘世，洞察天下，话中两个二十年，一个四十年，合为八十年，透析天下大势，石破天惊。果如住持预言的那样：四十年后，清朝土崩瓦解，接踵而来的混乱局面，又持续了四十年，其间，日寇入侵，华夏子孙奋起一战，驱除外贼。八十年后，中国这只猛狮，挺首昂立于世界，历史惊人准确地应验了光明住持的预言。

俄国侵占伊犁城，左公致信刘锦棠

刘锦棠从九峰山回到家中，光明住持对局势的预测分析，让他想起了自己离开军营前那晚，左宗棠在大帐说的那一番话：“毅斋，老夫自皇上、太后任命为钦差大臣，督办新疆军务以来，夜不得寝。”

“世伯，您老乃国之栋梁，皇上、太后都清楚，西征大业非您莫属。”

左宗棠听到刘锦棠这句话，知其并非拍马屁之言。于是，他铺开当年林则徐绘制的新疆地图说，毅斋，你要了解新疆，才能对新疆产生感情。新疆多年前就归入了我国版图，历朝历代都是我大中华不可分割的一部分。乾隆盛世，大清帝国那威武雄壮的号角，那扣人心弦的马蹄，那冠盖如云的排场，那翠华摇曳的仪仗，响彻天山南北、帕米尔高原。但这已是昨日黄花，咸、同年间，新疆内乱，又引狼入室，成了外来入侵者瓜分新疆的一个分水岭。如果任其继续下去，新疆很快就会从大清的实际版图上消失。

刘锦棠一阵沉默，双眼盯着那张新疆地图，心想：林前辈绘制的这张地图，真不知花费了多少心血啊？

左宗棠继续说，老夫在离京的前一天，皇上和太后问我为啥要坚持收复新疆，于是，我对皇上太后说：“我朝定鼎燕都，蒙部环卫北方，百数十年无烽燧之警，重新疆者所以保蒙古，保蒙古者所以卫京师。若新疆不固，则蒙部不安，匪特陕、甘、山西各边时虞侵轶，防不胜防，即直北关山，亦将无晏眠之日。而况今之与昔，事势攸殊。俄人拓境日广，由西向东万余里……”

刘锦棠被老人的铮铮铁言所感染，衷心地说：“世伯，您老忧国忧民之心，天地可鉴，日月可表！”

左宗棠接下来一番话，让刘锦棠大吃一惊，只听得这位平时效忠朝廷的老人说，一个王朝的开始，总是群英聚会，大气磅礴。江山坐稳了，没有了征战，没有了拼杀，没有了锐气，皇宫就渐渐滋生享乐和荒淫，如今坐在朝中的爱新觉罗子孙，哪里谈得上雄才大略，文治武功？前朝衰败的历史已在重复。老人说着，已是热泪长流，诚恳地对刘锦棠说：“毅斋，你此次回乡不可久留，老夫已是垂暮之人，岂有贪功之念？吾自认识你后，已观察良久，西征主帅的重担非你莫属。”

刘锦棠连忙推辞，说：“爵帅，万万不可，老湘营中资格、年龄比我老的将领多的是，职位也比我高，我岂能负此重任！”

左宗棠诚恳说道：“本帅选你，并非因为你是寿卿的侄儿，而是因为你确实是个可塑之才。你虽青春年少，然忠义血性，有胆有识，智勇深沉，文经武纬之才，实不在你叔父之下。自古英雄出少年，我对你寄有厚望，望你继承寿卿遗志，奋发有为，为国家再立功勋。”

刘锦棠恳求地说：“爵帅，眼下只想回乡为叔父举丧，告慰老人家在天之灵。”

两人一谈，忘记了时间。左宗棠毕竟是上了年纪的人，岁月不饶人，虽然强打精神，还是抵不住睡意袭来，呵欠连连。刘锦棠很是体贴说道：“爵帅，时间不早了，您老需要休息了，小侄到时听候您老的安排。”

“人老了，熬不得夜啦！”刘锦棠上前扶着老人就寝。

刘锦棠回家将近半年时间，也不知新疆近况如何，光明大师一番话，让他对西北战事捉摸不定。忽听得亲兵在槽门外大喊道：“大人，左帅紧急咨文到！”

刘锦棠心里一惊，难道西北又有战事？

刘锦棠匆匆进入书房，拆开咨文一阅，这个久经沙场闻惯了硝烟味的大将为之心寒，几乎是在他离开甘肃回乡的同时，新疆发生了一件大事。英国人向南疆入侵者阿古柏提供了大批先进的杀伤性武器，煽惑阿古柏攻占吐鲁番，切断了北疆和河西走廊的联系，俄国人土尔克斯坦总督考夫曼命郭尔帕科夫斯基趁火打劫，率兵进犯我伊犁地区。伊犁军民同沙俄入侵者，展开了五十多个昼夜的血战，最后由于粮尽弹绝，加上塔兰奇割据政权的叛降，伊犁九城被俄国侵占。

刘锦棠仿佛看到了一个恐怖的杀戮场面，入侵者正在我新疆土地上追逐砍杀手无寸铁的无辜群众，哭叫声响成一片。泪水模糊了他的双眼……

左宗棠在信中说："俄罗斯侵占黑龙江北地，形势日迫。兹复窥吾西陲，蓄谋既久，发机又速，不能不急为之备。阁下假期将满，希即挑募数千，率以西行，是为至要。俄人战事与英法略同，然亦非不可制者。现既占伊犁，去其国已千余里，若复长驱深入，如遇能战之军，未有能善其归者。老夫本拟收复河、湟后，即乞病还湘。今既有此变，西顾正殷，断难遽萌退志，当与此虏周旋，急举替人，为异时计，想阁下当知我心耳。"

刘锦棠阅信后，令亲兵传令营中总管谭兴宗，速来议事。

谭兴宗，字洪璋，咸丰年间秀才，比刘锦棠小一岁。湘军攻陷金陵平定太平天国后，曾国藩把谭兴宗统领的一营拨入刘松山麾下。刘松山见谭兴宗其人忠厚可靠，又是老统领张运兰姻兄，将其擢为老湘营军中总管。这样，刘锦棠与谭兴宗结为好友。

谭、刘两家隔河相望。谭家在涟水东岸一个叫湖山的地方，与刘家隔河相望。谭兴宗因多年没有回家，刘锦棠此次回乡特意安排他随行，顺便回乡探亲。谭兴宗接到刘锦棠传令后，不敢怠慢，迅速赶到刘锦棠家中。

谭兴宗从左宗棠的来信中看到了一个信号，这位陕甘总督自感年事已高，诚心举荐刘锦棠统帅大军收复新疆。

"毅斋，左大人收复新疆的决心已定，信中说得非常明白，想把担子搁给你，寄希望于你啊！"

"洪璋，从左大人的信中，我也看出了这层意思。但你想过没有，西征大军中，有的将军其资历比我老，而且能力也比我强，我能担此重任吗？只怕有负朝廷和左大人厚望，那时对不住老湘营全体将士和家乡父老。”刘锦棠说着，从书柜中取出大清帝国坤舆图。

刘锦棠伏案瞧着新疆地图，情绪一下子激动起来，他说：“洪璋，英国人支持阿古柏占去了南疆，俄国此时已经占据伊犁，英俄吞并新疆的野心已暴露无遗，我们这一代收复不了新疆，新疆可能永远收不回来了。新疆一旦落入俄国人之手！内蒙危也，京师危也！”

谭兴宗接过刘锦棠的话说：“你说得对，新疆不能丢，新疆领土是我国不可分割的一部分。毅斋，老统领去世后，金积堡一战，已展示出你的军事才华和指挥艺术，你现在是老湘军公认的台柱子，西征大军的台柱子，也非你莫属。左大人令你新募数千新勇，也就是说要老湘军充当西征主力。”

说到募勇，刘锦棠想起了西征大军中回乡休假的知府罗长佑。他对谭兴宗说：“珙璋，明天你亲自去趟罗长佑家，请他速到涟滨书院商议募勇之事。”

刘锦棠西征募兵，湘乡人踊跃应征

话说谭兴宗奉刘锦棠之意，飞骑直奔罗家。这罗长佑乃举人出身，初为老湘营幕僚，刘松山统领老湘营时，罗长佑跟随转战陕甘，升至知府。刘松山与罗长佑情同手足，互为知己，刘锦棠回乡安葬叔父时，罗长佑执意同行，左宗棠念两人之情谊，准假回乡。罗长佑家在涟水中上游的谷水白鹭湾，与居涟水中游的刘锦棠相距四十里左右。

白鹭湾犹如传说中的仙境，涟水万转千重在此形成了一处回水，流水携带的泥沙在回水湾沉淀，日积月累，有了一处大滩，河岸群山树木葱郁，无数的白鹭聚居山中而得名，河中有一洲，万千白鹭驻足洲上，伸长脖子寻觅河中佳肴，正应了李白名句："二水中分白鹭洲"。罗家庄园隐没在湾里的群山之中，山林中隐隐可见青砖青瓦的屋檐翘角。

罗长佑帮办完刘松山丧事后，回到家中也没有清闲一天，前来拜会者门庭若市。在这众多的友人中，罗长佑与年仅二十岁的本家兄弟罗镇嵩几番交谈后，意气相投。镇嵩，字长褀，号穆清，其父罗信西，乃曾国藩帅府幕僚，湘军攻陷南京后，信西被裁减回家。镇嵩年轻中举，受其父亲影响，喜谈军事。这天，两人正谈论西北战事时，家人来报，有谭兴宗来访。两人出门迎接。

罗长佑兴高采烈地迎着谭兴宗说："什么风把老兄吹到俺这山冲旮旯里来了？"然后将镇嵩介绍给谭兴宗。

宾主客厅落座，几句寒嘘后，谭兴宗直入主题，将左宗棠来信及刘锦棠请他前往涟滨书院，商谈募勇西征之事禀实转告。

坐在一旁的罗镇嵩，听明谭兴宗来意，说："兴宗兄，新疆，虽然名字里带一个'新'字，却是不折不扣的汉唐旧土，汉武帝反击匈奴后，西汉置西域都护府，将该地正式纳入汉朝版图。在漫长的历史岁月中，每逢中原王朝衰弱之时，西北地区便往往出现少数民族乘机而起建立的割据政权。本朝入关初期，厄鲁特蒙古曾在伊犁地区建立准噶尔政权，并强极一时，历噶尔丹、策妄阿喇布坦、噶尔丹策零各汗，长期与朝廷对峙。乾隆十年（1745年）以后，准噶尔政权陷入内乱，乾隆帝抓住有利时机，将其一举荡平，统一了新疆地区。"

罗镇嵩这位年轻人，血气方刚，说到西征，显得异常激动，他说："新疆历来是我国土，今日不收复，玉门关以外就无险可守，中国的国土决不能以玉门关为界……"

谭兴宗大惊，罗镇嵩的话与左宗棠信中说的几乎一模一样。他与这年轻人初次照面，见其谈吐不凡，就有一种相见恨晚之意，于是诚恳地说："镇嵩弟何不一同前往刘统领幕府，为老湘军西征出谋划策，建功立业？"

罗长佑接过话来说："吾也有此意，弟如愿入刘府，不如立即回家通报家人，明天与我和兴宗兄一同前往，吾当力荐，扬我罗家忠义血性之精神。"

罗镇嵩当即表态，愿与刘锦棠从戎出塞。镇嵩当即回家，自作出发准备。罗镇嵩这位书生踏上了西征入疆之路后，积功官至知州，后诰赠中宪大夫。

闲话少叙，言归正传。第二天，谭兴宗一行从涟滨码头上岸，刘锦棠在大门早已恭候多时。罗长佑快步上前，拜见统领，然后将罗镇嵩荐上。刘锦棠听后非常高兴，即将镇嵩留在幕府。

刘锦棠的临时幕府就设在书院斋房，罗氏兄弟进入斋房，只见里面已布置得非常妥当，文房四宝整齐摆放有序。刘锦棠笑着说："今下午麻烦哪位仁兄，起草一下募兵西征的公告？"

罗长佑与罗镇嵩相互谦让，刘锦棠见状，拍着罗镇嵩的肩膀说："镇嵩老弟，你来吧！"

罗镇嵩不再谦让，立于案前，凝神提笔，只见得笔下蛇走龙舞，旁人被他那庄严持重的神态所吸引，室内悄无声息。

募兵公告一气呵成，刘锦棠将展于案上观之："各位兄弟，我湘乡子弟，自曾文正公于咸丰初奉命督办湖南团练，湘勇尤为忠挚，军威大盛，始则肃清湖湘，旋复武汉，既而援江西，下安徽，水陆并进，遂克金陵，定闽浙，靖川广，平枭捻。近复趋云贵，赴陕甘。将士一心，朝募夕发，天戈所指，几乎无役不从，其战功在大江南北为最著。今西陲军务，外敌狡焉思逞，新疆不固，吾堂堂中华，亦无安眠之日。泱泱大国，臂指相连，地不可弃，兵不可停，西北无虞，东南自固。”

刘锦棠从罗镇嵩文中，听到铜锣之鸣响，金鼓之击撞，仿佛身临战场，旌旗猎猎，战马咴咴，枪戟斧钺列阵，刀光剑影迎风。刘锦棠喜上眉梢，继续下看：“今，老湘军统领正三品京官刘锦棠奉令西征，募家乡子弟，投身营武，君子之道，莫大乎以忠诚为天下倡。吾乡子弟，忠臣精气塞天地，蹈百死而不辞，下为河岳，上为日星。即使血战疆场，也是死得其所，流芳百世……”

铮铮铁言，真可撼动苍茫天地。对于深受儒家正统忠君思想影响的人来说，足可为其忠诚所感，气机鼓动。

罗镇嵩下笔迅疾，恣肆奔放，笔笔顾盼，字字呼应，在场者都为他笔下那大气磅礴、一泻千里的慷慨气势震撼。

刘锦棠募兵公告一出，整个湘乡为之震动，引出一班西征英雄。

当时，湖山有一谭姓大族，以“安、邦、兴、世……”为班序，其中“邦”字辈中有邦耀、邦忺、邦典、邦瑚、邦琥、邦人、邦造兄弟七人系老湘军南支统领张运兰之姻兄弟。张运兰率军转战江西时，邦耀、邦忺、邦典、邦瑚兄弟四人在江西武功山与寻找叔父的刘锦棠同行，投入张运兰帐下。战争中，谭氏兄弟随同张运兰冲锋陷阵，邦耀、邦忺、邦典先后战死，异骨他乡。张运兰死后，老湘军南支解散，仅有升至千总营官的邦瑚一人回到湖山老家。

邦瑚生性聪颖，老湘营与太平军在江西景德镇交战时，他腿部中弹，转移至明月山治疗，得山中异人传授医骨之术。邦瑚回到家乡，开设“谭氏骨科医院”，跌打损伤、刀枪火伤等伤筋折骨之病，邦瑚手到病除，在当地有神医之称。邦瑚从烽火横飞的战场解甲归田，本想隐居乡下，悬壶济世，为当地百姓解除痛苦，积善积德，了此一生。刘锦棠募兵西征的消息传来，谭邦瑚坐不住了，他动员在家的邦琥、邦人、邦造随同刘锦棠西征。谭氏兄弟四人投军，附近石狮港、桐瑞台、月山、潭市、洪塘洲等地回乡的老湘军兵勇，纷纷投奔谭千总麾下，年关时，谭氏兄弟手下兵勇达三营之多。

又有那湘乡城郊的白水塘，一王姓大户，主人王冕成也是老湘营回乡的把总，得知刘锦棠募兵西征的消息，召其老部下赴家中大宴，席间慷慨陈词，号召大家再度出山，西征建功立业。席间一壮年立起，大吼一声：“本人愿随把总西征，效命疆场，扬我老湘军之威！”众人一看，此人生得虎背熊腰，似有力举千斤之势，原乃狮冲村陈虎，他本是老湘军一员，回乡后娶妻生子，膝下一对儿女，享有天伦之乐。陈虎一番话，激起池中浪，宴中这帮热血青壮汉子，异口同声：“随把总西征，建功西北！”

还有那山沟旮旯的巴江冲，有武氏一脉，其族中望户武鼎臣，本可安逸度日，得知刘锦棠募兵西征，毅然率族上壮丁前来投军，沿途十里长冲，从者上百。

城江刘氏前来应募者也是络绎不绝。族上三婶进门就说：“毅伢子，我二个儿子给你带来了刘一和刘二，让他们跟你一路出去吃粮（湘乡土话：当兵），混得一官半职也算光宗耀祖了。”四叔也把他的刘文、刘武两个大崽送来了，老人家说：“三四个崽都留在家里，一无田二无土，难得过日子，堂客讨不到，不如让他们跟你吃粮去，到外面成家立业也行呀。”一时间，在山枣上下几十里，张三传李四，李四传王五，王五传黄六，都想跟刘锦棠去找出路。

刘锦棠募兵西征在首里搞得沸沸扬扬的时候，罗长佑回到中里，在永丰镇县丞署也竖起募兵西征大旗，一时间，这地处湘乡边缘的集镇热闹非凡。一批回乡的湘军将勇再次投身营武的豪情，很快组成三个大营。

刘锦棠募兵西征的消息，传遍了全县，也传遍了湘乡周边的湘潭、宁乡、衡山、邵阳诸县，很多回乡的湘军兵勇，也纷纷加入西征大军。

刘锦棠在家乡募兵三千多人，分属谭氏兄弟和王冕成、武鼎臣等营官统领，加上罗长佑在中里的三个大营，总数达五千之众。

第二年新春刚过，谭氏兄弟、王冕成、罗长佑、武鼎臣带着他们各自组建的大营，集聚湘乡县城。城内的涟滨书院、昭忠祠、云门寺、褚公祠、关帝庙住得满满的。只见城内旌旗遍布，身着“湘军”号褂的兵勇，穿梭于大街小巷，到处人声鼎沸。这些兵勇，大都经历过多次烽火战场，这次出征，要离开父母，离开家乡，对他们来说好像是习以为常。新疆有多远？环境有多么恶劣？此战有多么残酷？他们没有过多的考虑，想的是只要收复新疆，能活着回来。然而，他们中的大多数却永远留在万里之外的边疆，战死者，忠骨与戈壁共存；生者，终身戍边，他们与随军家属、万里寻夫的湘女、迁徙的和当地的女人结婚生子，传宗接代；更多的是到老还是孑然一身，最终客死边塞。此是后话，书后自有交代。

西征大军在县城集结训练，春光明媚的二月，左宗棠紧急公文行到，命刘锦棠速带兵勇赴陕。

五千西征大军集结在涟滨书院练兵场，场中央竖立一杆“刘”字五色大旗，前面一排营旗分别写着营官的姓氏。刘锦棠身着三品官服，站立在点将台上，两旁是各分统的统领和各营的营官。值日官令旗一挥，人声鼎沸的操场顿时鸦雀无声，刘锦棠行至台前，环视刀枪林立的操场，场中兵勇精神抖擞，大有气贯长虹之势。

刘锦棠举双手挥了挥，接过亲兵呈上的铁皮子喇叭话筒，放开嗓门说：“各位将勇，本统领奉朝廷之命，募兵西征，尔等今日即将告别家乡父老，远赴万里边塞，平定匪乱，收复国土，扬我老湘营之军威，大家有没有决心？”

“有！有！”吼啸雷鸣，此起彼伏，回荡湘乡大地！

刘锦棠一番话后，剑指长空：“出发！”

命令一出，各营官带领自己的部队，雄赳赳、气昂昂地走出练兵场。顿时，送行的二十四响礼炮齐鸣，真是惊天动地。

队伍中有人问道：“为啥是二十四响呀？”旁人答复说：“代表一年二十四节，我们部队日日平安！”

书院外的涟水河畔，涟滨、镇湘楼、望春门码头早已停靠数百只等候西征大军的帆船，平日显得宽敞的河道，这一天被运兵的大船塞得满满的。这些大船出涟水，进湘江，渡洞庭，穿汉口，远航汉中。

鹅卵石铺就的街道上挤满了前来送行的、观看热闹的人们，自觉地为出征将士和送行者让出道来。有父母送子的，祖父母送孙子的，妻送夫的，子女送父的，兄弟朋友互送的……一开始，大多数还在窃窃私语，反复叮嘱之话，一当营官发出登船的命令，顿时，生离死别的哭声、喊叫声连成一片！

一个多时辰后，码头上响起了欢送的炮声，五千湘乡将士登船出发，踏上了西征征程。

第五章

祭旗出关

左宗棠兰州布局

同治十一（1872年）年正月，左宗棠在兰州陕甘总督衙门迎来了新的一年。然而，一个不好的消息传来，两江总督曾国藩去世了。

左宗棠的心一下凄凉到了极低，他伫立在窗前，悲戚地举目遥望苍天，这个只比自己大一岁的同僚猝然离世。他看见天空中一颗流星陨落下来，消失在黑暗之中，仿佛那就是他自身的象征。

左宗棠此时的心情不但凄凉，而且极其复杂，曾国藩对自己有救命之恩，有荐举之情。当年左宗棠得罪了满人樊燮，樊氏参了左宗棠一本，朝廷发了话来：说左蔑视满人，可就地正法。曾国藩一班湘军，竭力运作，才保得左宗棠一命，后来也是曾国藩疏举左宗棠做了浙江巡抚。不明真相的人说自己与曾国藩水火不相容，实质上两人只是有关军国大计方面持有不同意见，而不是争权竞势。现在，怎样才能澄清外界的传闻，反复思考之后，左宗棠为恩人写了一副挽联："谋国之忠，知人之明，自愧不如元辅；同心若金，攻错若石，相期无负平生"，落款谦署"晚生"左宗棠。外界有关曾左恩怨的传闻就不攻自破。

新年过了几个月，左宗棠除了对曾国藩的思念外，另有一人让他恼火至极。朝廷发给左宗棠出兵新疆上谕的时候，同治皇帝就任命满人成禄为迪化提督出关迎敌，而身为朝廷命官的成禄却对新疆的恶劣局势熟视无睹，他在甘肃境内待了多年，居然从未出关一步，迪化是个啥样他从来不曾见过。朝廷几次命他出关，他从玉门移至高台，以缺粮为借口，拒不出关。不单如此，在关内他还胡作非为，作威作福，虚报军功。左宗棠弹劾他，但主政者袒护他，置之不理。去年，兵荒马乱的高台百姓已经苦不堪言，但成禄还想苛索老百姓几十万两钱银，百姓无捐可输，成禄竟借口百姓聚众谋反，滥杀无辜老幼妇女和由肃州来高台避难的百姓，包括回民二百多人，反报平定叛乱有功。如此倒行逆施之行径，真是罪恶累累，左宗棠忍无可忍，这次查实他的罪恶，再上章弹劾。京中个性憨直的御史吴可读，随同左宗棠之奏折，告了成禄一状，列举其罪可斩者十，不可缓者五。同治看后下旨拿问，成禄被押解进京，接受朝廷审讯，并命金顺兼统成禄的部队出关。然而，肃州、西宁两镇还控制在回军手中，也是回军最后的两个强大据点。不拿下这西北两府，后顾之忧不解除，即使出关，前方战事日益复杂，给养运输也会跟不上，左宗棠又向朝廷上了金顺择时出关一折。

左宗棠一想到肃州和西宁这个迫在眉睫的问题，总是心绪忧郁。甘肃入疆的要冲肃州，同治三年（1864 年）被马文禄占领，他和朝廷关系也是反反复复，他多次打败官军，后来又和驻扎在高台的成禄等讲和。如今马文禄、马照、马金龙、马良臣、王得胜、尕阿浑及撒拉回军占据肃州为据点。西宁为甘肃回民武装的又一中心，以马桂源、马本源两兄弟为首领，马文义旧部马永福部等则汇集到西宁城里。金积堡被刘锦棠攻陷，陕西董志原十八大元帅白彦虎、禹得彦、崔伟等人也逃到了西宁，加入了马桂源集团，扼扎西宁东部咽喉大峡口、小硖口。河州马福寿投降后，他的部下马长忠撤至西宁大通县城，成为马桂源的忠实部下。

不行，不能再这样拖下去了，不敢再拖了。左宗棠下定决心，攻克西宁、肃州，打开西进的道路。

谁来指挥这场战役？

自从曾国藩走了之后，左宗棠深感自己真的老了，必须遴选最适当的接班人，才能完成这一历史使命。他将军中将领逐个琢磨一番，觉得最佳人选非刘锦棠莫属。

左宗棠正想念刘锦棠，门外亲兵来报：“启禀大帅，刘锦棠求见。”

左宗棠一听，开怀大笑，他立即传令金顺、张曜、谭拔萃、徐占彪、董福祥、宋庆、刘明灯，还有新降回军河州首领马占鳌等军中将领出城迎接！

城外，刘锦棠新募的九营湘勇，按营、哨、队整齐地排列着，五千湘勇虽经长途跋涉，但军容整齐，人强马壮。

站在队列前的刘锦棠见左帅亲自出城迎接，迅即从马背上跳下，罗长佑、谭兴宗、罗镇嵩、谭氏兄弟等营官随后，疾步奔到左宗棠面前，众人行以大礼，一齐叫了声：“大帅！”

左宗棠拉着刘锦棠的手不放，面对这个比自己死去的儿子大不了多少的英武将军，左宗棠的怜爱之情更甚，说：“本帅就等你回来，各位快快起来。”

罗长佑向前几步说：“大帅，知府罗长佑新募三营兵勇，与毅斋一同回营，由大帅调遣。”

左宗棠笑着说：“好个罗长佑，师爷不当带起兵来了。”

左宗棠一句幽默的话，说得罗长佑不好意思。

刘锦棠见状，立马为罗长佑解围说：“大帅，师爷带兵，胸中自有雄兵百万，这是好事啊。”接着，他向左宗棠逐一介绍身后的人：“这位是老湘营回乡的千总营官谭邦瑚，这三位是邦瑚的兄弟邦琥、邦人、邦造，谭氏四兄弟都是张运兰的姻兄弟，此次听得大帅西征，募了三营兵勇至大帅麾下听令。这位是老湘营回乡的把总王冕成，欲建功西北，前来大帅帐下效命。”最后，刘锦棠指着罗镇嵩说：“大帅，这个年轻人叫罗镇嵩，是一位难得的才子。”

左宗棠听到罗镇嵩这名字，立即接过刘锦棠的话来说：“毅斋，我想起来了，他应该是罗信西的儿子。”

罗镇嵩大感惊讶，说：“大帅还记得家父？”

左宗棠说：“你父在涤生幕府做事时，我俩就相识，每次拉家常，他都要说到自己儿子读书的认真劲儿，所以，老夫记住了你啊！”

罗镇嵩听父亲说过与左宗棠相识，没想到左宗棠还如此关注自己这个晚辈。罗镇嵩真是聪明，立即说：“大帅如同家父，日后如有用得着小侄的地方，小侄唯有马首是瞻。”

将领们相互问候，几队人马相拥入城。

刘锦常归来，老湘营又添了九营将勇，左宗棠心情好了许多，中军帐中坐定，亲兵来报：“启禀大帅，余虎恩从湖南平江募二营湘军，奉命前来助剿；汉中镇总兵黄万鹏率湘军二营骑兵听候大帅调遣；又有驻扎河州的山西按察使陈湜令人前来，现在营外等待大帅指令。”

左宗棠刚令众人入帐听令，又有亲兵来报：“金顺将军率旗绿二十一营至，陶生林率楚军五营至，河南提督宋庆率豫军三营，都在营外等待大帅调遣。”

左宗棠一听喜上眉梢，亲率营中将领出帐迎接，这些将领的到来，可谓兵强马壮，攻克西宁、肃州的时机成熟了，出征新疆就在眼前。

左宗棠迎进众将，传令升帐。平时显得和蔼慈祥可亲的左大人，一坐到他那帅座上，威严地说：“各位将军，欲靖西垂，必先清腹地，如今回逆盘踞西宁、肃州，攻克两府，打通西进通道，老夫就交给你们了。提督徐占彪率十二营蜀军为主力直抵高台，参将肖兰玉、桂锡桢率部助攻；谭上连抵肃州外围，参将黄虎臣率马步五营并调红水、临水团丁夜趋塔尔湾出军雷台庙一带牵制敌军，副将马桂桢率马队为两路策应，总兵方友升围城掘壕；各路兵马到齐后，听徐占彪号令，发起总攻；总兵胡立芳带马队赴肃州南山各堡采买粮草，确保攻城部队供给。”

众将领命，一一出帐。

调遣了攻打肃州的兵力，左宗棠将案桌上兵符重新调摆，威严地下令：“刘锦棠上前听令！”

“末将在！”

“汝为攻打西宁总指挥，提督黄万鹏副之。提督余虎恩率军至陕口，接防成禄，分扎抚彝高台，协助刘锦棠攻城；提督谭拔萃、张曜、刘明灯、宋庆军所部赴西宁援助。”左宗棠扫瞄了一下大帐，接着对众将说：“毅斋之令，就是本帅之令，诸位不得有违。”

刘锦棠站起：“晚辈一定不负大帅重托，也请诸位将军齐心协力，为国建功。”

众将齐声回答：“卑职一切听从刘将军调遣！”

接着，左宗棠又令驻在河州的陈湜率部经化隆、贵德进入碾伯，堵住溃逃之敌进入陕甘腹地。

刘锦棠接令进攻西宁，令董福祥率三营为先锋，自领部二十余营兵马，抵达西宁之碾伯，驻扎平戎驿，逼近陕西回军所踞之大小南川，并分兵联扎马营湾及三十里铺，距西宁府城三十里，与小陕口毗连。

杨道祖峡口游说

先锋董福祥率兵行至小峡口，只见得两山对峙，湟水中流，高峰危耸，仅中有一径。据守回军首领禹得彦、崔伟，均系董志原十八大营元帅之一。自陕西回民起事以来，他俩率军转战陕甘宁，积累了与官军交战的丰富经验。这次小峡口防守战，他俩充分发挥熟悉地理地形的优势，打得董福祥首尾难接，伤亡惨重。当然，回军也付出了惨重的代价，禹得彦也身中枪弹负伤。

董福祥在小峡口打了两月有余，大小五十余战，峡口久攻不下。左宗棠原对刘锦棠寄予厚望，早日攻克西宁，不料战事出现胶着状态。徐占彪攻打肃州更不顺利。左宗棠大怒，责令刘锦棠不惜一切代价，攻克西宁。

西宁乃甘肃一府，在这一带的回军力量也很强盛。早在河州起事之前，就已有马文义起兵反清。马文义死后，当局为了缓和民族矛盾，就起用了撒拉八工总约马桂源来担任西宁府同知，由其弟马本源任西宁镇标游击。马桂源兄弟是在回族反清斗争浪潮的推动下出来做官的，所以当时有人写联挖苦他们说："云随雨势，黑漫乾坤，无多时；风趁雪威，白占天园，有几日？"意思是说他们做官的日子不会长久的。果然，马桂源兄弟上任后，为了自己的荣华富贵，表现得反复无常。他们一方面要想讨好官府，曾亲赴安定大营，向左宗棠表示一定要效力朝廷；另一方面又暗中与马占鳌等反清力量串为一气，支持回民反清活动。自金积堡被攻破，领头的马化龙全家遭祸，河州马占鳌等投诚，西宁一地便成了各反清力量唯一可以退守的地区了。马桂源、马本源兄弟以西宁府城为大本营，陕西白彦虎率部退至西宁，驻扎红水沟，禹得彦部和崔伟部驻扎小峡马营湾，三地遥相呼应，互为犄角。

刘锦棠接到左宗棠的军令，亲自带一队亲兵前往峡口视察。他下马徒步登上一处俯瞰四野的制高点，山顶白雪皑皑，银光耀眼。西北风浩荡万里，直扑而来，踉跄几步，方才站住。脚步是站住了，却分明听到自己牙齿打颤的声音，鼻涕直往下流。任何站立在这儿的人，都会感觉到自己是站在大海边的礁石上，那些山，全是冰海冻浪。他从亲兵手中接过双筒望远镜，只见近处的烽火台上站岗的哨兵，呵一口热气到手掌，捂住双耳用力蹦跳几下，才定下心来睁眼。眼下是西北的群山，都积着雪，层层叠叠，直伸天际。远处，只见敌我双方将士露立于冰雪窖中，各色各样的军旗在寒风中抖动，有的将士摇旗呐喊，有的举枪示威。他们一方面是壮威，一方面是驱寒。

刘锦棠目睹这冰川与积雪构成的战区，心情格外沉重，下山后径直走向董福祥的大营。

董福祥正为目前战事一筹莫展。刘锦棠的到来，让他看到了决胜的曙光。

刘锦棠正和董福祥商量战事。这时，营外哨兵手持一拜帖说："有一须发老人求见统领。"

刘锦棠拿过拜帖一看，只见上面写道："伊斯兰教嘎的林耶（杨门）门宦七辈道祖杨士元。"

董福祥心中一颤，他对刘锦棠说，杨士元非等闲之辈，乃一方之宗教长老，学识渊博，贤名远播，自己曾为杨氏弟子，在其门下学习过。

刘锦棠心中一喜，赶紧和董福祥出营迎接。

杨保元，经名塔吉丁，道号塔中奴尼·穆乎引地尼，字善堂，原名士元，出生于青海大通良教沟，祖上乃本朝武服庠官武职。嘎的林耶，阿拉伯语意为"大能"，源自阿拉伯，中亚等地传播的苏非派教团。在当时陕甘教派中，嘎的林耶是一大教派。杨保元在青年时，便立志出家修道，一尘不染，皈依了嘎的林耶六辈安道祖所传的苏非学理，成为嘎的林耶第七辈道祖。同治年间西北回民大起义，风起云涌，如火如荼。在起义中，陕甘宁青各教派，各门宦的教主、阿訇和首领，出于各种不同的目的，都参与了这次声势浩大的反清斗争，杨士元不在其中。当他得知峡口战况时，毅然求见刘锦棠。

刘锦棠出营，见到杨士元便说："晚辈不知道祖亲自前来，有失远迎，请勿见怪。"

董福祥上前说道："学生拜见老师。"

杨士元说："老夫冒昧求见两位将军，还请多多包涵。"

说着，三人进入营帐。

刘锦棠尊道祖上座，问道："晚生才疏识浅，全仗道祖指教。"

道祖说："得罪，得罪！峡口之战两月有余，老夫九十有余，愿以全家性命担保具结，说服禹得彦和崔伟，献出峡口，请将军保全河湟苍生和禹、崔两军人员之生命财产。"

刘锦棠正在为峡口战事而苦恼，一时又找不到攻破峡口良策，杨士元愿意游说峡口回军投诚，不由得喜出望外。他高兴地对杨说："道祖得继道统，德行高尚，若能说得禹、崔弃暗投明，归顺朝廷，这是顺天意，合民心之事。我一定上报大帅宽待他们。至于以前叛乱之事，从今以后能革心洗面，知罪悔过，那就一笔勾销，他们还可继续为朝廷做事。本军决不滥杀无辜，随军眷属择地安置，让大家安居乐业。"

"好，有了将军这句话，老夫就放心了，将军静等老夫回音。"杨士元说毕，起身前往峡口回军军营而去。

刘锦棠亲自送到营外，说："真是有劳道祖了，晚辈在营中静候佳音。"

九十高龄的杨士元，大步流星，直奔峡口，到达禹得彦营前，大呼道："禹得彦，老夫前来救你！"守营军士，有认得杨士元者，慌忙入营通报。

禹得彦、崔伟和诸将正在营中商议下步战事，听得杨士元到，急忙出帐迎接至尊道祖。

入帐坐定，杨士元见禹得彦、崔伟等都在，他厉声说：“诸位，老夫特为救你们而来。”

众人面面相觑。

杨士元见众人不解其意，说道：“现在朝廷大军压境，你们这样拼死抵抗，还有活路吗？”

对于杨士元的说法和判断，有人就不能理解了，问道：“我们在峡口打了几个月，官军也没打赢我们？现在投降，为什么不早些投降？”

杨士元用冷静的口气对众人说：“大家要往远处多想想。我过去就说过了，反清不是一件寻常事。如今，陕西的白彦虎失败了，宁夏的马化龙也败了，甘肃的马占鳌也投降了，陕西已告肃清，甘肃北部也已平定，就剩下西宁和肃州这一小块地方了。你们还要跟朝廷对抗下去吗？你们谁能说，可以一直这样对抗下去，一直能这样打下去？随军的两万多老、弱、病、残、幼眷属怎么办？难道你们也要置这些生死与共的骨肉同胞于死地？”

这铿锵的话语，句句掷地有声，顿时把众人镇住了，谁也没有说出话来。杨士元轻叹一声，接着说：“况且你们已经闹了有十个年头了，再不想办法了结这事，就麻烦了。你们不可能一直闹下去。我已和刘锦棠说好了，现在投降，过去的罪过既往不咎，如果抵抗到底，大败了再投降，你们这些大小头目也许就一个也活不下去了，连家眷也活不了。”

“不行！”这时有人站起来说：“我们这样去投清军，不是让他们得了大便宜了吗？”

“是呵，现在是得胜的时候，干脆再干几仗，看看形势变化，再说吧。”另有人附和着说道。

有个一直对杨士元不满的教派首领冷言冷语地说：“死人算什么？我们既然起来反清，就是不怕死的。就是都死光了，我们也不在乎。”

杨士元大义凛然，冷静地看了看那些反对他的人，摆摆手让他们坐下来，然后问道："你们说，继续打下去，打到最后的目的是什么？"

众人一听问到这个问题，就都愣住了，是啊，打仗为的是什么？原来都是种田人，或是做生意的，光是打仗能有什么结果呢？总不可能在西宁这么个小地方成立一个回族国吧？弹丸之地，难道还能跟偌大的朝廷天子对抗下去吗？

杨士元一看已经把众人给问住了，于是就再接着说："你们想想，现在是不是该投降了？这仗只打了两个月，死了多少弟兄？你们还能死多少人？这仗再打下去，到时就会死得一个不剩了！"

在杨士元这样循循诱导下，这些回军首领渐渐地同意了他的说法。于是大家定下了投降的决定。

禹得彦命文案写好投降禀帖，当天晚上，他和崔伟就跟着杨士元前往刘锦棠营中。

"马家军"助取宁、肃

书前说到杨士元前去劝降禹得彦、崔伟，刘锦棠回到平戎驿大营，急召谭拔萃、宋庆、张曜、刘明灯、董福祥一班将领商议军情。

平戎驿古为羌地，西汉时置县，元时设戎，清时为镇，属西宁管辖。平戎地域在漫长的岁月里担负了特殊的使命，它是丝绸南路青海道中原通往西域的咽喉，也是西宁通往内地最重要的驿站，在古代历史上平戎一直是和西宁唇齿相依。平戎因其特殊的地理位置，成为历代兵家必争之地。西宁战役开始，刘锦棠统帅的大军进驻这个要塞，害怕战火的周边百姓走了，来往商人也不敢来这里冒险，昔日的繁华集镇，一时冷清下来。

攻打西宁的指挥所设在平戎驿一栋大土坯房里，屋外寒风彻骨，滴水成冰，人马都冻得不便行动，屋内燃着一堆柴火，还是暖和的。墙上挂着一幅西宁府大地图，从地图上看，西宁境内大部分为山区，地形复杂，沟壑纵横，湟水河自西向东流经全境，地势南高北低，由西南向东北倾斜。特别是平戎高山自西向东横亘有阿伊山、泥旦山、顶帽山、青沙山、八宝山，还有东沟、六道沟、老虎沟、东叉沟、西叉沟等十二条沟岔，沟岔水系沿高山北麓分别流出，汇入祁家川沟、白沈沟和巴藏沟三条大沟。攻打西宁的八十营大军，分别扼守在这山峦起伏、山川相间的河谷地带。

刘锦棠心情格外沉重，从前线视察的情况来看，回军必败，已成定局，但要到什么时候才能结束，他的心中确实没底。攻不下峡口，西宁的大门不能打开，怎么对得起左帅对自己寄予的厚望？杨士元两天前去峡口游说，今天应该来了，但现在还没有来，结果不得而知。他向众将说，希望杨士元游说成功，如果游说不成，那将是一场硬仗。

众将在营中商议良策时，门外叽叽喳喳的嚷声，刘锦棠听后心底特别舒畅，因为他们讲的全是地道的湘乡话。转身一瞧，谭兴宗、罗长佑、罗镇嵩这些从湘乡随同而来的老乡，簇拥着一位身着棉绒大衣的中年男子走了进来，刘锦棠一瞧，原来是湘乡的同乡陈湜大将军，他的身后还跟着四个人，刘锦棠一看就知这四人是新降的回民军首领马占鳌、马海晏、马悟真、马永瑞。

陈湜是湘军的宿将，咸丰六年（1856 年）时，投曾国荃吉字营，同治三年（1864 年）率先攻入天王府。镇压太平天国后，又随曾国藩入山西镇压捻军。此次，受左宗棠调遣，参与西宁战役，仗打了几个月，两位正宗的湘乡老乡一直没有谋面。现在，刘锦棠一见这位湘军前辈，赶紧上前，自谦地说："晚辈不知大人驾到，有失远迎，请您海涵。"

陈湜是个不拘小节之人，大咧咧地说："毅斋，不要客气了，你叫我前辈也行，俺与你爷老子曾并肩作战多年，叫我兄长也行，我比你只虚长了十二三岁，如今你又是总指挥，我是来听令的。"

刘锦棠赶紧说："小侄岂敢在前辈跟前班门弄斧，请前辈多多指教。"

陈湜将身后的马占鳌、马海晏、马悟真、马永瑞所谓"四马"逐一介绍给刘锦棠，笑着说："毅斋，我没有什么良策，这四个先锋官熟悉当地地形，了解叛军底细，这里的地头龙，是你用得着的人呀！"

刘锦棠早从左宗棠那里了解到，这河州回民军四马中，马占鳌是一个难得的军事人才。同治十一年（1872 年）正月，自己还在湘乡老家募军时，四马与左宗棠率领的楚军在河州太子寺交战，马占鳌采用黑虎掏心的战术，先后打死提督傅先宗、总兵徐文秀等二十六名将领和数千名士兵。这是左宗棠与西北回民军交战以来，唯一的一次失败，也是最惨的一次失败。太子寺战役取得胜利后，马占鳌考虑到左宗棠绝不会罢休，必定会整军重来，同时已侦知左宗棠在增兵修垒，调遣军队，如果再打，回军不一定能打胜仗，如果打败了，那后果如同马化龙，不堪设想。因此，他在新路坡和党川铺战斗后，带兵进驻距太子寺只有五六里路的马力庄，并没有组织乘胜追击，而是召集各地起义军首领们在太子寺胡门拱北召开会议，研究讨论今后的去路。会上大多数人主张乘胜追击安定大营，直捣左宗棠大营，一举打败楚军。但是，马占鳌却提出了与众不同的意见：向左宗棠投降。在马占鳌的主张下，河州回民起义军头目们最后选择了胜后投降的道路。左宗棠把河州起事回军编成了三旗马队，以马占鳌为督带兼中旗管带，马悟真为左旗管带，马永瑞为右旗管带，马海晏为督标中营步军管带。每旗下设三哨，每哨约三十余人，共三百多人马，拨河洲镇总兵沈玉遂节制。自此以后，一支基本以回民家族，马姓血缘和宗教为纽带，河州籍强悍男子为骨干组成的剽悍骑兵“马家军”形成了。在此后的八十多年里，“马家军”在各种势力间纵横捭阖，一度占据了甘肃、青海、宁夏的全部以及新疆的大部，几乎控制了整个西北，其间功过是非难以一言蔽之。

刘锦棠向四马一一问候，众人虽然是初次相见，却都有一种相见恨晚，一见如故，意气相投之感。他谦卑地对四人说：“本统领年轻，还望各位抬举。”

马占鳌的确不是平庸之辈，他对刘锦棠说：“吾等既随陈大人到此，定将为攻克西宁出力。末将以为，禹、崔起事与吾等大致相同，在于当时地方贪官苛捐杂税太多，民众压迫太重，为了保证能活命，只有起事，也可以让朝廷知道，来惩治贪官污吏。现在，他们的目的达到了，杨老道祖峡口之行，定会成功。”说至此，马占鳌略为停顿，自己的话刘锦棠能认真听取吗？稍作察言观色，他知刘锦棠是认真的，于是继续说下去：“据守西宁之马永福与禹得彦交情甚重，若禹能反正，马永福亦可争取，统领信得过末将的话，我等今晚率军至西宁城外，劝反马永福应可成也。”

刘锦棠一听，连说“好！好！”

众人正在商议，营兵来报：“营外有人自称杨教主，领着两人求见。”

刘锦棠一听，便知杨士元游说成功，禹得彦、崔伟前来投降，立率军中将领出营迎接。

营外等待的禹、崔，此时心中忐忑不安，他们不知此次前来是福？是祸？

刘锦棠领着众将出营，禹、崔悬着的心才放下来了，没有料到投降还会受到如此优待礼遇，心想，杨士元说的是对的，投诚才是出路。

刘锦棠和众将向杨士元行以大礼，一齐说："晚辈们拜见道祖！"董福祥更是以弟子之礼拜见道祖。

杨士元说："诸位将军，不必行此大礼，老朽只想解民倒悬。"道祖说着，将禹、崔介绍给刘锦棠。

禹得彦、崔伟朝刘锦棠深深一拜，说："还望将军向大帅和朝廷多多美言，饶过我们这些乱民不死。"

刘锦棠扶起两人，说："两位弃暗投明，本统领已报大帅，在此恭迎两位兄长，从今开始，我们便是一家人了。"

世间之事，真是变化无常，湘军众将和这两位回军首领，前几天还在战场生死相拼，现在舍弃前嫌，握手言和。

湘军众将主动上前与禹、崔相见。特别是马氏兄弟见了禹、崔，称兄道弟，好不热乎。

众将入营，刘锦棠高坐营军帐案，杨士元旁坐，文官武将分列两旁。禹、崔呈上投降禀帖，禹说："幸得杨老前辈指点，吾等迷途知返。承蒙大帅和统领不计前嫌，明天，吾辈率军前来听命统领调遣。"

禹得彦一言，刘锦棠突生灵感，顿生破西宁之计，说道："两位将军归降，吾有一计，西宁可破也，全仗两位将军鼎力相助。"

禹得彦、崔伟齐声回答："吾等听从统领调遣。"

刘锦棠当即发令："马占鳌、马海晏、马悟真、马永瑞听令，汝等为前部先锋，自领本部三旗马队，今晚先行抵达西宁城外，派人进城劝降马永福，军士于城外发起劝降喊话，瓦解守城叛军斗志。"

"禹得彦、崔伟两位将军，今晚回营，明天有谭拔萃、宋庆、张曜、刘明灯等率军与汝交战，汝等佯装激战后，败退西宁。谭将军统领各部在后穷追不舍，禹、崔入得西宁城后，马永福如能投降，汝等即驻西宁城内，安民告示，万万不可滥杀无辜，如果马永福不降，两位即刻起事夺城，放谭将军等部入城，西宁破也。”

“董福祥听令，汝率本部今晚潜入白彦虎营前，明天峡口激战时，汝部不得让白部前来支援禹、崔两军。谭将军克城后，汝部还得围住白军，不得让他逃跑，本统领亲率老湘营前来围歼。”

刘锦棠自统老湘军以来，一向对军纪很重视，他认为民族矛盾不是可以靠“军威”和“屠杀”来解决的，这次又申明纪律：“吾今奉命讨贼，诸君皆努力向前，攻克西宁，大军到处，严饬各营勿得稍有侵暴，致失人和；除临阵外不准滥杀，不准奸淫妇女，搜抢财物，烧毁粮食。本统领赏劳罚罪，并不徇纵。诸将各自领军起行。”最后，叮嘱亲兵，照顾好道祖杨士元。

众将领命退出，谭兴宗上前悄悄地问道：“毅斋，禹、崔两人是真心归降吗？如果不是？那明天一战岂不悬乎？”

刘锦棠略为思索，回答说：“洪璋，中国人最讲究一个‘义’字，回人更是‘义’字当先，我们以‘义’待人，禹、崔定会以‘义’待我。当然，你说的不无道理，开始我亦疑惧，但从两人话中分析，应是真心归降，禹崔虽号称三万，能战者不过两三千耳，且已久疲；又时值隆冬盛寒，马无藁草，人无食粟。此时不降，又待何时？”

“毅斋，你分析得有理，但愿如此。”

次日天明，众将依令而行。谭拔萃率大军与禹、崔一番“激战”后，白彦虎前来助战，董福祥拼死回击。禹、崔诈败，撇下老幼，率主力向西宁逃窜，到达城下，城门大开。原来，马永福早知大势已去，再作抵抗也是徒劳，正好马占鳌派人进城劝说，正中他怀。第二天一早，马永福与城中汉族官绅率城中三万多人开城迎接湘军进城。禹得彦、崔伟见状，大喜过望，急忙派人通知刘锦棠。

西宁易主，白彦虎率领余小虎慌忙逃出西川、扁都口，走铁迈沟，经过海北退入河西，企图与肃州的马文禄会合。刘锦棠围歼白彦虎的计划落空，命令各部乘胜追击，一举歼灭马桂源兄弟俩和他们手下马亦麻、海乙什等将领。

西宁收复，左宗棠报请朝廷，将禹得彦，马永福其部下精壮编成“旌善五旗”，所余家眷老弱分数批被迁徙到清水、华亭、平凉等地安插。崔伟所部精壮将其所部编为旌善马队，归刘锦棠指挥，留驻西宁，其余男妇老弱病残者九千余人，择地安插于甘肃清水县恭门镇、阎家、张良、平安等山区。禹得彦、马永福、崔伟三人，朝廷钦赐副将。

刘锦棠深感杨士元身品之高洁，学识之渊博，大义凛然，贤名远播，是一方之宗教长老，保奏朝廷钦赐四品顶戴，并改名“士元”为“保元”，既保国安民之义。

同治十三年（1874 年），经左宗棠奏准，刘锦棠接署西宁道，驻军西宁。

刘锦棠攻克西宁的时候，徐占彪在肃州一直没有得手。左宗棠大为不满，亲率楚军到肃州城外巡视督战，又陆续调来宋庆、张曜和金顺各军，将肃州团团围住。肃城高三丈六尺，厚三丈余，外有城壕围绕，阔八丈三尺，深二丈，是一座险固的堡垒。左宗棠督战几个月，伤亡惨重，仍不奏效。当西宁捷报传到，左宗棠大喜，檄调刘锦棠率“老湘军”及河州、西宁投诚回军官兵往肃州助剿。

肃州已被围困一年半了，虽然尚未被攻下，但实力已耗尽，难以支持。刘锦棠率领湘军到达，将肃州城围得铁桶一般。河州、西宁投降之陕回军将士每日驰马肃州城下，呼喊马文禄及其部下头目回头是岸，马文禄自知生路已绝，哀恳出城乞抚，左宗棠命他缴出马械，并报上汉民及回民的户籍。马文禄前次受抚时，城中汉民还有三万余人，先后为马文禄所杀，现只剩男女一千一百余人。左宗棠命将原籍关外沙州，以及从甘州、西宁、河州、陕西等地逃来的客回先送到城外废堡中安置，以后再安排到各地定居。马文禄和马照、马金龙、马良臣、王得胜、尕阿浑等人处以死刑。西北回民起义以肃州最后一战而告终。

话说西宁失守，从陕西转战而来的白彦虎企图奔肃州安身，行至半途，探子来报，肃州马文禄投降。白彦虎走投无路，只得继续西奔。

骑着高头大马，走在大漠上的白彦虎，虽然只有三十多岁，然而，年轻人的那种英俊潇洒早就不见了，现在的他，脸上刻着几道伤疤，有的伤疤还互相交错着，这些伤疤都是战火中留下的痕迹。

有军士来报："启禀白帅，前面就是阳关了。"

阳关！白彦虎心中一颤，他脑海中立即浮现出唐代大诗人王维的千古绝句："劝君更尽一杯酒，西出阳关无故人。"是啊！这里在人们心中，是凄凉悲婉，寂寞荒凉的边关。白彦虎望着身后拖儿带女，老少妇孺皆有的逶迤不见尾的队伍，军马背上一边是装娃的背篓，一边是做饭的铁锅。这支队伍号称三万多人，只有少数是当初起事的家乡人外，大多是陕、甘、宁、青回民起义军的联合部队了，都是一些不愿意留在关内受安置的人。

阳关，沙漠中平地崛起的一座雄关，黄色的土墙，城楼上飞檐下压，稳重而不失大度，简洁而有威慑八方的力度，城门上方的匾额上写着"阳关"二字。白彦虎带着队伍从城门洞中穿过，眼前是大片的戈壁，戈壁的尽头是一座小山，山上一座烽火台，俯视这一方大地。这座烽火台人称"阳关耳目"，民间俗称墩墩山，山下的戈壁滩名为古董滩。烽火台上，白彦虎看到黄沙远处是蜿蜒万里，雄镇四方的长城，那是大汉王朝修在河西走廊西部的边塞，曾经旌旗猎猎，金戈如林；

曾经扬鞭走马，轺车迢迢，如今有些地方已是残垣断壁，远远望去如同草蛇灰线。

白彦虎登上烽火台，眼前微蓝广袤的天际下一片无尽平坦如砥的黄沙，随行的幕僚告诉他，这就是阳关“古董滩”。他心头掠过一片阴影，古董滩的面积之大远远超过了自己的想象，他一下子联想起了当年十八大营的根据地董志原，那时手下的部队是何等的威武啊。短短六年中，十八位元帅里有马正和、杨文治、张四明、王明章、沙学德、赫明堂、冯君幅七位战死沙场，有禹得彦、崔伟、余彦禄、蓝明泰、阎兴泰、邹保和、陈林、马生彦、毕大才九位投降，还有一位马长顺，肃州失守后下落不明，如今十八元帅中只留下自己一人了。也有人曾劝他投诚，但朝廷能容纳自己吗？更重要的是身后这些妇孺老幼将如何？

出了戈壁，前哨来报：“白帅，前面就是新疆地界了。”

白彦虎心头一震，异域山川，黄沙弥漫，鸟兽夷稀，大漠孤烟，白彦虎内心一片凄凉。忽然间，他的腹腔中一股酸水涌上喉咙，内心真的是无限凄凉。

满人与汉人之间

肃州既已克复，陕甘回事平定，进军新疆的要道已经打通，左宗棠将收复新疆的军事行动提到日程上来了。

亲兵在门外高喊：“大帅，新疆有紧急公文呈报。”

左宗棠得力幕僚虞绍南听说有新疆的公文到，立即从隔壁幕僚室走了过来，从亲兵手中接过公文，拆开一看：白彦虎从甘肃逃到新疆，掳哈密王迈哈默特之母至吐鲁番，自感势单力孤，于是投靠了占据新疆的外来侵略者阿古柏。白彦虎与阿古柏合流后，将所部分为两股，盘踞迪化、玛纳斯两地。

得知新疆的消息，泪水模糊了左宗棠双眼。他望着窗外肃杀的秋景，愣怔了一会儿，把目光收回投到案头上的一大堆文书上，全是有关新疆失陷和遇难民众的详细公文。他的心抽紧了，玉门关外的现状已经变得越来越复杂。

“来人！”左宗棠有些失态，厉声吼道：“令提督张曜统带河南嵩武军十四营，立马出关，与先期出关屯于哈密的金顺将军会合，大军未至之前，两军戍边屯垦，立稳阵脚。”

虞绍南急了：“季高，朝廷没有出兵的旨意，你不能调动大军出关，皇上怪罪下来，你怎么收场？”

“边疆危急，只能先斩后奏了，皇上若是怪罪下来，老夫没有私念，全是为了江山社稷。”倔老头子一旦下了决心，真是一根筋到底。

张曜率军出关，左宗棠弄来了一捆捆柳树，让将士们沿途栽下。他没料到的是，张曜栽下的这些柳树若干年后成了沙漠、戈壁一道亮丽的风景。

朝廷没追究左宗棠擅自调动大军出关的责任，也不令他挂帅出征。左宗棠心急如焚，上了一道又一道折子，请求挂帅出征新疆。折子犹如石沉大海，一拖就是三年，朝廷就是不予答复。

虞绍南深知左宗棠的心情，朝廷的态度，确实叫人心焦，但他不忍心看着左宗棠这般悲痛。

“绍南，不是我悲观，朝廷内乱，置新疆各族受苦受难民众于不顾，千千万万父老兄弟处于水深火热之中，时下情势，叫我心力交瘁，身体确实一天不及一天了。”

左宗棠抚摸着花白的短须，目光黯然。他悲愤地说："绍南，准备笔墨，我要起草奏折，挂帅西征。"

虞绍南说："季高，这事就交给我办吧，我马上写，你就好好休养一下吧。"

左宗棠却挥了挥手："我没事，无需休养，还是我亲自写吧。"

左宗棠当即起好奏稿，叫虞绍南看，虞绍南看后说："季高，你几次奏折都说自己亲征，都没有奏准，我看其中定有奥秘。"

"有啥奥秘？无非我不是满人！"很明显，左宗棠话中有牢骚。

虞绍南说："季高，朝廷把新疆视为满洲贵族的'禁脔'之地，不容汉族官员染指。那些满族权贵的眼中，新疆也是一处升官发财的好地，削尖脑袋往那里钻。沙俄侵占了伊犁，朝廷却把兵权交给景廉、金顺、成禄诸满洲世仆。现在，你要求挂帅西征，掌握几十万大军的兵权，朝廷能放心吗？"

"我只说亲征收回新疆，没有说我要做新疆的官呀？涤生手中几十万大军平定江宁后，不是裁了吗？新疆收回来后，我的军队也可裁啊，以此为由，不让我继续西征，简直叫人不可理喻。"

"你收回了沦陷多年的国土，不让你来主管，朝廷也怕人说闲话啊！"

"绍南，你不要再说了，当年林则徐大人有诗云：'苟利国家生死以，岂因祸福避趋之。'凭着一腔忠诚的热血，死在赴广西的路上，留下了千古忠贞的佳话。我要像林文忠公那样，一心为国，不让大清的疆域就这样眼睁睁地遭列强践踏。"

虞绍南见左宗棠把话说到了这份上，也不再说什么，于是，便将奏折抄了。

奏折拜发后，左宗棠一想到虞绍南的话，觉得他分析得有一定道理，心里乱极了。奏折送走后的十几天里，他的情绪稳定了许多。

左宗棠的奏折递到军机处，便引起军机大臣们的高度重视。尤其是在军机大臣和总理各国事务衙门之间行走的大学士文祥最看重左宗棠的奏请，立即上奏两宫太后。

慈禧看完奏折，微眯着双眼，半晌才说道："左宗棠一再奏请亲自挂帅，规复新疆，这事一直拖着，我想这事一定要慎重，左宗棠三番五次上奏，能没异心？西北之大，疆域之辽阔，千万不能放松警惕。左宗棠可不是曾国藩，他狂傲自负，新疆军务绝不能叫他办。我意授乌鲁木齐都统景廉为钦差大臣督办新疆军务，左宗棠督办新疆粮草，再以内阁学士袁保恒为帮办，也可牵制住左宗棠。"

慈禧的心思，被虞绍南猜中。

过了一阵，慈禧问文祥："你意如何？"

文祥，字博川，满洲正红旗人，他在同治光绪两朝一直是重臣，能以江山社稷为己任，他像当年的满人重臣肃顺一样，看出满洲的将帅不中用，平息内乱，收复疆土，还是要重用汉人，肃顺不就用了曾国藩，才平息了起事的太平天国。文祥对左宗棠的才智很欣赏，故立马奏道："收复新疆，左宗棠是最佳主帅。"

慈禧抬起眼皮，扫一眼文祥："左宗棠能不能挂帅，明天朝议一下吧！你先下去吧，本宫要休息了。"

第二天早朝，值日官宣读完军机处关于朝令左宗棠挂帅出征的折子，太后和同治一声不吭，大殿上一片静寂。

李鸿章上前奏道："启禀太后、皇上，卑职以为，新疆有金顺、景廉、额尔庆额几万人马在那里，足以应付新疆那块不毛之地上出现的各种复杂局势，左宗棠治理陕甘更为重要。"

文祥一听，向前走了一大步，奏道："太后、皇上，微臣以为，左宗棠奏陈不无道理。新疆之危，由来已久，早在我大清圣祖康熙年间，叛逆噶尔丹统占新疆，把兵锋指向了漠北草原。康熙三十年，噶尔丹亲率数万铁骑，越过杭爱山，向蒙古的喀尔喀发动突然袭击，取下喀什喀、车臣汗和扎萨克图汗，气焰非常嚣张，竟举兵东犯，打到距京只有数百里地的乌兰布通，狂称‘圣上君南方，我主北方’的逆言。康熙大帝圣明，亲征噶尔丹，将噶尔丹击败。圣祖三次亲征，并至宁夏坐镇指挥，将叛逆击溃，保我大清江山。现新疆被侵占，难保不会重蹈覆辙。”

文祥一番言语，激起了一方大臣的赞同，或交头接耳，或私下议论，纷纷表示，新疆不能丢，不能成为千古罪人。还有人说：“收复新疆，刻不容缓。”

大臣们议论纷纷，同治坐不住了，说道：“文祥和地方督抚及众卿之奏陈，确有道理，朕虽年幼，但对祖宗江山，绝无丢弃不顾之意。前几日，朕已与皇阿爸商定，新疆塞防，刻不容缓，一定要收复。朕绝不做对不起列祖列宗的罪人。”

同治还未说完，藏在帘后的慈禧生怕兵权落于左宗棠之手，立即抢过话来说，乌鲁木齐提督成禄已革职拿问，可督促乌里雅苏台将军金顺率凉州副都统额尔庆额部屯驻巴里坤，原驻巴里坤的景廉部进驻古城。命景廉为钦差大臣，督办新疆军务，以金顺为帮办大臣，已经出关的金、张、额三军一万数千人，全由景廉指挥调度。命陕甘总督左宗棠为关外督办粮饷转运，以侍郎袁保恒为帮办。

慈禧的懿旨，既照顾了同治皇帝的面子，又让兵权没有落于汉人之手。

李鸿章一帮人偷着乐了。

文祥只得在一旁暗暗伤心，景廉出任钦差大臣督办新疆军务，新疆危急困境将会越陷越深更加混乱。他知道慈禧这么做，无非是母子权力之争。同治想调动所有积极因素，无论是满人还是汉人，只要能为朝廷效力，能保住祖宗留下的基业的人，都要重用；太后却想利用满族王公巩固自己的权力，一旦儿子亲政，左宗棠这个认死理之人，自己就无法驾驭了。

海防与塞防之争

景廉出任钦差大臣督办新疆军务的圣谕到达兰州陕甘总督衙门，左宗棠一改愁眉苦脸常态，反而高兴得很，传令军中将领、幕僚进帐议事。又向黄万鹏亲书手令，令其负责肃州军务，刘锦棠迅即从肃州赶至兰州。

虞绍南不明其意，问道："季高，您上折的本意是要亲自挂帅西征，而今朝廷并不领您的盛情，我一想至此，就为您惋惜。而您反而高兴得不得了，这种不合常情的变化，卑职实在有些想不通了。"

左宗棠微微冷笑道："绍南，你要能看出其中缘由，这陕甘总督不早就是你的了？"

"季高，您捅破这层窗户纸，让我明白其中奥秘。"

"绍南，你说景廉是个统军的帅才吗？他只会坏事，成不了气候，新疆让他折腾一年半载，情势会更加恶劣，不用我再上奏，皇上、太后就会把出征新疆的担子搁给我。我要毅斋来总督府，意在带到身边磨炼，培养他统帅西征的本领。"

虞绍南幡然醒悟，不得不佩服左宗棠确实高人一筹。

刘锦棠到达兰州，每天不离左宗棠左右。这天两人正讨论西征军饷粮草运输事宜，突然接到军机处发往各省督抚传阅李鸿章《筹议海防条议》抄疏。左宗棠看后，爆发出一串冷笑。

刘锦棠见左相忽然冷笑不止，忙问道："世伯，怎么回事？"

左宗棠把军机处一叠文稿往他手中一塞。

刘锦棠拿过文稿一看，李鸿章洋洋洒洒千余言的奏折，将急办海防和筹款艰辛说得条条在理，话题转到西征时，他说中国目前力量不及兼顾西域，可否敕西路统领，但严守现有边界，不必急图进取。此议果定，则已出塞及尚未出塞各军，可撤则撤可停则停，其停撤之饷，即匀作海防之饷。刻下情形，如可暂缓西征，节饷以备海防，原于财用不无裨益。

刘锦棠读着读着，不由发起怔来："如此说来，西征不完了吗？"

"完了，哼！"左宗棠一旁倒沉得住气，又轻松地说："你看下去呀，李合肥虽狂吠不已，可两宫太后、皇上、恭亲王可大不以为意。"

下面还有一张朱谕，口气松动得很：新疆各城，北邻俄罗斯，西界土耳其、天方、波斯各回国，南近英属之印度。唯中国不图规复迪化，俄人则步步进逼，西北两路已属堪虞。且关外一撤藩篱，难保回匪不复啸聚，肆扰近关一带。关外贼氛既炽，虽欲闭关自守，势有未能，现在通筹全局，究应如何办理之处，着该大臣酌度机宜，妥筹复奏。

看完这一道专写给左相看的上谕，刘锦棠这才松了一口气。

左宗棠针对李鸿章之说，力举海防与塞防并重，出兵收复新疆迫在眉睫。否则，西北数省将永无息兵之日。他上折说："欲杜俄人狡谋，必先定回部；欲收伊犁，必先克迪化。"是故"重新疆者，所以保蒙古。保蒙古者，所以卫京师。西北臂指相联，形势完整，自无隙可乘。若新疆不固，则蒙部不安；非特陕甘、山西各边时虑侵轶，防不胜防，即直北关山，亦将无晏眠之日。而况今之与昔，事势有殊：俄人拓境日广，由西而东万余里，与我北境相连，仅中段有蒙部为之遮阕。徙薪宜远，曲突宜先，尤不可不预为绸缪者也。”

文祥带着左宗棠的折子进宫。慈禧看后说：“时下东边沿海，法、英、美、日跃跃欲试，自鸦片战争以来，战争多在沿海，东南海疆万余里，各国通商传教，一国生事，各国勾煽，一旦生衅，防不胜防，应该集中饷力，加强海防。”

过了会儿，慈禧长叹一声说：“这事关大清安危，不论是‘塞防’，还是‘海防’，都不能轻视呀。但孰轻孰重，孰重孰缓，孰先孰后，还是二者并重，这是个大难题，当今国库空虚，不好办呵！”

文祥不语，他知道慈禧的举棋不定，还是心存害怕汉人掌权的余忌。

这一次，太后和皇上将“海防”“塞防”一同搬上朝议。

大殿上，满朝文武分列两旁，静听总理衙门和军机大臣转奏各省督抚们的折子。

两江总督李宗羲、湖广总督李瀚章、福建巡抚王凯泰、江西巡抚刘坤一以及沈葆桢等，也都复奏朝廷，强调海防为当前第一要务，要求优先筹办海防，刻不容缓，云云。

直隶总督兼北洋大臣李鸿章站在那里，弓着腰身，支棱着两耳，听着大多支持他“海防”的奏文，心里喜滋滋的，脸上却很平静，没有一丝得意神色在脸上晃动。他明白，越是这种时候，越要沉稳，不得有半点忘形。作为大学士、直隶总督，位居人极，他有他的一套遇事不惊，遇火不恼，遇悲不伤的纯表情表达方式，就是一脸庄重，叫人看了，觉得稳重，不轻不浮，这些都是李鸿章前些年在他的恩师曾国藩那里学到的。

李鸿章奏道：“新疆各城，自乾隆年间始归版图，无论开辟之难，即无事时，岁需兵费尚三百余万，徒收数千里之旷地，而增千百年之漏卮，已为不值；屡阅外国新闻纸及西路探报，喀什噶尔回酋新受土耳其回部之封，并与俄、英两国立约通商，是已与各大邦勾结一气，不独伊犁久踞已也。揆度情形，俄先蚕食，英必行其利。皆不属于中国得志于西方。而论中国目前之力量，实不及专顾西域，师老财痛，尤虑别生他变。今虽令将出师，兵力饷力万不能怠。可否密谕西路各统帅，严守现有边界，且屯且耕，不必急图进取。一而招抚伊犁、迪化、喀什噶尔等回酋，准其自为部落，如云贵、粤、蜀之苗瑶土司，越南、朝鲜之略奉正朔可矣。两存之则两利。俄、英既免各怀兼并，中国亦不至屡烦兵力，似为经久之道。现新疆不复，于肢体之无气无伤；海疆不防，则腹心之大患愈棘；孰重孰轻，也有能辩之者。此议果定，则已经出塞及尚未出塞各军，似须略加核减，可撤则撤，可停则停。其停撤之饷，即匀作海防之饷。否则只此财力，既备东南万里之海疆，又备西北万里之饷运，有不因穷颠蹶者哉！”李鸿章将重视海防的理由奏毕，用眼扫了一下帘子后面的西太后和正襟危坐的同治，又说了一名：“请太后，皇上定夺。”

醇亲王奕譞上前说：“本王认为，李鸿章强海防，请罢西征之策，最为上策。”

接着御史余上华，刑部左侍郎黄钰等也纷纷上奏请罢西征。

军机处又呈上左宗棠、丁宝桢、王文韶、文彬、吴元炳等地方督抚的奏折。同治帝命值日官遂折宣读，这些督抚在奏折中与左宗棠一样，极力主张收复新疆，英俄企图吞并我新疆的野心已昭然若揭。湖南巡抚王文韶更主张全力注重西征，对沙俄入侵更是恨之入骨，他说：“我师迟一步，则俄人进一步。我师迟一日，则俄人进一日。事机之急，莫此为甚！但使俄人不能逞志于西北，则各国必不致构衅于东南。”

地方督抚力陈抗击英俄的奏折在朝中掀起了轩然大波。

一群大臣，像文祥那样急道："皇上，左宗棠奏陈，新疆不复，日后必生大患，英俄虎视眈眈，那时候，可就晚也。"

坐在帘后的两宫太后一声不吭。

"海防！""塞防！"朝中两派吵得不可开交。

坐在龙椅上的同治，一副愁眉苦脸的样子，说道："各位爱卿，不要再争了，朕已与皇阿爸商定，海防、塞防都是社稷之策。但目前国库亏了一大截，只得将此二事缓议。"言讫，遂命内官宣旨退朝。

众大臣无可奈何，只得悄然退出。

李鸿章却是心中窃喜。这几年虽说他春风得意，位高权重，但心里还是比较虚，他在曾国藩扶持下，一路走来，甚觉顺利，朝廷又裁撤了三口通商大臣，归直隶总督经管，颁给钦差关防，兼辖山东之海关，奉天之牛庄关，并增设津海关道，委他为洋务大臣，权力大增。但他心里一直想着，自己仅凭平捻一功，日后权力会有动摇。又加上西北左宗棠建功西北，功名卓著，威震朝野，说不定哪天，左宗棠会居于己上，到时听左调遣的可能性不是没有。所以李鸿章盯着左宗棠，总怕左再建奇功。虽然李鸿章的"海防"没有成功，但左宗棠没有挂帅西征，就不能再立战功，李鸿章当然欢喜了。

左宗棠力荐刘锦棠

朝中两股势力围绕"海防、塞防"争吵不休，互不相让的时候，同治帝一命呜呼。

同治死后，无子继位，当立同治侄辈，即溥字辈为新主才对，如果立了溥字辈为帝，两宫太后成了太太后，慈禧就不能垂帘听政了，这个女人，一想到要失去自己的权力，哪肯干休，她不惜违背祖制，强立同治帝的同辈为嗣，两宫太后仍可继续垂帘听政。还有令人难以费解的是，既立载字辈，也应择大，立恭亲王长子载澄才对，现越过载澄，立醇亲王三子，这里面大有文章。立一个四岁新主，不设顾命大臣，名为两宫太后临朝听政，实际上就是说不让别人插手，一个人已将大局控制在手了，朝廷的一切权力都在慈禧手中，大清江山也是她一人的了，其野心昭然若揭。

四岁的光绪帝即位，还是两宫太后临朝称制。

皇帝换了，国家机构不能停止运转。正如文祥和左宗棠预料的那样，出任新疆钦差大臣的景廉，虽然是翰林出身，当过内阁学士、工部侍郎，也当过伊犁、叶尔羌的参赞大臣、哈密的“帮办大臣”，做官的经验他有，新疆的事情也不能说不熟悉，但并无“将略”。他得到朝廷看重，做了钦差大臣，理应收复失去的疆土，谁知他坐镇古城，饮酒习射，内乱外患，听之任之，一拖再拖。这景廉当了九个月“钦差大臣，督办新疆军务”，一筹莫展。朝野上下议论纷纷，他向朝廷上疏，把责任推到左宗棠身上，说左宗棠粮运办得不好，不该由北路用骆驼运粮。

左宗棠上疏抗辩，说用骆驼运粮，由包头穿过乌里雅苏台与科布多的地界，到巴里坤，虽则是“骆负粮少”，而饲养所耗亦少。倘若依照景廉的主张，用车骡运粮，由肃州经安西、哈密，翻天山，到巴里坤，虽则是“车骡负粮多，而饲养所耗亦多”。两种方法比较起来。“车行三十日而所负之粮尽，驼行三十日而所负之粮尚可稍余。”

文祥将景、左的折子一并递送两宫太后。

慈禧看了左宗棠的折子，她心想，保住江山，也就保住了自己，新疆丢了，朝野上下都会将矛头指向自己，正如儿皇帝同治说的那样，谁丢了新疆都将成为千古罪人。要收复新疆，就要选好带兵打仗之人，满族王公都是一些不思进取，碌碌无为，纸上谈兵的人，看来非得重用汉人不可，这个时候重用左宗棠，对自己有益而无害。她将两个折子看了又看，故卖关子地对文祥说："你们军机处怎么看？"

文祥早就预料到景廉是个无所作为的人，出任新疆钦差大臣时就看到了这一点。他理直气壮地奏道："依臣之见，景廉为钦差大臣颇为不妥，他驻守奇台，不求进取，置列强侵扰于不顾，让他督办新疆军务，怎么能成功呢？"

西太后长叹一声，说："你说得在理，景廉的确无能，那谁来挑这副担子呢？"

文祥何等聪明，慈禧这时的心思，他一眼就看出来了，因此大胆奏道："臣之愚见，督办新疆军务之钦差大臣，非左宗棠莫属。"

慈禧说道："那就按你的意见办吧。"

世上之事，真是难以预料。生怕汉人掌握兵权的西太后，如今却不得不依靠汉人来保护江山。你看，西太后一句话，左宗棠就掌握了收复新疆的最高指挥权。

光绪元年三月二十八日，朝廷降旨，采纳左宗棠的建议，实行海防、塞防并重。任命左宗棠为钦差大臣，督办新疆军务，以金顺为乌鲁木齐都统，帮办新疆军务。景廉被召回，改任左都御史。

直到这时，大清国正式吹响了收复新疆的号角。

年事已高的左宗棠，接到谕旨，摆在他眼前的首要问题，就是由谁主持关外大局？经过反复比较，左宗棠决定举荐刘锦棠出任关外各军前敌统帅。举荐折子递进京师后，朝中哗然一片。

西太后原对左宗棠寄予收复新疆之厚望，如今他却推出一个三十来岁的年轻人来做统帅。她信任左宗棠，但总有些对刘锦棠不放心。她密召文祥进宫，想听听这位军机大臣的意见，再做最后决定。

“刘锦棠这个年轻人行吗？”慈禧问道。

“三国名将周公瑾出来挂帅时多大啊？”文祥没有正面回答。

“你了解刘锦棠这个人吗？”慈禧还是不放心。

“古人说：‘用人不疑，疑人不用’。太后若信得过左宗棠，就按他的意见办吧。”

文祥的几句话，打消了慈禧的顾虑。朝廷同意了左宗棠的建议。

左宗棠接到上谕，即对刘锦棠说道：“毅斋呀，我已老了，我想此次西征，非比寻常，面对劲敌，又有列强遥制帮助，这场战役一旦打起来，必定激烈；新疆又地广人稀，进军维艰，我故奏请朝廷，把前线总指挥重任交你来完成。”他用关爱的目光望着刘锦棠继续说：“毅斋，你和你叔父跟随我多年，本是大用之才，却让我这棵老树给挡住了阳光，使你成长有碍。现朝廷命你统领入疆全军，就是锻炼你的一个大好机会。”

刘锦棠一脸慌张，急忙说道：“大帅，小人何德何能，担此重任，恐怕有失大帅的举荐。”

“别再说了，我不会看错人的，你有勇有谋，只要遇事多些思虑，洞悉全局，多谋善断，知人善用，日后必成大才。此次征讨，临敌指挥，随机应变，攻守进退，一切由你运筹，我绝不遥制。这样一能充分发挥前敌将帅的主动性，不致错过战机或遭受不必要的损失；二能尽早发挥你的才能，锻炼你的才智，成为今后的统帅。我在后方，为你督办粮草。”

刘锦棠见大帅主意已定，脸上顿时庄严肃穆，不再推辞，一时也说不出什么，就静静地望着左宗棠。

“毅斋，我有主见。朝廷命你统帅三军，你可得拿出自己的计划，我不能给你指明了，如我给你一个作战计划，必会将你思路捆住，使你难发挥出战略意图，你完全可以按自己的主张进军，但一定要慎之又慎，绝不可贸然行事。”

左宗棠把话说到这个份上，刘锦棠若再推辞，显得有些苍白无力了。关于西征，他在与左宗棠第一次在潼关见面时就提出了“缓进速战”之战术，几年过去了，刘锦棠对于出征新疆，基本上形成了自己的一个成熟的方案。没有想到的是，左宗棠奏请朝廷要他担任大军统帅。一下子接任这样的重担，思想上还没有足够的准备。

第二天，左宗棠传令各军，展开轰轰烈烈的练兵运动，“保疆卫国”成为各路大军的响亮口号。

大清国晚期，信息传播虽然较慢，但左宗棠挂帅、刘锦棠统领西征大军这样的大事，还是很快地在世界上传播开来。对新疆早就垂涎三尺的沙俄，在刘锦棠大举出关前，加紧策划，妄图左右局势。

左大帅巧计吓洋人

兰州仲夏，骄阳高照，炎热难耐，人们都想找一处清新凝神之地。左宗棠、刘锦棠和虞绍南一班幕僚正在总督府后花园讨论出征新疆有关事宜时，一名戈什哈来报：“大人，俄国总参谋部军官索思诺福齐率领‘考察团’在门外求见。”

“谁允许他们来的？”左宗棠问道。

戈什哈回答：“他们持有礼部主客清吏司的公函。”

“好，让他们到客厅等候。”左宗棠交代戈什哈后，又对刘锦棠说：

“毅斋，一块去会一会俄罗斯红毛，将来你到了新疆，免不了要和他们打交道。”

左宗棠在刘锦棠、虞绍南等人的陪同下来到会客室。

在客厅等候的一群俄罗斯人中，一个高个子站起，向左宗棠行了一个鞠躬礼，呈上礼部公函，并用半生不熟的中国话自我介绍说：“鄙人叫索斯诺福斯齐，奉本国政府之命，来拜见总督大人。”接着，坐在客厅的人也学着索斯诺福斯齐的样子，向左宗棠鞠躬行礼。

虞绍南接过公函，函文中说俄国政府派遣陆军中校军官索斯诺福斯齐率领一个考察团到兰州来考察，洽谈合作事宜。

刘锦棠对索斯诺福斯齐这个名字并不陌生。最近几年，他特别关注俄国的一些军事动态，索斯诺福斯齐经常在新闻中出现，这个人很不简单，曾多次参与沙俄军队对邻国的侵略，俄军侵占伊犁他是其中一员。这样一个侵略狂徒，在西征军即将开拔前往收复新疆的节骨眼上来到兰州，并且拜见左宗棠，他想干什么呢？

左宗棠心想，自己担任陕甘总督以来，还没有红毛来过兰州，决定收复新疆的消息刚刚传出，大军还没出关，俄罗斯就到兰州来了，这里面定有文章。客人既然来了，就要表明我们收复新疆的决心，同时也要试探一下俄国的情况。如是，左宗棠礼貌地说：“索斯诺福斯齐先生，你们一行人此次来我国的目的是什么？”

索斯诺福斯齐从随身携带的包裹中拿出一幅地图，摊在桌子上，对左宗棠说：“我听说中堂对舆地学很有研究，其实，我对这方面也很感兴趣，请中堂大人看看我画的这张图。”

左宗棠拿过地图，仔细地看了看，惊讶道：“你才来中国几天，怎么对西北的山川形势这么了解？你这是根据什么图绘制而成的？”

索斯诺福斯齐答道：“根据的是中国康熙时期的地图。”

左宗棠微微一笑，说："康熙舆图，世所罕见，确实珍贵。但后来中国的疆域大了许多，所以乾隆爷命人实地勘察，核定增补，编成了《乾隆内府舆图》，那才是最精致的版本。"说完，左宗棠命虞绍南从书房拿来一册《乾隆内府舆图》，交到索斯诺福斯齐的手中。

索斯诺福斯齐如获至宝，仔细地查看了一番后，由衷地感叹道："中国人真是厉害！能画出这么详细的地图，真是不可思议！以后我再也不敢自诩精通舆地学了。必须承认，中国人除了不会造枪造炮以外，做其他的都是世界一流。"

左宗棠听到"中国人不会造枪造炮"这句话后，脸色立马就变了。他愤怒地对索斯诺福斯齐说："中国人造枪造炮，难道比你们俄国人差吗？难道比英国、德国、法国差吗？"

索斯诺福斯齐知道左宗棠生气了，连忙赔笑道："一时口误，中堂大人切莫放在心上。"

左宗棠外号"湖南骡子"，做事最喜欢一根筋，自然不会因为索斯诺福斯齐一句好话就放弃较真。他一把拉起索斯诺福斯齐的手，把他带到了甘肃制造总局，这是西征军在兰州的重要兵工厂。

这时候，一直陪伴左宗棠接待索斯诺福斯齐的刘锦棠把左宗棠拉到一旁，轻声地说："大帅，俄国人强占伊犁，妄图吞并新疆，是我们的强敌，你为何对他们毫无保留？那么详细的地图，那么先进的武器，全都让他看到了。"

左宗棠笑道："毅斋，你不懂。孔夫子说，言忠信，行笃敬，虽蛮貊之邦，行矣。你对人诚信，人家也就会以诚信对你。再说了，这几个俄国人到处刺探军情，对于我国的山川险阻、我军的武器装备，非常清楚。我们若遮遮掩掩，反而会引起猜测。所以我让他们看个够，让他们看到中国有实力战胜俄国。这样，他们反而不敢干涉中国收复新疆了。"

刘锦棠这才明白左宗棠的用意，由衷地赞道："大帅远瞩，非锦棠所及。"

眼前琳琅满目的新式武器令索斯诺福斯齐彻底傻眼了。他这才发现，中国人不仅能够仿造法、德等国的各式新式武器，还能在外国武器的基础上加以创新，制造独创的产品。不过，索斯诺福斯齐还是怀疑地问道："这些枪炮的杀伤力好吗？"

左宗棠笑笑说："明天我们实弹射击检验一下，你们不就明白了吗？"

实弹射击表演的消息不胫而走，兰州城百姓都在为左宗棠鼓劲助威。人们纷纷传播："总督左宗棠为了杀杀红毛的威风，明天打几炮给红毛看看！"

兰州是一个东西向延伸的狭长形城市，夹于南北两山之间，黄河横穿全境，切穿山岭，形成峡谷与盆地相间的串珠形河谷。射击场选在市北的九州山脚下，黄河穿过这里时，造就了一块很大的盆地。大炮的靶子设在对岸的山坡上，新枪靶位设在黄河中央。临时搭建的主席台正中坐着左宗棠、刘锦棠、虞绍南和陕甘巡抚刘典，还有一班将领和地方官员陪着索斯诺福斯齐坐在后排，观看的人群围在主席台四围的沙滩上。

前来观看热闹的人们，可谓人山人海。

虞绍南担心地说："季高，这么多老百姓来了，会不会出危险啊？"

左宗棠看着人群，捋着白须对虞绍南说："不要紧，就是要让俄国人看看中国各族人民团结的力量。"

刘锦棠感慨地说："各族人民都能像今天一样和睦共处，多好啊！"

首先出场的是仿德国后膛螺丝大炮、仿意大利重炮、新改装的劈山炮等 4 门后膛炮。

填弹手报告："填弹完毕！"

左宗棠下令："开炮！"

"隆隆"炮声，就像汹涌澎湃的黄河巨浪发出的怒吼，滚过大地，响彻云霄。出膛的炮弹拖着长长的尾焰，剑一般地飞向黄河对岸的目标，只听得一声巨响，炮弹落到哪里，那里就满地开花，目标成了一片废墟。

人们目睹这开花弹的杀伤威力，不禁发出一阵欢呼。

"好炮！好炮！"十多个"考察团"成员齐声发出赞美。

接下来的是枪支实弹射击。为了今天的实弹检验，兰州制造局总负责人赖长特意做了精心的布置，一哨兵勇身着整齐的服装，一人持一杆仿德国后膛七响枪，虎虎生威地迈着大步，走向靶场。几十个靶子"一"字并列。哨长拖长声音喊道："装弹！""开枪！"

"砰！砰！"强烈的后坐力让射击的兵勇全身抖动。

子弹出膛，在场的人们，见到一条条蓝色的烟雾线冲向山脚下的靶子。

当枪声响起，左宗棠就有了自豪感，他心底在说，我们终于有了自己造的枪了。

俗话说，内行看门道，外行看热闹。震耳欲聋的枪声，俄罗斯人更是震惊，中国生产的这种后膛枪，比他们的后膛枪还要先进一大截。

实弹射击检验结束后，左宗棠乘轿回到总督府。当索斯诺福斯齐重新坐到会客厅后，他对左宗棠说："中堂大人的内心，如同青天白日般明朗，毫无小心之人，令我佩服，佩服！"

左宗棠笑着对索斯诺福斯齐说："我没说谎吧，我们的大炮和枪不比你国的差吧？"

索思诺夫斯齐目睹西征大军的强大实力之后，他毫不含糊地得出了结论，对部下预言："阿古柏事业已告失败，这只不过是时间问题，因为交战双方力量对比悬殊太大。”

索思诺福齐在炮枪上不好做文章了，他别有用心地提出：“中堂大人，你们到新疆这么远，我们可以派兵、派军官帮助你们助剿呀。”

左宗棠当即站起，拍着桌子，断然拒绝，说：“中国边防，中国自有办法，无须帮助。”

索斯诺福斯齐被左宗棠的话呛得无言以对，随即“友好”地转换一个话题，说：“你们的武器不比我们的差，但我知道中堂大人最近遇到了大麻烦，西征军就要开拔了，但是运到关外的粮食却很少，假如武器良好、守纪律、善战但由于缺粮而无法作战的军队，其后果会怎样？”

索斯诺福斯齐一语正中左宗棠的心病。在新疆作战与在内地作战情形完全不一样。以军粮转运而言，内地作战只需建立一支强大的水师，控制住主要水域，就可以确保粮运畅通，而在新疆作战则不同。新疆并没有可以通航的河流与内地联系，粮食不能水运，只能利用骡子或骆驼搬运。沿途黄沙漫漫，气候非常恶劣，运起来非常困难。西征军的数量非常大，经过整军后仍有八十二营之多。粮食消耗量巨大。仅仅张曜所部十六营，每月就需要粮食四十八万七千斤，马料五万斤左右，整个西征军的消耗可想而知。运输这么困难，粮食消耗量又这么大，如果不认真筹划粮运的话，收复新疆无异于痴人说梦。究竟要怎样运输，才能在关外囤积起足够支持整个北疆作战的粮食呢？左宗棠一直在思考这个问题。

索斯诺福斯齐见左宗棠沉默不语，知道点到左的痛处了，如是他接着说：“如果中堂大人不嫌弃，我愿意从俄国运来五百万斤粮食，接济西征大军，每百斤运费只需七两五钱银子。”实际上，索斯诺福斯齐不可能到国内去采购粮食，他说的粮全产自被俄国霸占的中国伊犁地区。伊犁的产粮经索斯诺福斯齐一转手，可以牟取高达三十三倍的暴利！这真是“一箭双雕”的如意算盘。

坐在旁边的刘锦棠一听，立即贴近左宗棠，悄悄地说：“大帅，这人不怀好意，他的真实用意是妄图使我们依赖于俄国人的给养，迫使我们在政治上让步。”

左宗棠当然清楚其中的奥秘，但在目前财政紧张的情况下无疑还是一个好消息。五百万斤，不是小数目。更为重要的是，每百斤运费只要七两五钱银子。要知道，当时西征军最重要的粮道，即从肃州运粮到关外的古城，每百斤运费需要十五两银子。俄国人索要的运费只是这个数字的一半，这意味着光运费就能省下几十万两银子。这对左宗棠来说，真是一个好消息。

索斯诺福斯齐对左宗棠说：“英国人最狡诈，恐怕会帮助阿古柏阻挠中国收复新疆。但只要俄国支持中国，英国人绝不敢采取极端行动。我国皇帝很重视与中国的友好关系，一旦中国收复迪化、玛纳斯等城，就立即将伊犁交还给中国，绝不食言。我这次来中国，主要是想促成内地开放茶市，还请中堂大人从两国世代修睦的角度出发，应允此事。同意达成协议，就给你们粮食，不同意，就不给你们粮食，并要承担由此而引起的一切后果。”

这个俄国特务竟飘飘然陶醉于自己的“杰作”，但侵略者的如意算盘落空了。左宗棠嗤之以鼻，说：“多谢贵国皇帝的美意。开放茶市的事，等我军收复新疆，边疆稳定之后再议吧。只要贵国有诚意，我绝不阻挠。但以办粮之事为要挟，你错也！此事根本无法左右局势，我以重价，内地亦可办，不必他人也。”

索斯诺福斯齐明白，遇到左宗棠这个“湖南骡子”，再谈下去也会占不到便宜。于是，转换口气说：“我和中堂大人交个朋友，不管你意如何，我都答应卖给中国五百万斤军粮。希望中堂大人言而有信，新疆收回后，开放茶市。”

左宗棠当即答应了索斯诺福斯齐。随后，索斯诺福斯齐和他的同伴在总督衙门住了二十七天才离开兰州。

刘锦棠目送着索斯诺福斯齐等人远去的背影，对左宗棠说：“此人一去不复返也。”

左宗棠笑道：“我们不能依赖这个俄国人，我们准备的粮食越多，他就一定会如约运粮。”

事实证明，左宗棠的预测是准确的。大军出征这一年，左宗棠已经筹集了四千多万斤粮食，足供西征大军食用一年。索斯诺福斯齐想在粮上做文章的阴谋也因此落空。他乖乖地向关外大军运送了五百万斤粮食。

西征军祭旗出关

经过三年的曲曲折折，左宗棠收复新疆的大计终于得以实施。光绪二年（1876年）二月初三日，西征大帅左宗棠挂起帅旗，在兰州总督府升帐点将出兵：令陕甘巡抚刘典为陕甘军务帮办，坐镇兰州，凡循例月报及关内军务粮饷一切事宜，均由刘典核定办理。总督衙门一切例案，则委布政使崇保代折代行。左宗棠亲领大军开拔肃州。

兰州通往肃州的官道上，沿途大地一片苍白、冷漠，到处呈现着滴水成冰的严峻、孤苦。车水马龙的西征大军给这大地带来了生机，军容浩大，气势震天的大军前后簇拥着一顶八抬大轿，一面绣有“左”字的大旗极醒目地展现在人们的眼前。

肃州城外的一片几百亩的空地上，将勇列阵。正中竖一杆三丈多高的旗杆，旗杆用一根钻天白杨做成，笔直溜圆，剥光树皮的躯干白得发亮，杆顶端挂着一面五色帅旗，旗上用黑丝线绣着斗大的一个“刘”字。大旗的两旁，还有十多面赤、橙、黄、绿、青、蓝、紫的战旗，上书“刘”“徐”“福”“马”“汤”“董”“余”“孙”，这些将旗上的姓氏，代表着各军的统领将官，各军按顺序列队于各将旗之前。一面面军旗迎风招展，一队队的军兵分列道路两边，湘勇、楚勇、绿营、旗营，队列井然，横看竖看都成行。

轿子在欢迎的队列中落下，左宗棠出轿而来。

顿时，震天号炮响起。

文武官员立时下马，先行回到肃州的刘锦棠上前欲行大礼，左宗棠急步扶住，说：“毅斋，快快请起，不必行此大礼。”

刘锦棠一脸喜气，精神百倍。左宗棠打量着，从心眼里喜爱这个年轻的统领将军。

左宗棠从轿中取出黄绫包封，这是昨天新到的圣旨，他朝京城行过大礼，大声说：“西宁道刘锦棠接旨！”

刘锦棠当即跪地，说：“微臣西宁道刘锦棠听旨！”

左宗棠展开圣旨宣读：“奉天承运，皇帝诏曰，三品卿衔现署西宁道刘锦棠，英锐果敏，才气无双，近察其志虑忠纯，尤堪重任，现令率所部老湘军从征，并委总理行营事务。出关后，节制各路人马……钦此！”

“万岁！万岁！万万岁！微臣谢皇上、皇太后隆恩！”

圣旨说得很清楚，不仅要刘锦棠率“老湘军”出征，而且还要他“总理行营事务”“节制各路人马”。一句话，刘锦棠就是新疆全体参战部队的总指挥，用现在的话说，就是前敌总指挥。

刘锦棠起身后，左宗棠眼含热泪颤声说道：“刘京卿，阿古柏夺我河山，金相印、妥明、白彦虎等人助纣为虐！老夫已向国人夸下海口，不收复新疆这块祖宗基业，我死不用棕！毅斋呀，老夫余年不多，死后也想像曾涤生那样，风风光光地下葬啊！老夫的夙愿能否实现，就靠你了！你刘京卿可不能让老夫死不瞑目啊！”

“大帅，何出此言，您的身体好着呢！”刘锦棠安慰地说道。

此时，跟随在刘锦棠身后的文武官员，一齐跪下给左宗棠请安。

左宗棠说：“各位，快请起来说话。”众人起身后，左宗棠目光灼人，扫了一眼众将领说：“诸位，今日本督已到肃州，即日出兵新疆西征。此次西征，我年逾甲子，衰态日增，已近暮年，不能和大家并肩驰骋疆场，老夫考虑再三，上奏朝廷，任命毅斋为此次西征的前线总指挥，望诸位将军同心协力，与毅斋一道驱除侵略者，收复失地！”

左宗棠继续说道：“诸位将领，西征大任落我等肩上，是朝廷对我们的信任。此次西征，不同以往，面对的是域外列强，他们装备精良，又占有利地势，且战线之长，前所未有，环境之恶劣，难以想象。故本督以为，须精兵强将出关征讨，兵在精而不在多，兵之能战不能战，视夫练之精否，兵与将相两相习之，方能勤督精练。且对出关兵勇，作适当调整，凡不愿出关者，不可勉强，应予资遣回原籍，有爱国者，方有征讨志气，才能够冒险犯难，一往无前。”

刘锦棠立即代表大家说：“大帅，此次西征，给大家提供了立功的机会，我们定当赴汤蹈火，万死不辞，为大帅争光。”

“好！诸位将领追随本督多年，本督对诸位的才干一清二楚，倚仗诸位和数万兵勇，征讨匪寇，定能旗开得胜。”

众将领“唰”的一声站了起来，挺胸抬头，铿锵地回答：“坚决听令！”

“各路统领回去后，整顿人马，到时列阵点兵，出征新疆！”

众将领遂辞别大帅，后营领取各部的炮火、军械、粮草、账表后，回各自营地组织人员，准备出征事务。

为确保关外各军听从刘锦棠调遣，左宗棠又将盖有钦差大臣关防的绝密公函由驿站次第递进关外各防军大营。公函通报了老湘军出关的确切日期，然后才道："自古兵事本无遥制之理，关外各军缓急之宜，分合之用，均由总统刘锦棠到后相机酌之。有不遵调度、妄自尊大、贻误军情者，无论官居何品，本爵阁部堂一旦预闻，定当严参不贷！"

当晚，左宗棠宿于老湘营，刘锦棠陪伴在他身旁。

"毅斋呀，想听听你对西征出兵有何想法？"

刘锦棠说："卑职抵达肃州时，派出了一支由一百多名匠人组成的先遣队伍，疏浚哈密戈壁沿途的水源，确保西征大军穿越戈壁时有水喝。今天大帅来了，卑职一切听从大帅调遣，冲锋陷阵，万死不辞。大帅指到那里，我就打到哪里，绝不退缩。"

左宗棠听后，赞扬刘锦棠说："毅斋，你做了一件关乎西征胜败的大事，我将士穿越一千多里的哈密戈壁，水就是大军的命呀！"

刘锦棠的案桌上摆放着一幅手绘的新疆地图，地图绘的是新疆大山河流和州府县界，都标有名字，图下边还有注明与图比例相关的实地距离，图虽画得不太精细，但大致概貌却全。他指着地图对左宗棠说："大人，新疆之战，根据各方面的探报，敌我双方的情况为：逆贼阿古柏踞南疆，严守吐鲁番、达坂、托克逊，而以叛国逆匪白彦虎等部防守迪化。阿古柏、白彦虎等长期尽情搜刮民财，积储丰盈，无军食匮乏之虑，以逸待劳。这伙匪徒横暴极甚，践踏各族民众，民众敢怒而不敢言，天怒人怨，群情不服，日夜盼望国家大军西进解其困苦……浩罕汗国已为俄国灭亡，阿古柏败无所归，其必拼死力战，做垂死挣扎，尤其所部洋枪、洋炮极多，有相当战斗力，连俄国都说此贼难制，不能掉以轻心……"

左宗棠说道：“本帅已料到了这一点，已经差人从广东运来德国后膛进子的螺丝炮四十尊，上海运来的十尊田鸡高射炮，其射程较远，炮弹自空而下，以打马队成团者最妙，可惜只有三百颗炮弹，本帅已命赖长在兰州制造局仿造炮弹，成功后即给你送来。另外兰州制造局仿造、改进、研制出来的后进炮弹螺丝大炮和参照中西之法生产出来的数百尊新型劈山炮、重山炮，还有无杆抬枪数百杆，后膛七响枪等，出发前都分配给各部，不愁打不下敌阵。”

左宗棠这么一说，刘锦棠大喜过望，说：“大人真是今世诸葛，料事如神呀！”

这时，亲兵在外喊道：“大人，您一路劳顿，时间不早了，还是早点休息吧！”

“好！”左宗棠一面回答亲兵的提醒，一面对刘锦棠说：“毅斋，入疆后先定北疆，稳住阵脚，再图南疆。‘缓进速战’四字是我为你定下的战略方针，这一条千万不能忘了。”左宗棠加重说道：“欲定北疆，我得告诉你应注意的几件事，一旦你率部出去，第一件是注意团结金顺，发动进攻前应先去吉木萨与金顺会商进攻部署，‘师克在和不在众’，金顺心性和平，失之宽缓，但能带队临阵，尚能奋勉，以通筹全局而言，金顺既居前敌，又为固守，方稳后路。其二是徐学功、孔才所部皆本地团练，长期与阿古柏匪帮对垒，在战役中要动用这股力量；迪化领队大臣锡纶，熟悉边疆情况，人亦能征惯战，可请锡纶派出马队，与金顺的战马营合成千余骑兵队，再挑其他步兵两营与其驻扎一路，封锁迪化西线，防止敌人从阜康以西向北窜扰蒙地，对迪化形成合围之势。其三是攻城夺池应从要害入手，古牧地屏蔽迪化城东南三里的红庙子，进攻迪化必先攻占古牧地，然后直下迪化。其四是进攻迪化时，多路匪寇可能前来增援，阿古柏可能从南疆抽兵前来助战，必须派人前去阻击，准备痛打几个恶仗。”

“大帅的叮嘱，卑职一定牢记。”

“好，明天你就点将发兵，老夫只为你坐帐旁观，一切都看你的了。”左宗棠说完，在亲兵的服侍下就寝去了。

第二天，前线总指挥刘锦棠升帐，发出了第一道命令：“传令，提督萧元亨、桂锡桢，参将董福祥率‘董字三营’与禹得彦、马永福率旌善五营为先锋，即日出发，抵达古城安营扎寨，做好后续部队的接待准备。记名提督汉中镇总兵谭上连为第二队，记名提督宁夏镇总兵谭拔萃、记名提督陕安镇总兵余虎恩为第三队，总兵徐万福、中军副将尚北嘉部为第四队，依次隔日出发；本总统为第五队，择日祭旗出发。各队到达古城，互成犄角，切勿轻易出战，待本统领到达后再行定决。”

众将齐声答道：“遵命！”各自领命退出营帐。刘锦棠留下几位先锋官，带感激的望着他们说：“各位兄长，这西北路上行军肯定艰难，其他各军都不熟悉这里，如果不是你们做先锋，我想这一路真有折腾的了。在这里，我拜托各位，请你们为后续部队打好前站。”

董福祥说：“少统领见笑了，我们这些地头虫都不肯带路，那么谁可上前征战啊！”他转头向禹、马两人问道：“你们说是不是？”

两人回答说：“董将军说得对，我等定听从少统领的调遣。”

西征各路大军，像江河之流，奔涌而出，直奔新疆。

刘锦棠亲率老湘军殿后，出发前，他禀告左宗棠：“大帅，卑职有一事相请，大帅能否在老湘军出征时，给众兵勇训话，以激士气。”

左宗棠笑道：“毅斋提请极是，本督答应你作战前动员，看望将勇，与大家谈谈心。”

光绪二年（1876 年）四月初三，老湘军出发的黄道吉日。

四月的肃州，虽然没有一丝春的气息，但天气已经转暖。东边的地平线上跃起一轮巨大的红日，正缓缓地将一片辉煌罩向大地，等整个肃州被初春的阳光洒满的时候，三声炮响，似春雷滚过，肃州城便沸腾起来了。

“老湘军”十七营步营、八营马队和知府罗长佑率领的九营步营，共两万多将勇浩浩荡荡地开进城南演兵场。顿时，战马嘶鸣，刀枪晃动，寂静的演兵场沸腾了。将士着一色军服，全是蓝色、白边，前后白月亮，前边绣着一个“湘”字，后边绣着一个“军”字。看年岁都在二十至三十岁之间，个个年轻力壮，每个兵勇身背一支来复枪和一件冷兵器，让他们更显得精神抖擞。特别是各营营官直辖两队炮队，一尊尊现代化的后膛开花大炮、开花铜炮、劈山炮和拉炮的战马都挂上了红缎。

帅旗在高高地飘扬，西征大军最后出关的老湘军，集结列阵演兵场上，等待祭旗出征。

左宗棠、刘锦棠和一帮将领、幕僚，从演兵场一角，步入演兵场。

左宗棠不食言，在刘锦棠的陪同下挨营检阅老湘军将勇。炮营前两个熟悉的面孔出现在眼前，他一眼就认出：着营官服的人叫王冕成，着哨长服的叫陈虎，在江西战场时他俩一个是哨长，一个是什长，如今分别成了营官和哨总。

左宗棠上前说道：“你是王冕成，你叫陈虎，对吗？”

王、陈两人回答说：“大帅，还认得我们这些小卒。”

左宗棠沉默一会，说：“打景德镇那年，我用空城计退了李秀成，幸亏老九（曾国荃）带领吉字营及时赶到，第一个进城的就是你王冕成，陈虎拖着一尊大炮随后。当李秀成反扑重新攻城时，陈虎一炮正中李的帅旗，李秀成吓得跑了，要不是你们，我就得做李秀成的俘虏了。”

王冕成惊奇地说：“大帅，您老的记忆真好啊！”

左宗棠看到立在重山炮旁的陈虎：“陈虎，你还在干炮手老本行？”

陈虎回答说：“这重山炮原来要一哨勇丁操作，如今一哨勇丁可操作两门炮了，这次西征我们一定打出炮兵的威风来。”

左宗棠温和地问陈虎：“景德镇一仗结束的时候，我还记得你说过要回家娶妻完婚。”

陈虎回答说：“从景德镇回去后，俺就成婚了，还有了两个儿子。”

“你俩这次来得好啊！不然，本帅怕是见不到你们了！”

王冕成说：“大帅，收复新疆后，我俩接您到我们湘乡老家去走一走。”

左宗棠爽直地回答说：“收复新疆后，只要我还活着就一定到你们湘乡老家去看看。”

演兵场这种阵势，肃州城百姓从未见过，纷纷前来观看。无奈，所有空坪隙地都叫上阵的兵勇挤了个满，百姓根本插不上去，此地又是戈壁滩，无可垫脚之处，便有人带头冲向一二里外的一座秃山，百姓呼啦一下，将向着大营的这边山坡挤了个满。

祭台上边摆一方桌，桌上置一巨炉，插满了线香。祭台两旁站立着肃州知府和近处几县的县令，他们都是赶来为西征大军送行。

左宗棠健步登上祭台，环视老湘军军阵，他们一律按编制序列排定，前面营以上的军官，穿着朝廷所授的官衔品级蟒服，前后缀着补子。这些军官，无论授文职还是武职，品级都不太高，大部分在七品以下，黑底子上五彩金线绣的多为鹌鹑、练雀、犀牛、海马等，伞形红缨帽上戴的是起花或镂花金顶，插的是用鹖尾制的蓝翎。兵勇也穿戴着一色簇新的衣帽，加上胸前耀眼的刺绣“勇”字和闪光的顶戴，在春日的阳光下花团锦簇，美不胜收。左宗棠见老湘军人马排列整齐，场面雄武，兵勇个个英武精神，士气旺盛，便不断地点着头，心里非常高兴，表情十分庄重。

刘锦棠和一二品顶戴的大员，随左宗棠登上祭台。肃州的庶民百姓，哪里瞧见过这么多大官，见过这种场面啊！今天，让他们看得目瞪口呆。

祭台上作了一些简单布置。台前方摆一张长桌，用一块白布罩着，左宗棠站在长桌后面。刘锦棠走到长桌前，挥了一下手。鼓乐停住，传令官挥动令旗，传出旗语，各路营官跑到刘锦棠面前禀报实到人数、缺席人数及原因。当各营官禀报完毕后，刘锦棠清了清喉咙，大声说："弟兄们！"演武坪上两万多湘军一律腰板挺直，唰的一声，脚跟靠拢。

刘锦棠继续说道："弟兄们，我军即将出征，大帅亲自为我们壮行，下面请大帅训话。"

左宗棠站到桌前，清了清嗓子，举双手挥了挥，然后提高嗓门，底气很足地喊道："各位将士，阿古柏夺我河山，英俄两国助纣为虐，老夫已向国人夸下海口，不收复新疆这块祖宗基业，我死不瞑目。本督奉朝廷之命，今统帅各军，兵集肃州，出关征讨匪寇，规复国土，乃我等荣耀，新疆百姓之福。承蒙朝廷信任，予授数万大军西征大任，我等将不负圣望，奋勇出击，赴汤蹈火，万死不辞。各位对迎战劲敌，规复疆土，有没有信心？"

"有！"

此声如惊雷，炸响肃州大地，传彻数里。

左宗棠很满意："好！有此信心，以此气势，定震破敌胆，击退匪寇，完成西征之大任，扬我国威！"

左宗棠热血沸腾，激动地挥着手说：“尔等今日出关迎敌，为国出力，杀败匪寇，收我疆土，卫我领土，建功西北，立碑西域！”

众将勇高呼：“建功西北，立碑西域！”

一连呼喊，一声胜过一声，群情激昂，士气高涨。

接着，传令官大声喊道：“老湘军出征祭旗仪式开始！”

左宗棠捏住三柱旺香，拜了三拜，插进香炉。

一队兵勇列队抱着酒坛，端着粗瓷大碗，依次走到各位将领面前，将酒倒进碗中，双手递给各路将领。

一名戈什哈端着满满一碗酒，捧给左宗棠。

左宗棠接过酒碗，对全体老湘军将领说：“各位，此次出征，路途遥远，战役艰险，本帅今日列阵点兵，就是要告诉大家，朝廷已令老湘军少统领刘锦棠统帅入疆各路人马。今天，我代毅斋敬大家这碗薄酒，为各位壮行，请喝了这碗酒，各位出关将领，都要听从毅斋的指挥。老夫替皇上、皇太后，替全体新疆百姓请求你们扫清敌寇！”左宗棠此时的胡须上已挂满了泪珠，眼里的泪水还在不停地往下流，哽咽地说：“老夫盼你们早日功成！你们凯旋之日，老夫还在这里摆酒，为你们庆功！”

左宗棠说完，带头一饮而尽，将酒碗摔碎在地。

下面一片瓷器的碎裂声过后，左宗棠大声说道：“出发！”

刘锦棠随即跨上战马，拔出腰刀指引前方，三声炮响，西征军从肃州出发了，一路西行，浩浩荡荡。这是一条官道，车辚辚，马萧萧，汉唐以来，多少人在这里长途跋涉，远赴绝域，开辟了今天的疆域，祖宗遗业，岂能在我们这代人手中丢掉?

令人奇怪的是：每个人除了携带干粮水壶和兵刃衣服外，还背着几十斤生红薯，途中不论是饿了还是渴了，都是啃几口生红薯充饥或解渴。

“赶大营”百艺进疆

西进大军出了肃州，浩浩荡荡向嘉峪关开进。

刘锦棠和罗长佑并骑行走在队伍的最前面，他们目睹沿途村堡，悉成瓦砾，地亩荒废，其遗力能自耕者，不过十之一二，余俱流离颠沛。从肃州至嘉峪关，这片原在丝绸路上有膏腴之称的地区，兵祸连结，如今已是疮痍满目。

几天后的中午，茫茫戈壁中有了一些土包，兵勇们有了兴趣，尽管土包上不见一棵树木，也不见有草，但毕竟不像戈壁滩看上去那么呆板，似乎有了些劲。山包的沟谷里，不时能看到前面队伍走过的痕迹，马粪和人踩踏过的地方，兵勇们看了，有种亲近感，队伍里有了丝丝生气。

刘锦棠派人前去打探，到什么地方了。

派出的探马过了好长时间，才回来报称，前面十里处便是嘉峪关。

刘锦棠听后，大声说道：“前面就是古长城了，一过长城，就算出关了，大家快点走，到嘉峪关去看长城。”

嘉峪关是一处挺立在大漠戈壁中古老的关防要隘，位于河西走廊的西端，东接肃州，西通敦煌，南靠祁连山，北临大戈壁，在古代属于边塞要地，有丝路咽喉、西域重镇之称，在中国历史上有着重要的历史地位。随着风沙的剥蚀，古老的长城逐渐倒塌毁坏，留下断断续续的残垣断壁在戈壁滩上，只有这座关楼依然完好的保存下来，在蓝色的天幕下，孤零零的矗立在祁连山脚。

刘锦棠和将领们站在嘉峪关城楼上，古城墙经千百年风吹日晒，已经风化得不见影子了。当年厮杀征战的铁骑、南来北往的商旅，都随着岁月流逝远去了，只留下这么一座孤零零的城楼，像个苍老的战士，聆听着远去的鼓角和战马的嘶鸣，刘锦棠随即吟道：

大军西征在边关，湖湘子弟无惧艰。

锦绣山河看不尽，不复新疆誓不还！

众人齐声说道：“好诗！好诗！”

刘锦棠对罗长佑说：“古人说，‘过了嘉峪关，两眼泪不干’，‘一川石头大如斗，风吹石乱满地走，’干脆今夜就宿嘉峪关，今天先不流泪了，明日开始两眼泪不干吧。”

“镇嵩，你差人快马去前面寻找水源，选择宿营地，今夜就宿嘉峪关了。”刘锦棠吩咐道。

董福祥这位先锋官，真没辜负刘锦棠的期望，他沿途留下的柴草、军灶，给后续部队解决了不少困难。太阳西斜，一行人马到了宿营地，却不见长城的影子，四处是一个挨着一个的土山包。军令已下，就地休息，安营扎寨，埋锅造饭。

来自江南的老湘军将士，到了祖国大西北，本来水土不服，连续几天在这茫茫的戈壁中行军，已是筋疲力尽，一听到宿营的命令，大家巴不得休息一晚。

刘锦棠进了大帐还没坐稳，戈什哈端上一碗香喷喷的粉条，说：“少统领，您先吃晚餐吧。”

平日宿营，没有一个时辰饭做不好，刘锦棠大惑不解，他问道：“今日晚餐为啥这么快？”

戈什哈回答说：“少统领自出肃州以来就没改善过伙食，今天我给您买了一碗山西平遥牛肉粉条，就当给您打牙祭吧！”

“哪来的？”

“从‘赶大营’的商人那里买的？”

“什么‘赶大营’？”刘锦棠还没听说过。

戈什哈回答："有一些商人，知道西征大军路途遥远，军需供应困难，于是他们就备置了一些日用杂货和常用成药，有的用骆驼或骡驼，有的用马车载，大多数用担子挑着，他们早到了嘉峪关，准备跟在我军后面，一边前进，一边售货，他们自称为'赶大营'。"

刘锦棠心想，这倒是一件好事，便令戈什哈邀上罗长佑等几人，一同出营去看个究竟。

一行人出了军营，不远处那原是寂静的戈壁，如今钉了些木桩，拉着几根大绳，大绳上拴着些牛、驴、骡、马、骆驼，还有一大片货摊。就像赶大集一样，只听得买卖声，吆喝声，营中将士与他们的讨价还价声，连成一片。

刘锦棠走近一货郎担，问道："你这有什么好东西卖哪？"

商人一见这顾客，就知此人非等闲之辈，身后跟着一大群随从，他非常礼貌地答复："长官，我是做杂货生意的，物品有毛巾，布袜、腿带、针线、茶、烟、糖、辣椒等南杂百货几十种，你想要啥？"刘锦棠一听这商人的口音，就问道："你是徽州人？"

商人回答："长官，我确是徽州人。"

"你们这些生意人都来自哪里？"

"全国各地都有，但主要是天津杨柳青的人。"

"你们怎么跑到这里来了？"

"大军西征的消息无人不知，无人不晓，新疆地处边塞，收复后一定大有商机。"

"你们能肯定西征一定取胜吗？"

"当然能胜！"

"你们凭啥断定西征一定会成功呢？"

"这次出征挂帅的是左宗棠，带队的是刘锦棠，没有他俩打不赢的仗。”

“你们这么多人跟在大军后面，有为头的吗？”

“这个大营最早是渤海湾天津杨柳青人发起的，故称津帮大营，首倡者叫安文忠，我们都叫他安大营长。”

商人滔滔不绝地向众人说起这个颇具传奇色彩的人物：安文忠，字荩臣，咸丰二年（1852 年）出生在一个船工家中，兄弟四人，他是长子。因为生活所迫，安文忠年仅十四岁就随父亲当了船工，后来只身到陕西拉短纤。同治七年（1868 年），左宗棠在汉中征用大船，召雇船工，当地人没有几个愿意应召的，安文忠听说工钱高，欣然应募。在随军的过程中，他渐渐意识到，一路上无论走到哪里各种日用商品都很匮乏，如果跟随部队做生意，肯定能赚大钱。于是安文忠辞去船工，买了一副筐篓，购置了小件日用品，跟着部队做起了生意。这时，战事激烈，做买卖担着很大的风险，饥寒交迫和病痛都是家常便饭。有时候走上十几个村庄都看不见一个人。有一次，安文忠和两个伙伴担着货物赶路，一路上横七竖八尽是尸体。深夜，大家实在走不动了，只好在冷风中随便找了个地方歇脚。刚坐下来，便见不远处有片亮汪汪的地方，渴极了的人以为是水，都去喝了几口，累过头的人们没有一个人发现这“水”有什么不对劲的。一觉醒来，就着蒙蒙亮的天色才发现，他们夜里喝的竟然是一洼血水。就是在这样的境地下，三年工夫，安文忠吃尽了苦头，他几乎是用生命赚到了三百两银子。同治十年（1871 年），安文忠风风光光地回到了杨柳青。一时间他成了家喻户晓的人物，谁都知道，安文忠挣到了“大钱”。同治十二年（1873 年），安文忠与人合伙贩粮食，由于在海上遇到风浪船翻货损，赔光了本钱。屋漏偏遭连夜雨，一场洪水袭来，成千上万的天津人陷入灾难之中。被贫苦生活逼上绝路的杨柳青人，为寻活计，跟着安文忠挑起货郎担直奔西北，湘军转战到哪，他们就跟到哪。一路上不少汉人、满人、回族人、蒙古人都加入进来，慢慢地组成了一支浩浩荡荡的队伍，后来者都尊安文忠为大哥，听他号令行事。沿途虽是小本小卖，但也有赚头。进入陕甘后，老湘军取了西宁、肃州，而且还要继续西进收复新疆，晋商、徽商中一些有资本的人看到了商机，大营中就出现了骆驼驮货，马车载货的大佬，也有一些种田、种菜和怀有一技之长的手艺人都想随军进疆。河北人吴七爷他用独轮小车，推着妻子，沿途靠给人帮工，挣些银子作为盘缠，且干且行，维持路途开支，一双脚板一路西行，追赶大营队伍，准备入疆种菜。

商人的话，让刘锦棠陷入了沉思。

一旁的谭兴宗悄悄地对刘锦棠说："毅斋，我们到他们的营地看看如何？"

"好吧！"刘锦棠说着，带着一班人进了杨柳青大营。

用"热闹非凡"这个词儿形容杨柳青大营一点儿也不算夸张。里面多数是男人，难见女人，但穿着各种各样的民族衣裳，拿着各种各样的东西也让人眼花缭乱。由于来自天南海北，大都操着半生不熟的汉语，从中掺和一些地方土话，这种南腔北调让人回味，一些不会汉语的人，干脆用手势交流。

随同刘锦棠进营的谭邦瑚，在马车商队前停了下来，好几驾马车上载着十几条鼓囊囊的大麻袋。谭邦瑚嗅觉非常敏感，一种中草药的特殊味扑鼻而来，他用手在几条麻袋上摸了一摸，肯定是中草药无疑。他上前询问赶车人："老板，你贵姓？"

"免贵，姓李，小的陕西省华阴县人，乃陕甘帮药号一个小老板。"

"李老板，你是做药材生意，车上载的啥啊？"

李老板回答说："白芷、紫苏、茯苓、藿香、白术、陈皮、厚朴、金银花、大腹皮、半夏曲、苦桔梗。”

“还有哪些药？”

李老板指着另一驾装载布袋的马车说：“那些袋子里是紫草、血竭、乳香、没药、川连、儿茶、龙骨、归身、方八、生大黄、川黄柏、紫花地丁。”

“李老板，你怎么想到药材赶大营？”

“长官，我略懂一些医药原理。这新疆与内地大不同，内地入疆者，一到夏秋，最易出现恶寒发热，头痛，胸膈满闷，脘腹疼痛，恶心呕吐，肠鸣泄泻，舌苔白腻，以及山岚瘴疟等疾病。大军入疆，战场上免不了刀枪伤身，金疮出血、创面不收，我的这些药都用得上。”

“怎么没有甘草呢？”

“长官，甘草新疆就有出产，到哪里都有啊。”

谭邦瑚心中大骇，自己是一个随军医师，虽然命人带了一些常用之药，但没有眼前这个药商想得远。他对刘锦棠说：“毅斋，这些药连同马车我们都买了吧，全是用得上的急需药材呀！”

刘锦棠略为思索后，问道：“这些药有啥用？”

谭邦瑚回答说：“麻袋里之药主治外感风寒，解表化湿，内伤湿滞等症，布袋中之药，可以凉血解毒，活血止痛，止血生肌。”

“既然这样重要，你就买下吧。”

谭邦瑚与商人一番讨价还价，还真把这些药连同马车全都买了下来。他叮嘱李老板再去贩一些药材来疆。

李老板药材出手后，迅速将自家在陕甘各地商号的药材集中，再次赶大营，当他到达迪化城时，正遇上西征军中痢疾扩散，其药材真成了“及时雨”。

一行人出了杨柳青大营，大营总管谭兴宗由衷地用一句话做了总结："真是大军西征，百艺进疆！"

刘锦棠终于从沉思中醒悟过来，他对谭兴宗说："快把安文忠找来，我有话问他。"

一会，安文忠来了。当他得知湘军的最高长官找他，还真有点惊慌，不知犯了啥事。

刘锦棠和蔼地问道："安大营长，本统领问你几件事，你要诚实说来。"接着，刘锦棠向他问起津帮大营人员构成、货物来源等详细情况。最后，他对安文忠说："津帮跟随大军进疆，本统领表示欢迎，但你要协助军队对随营经商的商人都要登记在册，严防奸细趁机混入；行军途中和进疆后不许探听军情，不许贩卖鸦片，不许聚赌窝娼。这几条必须做到，一是确保商人信誉，二是确保我军安全。"

安文忠回答说道："小民一定遵照军令行事。"

刘锦棠这一举措，无形之中，招募了大批建设新疆的人才，架设了一座内地连接新疆的桥梁。

这一批批饱受灾难的杨柳青人没有想到，此举居然在古今中外的商贸史上留下了浓墨重彩的华章。这些赶大营的人因经常追随部队不断迁移，他们出生入死，为部队提供了坚强可靠的后勤支援，为收复祖国西北边疆立下了赫赫功勋。很多人甚至为此英勇捐躯，无名忠骨葬于异乡。

魔鬼城松山显灵

出了嘉峪关，真让人出塞生畏。脚下，是太阳炙烤下的茫茫戈壁、沙漠成了无边无际的瀚海。暑天，烈日似火，戈壁大漠就像硕大的蒸笼；风天，白沙漫宇，莽野顿成混沌一片。有人干死于沙漠、旅客驼队渴死于沙漠的故事，给这些来自南方的军人带来了干燥、恐怖和死亡的阴影。有人说，戈壁中有巨怪，专食人畜，听到马步声后，会刮起飓风，鬼怪乘机出来吃人。传言，使得人心惶惶。

兵勇们正说着，突然一片乌云低垂，“哇——哇——”的粗劣嘶哑声，使人感到凄凉又厌烦。抬头一看，“天啊！”头顶全是乌鸦，朗朗天空一片乌黑。

面对这突如其来的成群乌鸦，行进的队伍顿时出现了骚动，有人说：“乌鸦头上过，无灾必有祸。”

有人接腔：“老鸦叫，祸事到。”

乌鸦的叫声就让大家胆寒，更有不祥的征兆接连发生。乌鸦当头屙屎，落到将士们的头上，谁也不想遇上这倒霉的事，有人朝天鸣枪，企图驱散这群凶鸟。枪声过后，虽有乌鸦落地，但适得其反，乌鸦不仅不散，反而越聚越多。原因何在？其实很易解释，因为西北荒原乌鸦难以觅食，而大军一路上的大量的食物碎屑吸引着它们而已。

在国人心目中，乌鸦是报凶信的使者，遇之不祥。如果当头鸣叫，更是灾祸发生的预兆。队伍中有人将乌鸦报凶的说法联想到西征，此去新疆凶多吉少，畏战情绪在军中迅速蔓延。

除了乌鸦这种凶鸟突然来临外，前方景象慢慢诡异起来。青黑色的戈壁滩上平地崛起一座用黄土筑成的“古城池”，巍峨高耸，富丽庄严。城墙垛口站立着威武的武士，射孔伸出一杆杆枪来。

走在前面的营官，惊慌地命令兵勇，立即做好了投入战斗的准备。双方对峙一阵子后，敌人丝毫没有要交火的动作。营官心中着实奇怪，派出侦察兵前去探查。

一会，侦察兵回来报告说，前面那座辉煌的城堡，不过是巨大的怪石一块，旁边尽是像坟墓一样的秃山包，其他什么也没有。

由于这一折腾，耽误了好长一段行军时间，不知不觉到了日落时分，还没有找到先锋部队留下的宿营地址。

营官见到这么多的山包，令亲兵前去报告少统领，请求就地宿营。

刘锦棠立马赶过来，一瞧这地形，倒是宿营的好地方。罗长佑策马巡视这处奇怪之地，只见前面竖着一块木牌，上面写着“魔鬼城不宜宿营”的警告。一看就知是前锋董福祥留下的。罗长佑立即告诉刘锦棠，一些在场的官兵说：“哪有什么魔鬼，我们偏不信邪，就在这里住一晚。”

刘锦棠也觉得天色已晚，亦同意大家的意见，下达了就地宿营的命令。

夜幕完全降临，白天晴朗的天空，骤然浓云密布，又无月色，大风骤然而起。魔鬼城顿时就成了令人胆寒之地。凄厉的“鬼哭狼嚎”，鹰隼展翅，犬吠鸡啼；或像男人高吼，猛士高歌，狂士悲吟；或似女人尖叫，痴男怨女在低声哭泣，裙裾索索；忽而婴儿破啼，随即死寂片刻；各种声音开始次第出现。风越来越大，越刮越猛，置身其中的兵勇只感觉犹如亿万鬼魅闯入了人间，尖声响彻苍穹。吓得一个个蜷缩在帐篷中。很快，更宏大的声响泛起来，江河的奔涌，大海的涛声，天上的惊雷轰然而出，令人寒毛直立。

忽闻营地喊声大震，派人出帐视之，绝无动静。回到营帐，西南方喊声又起。罗长佑和谭邦琥、谭邦人、谭邦造、王冕成一班营官全装惯带，出帐往西南巡哨。前至一山，只见杀气四面突起，愁云布合，雾锁山头。众人转过山坡，忽然狂风大作，背后数千骑突出，随风杀来。众人大惊，引兵勇纵马而走，坠马者，不计其数。忽听得半空一声怒吼：“本统领刘松山在此，众人切勿惊慌！”这一吼声，让惊慌的人群顿时稳定下来。众人正惊疑不定，空中又传来吼声："老湘军开拔新疆，何方妖孽，在此捣乱，还不快快退去！"

狂风顿息，愁云四散。接着清风习习，细雨纷纷。一阵过后，天色晴朗，星月当空。湘军个个大喜，朝天拜谢老统领。众人拜毕，不知夜宿何处的乌鸦，扑腾腾地展开翅膀，围绕着大营盘旋。

将士们惊喜不已，有人说："原来这些乌鸦是老统领派来给我们护身的啊！"

第二天，振奋人心的消息在西征军中传开：老统领知道少统领率兵出关杀敌，他老人家的英灵早到了新疆，为我们出关打先锋！

那些怀有畏战情绪或思半途而废的兵勇，也一个个精神振作，立誓跟随少统领为收复新疆而战。

左宗棠得知刘松山显灵护佑大军的消息后，行文各路大军说："忠壮殁后，遇有大战，必先示梦其部曲。忠义之灵，固常在也。"令各军立一白旗，宰牛羊，备祭礼，祭奠刘松山。

第六章

首战北疆

阿古柏层层设防

西征军出关的消息，很快传到了自称浩罕汗国（洪福汗国）汗王的阿古柏耳中。这个入侵者在喀什噶尔王宫中坐不住了，率一万多浩罕（安集延）人马匆忙赶到库尔勒行宫。

库尔勒的行宫中，阿古柏坐在上首虎皮大椅上，下面站着他的宰相金相印、次子海古拉（哈克库里）、大哈通（大总管）艾伊德尔呼里、妥得磷、白彦虎、马人得、马明等。

阿古柏这班所谓文武大臣中，他并不看重白彦虎和马人得。白彦虎在同治十二年（1873 年）七八月间经肃州、敦煌窜至哈密，又从哈密跑到吐鲁番投降了阿古柏，以后又窜扰玛纳斯，驻军迪化。马人得原是“清真王”妥得磷（妥明）同党马仲之子。同治九年（1870 年）秋天前，马仲、马人得父子替“清真王”妥明守达坂和吐鲁番。当阿古柏进攻达坂和吐鲁番时，马氏父子投降了阿古柏，并带领军队迅速进攻“清真王”驻地迪化。阿訇妥得磷（妥明），自同治三年（1864 年）五月迪化起义，多次击溃清军，占领了东至哈密、西到精河（晶河）的北疆广大地区，妥得磷自称“清真王”。阿古柏进犯北疆，马氏父子投降阿古柏后，妥得磷还进行了顽强抗击，至同治十一年（1872 年）失败，妥得磷也投降阿古柏。马仲被阿古柏任命为阿奇木伯克，驻守迪化，同时管理古牧地、昌吉、呼图壁和玛纳斯。后来，马仲为民团徐学功部所杀，马人得继位阿奇木伯克。这些人控制了北疆迪化、古牧地、玛纳斯等大部分地域。

阿古柏这个被后人称为“中亚屠夫”的家伙相貌却一点都不显得凶恶，反而一副油头粉面的样子，或许是他当年做过男扮女装舞童的缘故。他神情严肃地对下面的人说：“你们都是本王的左膀右臂，左宗棠要刘锦棠领军前来收拾我们，想你们都知道了。本王召集大家就是要商讨一个万全之策，将这帮清狗打回去。”

金相印忙上前道：“请大汗放心，我洪福汗国兵多将广，粮草充足，而且是以逸待劳，他刘锦棠即使有三头六臂，也奈何不了我们。”

大哈通艾伊德尔呼里瞧了瞧几个投降过来的人，阴阳怪气地说道：“白将军和马将军都是久经沙场的老将，用兵如神，还怕他刘锦棠这个后生仔？”

白彦虎自知大哈通这些带刺的话是在嘲笑自己，但他不得不忍着，谁叫自己是寄人篱下？他上前说道：“启禀大汗，末将与刘锦棠曾多次交手，此人用兵诡计多端，变化无常，大汗万万不可掉以轻心。”

阿古柏觉得白彦虎的话有些不顺耳，他心底在想，这次来征讨他的湘军和他以前攻占新疆时候的清军没有两样，还是幻想着湘军再厉害也不过和白彦虎差不多，你白彦虎不是也投降了我吗？虽然左宗棠的大名在外，但是他本人不能来新疆，一个三十来岁的刘锦棠做统帅，看来清政府是没有人了。想到这，他轻蔑地对白彦虎说：“白将军，这是在新疆，不是你陕甘的董志原，本汗王的手下也不是你的十八大元帅。”

阿古柏的一番话，让白彦虎直冒冷汗，大汗如此狂妄，看来这洪福汗国也不是自己的久留之地了。但他又一时语塞，不知怎样来回答阿古柏，只得红着脸退到原位。

马人得本来就是一个怕死的家伙，见白彦虎讨了个没趣，他见风使舵地对阿古柏说："卑职一切听从大汗调遣！"

行宫内的大汗和大臣，各怀心思商讨对策。宫外门哨来报："大汗，骑王阿孜木库尔率骑兵在城外求见。"

所谓骑王，就是骑手中的佼佼者。

阿古柏大喜，说道："传阿孜木库尔。"

一会，阿孜木库尔及四个胖色提（五百人长，汉语营官）进了所谓行宫，拜见大汗。

白彦虎、马人得以前只听说过阿古柏手下有一个骑王，可没有见过这个人，今天一见，果不一般。此人生得高大威壮，宽大的额头，五官粗犷强悍，眼睛充血，目光狂乱，一副磐石模样。两旁的四个胖色提一个个脸色煞白，都是一副凶神恶煞的模样。

白彦虎心想，这几个呆头呆脑的家伙，只怕是几根木头罢了吧？

阿古柏一见这几个手下，顿时喜形于色，他向白彦虎、马人得洋洋得意地说："骑王到了，这胜仗就是我们的了！"

"我们都听大汗调遣！"宫中的人随声附和道。

阿古柏的这场军事会议，白彦虎本想谈些建议，但阿古柏不认他的账，一人唱起了独角戏。自命不凡的阿古柏，向手下下达了所谓设防命令：令白彦虎从迪化移营古牧地为第一道防线；马人得进驻迪化、乌垣、红庙子，组成第二道防线；两道防线均由宰相金相印指挥；阿孜木库尔带领六百名有着很好坐骑和装备的骑手及四个胖色提的部队，随同本汗坐镇托克逊，为第三道防线。

阿古柏部署后，恶狠狠地对手下人说，失了阵地者，一律杀头。

众人拱手答道："遵令！"

阿古柏现在还不知道，他这么大意已经一步一步地走向灭亡。

刘锦棠“暗度陈仓”

仲春，老湘军从肃州出发。仲夏来临，前方地平线上终于出现了一面猎猎招展的军旗。

前锋向刘锦棠报告，前面就是哈密。

刘锦棠大喜，他知道张曜率嵩武军十六营驻守哈密，严防吐鲁番方面敌军和白彦虎等部窜犯哈密，进而窜犯甘肃，动摇西征军的后方。

张曜也从哨探的报告中得知，老湘军已抵达哈密城外，于是，亲率大军出城迎接。

张曜一见刘锦棠，立刻下马，说：“刘老弟，大哥等了你三年啦，你今天终于来了，左大帅已发来公函，老兄一定听你的指挥。”

刘锦棠谦虚地说：“张兄，小弟此次奉命西征，虽说总理西征营务，但小弟无论是资历和才干都不如你啊，今后望你多多提醒指教。”

一阵客嘘，两人上马，并骑前行。张曜指着大道两旁摆放着无数的西瓜、哈密瓜说：“老弟，我在这里戍边屯垦三年了，积的粮也够你吃上几个月，目前正是瓜果大收获之时，让你们老湘军的兄弟吃个够吧。”

刘锦棠大声下令：“兄弟们，这些瓜都是张将军慰问大家的，你们吃吧！”

众将士一听，纷纷上前，捧的捧西瓜，拿的拿哈密瓜，一阵欢呼，自出关以来，大家还没有尝过瓜果的鲜呢。今天，见了这么多瓜怎么不高兴呢？

哈密城内已被嵩武军住满，老湘军扎于城外。

当晚，刘锦棠和张曜就西征进兵路线和有关事宜，详细进行了一番讨论。刘锦棠根据左宗棠出关时的交代，他对张曜说，左帅令老兄驻守哈密，中转粮草，老兄就是西征大军的靠山啊，失了哈密，西征就有可能半途而废。

张曜说："老弟，你放心，我根据左帅的指示，集中主力驻扎在据点要隘处，已深沟固垒；为对付敌骑，所掘梅花形陷马坑，错落布置。提督徐占彪率五营，扼扎木垒河迤西的奇台、古城一带，保护粮道，兼防白彦虎部回窜哈密、甘肃。

两人谈着军事，刘锦棠又想到一个问题，他问张曜："我们收复新疆除了保卫大清江山外，还要干啥？"

张曜被刘锦棠这么突然一问，不知是啥意思，一下子还答不上来，他反问道："你说呢？"

刘锦棠说："老湘军出关时，后面跟着一群'赶大营'的铁汉子，他们中有商人、农民，还有手艺人，这些人经过艰苦卓绝的磨炼，见识广、素质高，以创业、敬业的实干精神著称。他们跟着我军出发，就是想在我们收复新疆后，留在新疆创业。"

张曜赞叹地说："这些人真不简单，把他们吸收到我们的屯垦队伍中来，一定都是好把式。"

"这个办法好！"刘锦棠佩服张曜，不愧是一个戍边屯垦的老将，他接着说："张将军，赶大营的那个头人叫安文忠，天津杨柳青人，此人很不一般，说不定将来他会在新疆干出一番事业来。"果不出刘锦棠所料，这安文忠在新疆的开发中，开创了不少前所未有的行业，精心研制出不少名优产品。

刘锦棠与张曜商量之后，自觉后勤军需无忧，第二天即出哈密，率大军继续西行。仅一天路程，就遇带着一队骑兵前来迎接的提督余虎恩、参将董福祥。

刘锦棠勒住马缰，只见余虎恩、董福祥匆匆下马，说："末将在此等候，恭迎少统领和老湘军。"

刘锦棠也立即下马，说：“快快请起，两位将军辛苦了。”

刘锦棠和余虎恩、董福祥三匹马并骑朝古城营地前行。抵达古城，只见前面古城四周的戈壁上，军旗招展，望不到头的帐篷井井有条。不用余、董介绍，刘锦棠就知一定是先行的四队人马全驻扎在这里的营地。营前已是黑压压的一大片人群，人群前面四路将领都骑着高头大马，一字儿排开。

刘锦棠的大军一到，两队人马都可看清对方了，只想见到久别的亲人，将勇们兴奋地朝对方奔去。

“会师啦！会师啦！”将士喜悦之心无法描述，呼喊声在茫茫戈壁上空响彻云霄，回荡大地，将士们仿佛回到了儿时，相互追随戏闹，宁静的戈壁沸腾了。

哪有什么上下级的礼节，双方一见面就拥抱在一起。

刘锦棠抵达古城的第二天，就驰赴三台、滋泥泉、阜康一带察看地形，部署驻军。最重要的一件事，他必须去济木萨会见新疆军务帮办金顺。

金顺，字和甫，伊尔根觉罗氏，满洲镶蓝旗人。世居吉林，军功起家，出关前已任乌里雅苏台将军。金顺于同治十三年（1874年）七月以新疆军务帮办之职，接统原乌鲁木齐提督成禄一军出关，率所部先行进军新疆。先至巴里坤，虑粮运难济，派副将方春发率步队两营先赴奇台就食。自率马步八营抵奇台，接收原景廉所部三十七营，进行整编，淘汰亢弱，挑留精壮，紧编成马步十九营，合原部共四十余营。

济木萨是一座不大的县城。乾隆二十五年（1760年）平定准噶尔叛乱之后，清政府以迪化为中心，西向昌吉、玛纳斯至伊犁，向东向阜康、济木萨至巴里坤划定为兵屯民垦区，措施为“兵民屯田并举，派遣招募兼施”。嘉庆、道光时期，济木萨积粮充盈，成为北疆重要产粮区。

可惜好景不长，至同治三年（1864 年），一场由反清带来的民族仇杀席卷济木萨各地。城堡被毁，田园荒芜，居民十室九空，清政府惨淡经营八十年的屯垦事业又变为一片废墟和荒凉之地。

金顺出关三年来，大本营一直在济木萨城中原满营营房，指挥所设在原古城领队大臣的衙门。六月初一，金顺正与副都统额尔庆额及一班幕僚商议军机。亲兵来报："老湘军率马步各营抵达城外，刘锦棠要见帮办。"

金顺淡淡地说："让他进来。"

按理说，金顺应该出帐迎接，但他没有这样做，金顺当然有着自己的想法。他刘锦棠虽然被任命为总理行营事务，但左宗棠被任命为督办新疆军务时，金顺也被任命为新疆军务帮办，这帮办的头衔就是西征军第二长官的身份。自己并非刘锦棠的下级，何况自己又是五十多岁人了，比刘锦棠大得多。金顺这么一想，不用亲自出帐迎接的理由也就充分了。金顺虽然没有出城迎接，但他还是带着一班幕僚在衙门外等候。

刘锦棠没有计较金顺在礼节上的所为，他领着一班将领进城，一见到衙门前的金顺，谦恭地说："金将军，卑职奉命西征，特此前来，与您会商。"两人在平定回民之乱时就合作过，刘锦棠对金顺很尊敬，凡事都和他商议。

刘锦棠这句开门话，让金顺自感刚才在礼节上的做法似乎有些不妥。他暗思，一个指挥千军万马的大将军，怎么能小肚鸡肠呢？金顺这么一想，对刘锦棠的态度来了个一百八十度的大转弯，也谦虚地说："哈哈！毅斋老弟，你就别再抬举我了，你是左帅选定的总理西征大军行营营务的少统领，有什么事我都会全力支持你的。"

两人说着就并肩进了衙门。分宾主坐定，刘锦棠虚心地说："金将军，现在左帅要我们联合攻取北疆，不知道将军你有什么好进兵机宜呢？”

“毅斋老弟，左帅既然放心让你来，自然有他的道理，而且我相信左帅已经给你一个万全之策了吧。”金顺知道左宗棠是个很周到之人，而且他也是比较了解刘锦棠的，虽然年纪轻，但是打起仗来一点不弱。

刘锦棠诚心地说：“金将军，出关时左帅只是说了‘先北后南’和‘缓进速战’的战略方针，以前他的命令都会很详尽，但是这次却这样简单，我才特意问你有什么良方。”

“哈哈！”金顺哈哈大笑，“毅斋老弟，你这个聪明人不会不明白左帅的意思吧？”

刘锦棠说：“金将军，左帅没有拿下北疆的明确战术，我琢磨北路进兵，宜先据阜康为储粮屯师之地，进可以攻古牧地，撤迪化藩屏，退可以折其冲。兵法致人而不致于人。”说到此，他稍作停顿想看看金顺的反应。金顺只是微笑，并不插话，刘锦棠只得说道：“金将军，我建议我们的指挥所和大军前移至阜康。”

“对！迅速赶赴阜康！”金顺对刘锦棠这一建议大加赞赏，他说：“阜康地处天山东段北麓、准噶尔盆地南缘，西南九十里处就是古牧地。古牧地东北数十里处就是迪化，敌北路精锐多集中在古牧地，我军在阜康出队攻古牧地，只要此关一开，则乌垣、红庙子贼不能稳抗，白逆必窜吐鲁番以寻去路”。

六月初八，金顺与刘锦棠进驻阜康县城。刘锦棠进扎城东之九营街。

阜康历史悠久，早在汉唐时期就是古丝绸之路上的重要驿站，明朝时建特纳格尔，乾隆四十一年（1776年）建县，乾隆皇帝取“物阜民康”之意赐名阜康。如今，过去繁盛的阜康城，因阿古柏匪帮的破坏，已很荒凉。

阜康到古牧地有两条路，一条是大道，出城往西，深林蔽日，野潦纵横，二十里至西树儿头子尚有废渠可以把城西积水引至这里来，供部队和牲畜饮用。刘锦棠还了解到由西树儿头子再往西五十里抵黑沟驿，则尽戈壁，无水泉，中间惟甘泉堡一井，开浚仅供百人之需，不能安营，几万大军横穿戈壁，基本上是送死。另一条是小路，路途稍远，刘锦棠从当地土人中打听到，黑沟驿之上为黄田，水盈沟浍，上流即古牧地，白彦虎已于此筑卡树栅，严密守护，意在断官军汲道。阿古柏亦视黄田为古牧地之要塞，他令金相印近期又在黄田增加了炮兵和步兵四千人马，严阵以待。金相印在此部署重兵的目的很明显，他要逼着刘锦棠走大路，那样到达古牧地时已经人困马乏，加上缺水，他和白彦虎可以逸待劳。

究竟走哪条路呢？湘军刚到阜康，长途奔波，人马疲惫，更重要的是余虎恩押运的粮草还在半路，此时不宜轻举妄动，否则一旦大军轻出被金相印断了后路，此战必败无疑。刘锦棠觉得金顺分析的也有一定道理，但如果等到部队休整恢复了元气后再出战，也存在一个走哪条路的问题，如果走大道，不正中了金相印的圈套吗？

除了进军路线之选择外，刘锦棠还有一个决定战斗胜负的大问题缠绕着他，虽然自己是总理大军行营的最高统帅，但金顺也是仅次于左宗棠之下的帮办。金顺也是一路兵的统帅，手下近万人，一旦他不听指挥出兵，湘军就要做好单独作战的准备。

忽有亲兵来报，城内发现敌军密探。刘锦棠并不为此惊奇，敌我双方都有不少间谍化装成百姓在路上打探消息，所以各路大军的行动，双方都很清楚。敌军密探的消息让刘锦棠顿时醒悟，终于有了良策……

刘锦棠急令传令兵请来金顺，将自己之计策和盘托出。

金顺还是觉得刘锦棠太冒险了，他对刘锦棠说：“刘老弟，此战不同寻常，粮草未到而出征，此乃用兵之大忌也。”

正在商议之时，余虎恩押运粮草到了。

刘锦棠大喜，他对金顺说：“金将军，我出兵时有信给你，望你接信后依计而行。”

“毅斋老弟，战争残酷啊，你要多思，切不可意气用事！”显然，金顺对刘锦棠还是不放心。

第二天，刘锦棠派了三路人马在阜康城西大力挖掘水渠，做出从大路进兵的架势，声势浩大。早有间谍告诉在古牧地的金相印，金相印大笑，认为清军如此找水，必将旷日持久，看来古牧地可以守相当长的时间了。

一天深夜，刘锦棠突然密令各营火速起兵，全力赶往黄田。同时给金顺快信一封，说湘军各营将在第二天攻击黄田左路，请金顺所部攻击黄田右路，举火为号。

金顺半夜收到信大惊失色，跌足道：“这个刘毅斋，原本说得好好的，怎么还要硬抢黄田？这第一仗一旦失手，如何得了啊！”转念一想：反正刘锦棠是统帅，如果打输了，是他的责任，谁让他自己主动出击呢，而如果打胜，自己还有功劳。所以金顺决定火速进兵，到了黄田再相机行事……

金顺不仅用兵持重，而且善于做官。当时清朝战场上的作风是：胜则抢功，败则保存实力。对此刘锦棠也是心知肚明，所以刘锦棠令湘军打头阵，打硬仗，也是这个原因。这样别的军队就没什么可说的。但湘军一旦拼完怎么办？由此可知刘锦棠的困难更大，他必须不断取胜，而且湘军还不能损失过大。哎，难啊！

话说刘锦棠带领全部人马，一夜急行军，次日清晨已赶到黄田，此时黄田守军还在睡觉！

刘锦棠先派一军抢占附近高地，亲自带领亲兵营至炮营，和王冕成一道将重炮架在山顶。然后对哨长陈虎说：“你要给我打出威风来啊！”

陈虎大声地说：“总统领，请放心，我一定打得敌军晕头转向。”

炮架上了，刘锦棠把各营分为左右两军。左翼余虎恩，右翼黄万鹏，这两位都是骁勇善战的悍将。然后在高地点起大火，发动攻击！一阵排炮轰过去。

黄田守将乌里乌里奇和王治真被炮声惊醒。乌里乌里奇是阿古柏手下出名的骁将，王治真是白彦虎手下的大将。黄田本是两将共守，乌里乌里奇仗着自己的主子高于王治真的主子，于是命令王治真率军出城阻击，王治真不吃这一套。乌里乌里奇没法，他亲率两千骑兵出战。

站在山头的刘锦棠从望远镜中看得非常清楚，命陈虎对准敌骑轰，可这乌里乌里奇不但不退，反而拼命扑上来。

刘锦棠命董福祥和马氏兄弟率领骑兵，闯入敌阵混战。

正激战间，敌军一路援军突至。原来老于用兵的金相印觉得屡次增兵还是不够，再调三千精锐增援黄田！

刘锦棠一看形势危急，急令炮口转向，向增援部队开火，然后令火枪营上前抵挡。接着，刘锦棠亲率五营冲进敌阵，喊杀声震天。

刘锦棠亲率兵冲入敌阵，双方激烈混战时，金顺大军赶到，刘锦棠大喊：“金将军来了，杀啊！”湘军士气大振，一下子由混战转入反攻。

乌里乌里奇的将旗被王冕成的炮队轰倒，士兵以为主将已死，军心大乱，开始溃退。刘锦棠率兵猛烈冲杀！乌里乌里奇知道败局已定，拼命厮杀，正撞上余虎恩，余虎恩抬手一枪，将他毙于马下。敌军崩溃，死伤无数，王治真率败军绕黄田逃回古牧地。

黄田一役初战告捷。金顺对刘锦棠刮目相看，他也愿意把军队交给刘锦棠指挥。

古牧地围城打援

黄田取胜，兵贵神速。两路大军在黄田休息一夜，第二天进军古牧地！

古牧地地处天山北麓，地形复杂，准噶尔盆地南缘，与迪化仅隔三十余里，是迪化的外围要隘。守将马明知道清军路途遥远，粮草很难接济，利在速战，所以他在古牧地重兵驻防时囤积了许多粮草，深沟高垒准备长期坚守。

驻在红庙子的白彦虎得知黄田失利，西征军合围古牧地的消息后，心中大骇。阿古柏令他从迪化移营古牧地为第一道防线，如果古牧地真丢了，阿古柏决不会放过他。想到此，白彦虎背脊直冒冷汗，当晚，他令金中万、马什娃连夜出发驰援古牧地，第二天亲率大军跟进。

阿古柏丞相金相印为第二道防线总指挥，他素知兵略，知道古牧地的重要性，于是调镇守迪化的马人得率精锐大军驰援古牧地。

白彦虎、马人得的到来，让古牧地兵力大为增强。

失了黄田，白彦虎得找只替罪羊，不然，阿古柏要找自己出气。他一进城，立即召见部下王治真，一番密谈后，即命亲兵捆了古牧城守将马明，其罪名就是私通官军，丢了黄田，将马明押往南路，交阿古柏处置。

第二天凌晨，白彦虎、马人得登上古牧地城墙，只见城外的四个方向都扎下了营寨，西征大军兵临城下，旌旗林立，大炮昂首，刀枪映日，古牧地围得铁桶一般。两人哪敢贸然出击。

突然一声炮响，炮弹落在离白彦虎不到一丈的地方，他身旁的十几个亲兵一下子去了阎王殿。他顿时脸色苍白，吓得呆若木鸡，连喊三声：“完了，完了，完了！”说完，口吐白沫，晕倒地下。

白彦虎倒地，手下将领慌了手脚，束手无策，刚才还在挖壕备战的阵地，一下子乱成了一锅粥。

马人得有一种不祥的预感袭来：这一次我们可能真的完了。

幸好，只响了一炮，刘锦棠并没有指挥大军攻上来。

一会儿，白彦虎醒转。他对马什娃说："娃子，看来中了刘锦棠的计了，你带上骑兵营，拼死也要冲出去，向阿古柏求救。"白彦虎喘了一阵气，又说："你若送不出信，我们兄弟就死在这里了。"

马什娃得令，带着骑兵营向城外猛冲。

白彦虎站起来，观察突围战况。只见一面"董"字旗一挥，将马什娃围在当中。马什娃的骑兵营朝着迪化方向拼杀，总算有几匹战马冲出了重围。马什娃却无法冲出去，只好带着一群残兵退回来。

西征军开了一炮之后，再没有开炮，也没有组织大军发起攻击。按刘锦棠往常的战法，头炮响后，接着是排炮倾泻，再接着是大军猛冲。这一下把白彦虎、马人得弄糊涂了。真是奇了，怪了！白彦虎突然猛醒，发疯似的大喊道："又中计了，又中计了。"

金中万问道："大帅，我们中什么计了？"

白彦虎说："我们中了刘锦棠围城打援之计了。"此时明白已经晚了，听天由命吧。

阿古柏这几天在托克逊大营中，总是在墙上地图前发呆，眼睛盯着图上的古牧地。他知道，一旦古牧地失守，整个北疆的大门就大开了，再无屏障可守。早几天，他还自以为西征大军不是自己的对手，充满了坚守古牧地的信心，但黄田失守的消息传来，他已预感到白彦虎不是刘锦棠的对手，古牧地随时都有丢掉的危险。

一个亲随端着暖壶过来，想给主人茶杯加点热水，不料这亲随迈过门槛时，一不小心将暖壶掉到地上。"砰"的一声，打破了屋内的沉静，阿古柏大怒，抽出佩剑，只听得一声惨叫，那亲随命赴黄泉。

杀了亲随，一种不祥征兆让阿古柏烦躁不安，难道古牧地守不住了？这一闪念，眼前仿佛出现了白彦虎跪地求救的惨状。“发兵救援古牧地”，阿古柏做出这个决定后，翻滚的心潮好像平静了许多。

“阿孜木库尔！”阿古柏呼喊他的骑王。

门外传来了骑王的回声。

阿古柏命令阿孜木库尔速带他的六百精骑和四个胖色提的两千人马，火速赶往古牧地，救援白彦虎。

阿孜木库尔所统率的这支骑兵追随阿古柏十多年，未逢敌手，回军、满军、汉军在他们的面前一一败下阵来。这次阿古柏派这支队伍来，足以看出阿古柏对西征军足够的重视。

阿孜木库尔一听要去救援古牧地，心中很是不忿，凭什么要自己带着这支精锐的骑兵去救那些半路过来的降兵呢。在他眼中，救援白彦虎是他的耻辱。他说：“大汗，白彦虎值得救吗？”

阿古柏没有时间征询这位爱将的意见，冷冰冰地对阿孜木库尔说：“军情紧急，不管你花多大代价，古牧地绝对不能丢。救下白彦虎，我们就多一个对付清狗的帮手，这个道理你应该明白。”

阿孜木库尔似懂非懂，带着他的部下匆匆出发，火炮等辎重也不带，用他的话说，任何军队都是手下败将。

阿古柏瞧着阿孜木库那满不在乎的样子，心中一惊，他匆忙传令大总管、吐鲁番驻军长官爱伊德尔胡里带领部下，紧随阿孜木库其后，驰援古牧地。

北疆的夏天，中午烈阳高照，太阳热得就像蒸笼一样。而此时，古牧地城外西征军的将士，听到了吐鲁番方向传来了一阵阵的马蹄声，整个大地都似乎在震颤，那整齐统一的步调，好像打着拍子一样。这声势足以让人产生一种惊心动魄的感觉。

“总统领，号为阿古柏手下骑王的阿孜木库尔领两千多人马从红庙子赶来救援。”一名哨探前来报告。

敌军上钩了。

刘锦棠传令各军依令而行。

阿孜木库尔的六百骑兵，长刀高举，行动一致，有如一人。手下四个胖色提各领五百壮兵，各成一纵队并排走来。从阵势上看，他们的确不是寻常敌手，毋庸置疑的是西征军面临的必定是一场恶战。

余虎恩带领两营骑兵和黄万鹏的三营步兵，已经在烈阳之下，严阵以待，整支军队给人一种视死如归的凛冽感。

马人得和白彦虎都看到了阿孜木库尔，他俩粗略地估算了一下，小小的古牧地西征军只有两万多兵力，而已方的兵力有三万多，数量上可说是优势。

一场殊死搏斗就此展开。

阿孜木库尔对眼前的敌人不屑一顾，只见他指挥刀一挥，手下骑兵就像离弦的箭，朝余虎恩骑兵猛冲过来。然而，阿孜木库尔没有料到，刚刚还在骑兵后面的步兵，突然一个个手持现代化火枪，朝他的骑兵一阵排枪扫射，冲在前面的骑兵还没反应过来，就成了枪下之鬼。余虎恩正欲乘势发起冲锋，突然十多发炮弹一齐落入军中，顿时，战马嘶鸣惊窜，一下子乱了阵脚。

原来，白彦虎和马人得在城墙上看到援兵受挫，而余虎恩部正在他的炮火射程之内，他俩用炮火打乱西征军阵地时，大开城门，倾巢而出，企图与救兵合攻西征军。

阿孜木库尔不愧疆场老将，西征军阵脚一乱，他就发起了冲锋。

余虎恩、黄万鹏的任务本来就是诱敌，现骑兵一乱，余虎恩低声对身边的黄万鹏道：“将军，这可是敌军看不出破绽的好机会，我们撤吧！”“正合我意。”两人扭转马头向后撤退。

阿孜木库尔只顾纵马冲锋，他身边的一个副将不禁提议道：“将军，我们远道奔袭，现有白彦虎、马人得两军出城迎接，不如避其清军锋芒，趁机进城，明日再和清军决一死战。”

“哼！我阿孜木库尔要避他锋芒？如果这样我们和白彦虎他们那些回兵又有什么两样！传令下去！列队冲击，踏平清军营寨！”他没有接受副将的提议，选择了进攻，这是他的自信，同时也是他要维护骑王的骄傲。他无法容忍自己的军队在清军面前，无功而退，自己这样进入古牧地城，岂不成为白彦虎、马人得等人的笑柄。

“轰！轰……”一声声惊雷炮响！震惊了整个战场。

刘锦棠这是第一次与浩罕兵交手，他见余虎恩成功将敌军引入了炮火射程之内。便令全军大炮一齐开火，一发发炮弹准确的射入阿孜木库尔骑兵军阵中，接着复轰马人得和白彦虎。

这个突然的变化，使得敌军慌作一团，阿孜木库尔、白彦虎、马人得完全陷入了被动之中。

炮击之后，余虎恩、黄万鹏率军扭头杀个回马枪，绕到敌后的萧元亨马上发起冲锋，且全是骑兵，动作极快，冲入敌阵前一阵狂射，敌军骑兵、步兵倒下了一片。

“轰！”又一轮炮火袭来，包括头目阿孜木库尔和四个胖色提在内的大部分援军均被击毙，只有极少数的人分别逃入城内。刘锦棠令开花大炮轰其城墙。

“完了！一切都完了！”白彦虎、马人得逃回城内，感到在劫难逃。就在这时，只听得东南方喊声大起，炮声隆隆。城中守敌以为西征大军又进攻了，吓得魂魄出窍。一个亲兵匆匆跑来，说：“大帅，救兵来了！”

白彦虎一听救兵到了，快步奔上城墙，从望远镜中看到，一支着火红的英式龙骑兵军装，短上衣、马裤，携大炮，佩快枪军队，正朝清军阵地炮击。

这是驻守吐鲁番的浩罕兵，也是阿古柏最精锐的部队之一。

“有救了！”马人得也在城墙上看到了援兵。

刘锦棠和金顺坐在东南角山岗上的军帐内，正要下令全军准备向白彦虎、马人得发起总攻，突然响起的炮声，让他俩大吃一惊。负责东南方向警戒的谭拔萃、谭和义派人来报告说，从吐鲁番开来一支浩罕兵援军，他们正组织阻击，请求炮火支援。

刘锦棠当下点起余虎恩、董福祥两部人马，迎着斜阳到了谭拔萃所扼守的山头，他举起望远镜一看，吐鲁番来的浩罕兵正在其领队的指挥下构筑炮兵工事。

阿古柏大总管爱伊德尔胡里统率的浩罕兵非同一般，这支部队受英国教官调教多年，会打仗，火器配备最好。

刘锦棠心想，阿古柏把他的看家老本都拿来了，他在望远镜中看得清清楚楚，目测一下双方距离，忙唤过总兵陶生林，令他架炮把敌军的炮兵阵地打掉，不给浩罕人修筑工事的机会。

“我们的炮弹在今天下午全打完了。”陶生林的答复让刘锦棠大吃一惊。他对身边的一名戈什哈说：“传令王冕成、罗长佑炮营速速增援。”不一会，王、罗派人报告说，他们也没炮弹了。恰在这时，浩罕兵发射一轮炮火后，士兵朝刘锦棠阵地猛冲过来，城中大队人马出城接应。

余虎恩、董福祥见状，立即分头出兵堵住出城的人马，不让他俩与浩罕兵会合。谭拔萃、谭和义合为一体，缠住浩罕兵，展开血刃搏斗。

浩罕兵还真不可小瞧，西征军的冲击，并没有打乱他们队列。尤其是炮兵，受的都是正规训练，阵地的选择、炮位之间的距离、摆布皆有章法。西征军冲杀他们的步兵，炮兵立即火力支援，一阵排炮全落入余虎恩的骑兵中，霎时西征军倒下一片。余虎恩的坐骑也受到惊吓，差点将他摔下来。

余虎恩怒发冲冠，高声喊道："兄弟们！冲啊！剿灭阿古柏！扬我国威！报仇雪恨！"他带着身边的骑兵又一次杀入敌阵。

"虎恩！冷静点！"急促的声音传过来，董福祥赶过来了。

余虎恩望了望四周，自己一轮冲杀，自己的队伍损失不少，而且好多士兵身上或多或少都带着伤。

浩罕兵并不罢手，炮火攻击后又冲杀过来，两军一阵混战，厮杀呐喊声不绝于耳。西征军尽管勇猛，但经过敌军一轮炮火攻击后，元气受伤，混战中没有出现明显的优势。

太阳西落，双方鸣金收兵。

刚刚发生过战争的战场，平静下来后，地上躺着一具具尸体，有西征军的，有浩罕人的，尸体上空盘旋着一群秃鹫。阴风猎猎，黄沙卷起烧焦的旗帜，漫漫的沙石里，冒烟的木头发出阵阵让人恶心的臭味，那断了的长枪却依然握在尸体的手里。阴风开始怒号，似乎要唤醒死去的灵魂。

白彦虎回到军营，回想起下午的战事，刘锦棠为啥没有用炮火攻击呢？他心中一激灵，啊，莫不是清狗没有炮弹了？仔细推敲一些细节，他终于有了答案，清狗没有炮弹了。"来人！"白彦虎大声喊道。

金中万闻声进帐，问道："大帅，有何吩咐？"

白彦虎说："金将军，你发现清军的问题没有？"

"大帅是啥意思？"

"他们没有炮弹了？"

金中万恍然大悟，对啊，今天下午他们一直没有开炮啊！如果有炮弹，他们怎么不开炮呢？

“金将军，通知马人得和浩罕援军，明天以城中炮响为号，各路兵马同时发起攻击，不怕杀不了这群清狗。”白彦虎咬牙切齿对金中万说出这番话。

金中万回答说：“大帅，我马上去办。”

没有了炮弹，显然失去了战场优势。刘锦棠不免心情紧张，出关时左帅一再叮嘱缓进速决，古牧地围城打援，这是自己自作主张，与大帅原定战役方针显然有些相悖，现在弄不好要在这里栽跟头。

正当刘锦棠为炮火大伤脑筋时，一名戈什哈跑进帐说：“总统领，庄伟率炮营抵达，在营外求见。”

庄伟本是左宗棠楚军中的亲兵营统领，左宗棠将自己身边的得力战将派来助战，而且是带着炮兵营来的，真是一个天大的好消息。刘锦棠喜出望外，快步出得营来，只见庄伟率领的炮营中有开花大炮、劈山开花炮、后膛开花大炮、车架开花后膛小炮等二十多尊各式大炮，还有载着炮弹的马车车队在后随行。

庄伟一见刘锦棠，立即行礼，说：“总统领，大帅命我率炮营前来助战。卑职随时听候调遣。”

“庄将军，你来得真是时候，明天攻克古牧地城池，歼灭阿古柏援军，本统领有十足的把握了。”刘锦棠高兴地对庄伟说出了自己的心里话。

庄伟的到来，两军决战，刘锦棠稳操胜券，他对身边一名戈什哈说：“传大营各将领听令！”

此时，突起大雾，真是天赐良机，刘锦棠抓住战机，命令炮营乘雾火速筑炮台，各部悄悄进入指定位置。庄伟带来的德国最先进的开花大炮和仿造的劈山开花炮、后膛开花大炮比阿古柏的俄国大炮威力更大。但大炮的后坐力太大，在轰击前必须筑炮台才行，如果天气晴朗，庄伟炮营无法就近构筑炮台，有大雾做掩护，就没有问题了。

借助大雾的掩护，几万大军的调动，除了偶尔听到几声犬吠之外，几乎没有一点儿动静。白天战火横飞的战场，这晚静得可怕。东方逐渐露出了鱼肚白，渐渐可见天空中出现稀少星斗了。西征大军早已用完了早饭，箭上弦，刀出鞘，伏在战壕内或营墙后，等待命令。大炮填满了肚子，昂着头，张着口，准备发出震天的吼声。

刘锦棠全身披挂，跨着白色宝驹，挺立在大军前。一大群将领默默无言，站在他的身后。一个个手握剑柄，目视前方，屏息以待。这阵儿，不断有人向刘锦棠禀告："攻城部队一切就绪！""炮营一切就绪！""打援大营一切就绪！"

"寅时到了。"掌握时间的官员禀报说。

刘锦棠轻轻地说了一声："点信炮！"传令已毕，"轰！轰！"信炮划破夜空，显得格外清脆。

各炮营的炮弹得到了补充，上百门大炮同时响了，大地在颤动，空气在燃烧。偌大的古牧地战场，很快被浓烟烈火包围起来，好像井水沸腾，火山爆发。西征大军在炮火的掩护下，金鼓大作，锣号声声，将士好似决了堤的洪水，呐喊着疾风般向各自的目标冲去。

突如其来的连天炮火，敌军真的吓蒙了。无论是白彦虎、马人得的守军还是浩罕援兵，陷入一片混乱之中。白彦虎昨晚算定西征军已无炮弹，所定的出击方案完全报废了。

浩罕兵的指挥官爱伊德尔胡里，第一反应就是炮火还击。他那俄国大炮还在填弹，西征军的德造开花炮弹落了下来，一声巨响，炮阵的炮弹一下子被引爆。浩罕兵引以为骄的炮兵，霎时，其构筑的工事和所有大炮炸得七零八落，湘军骑兵飞舞着银光闪闪的马刀，杀得浩罕人一个个抱头鼠窜，爱伊德尔胡里也在混战中去了西天。主将一死，军心动摇，一下乱了套，几个早已心慌胆小的带头往后跑，马上有人跟着往回跑，谁还有心恋战，只有少数侥幸逃脱。

庄伟、罗长佑、王冕成、杨金龙的开花炮弹轰塌四门城垛。各路人马一同攻入城内。马人得本无死战之心，见到湘军冒死攻城，他就带着自己的几营亲兵，大开城门，拼死突围，他的部下见主将弃城，所有的部下，一声呐喊，随他身后逃命而去。

混战中，白彦虎指挥部下展开厮杀，他的得力干将金中万、马什娃在这场混战中丢了性命。白彦虎的亲兵营舍命救主，杀出一条血路，绕过迪化，往吐鲁番方向落荒而逃。

阿古柏苦心构筑的古牧地防线崩溃了。

刘锦棠初违左命

古牧地战场的枪炮声终于沉寂下来，喊杀声亦悄悄远去，晚风送来缕缕硝烟。刘锦棠血溅征袍、面色苍白地坐在一块巨石上，眼睛凝望着远方，面容宁静肃穆如一尊雕像。

“毅斋！毅斋！”金顺赶来喜气洋洋连喊数声，刘锦棠才转过脸，望一眼金顺，像望一个陌生人。

“胜啦！咱们大胜了！五千守军全消灭了。”金顺得意地向刘锦棠炫耀战绩。

刘锦棠没有金顺那么高兴，他心里明白，攻占黄田和古牧地两战之后，虽然歼敌甚多，但自己也伤亡颇大，而且除了缴获一些弹药和几百匹战马，缴获粮食并不多。因此，他淡淡地对金顺说："金将军，我们进城吧。"

金顺向刘锦棠建议，大军在古牧地休息一段，等待后续粮草跟上再说。进了城，两人各自回营。

刘锦棠的幕僚在清理古牧地的文书中，发现了一封古牧地守军的求援信。刘锦棠阅后，知是敌守将金中万给迪化阿奇木伯克的求援信。上有迪化守将的回复："迪化精壮已悉数遣来，现在三城防守乏人，南疆之兵不能速至，尔等可守则守，否则退回迪化城，并力固守亦可。"刘锦棠根据这两天敌军非同一般的十分勇猛的战斗力，由此推测，应该是敌军精锐尽出。所谓"迪化三城"，即满城、汉城和王城，而南疆之兵，当然是指阿古柏的军队。按此信内容，现在迪化空虚，岂不正是进兵良机？

刘锦棠顿然清醒，拍了拍脑袋，说："兵贵神速！"

一旁的谭兴宗阅信后，提醒说："毅斋，万一是敌人的奸计怎么办？"

谭兴宗的话让刘锦棠也产生了怀疑，他带着这封信，立刻来到金顺大营。

金顺看信之后，沉吟说道："老哥料定，这是阿古柏的奸计。迪化是新疆第一大城，城墙高厚，必有重兵防守。毅斋老弟，我们不能上这个当啊！何况，左爵相已传话过来，收复古牧地之后不可贸然前进，一定要等他老的回文到后再定进止。"

刘锦棠见金顺说得入情入理，就苦笑一声说道："回头仔细想想，金将军所言极是。古牧地已侥幸成功，迪化岂能轻易攻取？"两人又聊了聊，刘锦棠辞别金顺，但脑海里始终想着那信中的批复。他连夜召集十几名古牧地投降过来的军兵，详细了解敌军各种细节。经过一番询问，刘锦棠越发认为迪化确实空虚。那么此时不收，更待何时？

军机稍纵即逝，刘锦棠此时顾不得金顺和左宗棠的想法了，他要快速攻占迪化！此时已是深夜，军队已经入眠很久。刘锦棠火速传令，三更造饭，四更开拔！并给金顺写了一封信，让他率部作为偏师在后接应。

黎明，刘锦棠留谭和义、唐国华驻守古牧地，余皆随他直捣迪化。

金顺看到刘锦棠的信时心里很不是滋味，攻打黄田，刘锦棠也是半夜给自己写信，昨晚说得好好的，他又是半夜来信。然而，湘军早已开拔，金顺实在无奈，只得一面急速给左宗棠写信，一面也传令拔营，快速跟进。

却说马人得逃到迪化，立即找到金相印商议防守御敌之策。他们认为，迪化东有红山屏蔽，南有福寿山耸峙，两山之间，迪化河纵贯南北，又有易守难攻，三城雄踞东西天山的接合部，西控昌吉、呼图壁、玛纳斯，东通哈密，尽管守军只有几千人，但清军两战损失也颇大，短期应该不会进攻。为保守起见，马人得建议先遣妇孺、辎重南逃，留精壮据守。

马人得万万没有料到，仅仅一天的时间，他正与金相印商议，探军来报："清军有大队人马朝我开来！"

马人得和金相印没想到刘锦棠进兵如此之快！上城头一看，天边沙尘汹涌，清军分明正在狂奔而来！在刘锦棠大军的凌厉攻势面前，两人自感无力抗拒，指挥军队赶紧催运粮草，裹挟百姓，准备弃城逃难。

军队逃跑，自带粮草逃走就算了，何必挟持百姓？因为：新疆沙漠戈壁众多，很多山地根本没有树和草，所以地广人稀，粮食和牛羊十分珍贵。百姓要生活，除了储藏一定的粮食，还有牛羊。如果把百姓留下，等于把粮食和牛羊留给敌军。

现在，金相印想裹挟百姓而逃，百姓早就恨透了阿古柏军队的疯狂抢掠，不仅抢牛羊和粮食，而且抓壮丁，抢女人。

迪化是个大城，有好几万百姓。金相印要裹胁大家逃走时，百姓知道西征军要来了，部分胆大的百姓率先趁乱出城外，但大多数还留在城里，他们心想留下来存活的希望大一些。

一时间，城里乱成一团，妇女、儿童、老人的叫喊声，军人抽打百姓的皮鞭声、吆喝声混在一起，到处充斥着恐惧、死亡的气息。

西征大军气势如虹，抵达王城城外，只见城门紧闭，陶生林在六道湾山梁上架起大炮，刘锦棠下令："开炮！"

"轰"的一声，城墙轰出一个缺口。

陶生林正欲施放第二炮，只见城门一下全部洞开，一队人打着降幡摇着手跑了出来。

刘锦棠派人上前询问，才知马人得逃跑后，马成遂下令将兵营、仓库、衙署等封锁，兵器马匹收拣，壮丁人口造册，待湘军一到，立即亲自赍表前来投降。

此时，金顺率军赶到，见三城之敌已逃，真是出乎他的意料，心想，幸亏自己来得快，不然这功劳全是刘锦棠的了啊。还有什么好说的？金顺只有向刘锦棠请示，需要他做些什么了。

刘锦棠见了金顺，原担心他不会跟进，自己可能要孤军作战。没想到，金顺会来得这么快，于是，他迎上前去，双手抱拳谦虚地说："金将军，鄙人没来得及与您商议，就匆匆出兵，实在有些对不住将军，还请将军海涵。"

金顺说："毅斋，这迪化城本来就是我的啊！"

刘锦棠一时没有理解金顺这句话的含意，只好笑而不答。

旁边的谭兴宗风趣地说："是啊，迪化真正的主人来了！"

刘锦棠这才恍然大悟，原来，金顺被任命为迪化都统多年了，一直没有到过自己的领地。今日第一次踏入迪化城，你说他有多高兴。

刘锦棠下令："金将军，你率部进满城，谭慎典、汤秀斋、张俊率三个营进汉城。我与董福祥、罗长佑、陶生林、袁尧岭和亲兵马营进王城，其他各军驻守城外。"

金顺得令，率军而去。

开仓放粮得民心

西征大军分别进入三城，城中留下来的各族民众，扶老携幼，将男带女，恭迎于四门。城中百姓，一个个面带饥色，而且衣衫褴褛，有的全身已经脏得不成样子。一群老人前面摆放着一只香炉，膝行而前，见了西征大军，叩头大哭。只见这些老人头发已经花白，皱纹一条比一条深，他们的外貌有说不出的沧桑，眉目之间流露出的悲伤都嵌在了脸上。

这种焚香顶礼迎接大军进城的仪式，让刘锦棠垂泪不已，他立即下马，上前说道："各位父老，请快快起来，阿古柏侵占迪化以来，生灵涂炭，财产被毁，今日我西征大军赶走侵略者，重建我们的家园。"

一位衣着稍为整洁的老者直起身子，双掌合十，对刘锦棠说道："今日城中百姓脱离水火，重睹朝官威仪，我等活到今天，拜祭天地，理所应当。"

刘锦棠上前扶起这些老人，一股酸水涌来，心中五味翻滚，他铿锵地对众人说："吾等奉旨西征，救民于水火，乃我等之职，今后军民共戮，收复中华国土，固我大清江山。"

夜晚降临，一轮明月悬挂在迪化高高的夜空。还是昨晚的那个月亮，但今晚城里的主人变了，侵略者已经赶走了。西征军将士经一天的激战，大家已经劳累到了极点。街上除了设置的流动哨兵外，再也没有任何人走动。

刘锦棠还不能睡，还要巡视各营。幕僚罗镇嵩深知刘锦棠统兵以来养成的这一习惯，每当统领出巡时，他都陪伴。

一会，刘锦棠走出营门，喊了一声："穆清，巡营去。"

罗镇嵩应声而出。

阿古柏的残酷统治，导致迪化城里的人们死的死，逃的逃，百姓仅剩三四成，几乎是十室九空。西征大军入城后，把那些空屋空房作为营房还有剩余。

迪化收复，大军虽然清理了一番，但还是一片狼藉，地上还留着大量血迹，空气中依然弥漫着一股血腥之气。刘锦棠他们走到哪里，都有哭泣声传来。

刘锦棠来到罗长佑营房前，见里面还有灯光，他就让亲兵前去通报。罗长佑出门就说："毅斋，城里的老百姓都快饿死了。我刚才去走了有哭声的居民户，他们家里的人都饿得发晕。"

刘锦棠听后，说道："我们去看看。"

进了一户人家，真是惨不忍睹：泥巴与木板糊成的房屋破烂不堪，床上没有被褥，仅有几张烂席，墙角桌子上堆着观音土。刘锦棠一见这观音土，心里一股酸水涌上来。记得家乡大荒的那一年，日渐衰弱而又无粮可吃的饥民把谷壳磨成粉、把野生蕨根和土茯苓挖出来磨成面，但凡能想到的无毒的可以吃的，人们都千方百计弄来填进了肚子，好多人把观音土晒干了，就吃这个。这东西吃了之后大便拉不出来。一对因饥饿而脸部严重浮肿的夫妇，坐在床边，抚摸着躺在床上的小孩，哭喊道："儿啊，你醒醒吧！"

罗长佑说："毅斋，这孩子是饿的。"

刘锦棠对一个亲兵说，快去拿点粮食来，救人要紧。

“你们家几口人？”罗镇嵩问道。

“五口。”

刘锦棠细瞧这家的男人，三根骨头两根棒，这是浮肿消退后的干枯现象，如不及时治疗和补充饮食营养，将很快死去。他问罗镇嵩：“缴获的粮食有多少？”

“大约十五万石。”

“明天开仓放粮。”刘锦棠果断地说道。

“我赞成！”罗长佑坚定地说。

迪化古城东南角是最大的粮仓，乾隆二十三年（1758 年）开始囤积粮草。阿古柏侵占古城后，多年来从各地农民身上搜刮来的三万石粮食存放在这里。刘锦棠选择迪化最大的官仓放粮，他粗略地估算了一下，城内每个贫民可得十斤左右的粮食。虽然不能解决贫民的全部粮食困难，但可以救活大批人。

天还没亮，罗长佑带着他的部队进驻到了粮仓，做好放粮前的一切准备。

真正要放粮了，金顺立马阻止，他说：“毅斋，放粮可不是小事。现在入疆的几十万军队要的是粮，将士们吃不好怎能打仗呢？”说到这，金顺又叮嘱刘锦棠：“毅斋，我看还是先申报一下再说吧。”

刘锦棠说：“都到什么时候了，要是向上申报，辗转往返，百姓怎么活命？上边责问下来，我一人承担罪过。”他说完，站上一处高地大声说道：“我宣布，所有迪化城的百姓，每个人都可以到古城粮仓免费领取十斤米粮！”刘锦棠那洪亮的声音，回响在迪化上空。

开仓放粮，百姓不大相信。这些粮食是阿古柏的啊，他们要是再打回来报复，我们可都得人头落地；但是不领粮，很多人可能就得饿死。

与其饿死，还不如被杀头！在经过片刻的迟疑之后，很多饿极了的人终归还是忍不住，拿着破旧的米袋，战战兢兢地来到放粮地点。

“要领粮的在这边排好队！”罗长佑看到那些到场的百姓们，指着一旁的空地道。

那些百姓赶紧排成了一队。

罗长佑瞧着领粮的队伍，怎么全是汉人？那些维吾尔、蒙古、回民、哈萨克、柯尔克孜、锡伯、塔吉克、乌孜别克的同胞站得远远的，眼盼盼地看着，没有一人过来排队，这是怎么回事呢？他带着疑问，询问一位老人。老人说，以前官府分东西，只配给汉人，其他少数民族的人是没有的，所以，今天放粮他们也认为没有份，只好站在远处。

“同胞们，你们都过来，今天放粮大家都有！”罗长佑一边高声地喊叫，一边走上前去，亲自带他们来排队。

整个迪化城都轰动了，受饥挨饿的百姓，无论是哪个民族的，都从四面八方拥向粮仓，从头发花白的老人，到背着孩子的妇女，一个个眼里含着激动的泪花，前来领粮。

刘锦棠来到现场，只见这些百姓中绝大部分人都是皮包骨头、衣衫褴褛，全都面有菜色，一阵风刮过来都站不稳，看得让人心酸。

“你家有几人？”放粮的士兵从第一个领粮的中年人手中接过袋子问道。

“五个！”

一会，几个士兵将袋子递过来，说：“这袋粮归你了。”

“背好了！”士兵道，将那袋米粮放在了中年人的背上。

那个中年人背稳了之后，一步一步离去。

所有人都沸腾了，一个个眼眶含泪，他们已经很长时间没有吃过一顿饱饭了，知道确实可以领到粮食，怎能不激动？

“不许插队，排好队！”罗长佑站在粮堆上说道，那些人立即平静了下来，激动地看着前面的人背着粮食离去。

第一个领到粮食的中年人在众人艳羡的目光中走到了粮仓的门口，又停了下来，将粮食放在地上，转身朝罗长佑这边跪下，“砰！砰！砰！”磕了三个响头，然后默默无言地背着那袋粮食离开了。

刘锦棠看到之后，心头有一些触动，可以感受到这个中年人内心真诚的感恩之心，这些人一辈子最大的愿望也不过是吃饱饭而已，他说道：“诸位父老乡亲，阿古柏暴虐不仁，扰乱天下，民不聊生，在下奉朝廷旨意，收复我大清江山，让父老乡亲们过上好日子，不用再过着被欺压的日子。”接着，话锋一转，说道：“我西征大军士兵要是敢抢夺百姓的米粮，你们告诉我，一律军法严处！”

第二个人也领到了粮食，是一个白发苍苍的老妪。她身边还牵着一个满脸脏兮兮的小女孩，看着小女孩饿得皮包骨头的模样，放粮的兵士忍不住心疼，特意给老妪的袋子多装一点。

老妪带着小女孩也跟那个中年人一样，在粮仓门口跪着朝官兵磕了三个头。

一个又一个领到了米粮，无论是哪个民族的人，在离开的时候都自发地向官兵磕头。这场面，让在场将士真正有些心酸。

粮放了，金顺向朝廷和左宗棠告了刘锦棠一状，朝廷将此事交左宗棠处理。左宗棠最先接到金顺的帖子，心痛了一阵，心底在说，刘锦棠啊刘锦棠，你知道三万多石粮食不是少数，你晓得我要与那些地方督抚讲多少好话，才能筹到这笔粮款。接着刘锦棠的帖子也来了，他仔细看后，觉得刘锦棠做对了。如是，他在金顺的帖子上批了一句话：“得民心者得天下！”转呈朝廷，朝廷再不提放粮一事了。

谭兴宗忠骨葬红山，刘锦棠破敌长蛇谷

话说金相印、白彦虎、马人得率残部挟持百姓和大批粮草往南溃逃到盐池墩，碰到了阿古柏儿子海古拉率领的五千援军。

海古拉一见白彦虎、马人得就大骂道：“你们两个奴才，连个迪化城都守不住，还不如我浩罕汗国的一条狗。”

白、马两人本来是寄人篱下，如今又吃了败仗，只得听任海古拉臭骂一顿。海古拉还要继续发淫威时，一股滚滚风尘在迪化方向腾空而起，一个胖色提匆匆跑来说：“主人，清狗大队人马追来了。”

“勇士们，与这群清狗决一死战，保卫我浩罕！”海古拉声嘶力竭地为部下打气。

“兄弟们，我们跟着主人，与清狗血战到底。”一旁的金相印见海古拉下了决战的决心，他也立即对部下发话了。

海古拉的部下听了主人的话，正发出“哇哇”的叫声时，西征大军一眨眼就到了他们的跟前。

冲在最前面的湘军大管家谭兴宗、谭邦人、谭邦造率领的三营老湘军，虽然只有一千五百人，但大多数都持有新式火枪，接近敌军，一阵火枪射击。

潮水般涌来的敌军，并没有被这阵火枪射击吓退，新一轮的猛攻再次到来。在混乱的枪炮声和士卒的嘶喊声中，谭兴宗整个人被坐骑抛飞起来，空中血花飞溅！主将落马，湘军出现了不小的骚动。

谭兴宗落马，顿时大脑一片空白，军医谭邦琥赶来，翻身下马将谭兴宗抱起回到了阵内。谭兴宗的衣裳上早已被血水浸透，只是不知道上面的血迹，是他自己的，还是敌人的。

突然，杀声四起，原来匪军已将三营湘军围困，“天亡我也？！天亡我也？！”谭邦琥脑海中不禁浮现出一丝的绝望。

就在谭邦琥绝望的时候，身后突然一阵大乱！杀声震耳！

匪军蜂拥地向后逃去。

“怎么回事？”映入谭邦琥眼帘的余虎恩、陶鼎金率领的三营骑兵挥舞着大刀，冲入匪军阵中，顷刻间，刀光闪闪，鲜血四溅。

突然，谭邦琥发现身上的衣衫被拉扯了一下，他低头一看，原来是谭兴宗正抬眼望着自己，口中隐隐传来声音：“冲！我…我要……冲锋！”声音到了后来，已经越来越沉，最后谭兴宗闭上了双眼，时年三十三岁。

谭邦琥心中大震，猛然醒悟，谭兴宗牺牲了。

谭兴宗的死，更激起了谭邦琥对匪军的仇恨，他的脸庞在烈日的照耀下，变得通红。他飞身跃上马背，马刀一拔，直奔匪军杀去。

“轰！”炮声传来，交战双方都毫不察觉的时候，战场形势已经发生了莫大的变化，匪军的阵势乱成一团。

海古拉蒙了一会，但他毕竟受过英国人的正规训练，不到一会就组队反扑，与湘军展开激战。

幸亏黄万鹏、崔伟、毕大才、禹益长、马正国、禹中海率领的五旗骑兵冲杀过来，接着，跟进的步兵营也围了上来。海古拉顾不了别人，丢下百姓和粮食，率残部仓皇逃走。他一口气逃到三十里外盐池墩，湘军还紧跟在后，他哭叫道：“我命休矣！”说着，欲挥刀自尽。

几个胖色提拚命夺下海古拉手中的刀，说道：“主人，你带大队先进山，我们断后。”

胖色提的提议，让海古拉顿时醒悟。盐池墩地处天山北麓、准噶尔盆地南缘，北部是开阔的戈壁平原，其他三面天山环绕。东部有博达山、喀拉塔格山、东山；西部有喀拉扎山、西山；南部有伊连哈比尔尕山东段（天格尔山）、土格达坂塔格等。海古拉随即命身边的胖色提阿爱托在前面小山头修筑工事，阻挡一阵西征大军，再分别亡匿东南山谷。

浩罕兵士修了一些简单的工事后，西征大军就到了。走在最前面的黄万鹏骑兵营，只顾追敌，也不察看地形，不料对面小山头一阵排枪射来，十多名骑兵落马。黄万鹏大吃一惊，他勒马站稳，接过戈什哈手中的望远镜，一瞧，前面三个方向，不是山峰林立，就是茫茫大戈壁。敌情不明，黄万鹏当机立断，下令停止追击，后退五里扎营。黄万鹏一面派人返回迪化向刘锦棠报信，一面派出哨探，侦察敌情。

刘锦棠得到谭兴宗牺牲的消息，情绪非常激动，他在谭兴宗遗体旁，为没能保护好他而感到深深的愧疚。而后，刘锦棠命人购得一副上等棺材，将谭兴宗下葬在迪化红山。后来，朝廷给西征军封功行赏时，谭兴宗得了一个五品职衔。

东南山谷中一座村庄里，维吾尔族青年艾尔肯站在一处高地，望着那越来越红、越来越美的夕阳映照着那薄薄的一片云彩，完全陶醉在美丽、壮观的景象之中。突然，"哒！哒！"的马蹄声传来，艾尔肯朝那马蹄声传来的方向望去，刚才好好的心情，一下子跌到冰谷："浩罕人来了！浩罕人来了！"他拼命地喊着，拼命地朝村子奔去。

村里的百姓平时就被浩罕人欺压得半死不活，现在一听浩罕人来了，顿时，村里男女老少一齐往外奔逃。人们刚跑到村口，就看见几十个浩罕汉子在那里大叫："把你们的财物都交出来，快点，不然就烧村了。"浩罕人劫持了妇孺和老人，年轻人想反抗，又怕伤了妇孺和老人的性命。

突然，胖色提阿爱托从人群中揪出一个女孩，捏住她的下巴，说："小妞，长得不错，本爷正缺一个助兴的。"说着，他就撕扯女孩的衣服。

女孩发出阵阵尖叫，大声哭着，咒骂着，却无济于事。

“住手！”村里头人愤怒了，他大声地喊道：“乡亲们，与这帮畜生拼了！”

村民向浩罕人扑过去。

“砰！”枪声过后，头人倒地。

艾尔肯上前扶住头人，头人说：“莫管我了，快和我儿子尼加提冲出去，到迪化找西征大军来报仇！”头人说完，就咽气了。

场面一片混乱，艾尔肯在人群中寻找到尼加提，拉着他拼命地朝外冲。村子里的哭喊声！绝望的哭喊声，响彻云霄。吃了败仗的浩罕人，禽兽不如地向这群平民发泄，见人就砍，见房就放火，地上尸骸遍地，全村一片狼藉。

夕阳跌入了地面，艾尔肯、尼加提终于逃到了盐池墩，突然间，前面一堆堆篝火照亮了半边天，大清龙旗和一面面军旗在夜风中“呼呼”飘扬。两人一瞧便知是西征大军军营，情急之中，艾尔肯、尼加提朝军营大喊：“救命啊！”

哨兵问明缘由，便将两人领进黄万鹏中军帐。

黄万鹏得知匪情，立即升帐点将，令谭和义、陶生林、余虎恩、谭拔萃、谭上连各率所部精兵，从南路连夜赶至东南山谷；他自率湘军为东路，进军小东沟。全军三更造饭，四更起军，两路人马分别由艾尔肯、尼加提引路，趁着月色疾奔东南山谷。

黎明时分，黄万鹏领军到达尼加提所在村子，一进村就看到村民的房屋倒塌，还有一些被烧得只剩光秃秃的墙壁，地面上血迹斑斑，到处是一片狼藉，幸存的村民正围着遍地的尸体哭嚎着、怒骂着。

尼加提眼见如此，不及多想，立马迈步上前抓起一个村民，那人嘴里正骂着些什么，尼加提没在意只是出声问道：“浩罕人哪去了？”

村民这才发现，官军来了。霎时跪成一片，齐声哭喊道：“军爷，给我们报仇啊！”

黄万鹏和众将士扶起村民，说道：“乡亲们，这仇一定要报，请告诉我们，那帮匪徒往哪去了？”

村民指着远处山中一个隐约可见的村子说：“他们昨晚到了那里。”

尼加提听后，顾不得寻找父母尸体，对黄万鹏说道：“军爷，我给你们带路，灭了这伙畜生不如的豺狼。”

且说阿爱托带着一群浩罕残兵败将，整整一晚疯狂地残杀掳掠居住在山中的无辜维吾尔族、回族村民。他们没料到官军这么快就如同潮水般不断涌来，刀枪似麦穗，剑戟如柴篷，旗幡招展，喊声动地，让人见了，触目惊心，眨眼就杀到村外了。浩罕兵士大吃一惊，领军的胖色提更是惊慌失措。

湘军人马突然来到，怎能使他不惊？昨晚，阿爱托组织几个胖色提合兵到了一块，商议对策。部队损失了大部，所幸的是，军中还有几架轻型火炮，先架在山头抵挡一阵子，然后请出神兵帮助突围。

湘军在尼加提的引领下，直奔大山深处的村子。骑在马上的黄万鹏，只见这个地方，两峰对峙，中夹山路，形势险要。

“不好，这山中有埋伏。”黄万鹏的话音未落，炮弹炸响，埋伏在这里的浩罕人从山崖树丛的后面向湘军紧握弓弩，不住地射击，有的拼命向官兵抛掷砖瓦石块和自制的火药瓶。

湘军一下子陷入被动局面。突然，从不远处的山头上射出几发炮弹，正中敌伏兵阵地。五色军旗下一匹白马昂首嘶鸣，黄万鹏心中大喜，知是刘锦棠赶到了，他带着尼加提迅速向刘锦棠靠拢。

刘锦棠站在山上头，临高俯视，看得非常真切。前面山谷，山险形如长蛇，皆光峭石壁，并无树木，中间一条大路。他指着山谷间身旁的人："此谷何名？"没人回答。刘锦棠令戈什哈铺开地图，也找不到这山谷。此时，黄万鹏带着尼加提来了，刘锦棠一见这维族青年，便问道："你知这山谷之名吗？"

尼加提答："此处名为长蛇谷。山谷尽头翻越天山则是达坂。"

刘锦棠心中大喜，出征吐鲁番盆地可取此道也。没容得他多想，对面石岗的上下左右，发出了"嘟——嘟——"螺号声。时过不久，山中各处烧起了大火，无数"凶神煞鬼"从火光中跳出来，有的靛脸朱眉，龇牙咧嘴；有的披头散发，血迹斑斑；有的身高过丈，头如麦斗；还有的袒胸赤背，口吐火焰，发出"嗷——嗷——"的怪叫，让人听了，毛骨悚然。足有四五百个不类人形，甚是丑恶的怪物，一个个跳跳蹿蹿，从山石岗直扑下来。

在当时的社会，多数人迷信鬼神，闹鬼的传说也广为流传。胖色提说的神兵，就是这支队伍。以前，神兵上阵，敌军一见那些"鬼神"张牙舞爪，冲着自己扑来，便在"爹呀妈呀"的惊呼声中，四处逃散。然而，对于久经疆场的湘军将士来说，这种装神弄鬼的阵势，他们早就见过。只要打掉指挥这群"鬼神"行动的大师，这群神兵就自然瓦解崩溃了。

刘锦棠从望远镜中一眼就认出了一个人不像人，兽不像兽的巨物，头戴星辰狼须帽，身披金珠璎珞，两肋下露出生鳞甲，眼目中微有光芒的怪人，拂箬挥到哪方，火就烧到哪里。他对身边的一名亲兵说："快去告诉炮营，轰掉那怪物。"

霎时间，"轰！轰！轰"一颗颗炮弹，在对面石岗周围爆炸开来，只打得石块乱飞，树木折断，硝烟滚滚，火光闪闪，周围的树林都起了大火。浩罕神兵倒下一片，那巨物倒下之后，再也没起来了。

这下子神兵不再神了。刚才还在那喷火杀人的神兵，全乱套了，冲到了山下的神兵向后转，还在山坡的神兵刹不住脚步，自相践踏，塞住了山口，几个胖色提喊破了嗓子也无济于事，终于被裹在人流之中向山上退去。

刘锦棠见时机已到，便下令冲锋。西征军如出山猛虎扑向敌人。

尼加提也跟在湘军冲锋队伍中，他高举着一把大刀，眼睛瞪得又圆又大，闪闪发光，怒火冲冲地杀进敌阵，他在轮刀砍杀时，还高喊着为乡亲们报仇的口号。

这时，从北路进军的大军也赶到，堵住了山谷通往吐鲁番的谷口。阿爱托被炮火轰死了，所有的匪兵没有一个漏网，死的死，伤的伤，降的降。

刘锦棠天山染时疫，湖湘军施药救黎民

仗打赢了，打扫战场的兵士这才发觉，头顶烈日肆无忌惮，脚下阵阵热浪袭来，躲无可躲。刚才将士只知道杀敌，现在仗打胜了，才知道什么是口干舌燥。

山沟中有一条小溪，流淌着涓涓溪水。水，兵勇争先恐后地奔上前去，都想捧着喝个饱。尼加提、艾尔肯急得嚎叫：“这水不能喝啊！不能喝！”听见者立即停了下来，没听见者，还在那里兴致勃勃地喝得洋洋得意。

尼加提见状，迅速报告刘锦棠，说：“长官，这水外地人不能喝，喝了就要得病。”

“你们不也是喝的这水吗？”刘锦棠身旁的一名戈什哈不解地问道。

“我们本地人已经饮惯了这水，但生水也不能多喝，什么原因我也说不清。”尼加提的确说不清，这与当时的科学普及有关。现代人都知道，天山雪冰融水混合雨水而成的溪水，碱性太大，西征军兵勇大多来自南方，饮用碱性太大的溪水，很短时间内就会拉痢疾。

刘锦棠一听，立即下令禁止将士饮用溪水。但已晚矣，刚才喝得多的兵勇，肚子已感觉不适。再一会，数百人拉起痢疾，山沟中遍地粪便，臭气熏天。

刘锦棠传令迅速退兵，返回迪化大本营。他自己也感到很累，身子越来越重，踏在马镫上的脚也有不稳之势，坐骑“哈鲁，哈鲁”鼻息咻咻。刘锦棠意识到自己也得了重病，一个信念支撑着他不能倒下去，必须坚持，几万将士在看着自己。

一路返回，进入迪化城中，已近黄昏。有的兵勇拉了一路，一天下来，很多人拉得快虚脱了，快支撑不住了，如不及时医治，非丧命不可。

刘锦棠回到大营，坐在帅椅上，眯缝着双眼，一动不动。时过片刻，只听得他大叫一声：“痛死吾也！”喊罢，一头栽倒在地。众人赶紧把他扶起来，搀到帅椅上重新坐下。只见刘锦棠呼呼喘气，面色苍白。这下子可把那些在场的亲随吓坏了。

众人心急如焚，慌忙叫来军医谭邦瑚。

人们见谭邦瑚到来，赶紧让开。

坐在帅椅上晕过去了的刘锦棠，飘飘然然来到了城外荒郊。他纵身跨上白马。霎时，天空全是炮弹爆炸的隆隆之声，头顶上许许多多炮弹炸裂开来，弹片纷纷跌下。白马一声长啸，穿过那枪林弹雨之地，眼前的大地，像暴雨即来时那样漆黑一片，白马奔驰一会儿，前方出现了灰色的光芒。在那可以看得见的世界里，从这一头到那一头，田野在摇晃，下沉，融解，无限广大的空间跟大海一样在抖动。东方，是极其剧烈的爆炸；南方，是子弹横飞；天顶，则是一排排开花弹，好像没有底脚的火山一样……在那广大无边的地面上，尽是雨和夜色，别的什么也没有，天上的云和地底出来的云，在地面上散落布开，混在一块儿。

"毅斋！毅斋！"谭邦瑚连呼数声。

刘锦棠似乎听到那遥远的地方有人在呼唤，他朝那呼喊声传来的方向奔去。不好，他还似乎看到，前面是万丈悬崖，黑咕隆咚深不见底，他使劲勒住马缰，但为时已晚，连人带马坠下悬崖。突然，半空中有人大喊："毅伢子不要惊慌，吾来也！"刘锦棠一看，原来是叔父刘松山踏着祥云，凌空托起坠崖的白马，送回山头。又听得刘松山说："伢子，你肩负西征大业，成大事者，必有一劫。此劫过后，你莫负皇上和中堂之托，成就西征大业，为刘家光宗耀祖。"叔父说完，在他背上猛击三掌，说："伢子，回去吧，众将都在等待你呢！"

旁人看到，刘锦棠动弹几下，又没有了动作。

一名戈什哈举灯照着刘锦棠。谭邦瑚摸他颈动脉，没有搏动；看胸廓，没有起伏。再仔细一瞧，只见他暑汗透湿全身，口腔里溢满分泌物，已由暑症变为寒症，人事不省，十分危笃。他来不及多想，右手迅速把大拇指指端放到刘锦棠人中穴上，又用其他四指置下巴磕下面，掐住刘锦棠的人中。左手从衣袋中取出一药丸，命人用水研开，摘腰上匕首撬开上下牙关，灌入口内，药走三关，透四肢。须臾，刘锦棠"哟"的一声，口中喷出一股腥水，大吼一声："叔父，侄儿还有话要问。"吼声过后，他从那奇怪的幻觉中苏醒过来。

人是救活了，但他身体虚弱，旁边的董福祥问道："毅斋，你刚才梦见谁啦？"

"我与白马坠下悬崖，叔父在半空中托住我，送了回来。"刘锦棠有气无力地回答董福祥，又向旁边的将领问道："我是怎么啦？"

谭邦瑚松了一口气，长嘘一声："毅斋，总算没事了。你得的是爆发性时疫痢疾啊，随同剿匪的大多数将士都得了这种病。"

"这病厉害吗？"

谭邦瑚回答说："时疫，就是一种瘟疫，又谓之天行时疫。你们是饮用了天山雪水所致，为地域型时疫；现在是夏天，又称作暑热疫；症状是邪伏于胃或热灼营血者，可见壮热烦躁，头痛如劈，腹痛泄泻，或见衄血、发斑、神志皆乱、舌绛苔焦等。此疫发病急剧，症情险恶，传染性极强，若一人之病，染及一室，一室之病，染及一乡、一邑。现在，已染及一军。"

谭邦瑚这一说，在场众将你瞅着我，我瞅着你。大家心里明白，如果真是这样，不待与敌军交战，这瘟疫就会把大家的命留在新疆。

刘锦棠虽然命若悬丝，但他的大脑还是清醒的。他清楚地记得，同治二年（1863 年），宁国城里那次瘟疫，几乎使老湘营全军失去了战斗力，在这场瘟疫中叔父差点丧命。他挣扎着力图坐起来，然而力不从心。

谭邦瑚命人将刘锦棠抬到床上，从随身携带的葫芦中，倒出一粒药丸，命人取水，将药丸在碗中磨化，然后，让刘锦棠服下。

驻守满城的金顺、庄伟和汉城的各将领，得知刘锦棠重病的消息，纷纷赶来探望。

服了谭邦瑚的药丸，刘锦棠觉得好多了，见全军的将领几乎都围在他的床边，慌得他断断续续地对守在旁边的几位将领说："金督办，快，快……将部队……隔离！"

一句话提醒了谭邦瑚，他的大脑一激灵，对各位将领说："我去城外建一大营，凡属生病的将士都住进去，严防城内军民相互传染。满城和汉城的将士，未见疫情，迅去后营领取藿香、厚朴、半夏，陈皮、橘叶等药材，混合煮煎，让各营将士每天喝两大碗，连服三天，可防疫情暴发。”

有人问道：“此方行吗？”

谭邦瑚说：“此为正气散方，它能治疗夏季暑湿过盛所致恶心、呕吐、胸闷、食欲不佳、上腹胀满、痰多、舌苔厚腻等症，又能宽胸理气、化痰解郁，解暑祛湿、止呕化浊，适用于湿热引起的诸证。”

金顺作为西征军督办，在刘锦棠重病的情况下，他代刘锦棠说：“各军按谭军医的指令行事，不得有误。”

“金督办，卑职还有一事禀告。”谭邦瑚对金顺说。

金顺说：“军医何事，请说无妨。”

“请督办下令各军在街道煮煎汤药，令城中百姓服用，方可防止疫情在城中暴发。”

金顺问道：“军中有这么多药吗？”

谭邦瑚说：“这真得感谢‘赶大营’做药材生意的李老板了。我军在玉门关时，他的十多车中草药，毅斋让我全买下了。当时，我叮嘱他，还去采购一些药材，速速来疆。估计他的第二趟药材，应该很快就要到了。”

第二天，迪化城的大街小巷，全是西征军当晚架设熬煎中草药的大锅。散发着药味的空气弥漫全城，最先来喝汤药的是一些汉人，他们手中都捧着一只碗，当场喝完汤药后，再盛一碗给家人带回去。

街上出现了一位维吾尔老人和一位汉族老人，两人手中各提着一只篮子，里面放着几只大碗。那位汉人小心地向煎药的士兵问道：“他们也有汤药喝吗？”

“都有啊！”那煎药的士兵说着，首先接过维吾尔老人手中的篮子。

那维吾尔老人胆怯地将篮子递到士兵手中，颤巍巍地站在一旁。士兵认真地给维吾尔老人篮子里的几只大碗，一碗一碗地盛满。

“热和买提！热和买提！”维吾尔老人说着，还来了一个鞠躬礼。

“啥意思？”士兵向旁边的汉族老人问道。

“他说的是‘谢谢’的意思。”

“不用谢啊！”

只见两位老人相互“嘟囔”了一阵，那维吾尔老人竖起大拇指，笑着和士兵说：“热和买提！热和买提！”

一会，城中的各族百姓，男男女女，老少搀扶纷纷围在熬煎汤药的药锅四周，喝下一碗一碗汤药。药汤虽然味苦，但每个人的心里都是甜甜的。

过了几天，得了时疫的千多名老湘军将士，集中住在迪化城外的营帐中，由军医谭邦瑚统一医治，经过几天的服药，大多数人的病情得以缓解。

贪功轻敌金顺败绩，密计巧施锦棠攻敌

金顺心中总有一个解不开的结：刘锦棠率领的这群“民兵”入疆十来天，连克黄田、古牧地、迪化，阿古柏的军队这么不经打，早知这样，我率领的正规八旗大军，何必前怕狼后怕虎的不早些出兵呢？特别是迪化战役一炮成功，刘锦棠捡了一个大便宜。如今，西征军有了可靠的基地，为大军越天山，攻打南疆门户吐鲁番，创造了极为有利的条件。金顺越想越后悔，我要是入疆就动手，这功劳就是我的了。正当他后悔不已时，一戈什哈报：“禀督办大人，副都统额尔庆额，统领吉黑

骑旅到！”

又来了一支正规的八旗铁骑，金顺喜出望外，马上出门迎接。

这额尔庆额，系格何恩氏，字蔼堂，满洲墨尔根镶白旗人，咸丰五年（1855年）从征，以骁勇闻，历迁至委参领。会诸军克狄道，授黑龙江副总管。调山西剿回捻，攻克凉州，赐号法福灵阿巴图鲁。金顺出关时，朝廷命他佐金顺关外军事。金顺从古牧地匆匆至迪化时，额尔庆额与总兵冯桂增没有来得及随行。

额尔庆额一见金顺就说：“督办大人，你打迪化要把我带上啊。现在你把迪化打下来了，真是大功啊，我却没一点份了。”

金顺回答说：“兄弟，快莫说此事了，我也是听刘锦棠的调遣才来的，这功劳全是他的。”

“你是西征大军的第二把手，我们有四五万正规大军，他刘锦棠能攻克的城镇，难道我们就不行吗？”额尔庆额的话里对刘锦棠有些不服。

金顺当然听出了额尔庆额话中之话，心里也是这么想的，但他的忍性好，表面上不去附会额尔庆额说的话，一面说：“老弟，话不能这么说，左中堂是西征统帅，刘锦棠是他选定的前线总指挥，我们必须服从。”金顺还说，刘锦棠昨天剿匪回来得了重病，委托他暂时统领全军。

两人边说边走，一会就进了金顺指挥所。

额尔庆额见正墙悬挂着一幅新疆地图，他就站到地图前，手指北疆说道：“督办大人，刘锦棠这病不知何时才好，老湘军病员这么多，一时也不能出征，西征大业不能因此而停止哟。左中堂确定的先北后南战略，现在阿古柏在北疆的主力已基本消灭，你何不趁机收复北疆西四城（昌吉、呼图壁、景化、玛纳斯）。这样不但没有违背左中堂的战略部署，我军又收复了北疆，为朝廷立了大功。”额尔庆额这番话，明显是怂恿金顺趁主帅重病之时，脱离主帅的指挥，独立于西征大军之外。

金顺也动心了。不过他没有额尔庆额那样嚣张，他以看望刘锦棠的名义，到了刘锦棠营中。

“毅斋，好些了吧？”金顺体贴地问候刘锦棠。

“金将军，谢谢你的关怀，真没想到，西征才开了个头就病了。”刘锦棠对金顺说的是实话。

“是啊，西征战略一旦停下来，就给了敌军喘息之机，你要是不病，老湘军不遇上时疫，收复北疆西四城是指日可待呀！”金顺长叹一声。

刘锦棠猜出了金顺之意，于是笑道：“金将军运筹帷幄，定有收复西四城的高见。”

“毅斋，你休养一段时间，北疆西四城交给我了！”金顺说得铿锵有力。

刘锦棠见金顺对收复北疆西四城如此主动爽快应承，心中咯噔一下，心想金顺太轻敌了，弄不好要吃败仗。于是，他用提醒的口气对金顺说：“督办大人，你切不可轻敌。昌吉和呼图壁两城易取，但景化、玛纳斯可能有一场恶战，守城的余小虎、黑宝才、韩荆农、黑峻、何碌、马有才、海晏、王奇玉、马受等决非等闲之辈，他们还有两万多兵力，战场变化无常，弄不好我军必吃大亏。”

刘锦棠本是对金顺的好意忠告，而金顺听了却觉得有些逆耳。他心想，古牧地、迪化之战我是真心佩服你刘锦棠，但你也没有教训我的资格，我一个堂堂的西征督办，职位比你刘锦棠高，仗比你刘锦棠打得多，收复北疆西四城没你刘锦棠我就不行了吗？他说：“这一点我还是清楚的。”

金顺说完怏怏不乐地走了。

金顺好功的心思，被在场的将领谭拔萃、罗长佑和董福祥都看破。

他们对刘锦棠说："毅斋，唾手可得的功劳你就这么拱手相让？"

刘锦棠苦笑着说："此次收复新疆，需要各路人马齐心协力。你们都看出来了，我湘、楚大军自出关以来，屡立大功，这已让金督办心生妒意。这次收复西四城，他欲立此大功。我现在担心不是功劳不功劳的问题，而是金督办之轻敌思想，可能导致大军失利，你们要迅速做好备战准备，我估计他可能在玛纳斯受挫，我军须立马支援，决不能让余小虎这伙人卷土重来或继续逃窜。"

董福祥说道："毅斋，你这宽敞胸怀，恐怕他不会领这个情。"

金顺回到营中，立即升帐点兵，令副都统额尔庆额、总兵冯桂增、参将桂锡桢为先锋；提督刘宏、总兵张大发、副将方春发为第二队随后跟进；自统一军进攻昌吉；三军依次向北疆西四城进军。出征部署后，他向好友、同为旗人的伊犁将军荣全发帖说明自己攻克北疆西四城的决心。

昌吉、呼图壁、景化三城敌军闻风而逃。金顺大喜，一边向朝廷和左宗棠报捷，一边令额尔庆额、冯桂增继续西进。大本营驻昌吉。

额尔庆额不等后续部队跟上，驱全军急进玛纳斯。

玛纳斯有南北两座城池，分别由黑宝才和余小虎驻守。北城余小虎是陕甘回民，和湘军作战多年，从陕西打到甘肃，从甘肃打到新疆，他很了解湘军战术，是颇知兵法作战经验极为丰富的劲敌。当额尔庆额长驱直入之时，他心中暗喜，令兵士连夜作业，在城外又修了一道城墙，称之为外墙，大炮和火枪架在内城墙上。

额尔庆额一到城下，一阵炮火将外城墙轰塌，他自以为破城，指挥大军发起冲锋。这一下正中余小虎之计，当额尔庆额大军全进了外城墙，回军火炮齐射，把额尔庆额一军轰得焦头烂额。冯桂增阵亡，败军匆忙撤退。

余小虎和黑宝才大开城门冲杀出来，高声喊道："兄弟们，围住这些清狗，全力歼灭！"

两万多回军倾巢而出，紧紧围住额尔庆额，余小虎自以为歼灭这伙官军的机会来了。就在他得意忘形之时，突然他觉得自己的军队一阵大乱，心中一惊！只见三面土黄色的大旗迎风招展，各旗上分书"徐、赵、孔"，一队队的黄衣军团，如潮水般涌来，自己的部队一触即溃。

"徐学功！"余小虎失声惨叫！他和徐学功交手已经不是一次两次了，自从来到新疆后，号称"振武营"的徐学功民团就没有给自己一天安稳日子，时不时地来找麻烦。他偏偏对徐学功这地头虫毫无办法，想不到这个关键时刻，又来给自己添乱了！

来者正是号为"关外三义士"徐学功、赵兴体和孔才。阿古柏侵略军从南疆进入北疆，掳掠屠杀人民。徐学功率领民团，以迪化南山、芳草园、沙山子为根据地，活跃于东至巴里坤、木垒，西至乌苏、玛纳斯，南至焉耆，北至塔城地带，坚持抗击阿古柏达十二年之久。徐学功民团与绥来赵兴体、济木萨孔才、昌吉沈廷秀、奇台张和民团互相呼应，配合作战，兵力多至五千，抗击阿古柏也最得力，曾两次收复巩宁城，保卫迪化城，克复昌吉、呼图壁等地，保卫了各族人民的生命财产，屡建奇功。同治十一年（1872年）七月，迪化都统景廉将徐民团收编为振武营，归总兵张玉春统带。同年冬，徐学功民团在石河一带，袭击了伪装成赴绥来贸易商队的沙俄侵略军，缴获了驼、马、洋货及俄钞二万两。光绪二年（1876年），景廉出任军机大臣，振武营归属荣全麾下。荣全获悉金顺出征北疆西四城，即派振武营"三义士"率军援助。"三义士"没料到，他们还未参战，额尔庆额就败下阵来，若不是及时赶到，恐怕额尔庆额连命都难保了。

振武营一到，战场形势顿时逆转。徐学功亮开嗓门大喊："兄弟们，不要辱了我们振武营的威名，冲啊！”

当还被重重围困的额尔庆额，看到余小虎后军大乱，一时间也不知所以。他从亲兵手中拿过望远镜一瞧，只见一股黄尘，如飓风地向余小虎的回军扑来。“振武营来了，我们得救了！”额尔庆额松了一口气。

“余元帅，徐学功来了，我们撤吧？”黑宝才惊慌地说。

余小虎自觉再战下去，定会捞不到便宜。于是，下令撤出战场。

额尔庆额败给余小虎，又羞又恼，又急又恨，非要狠狠地报复一下不可！然而自己损兵折将，部队损失惨重，失去了反攻的战斗力。即使加上徐学功他们的军力，也难以取胜。他再也不敢轻易进攻，只得等待金顺的大军到来。左等右等，就是不见金顺的影子，他只好将部队驻在城外扎营，监视城内的变化。

再说金顺，原本想独自立一次大功，没料到玛纳斯守军如此强悍，但仗还得继续打。他已感觉到手下虽有二十营兵力，但额尔庆额的五六千人损失惨重，怎么办？他想到了驻扎在北疆的荣全。荣全也是满族人，正宗黄带子弟，手下也是八旗兵，虽然在新疆的资望比不上金顺，但也统兵多年，和金顺也算是同一级别的将领。荣全是伊犁将军，但自俄国占领伊犁后，他一直率兵驻扎北部。金顺在信中与荣全约定，两军在玛纳斯南城会合。金顺求援，荣全自率一千精锐赶来的同时，令徐学功召集河西、五岔的民团军前来参战。这样，金顺的参战部队比玛纳斯守敌多了一倍。

却说玛纳斯南城的元帅黑宝才和北城的余小虎，闻金、荣两军浩浩荡荡向玛纳斯开进，惊慌无措，急召左右商议。忽哨马报到，说官兵离城不到一天路程。余小虎说：“我军兵微将寡，难以迎敌，不如早弃玛纳斯城，绕道奔吐鲁番与白元帅会合，再图大计。”

南城守将韩荆农立起，怒吼道：“清狗远道而来，已是疲倦不堪，我将士以逸待劳，待其抵达城下时，挥师出击，完全有把握击败清狗。”

又有黑峻站起说：“我看现在还不是逃跑的时候，我南城其地险峻，可以自守一年半载，只要入冬，清狗粮草不支，到时不击自退，南城还在我手中。”

韩荆农、黑峻虽然号为元帅，但在余小虎、黑宝才看来，都是一群有勇无谋的饭桶。上次侥幸取胜，只是钻了额尔庆额大意轻敌的空子，金顺此次是有备而来，我们这点兵力和武器弹药装备根本抵抗不了金顺和荣全的进攻。难怪阿古柏和白彦虎瞧不起他俩。

黑宝才悄悄凑近余小虎，轻声地说：“这两人本来就和白帅不和，你要他们去白帅那里，他们肯定不会去的，不必再多费口舌，我们先走，要韩荆农固守待援。”

余小虎听黑宝才这么一说，就对韩荆农说：“韩元帅，你领着众人坚守南城，我和黑元帅前往吐鲁番搬取救兵。”

当晚，余小虎、黑宝才带领部下，从额尔庆额营地突围而去。韩荆农、黑峻、何碌、马有才、海晏、王奇玉、马受等所谓元帅凭险死守南城。

荣全率军抵达玛纳斯北城，有探哨来报，说北城大开城门，城内百姓，扶老携幼，哭声大震，各逃生命。荣全带领亲兵出营，察看究竟，果然如此。他令亲兵带来几个百姓，好言安慰，问其原因，百姓说，守城的余小虎逃跑了，留下的士兵也想寻条生路，于是开了城门，各奔东西。荣全闻言，立即进城。布告全城，凡属投降者让其自行离开。果然，守军全都缴械投降。

北城已克，荣全将部队全部抵达南城，等待金顺到来，再发起攻城。不几天，金顺率部从昌吉驰抵玛纳斯南城，令提督刘宏发驻城南，总兵张大发驻城之东北，副将方春发驻城之东南，营官和振兴驻扎城西。金顺和荣全亲率徐学功振武营驻守城北，将玛纳斯南城紧紧围住。

经过数日准备，金顺和荣金率部发起攻城。金顺照刘锦棠攻城的方式，依样画葫芦。首先一阵炮轰，打得城内城外硝烟腾起，然后指挥大军发起冲锋。

金顺在马上看得清楚，冲锋士兵斗志旺盛，速度很快，他以为胜券在握，有些洋洋得意。就在士兵快要到达城下，听得一阵“哇哇”的叫声传来，一大片士兵不见了。金顺拿起望远镜一瞧，大吃一惊，冲在前面的人全都掉入陷阱，后面有刹不住脚的，也跟着掉下去了。

天空中一发炮弹呼啸着落在金顺旁边不远，一股气流差点将他掀下马来。金顺还没回过神来，只见城门大开，韩荆农领头，发疯的回军骑兵在各自长官的带领下，疯狂地吼叫着，凶猛地朝金顺、荣全这边杀了过来。短兵相接，双方展开了肉搏，官军的火炮失去了威力。

韩荆农执剑在手，大声高呼：“弟兄们，有不怕死的跟我来！杀一个红顶子赏银一百两，杀一个蓝顶子赏银五十两，杀一个勇兵赏银十两！”说罢，呼喊着朝戴红蓝顶子人群奔去。

“轰！轰！”站在城墙上的回军首领何碌、马有才从望远镜中看韩元帅发起冲锋，他俩向炮兵下令，瞄准戴顶子的人群开炮。炮兵担心伤了韩、黑两元帅，何碌不容分说，就是一阵痛骂：“你怕伤了元帅，元帅死得更快。”这最后的垂死挣扎，真还奏效，两发炮弹正好落入那群戴红蓝顶子的官军人群中。

亲兵簇拥着金顺、荣全向后撤退，生怕再受到敌人炮火对主帅的攻击。指挥官一退，官军冲锋队伍出现了混乱。韩荆农抓住时机，向官军猛扑。炮兵营来不及撤退，十多尊火炮全被回军捣毁，这一退就是五六里。

韩荆农虽说是个草包元帅，但他此时还是清楚，双方这次搏斗，都付出了很大代价，但官军仍未伤及主力，倒是自己一方都打得人困马乏，再追下去，肯定要吃亏的。于是，韩荆农下令，火速撤退。

金顺垂头丧气回到大营，荣全进帐说道：“金督办，我看还是要刘锦棠派湘军来支援吧。”

金顺正担心自己攻不下南城，荣全的话让他一下子清醒，他即令一幕僚，以自己的口气，向刘锦棠写了一封求援信。

再说正在迪化养病的刘锦棠，经谭邦瑚精心治疗，身体很快好转。这天，刘锦棠大病初愈，便召集众将升帐议事。

大家正谈到玛纳斯战事时，金顺的信到了。

刘锦棠向送信人详细询问玛纳斯南城战况，沉默了一会。便下令黄万鹏、罗长佑、谭拔萃、董福祥四将，率步队六营、马队五旗，共六千兵勇赴援金顺，指令黄万鹏为总指挥。随行炮营还装备了十多门大口径的德国后膛螺丝大炮、意大利重炮和新改装的劈山炮。

黄万鹏说：“总统领，还是你亲自走一趟为好，金顺从来就没有正眼看过我们这些人，到时攻克不了玛纳斯，他会嫁祸我们。”

刘锦棠苦笑着说：“你们放心好了，我给金顺写一信，他不但不会欺侮你们，会对你们言听计从。汝等用‘擒贼先擒王’之计，玛纳斯南城即破也。”刘锦棠要四将近前，悄悄地嘱咐施用此计奥妙之处。

四将领命，高高兴兴地率军赶赴玛纳斯城。

金顺见湘军四将到来，客气地将他们迎进大营。黄万鹏呈上刘锦棠的信函。金顺拆开一看，大喜道：“毅斋在信中说，他有一计授予四位，可克玛纳斯，请说来听听。”

黄万鹏说：“此计暂时不可泄露，明天阵前只要叫出韩荆农就可成功。不知韩荆农守的是哪门。”

金顺答道：“韩荆农大营在东门。”

黄万鹏道："那我四人就攻东门。何时攻城，听凭督办调遣。"

金顺觉得黄万鹏的话里有一种反客为主的味道，是他指挥我还是我指挥他呢？他们四人应听我的指挥，但黄万鹏自己确定攻城方向，又说听凭调遣，真是搞不懂了。不过，正如刘锦棠料定的那样，金顺对四人是特别尊重，真的是言听计从。

第二天，金顺发出攻城命令，各军依次进入指定位置，湘军四将主攻东门。黄万鹏令六营步兵一字排开，高举刀枪，齐声大喊："韩荆农投降，韩荆农投降！"五旗马队近两千骑兵摇动几百面各色旗帜，步兵在后面为其助威。一时间，玛纳斯南城东门，湘军的呐喊声震荡大地。城中守将韩荆农被这气吞山河的喊声吓得胆战心惊，立即奔上城楼察看究竟。

韩荆农一上城楼，只听得"韩荆农投降"的呼喊声一浪高过一浪，气得他嗷嗷大叫。有识得韩荆农者，对黄万鹏说，那嗷嗷大叫者就是韩荆农。黄万鹏一听，挥动手中令旗，前后步骑霎时分开，隐藏在骑兵后面的十多门大炮，一齐向城楼发出怒吼，韩荆农立时毙命，东门崩塌，湘军步骑冲入城内。黑峻见势不支，以洋枪自毙。

攻克玛纳斯，一路捷报传到京城。军机处大臣文祥铺开新疆地图，用朱笔标记西征大军四个月的进军路线：从肃州至哈密、古牧地、迪化、昌吉、呼图壁、玛纳斯到塔城一线全部连成一片。他发现，阿古柏统治下的北疆所有地区，回到了祖国的怀抱，刘锦棠出关前与左宗棠制定的迪化战役取得了的全面胜利。

文祥和军机处同僚，为这一胜利来得如此之快无不惊讶，完全超越了京城官员甚至两宫太后的想象。

文祥手拿捷报，直奔西太后寝宫。他掩不住满心的喜悦，人还在宫门外，就喊道："启禀太后，喜讯、天大的喜讯，刘锦棠出征新疆，四个月收回了北疆全境。”

慈禧听到文祥送来的喜讯，也不顾君臣礼节，自己迅速下榻，迎到门外。

文祥跪奏道：“臣接左宗棠、金顺、荣全捷报，北疆全境收复。”

慈禧太后说：“平身，快向本宫奏来。”

文祥铺开新疆地图，指着自己刚刚标上去的地标，逐一向太后解释，说到最后，荣全强调了收复北疆的意义，说：“北疆收复，它既遏制了俄军东进的企图，又防止了阿古柏匪帮的北窜。”

慈禧喜笑颜开，对文祥说：“快快拟旨，前方将士一定要论功行赏。还要刊登收复北疆的捷报，让全国都知道这个好消息。”

第七章

战外之战

英俄恫吓李鸿章

发布收复北疆消息的这天下午，总理衙门文牍周馥将当日的报纸送到李鸿章办公室。

周馥小声地说："中堂，报纸上有西征大军的消息。"

李鸿章瞧着报上那"西征大军收回北疆"头条新闻，胃内一股莫名其妙的酸水往上冒，打了几个酸嗝后，满屋子都充斥着酸气。这时的李鸿章真是思潮起伏，难以平静啊，现在大清声威日下，我这个军机、外交大臣，外交谈判中总是落于下风，就有报纸发问骂我是奸佞小人，丧权辱国，而左宗棠在新疆建功立业，获得全国称颂。

周馥是一个忠于主子的人，李鸿章的举止他已猜中八九分，于是悄悄地退出了房间。

现在左宗棠收回了北疆，这一下动摇了英国在新疆的利益。而李鸿章是不愿跟英俄动武的。如果左宗棠领兵挺进南疆，导致英俄联手开战，他担心打不过这些西方列强，最终不但讨不到好，还得给人家赔款。而且思虑到日本正在逐渐强大，加强海防才是当务之急。

越怕事越有事。李鸿章正琢磨着新疆之事如何与英俄交涉，周馥进来低声说道："中堂，英国大使威妥玛在门外求见。"

这威妥玛是一个中国通，他自随英军参加第一次鸦片战争开始，就一直留在中国，快四十年了，参与中英《天津条约》《北京条约》的签订活动。李鸿章已与他多次打交道，早几天，因马嘉理案还与他在烟台签订了《烟台条约》。

李鸿章想威妥玛是老朋友了，就立即起身准备到门外迎接。但还没出门，这威妥玛径直闯进来了，疾声厉色地指责："李中堂，中国所办之事越办越不是，就像一个小孩子活到十五六岁倒变成一岁了；非先换总署几个人不可！我俩刚刚在烟台签订了《中英烟台条约》，马嘉理滇案还未完结，贵国政府不讲信誉，我大英帝国的好友阿古柏遭到左宗棠和他部下刘锦棠的严重打击。"他说着，将手中的《烟台条约》重重地摔在李鸿章的办公桌上。

这是怎样的一个"下马威"呀！李鸿章万万没有想到，一个号称具有"绅士风度"的大英帝国的首席外交使臣，竟连起码的外交礼仪都不顾，竟然对中国政府的军机、外交全权大臣指责，公开干涉中国内政，有血性的中国人都会认为是奇耻大辱，都会拍案而起，提出"严正抗议"，可李鸿章敢吗？他在洋人面前，绝无此胆量。

李鸿章强装笑脸，说道："你先坐下再说，我也是刚刚从报纸上看到的。"

"有什么好说的，不知贵国政府考虑过没有，新疆这样的不毛之地，国家动用这么大的财力，这么多人力与阿古柏作战，必然是两败俱伤。俄国人现在占了伊犁，到时他又会捡个便宜，新疆都是他的了。"威妥玛的话正是李鸿章所想的。

李鸿章长叹一声，说道："大使先生，左宗棠这头湖南骡子的犟劲，我拉不动，恐怕皇上、太后都拉不回来，他认定的事非办成不可。如今他又有了刘锦棠这个湘乡蛮子做帮手，谁也拉不转他们了。"

威妥玛听了，板着脸说："贵国硬要一意孤行，那我国就撤离使馆，断绝一切外交关系，战场上枪炮见高低。这是我国政府的第一个方案。”

李鸿章听出一点门道，既然有第一个方案，那么就有第二个方案，他卑恭地问道：“大使先生，贵国政府的第二套方案呢？”

威妥玛骄横地说道：“我国政府出面调停贵国政府与浩罕汗国的矛盾，刘锦棠既然占领了北疆，那就以天山为界，北疆归贵国政府，南疆归浩罕汗国。”

李鸿章与洋人打交道多年，对洋人的所作所为还是了解得比较透彻，他从威妥玛说的第二个方案中察觉到，英国政府要维护它在新疆的既得利益，同时又要在新疆遏制俄国向中亚发展。李鸿章虽然屈服于洋人，但还没到公开卖国的境地，如是他柔中带刚地回答威妥玛：“大使先生，贵国政府的两个方案恐怕都会遭到那犟骡子的反对，军机处也不会同意。”

威妥玛没料到这个以前在他面前唯唯诺诺的李鸿章会说出这番话来，他心想，这样不行，必须让李鸿章就范。如是，威妥玛狂妄地说道：“浩罕汗国已与我大英帝国签订了友好协议，我国决不会让贵国政府对它动武。”

这种强盗式的讹诈还真让李鸿章一时不知如何答复。

威妥玛见自己的恫吓起到了作用，便说：“浩罕汗国也可作为贵国的属国，不必朝贡。我国与浩罕汗国签订的各项条约，继续有效。”

此时，李鸿章一副落寞的神情，对威妥玛说：“大使先生，你说的几个方案，我本人认为都可考虑，但一定要有圣谕才行得通。鄙人将你的意见转奏皇上、太后，尽量与贵国政府达到一致。”

李鸿章的表态，正是威妥玛需要的结果，因此，向李鸿章抛下一句话：“我静等李中堂的佳音。”他也不再多言语，说完就走了。

真是哪壶不开提哪壶。李鸿章送走威妥玛，还没喘过气来，周馥又来禀报说："俄国大使布策求见。"

李鸿章在心里暗暗叫苦，布策是最近由沙皇派来的驻华大使，李鸿章与他只打过一两次交道。李鸿章最不愿见的外国驻华使节就是这个蓝眼睛，白皮肤，鼻子大挺，眼眶凹陷，说话时蛮不讲理的俄罗斯人。

李鸿章心里清楚，这大鼻子也是为新疆战事而来。"啪！"李鸿章一掌击在办公桌上，愤愤不平地说："都是这湖南骡子惹的祸，他倒好，现在可以说是家喻户晓，名扬天下，而我不但在国人中声名受损，还要和洋人周旋。"他心中越想越气，对周馥说："你去回复一下，说我不在家，改天再见面。"

"中堂大人，还有谁要与你见面呀！"布策不用通报就进了门，大鼻子还真把中国堂堂的总理衙门当成自己的家。没办法，谁让你打不过人家呢。

客已进了门，李鸿章只得强装笑脸迎接："布策大使，什么风把你吹来了呀！"

布策可没有好脸色给李鸿章看，他恶狠狠地说："中堂大人，今天的报纸你看了吧，贵国政府攻占了北疆，我国政府与阿古柏签订的自由通商、旅行、减免税率等五条'通商条约'享受的特权，都得有效。"

布策说出这样的话，厚颜无耻到了极点。俄国强占我国伊犁时说，只因中国回乱未靖，代为收复，权宜派兵驻守。一旦中国政府关内肃清，迪化、玛纳斯各城克复之后，即当交还。如今，整个北疆都收回来了，布策不谈伊犁归还之事，反而要继续保留、扩大与阿古柏侵略者签订在新疆的种种利益。

这大鼻子刚来中国，就对大清总理衙门大臣这样飞扬跋扈。李鸿章从心里厌烦这个没一点修养的大鼻子，外表却不得不笑脸相迎，说道："大使先生，有事好说嘛。"他对周馥说："为布大使上茶。"

布策不但不领情，反而恶狠狠地说："中堂大人，我代表我国政府向中国提出最后警告，假如不执行我国政府与阿古柏以前签订的通商条约，就只能用大炮来发言了。"他说完，甩袖就走。

李鸿章与布策就这样不欢而散。

第二天，李鸿章在廷议上将英俄两国大使在总理衙门的威胁上奏皇上、太后。他说英国人的军舰已开入烟台，俄国的军舰开到了大连，俄国还向伊犁派出了重兵，日本军队借此开始向朝鲜武装挑衅，这些都对大清国构成战争威胁，我大清若与英俄决裂开战，正好让日本人钻了空子。他说："太后、皇上，依微臣之见，停战倒也是个办法。现迪化已规复，在新疆驻守有地，何不暂缓攻陷其他城池，待日后国库充盈，再战也不迟。"

李鸿章刚刚说完，恭亲王奏道："我大清国在外交上不能像左宗棠一样，动辄开战，战则必败，败则议和，和则割地赔款。"他和李鸿章一个鼻孔出气，请求皇上、太后批准左宗棠立即停战。

两宫太后还没开口，文祥站出来奏道："太后，暂缓停战似有不妥，大军压境，又首战告捷，战机不可失，况西征军已进驻新疆，就是停战，照样要吃用，饷银一样不能少，怎能停战呢？"

醇亲王支持文祥，他当面指责李鸿章和恭亲王是出卖祖宗基业的不肖子孙。

战与停，双方在朝议上争得脸红耳赤。最后，慈禧又用折中的办法，由兵部行文，将两派的意见发到地方督抚讨论后再定。

退朝后，李鸿章心中非常的不舒服，他和恭亲王的意图都没有实现，还被醇亲王骂了一顿，真可谓颜面尽丧，还不知道如何向英、俄大使交代呢。这一回他真可谓吃不了羊肉，反惹得一身骚。

左宗棠接到上谕和兵部咨文，上面写有李鸿章和文祥等人对新疆战与不战的意见。左宗棠看了，大骂李鸿章："这个李合肥，宁愿丧权辱国，留千古骂名，也要与我作对，我偏偏要与他争个高低。这攻陷征讨大计绝不能停。"

左宗棠与李鸿章两人的矛盾，几乎到了不可调和的地步。

左宗棠上了一折，把李鸿章骂了一顿，要求继续出战，收复新疆。朝廷批准了他的折子。

李鸿章这次惊醒过来，在两人相争激烈的当下，知道自己是处于下风的。他和左宗棠真是一个天，一个地啊！李鸿章当然不甘心，他准备继续与这骡子争下去。

左宗棠筹饷借洋款

刘锦棠接到朝廷论功行赏的圣旨后，部队更加斗志昂扬。然而，打仗实际打的就是粮饷，边塞作战更是如此。军需官来报，将士来疆后，饷银一直没有解来，已经欠饷一个月了。人一日三餐之需，柴米油盐，粮饷马料，后方的供给，是军事战场的命脉。刘锦棠深知，这场保卫新疆的战争，多方牵涉，已成旷日持久之态，敌我双方攻势进止，都将取决于后方的保障，千里沙滩戈壁，胜负在艰难的运输补给线上。

筹饷肯定出了麻烦，不然军饷不可能不会解来，为防止意外，刘锦棠召集营以上将官开会，诚实地向大家说："军饷没来，我已派镇嵩去左帅那里了，但仗还要打，希望各位以大局为重，稳定部队，做好出征的准备。"

肃州大营，左宗棠和几个幕僚正在一起用晚饭，晚饭依然是馍馍和几样平常的炒菜，几个人慢慢地吞咽着。左宗棠老了，吞咽馍馍实在困难，不得不借助菜汤咽吞，就是这样，有时还是打嗝。这次他一个馍还没吃完，亲兵就进来报告说："大人，刘锦棠幕府罗镇嵩专程送来函件，人在外面等待。"

左宗棠说："快叫镇嵩进来，他是一个难得的才子。"

罗镇嵩向左宗棠行以大礼，说："刘锦棠有信致中堂大人。"

左宗棠对一名戈什哈说："给镇嵩来一份晚餐，我们边吃边聊。"

罗镇嵩接过戈什哈端来的晚饭，一碗糊粥和两个馍馍。这馍馍硬得很，可以说砸到地下可砸出一个坑来。罗镇嵩心想，堂堂西征大元帅，吃的东西与我们这些兵勇一样。让他对左宗棠肃然起敬。

左宗棠问道："镇嵩，你是为军饷一事来的吧？回去与毅斋说一声，我这后勤官当得不好，军饷没有按时解到。不过，我正在想办法，误不了他很久的。"

用过晚餐，罗镇嵩还能说什么？中堂大人与大家同甘共苦，这样的官目前在全国寻得出几个。他对左宗棠说："中堂大人，您放心，我一定传达好你的旨意。"

虞绍南过来说道："季高，我差人先拟草了一个有关当前筹饷的折子。中间写到，如果协饷和国库拨款到不了位，一千万的军饷缺口就只能借洋款了。折中提法是否妥当，你审定后再拜发。"

左宗棠看了稿子，做了一些修改后，奏折发出去了。

朝廷收到左宗棠迪化战役旗开得胜的奏折后，报纸报道了这振奋人心的消息。满朝文武争相阅看，这几天，京官们大都为收复国土而高兴，为西征叫好，盛赞左宗棠选中了刘锦棠这个能征善战的英勇将才。

长春宫里，两宫太后也在庆贺收复迪化。李莲英不愧是一个马屁精，他跪奏道："恰在老佛爷四十大寿的前几天，左宗棠、刘锦棠就收复了迪化，这全是老佛爷的福气惊动了天地，西征大军才打出这样的漂亮仗啊！”

“你这小李子真会说话，难怪我妹妹如此喜欢你。”平日讨厌这个奴才的慈安太后也说了一句言不由衷的表扬李莲英的话。

“户部董恂大人觐见！”

“叫他进来。”慈禧懿旨。

董恂奏道：“启禀两宫太后，再过几天就是老佛爷四十大寿，老臣为筹备老佛爷寿诞，列了一个清单，请两宫太后过目。”

“妹妹，你的事你看着办吧，本宫没意见。”慈安发话了。

李莲英接过单子，递给慈禧。太后凤眼一瞧，董恂为这次寿庆真是花了不少心思，宴席加上长春宫的佛堂、正殿、后殿及体元殿佛堂等地铺设地毯、床毯、帘幔、坐褥、靠背、桌套等三百多件，共需白银十七万多两。慈禧看后，说道：“董大人，你照单子去办吧。”

董恂得了懿旨，高兴地为慈禧筹办寿庆。

左宗棠关于解决欠饷的奏折一到户部，董恂立即转奏两宫太后，并奏道：“太后，国库空虚，如再饬令各部解协饷给西北，将会影响国库支出。左宗棠说国库拨款不到位，他就要借洋款，亏他想得出这馊主意，也不怕外国人笑话我泱泱大国。”一般人见了两宫太后大都有一种畏惧感，可这董恂是道光进士，先后事道光、咸丰、同治、光绪四朝，现任户部尚书，所以他在两宫太后前能如此大胆地说话。

慈禧接过左宗棠的折子，有些生气了，她想修复圆明园的想法已经有五六年了，一直未能实施，“塞防”和“海防”之争，争的都是银两。这下，西征军又催讨军饷，她没好气地将左宗棠的奏折扔到一边，说了句：“西征经费如此浩繁，如何是好？”接着沉默不语，拿眼斜了一下慈安。

慈安明白西太后的心思，就说道："这折子拿到朝会议一下吧。"

第二天上朝，司仪官高喊："有事请奏，无奏退朝。"

户部尚书董恂上前跪奏："左宗棠有催饷之折呈报，现在西征战事已经拉开，前方缺饷严重，各省协饷迟迟到不了位，国库也拨不出饷银，左宗棠提出借洋款，以此解决当前的军饷。此事请皇上、皇太后定决。"

一提到钱，大殿上一片寂静，特别是借洋款一事，文武大臣也不称赞左宗棠了。

两宫太后打破了沉默。先是慈禧发话，说她和慈安两姊妹，为保住祖宗基业，主张左宗棠规复新疆的。现在看来授左宗棠为西征大帅，任命左宗棠推荐的年轻将领刘锦棠为前方总统领，算是选对人了。

慈安接过慈禧话说："西征大军已在新疆开战，战局拉开，就不能停了。饷粮缺欠，要想法子补解，保证前线作战。"

董恂奏道："太后，要补，也得压到各省厘金里，就怕各省抽不出来补给。"

慈安说："都想想办法，战事要紧。没别的办法，总不能停战不前吧。"

大殿之上，一些大臣纷纷指责左宗棠借债辱国，有失大清颜面时，李鸿章一言不发，面含笑容，静观态势。

李鸿章的这副表情，没有逃过慈禧的视野，在一片指责声之后，慈禧开口问道："李鸿章，你意如何？"

李鸿章奏道："太后，皇上，微臣倒认为左大人此举切实可行。"

慈禧深觉奇怪，李鸿章今天怎么了，竟支持起左宗棠来，平时他可是反对左宗棠最厉害的呀。

"为什么？"慈禧问道。

“太后，微臣以为，借贷洋款，以供军饷听起来不好，但细想起来，没有什么不妥，这是为巩固国家疆域，也没什么失颜面的，这样补了欠饷，既解了国库之危，又没误战机，何乐而不为呢？”

掌管户部的董恂反驳道：“太后，向洋人借贷，万万不可。西人非贪重息者不放债也。”

李鸿章却说：“董大人此言极是，但目前情况，已容不得考虑这些了。左大人兵发新疆，首战告捷，士气正旺，他怎会就此罢兵不前？就是太后降旨，左大人未必停兵，还不如顺水推舟，答应他的奏请，也好表明朝廷对西征的态度。不然，朝廷无资支饷，失地拒收，传将出去，洋人非笑我大清泱泱大国，没有钱打仗，连疆土都不要了，那时才有辱国体呢。”

董恂没话说了。

慈禧叹了口气，道：“李大人说得极是，以大局为重，就准了左宗棠的奏请。”

老佛爷发话，没有人敢吭气了。

李鸿章心里暗喜，他的这步棋是想置左宗棠于两难境地，一方面叫左宗棠背上借外贷补军饷的骂名，一方面等厚息聚集、洋人经常催要贷款和利息时，朝廷上下必愤恨左宗棠借了洋资，就是仗打赢了，也负债累累，功劳何在呢？等于左宗棠白辛苦打了一次大仗！他真是老谋深算，看似支持左宗棠，实则比明着反对更狠。他下朝后即给当时在国内影响力仅次于左宗棠的两江总督沈葆桢写信说：“左帅拟借洋款千万以图西域，可为豪举，借贷利息稍轻，至多不得过七厘，各省由额协项下分还，亦未免吃力，何可独诿诸执事耶。”

沈葆桢收到李鸿章的信，果然气愤，上奏驳斥左宗棠借贷洋款，词严义正。

奏折到了慈禧手中，她一看，真是怒火攻心，这沈葆桢明里骂左宗棠，实则是逼皇室出钱做军饷，说到底就是逼着本宫停修圆明园。慈禧非要给沈葆桢一个下马威不可。幸而有相当一部分大臣为沈辩护。朝廷为了收复关外，也就咬咬牙关，于部库拨付四成洋税两百万，再令各省从额定解往西征军的协饷中提前拨解三百万。另外，向外国洋行“准借五百万”。沈葆桢一本奏折，使左宗棠少借外债五百万两白银，也就节约利息三百万两白银。

左宗棠借洋款西征一事传开，国内一大批读书人纷纷向各地省抚上书，痛斥左宗棠给国家增添负担，是十足的奸臣贼子。

左宗棠背负骂名，遇上别人，可能要打退堂鼓了。但他那骡子犟劲，非要犟到底不可。他在营中抽着旱烟锅，一口一口地吐着白烟，对帐下的将领幕僚说：“借，坚决借，骂也是骂朝廷，一个大国，支不出军饷，驱逐不出列强，是天大耻辱。我宁背骂名，也要在有生之年将新疆从匪帮的手中夺回来，让新疆回到国家怀抱里。”

骂声传到西征前线，刘锦棠写信给左宗棠，赞叹道：“中堂此心，与林文忠公可比，大清二百多年来，唯有林、左宗棠两个大器之才。”

左宗棠回信说：“毅斋，你不是一向不奉承我吗？就不要说这话了，我左宗棠所作所为，历史自会公断。在我有生之年，谁也别想动摇我规复新疆的决心，贷洋资能保证军费开支，将失地收回，才是正事。”

左宗棠在举国上下的骂声中，找到上海的胡雪岩，终于借到五百万白银，确保了西征大业。是功是过，后人自有评说！

智斗索斯诺福斯齐

“北风卷地白草折，胡天八月即飞雪”，此句说的是塞外的冬来得早；“五月天山雪，无花只有寒”，此句说的是塞外的冬去得晚。事实情况的确如此。出生成长在南方的人虽然听说过塞外变幻莫测的天气，但许多人从未亲身经历过这种恶劣环境。

刘锦棠没料到新疆的冬天来得特别早。入秋后，南方还是绿茵满目，充满生机，新疆却是寒风肆虐，万物萧瑟，人在野外，寒风像刀子在皮肤上划过。特别是夜晚，寒意袭身，人们早早地钻被窝了。到了仲秋时节，夜晚就要生火取暖，驻在城外宿营的西征大军，不得不进城避寒。

不知不觉，窗外已飘起了密密匝匝的雪花，从灰暗的天空中急速地落向地面，凌空划过无数道弧线，随风旋转、飞舞，犹如从天而降的柳絮，一时间弥漫天空。仿佛天女散花，无穷无尽的雪花从天穹深处飘落，如同窈窕的仙女穿着白色的裙子，用优美的舞姿向所有的生物致敬。刘锦棠望着漫天飞雪的世界，心想左宗棠暂停南征的决策看来是正确的。仅仅一晚的时间，雪花轻柔地覆盖在房顶上、草尖上、树叶上。万物的本来面目被这一场雪悄悄地掩盖住了，将一切变得神秘起来。新疆的严冬已经来临，天山已被冰雪覆盖，在明年仲春来临之前，我西征大军已没有机会翻越天山南下了。

大雪下了整整一晚，大多兵勇躺在土房子的被窝里浑然不知。清晨，出操的军鼓响起。老湘营刘一，动作最迅速，第一个起床开门出操。奇怪的是，门被什么东西在外面挡住了，怎么推也推不动。一旁的尼加提看到后，说：“刘一，昨晚下雪了，门被雪挡住了。”

尼加提为啥到了老湘军军营？原来，老湘军在东南山剿匪时，维吾尔青年尼加提、艾尔肯主动当向导，剿匪结束后，当地各族许多青年纷纷要求参军。两个向导也主动要求投军老湘营，与刘锦棠的族弟刘一、刘二同在老湘营一哨。

大雪堵住了门，刘一有些不相信，还想蛮推，艾尔肯对刘一说："刘兄，屋外全被冻住了，今天出操，千万不能在野外撒尿，你没尿完，尿就悬空冻成冰柱和你的命根连同一起，只要你一敲，命根子也跟着敲下来了。"屋内的一哨兵勇听后哈哈大笑，艾尔肯又一本正经地对众人说："我可不是吓唬你们的呀，出操时你们的鼻子冻得发痒时，不能去摸，一摸就把鼻子也摸没了。"这骇人听闻的话，让这些南方兵勇不知所措。

尼加提笑着拉开还在推门的刘一，说："你不能蛮推呀，看我的。"

刘一站在一旁，只见尼加提门推一下，又关一下，如此反复，人可侧身从门缝而出时，尼加提拿过一把军铲，把雪扒开。原来，西征大军收复迪化，进城紧急收复城池后，来不及喘息，刘锦棠就下令在那些废墟中仿照当地人建房方式，建起了一排排土坯房，以备部队秋冬所需。因为新疆雨水没南方那样丰沛，这些土房子也就没有像南方的屋子一样，砌有阶级和排水沟。因此，这些土房子遇上大雪天，门就被封得严严实实的，屋内的人出门，常常推不开门。

刘一出了门，觉得特别冷，鼻孔都冻住了，他大呼道："天啊，我们在老家哪见过这么大的雪。"

雪花越来越密，在空中无休止地散落着。刘锦棠骑着白马，在一队亲兵的护卫下，走在通往操场的迪化河堤上，两旁红柳挂满了厚厚的积雪，晶莹闪闪。清新的空气、洁白的世界让人不禁眼前一亮，顿感胸中块垒全消。深深地吸一口气，然后徐徐地吐出，在这吐纳之间，感受到了一种彻底的释然。厚厚的积雪齐至战马的膝盖，马蹄一踩在积雪上，腿就陷了进去，行路十分艰难，那嘎吱嘎吱的声音不绝于耳。刘锦棠只觉热血沸腾，拔出军刀，想试试自己康复后的体力，极目四望，终于找到了可供他试刀的靶子，那是沿着河堤生长的一丛红柳。他提刀在手，一声长啸，展开“踏雪无痕”的轻身功夫，双臂一抖，如流星倒泻般飞下马背，脚尖轻点雪面，真似蜻蜓点水。大吼一声，雪花四溅，刹那间，只见一个雪球在雪地上滚动。

“好一身踏雪无痕绝技！”众人惊叹。

“唰、唰、唰！”众人还没完全弄明白哪回事，只见刘锦棠挥刀所到之处，一排红柳齐崭崭地被拦腰削断，横七竖八地躺到了地上。

“好刀法！”众人情不自禁地为刘锦棠喝彩。

“哈哈！哈哈！”刘锦棠返身一跃，稳稳地坐于马上，开怀大笑。

就在刘锦棠冒雪练武之时，离迪化百里外的雪原上出现了一支商队，商队由几百匹骆驼组成，满载着沉重的货物，缓缓地向东而来。

新疆地处西域，当地物资比较稀缺，各种日用品基本上都靠商人来输送，输送的路径主要有三条，一是西路，由伊犁等地的商人越过天山，将物资进入北疆；其次是中线；也就是丝绸之路，这一路主要是以官方贸易为主；再一路就是北面贸易，从内蒙进入北疆。自从北疆被阿古柏侵占后，丝绸之路和北线基本中断，西线贸易便兴盛起来。湘军收复北疆后，“赶大营”的商人随军入疆，丝绸之路通畅，西、北两线基本中断。即使在西线繁忙的时候，商人进出北疆大多集中在夏秋两季，像这种冬季出现的商队还极为罕见。

这支商队有一百余人，首领是陆军中校军官索斯诺福斯齐，身边除了他的十多个亲信外，赶驼人基本是从当地雇来的吉、哈、蒙、维族百姓。

商队越过天山果子沟，他们都没有看见任何牧民。从前几个牧民常驻的地方都已成荒凉一片，牧民们死的死、逃的逃，都扫荡一空，令索斯诺福斯齐不胜感慨，难怪新疆民众对入侵者恨之入骨，阿古柏手段毒辣之极，北疆想恢复元气，真的很难啊！

过了赛里木湖，就是伊犁将军金顺的防区，商队赶驼人变得紧张起来，他们唯恐遭遇到清军，可是他们越担心，事情往往就会成真。忽然，一支骑兵队从东面奔来。

赶驼人个个吓得面如土色，很多人转身要逃，索斯诺福斯齐急忙大喊："不要逃，逃不掉的，大家听我的命令。"

赶驼人战战兢兢，等待噩运的到来，这时骑兵队奔至，果然是一支清军的巡逻队，他们负责巡逻这一片地域，正好发现了商队。

巡逻队正冲上前来，将商队团团围住，大喊道："所有人举起手，妄动者格杀勿论！"

索斯诺福斯齐率先举起手，其他人也纷纷跟着举起手。从着装看，清军领队是一位营官，他挥手令道："给我搜查！"

几十名士兵冲上前，准备开包检查，有的用刀、矛对货物乱捅。

索斯诺福斯齐急急说道："各位兄弟：你们不要乱来，这些袋子里大都是粮食，只有少数几袋盐和糖，本人在去年与左宗棠大帅在肃州达成协议，大帅委托本人为贵国西征大军购买的。"

索斯诺福斯齐走上前，递给营官一个袋子，赔笑道："这是给军爷们的酒钱，请军爷行个方便！"

营官掂了掂袋子，满意地点点头道："我可以不为难你们，但我们金将军有过严令，任何商队都得检查，我不敢违抗军令。你说是给我国西征大军购买的，你有凭证？"

索斯诺福斯齐从随身行囊中拿出他与左宗棠订下的购粮合同，递给营官说："这是左宗棠大帅亲笔签字的合同。"

营官问道："你现在将粮运到哪里去？"

索斯诺福斯齐说："左大帅说了，贵国收复北疆后，就要我把粮食运到迪化，交给西征大军总统刘锦棠。"

营官仔细看了合同，自觉没假，便说道："你们沿着这条路走吧，这里离迪化还有好几百里呢。"

商队继续上路了，踏着厚厚的积雪，向东方而去。

大雪足足肆虐了三天三夜方才停息。天色放亮，第一缕阳光出现在戈壁时，北疆已经成了一个白雪皑皑的世界。湘军总兵谭拔萃、罗长佑带领一队骑兵踏雪巡逻。

这时，一名士兵指着远处大喊："将军，你看！"

谭拔萃、罗长佑打手帘向远处张望，白雪在阳光的映射下格外刺眼，但他们还是看见了，远处出现了一队小黑点。

谭拔萃举起望远镜一望，那小黑点，竟是一支由数百匹骆驼组成的商队，满载着货物，正朝迪化这面走过来。

这支商队，正是索斯诺福斯齐的商队。

自从湘军收复北疆以来，外国商队就很少出现，而且冬天出现商队更是罕见，这还是第一支，真令人有些奇怪，谭拔萃马鞭一指，对罗长佑说道："上去看看！"

骑兵队折道向西，渐渐靠近了商队。"谁是领队，出来答话！"谭拔萃问道。

只见从商队中出来一名三十余岁的男子，正是商队首领索斯诺福斯齐，他见一位将军到来，连忙跳下马，上前将手放在胸上，给谭拔萃行了一礼，用一口熟练的汉语道："启禀将军，本人索斯诺福斯齐，是商队的领队。"

谭拔萃打量他一眼，是一名俄罗斯人，他便问道："你们从哪里来，又要去哪里？运的什么货物？"

“回禀将军，我们从伊犁来，奉左宗棠大帅之令，为西征大军购买粮食，特此送到迪化，顺便还带来了贵军需要的少许盐、糖，请将军通报刘总统。”

罗长佑凑近谭拔萃说：“此人我们在肃州见过，俄军的一个密探。不过当时他与左帅说了，要为我们采购一些粮食，还订了一纸合同，看来可能是真的。”

索斯诺福斯齐取出购粮合同，谭拔萃打开看了看，确是如此。

谭拔萃点点头，心想这商人来得正是时候，这场暴风雪让交通阻塞，军队物资补给困难，盐、糖也正好是军队急需之物。如是，他令人迅速向大营通报。

这几天，刘锦棠正为冬季军需供给发愁，得知索斯诺福斯齐的驼队运粮来了，心中大喜，说道：“我亲自出去迎接。”

坐在旁边的黄万鹏说道：“毅斋，这人不怀好意，他的真实用意一是来刺探军事情报，二是妄图使我们依赖于俄国人的给养，迫使我们在政治上让步。”

刘锦棠对黄万鹏说：“定坤，我与索斯诺福斯齐在肃州有过交往，此人阴险狡猾，我对他自有尺度。”说完，又附耳悄悄嘱咐黄万鹏。

黄万鹏笑了笑，退出议事大堂，依计而行。

“总统阁下，我们一年多没见了，你还好吗？”索斯诺福斯齐在城门外一见到刘锦棠进门，就问候上了。

“好，索斯诺福斯齐先生，现在边境紧张，你还坚持通商，到底有什么生意，这么让你着迷呢？”

“总统阁下，我除干老本行外，这次到中国，主要想和总统做笔生意。”

“噢，和我做生意？”刘锦棠摇了摇头，继续说：“我与你在肃州在左帅那里见面时，你说的是做粮草生意，但现在我可不需要粮草了啊！”

“总统阁下，大雪封道，贵军粮草如何跟得上啊！”

“索斯诺福斯齐先生，我军攻克古牧地时缴获了三万石，攻克迪化时缴获了四万石，从关内陆续运来了十万石啊，现在我已备足了一年半的粮草。明年开春，我们屯垦的部队和当地百姓还可生产大量的粮食，你的粮食我不要了。”

“总统阁下，你开什么玩笑，你们中国人有句俗语，叫作‘打肿脸充胖子’，总统阁下不是这样的人吧。”

“索斯诺福斯齐先生，你要不信，我们明天到仓库看一看不就知道了。”

索斯诺福斯齐不相信地说：“是吗？”

刺探军情？还是来摸虚实？

刘锦棠微微一笑，心里已经明白，眼前这个商人这次不是来做生意的，便说：“如果索斯诺福斯齐有兴趣，我可安排你参观一下。”

索斯诺福斯齐说：“我还是不参观了吧？这些都是军事秘密。”

“没关系，我们是朋友，以前你还帮过我。”

“是吗？这可太好了。”索斯诺福斯齐眼里放出一种光来，随即又装作失望地说，“那么，我这次十万斤粮食的生意就做不成了。”

他还真会伪装。

刘锦棠故意逗他，说：“我们真没想到你真会与我军做粮草生意，故明年我军进攻南疆的粮草都备足了。”

两人正说着，黄万鹏匆匆地跑来禀告：“毅斋，这次运来的一万石粮食还有一部分真的没地方放了，你说怎么办？”

“定坤，莫急。”刘锦棠又漫不经心地对索斯诺福斯齐说：“索斯诺福斯齐先生，与你一同去看看如何？”

索斯诺福斯齐随同刘锦棠来到了古城东南角粮仓，好大的气势，仓库如同演练场排列的士兵一样整齐，一排排望过去看不到尽头。垒在坪中的粮食袋子，堆成了几座小山。

那些守仓的士兵和搬运夫，见了刘锦棠就说："总统领，这些粮放哪啊？"

索斯诺福斯齐被眼前的事实惊呆了。

刘锦棠观察索斯诺福斯齐此时的表情，知道黄万鹏的布局让这红毛鬼信以为真了。

刘锦棠对黄万鹏说："定坤，我要罗长佑、罗镇嵩去安排一下，叫他们几个营腾些营房出来，新疆的冬天这么冷，粮食一般不会烂的。"

"总统阁下，我的那些粮食放哪？"索斯诺福斯齐问道。

"老朋友，我这里真的放不下了，现场你也看了，你就便宜一点卖给城里的百姓吧。"刘锦棠轻松地回答。

"那不行，我与左大帅说好了的。这次是一百万斤，还库存了四百万斤，今冬明春运过来。"

"那你得减价。"

"说好了每百斤运费七两五钱银子，加上收购价每百斤五钱，合八两一百斤。"

"你的运费高了，你的粮食也不是从贵国运来的，全是在伊犁强买的，每一百斤最多给你五两五钱。"

"总统阁下，我要六两五钱才有利润。"

"先生，咱六两成交，再高我就不要了，我与你没订合同。你硬要原价，那你就到肃州去和左帅说了。"

俗话说，"货到地头死"。索斯诺福斯齐终于同意了。他的心中掠过一层阴影，看来我国距交还伊犁的时间不会太长了。

刘锦棠将计就计不但减少了五万两银子的开支，还让这位密探明白了我西征大军的“雄厚物资基础”和收复全疆的决心。

大帅肃州翻古，兄弟迪化聚会

入冬以来，左宗棠一直为军需之事烦恼，闷闷不乐，一接到刘锦棠购粮的行文，终于松了一口气。心情好转，就有了散心的欲望，他对虞绍南说：“绍南，我们还没欣赏过肃州的雪景，今天出去走一走？”

虞绍南说：“季高，难得你有今天的好心情，听说在南城楼赏阅祁连山雪景，乃肃州八景最美之处。”

肃州的冬天比关外的迪化暖和不了多少，零下十几摄氏度的低温。左宗棠与一帮将领、幕僚，在亲兵的护卫下浩浩荡荡走向南城楼，所到之处，兵勇立定，百姓驻足，目视大帅，皆含敬慕之情。

左宗棠在两个戈什哈的搀扶下，高一脚低一脚，踏雪登上南城楼。城楼正对祁连山终年不化的积雪，遥望南山积雪，祁连山银装素裹，如玉屏横亘，突兀高峻，绵延千里。他不禁想起了唐代诗人李白的“明月出天山，苍茫云海间；长风几万里，吹度玉门关”传世之作。

虞绍南正用双筒望远镜观看祁连山雪景，突然，白雪皑皑的祁连山下，猎猎长风卷起三面大旗，一支队伍正朝肃州城开来，他惊奇地对左宗棠说：“季高，王诗正他们来了。”

虞绍南说的王诗正，乃老湘军王鑫之子，他怎么也到这边疆来了呢？原来，在家为刘松山守孝的刘鬲拿着县令差人送来的报纸一瞧，哥哥带领老湘军收复了北疆，真是一个石破天惊的好消息，他在大厅中高声地喊道：“好消息，好消息，哥哥在新疆大获全胜！”

顿时，时刻盼望刘锦棠消息的晏、王、安氏三位夫人，长子国福、次子国禄，安夫人抱着西征出发后出生的国祉，刘锦棠家中的所有家人齐集厅堂。刘鼐把报纸上“西征大军收回北疆”头条新闻连续读了几遍，大家一起分享胜利的喜悦。

大厅里的欢声笑语，惊动了正在后栋陪伴婆婆的刘松山之妻成氏夫人。丫鬟们搀扶着奶奶，成氏随后朝前厅走来，还在大厅后堂就问道：“什么事让你们这么高兴？”刘鼐一听知母亲来了，便说道：“娘！报纸上报道毅斋哥收复北疆了。”

晏、王、安氏三人一见奶奶和成氏，便齐声说：“孙媳给祖母和婶母请安。”

刘鼐将京报递到母亲手中，成氏一看那醒目的标题，逐字逐句读给婆婆听，老奶奶听完后，喜上眉梢，说道：“我早就说过，我家毅斋是白虎星下凡，是一个干大事的人，西征大业非他莫属。”

奶奶的一句话，说得孙子热血沸腾。刘鼐本是刘锦棠的亲弟弟。哥哥在前线为国立下大功，同胞弟弟哪能坐守在家，上阵亲兄弟，他决心随哥哥西征立功。于是，他向母亲说道：“娘，儿子想随哥哥西征，请您允准。”

成氏是一个识大体之人，对儿子说道：“男儿志在四方，不用牵挂家里人，不要辜负乡亲们的期望，一定要打败那些反贼，救救那些可怜的百姓。”有这样开明的母亲，刘鼐还有什么好说的？

无独有偶，过了而立之年的老湘营创始人湘乡县三坊石勘上王鑫之子王诗正，原准备赴京博取功名。当他看到报纸上北疆收复的消息，就想到比自己仅大四五岁的毅斋哥，立下了如此奇功，让国人敬佩不已；又想到世伯左宗棠，这么一把年纪了，还挂帅出征西域，效命疆场；联想到父亲这么大的年龄时，创建了老湘营，纵横多省，转战千里；他再也按捺不住沸腾的心，自己决不能在世袭骑都尉爵位上停滞不前，他决心赴疆。怎么去呢？王诗正想到了拜把子兄弟刘翥和张恒湘。

真是心有灵犀一点通。王诗正、张恒湘几乎同时到达刘翥家中，拜见几位嫂子后，三人凑到一块，就谈起赴疆之事。原来张恒湘也想到毅斋哥帐下听令，为国出力。三人中王诗正年龄最大，刘翥次之，张恒湘再次之。平时有什么需要合作的事宜，总是王诗正先拿出方案，刘张予以补充。

王诗正对两位说："我三人的友谊，不但是父辈情谊的延续，更重要的老湘营老一辈战友的友谊传承。虽为异姓兄弟，但志在同心协力，救困扶危；上报国家，下安黎庶。"

张恒湘说："今毅斋哥在新疆已建奇功，我等大丈夫不与国家出力，要待何时？我父母俱亡，家中颇有资财，用以募勇，与两位兄长同举大事，齐赴西域，如何？"

王诗正、刘翥听后，甚喜。三人商定，齐去县衙和县团练局。取得当局同意，当即在涟滨书院出榜招募兵勇。县人一听到老湘营前辈将领的后代募勇西征，回乡的老湘营前辈和他们的后代，纷纷前来应征。一旬过后，三人募得三营兵勇，各领一营进军西域。

回头再说左宗棠听得王诗正领军到来，似信非信地回答："不会这么快吧，老夫前天接到这龟儿子的信函，估计要五六天才能到肃州，不可能今天就到呀！"

"你自己看吧！"虞绍南将望远镜递过来。

左宗棠一瞧，还真是王诗正的队伍，忍不住心中的喜悦，对众人说："老湘军后继有人啦！走，我们迎接这些后生子去！"

肃州城外的一片空地上，上书"湘"字的五色军旗迎风招展，王诗正、刘翥、张恒湘各领一营并排站立。他们在等待大帅左宗棠的检阅。

湘勇拭目以待，马上就要见到一位传奇式大人物，大多数人的心情显得有些激动。在他们的心目中，一个拜相大员，朝廷大官，应该是威风凛凛，望而生畏的高大无比的威严大帅。

这是一支什么样的队伍啊？有的着长袍，有的穿短褂；有的着棉衣棉袄，有的还是秋季短装；看上去真不像一支就要上战场的军队。要说像一支军队的话，那就是每个人上身套一个号褂。这支队伍全是三个年轻后生招募而来的，在湘乡出发前，由于资金不够雄厚，没法为大家置办军服，王诗正就想到了父亲初募湘勇，用褂子充当军装的办法。兵勇穿上，尽管里面的衣服不一致，外面有统一花色的背心，兵民也就稍微分得清一点。

一会，只见旗锣开道，一队亲兵护卫一顶八乘大轿，从肃州城门鱼贯而出，苍白冷漠，严峻孤苦，滴水成冰的肃州有了生机。到了近前，左宗棠在两名戈什哈的搀扶下走出轿子。被接见的兵勇心里一下子凉了半截，还真有些令人遗憾。有的兵勇在心底自问道："这个老头子能收复新疆吗？"

左宗棠望着眼前这支队伍，眼泪慢慢地流下来，挂到了胡须上，很快结成了冰珠，日光一照，格外耀眼。他心底在说，多好的年轻人啊，为了民族疆土，他们别离家人，不远万里来到这陌生的地方。他又哽咽地对身旁的几名戈什哈说："这些后生进城后，让大家好好歇息几天，都给他们换上冬季军装。"

"遵令！"几名戈什哈齐声回答。

左宗棠和兵勇见面后，部队正式进城换发湘军军装。俗话说："人要衣装，菩萨要金装。"这支队伍昨天看上去还是稀稀散散，不成体系；今天换上军装，整齐利落，刀枪闪光。

当晚，左宗棠通知王诗正、刘翥、张恒湘入行辕叙谈。三人入了行辕，“唰”的一声，一齐跪在左宗棠面前：“晚辈拜见世伯。”

左宗棠眼含热泪颤声说道：“三位贤侄，快请起来。”

左宗棠分别扶起三个年轻人，突然想到自己的四个儿子，三十五岁时大儿子孝威才出生，儿子七岁时，他离家到长沙当幕僚，此后戎马生涯，与家人聚少离多。奉旨督办新疆军务时，孝威随军来到军营，准备随同大军出关时，因为水土不适，感染了风寒，等送回家后，已经是没法医治了，其他三个儿子已经六年没见面了。如今，三个老朋友的儿子带兵上前线，他更想去世的孝威，胡须上挂满了泪珠，眼里的泪水还在不停地往下流。

左宗棠表现出来的悲哀，三人一时不知所措。还是王诗正反应较快，他立即上前说：“世伯，愚侄惹您老生气了？”

“一见到你们能带兵打仗了，老湘军后继有人了，我替三位老友高兴。”说着，又长叹一声，说：“你们都大了，老夫的日子不会太长了。”

“世伯是大清国汉员当中活着的一位德高望重的侯爷。就算您老厌倦了人间的鞍马劳顿，阎王那里也不敢随便收留啊！谁不知道阎王爷官衔也比您低呀，他不能不想到，您老当真去了他那里，不明摆着要夺他老的饭碗吗？”

左宗棠被王诗正的一席话说得边咳边笑，脸憋得通红。

王诗正吓得急忙把他扶起来，说道：“世伯，笑不得！世伯，笑不得！”

左宗棠缓过气来，说道：“你这龟儿子，你真是得了王鑫的真传。罗泽南众多弟子中，你父亲是才思敏捷，口若悬河，讲起话来滔滔不绝，只要他一开口，身边就要围一堆人。”

“世伯，您老是夸我还是骂我啊。”

“你龟儿子这样问，老夫就与你们翻一翻老湘军的古。”

张恒湘说："世伯，您与俺爷老子也是深交，见了您就像见到家父一样，俺对父辈的事知之甚少，请您老人家就与我们说说吧。"

左宗棠捋了捋胡须："先说王老弟，他不仅有才能，而且是个实干家，办团练的资格却比曾国藩还要老。湘乡县办团练的人，若要论资排辈，他当名列第一。曾国藩在出任湖南帮办团练大臣的时候方才接触团练，而那时他已是湘乡县有名的团练专家。曾国藩奉旨出任湖南帮办团练大臣，首先想到借重王鑫的团练作为自己的基本力量。曾国藩提出要收王鑫为弟子，特意将一套《二十三史》赠给王鑫。"

左宗棠喝了一口茶水，问一旁的张恒湘："想做别人的老师，不要学生送礼，反而先生先送学生礼品，你说这学生怎么办？"

张恒湘不知如何回答，停了一会才说："我父去世时，留下一套《二十三史》，说是王叔叔送给他的，该不是这套书吧？"

"哈哈！恒伢子啊，你说对了，王鑫把这套书送给你父了。王鑫还说了一句让曾国藩大丢面子的话：'吾师只罗山一人！'"

三个年轻人可不知前辈们这些往事，今天听起来觉得很新鲜，在旁边一齐大笑。

左宗棠也来了兴趣，继续说道："咸丰四年（1854年），王鑫已成为湖南巡抚骆秉章的一员大将，老夫也在骆幕府当师爷。这样，我和王鑫不但是亲密的朋友，而且在各种场合配合默契。曾国藩在岳州连吃两个败仗，与之形成鲜明对照的是王鑫，他率部下数百人在湘潭城郊，见到从湘潭败退的太平军向湘乡逃跑，立即率部截击，追贼至云湖桥，杀贼四十二名。第二天又杀贼三百余名，生擒二十余名。后来曾国藩被困江西，受尽太平军的折磨。曾国藩向巡抚求救，老夫派王鑫支援，他在江西战场不仅对敌勇猛逾常，运筹帷幄的水平也极为高明，太平军对之极为忌惮，至以'出队莫逢王老虎'为诫。"

左宗棠说到此，凄然泪下，哽咽地对王诗正说：“可惜，尔父英年早逝，留下一支称之为‘老湘营’的军队，发展成今日的西征湘军。”

“老湘军的创始人虽然死了，但这支军队虎威不倒。咸丰十年（1860年）冬，太平军为解安庆之围，发起了第二次西征，李秀成带两万人突然窜入羊栈岭，这一招命中曾国藩死穴。因为羊栈岭距曾国藩的祁门大营仅六十余里。祁门防守兵力单薄，他的身边仅有三千余人，而太平军却是人多势众。当时，曾国藩料定难以活命，连遗嘱都写好了，向弟弟曾国荃和曾国葆妥善安排了后事。”左宗棠也像一个说书人，说到曾国藩危机之处，也故意卖弄一下关子，不说了。

“曾帅后来怎么样？”年轻人齐声问道。

左宗棠笑一笑，说“你们的父亲都是好样的，在此危殆之际，幸有张运兰、刘松山两位湘军悍将据险凭守，奋勇护卫曾国藩大营的安全，李秀成所部被迫退出羊栈岭。”

……

左宗棠翻了半天的古，也觉得累了。

王诗正非常聪明，一下子就看出了左宗棠精神不佳了，于是，转换话题说道：“世伯，我们什么时候出关？”

“现在大雪封道，行军艰难，你们行吗？”

“行，我们队伍中大多数人出身贫苦，吃得苦，耐得劳，霸得蛮。您老放心，我们争取除夕前到达迪化与毅斋哥会合。”一直很少说话的刘肅斩钉截铁地回答。

“好！”左宗棠“啪”地一下站起，完全没有了那老态龙钟的迹象，他豪气十足地说：“老夫以你们几位侄儿引以为自豪，收复新疆的战争没有退路。这不是一般意义的决胜负，是一场维护民族尊严的战争。这是为祖国的统一和完整而战，湖湘子弟由冷血变得沸腾，怯懦者变成了红眼的怒狮。在血雨腥风中冲锋陷阵，追求和捍卫正义战争精神，实际上也是在重塑自己的民族精神。”

大帅这番话激昂慷慨，三位年轻人毕恭毕敬地站着聆听。

左宗棠命一名戈什哈端上四大碗酒，他首先擎酒在手，亮开嗓门高声说道：“小伙子们，英、俄夺我河山，老夫已向国人夸下海口，不收复新疆这块祖宗基业，我死不用椓！老夫余年不多，你们这帮年轻后生，看得起我这老头子，我的夙愿能否实现，就靠你们了！”左宗棠说的“椓”，即棺材也。

三个年轻人庄严地将酒倒进嘴里，齐声回答：“请爵相大人放心，晚生们此次出关，已抱定宗旨一条：不收复新疆，剿灭外来侵略军，誓不回乡！”

一个难得的雪后晴天，迪化城外，刘锦棠和黄万鹏、谭拔萃、董福祥等一班将领站立在一处高地上，眼前的山岳峰峦，被冰雪层层包裹，虽然没有关内大西北的那种苍凉粗犷，却在冰雪世界惊艳绝伦，温婉静谧。眺望远处的天山，银装素裹，分外妖娆，呈现万树银花的盛景！刘锦棠一点心情也没有，他向站在自己身边的提督黄万鹏问道：“罗长佑有消息来吗？”

“还没有。”

黄万鹏的答复，让刘锦棠的心情有些焦急了。早在一个月前，他接到了左宗棠的函件，说王诗正三人从湘乡新募三营兵勇来疆，除夕之前到达迪化。眼下离除夕只有几天了，派去迎接的罗长佑也出发两三天了，至今没回音，他心里直嘀咕，今天应该到了吧！

谭拔萃猜中刘锦棠八九分心思，说道：“毅斋，不用想了，他们肯定一路平安，只怕是这几天大雪封道，他们走得慢一点，如果有事早就来讯了。”

刘锦棠不担心是假的，三营兵勇全是湘乡人，很多都是瓜棚搭柳叶的亲朋好友的后代，其中一个带兵的还是自己的亲弟弟。不过，刘锦棠已经是统领大军的将领，喜怒哀乐的感情不会随便流露。他便问董福祥：“我要你办的事，都准备好了吗？”

“一切都办妥了，就是不知道他们什么时候到。”董福祥回答。

东南方的戈壁尽头，出现了一个黑点。很快，人们就能辨别出，那黑点是一快骑，战马驰骋，四蹄卷起地上白雪飞溅。队伍中有人眼尖，说：“来人是罗长佑军中的亲兵。”

众人一听，肯定是湘乡三营兵勇来了，大家策马上前迎上前去，只见来人滚鞍下马：“报！三营湘乡兵勇很快就到。”

刘锦棠从望远镜中看到，果见前方戈壁峡谷中，雪花起处，一彪人马，风吹旗号，正是自己等待的兄弟。他转身对董福祥说，快回去准备。

对方也发现了迎接他们的队伍。刚刚看到的还是蠕动的队伍，一下子变成了狂奔的长龙。两军会合了，众皆大喜。在弥漫亲情、乡情空气中，大家欢呼雀跃，也有人相互拥抱，脸颊流淌着泪水，那种久别重逢的亲情无法用语言来形容。

迪化城外的官道上，两旁摆下了几千只酒碗，董福祥与驻节城内的一应文武大小官员，冒着呵气成霜的严寒，把盏站立迎接湘乡兵勇到来。

兵勇行至，一人一碗，刘锦棠命人上酒，焚香一炉，对众道：“各位兄弟，你们从湘乡来到新疆，今非昔比，我有片言。今日既是大军相会，必须对天盟誓，各无异心，生死相托，患难相扶，一同保国安民，驱除侵略者，收复我大清江山。”说毕，一饮而尽，掷碗于地。

兵勇齐饮，大吼道：“收复新疆！剿灭侵略军！”

大军入城，安顿完毕。刘锦棠命人杀牛宰马，遍劳诸军。

王诗正、刘翥、张恒湘吃了晚饭，齐往刘锦棠行辕。

刘鼐说了兄长别家后，几位嫂嫂团结友爱，尽职尽责照顾奶奶教子理家。刘锦棠听后，心中自然欢喜，他在前线没有了后顾之忧。

三人又将一路跋山涉水，你搀我扶，一步一步地行军赶路，有的两脚磨出水泡，用随身带来的“马尾”穿泡放水，再用盐水冲洗一下。抵驿站后，一碗水或面汤，嚼着自带的干粮，能吃饱就很满足。一天行军，人已疲惫不堪，躺倒便沉睡过去。途中病倒的，留在驿站休养，病愈后，结伴再行。途中之艰难，说来难以置信。

迪化城内，兄弟重聚义，龙虎会风云，四人好生欢喜，当晚谈了半宿才散去。

得道多助，失道寡助

回头再说西征大军收复北疆后，坐镇库尔勒洪福汗国行宫的阿古柏大发雷霆，见了谁都暴跳如雷，拿起鞭子就抽，宫中男女一个个怨声载道。

这天，他刚抽打完一个妃子，怒气未消，就有哨探来报：“汗王，大通哈金相印领着白彦虎、马人得、余小虎等人求见，正在宫外等待。”

阿古柏怒不可遏地说：“让这帮混蛋滚进来。”

金相印这伙人都是垂头丧气的样子，跪在阿古柏脚下，说：“汗王，小的该死，北疆全丢了。”

阿古柏勃然大怒，厉声叫道：“把金相印捆了。”

武士得令，如饿虎般扑上来，将这个平时作威作福的大通哈捆得结结实实。

阿古柏痛恨地说：“拉出去砍了。”

这下可吓坏了正跪着的白彦虎、马人得、余小虎，他们像捣蒜一样磕头哀求：“汗王息怒，饶了大通哈吧，不是我们无能，实在是刘锦棠小子太狡猾了。”

此时，阿古柏次子海古拉、大将军海古尔、副大通哈爱伊德尔胡里也来到宫中，一见此状，立即跪下替金相印求饶。

阿古柏怒气未消，高声训斥道：“一帮饭桶，都给我起来，金相印死罪免了，降为庶民，交出兵权，永不复职。”接着对爱伊德尔胡里说：“你来出任大通哈。”

金相印磕头，说：“谢汗王不杀之恩。”然后退出行宫。

阿古柏命一班人重新坐下来，商议退敌之策。

新任大通哈爱伊德尔胡里说：“汗王，小的认识一位浩罕奇人昔班尼，他就住在库尔勒，手下众多弟子中，有克汗烈、贾尼克、阿布海尔、穆罕汗默德几个身怀绝技的门徒。汗王可把他宣来，潜入迪化，杀了刘锦棠，一了百了。”

阿古柏一听，觉得此计甚好，立即下令：“宣昔班尼进宫。”

少时，昔班尼进宫。此人顶上光秃，卷嘴，尖耳，金甲，红袍，全身甲胄，十分轩昂。见了阿古柏，双手抱拳鞠躬，说道：“小人昔班尼，旁人都叫我尼进宫，拜见汗王。”

古柏见他生得奇异，问道：“尔有何等本领？”

尼进宫说：“汗王可否到宫外一见？”

几个生得怪异之人在宫门外坪中候着，尼进宫说：“他们都是小人的徒弟，各有一番本领。”说着，手一招，一个面如黑漆，眼露光华，长唇大耳的怪人提三尖刀，牵一匹金眼驼，将刀和缰绳递给尼进宫。

只见尼进宫跨上金眼驼背，左手在颈上拍一下，那驼四足就起风云。尼进宫舞动三尖刀，插入坪中一块千斤巨石下，大吼一声：“起！”

挑起那巨石丈余高，巨石落下来，地上砸出一个大坑。

阿古柏鼓掌说道："将军神力啊！"

尼进宫对那牵驼的怪人说："克汗烈，给汗王表演一技。"

克汗烈轻功了得，纵身跃上坪中一棵数丈高的大树，脚下使劲，只见大树若遇狂风一般，呼呼摇摆，树叶落满一地。

又一徒弟贾尼克是个矮小子，这家伙长得粗鼓墩墩，舞一大刀。他高声叫道："看我的。"说着，喷出一道黑烟，笼罩其身，人在烟中，烟随人滚。整块大坪硝烟腾起，所到之处，沙石滚滚，刀光闪闪。

阿布海尔、穆罕汗默德，各持一杆长枪，朝空中一放，两只大鸟落于坪中。

阿古柏大喜，设酒招待。

宴席中，爱伊德尔胡里说出到迪化行刺之事。尼进宫不假思索地回答说："汗王，此事包在我师徒身上，绝不让这人过了他们的汉人年。"

"将军若能成功，本王赏你万顷土地。"阿古柏许下重奖。

再说自北疆收复以来，来疆的人不绝于途。西征军大本营设在迪化，这座古城出现了空前的热闹。年关时，城内虽然仍有阿古柏侵占后留下的伤痕，但经过大半年的恢复，商贾云集，店铺遍布，采办春节货物的人们喜气洋洋，军民都沉浸在节前喜悦之中。

刘锦棠作为一个军事家，他知道越是节日，越要提高警惕。除夕前几天，他就向城外三十里派出了四支巡逻队，分别巡查四方。正在南面山谷巡逻的谭拔萃、董福祥，猛听得"嗒嗒嗒嗒"传来马蹄响动，两人大吃一惊，急忙举起望远镜观看。顺着山谷来了一支马队，足有三十多人。马队后面还押着几辆马车，车上装着箱子、篮子、大小包袱，看样子还有吃食。这些人有的骑着马，有的骑着驼，年纪、衣着各有不同。谭拔萃看着看着，禁不住笑了。为什么？他见其中有穿长袍短褂的，有穿戏装蟒袍的，还有穿花花绿绿女人服装的，真是奇形怪状，丑态百出，一看就知道不是好人。走在前面的金眼驼上端坐一人，犹似金刚。在他的身后，有四大青骡子，上边坐着一个矬小子。眨眼间，这支马队来到巡逻队前。为首的那个人向大家一摆手，马队全站住了。

谭拔萃令人问道："你们是什么人？从哪来，去哪？"

锉小子驱赶着青骡上前回答说："我们在吐鲁番被浩罕人赶出来，准备去迪化城投亲。"

"车上装的啥？"

"全是做小本生意的物品。"

谭拔萃盘问那些人时，董福祥紧紧盯着这一帮人，模样长相都看得清清楚楚了。那个骑金眼驼的人，就像扮演阎王跟前的夜叉；那个黑黝黝的矮锉子，两道刷子眉，一对小眼睛，射出两道贼光；一个骑白马的，凸鼻梁、方海口、燕尾胡须，敞怀赤臂，露出一身黑色腱子肉，看岁数只有三十挂零；那个穿女人服的小子，粗看男女难辨，细瞧这家伙满脸横肉，左肋下挂着一口翘尖儿压把鬼头刀，傲气十足，走起道来一摆三晃；还有一个戴虎皮大帽的人，脑袋像个蹲在腔子上的大肉球，额角长着两个肉包，冷眼一看，好像长着两只短犄角；更有一个披大红中衣，一条裤腿长，一条裤腿短，腰里别着一把铸铁大宝剑。真好像登岸的海怪，出世的妖魔，实在是太难看了。

这伙人正是阿古柏派来的刺客，金眼驼背上的那位就是尼进宫，骑青骡的是贾尼克，骑白马的是克汗烈，不男不女的是阿布海尔，剩下的那个是穆罕汗默德。其他的人也是尼进宫的徒弟或雇佣而来的不逞之徒。

董福祥部悄悄地对谭拔萃说："这伙人贼眉鼠眼，一看就知不是善辈，我们在这里收拾他们，还是放进城去收拾？”

谭拔萃说：“福祥，我们只一哨人马，对方可都是亡命之徒，在这里收拾，我们占不了便宜，不如放过去，速告总统领，在城内歼灭。”又向董福祥使了个眼色，说：“那矮锉子好像要动手了。”

双方到了剑拔弩张的时候，尼进宫还是一个识时务者，他明白自己的任务是杀刘锦棠，在这里动手，即使占了上风，自己这伙人就进不了城，刺杀刘锦棠岂不成了一句空话。于是，他赶紧过来拉住贾尼克，满脸赔笑地说：“各位官爷，请你们抬抬手吧！我们真是投亲的过路行人，囊中没有分文。实不相瞒，一天还没吃东西呢！请官爷关照关照。哈哈哈哈！我这厢有礼了。”说完，对着谭拔萃、董福祥抱拳作揖。

谭拔萃怕出意外，也就哈哈大笑地回答说：“你们走吧。”他这么做，可不是怕他们，这叫请君入瓮。

尼进宫洋洋得意，自以为蒙混过关，不知谭拔萃早已派人进城，告知了主帅，一张天罗地网正在等待他们。

刘锦棠接到谭拔萃送来的消息，带领余虎恩、陶鼎金、席大成、张春发、汤仁和、谭上连、萧元亨、戴宏胜、陈广发诸将和一班军中高手，前往城门口拦截这伙来历不明之人，同时令黄万鹏坚守大营，崔伟做好近距离的炮击准备。布置妥当，就等鱼儿进网了。

刘锦棠布好口袋，那支来历不明的队伍就到了眼前。“好快呀！”众将心里都在暗暗地说。

老湘营中维吾尔族兵勇尼加提一瞧，马上对刘锦棠说：“总统领，来者都是浩罕人。”

“你能肯定吗？”刘锦棠问道。

军中又一维吾尔族兵勇艾尔肯说道：“我以前见过那骑驼的浩罕人，他叫尼进宫，是个杀人不眨眼的魔鬼，他杀了我们好多的同胞。听说他骑的那驼，上阵打仗时，还能腾云驾雾，万马军中可取敌方人头。”

艾尔肯本是想把自己以前看到的听到的一些情况告诉总统领，不料这一番话却激怒了军中虎将余虎恩。

余虎恩怒冲冲地说：“今日，本将要这魔头尝一尝俺大刀的味道。”不待说完，就领一队骑兵迎上前，大呼道：“来者何人？”

尼进宫见这严阵以待的阵势，知湘军有了准备，眼下已是进退不得，只得硬着头皮上前答话：“我们是从南面过来投亲的百姓，请官爷放行。”

余虎恩说道：“尔车上何物，检查后方可放行。”说着命身旁亲兵驱马上前去。

此时，尼进宫身后上来一人，附其耳旁说：“后面那个骑白马的就是刘锦棠。”他朝刘锦棠一望，好一个年轻将领，头戴虎皮寒帽，身穿宝蓝色皮袄，绛紫色的中衣上书一个“湘”字，蹬着一双抓地虎快靴，鞍子左旁挂着马鞭，右旁挂一把火药快枪，手握一把关公大刀，足有五六十斤重，英雄气概令人敬佩。尼进宫好像看到，刘锦棠那锐利眼睛射出的亮光，已经穿透自己的五脏六腑，不觉全身一颤，自感大祸临头。但他还想作最后挣扎，刺杀不了刘锦棠也要拼个鱼死网破，于是回头向部下使出动手的眼色。

紧紧跟在他后面骑青骡子的矬小子贾尼克，最先领会尼进宫的意图，只见他一鞭抽动，青骡凶猛地朝亲兵扑来，一声怪叫，口中喷出一道黑烟，只见黑烟滚动，不见其人，前去检查的亲兵还没反应过来，黑烟滚到之处，人就没了，一下子就死了好几个。众人大惊失色。还是刘锦棠镇静，他朝余虎恩大喊：“快快退回！”

为时已晚，余虎恩被黑烟熏得双目流泪，眼前一片漆黑。矬小子转到他身后，一刀砍来，余虎恩眼冒金花，几乎坠下马背。幸亏他反应迅速，一个鹞子翻身，跳出数丈远，可怜坐下战马，死于匪徒之手。

刘锦棠大惊，向前排快枪手下令："开枪！"

令声落下，枪声响起，烟雾翻滚的矮锉子怎挡得住火枪，一命呜呼归西去了。

湘军将士奋力上前，拼死将余虎恩抢回军中，刘锦棠命人抬回大营救护。

枪声响起之时，尼进宫胯下的金眼驼，四蹄奋起，那畜生真有腾云驾雾之本领。更有那骑白马的克汗烈，纵身跃起数丈，持一砍刀，紧随尼进宫向刘锦棠直扑而来。

第二阵排枪打过去，那伙浩罕人又倒下几个，余下的纷纷从车上取下兵器，紧随尼进宫、克汗烈舍命杀来。

站在远处的浩罕神枪手阿布海尔、穆罕汗默德子弹上膛，枪口指向刘锦棠。霎时间短兵相接，一片混乱，他俩失去了射杀目标，稍一犹豫，湘军的炮弹呼啸而来。阿布海尔、穆罕汗默德第一反应就是保命，迅即掉转马头，从原路落荒而逃。

没人料到的是，尼进宫的金眼驼身高五六尺，浑身披着细密的鳞甲，利爪如刀，一根灵活的尾巴如幼儿手臂一般粗细，尖端锐利如枪，身上散发着强烈威压。它在跃起时发出"嘶！嘶！"几声怪叫，好似从天而降，落地之后巨大的惯性使得地面一颤，路面龟裂，令人胆寒。它落地之后，利爪横切，直接攻击刘锦棠。

刘锦棠在躲开了金眼驼攻击的同时，手中的不到两尺长的倭刀瞬间刺在金眼驼的颈下。这倭刀不是凡物，它本是戚继光在抗击倭寇时特配的腰刀，刀锋犀利无双，削铁如泥，切金断玉，无物不斩。但此刀刺向金眼驼颈下时，却无法洞穿这畜生的皮甲。

金眼驼遭此一击，那如灵蛇一般的尾巴向刘锦棠头颅刺来。

"叮当！"一声脆响。刘锦棠在闪躲的同时挥刀横切，刀锋与那如枪一般的尾尖发生撞击，立时便感觉到了一股大力传来。躲过金眼驼尾巴，克汗烈的砍刀又到眼前，白马撤步闪身，刘锦棠接架相还，与他们战在一处。

刘锦棠和这伙人畜交手之间，接连几声惨叫，身旁的几个亲兵被击杀。

眼看刘锦棠要吃亏，众将挥军赶来参战，将尼进宫、克汗烈和那群安集延人团团围住。这群匪徒毫不示弱，挥舞兵刃，拼死挣扎。

混战中，湘军的炮火、火枪无法发挥作用，只听到种种冷兵器的撞击声和双方死亡人员的惨叫声。

陷入重围的尼进宫醒悟过来，接受阿古柏刺杀刘锦棠的任务，是自己寻找的死亡之坑。现在，自己和一班弟子已经到了这坑的边缘，怎么办？如何离开？尼进宫脑子一片混乱。

此时，刘锦棠非常清醒，他一面指挥战斗一面大喊："尼进宫，你们走投无路了，快投降吧！"

尼进宫更加慌乱，他怎么知道我的名字呢？他也大喊道："刘锦棠，老子只要杀了你，汗王就奖给我万顷沃土。"真是财迷心窍，临死前还想着阿古柏开出的空头支票。

激烈的枪声惊动了城内的民众，有人大喊："浩罕人来了，我们助战去啊！"

得道多助，失道寡助。正义，唤起城中百姓，他们不分民族，男女老幼，有的拿刀枪，有的拿起木棍、锄头，铁铲、耙叉一齐涌出来。

浩罕匪徒哪遇到过这种场面，人山人海，还有那金锣、金钞、大鼓、铁盆一齐奏响助威。什么是人民战争，这就是！维护正义的人民，满腔热血汇成滚滚江河，将一切邪恶葬身汪洋大海。

尼进宫胯下的金眼驼，被这天人共怒的吼叫吓得失去了神力，驼着主人在原地团团乱转。

突然，天空中一张大网当头罩下。

“不好！”尼进宫催动金眼驼跳出大网。

不待逃出大网的金眼驼立稳，湘军中陶鼎金、席大成、张春发、汤仁和、谭上连五员大将，各举兵器杀过去。

谭上连举刀向尼进宫猛劈过去，这一刀，力有千斤，如果是旁人遇上，立成两半。尼进宫躲闪开来，那刀落在金眼驼背上，吃痛之下的金眼驼仰天长啸，居然发出一声类似于人类的呼喊之声。受伤的猛兽是最危险的，它那灵蛇般的尾巴猛地刺向攻击它的人。谭上连在第一时间就以最快的速度躲开它的攻击。

克汗烈和一些同伙在大网中挣扎，西征军兵勇就像操场练刺一样，上百杆长枪向着一个目标刺杀，只听得一串惨叫声，网中匪徒全都死于乱枪之中。

又一张大网撒下，余下的浩罕匪徒无一漏网。

跳出网外的尼进宫，企图催动金眼驼逃出包围圈，一切努力，都是枉费。这畜生被谭上连一刀砍中后，也身受创伤，似乎感到自己的死期到了，渐渐没了那股冲劲。主人拼命鞭击它逃离包围圈。畜生终归是畜生，主人的过激行为，适得其反，金眼驼失去了理智。只见它就地一滚，将背上的主人压迫在腹下。真应了“自食其恶果”之言，尼进宫就这样不明不白地死在自己的宝骑之下。又一阵排枪打过来，金眼驼再也没站起来了。

这就是邪恶的下场。

胜利的军民发出声声呐喊，响彻长空，震撼大地。

刘锦棠大传

谭运良 谭 华◎著

下

SPM 南方传媒
广东人民出版社
·广州·

图书在版编目（CIP）数据
刘锦棠大传 / 谭运良，谭华著 . -- 广州：广东人民出版社，2024. 9.（2025. 8 重印）--ISBN 978-7-218-17697-0
Ⅰ. K825. 2
中国国家版本馆 CIP 数据核字第 2024D36U19 号

LIU JINTANG DAZHUAN
刘锦棠大传

谭运良　谭　华　著

出 版 人：肖风华

责任编辑：马妮璐
责任技编：吴彦斌
装帧设计：VIOLET

出版发行：广东人民出版社
地　　址：广东省广州市越秀区大沙头四马路 10 号（邮政编码：510199）
电　　话：（020）85716809（总编室）
传　　真：（020）83289585
网　　址：http://www.gdpph.com
印　　刷：三河市中晟雅豪印务有限公司
开　　本：787mm×1092mm　1/16
印　　张：42.5　　字　　数：530 千
版　　次：2024 年 9 月第 1 版
印　　次：2025 年 8 月第 2 次印刷
定　　价：118.00 元（全二册）

如发现印装质量问题，影响阅读，请与出版社（020-85716849）联系调换。
售书热线：（020）87716172

第八章

关门打狗

“南瓜将军”和“瞎子藩台”

肃州大营，左宗棠接到金顺请求率学功、赵兴体、孔才三人随同刘锦棠出征南疆请战信。金顺在信中说，刘锦棠作战勇敢，指挥若定，是个大将之才，他真心拥戴，愿意在其指挥下，争取为国家再立新功。信写得情真意切，词语确实感动旁人。

左宗棠刚刚看完金顺来信，戈什哈又进来说：“大帅，前线刘总统领有军情禀文送达。”

左宗棠从刘锦棠送来的军情禀报中看到，西征大军收复北疆之后，阿古柏匪帮虽然受到极大的打击，但其主力部队依然存在，并在南疆骚扰百姓……军情禀报后还附上一信，请求大帅批准金顺随同南征。

左宗棠看了他们的信，眉头紧锁，心里有点不高兴，自言自语地说：“这个毅斋是真糊涂还是假糊涂？”

“季高，说啥呀？”虞绍南何时进来的，左宗棠一直没有发觉。

左宗棠将金顺和刘锦棠两人的信递给虞绍南，说：“金顺指挥攻打一个玛纳斯县城用了一个多月，其指挥能力和战斗力这么差，怎能南进？毅斋也犯糊涂了，还为金顺说情。”

虞绍南说：“你不是叫毅斋团结金顺吗？两人团结得这么好，你应该高兴才是。”

“团结确是好事，有利于战役，可打仗不能讲感情，强敌全在南疆，我怎会放心金顺的人马去迎强敌？毅斋太感情用事了。”

虞绍南看了刘锦棠的信后，不愧是一个聪明的师爷，他在一旁只是“嘻嘻！”一笑，并不回答左宗棠。

左宗棠看到虞绍南这种表情，突然醒悟过来，拍着自己的脑袋说：“这个毅斋真是学乖了，我怎么没想到，金顺肯定和他说了要求南进的事，这个伢子碍于面子，不好拒绝，要老夫来挂这红胡子。”

虞绍南小声地说：“季高，你为毅斋想一下，金顺的品级、官职都比他高，大官向小官求情，小官怎么办？毅斋把这个矛盾推到你这里，正是他的高明之处。”

“好，老夫替他挂这红胡子。”左宗棠爽直地说后，又对虞绍南说：“我讲你记，我们起草折子，请朝廷下旨。”

左宗棠的决策部署，看来已考虑成熟，当晚折子发出。

光绪三年（1877 年）的春天，北疆仍是冰雪世界。在迪化城内的湘军中军大帐，刘锦棠仔细阅看朝廷批转左宗棠上奏的折子。他真心佩服左帅的决策，去年和金顺合作收复北疆，内部摩擦不断。今年南下，单独老湘军一支，肯定军力不足。金顺又想贪功，几次写信说要随同南下，刘锦棠碍于面子和自己的兵力，只好在向大帅的信中说了金顺一番好话。大帅洞察出了其中奥妙，留下金顺驻防北疆，派张曜和徐占彪两部南下。又从兰州防营中挑选一千名士兵补充老湘军缺额，王诗正、刘肅、张恒湘三营新兵归属老湘军，使之保持原有建制外，增派参将侯名贵率开花炮队、总兵章洪胜、方友升、桂锡桢等处调出骑兵三营，归其帐下。又调驻扎包头的金运昌卓胜军十营至古城、迪化一线防守，以替换原驻该地的老湘军南进。为保证南征军需运道畅通，饬徐占彪调驻扎木垒的步骑千余人东向搜索，同时将原防守巴、古间的徐万福部改隶徐占彪指挥，并增派骑兵两旗、步兵两旗前往防护。这样，自己统领的南下大军达一百营，四万多人。朝廷和大帅将收复南疆重担全压到刘锦棠肩上。刘锦棠意识到，一旦开战，他指挥的不仅是湘军，而是朝廷的大军，代表的是大清国。此战不能败，只能胜，只有胜了，才能上对得起朝廷和民族，下对得起全国民众。

罗镇嵩进来说："毅斋，提督张曜求见。"

刘锦棠一惊，张曜出关后一直驻在哈密，从哈密到迪化有两天行程，他怎么来得如此之快？自己三天前才从皇上批转大帅的奏折中知道，一品提督张曜由他这三品京卿统领南征。还有什么好想的，刘锦棠赶紧出帐迎接。

"提督张曜前来听命！"张曜一见这个比自己年轻军衔还低的统领，没有一点倚老卖老的感觉，看来他是真心服从刘锦棠的领导。

"老兄怎能说是老弟统领你啊，最多也就是说老弟与老兄并肩作战吧，何况老兄的军衔比老弟还高呢！"刘锦棠非常谦虚地回答。

"三天前，左帅来信说，要我随你南征，我可是真心愿听从老弟的指挥。因为老弟有真才实学，收复北疆一战，打得多漂亮！景廉那老小子官比老弟大，简直就是一个草包，老子就不听他的。"这张曜真是一个直筒子，说出的话也是直来直去。

刘锦棠忙说："老兄，莫这样说，进门坐下来，老弟给你泡一杯湖南好茶，让你这浙江兄长尝一尝。"

两人说着，正要携手进门，外面又有人在喊："你们两个谈得火热，就不等老兄啦！"

两人扭头一瞧，来者不是别人，正是朝廷指派南征的另一位提督，徐占彪将军。

"哈哈！徐兄，你这个南瓜将军来得好快啊！"张曜不说徐占彪的军衔，却说出他的绰号。

徐占彪也不示弱地说：“你这个目不识丁的瞎子藩台，路程比我远，比我还来得早啊。”

如果在平时，有人说张曜是目不识丁张瞎子，他就像挖了自家祖坟一样，可要与他拼命的。因为，张瞎子目不识丁有一个典故：张曜生得膀大腰圆，猛大虫似的一条大汉，黑愣愣一副水牛般魁梧结实的身坯，浑身肌肉疙瘩赛如铁弹一般，与人比试石锁石担，力大无穷，无人能胜得过。张曜在河南固始县办团练，抵御太平军和捻军。他颇通兵法，屡屡大败捻军。他的军队也不断壮大，号称“嵩武军”，将近一万人，继湘军、淮军之后又一支劲旅。太平军平定后，朝廷准备将布政使张曜升迁藩台。这个职务是抚台之下管理民政与财政的最高官员。当时，官场倾轧异常严重，岂是一介武夫可以胜任的？御史刘毓楠弹劾张曜“目不识丁”，不能担当藩台重任，于是有旨改授总兵。此时的张曜对自己早年不肯好好读书感到万分懊恼。他下定决心发愤读书，还请人刻了一个闲章，上镌“目不识丁”四字，佩以自励。在夫人的点拨下，不废书史，十多年后，终于自学成才。

今天，徐占彪翻出张曜十多年前的绰号，张曜只能是哑巴吃黄连，有苦说不出。因为是自己先说出对方的绰号。

徐占彪这个“南瓜将军”的绰号，也有一个典故：他是四川西充县人，家庭贫寒，八岁被父母送到附近的三清观，随同叔父徐仁富习文练武。太平天国运动爆发，战火漫延，四川满野饿殍，徐占彪寄身的三清观也断了香火，为保护寺内老弱道士，接济四周断炊的农家，二十岁的徐占彪，带着一班年轻道士，偷了周边几户地主家田里南瓜，被人发现。地主们联合起来，率家丁围攻三清观，下令交出徐占彪。徐占彪无奈，只得出走，投效果勇营。因骁勇善战，屡立奇功，由士卒步步高升至提督。有一次，徐占彪回乡，旗锣开道，威风凛凛。有一熟悉他历史的人开玩笑地说道："我以为是哪个大人物啊，原来是'南瓜将军'回乡了啊。"这个绰号一下子就传开，后来传到军中，同伴也拿"南瓜将军"的绰号取笑徐占彪。

清末地方武装很多，张曜是浙江人，徐占彪是四川人，嵩武军和川军，都是颇有战斗力的地方武装。他们怎么带着自己的军队，和湖南人左宗棠、刘锦棠的湘楚军一起都到陕甘和新疆了？现实往往就是这样，一些不可能的事变成了可能。其原因很简单，当时的社会动乱让他们为了一个共同的目标走到一起来了。清末历史上实际有三场大乱：太平天国、捻军和"同治回乱"。所谓"同治回乱"，就是陕西、甘肃的回民起义，反抗汉族的压迫。汉族欺压少数民族已久，满族入关建立的清王朝，本来是少数民族统治汉族，依此推理，清政府统治下的中国，本来应该是民族矛盾要得到缓和。满族入关后，统治者力图用满族文化统治中华大地。然而，统治者没有料到的是，他们在文化上不但没有占据统治地位，反而融化到汉族文化之中。因此，少数民族当权的政府，不但没有缩小汉族与少数民族之间的矛盾，反而加剧了民族矛盾的激化。到了同治年间，因为一件事情成了导火索，回民揭竿而起，和朝廷大军展开大战。一打才知道，原来朝廷军队根本不经打。因为朝廷在西北地区的将勇多抽大烟，而回族练武的多，所以双方对垒，回族总是取胜。回族打得痛快，于是反抗愈演愈烈。朝廷一看陕甘的军队不行，只能调全国汉族的精锐武装前来镇压。所以，左宗棠、刘锦棠、张曜、徐占彪等人及其军队，都被调到陕甘。经过多年的鏖战，他们都成了朝廷军中精锐。

言归正传。刘锦棠生怕两人再抬杠，于是说："两位兄长，我们三人在迪化聚义，虽比不上桃园三结义，但南征胜利归来时，我们这次聚义也将写入历史啊！”

刘锦棠说着，分别挽起两人的胳膊，进入军中大帐。

分别坐下后，张曜气愤地说道：“老哥本来是从知县擢升为知府、道台，再擢升为河南布政使。狗御史刘毓楠参老哥目不识丁，改为总兵，生生让朝廷把老哥头上刚赏的二品布政使撤掉，改成了武职！老哥从那一刻起，就聘了两位私塾学习认字，现在，老哥不仅能把《四书》《五经》全读下来，史书也能看个大概！——看他还有什么话说！”

徐占彪敬服地说道：“张军门有此毅力，说起来真是不易，小弟也曾有过军门的念头，也想平生认识几个字，省得看个行文也要让文案代劳。可是试过多次，没有一次成功。至今，仍是‘斗大的字认识几箩筐’，有的字认识我，我不认识它。”说到这，他长叹一声说：“看样子，小弟这一生，就是行武的命了！”

刘锦棠对张曜道：“张军门现在已能读顺史书，真是可喜可贺！小弟寻机，一定把军门能读史书的事函告老爵相，请老爵相奏明朝廷知道，也羞羞那个刘侍御。”

张曜一听这话，忙正色道：“毅斋，军中可无戏言！老弟若真肯这么做，老哥自是感恩不尽，只是怕老爵相不肯相信！”

刘锦棠沉吟了一下道：“张军门但请放心，我刘毅斋岂是乱许空诺之人！但凡有机会，小弟定向老爵相言明就是了。”

张曜听了刘锦棠的话，眼圈忽然一红道：“两位老弟有所不知，就因为身上的这件麒麟补服，老哥已经憋了多年的气在肚里。老哥不想仙鹤，但锦鸡和孔雀，总该有份吧？咳！”话毕，重重地叹了口气，很伤心的样子。

原来，大清官服，文官一品补服上绣的是仙鹤，二品绣锦鸡，三品绣孔雀；武官一品补服上绣的却是麒麟，二品绣狮子，三品绣豹。不管武官还是文官，只要一看补服便可辨别出来，不会混淆。刘锦棠现在身上穿的补服，上面绣的图形便是孔雀，张曜和徐占彪二人身上穿的补服上绣的图形则是麒麟。

中军帐中，三人一谈就近午夜。刘锦棠说道："两位军提休息吧，我们明日再做最后定决。"说完，亲送两人出了大营才转回。

阿哈默密报敌情，刘锦棠二违左命

刘锦棠送走张曜、徐占彪，准备休息时，哨探带着一个高大的男人进来了。一瞧就知这人是维吾尔族同胞，他的着装特别严实，头部只露出一双眼睛。进了军帐解去头戴，这才看清，他是一个中年人，嘴边留着美丽的小胡子。

哨探报告说，他们在前方巡逻时，遇上了这个自称阿哈默的维吾尔人，说有重要军情禀报总统领。阿哈默还说，因他会讲汉语，达坂、吐鲁番、托克逊三城许多同胞请他前来迎接西征大军早日南进，解救那里的各族同胞。

刘锦棠按照维吾尔族的礼节，恭敬地向阿哈默行上一礼，和蔼地邀请他坐下，又命戈什哈泡上一杯维吾尔人最喜欢的奶茶。

阿哈默一惊，他行走江湖几十年，也到阿古柏的军营中去过，进了那里就像到了阎王殿，一个个凶神恶煞。见了当官的，稍不注意说错一句话，那就要受到训斥，有时还要遭到一顿毒打。这等和蔼可亲的大官，从来没有碰到过。

刘锦棠见阿哈默脸有饥色，即命戈什哈速去备一碗"朴劳"，也就是什锦炒饭或叫抓饭。他温和地对阿哈默说："兄弟，想给你搞点'嘎巴布'（烤羊肉串），但现在已是深夜，不好麻烦厨师了，你就吃点朴劳，先填饱肚子再说。”

阿哈默双手合十说：“热合买提！”接着又改用汉语：“谢谢！”他喝了一口奶茶就放下碗，从怀中掏出一张羊皮，双手捧着递给刘锦棠，说：“这是曼（我）在吐鲁番的好多朋友共同绘成的草图，大将军一定用得着。”

刘锦棠接过一看，确是一张地图，他将图铺在案桌上，只见图上标着密密麻麻的符号，这些符号还真看不懂。他琢磨了一阵，仍是眉头紧锁。于是非常客气地说：“阿哈默牙日，你能把这张图上的内容解释一下吗？”

阿哈默走过来，指着图说：“这是天山，达坂在这，大通哈爱伊德尔胡里率四千精兵驻守，这些是他的三十门大炮；这里是吐鲁番盆地，浩罕名将海古尔领白彦虎、马人得驻守，防守人数最多，达到一万四千多人，其中浩罕人至少两千；下面是托克逊，通往南疆的要塞，阿古柏次子海古拉在这里增筑两城，率步骑六千人，六门大炮全安放在新城。”

刘锦棠边听边点头，阿哈默画的地图比自己画的图还要翔实细致。特别从羊皮图上可以清晰地看到，敌军妄图凭借天山之险负隅顽抗，他们将吐鲁番三城构成了可以互相呼应的三角形防御，做好了与西征军决一死战的准备，确保南疆门户稳固。

阿哈默继续说，这是沙漠，这是南八城，这是吐鲁番西面通往喀什噶尔途中的四十九台，每台都驻有骑兵，一台有事，各台驰援。

一张羊皮地图，将南疆的地形地貌和敌情标得清清楚楚，如果要派人侦察，不知要多长时间。现在，维吾尔兄弟完成了这件大事，刘锦棠怎不高兴！

阿哈默从刘锦棠的表情就能分析出，这张图对大军有帮助，大家的努力没有白费。他又说："长官，还有一个情况，不知您想不想听？"

"兄弟，快说，什么情况？"

阿哈默不说则止，一说就让刘锦棠大吃一惊。原来，由于天山在中间的阻隔，南北疆气候差异极大。北疆三月份还是天寒地冻，南疆就接近夏天了，麦子、大豆这些粮食作物很快就要收割。如果不马上出兵，等到左宗棠定下的开春出征战略，一切都晚了。南疆的粮食收割完毕，阿古柏有了充足的军粮，敌军就有可能拼死抵抗。抢在南疆粮食收割前出征，就使阿古柏匪军失去物资基础。

阿哈默说完，刘锦棠上前拥抱着他，说："兄弟，你说的情况太重要了，我要感谢你！"

天快亮了。刘锦棠命人领着阿哈默去歇息，但他仍无睡意。阿哈默刚才送来的情报，令他振奋。为了核实阿哈默情报的可信度，他又令人找来了几位浩罕人详谈。原来在不久前，南疆有四十多名浩罕人在乌兹别克杀了人，跟着阿古柏到了新疆，现在不可能回去了。但他们又觉得阿古柏挡不住西征大军，所以归顺西征大军。刘锦棠问了他们很多事情，证实阿哈默说的全是真的，一个大胆的决策定下来了。

熬了一个通宵，刘锦棠稍打一下瞌睡，就令人把张曜、徐占彪请来。

别看张曜是个老大粗，他一进门就发现，刘锦棠两眼通红，他关切地说："老弟，身体要紧呀，通宵不睡，会熬坏的。"

刘锦棠将阿哈默提供的羊皮地图置于案桌上，说道："两位军提，我们重新计议一下进疆的师期，老弟想把师期定在三月初一，两位军提以为怎样？"

张曜一愣，说道："昨天不是说好按左帅定下的时间出兵吗？老弟怎么说变就变。"

刘锦棠笑笑说道："阿哈默昨晚说，南路天气炎热甚早，麦豆收割每在春夏之交。当初，左帅决定出征南下的时间肯定没料到这一点。现在麦豆熟期将至，敌军人心不稳，机不可失，我军多候一日即多耗一日之粮，索性不如赶过天山去取用现粮，打他个防不胜防！两位军提以为如何？”

张曜琢磨一会说道：“三月初一，距今不过半个月光景，来得及吗？金运昌卓胜军还没来接防啊！若我嵩武各营离开哈密后，哈密的防务怎么办呢？徐军门离开巴里坤，巴里坤又将派谁来守呢？”

徐占彪笑了笑道：“说来说去，张军提还是想等卓胜军到后再开拔呀！”

张曜道：“也不尽然。总归，后路防务越强越好。阿古柏真来掏我们后路，凭金运昌那二十个营能挡住？”

刘锦棠胸有成竹地答道：“新授哈密办事大臣明春率所部马步四营已经出关，相信这几日就能到哈密；左帅已经从安西抽调了五营步队，由总兵徐万福统带，很快就可开到巴里坤与徐军门的蜀军换防；至于迪化，金将军更不敢耽误，朝廷刚刚封了他一个迪化提督。”

张曜说：“老弟，不单于此啊，我各路军出关以来，老爵相来函反复陈说，行进当缓，接仗图急。这是他老久历战阵后总结出的经验之谈，你现在擅自改变爵相的作战方针，恐怕不合适吧？”

刘锦棠道：“我的主意已定，老湘军开拔的日期就定在三月初一翻越天山，两天后抵达达坂城西北的柴窝铺，然后相机攻取达坂。仍按昨天说的不变，两位军提在盐池会师，徐军提即率部悄悄驰赴托克逊。湘军在达坂战斗一打响，张军提直取七克腾木、辟展、胜金台三地，然后，直逼吐鲁番。两位军提以为怎么样？”

张曜皱着眉头，思索良久说：“毅斋老弟，老湘军定在三月初一出征，徐军提得提前三天，巴里坤到吐鲁番之间的木垒河在我军控制之下，徐军提可从那南进。我军则提前五天左右，从哈密到吐鲁番，中途的七克腾木、辟展、胜金台都不在我军控制，说不定，哪个地方都可能出现恶战。”

刘锦棠说道：“张兄，‘姜还是老的辣’，您说的两军出征时间和途中军情都没错，这说明军提已接受我的方案了。”

张曜想了想道：“老弟既然已经决定下来，本人按你吩咐的路线登程就是了。但事关成败大局，不能不先把丑话说在前头，若我三路人马因进规之期提前而导致失利，朝廷势必要大加追究，这个责任，应该由谁来承担呢？我等均马虎不得，还望老弟能写道函文，日后也好向上头交代。徐军提，您以为如何呢？”

原来，早在玛纳斯战事结束的时候，刘锦棠和众将商议，趁规复北疆的余威，急下南疆。于是，他就给左宗棠写信说，北疆收复，阿古柏匪帮虽然受到极大的打击，但其主力部队依然存在，要给敌人以歼灭性的打击，大军必须继续追击，彻底摧垮入侵的阿古柏政权。刘锦棠在信中提出了进兵南疆事宜八条，争取年前攻克阿古柏利用天山关隘进行重点设防的达坂、吐鲁番、托克逊三角地区，打开南疆门户。然而，左宗棠在回复咨文中写道，西征前线总统刘锦棠大病初愈，将养复元尚须时日，老湘军所部患病亦多，即使现在全部痊愈，其战斗力也不是很强，非缓养一段时间不可；而且所欠军饷还没补给，借贷洋款还没到位，后方供应跟不上，势必造成前方吃紧；更重要的是面临寒冬将至，新疆属严寒地区，不便行军和转运。最后，左宗棠将出兵时间定在明岁春融，不准刘锦棠这么急着出兵。

张曜担心违背左宗棠定下的出征时间表，进剿失利要承担责任。

徐占彪听了张曜的问话，没有言语，却端起茶杯喝起茶来。

显然，徐占彪对张曜信不过刘锦棠的做法大为不满，但两人同为一品武官，又不能当面反驳，只能沉默，以示不满。

刘锦棠笑道："张军提，小弟总理营务，若朝廷怪罪下来，当然要怪罪本人。小弟已打定主意，此次进规南疆，有功大家分享，有过自然要本人承担，绝无连累他人之理。"

张曜抚须笑道："毅斋能有此言，本提便放心了。其实，老哥不是信不过毅斋，实在是信不过朝廷的某些军机大臣。这些人，既不懂兵事玄机，又不会布阵，专会坐在暗处摇笔杆子。说来也怪，朝廷还专信这些人的话！"

刘锦棠说："老哥的考虑不是没有道理，左帅也说过，前方拼命的人却总要考虑，怎样才能不让那些专门溜须拍马的人钻空子。"

张曜道："老哥已无任何顾虑，随老弟如何决定，老哥照办就是了。此次进规南路功成，本提还想多弄根花翎戴戴呢！"

徐占彪笑道："张军提真是什么话都敢讲出来！毅斋收复北路如此大功，也没赏戴上双眼花翎。您老倒好，我等还未向南路开拔一步，倒先惦记起三眼花翎来了！三眼花翎可不是什么人都能戴的！"

张曜自嘲地说道："看您老弟说的！三眼花翎戴不着，朝廷总还允许让人去想吧？没听说想都不让想的理！"

刘锦棠望着张曜，却用手悄悄指了指他的武官补服，道："张军门的心思却是瞒不过本官。"

张曜歪起头道："老弟说说看。"

刘锦棠用手轻轻拍了一下自己的补服道："张军提呐，您老恐怕做梦都想把身上穿的补服换成这样的啊！"

刘锦棠笑着起身说道："既然两位军提对本官的师期没有异议，本官现在就传文案过来，办一道正式的函文交给二位。"

张曜笑道："老弟，函文的事我们离开前办理就可。"

张曜与徐占彪互相看了看，不约而同地点了一下头。

部署完毕，三将各自回到驻地。刘锦棠就在迪化给左宗棠写了封信，然后整顿兵马，向达坂进发。

送走张曜、徐占彪后，刘锦棠一面加紧暗中调动人马，一面把师期提前的事通报给左宗棠。

二月末，左宗棠召集众将和幕僚在中军帐商议南征出师之期。戈什哈呈上刘锦棠送来的禀文，他拆开一看，不由大惊失色，竟顿时吓出一头冷汗，这还了得，刘锦棠擅自提前师期。今天离师期只有两三天了，想发快函拦阻已经来不及了。他抑制不住心中的怒火，“啪！”茶杯重重地摔到地上。

众人不知发生了啥事，被大帅的怒火吓得不敢开口。

只有虞绍南还敢上前，他从左宗棠手中接过刘锦棠的禀文，阅看后思虑再三，说道：“季高，您以前曾对毅斋说过，遇有紧急特殊情况，不用呈报，先行酌情处理，这叫‘将在外，军令有所不受’。毅斋并未违背您的指令啊。何况胜败乃一瞬间之事，战机不可失，我认为毅斋的决定没有错。您用不着发这么大的火啊。”

虞绍南这样一说，左宗棠的火气才稍有平息，不过他在心里埋怨刘锦棠太过草率。

帐中一阵沉默过后，左宗棠为慎重起见，问帐下诸将：“谁愿领军前往新疆，随刘锦棠赴南疆征战？”

一将立起说：“大帅，末将刘明煌愿领军前往，助毅斋一臂之力。”

这刘明煌系土家族人，因他身长八尺，豹头虎眼，燕颔虎须，声若巨雷，势如奔马，上阵时敌军自怯三分，在军中有虎将之称。

左宗棠当即应允，说：“刘将军，你率土家军三营和一炮营，带本帅行文，即日出关，途中不得耽搁。见了刘锦棠，令他以后不得随意变更军令。”

刘明煌领命出帐，自点人马前去。

当晚，左宗棠紧急行文金运昌，令其速速出关，不要再去迪化找刘锦棠报到，即将所部酌派分扎由古城至乌垣运道，严密探防，以通后路。

金运昌接到左宗棠的来信，内心自是大为不满。他虽不敢公开违抗左宗棠的札令，却又在私下对心腹发牢骚道：“这个刘毅斋，他只管自己立功，却全不顾他人的死活！提前南进，设若失利，看他怎么跟上头交代！”

金运昌牢骚满腹的时候，刘锦棠麾下老湘军各营于光绪三年（1877年）三月初一日，冒雪开拔。

出发前，刘锦棠对尼加提说：“我记得你说过，在长蛇谷尽头翻越天山便是达坂？”

阿哈默毫不犹豫地说道：“走长蛇谷翻越天山是最佳行军线路。”刘锦棠严肃地说：“大军向导就全拜托两位了。”

尼加提和阿哈默拍着胸脯齐声回答：“我俩一定不负总指挥重托。”

迪化城中只留下了王诗正、刘肅、张恒湘三营新兵，他们要等金运昌接防后，再护送粮草给养跟上大部队。

湘军一路疾行至长蛇谷尽头，天山里下起了雪，只见雾蒙蒙的一片，雪越下越大，还夹杂着寒风。向导阿哈默和尼加提走在前头，队伍开始走上盘山小道，从这里开始海拔就急速上升了。

午夜时，队伍进入了一处半山腰地段，盘山路在巨大的山间盘旋着，狭窄的路旁，巍峨着几座不知名的高山均被厚厚的冰雪覆盖。将士们行军还可以，可苦了炮营的兄弟。克虏伯火炮炮管长达七八米，重达十多吨，在平坦的官道上也要四五头骡子或者马才能拉动。山炮、劈山炮、开花炮也是一些笨重的火器，每行一步都要特别小心，稍不留神就滑下万丈深渊。由于路窄冰冻，全军都来保护这些宝贝。

忽然，山中轰隆隆几声巨响。向导阿哈默惊出一身冷汗，第一反应就是：雪崩！这条路上发生雪崩可不是闹着玩的，他高声喊道："大家停在原地不要动，更不要高声大叫。"慌乱的队伍静下来了，有的将士紧闭双眼，仿佛死神已经降临一般。

刘锦棠走在队伍中间，不愧是大军统帅，轰隆隆声音越来越响，他异常镇定，借着雪光朝雪崩响声望去，临近的一座山头已经面目全非，原先突起的岩石全部被厚厚的雪层所覆盖，而原先积雪的地方，也露出了突兀的石块和冰层。他松了一口气，真是逃过一劫，这雪崩要是发生在这座山上，全军必然活埋在这天山中。自己违背左宗棠意愿，擅作主张，提前出兵。如果全军覆没，我怎么向将士们的家人交代呀。想到这些，零下二十多度的寒冷天气，刘锦棠脊背上也冒出了冷汗。

将士们从惊慌中醒悟过来，目光全部投向了对面那座雪崩大山。大家看见了一个奇异的东西！在那座发生了雪崩的山的半山腰处，露出了一块厚厚的冰层，而那冰层里面，好像有什么东西！冰层慢慢脱落，那东西的轮廓渐渐清晰了，尽管冰层是在临近的山上，离队伍起码有两里远，但大家还是看得很清楚：那好像是个动物，被封在了冰层里。那动物非常的巨大，很长，有四个爪子。有些像蜥蜴。但怎么会有这么大的蜥蜴？没有脖子，头直接与身体相连。虽然隔得远，还是能很清晰看见它那硕大的睁着的眼睛。这个巨大生物的整个躯体全部冻在冰层里，镶嵌在雪山的山腰处，看起来无比的诡异。这是个什么东西？怎么会在这里？众人怎么看都觉得这东西像是一条龙！这个东西明显已经被封在这座山上很久了，今天碰巧遇见雪崩，又重见了天日。将士们心里虽然有点害怕，但见到这种奇异的景象，还是有种说不出的兴奋。

不知谁在喊：“真龙现身，助我们南下，我军必胜无疑！”

“真龙现身，我军必胜！我军必胜！”

过了一阵，山里忽然起了大雾，那条巨龙渐渐隐没在大雾中。直到再也看不见那东西了，将士们才回过神来，一阵感叹和惊奇过后，依依不舍地离开了这里，继续他们的征程。

匪首决堤拒大军，兄弟支前似涌潮

达坂城地处天山脚下，达坂城盆地南端，扼进出天山之关隘，从古到今就是联系南北疆和区内外的咽喉之地。“达坂”，突厥语为山口之意，维吾尔语为高山峡道，是南北疆的分界线。达坂城，古时称之为“白水镇”。它源于一条发源于天山南麓雪水融化而成的溪流，水质清澈甘甜，在错杂的卵石上激起阵阵浪花，犹如白雪飞溅，加之两岸有陡峭的山崖，故称此山涧溪水为“白水涧”。古丝绸之路自东沿山涧西行，被称为“白水涧道”。当地民谣这样说：“达坂城，老风口，大风小风天天有，小风刮歪树，大风飞石头。”

守卫达坂的是阿古柏的大通哈爱伊德尔胡里，以前的丞相是金相印，被阿古柏撸掉了。阿古柏此时只相信浩罕人，他认为浩罕人至高无上，别的民族都是奴隶。

爱伊德尔胡里膘肥体壮，性格粗野，酒多喝了点或脾气稍有不顺，便会带着手下出外撒野。这时，谁惹上他拳头便会如雨点般劈头乱揍，揍完后，他还要对被揍之人说：“无揍不成教，欠揍是人的本性，在我看来，打是最能让蠢人长记性的一种办法。”他在撒野时看中的漂亮姑娘，没有一个能逃脱他的魔爪。

三月的达坂城，虽然冰雪已经消融，但寒气不减，西北风“呜呜”叫着，刺得人骨头都凉透了。此时的爱伊德尔胡里正坐在达坂城新筑的高大城堡里，怀抱着美女，一边就着新鲜马肉饮酒，一边欣赏浩罕武士的角力比赛。前来助守的余小虎见主帅这样昏庸，便装作讨好的味道凑近爱伊德尔胡里说：“我最尊敬的大通哈，大战在即，你应该停止取乐，研究一下我们的防御战略。”

玩兴正浓的爱伊德尔胡里，哪里容得余小虎这样的回人扫兴，大怒道：“你是在向大通哈的权威挑衅吗？你怀疑本老爷的刀子已经钝到刺不进你的胸膛了吗？”一番质问后，他恶狠狠地对余小虎说：“你大概早就听说过，本老爷抽过金相印大元帅的马鞭子，还扒过马人得女儿的裙子！马人得女儿肚子里的种，就是本老爷的！你们这些回人的头领，在我们浩罕人的眼里，统统都是奴才！”

余小虎平时在浩罕官僚前，总是装作低声下气的样子。今天，爱伊德尔胡里的话实在出格了，简直忍无可忍，他大声回击道：“你简直是一个不可理喻的人，达坂一定毁在你这混蛋手中。”

余小虎的话让爱伊德尔胡里暴跳如雷，他顺手拿起身旁的马鞭，指着余小虎说：“你这只老虎口中的羚羊，还不跪下求本老爷恕罪，难道等着本老爷对着你的脸抡起马鞭子吗？”

军师爱什迈特一见主人要对余小虎动粗，急忙奔过来，使劲争夺主人的鞭子。爱什迈特非常清楚，守卫达坂城的四千人，余小虎掌握了二千多，一旦把余小虎逼急了，他带着自己的人马一走，达坂城就成了一座空城。

余小虎见状，还有什么好说的，忍气吞声地离开城堡。

爱伊德尔胡里也拿着马鞭，吆喝手下，怒气冲冲地走出城堡。

街头，维吾尔卖艺老人热合买弹着他那心爱的弹布尔，铿锵、悦耳、悠扬的曲调、真挚的情感让在场的人都感动了。随着琴声，他的女儿翩翩起舞。小姑娘娇媚的容貌和精妙的舞技把怒气未消的爱伊德尔胡里给深深吸引住了。他停住脚步，那帮溜须拍马坏透了的手下，高声地吆喝：“让开！让开！”

人们发现爱伊德尔胡里这帮魔鬼来了，大家纷纷让道，站到远处观看事态发展。

琴声戛然而止，正在场中欢乐地跳舞的小姑娘，不知所措地站在那里一动不动。

爱伊德尔胡里色迷迷地盯着小姑娘粉嫩的脸蛋，曼妙的腰肢，圆乎乎的臀部，吼道：“继续跳呀！”

热合买在这个残忍的魔鬼面前，自己不过是一只随时让他掐死的蚂蚁。他没有反抗的余地，被迫弹起弹布尔，并对女儿说：“孩子，跳起来吧，大通哈大人要欣赏你的舞蹈。”

小姑娘甩着她那瀑布一样的头发，舞起来。

爱伊德尔胡里的心都要醉了，命仆从不迭地给着赏钱，嘴里高声地叫着好。

一个人模狗样的手下，瞧见主人脸色就知怎么做了，他站到热合买父女中间喊道：“停！”然后对着老人说道：“老头，大通哈老爷看上这小姑娘了，你要多少开个价吧。”

热合买一听，犹如五雷轰顶，脸色一下子变得惨白。他急忙趴到地上，双手捧住爱伊德尔胡里的靴尖，边吻边哀求道：“大通哈大人，不行啊，我就这么一个女儿，您要是把他带走了，小老儿就活不下去了。”

那手下冷笑一声：“老头，跟你商量算是看得起你，不要敬酒不吃吃罚酒，要是惹得大通哈老爷生气了，别怨老爷一个子儿都不赏给你。”说着就把腰刀抽出了一半，只见刀光冷若冰霜，脸上更是杀气腾腾，嘴角一抽一抽的，显得十分狰狞可怕。

正在热合买无奈，苦苦哀求的时候，急促的马蹄声响起。马背上的兵士瞧见爱伊德尔胡里，滚鞍下马，跪地报告说：“尊敬的大通哈，刘锦棠率领湘军昨晚翻越天山已抵达柴窝铺。”

爱伊德尔胡里一听，脸色煞白，哪还有心思抢美女，对手下大吼：“快叫余小虎这混蛋过来。”不待说完，就匆匆回城堡去了。

站在远处围观的人群，一听湘军要打来了，有人高声喊道：“我们受够了浩罕人的欺侮，大家投湘军去！”

真是一呼百应，人们纷纷朝城外奔。

爱伊德尔胡里回到城堡，军师爱什迈特说道：“尊敬的大通哈，快快掘了湖堤，以水代兵。”

爱伊德尔胡里笑着说道：“妙计，这是海古尔·胡里特汗惯用的战术，也是特汗和本老爷最为欣赏的拒敌方法。特汗曾经对本老爷说，一湖清水，相当于百万大军，除非刘锦棠长出翅膀，否则，他休想踏进达坂城半步！”他一声令下，两千步骑，拿着坎土墁和大号的砍砍子，拼命跑到达坂城外的大湖边掘堤放水。

匆匆赶到城堡的余小虎也对爱伊德尔胡里的妙计赞赏不已，但他毕竟是同湘军真正交过手的人，不放心地说道：“禀告大通哈，末将和湘军多次交战的经验告诉我们，闭门死守不如引军迎战。我请您下令，让我带着骑兵到达坂的城外去驻守吧。只有这样，达坂一城才能保证不受攻击。”

爱伊德尔胡里哈哈笑道：“你带着雄鹰是去送死还是想逃跑呢？余小虎，快收起你那一套不顶用的算盘吧。如果没有我们这些浩罕人在这里拼命，你们早就去天堂报到了！”

余小虎的建议被傲慢的爱伊德尔胡里一语否决，余小虎登时沮丧得像只战败的绵羊。

大湖决堤了，平地水深丈余，浪涌如山，波翻若岭。达坂城建在高处，很快，四周一片汪洋。从城里逃出的百姓，走得远的，有的寻一处高地救得一命，有的卷入水中，一命呜呼；走得近的，被水挡了去路，只得退回城中。

维吾尔族壮年汉子斯帝卡奇，站在屋后的山包上，回想起刚刚发生的惊险一幕，还心有余悸。一家四口正准备吃饭，突然，只听得万马争奔，征鼙震地。斯帝卡奇大惊，走出屋子看时，大水骤至，四面八方，百姓乱窜，随波逐浪者，不计其数。斯帝卡奇大呼：“决堤了！”他揪住妻子，抱起两个孩子就朝门外跑，刚刚跑到这个山包上，滔滔大水就淹没了他的房子，渐渐浸塌。远处，所有的山头全都成了汪洋大海中的岛屿，被大水围困在岛上的人们，一个个惊慌失措。斯帝卡奇望着眼前辛劳一年很快就要收割的麦豆，一家的指望就这样在霎时化为泡影。站在旁边的妻子和孩子，嘤嘤嘀嘀哭得眼睛都肿了。

斯帝卡奇一筹莫展，大水中有人在竭力呼救，凄惨的呼声揪人心肺。斯帝卡奇一瞧，他的结拜兄弟阿布都一家五人，借助两块门板的浮力，顺水从上游朝自己这边漂过来。斯帝卡奇毫不犹豫地跳入水中，奋力将阿布都一家的门板推向自家人站立的高处。

不一会，同村的艾麦提、西日阿洪、尧里瓦斯这些好兄弟也都在大水中挣扎着朝斯帝卡奇站立的高处游来。

汉子们到了一块，他们想着同一个问题，活路在哪？斯帝卡奇想到了西征大军，他对兄弟们说：“浩罕人为阻挡大军，不顾百姓死活，掘湖放水，我们投湘军去，只有帮助湘军赶跑这伙强盗，我们才能过安生日子。”

“大军在哪？”

“听说到了北面的柴窝铺。”

“好！我们到柴窝铺去！”

“湘军会收留我们吗？”

“听北疆过来的人说，大军收复北疆后，无论是哪个民族的百姓，他们都给田土、农具、种子，还帮盖房子。”

“我们去了能做什么呢？”

“我们去带路，推车、运送火器都行啊！”

大家你一言他一语，不谋而合，想到一块了。然而，四周滔滔大水，怎么上得岸？

再说湘军翻越天山，抵达柴窝铺。突然，前面探马来报：“达坂城敌军掘湖放水，水深难测，无法分辨道路。许多高地上被大水围困的民众，也无法施救。”

刘锦棠一面传命埋锅造饭，一面派出四路探马，乔装成当地放牧的百姓侦探敌情。传令完毕，一个自称艾力木的维吾尔壮汉来到军营，说有重要军情禀报。刘锦棠亲自与艾力木交谈一番后，从中得知，只要堵住达坂湖水外泄，疏通达坂河，大水就可退去。

刘锦棠立即命谭上连统兵，先担土堵堤，掘沟引水，救援围困在水中的百姓。艾力木自称向导，为大军带路，直奔达坂湖。

正在达坂湖决堤的守敌，猛见湘军马队奔至，丢下手中的工具，慌忙撤进城内。

湘军将士跳下马，拿起敌人丢弃掘堤的工具，望着汹涌咆哮倾泻而出的湖水，一时手足无措。

此时，远处出现了黑压压的人群，朝湖堤奔过来。湘军以为是敌军反扑，将士全都做好回击的准备。谭上连举起望远镜一瞧，没有料到的事发生了，那人群全是百姓，只见他们有的挑着土筐，有的背着门板、树木，还有人赶着马车，上面堆着石头。

谭上连激动地对部下说："兄弟们，当地百姓帮助我们堵堤来了！"

一会，那人群就来到了湖堤决口处，纷纷将门板、树木、石头投入决口。接着他们和湘军将士一道从不远的一座小山上，有的挑土，有的搬石块……人人都是步履匆匆，急如星火般奔向大堤。

缺口堵住了，下游也疏通了，大水慢慢地退去。

大家都在为这场军民联手抗洪叫好时，刘锦棠暗暗叫苦，他把对黄万鹏、余虎恩等将领说："坏了，这么冷的天，一旦大水退去，路面结冰，冰面溜滑，进攻就难了。我军将士，多系南方人，在冰面上会人仰马翻的。"

黄万鹏说："毅斋，敌人放水不久，水还没结成冰，我们现在抓紧时间进攻。"

余虎恩说："不行，守敌决堤放水，达坂城方圆几十里左右已是一片汪洋，水深均至马腹，我军不明水下道路，将士随时都会掉入水中一旦浸湿，都会得病的。"

"你们看，前面有一群人朝这里走来，他们肯定知道这里通往达坂的道路，请他们过来带路。"众人顺着刘锦棠手指的方向一瞧，果然有好几十人正朝这走来。

一直为湘军做向导的阿哈默上前说："官爷，我去请他们过来带路。"

刘锦棠诚恳地说："阿哈默先生，谢谢你，黄提督和你一块去请。"

来者不是别人，正是书前说的被大水围困在孤岛上的斯帝卡奇和艾麦提、西日阿洪、尧里瓦斯那帮兄弟，他们是想投靠大军来的。

黄万鹏和阿哈默带着一队骑兵迎上前去，到了跟前才发现，这群人一个个就像落汤鸡一样，有的浑身都湿透了，有的人衣服上还结了薄冰。

阿哈默对这群人说：“兄弟姐妹们，这位是湘军黄大将军，他是来迎接大家的。”

骑兵下马，将妇女儿童扶上马背，他们则与男人们涉水同行。

斯帝卡奇高兴地说：“救星来啦，我们有救了！”

阿哈默向斯帝卡奇说出了湘军请求带路，围攻达坂的意图。

斯帝卡奇和那帮兄弟，一个个摩拳擦掌，都愿为湘军带路。

到达岸上，黄万鹏带着斯帝卡奇和那帮兄弟向刘锦棠报到：“这帮兄弟都愿为我军带路，毅斋，你就发令吧。”

刘锦棠一听，大喜，双手抱拳说：“兄弟们，谢谢你们了，消灭阿古柏匪帮，还大家的家园。”说着，从亲兵营调出几匹好马，交给斯帝卡奇等人。即命黄万鹏、余虎恩、陶生林、肖元亨、夏辛酉带领骑兵涉水包围达坂，大水稍退后，谭上连、谭和义、戴宏胜等步兵营随后跟进。刘锦棠特别叮嘱各将：“务必把各营拉开距离，先将达坂城四面远距离包围，以免除无谓之伤亡。无论守敌怎样，都不要动，亦不要攻击，一定要等炮队到后再做计较。”

命令一下，骑兵各营在向导的引领下，冲入深至马腹的水里，一举抢占了达坂城四周的有利地形。

傍晚，大道露出了水面，但被大水浸泡过后的路面，都是泥浆遍地。

这一下可急坏了崔伟、王冕成、侯名贵、罗长佑这些炮营长官，笨重的大炮一上路，有的陷入了泥潭，有的控制不了方向，滑出大道。

齐聚在柴窝铺的各族百姓，都盼望大军早些攻下达坂。现在大炮运不到前线，仗就不好打。几个壮年汉子上前试探路况，也都感到路滑退了回来。大家一时束手无策。

此时，湘军中两位维吾尔青年尼加提、艾尔肯站了出来。

尼加提高声地对在场的百姓们说：“各位兄弟姐妹，阿古柏匪徒欺侮我们十多年了，湘军为解救我们而来，现在大炮运不到达坂前线，怎么办？”

人群鸦雀无声。

艾尔肯说道：“我们不能让大军吃败仗，各家各户有门板的出门板，有林木的出林木，有草的出草，有车的出车，有冰橇的出冰橇，大家齐心协力铺路前进，把大炮运到前线。”

一句话提醒了大家，顿时，人群沸腾。

一会，只见四面八方，熙熙攘攘，车水马龙。刚才还是没有主意的百姓，一下子成了支前的大军。

通往达坂的泥泞道路上，除了所穿的衣服，民族服装和便衣与军装制式不同外，简直分不出军与民的界限。

夜幕降临，逶迤曲折的火把长龙下，车轮滚滚，人流如织。一段烂泥道路上，男人们弓着背，弯着腰吃力地拉着笨重的炮车，女人们前倾着身体，双手推着后车帮，那车轮慢慢地向前移动。车要爬坡了，人们放开喉咙，喊出整齐的号子，一鼓作气将大炮翻越山头。

浩浩荡荡的支前大军，虽不见其首尾，却任谁都能感受到它的巨大力量。这条滚滚铁流，又如蚂蚁搬家一样，每个人虽然都很不起眼，但汇聚在一起，就是军民联合作战的伟大场面。

刘锦棠由此坚信：有这样的人民，还有什么样的敌人不能被打败呢？

达坂城白马救主，刘锦棠巧施离间

天大亮后，雾气散尽。达坂城四周的积水已开始结了薄冰，没有多少热量的太阳一出来，照射在冰面上，直刺人眼。城墙上一个哨兵尖锐地叫道："咦！那是什么？！"

守城哨兵在城头上看见西征大军几千骑兵，环列成阵，全部站在齐马腹深的水里，将达坂围锁得严严实实。一个哨兵跌跌撞撞地跑下城墙去报告。

爱伊德尔胡里当时正用早餐，庆幸自己昨天用"以水代兵"之计，挡住了敌军。突然得报：湘军已进抵达坂！他大惊失色，还以为自己是在梦里听人讲话，当用手狠狠地给自己掴了两个耳光后，感觉疼痛难忍，这才知道是真的。立时惊得酒杯落地，双手也开始颤抖起来，带上随侍人员慌张地向城头跑去。他站在城墙上，举目四下观望，但见城外白亮亮的一片湖水，湘军将士骑着高高矮矮的马，全都远离火枪炮火射程，均匀地分布在城的四周。另有几队步兵，正在远处掘壕引水。

爱伊德尔胡里望着兵临城下的湘军，面无血色，神兵天降吗？他也是久经疆场的战将，怎么会不知道现在的情形。如果在敌军强渡大水面时半渡击之，或者等他们立脚未定时，全力发动进攻都有胜算。但是这次敌军趁着夜晚浓雾，偷偷潜渡过来，远处山头还连夜修筑了炮台。现在即使自己想反击，也为时已晚了。

军师爱什迈特和守将余小虎闻报，也急匆匆地赶到城墙上。

爱伊德尔胡里见西征军马步各队全在水里，以为对方无法再战，便传命城头炮台，点燃通天铜炮及六门钢炮向四周围城较近的湘军轰击，又把手持英制快枪的一千名步兵调到城墙四周，配合通天铜炮与钢炮，向清军扫射。他在城墙上双手挥舞，操着浩罕语大叫道："打！给本老爷狠狠地打！把他们的脑袋打开花，把他们统统打进地狱！”

顿时，枪炮声混在一起，打得水花、泥巴四溅。

这种抵抗，对百战雄师的湘军来说，简直是小儿科的把戏。先锋余虎恩很有经验，他让大军全部离开枪炮射程，将士只在远处摇旗呐喊。

城头守敌的通天铜炮及千余杆火枪一直轰射至午时。围城湘军马步各营阵容不乱，将士立在水中，仿佛马脚被铁钉钉在地面一般。

刘锦棠一到达坂城下，为防敌军突围，先加强了围城密度，然后抽调四营步兵快速筑垒挖壕，加快排水速度，等炮队一到，便对城堡实行强攻。

大水渐渐被引走，泥泞的路面开始逐步显露出来，低洼沼泽处，大大小小的活鱼乱蹦乱跳。

夜幕拉开。湘军退出湿地，傍山扎营。忽有探报，山后有五六百敌骑。刘锦棠即令陶生林率马队迎头阻击，谭拔萃带十门德国重炮随后掩护，余虎恩、夏辛酉率马队左右迂回。

谭拔萃越过山头，刚刚架好大炮，敌军即至。他即令开炮，敌军主将误认为湘军兵勇不多，他们不但不退，反而拼死猛扑。

余、夏两军从左右两翼包抄过来，两面夹攻。

正面阻击的陶生林发现敌军两侧阵脚大乱，知包抄部队成功合围敌军败退。湘军追击五六里，第二队一千多援敌赶到，尚未立足，败敌狂逃不止，将新增之援敌队伍冲散。

余虎恩一马当先，已经杀红了眼，他武艺高强，骑术精熟，战刀落处，敌军纷纷落马。湘军个个都如猛兽一般，拼命厮杀。敌兵大乱，扔下一具具尸体，夺路而逃。

湘军打援的炮声响起，正在城头督战的爱伊德尔胡里一扫愁容，手舞足蹈地对部下说道：“真主保佑，我们的援军来了，大家做好准备，我们出城一战，迎接援军进城。”

一只信鹰落在小虎肩上，信函是海古拉王子的亲笔，上面写着，他已派出马步两队援兵前来支援，大通哈爱伊德尔胡里务必坚守达坂，此城一旦丢失，守将一律军法从事。

余小虎说道：“尊敬的大通哈，这是海古拉王子的命令。”他又接着说：“前方的枪炮声说明，王子派出的援军到了。”

爱伊德尔胡里不看信则已，一看就妒火中烧，气冲冲地说：“海古拉小子躲在托克逊享受，要我们为他卖命，真是岂有此理。”

余小虎说道：“大通哈先生，您放飞的信鹰不到一天时间，王子看到您的信后，就派出了援军，您怎么能这样骂王子呢？”

爱伊德尔胡里气嘟嘟地说道：“你放什么屁，这是我和王子之间的事，哪有你这个回人说话的地方。”

余小虎不满地瞪着双眼，不知要说什么，可以看出，话到嘴边又咽了回去。

爱伊德尔胡里正欲领兵出城一战，城外的枪炮声戛然而止。

军师爱什迈特忙说：“大通哈，枪炮声停止了，我们不可贸然出城，一旦援兵退去，我军出城就会被敌军包围吃掉。”

爱伊德尔胡里重新登上城墙，举起望远镜，从微弱的夜光中看到，海古拉派来的援军确实败了，湘军正在军营欢呼胜利。然而，他还不知道，注定他灭亡的日子就要到了，看守城门的维吾尔兵士，不忍自己的同胞遭受这血腥的战火，正偷偷地打开城门，让城内一些百姓跑出去了。

援军败退，爱伊德尔胡里更加恐慌，他没有了嚣张气焰，友好地向余小虎问道：“余将军，我们现在突围怎么样？”

余小虎垂头丧气说道：“有什么办法？听天由命啊！”

潜出城来的维吾尔族老百姓，直奔湘军大营，将守城之敌企图弃城逃跑的重要军情报告大军。刘锦棠得报，立即命令部队严加防范。正好，各路炮队在支前民众的支援下，纷纷到位。支前民众听到达坂守敌企图逃跑的消息，大家义愤填膺，纷纷表示要随军剿灭这些匪徒。

民众的激情，感染了湘军将士。全军上下，夜间列队举起火把，将达坂照耀如同白昼。

刘锦棠令人找来支前大军的几个领头人，诚心地说道："消灭达坂城中的敌军是我们西征大军的事，我不愿看到百姓在战火中失去生命，如果大家衷心帮助我们，你们就接过兵勇手中的火把，让将士们晚上休息好，明早发起攻城，一鼓作气消灭城中之敌。"

民众没有多说，真的依刘锦棠之话而行。他们举着火把的同时，还不停地高呼口号："爱伊德尔胡里投降！投降！""达坂敌军投降！投降！"

企图趁黑突围的敌军，被城外的气势吓破了胆，哪敢再生突围念头，老老实实龟缩在城中。

第二天，天刚放亮的时候，刘锦棠指挥各路人马收缩包围圈，紧紧围住达坂城。他见城墙高厚，亲带部分将官，骑马绕城寻找突破口。

守城敌军被西征大军折腾了一夜，一个个没精打采，都想瞌睡。一见大军围城，吓得睡意全无。爱伊德尔胡里也在城头上，他看见围城大军中一名年轻的将军骑着白马，在一大群兵勇的护卫下到处指指点点。他料此人必是大官。立即传呼余小虎前来辨认。

一会，余小虎赶到："尊敬的大通哈，末将前来听令，您有何吩咐？"

爱伊德尔胡里指着阵中骑白马的年轻将领问道："那小子是谁？"

余小虎一瞧，吃惊地说："那人就是清狗总统领刘锦棠。"

爱伊德尔胡里冷笑着说："看来今天就是刘锦棠的死期。"接着，他对一直跟随左右的阿布海尔、穆罕汗默德两个神枪手说："快将那小子送下地狱。"

阿布海尔、穆罕汗默德两个不是别人，正是尼进宫手下从迪化逃脱的所谓神枪手。两人得令，相互暗示，一个射马，一个射人。

双枪同射……

然而，老天有眼，天助刘锦棠！就在枪响的一刻，白马长啸一声，突然立起，马头取代了刘锦棠的位置。两个神枪手向来百发百中，这次一枪正中马头，一枪脱靶。白马倒地而死，刘锦棠也倒在地上一动不动了……

城上守敌一见刘锦棠落马，顿时一片欢呼，乱枪大起。而城外的湘军也有人中枪倒下，阵脚明显骚动。

余虎恩大惊，一边指挥大军向城头射击，一边大声呼唤刘锦棠："毅斋！毅斋！"亲兵营营官谭邦人、谭邦造急忙把刘锦棠抬到附近高地上，他们都急得两眼落泪。

刘锦棠身子没动，神情阴沉地望了一眼已经倒在血泊中的坐骑。他并没有受伤，看来白马死了。他悄悄地说："你们不用担心，本官毫发无伤。我这么做是为了迷惑敌人，快快传令说我没事，让各营坚守阵地。"

炮营王冕成见统领倒了，一时慌了手足，刘锦棠一眼瞅见，低声吼道："慌什么，快快架炮，将那两个枪手轰了。"

王冕成顿时醒悟，火速回到炮营，十多架大炮齐发，特别是那尊德造克虏伯火炮，炮弹正中落在枪手旁边，两个枪手一命归天。爱伊德尔胡里被炮弹掀到丈外，脸色煞白。

刘锦棠看着躺在血泊中的白马，热泪盈眶。自咸丰九年（1859 年）

在景德镇叔父军营得这白马，它跟随主人大展神威，纵横十多个行省，历经大小数百战。今天，白马为救主人，舍生取义，真乃奇马也。

高地上，刘锦棠的声音依然是那样的沉稳，传众将听令："各炮营迅速修建炮台，炮台建好之后，测定敌军炮台及城垣方位、远近，一个时辰后同时开炮，连环轰击，只要城墙出现缺口，步骑并进，拿下达坂。"

不久，炮台筑好，一尊尊德造、仿克虏伯炮、劈山炮、开花炮的炮筒伸长脖子。

"开炮！"响彻长空的怒吼，几十门火炮齐发，达坂城上的炮台接连被打塌，城墙也被轰塌多处，露出数个缺口。而且如此猛烈的炮火下，那些浩罕人，连修补城墙的勇气都没有。

"还击！给我还击！"达坂城头之上，大通哈爱伊德尔胡里声嘶力竭地叫喊着。但是自己身边的火炮是那样的无力，在西征军优势火力之下，被压得抬不起头来。俄国人的火炮竟然比不上清狗的？这位浩罕汗国的大总管，心中骂了俄国人无数遍。

"大通哈，清狗的火力太猛了！这样下去可不是办法。我们还是寻找机会，向城外冲锋，杀出一条出路吧！出了城外，我们浩罕骑兵才有用武之地。如果让他们困在城中，后果不堪设想啊！"爱伊德尔胡里身边的布素鲁克、玉努斯江两个胖色提，见到事情紧急，慌忙建议道。

胖色提说得轻巧，真的要杀出去，又谈何容易啊？！在湘军火炮还没有运到的时候，自己尚且不敢出去硬碰，现在已经到了这个地步了还出去，能行吗？爱伊德尔胡里心中问了自己无数遍，但是得到的答案都是否定。

湘军炮兵阵地上，陈虎操纵一门仿克虏伯炮面前，"轰！"一枚枚炮弹划过一道长长的圆弧，轰向城楼。第二发炮弹却打偏了，竟然飞入城内，一声巨响，犹如山崩地裂。

城内弹药库炸响，刹那间如山崩地裂，城中引发大火，又值大风骤起，风助火势，延烧更广，所储存之弹药全部引爆，死伤狼藉，混乱异常。刘锦棠令大军乘势攻入城内，并传令“贼中装束稍异者缚献”有奖。于是，城内厮杀声此起彼伏。

营官王冕成惊喜地说：“老陈，你是神机妙算，还是瞎蒙的，竟然打中弹药库了？！”

庄伟对着陈虎叫嚷了起来，“老陈，这次攻城，当记你首功！”然后又对王冕成说：“哎！为何每次你们营总抢我风头呢？”

“大通哈，撤吧！不然就来不及了！”胖色提的声音中充满了焦虑，不过似乎隐隐中还伴随着一丝希望。

爱伊德尔胡里望了望四周，深吸一口气，除了各门抵挡的兵丁外，能召集到的兵丁只有这些人了。他要作最后挣扎，声嘶力竭地喊道：“浩罕的勇士们，用我们的鲜血捍卫我们的尊严吧！杀尽清狗！”

“他们竟然选我这边突围，我余虎恩好欺负吗？”余虎恩眼露凶光，对手下说：“众将士听令，严守战壕，决不能让他们冲过去！”

“砰！砰！砰！”一阵排枪扫过去，浩罕骑兵纷纷倒地，但是这些亡命之徒，依然向前冲杀着。

双方火枪对射，湘军占据了有利地形，浩罕兵士死伤惨重。

爱伊德尔胡里发现自己仅剩数百兵士，知道再抵抗也无回天之术，于是，他带头扔下枪和刀，下马高举双手。

“余小虎哪去了？”爱伊德尔胡里瞧了一下自己投降的队伍，不见了余小虎，他向身旁的爱什迈特问道。

“刘锦棠中枪之时，清军队伍乱了一阵，他就带着部下化装成老百姓，混在出城的老百姓中逃走了。”爱什迈特回答。

“你怎么不早说，老子毙了这混蛋。”爱伊德尔胡里恨恨地说。

攻克达坂，原本站在远处观战的支前民众，犹如一群脱缰的野马，纷纷涌进城来。民众中有的家人被浩罕人拉夫，有的被强征入伍，更多的人是对爱伊德尔胡里的痛恨，今天要看看魔鬼的下场。

余虎恩押着爱伊德尔胡里和爱什迈特走在街道上，愤怒的各族民众齐声呼喊：“杀了这群魔鬼！”愤怒的吼声，吓得他们两腿颤抖。有的民众顺手拾起地上的砖头、石子、泥巴向魔鬼投去。

爱伊德尔胡里和爱什迈特一进大营，便跪到地上，口呼饶命，愿降伏于西征大军。各胖色提一齐跪下，同声求饶。

刘锦棠望着面前粗黑的两个敌军统领，正色道：“你等如真心受降，本将军会饶你们不死，但你们用什么来证明是诚心投降呢？”

爱伊德尔胡里道：“大将军，降将派人到托克逊和吐鲁番报知海古拉和海古尔缚送白彦虎，缴回南疆八城地盘，再求思宥。”

刘锦棠想起了《太公兵法》上说的善用“间”计，“用间有五：有因间、有内间、有反间、有死间、有生间。五间俱起，莫知其道，是为神纪。”

刘锦棠沉默不语，爱伊德尔胡里更加惊慌，他磕头求饶，说：“大将军若不放心，本人情愿留军中，候帕夏回音，以明心迹。”

“好，答应你求降。”刘锦棠回答。

聚集在大营外面的百姓，都以为一定会处决爱伊德尔胡里，故在营外准备观看。听说要释放浩罕人回去，营外群情激愤，又是喊声大起，一定要杀了这帮浩罕匪徒。

刘锦棠来到营外向民众解释说：“本将军释放部分浩罕兵士，是让他们回去劝说同伙不再为阿古柏卖命，放下武器投降，减少我军的牺牲。”愤怒的人群稍有平息，刘锦棠接着说：“其他各族士兵都是我们的兄弟，全部释放。愿意回原籍者给以衣粮，愿意留下者编入军营。”

营外民众和各族士兵大为感动，除了几百人想回原部落外，竟有一千多人都表示愿意参加西征军。刘锦棠于是将他们编为两营，交董福祥统带。

释放俘虏之后，刘锦棠又给那些被敌裹胁来的回族、维吾尔族老百姓以土地，让其耕垦，恢复生产。

刘锦棠的宽宏和阿古柏的暴虐一对比，对民心的向背影响巨大。

此战过后，刘锦棠令亲兵营在城外的一处高山上将白马埋葬，并立了一块石碑，上书“神马救主”。

临机变“关门打狗”，刘锦棠三违左命

湘军攻克达坂城后，刘锦棠一切安排妥当已是午夜，欲准备休息，突然心中一激灵，发觉原定的南征方略已不适合战役发生的变化，一个大胆的决策浮现在脑海中。他一面急传诸将速到大营议事，一面重审大通哈爱伊德尔胡里。

很快，大通哈带到。他一见端坐中军大帐威风凛凛的刘锦棠，以为马上就要将他斩首，惶恐地跪倒，不断地磕头说：“大将军饶命。”

刘锦棠威严地说：“你只要如实回答本将军问话，饶你不死！”

众将得到传令，以为发生了紧急军情，也都匆匆赶到军中大帐。刘锦棠令他们分列坐下，自己继续审问爱伊德尔胡里：“你将吐鲁番、托克逊守敌军事布防如实供来。”

爱伊德尔胡里听刘锦棠不杀他，悬着的心稍放下了一点，他说道：“降将先前已供述过，吐鲁番守将海古尔、白彦虎、马人得，防守兵

力达到一万四千多人；托克逊是王子海古拉，他在这里增筑新城。两地守军的火炮与达坂一样，全是英国、俄罗斯购买的，号为最先进的武器。”

“海古拉在托克逊的防御是如何部署的？”

“海古拉把六千步骑、六门大炮全安放在自己的王府。有将领曾提出过异议，他反而将那将军鞭打一顿。此后，即便海古拉有再糊涂的做法，也没人向他吭声了。”

贪生怕死的爱伊德尔胡里，把托克逊和海古拉的所有秘密全部向刘锦棠招供了。

刘锦棠令人将爱伊德尔胡里押送肃州，交大帅处理。他对众将说：“大家都听了敌情，阿古柏在南疆北部三城达坂、吐鲁番、托克逊集中了三万精锐部队，我军攻克达坂后，敌军成了惊弓之鸟，一有风吹草动，他们就会逃跑。我军如果不将这三城的守军歼灭，一旦逃往南疆，下一步将对我军在南疆发起决战很不利。”

大营诸将中，黄万鹏、陶生林、谭上连算得上老资格了。西征大军在肃州出发时，左宗棠曾分别找这些人谈过话，要他们真心协助刘锦棠西征，并一再叮嘱他们不能让刘锦棠随意变更战略决策。所以，刘锦棠的这一战术决策不得不引起大家的思考。

黄万鹏第一个站出来问道：“毅斋，说说你的具体方略。”

刘锦棠指着挂在中军帐中的地图说：“你们看，达坂、吐鲁番、托克逊三城基本呈品字形分布，托克逊是南北两疆往来的咽喉，如果我们先把这咽喉拿下，将敌军堵在口腔之内，与阿古柏的主力决战，若能一举歼灭，也就为我们下一步进攻南疆创造了许多有利条件，兵法上叫作‘关门打狗’。”

刘锦棠见听者不断点头，继续说道：“我决定，我军在此兵分两路，一路协助张、徐两军会攻吐鲁番。我亲率一路直捣托克逊，先把大门关上，然后集中兵力，在吐鲁番将敌军聚而歼之。”

军帐中沉默了一会，陶生林说：“毅斋，大帅为我军定下的战略方针的，先克达坂，再克吐鲁番，后克托克逊。你在迪化提前出兵，已违大帅之命，现在出征托克逊是再次违命啊。”

刘锦棠说：“陶将军，你说得很对，大帅出关前定下的战略。现在我军已占领达坂，部分敌军逃往托克逊和吐鲁番，按原定的方针如果不能全歼吐鲁番之敌，残敌就会逃往托克逊，我军追至托克逊，敌军又会逃往南疆东四城和西四城。这种‘赶鸭子’的战术，到了一定时候和地点，当敌军逼得走投无路又在数量上超过我军时，就会与我军决战。大家要知道，我军只有两万多人啊，最后决战，不是鱼死就是网破，我军虽能取胜，但付出的代价太大了。只要我军在南疆北三城消灭敌军主力，收复整个南疆就指日可待。”

陶生林点了点头，说：“毅斋，理是这么个理，但你这是第三次违命，左帅会怎样看你？而且你在迪化已命徐占彪率部赶往托克逊，现在徐军还在半途，达坂已克，徐军往哪参战？”

谭上连本是一员猛将，军中很少与人文绉绉地说过话，现在刘锦棠改变大帅原定的方针，他不得不站出来说一句：“毅斋，陶提督说了，你用‘关门打狗’‘赶鸭子’的计谋，我都不管，但你总得给大帅一个交代，到时我们可不能都替老弟代过啊。”

“好的，小弟立马给大帅致函，一切后果本人承担。至于徐军还在半途的问题，我可传令其改变行军路线，立即赶往吐鲁番，实现三军会攻之目的。”

军帐中一阵沉默，刘锦棠见诸将无话可说了，当即下达命令：“余虎恩率部留守达坂，谨防托克逊、吐鲁番之敌回转反击；罗长佑、谭拔萃、章洪胜、席大成、陶生林、谭和义、汤仁和，率马步六营进击吐鲁番；谭上连、黄万鹏、张沛、李隆宝、戴宏胜、陈广发、贺长发、萧元亨、桂锡桢、董福祥、胡登花、田九福、崔伟、毕大才、禹益长、马正国、禹中海、马良等马步十四营，随本统领由西南进，直捣托克逊城。全军明日辰刻秘密起程，抵白杨河，分道进剿。”

“遵命！”众将齐声回答。

各营整装待发，原在军中的向导阿哈默匆匆赶到刘锦棠大帐，焦急地说道：“大军开往托克逊，没有向导不行啊！大将军可知，托克逊又叫‘风城’。风在托克逊，不停地吹，从年初到年末，天天吹，时时吹。传说，唐僧师徒取经到达托克逊干沟时，孙悟空被大风吹得睁不开眼睛，在沟里转了两天才出来。乾隆大军路过干沟时，由于没有向导带路，几千人马被大风困在沟里，几天都没走出来。”

刘锦棠大吃一惊，以前听说过托克逊的风，可从来没有听到过这么吓人的风。他对阿哈默说：“兄弟，你不是吓人的吧？”

阿哈默继续说：“大将军，你可知达坂到托克逊除干沟、阿拉沟两条大沟外，还有大大小小十五条沟，这些都是迪化、哈密通向托克逊的风道啊。大风一到，日月无光，那时怎么走也走不出沟。”阿哈默诚恳地说：“大将军，你就听我的吧，我去把斯帝卡奇喊来，要他叫上那几个兄弟一块给大军带路。”

一直不离刘锦棠左右的罗镇嵩说：“毅斋，照阿哈默说的做吧，这叫有备无患。”

辰时，各营按军令准时出发，刘锦棠抱拳对向导们说：“本将军在此拜托各位了！”

果不然，大军行到一沟，沟里两边的山呈丘陵状态，山体不高、连绵不绝，但这里的山却不似江南丘陵那般灵秀俊美，而是简洁有力、古朴苍凉。它们有的如斧劈刀削般干净利落棱角分明，有的像一个沧桑的老人脸上纵横着记忆的沟壑，有的则如千万年来一直屹立在山口的独行大侠，巍巍然独自横刀立马。如果说江南的山是一个个身披轻纱的少女，那么干沟的山则是一个个身着青灰色铠甲的古代武士。沿途几乎看不见绿色，偶尔才会看到生命力极其顽强的骆驼刺一蓬蓬地出现在道路两边的沙地上，剩下的全是形形色色的山岩和沙石。五彩斑斓的山体，犹如维吾尔族姑娘身上的彩衣，给略显单调的干沟增添了几抹亮彩。

行了一程，阿哈默向导说："大将军，很快就要进入风区了，遇上大风，大家务必紧紧跟随，中间一旦有人掉队，后随者全都迷路……"他的话还没说完，一股恶风扑来，扬尘腾起，黄雾雾一片全是沙土。明明是大白天，前方的道路却看不清了。走了一阵，扬尘越来越大，风也大了起来，吹得将士们一个个冷战发抖。

"大将军，你快下令，骑兵下马，拉紧缰绳，前后相互扯住衣服，用最快速度走出这风喉，不然全军都要困在这里。"阿哈默焦急地向刘锦棠说。

刘锦棠传令，照阿哈默说的方法而行。浩浩荡荡的行军队伍中，董福祥令昨天才整编的两营俘虏兵殿后，他们有通过风道的经验。这一下俘虏兵可立大功了，一些掉队的兵勇全都在他们的帮助下顺利穿越风喉。

阿哈默凭着记忆走了一程，前面出现一个村子。村里的屋子看起来很破旧了，全是泥土砌的，新疆人管这叫土块房。奇怪，这个村子里的人呢？不仅没有人，连狗也没看见，偌大的一个村子，没有一点人声，回荡在耳边的，只有呼呼的风声。看这村子，不像是废弃的样子，房子虽简陋，但绝对可以住人，门上的把手，也没有一丝锈迹。

阿哈默告诉大家，这处地方叫风壶，就像那葫芦的肚子。前往西域做生意的人，一旦在这遇上大风，无法通过风喉时，就在这壶中歇息。一些赚了大钱的人，为预防下次遇到同样的境况，就在这个地方建几间土块房，经过上千年的积攒，风壶就成避风的村子。路过这里的人，只要主人不在，谁都可住。

大军在村里躲避了几个时辰，扬尘渐渐散去了，天上现出满天星斗，原来天早黑了。将领们吁了口气，刚才发生的，仿佛在梦中一样。

经过这一折腾，将士们都想在此宿营，明天再开拔。但阿哈默却说："这里不能待，趁现在还没来风，快速通过前面的风口才能宿营，风口的风比风喉的风还要大得多。"

将士们一听，真的有些害怕了，恐惧也逐渐占据头脑，这里不能待！先走出这个鬼地方再说。

大部队重新上路，急速行进。一会，大家回望那个村庄，却怎么也找不到了，能见到的，只有一条一望无边的戈壁山沟和天山连绵的脊梁。到达风口，众人才发现，这风口像未被上锁的大门，真有"一夫把关，万夫莫开"之势。山坡制高点耸立着唐代修建的烽火台，这是唐王朝在西域的一个重要军事设施。用柳条和沙石修建的建筑，历尽千年的风吹雨打，风骨依旧，散发着唐诗与宋词的意韵。

海古拉杀俘屠城，刘锦棠奇兵挫敌

驻守托克逊的海古拉，是阿古柏的次子，但不是阿古柏喜爱的儿子。海古拉天生刁蛮，又心狠手辣，欺瞒成性，阿古柏不喜欢他，早有传位于长子伯克·胡里之意。大敌当前，阿古柏却偏叫他到托克逊驻守，所以，海古拉心里不平衡。

托克逊城位于天山中部、吐鲁番盆地西缘，属南疆、北疆、东疆三疆的交汇之地，曾是古丝绸之路上的著名驿站。托克逊自古以来就是通往南北疆的交通要道、咽喉之地，阿古柏将托克逊交给海古拉，是阻挡西征大军战略设防的重要部署。这个不争气的儿子，偏偏误会了老子的意思：父王一直看不上我，凭什么我要为他卖力呢？他到了托克逊，突然又想开了，何不借此机会自立门户？一旦势力壮大，把吐鲁番和达坂争取到自己翼下，成为一方霸主，再胁迫父亲把将汗王之位传于他。于是，海古拉借助驻守托克逊这个时机，大肆搜刮民财，给自己修筑王府，准备建立自己的据点。

海古拉本不是能战之徒，不懂军事和政务。他认为达坂和吐鲁番的防守相当坚强，湘军一时半会儿攻克不了，正做着汗王之梦；没想到一切才刚刚起步，庞大豪华的王府也刚动工，就传来了达坂城被围的消息。海古拉心里正发慌，正为达坂担忧，哨探来报："王子，宫外有胖色提布素鲁克、玉努斯江求见。"海古拉大吃一惊，他原想号为固若金汤的达坂，坚守一两个月没问题，怎么一接火就失守了呢？

两个胖色提进门就跪在海古拉前，哽咽地说："王子，达坂失守了，大通哈令我等回来，劝你放下武器投降吧。"

"胡说，我堂堂浩罕汗国王子，能被几个汉人吓倒吗？"海古拉一听，怒气冲天，他怎会投降呢？在他心里只有一个远大的梦想：承袭父亲的汗王位，成为新浩罕占据新疆的汗王。

"王子，刘锦棠统领的湘军太厉害了，我们根本不是他的对手，投降才有活路。"两个胖色提齐声说道。

"拉出去砍了，随同回来的人都砍了。"海古拉发出歇斯底里的怒吼。

一见领头的被五花大绑押赴刑场，随同两个胖色提回来的三百多人，顿作鸟兽之状，逃得慢的当场被斩，逃得快的从此隐姓埋名，还有的又投入湘军。

杀了遣回游说的俘虏，海古拉知道湘军夺下达坂城，就要向托克逊进攻了，又有人报："吐鲁番守将海古尔派人求救。"海古拉更是六神无主。

是守是撤？海古拉没有犹豫，他选择了撤退，弃城南逃。他明白自己的实力，也不想为父亲在托克逊卖命。海古拉将防务交给制军统领，裹上细软，在自己修筑一半王府前深深地看了最后一眼，带着三千精锐毫不惋惜地出城遁走。

海古拉途经城外的一座村庄，平时他遇上不称心之事，经常来村里发泄，欺压得百姓半死不活，现在要逃了，哪能放过？正好几个来不及躲避的老百姓走在他逃跑的路上，只见他抬枪一响，眼前几人就倒在血泊中。魔王一开杀戒，一群魔鬼就跟着放开手脚大开杀戒。顿时村里变得一片狼藉，绝望的哭喊声，响彻云霄，地上尸骸遍地，土坯房子也着起熊熊大火。

海古拉望着自己部下的所作所为，无动于衷，不就是些维吾尔族人吗？狗都不如的家伙，原本还想养着的，慢慢盘剥的。但是清军突然发动西征，收复北疆。现在又从北疆杀来，达坂城都已经攻陷了，那个爱伊德尔胡里竟然无耻的投降了那些清狗，可恨自己父亲还托给他重任。更可恶的是，吐鲁番的白彦虎和马人得等回族人，还在这时要求支援，说吐鲁番已经被清狗围困。这些回族人在北疆的时候，就不听调遣，逃到南疆来，父王大发慈悲，给他们一个安身之所，不过是为了让他们当个守门狗，咋就连看门都看不了！

他现在想到自己父王苦心经营得来的偌大基业，已经岌岌可危了，就一阵痛楚。那个老朽的父王一死，以后这些土地都是我的啊！但是现在达坂城已失，吐鲁番也撑不了多久，托克逊的败亡也只是时间问题。想到这，他的眼睛已经变得通红，看到眼前的一切，火烧起来了，人也杀得差不多了，只有一些士兵，忍不住围着一些稍有姿色的妇女团团转，这才有点解气。哼！即使要走，也不能留下任何好处给那些清狗，你们就等着收拾这个烂摊子吧。

“踏！踏！踏……”突然间号鼓齐鸣，马蹄声震撼大地，“捉住海古拉，捉住海古拉！”高声的叫喊声中，湘军一队骑兵，已经来到眼前。军中一面大旗，上书一个斗大的“湘”字，另一面大旗上书一个“黄”字，一员战将策马飞奔，正是先锋黄万鹏。他一见这惨不忍睹的村子，脸变得通红起来，眼中愤怒的火焰不断乱颤，“给我杀！杀！杀！”他的胸口早就被愤恨所填满，意识中完全没有了其他，只是想着杀光眼前禽兽不如的浩罕兵，为死去的村民报仇。

那些原本还在抢掠财物，妄图玩弄女人的浩罕兵，见此情形，不用海古拉吩咐，都一起匆忙上马逃窜。海古拉原本想洗劫完这附近的村庄后，就向南疆撤退的，哪知道湘军这么快就杀到这里来，幸亏对方只是不到千人的先头骑军，不然，这条小命就要搭在这里了。

托克逊干沟是通往南疆的唯一通道，实为军事要冲。然海古拉只顾逃命，放弃了这个天然军事要道。

出城的敌军拼命向南而逃，守城的敌军放火烧毁所存粮食和弹药，欲弃城而逃。刘锦棠出了风口，即派谭上连、董福祥率马步追南逃之敌。刘锦棠自率大队抵达托克逊城附近时，城门早就被那些当地居民打开。而且还有人出来迎接他们，不过那些出来迎接的居民显得如此的疏落，一派凄风冷雨的景象。从城中百姓得知，原来海古拉弃守托克逊时对城内居民进行了一场屠杀，近半的人死于非命。等湘军进到城内时，更是发现城内的粮仓和弹药库，被海古拉先一步烧毁了。无奈之下，他只能安顿一下城内的难民。

刘锦棠望着满目疮痍的托克逊城，无语得很，原本还想一鼓作气继续追击，但是现在粮草供应不上，这里又被破坏成这样，还要把剩下的粮草送给城中剩余的居民。

刘锦棠进城后，令黄万鹏率部留守托克逊，其他各营在这里休息了一晚，回兵吐鲁番。

吐鲁番风声鹤唳，守城将各怀鬼胎

刘锦棠攻克托克逊，回兵吐鲁番的时候，由哈密西进的张曜部和出木垒河南下的徐占彪部，在盐池会师后，连克七克腾木、辟展、胜金台，挺进吐鲁番。

阿古柏防守吐鲁番兵力达到一万四千多人，是南疆北三城中部署最多的一处地方，其中浩罕人至少两千人。吐鲁番一城之中有满、汉两城之分，满城守将海古尔在浩罕人中有名将之称，所有的浩罕兵士都集中在满城；白彦虎、马人得的人防守汉城。然而，汉城守军听说达坂丢失后就知道吐鲁番守不住，早就军心动摇了。

海古尔是布素鲁克的侄子，卡塔条勒的儿子，其家族与阿古柏的关系说来话长：1864 年（同治三年）新疆民乱，库车、和阗、喀什、吐鲁番等地先后建立了地方割据政权，与驻地官兵互相攻伐，局势混乱。占据喀什旧城的柯尔克孜伯克司迪尔（思的克）自立为“帕夏”，为了树立威信，决定派手下金相印去浩罕城迎回大和卓曾孙，号称“圣裔”的布素鲁克（布士尔克）立为傀儡。第二年春，浩罕阿力木库尔汗派阿古柏率领五十名骑兵护送布素鲁克去喀什。一到喀什，布素鲁克和阿古柏便组织兵变，将司迪尔逐出喀什。在阿古柏扶持下，布素鲁克建立了“哲德沙尔汗国”，意即“七城汗国”，表明一统回部七大城的野心。三年之后，阿古柏实力大增，裹胁布素鲁克以去麦加朝圣为名，将其送到离喀什噶尔一百三十里外的英吉沙尔昂克提勒克。阿古柏早就在此修建了三间以方块盐代替土砖的房屋，用各种挂毯，家具装饰起来，安排布素鲁克及差人住在里面，夜里漫之以水，块盐融化，布素鲁克被活埋在盐屋里。布素鲁克死后，阿古柏立布素鲁克的堂兄买买提明即位，号称“卡塔条勒（卡塔尔勒）”。卡塔条勒也不安心做傀儡，故当傀儡还不到四个月就被阿古柏暗中毒死。于是阿古柏宣布取消“哲德沙尔汗国”，建立“洪福汗国”（即浩罕汗国，又称“毕杜勒特汗国”），自封为“巴达吾来特哈孜。”试想，父辈兄弟的江山被人夺去后，主仆颠倒，掌江山之人死在夺江山的人手里，仆从充当自己的主子，他能为这样的主人效忠卖命吗？海古尔巴不得阿古柏早些死去。他虽然是员战将，但得知达坂、托克逊失守的消息，就知道吐鲁番是守不住的，于是准备溜之大吉。

然而，戏还是要演的，海古尔在逃走之前，装模作样地召开军事会议。以前的军事会议，海古尔总是凌驾于白彦虎、马人得之上，从来不把手下两员大将看在眼里。这一次，出乎意料的是他显得非常大度，他说：“白将军、马将军，你们与清军长期作战，从关内打到关外，小弟真心敬佩。”

白彦虎、马人得不知海古尔葫芦里卖的什么药，这个平时骄横不可一世的人，今天怎么啦？

海古尔摆出一副非常诚恳的样子说道：“清军即将压境，我作为军事主官本应承担主要责任，无奈才疏学浅，德威不足以服众，难以动员起足够的抵抗力量，反复掂量之后，觉得只有请白将军全权指挥，吐鲁番保卫战才有获胜的把握。”

白彦虎、马人得心中一咯噔，这下完全明白了，这家伙准备逃走。为了海古尔的面子，两人不好意思说穿。

白彦虎站起说道：“大将军未免过于自谦了，末将怎能担此重任？在下不才，甘为海将军马前卒。”

海古尔正色道：“并非自谦，而是自知之明。观敌我形势，敌军精锐，我方只能凭数量优势取胜，然而要在短期内动员并指挥数万人上阵御敌，寻常之人岂能做到？唯有白将军的卓著声望方能化腐朽为神奇。恳请你万勿推辞了，本人愿领本部人马驻扎城外西山险要之处，与两位将军合击来犯之敌，两城一切军事行动由白将军决断。”

白彦虎、马人得都明白过来了，西山有一条栈道，易守难攻，直通托克逊和库尔勒。两人心里嘀咕：“这家伙连逃跑的路线都选好了。”

白彦虎知道，现在如不答应海古尔，弄不好这议事大堂就是自己的葬身之地。如是，他顺着海古尔说：“既然大将军如此信赖末将，末将就暂且行使吐鲁番保卫战的指挥权。”

“好！”海古尔又对马人得说道：“马将军没意见吧？”

马人得有什么好说的，他心里也在盘算，你知道逃跑，本将军就不知道逃跑？

出了议事大堂，白彦虎便问马人得：“人得，海古尔保卫吐鲁番的部署，你是怎么看的？”

马人得回答说：“我听从白大帅的调遣。”马人得虽不是陕甘回民起义之一，也不在董志原十八元帅之内，但其父马仲与白彦虎同时起事反朝廷的人，所以，他视白彦虎为前辈。当白彦虎逃到新疆投靠阿古柏，两人同在一个主子之下，他一直尊称白彦虎为大帅。马人得并不是没有脑子的将军，他因不知白彦虎下步的真实意图，所以用官方套话予以回答。

“羊羔被逼急了也会伤人，更别说我们。哼！想赶尽杀绝？那些清狗真以为我们这些回兵是可以任意欺负的？”白彦虎心中暗暗发狠。自己怎么说也是十八大营大帅，难道还真的当自己是羔羊不成！不过他想到当日之事，也心中怅然。当日起事的十八位元帅里，有七位战死沙场，九位投降了清狗，连和自己最为要好的马长顺，也在随自己出关之后下落不明。

“大帅，这次该怎么办呢，真想不到清军竟然这么快就兵临城下，难道真的想把我们逼上绝路吗？”马人得心中暗暗叫苦，当年投降阿古柏也是万不得已，去年失去北疆的老窝，刚接手吐鲁番城，清军就已经兵临城下了，真的是霉运之极！

“人得，你知道在新疆边塞打仗，打的是粮草之仗，刘锦棠这小犊子一出迪化，战线越来越长，战役规模越来越大，粮草的需求也越来越多。我们要保住吐鲁番，断了他的粮草可能有取胜的把握。”

“左骡子把粮草储存在巴里坤，清狗前沿的供给全从巴里坤运出。从巴里坤到古城是运粮要道，有六百里之遥，中间的穆家地沟、噶顺沟，有山路直达吐鲁番。我想率本部人马伏于两沟，断了小犊子的粮道。”

马人得一听便知其中奥妙，没想到白彦虎也沿用海古尔逃跑之法。他只得又一次装糊涂，向白彦虎问道：“我部驻防在哪？”

白彦虎知道马人得是在装糊涂，他心中想的是，你若想逃就自己想办法吧。不过白彦虎还是装作认真的样子，叮嘱马人得：“无论是满城还是汉城，吐鲁番全城的防卫就交给你了，你只要闭门坚守，清狗也耐你不得，我在城外一定配合你守城。”

马人得装作唯命是从的样子说："大帅说得没错，末将记在心了。"

海古尔领军驻防西山的第二天，白彦虎也领着回军出了汉城，令大部人马向穆家地沟、噶顺沟进发，而他自己只带小部亲信，在吐鲁番西山的后峡中隐蔽起来，只要海古尔一走，他就立即步其后尘。相隔只有几里路程的海古尔也不知道，白彦虎就在自己的旁边选择了逃跑的路线。

徐万福违命出兵，三小将初战建功

白彦虎没料到的是，他那偷袭粮草之计，还差点成了成功的妙计。原来，左宗棠为保证运道畅通，将总兵徐万福部调至古城、巴里坤之间防护运道。徐万福心里不满，别的将领在一线打仗，能立战功，日后升官发财，自己却护送粮草，不但立不上战功，而且吃力不讨好，他一再要求参加吐鲁番战役，对防护运道漫不经心。当张曜、徐占彪两部人马，抵达吐鲁番附近时，他也带着自己的人马，别下粮道，前去参加围剿吐鲁番守敌之战。

巴里坤粮台接到刘锦棠粮草、弹药告急书，徐万福已经走了。前方战事耽误不得，粮台只好迅速组织人员运送，同时立即派人把徐万福私撤粮运护送兵力的情况报告左宗棠。

"胡来，这个徐万福私心太重，一心想争头功，私自撤营已犯了军纪，就是在吐鲁番立下头功，我也不能迁就他了，粮草、弹药若被劫，该当何罪！"左宗棠很生气。

虞绍南说："别生气，徐万福一心想上战场，想昏头了，毕竟不是逃到别处去。"虞绍南虽然这样安慰左宗棠，但他也为途中的粮草、弹药担心，若真在半途被敌军劫去就麻烦了，怎么办？最近的部队只有迪化城中王诗正、刘肅、张恒湘的三营新兵，没办法的情况下，只能派他们了，于是，他对左宗棠说："季高，速令王诗正三营接管护送粮运。"

一尘飞骑，八百里快马。左宗棠速传王诗正护送粮草弹药的手令很快到达迪化。

再说驻防迪化的王诗正、刘肅、张恒湘，大部队开拔后，他们焦急地等待金运昌前来接防。三个小将都想在战场建功，特别是王诗正，大部队出发前，刘锦棠要他留下防守迪化，他只想着上阵打仗的事。

刘锦棠说道："诗正，哥知你有大将之才，但你不能操之过急，三营新兵大都没上过战场，训练时间不长，临战经验不足。此次出征南疆都是硬仗，我不能让家乡子弟白白送死。"

"毅斋哥，你不让我们上阵，哪来临战经验？"从王诗正话中可以看出，这个年轻将领一心想的是上前线打仗立功。

刘锦棠正色地对他说："老弟，你不要认为只有上阵才能立功，留守驻防、护运粮道也可立功。你一心只想上阵杀敌，怎能安心本职？不安心本职，说明你缺乏正确的认识，你已失掉了一份良将贤才的德行。德是人之根本，有才无德不是干大事的风范。你才二十出头，今后你在军中是要挑大梁的将才，可不要因小失大。"

刘锦棠说得在理，王诗正低着头，不再吭声。

前方捷报不断传到迪化，三个小将更坐不住了。金运昌刚刚抵达迪化接防，王诗正就说："金将军，你是西征大军中有威望的大将，我只想参战，总想在实战中锻炼，但毅斋哥却不给我们机会，你说我们怎么办？"

金运昌直言不讳地说："老弟，就凭你这句话，毅斋是不会同意你参战的。为什么？你的话中蕴含着一种利欲心，到了战场，你只想争头功，恐怕会害自己，有时还要贻误战机。到时，不光是治罪于你的问题，有可能贻误整个战局。”这一番话，说得王诗正脸红。

王诗正问道：“那我们现在怎么办？”

“没有军令，不得擅自行动。你们在这等候吧。”

说到军令，军令就到。王诗正拆开左宗棠八百里加急函，只见上面写道：“令营官王诗正、刘鼐、张恒湘领本部人马，护卫古城至巴里坤粮道安全，确保粮草弹药抵达吐鲁番，不得有误。”

三人接令后，整顿兵马，轻装出发。

前来送行的金运昌，看到这新募的三营湘军，武器相对落后。每营火器配置只有两哨，另外两哨都是冷兵器，而且三营没有火炮。这样的装备一旦真枪实炮地打起来，那是很难取胜的，何况这一千多人都没上过战场。金运昌关切地对王诗正说：“老弟，你们要小心呀，枪炮无情，战场上过招，是你死我活的搏斗。”

“金将军，我们不会给西征大军丢脸！”三人异口同声地回答。

金运昌是久经疆场的老将了，看着这群年轻人，虽有“初生牛犊不怕虎”的拼劲，但战场是生死之地，不觉热泪盈眶。

王诗正三人率部追风逐电地赶往古城。行过两天路程，前面喊杀声惊天动地。前方哨探来报，白彦虎部把我军运送粮草弹药的车队围困在穆家地沟中，护卫兵勇拼死反击，几乎全部战死了，匪军欲将粮草焚毁，火器弹药运走。

三位小将军正愁没有上过战场，一听此消息，奋不顾身地扑上去。到达有效射击距离，“砰！砰！砰！”枪声不绝于耳，所有火枪发出怒吼，那群正在抢劫的匪徒，随着枪声，倒下一片。刘鼐、张恒湘本是将门之后，从小习枪弄武，两人猛然举起手中明晃晃的马刀，高喊着：“冲啊，杀尽匪徒！”持冷兵器的兵勇紧随在后。“咔嚓”之声不绝于耳。

短暂的枪战后，两军相交部分的士兵已经进入白刀刃的交锋。一个肉搏回合，火枪队又迎上前，枪弹如雨点一般射向敌群。

那群只顾抢劫的回军，冷不防被这么一击，还没明白怎么回事，就死了一片。刚刚抢劫中还是耀武扬威，霎时变作鸟兽之状。

回军以为西征军护送粮草弹药的救兵到了，他们丢下到手的东西，撒腿就跑。

湘军刚才是凭着士气旺盛之极，攻敌不备，但这支部队，原本就因为长途而来，疲惫不堪，敌军仓皇逃跑，他们就追赶不上了。

回军虽被重创，但当他们逃出一程回过神来，见救兵不多，于是又反扑回来。

回军从关内打到关外，也是久经疆场的老部队了，他们临战经验丰富。一个副将拿个单筒望远镜，睁左眼，闭右眼，命人把几个哨官到马前，令他们率队抢占沟中制高点和有利地形，全队发起反冲锋。

那副将对身边的一个千总道：“你带人冲上前去，清狗不多，这是你立功的大好机会！”

“嗷嗷！”千总兴奋不已，如野兽般咆哮几声，就带着手下率先冲入湘军阵中。

“嗷嗷！”那些回军骑兵原本已经毫无斗志，但在那副将的号召下，似乎开始重振起来，向湘军反扑！

“可恶！这些回军到了这个时候，难道还以为可以反败为胜吗？”望着本来狼狈不堪的回军骑兵回头反击，王诗正咬牙道。

战场真是瞬息万变，回军发起的反冲锋，湘军损失惨重。有利地形被回军占去了，湘军一下子变成了劣势。

面对反扑的敌军，王诗正高声喝道：“众人听清了！为了我们湘军的荣耀，我们绝不退缩，一定要把敌人消灭，夺回我军的粮草弹药！弟兄们，上吧！”说完，就不顾一切地向前冲去。

“兄弟们，这是我们同心协力的时候，别退缩啊！”刘翥对身边的兵勇说道。

“哼！现在我们和匪徒扭上了，难道还能逃吗？事已至此，也唯有拼了！”张恒湘说完，领先而去。

王诗正知道，回军本来就多出两三倍，湘军攻其不备损失了一部分，但仍比湘军要多出一倍以上，他们反冲锋过来，湘军继续抵挡下去，自己这方的损失就更大了。

混战中的回军马队，他逃得快，转身杀回马枪也快。马队在湘军队伍中，横冲直撞，如入无人之境，鲜血染红了骑兵的征袍，还在拼命朝湘军兵勇砍去。

突然“轰！轰！轰！”炮声连天，炮弹在回军马队中和占领的阵地腾起火光。顿时，回军变得杂乱无章，阵地一片狼藉。

“哪来的大炮？”回军副将举起那单程千里眼，一面书着“刘”字战旗在风中飘扬，旗下整整一个炮兵营，十多门大炮昂首挺立，特别是五门仿造德国克虏伯炮，黑洞洞的炮口，一见就令人生畏，炮兵还在装填炮弹。炮营后面还有一千多名步骑兵勇，一个个英姿飒爽，可以看得出，他们只要这轮排炮轰击过后，就会发起冲锋。回军副将顿时面如土色，朝部下大喊：“不好，刘锦棠来了，快撤！”他自己率先掉转马头就跑。

回军副将以为是刘锦棠带队来了，实际上来者是总兵刘明煌。前面曾说到，刘锦棠在迪化提前出兵，左宗棠得知大惊，即命刘明煌率三营土家军和一炮营出关援助湘军。刘明煌也是一个一心想上前线立功之将领，他带着部队日夜兼程赶赴吐鲁番，没料到在这碰上了湘军与回军争夺粮草战斗。刘明煌来不及多想，立即率部投入战斗。

刘明煌声若巨雷，山谷之中都响起回音：“弟兄们，我们不能让敌军挡住我们前进的道路！”他叫喊着率部冲向回军，在他眼中自己的部队是攻无不克，战无不胜，怎么可能让对方挡住自己。

猛然间杀出一个豹头虎眼、燕颔虎须的虎将，回军自怯三分。他们只恨自己少了两条腿，仓皇逃回吐鲁番。

杀入敌群的三员小将，正好与那个回军千总碰在一起，三人齐心攻打，可怜这千总，毙于乱刀之下。

战斗停息，自家人才相互相识。

清点战场完毕，湘军虽然夺回了粮草弹药，获得大胜，然而，自身几乎折损了一半。押运的几哨兵勇差不多全部阵亡，民夫伤亡也在半数以上。

夜幕降临，刘明煌以大哥的身份说道：“三位老弟，押运的任务就交给你们了，老哥还得追赶逃跑之敌。”

王诗正、刘肅、张恒湘三人都知道，自身的任务本是护卫粮草，如是，齐声说道：“我们听大哥的！”

刘锦棠半月克三城，左宗棠击掌赞后生

穆家地沟一战，刘明煌率土家军追赶至吐鲁番西山。突然，山沟口一声炮响，涌出三四千马步兵。刘明煌一瞧，就知是白彦虎的回军杀回来了。又是一声炮响，旁边山沟冲出一支两千多人骑兵，也是“嗷嗷”地叫喊着朝土家军扑来。这些骑兵一律身着浅黄色的皮制军装，从衣饰上看，就知是浩罕骑兵。

“弟兄们，与清狗决战的时机到了，冲呀！”眨眼工夫，海古尔带领的浩罕骑兵杀入了土家军阵地。

两军混战，土家军三营步骑，总共才一千多人。浩罕骑兵和回军是土家军的三四倍。

土家军战斗力无论怎样强，也不可能战胜数倍之敌。刘明煌看着自己的弟兄，一个一个倒在战场，土家军面临全军覆没的危险。就在这时，在东南角，突然出现一支人马，“砰砰”的火枪声，一群浩罕骑兵还没反应过来，就成了枪下之鬼。接着，黑压压的步骑朝回军蜂拥过去。土家军见援兵来了，奋起还击。

敌军一下子晕头转向，援军趁着对方还没反应过来，呐喊着“活捉白彦虎！活捉海古尔！”的口号，朝敌阵冲去。

刘明煌定睛一瞧，原来是巴里坤护送粮道总兵徐万福的人马。他提刀催马走近徐万福，说道：“徐总兵，你怎么来了？”

徐万福不高兴地瞪了刘明煌一眼：“我怎么就不能来？”

刘明煌不好意思笑了：“徐总兵，在下没别的意思，只知你撤走巴里坤护送粮道，左帅令我找你，怎么在这里碰见你了？”

徐万福不耐烦地说：“刘总兵，你怎么了？我救了你部就是徐某戴罪立功了，大帅应该会谅解我的呀！”

“徐总兵救了我部，我当然会向大帅禀报的，请你放心好了。”

“好了，战机重要，这里交给我吧，刘总兵，也让徐某争个头功，好补粮道失误之罪。”说完，便率其部冲向敌军。

回军和浩罕人没料到，眼看就要全军覆没的土家军，不但被人救下了，自己还赔进去一些人马。

徐万福已叫战功和升官发财冲昏了头，不管不顾，他只想着自己一旦抢了头功，私自抛下粮道的过失也会没事的，便一路急着赶来，直往白彦虎回军驻守的峡口里冲。

站立在峡口山岗上白彦虎，一见追兵逼近，令火炮集中向徐万福轰来。可怜徐万福一帮兵勇长途行军，还在争先恐后地追击敌人，一下子死伤过了半。

忽东北角上一声炮响，喊声大起，一彪军杀到，在包围圈外呐喊杀入，一排火枪迎头扫射，为首大将双枪并射，回军弃戈奔走。徐万福定睛一看，猛将谭上连来了。

谭上连见了徐万福就说道："徐总兵，我奉毅斋之命，引五千兵勇为先锋，没料到在此遇上老兄受困，你令你的人马退下来休整，这里交给我们了，毅斋随后便到也。"

徐万福说道："谭猛子，我们两军合为一团，何不趁今日擒住白彦虎，以定大事？"

两将说着，各领本部人马，一齐冲入回军阵中。

白彦虎惊慌中接应交战，企图击退谭上连的进攻。他还没下传反击方案，只见谭上连军后，一面"湘"字战旗迎风招展。他的身旁，突然有人惊呼："湘军来了！"可已经迟了，湘军的炮火已经在回军中开花。一轮炮击过后，又是排枪扫射。不到一会，回军被杀得尸横遍野，血流成河。

"湘"字战旗下，一位骑着白马的年轻大将，指挥旁边一个拿着两面小旗的亲兵，左右上下挥旗不止。只见随同而来的各军，在这两面小旗的指挥下，不断变换冲锋队形。回军哪知道，湘军创造的这是旗语指挥，在战场上真是妙到好处。

骑白马的年轻将领就是刘锦棠，他原先的白马在达坂战死后，达坂的蒙古族牧马人，挑选了一匹上等白马送给刘锦棠。白彦虎一眼就认出了刘锦棠，他要部下几个千总引军冲过去。黄万鹏、董福祥见敌军直奔刘锦棠，当即令手下火枪兵勇，朝这帮亡命徒射击，冲在前面的回军，当即毙命，其他兵士各鸟兽散，犹有得脱者拼命逃去。

“饭桶！废物！怕死鬼！”白彦虎对几位逃回来的千总大骂不休。千总心中很不服气，但他们不敢还口。白彦虎大声骂他们，他们也在心里暗骂白彦虎。白彦虎骂得差不多了，心头掠过一道凉气，哪还有抵抗之心，为保存实力，他带着亲兵杀出重围，逃命去了。

浩罕骑兵见回军退出战场，海古尔不敢恋战，企图从西山栈道逃走。不料一彪人马拦住去路，又是一面“湘”字大旗，浩罕人发怔了：简直是进入了天罗地网。

这支部队正是罗长佑、谭拔萃、章洪胜、席大成，陶生林、谭和义、汤仁和率领进击吐鲁番的马步六营。这支队伍中除罗长佑是一书生将领外，其他均有“虎将”之称。

号角声中，湘军骑兵已经扬起了雪亮的马刀，寒气森森的刀片猛地卷进了安集延人的队伍，顿时惨叫声连连。

海古尔不再犹豫，带着自己的人马，拼命突围逃跑。

张曜率领的嵩武军主力已与徐占彪蜀军在鄯善会合，协同作战，袭取七格腾木，暗渡戈壁，攻占辟展，连克木沁台、胜金台、鲁克沁、哈拉和卓城。两军进至吐鲁番城郊，将其四面围住。

这时，湘军在吐鲁番西山已经将海古尔、白彦虎击败，也赶到了吐鲁番。三军会合，兵力愈加强壮。

张曜一见刘锦棠也来了，非常高兴地说：“毅斋，你来了，这一仗就归你来指挥。”

刘锦棠说道：“朗斋兄，我们在出征南疆时就说好了的，你是攻打吐鲁番的总指挥，这一点是不能变动的。”

张曜也不客气了，召集各路统领研究攻打吐鲁番方案时，就这阵势，不将吐鲁番打成一片废墟，把马人得捣成肉酱才怪呢。

罗长佑说："张将军，城内还有百姓，可不敢乱打。"

张曜笑着说："我是粗人，话是这么说，图个爽快，哪能将一座城打成废墟呢，我张朗斋可不愿做千古罪人。"

张曜命徐占彪率本部人马和张金彪部围在城东，从东面进攻，罗长佑从南面进攻，谭拔萃、席大城从西面进攻，自己和徐占彪亲率主力，从北面主攻。刘锦棠坐镇大营，老湘军视其战场变化，随时出动。

当晚，三军将吐鲁番围得像铁桶一般。将士们架炮台，挖战壕，三军忙得不亦乐乎，而且合作起来亲密无间。

天刚拂晓，吐鲁番城东门，在一百多骑的簇拥下，徐占彪和张金彪两位彪哥两骑并立。两位"彪哥"在商量着如何攻打这东门时，城楼之上的敌军统帅马人得，正紧皱眉头看着城下那徐占彪和张金彪的大军，他不明白，蜀军和嵩武军来自两处挨不着边的地方，如今却在这边塞拧成一股绳了，难道是天要亡我吗？果真是这样，何不早些投降寻条活路。

马人得回想起自己接替父亲出任阿奇木伯克，驻守迪化，同时管理古牧地、昌吉、呼图壁和玛纳斯时，可谓叱咤风云。西征大军出关时，自己曾劝说过白彦虎，我们何必和清军势不两立？白彦虎说了，人得老弟啊，开弓没有回头箭，你和浩罕人一块干了这么久，左骡子会饶过你吗？现在，自己的人马在北疆已经折损大半，吐鲁番城内的浩罕兵和白彦虎的部队全都逃走了，此刻，留下的兵士加上临时召集的人手，也不过一万，用这些残兵加新兵的队伍与装备先进、兵临城下的三万多西征大军相拼，无疑是鸡蛋碰石头，自己的人马可就全部搭了进去。现在除了逃以外，我们还能怎样？但是，"他们会让我们顺利逃脱吗？"马人得看着下面频繁调度的西征军，心中不安。不过既然海古尔和白彦虎逃走了，他也安心了不少，毕竟自己不像他们那样罪孽深重。如今，用不着和谁商量，就可直接投降清军，不是白白送死就行了。

一番激烈的思想斗争之后，马人得终于回头，心中下定决心，只有两个字："投降。"

当普照吐鲁番大地的第一缕阳光出现时，张曜发布总攻命令，四面炮声同时响起，吐鲁番被炮火包围。

张金彪正欲带队冲锋，忽见城门大开，回军兵士双手举起兵器缓缓出城，马人得率部缴械投降了。

三城之战，至此结束，达坂——托克逊——吐鲁番三角地带全被西征大军收复，南八城门户已经洞开。西征大军在这一战役中重创了阿古柏的有生力量，尤其是精锐损失大半。

三城之战过后，西征大军已成破竹之势。此时南疆的各路少数民族武装，凡是脑子活络的，都在考虑为自己留条后路了。

捷报传到肃州，大本营一片欢呼。左宗棠审定虞绍南拟就的奏折，为西征前线将士请功。

一提到刘锦棠和张曜，左宗棠脸上有了笑容，兴冲冲地对虞绍南说："我没看错毅斋吧，放开他的手脚，他就能干得更好。听说在攻克达坂后，毅斋还用离间之计，知道阿古柏之子海古拉不会投降，偏放俘虏去游说，海古拉杀了俘虏，一下子在军心涣散，自知大势已去，只得弃城奔命。"

虞绍南在一旁心想，左宗棠如此高兴，何不趁机把刘锦棠两次违命出兵的事说了，免得这老头子以后又来追究刘锦棠啊。如此，虞绍南说："季高，刘锦棠虽然连克三城，但他在吐鲁番战役中两次违命出兵，你不会治罪了吧？"

左宗棠不假思索地说："毅斋是对的，将在外军令有所不受。一次违命迪化提前出兵，抓住了战机，二次违命出兵托克逊，用了关门打狗之计，实在太妙了，托克逊才不战而胜的，怎么能追他的责呢？”

左宗棠说完，突然觉得虞绍南的话中有话，细想一下，他明白了，这虞绍南在给刘锦棠打埋伏，怕我以后找刘锦棠的麻烦，左宗棠笑了笑，说：“你在给谁当师爷？”

虞绍南也为刘锦棠高兴，他对左宗棠说：“季高，毅斋算是你培养出来了，迪化和吐鲁番战役打得多好，毅斋的指挥才能充分得以体现，都是你培养得好！”

左宗棠掩饰不住内心的喜悦，说：“后生可畏呀！”说到“后生”二字，左宗棠想起了老友王鑫、刘松山、张运兰的后生子，他们也在这次吐鲁番战役中立下奇功。这三个后生太年轻了，而且王诗正和刘鼐都是过继的，不行，目前不能让他们留在新疆，战火无情啊，一旦有什么闪失，我到地下怎么向他们的父亲交代？想到这，他毫不犹豫地向虞绍南说：“绍南，写个行文，令王诗正、刘鼐、张恒湘带着新募的湘军，留驻哈密保护粮道安全，不得再往南疆西征。”

虞绍南何等聪明，一下子就揣度到左宗棠的心意，说道：“季高，你想得对，我立即拟文。”

此后，后来的三位湘军小将，留驻哈密一段时间后，左宗棠又将王诗正调入自己幕僚，经几年精心培养，中法战争爆发，王诗正独领一军赴台湾，击败法军，收复台湾。刘鼐留驻陕甘，官至布政使。张恒湘因其母病逝，回乡守孝后，再没出山。

封功论赏的圣旨下来了，刘锦棠以卓越的战功，被朝廷赏戴双眼花翎。按照清制规定，不是贝子、贝勒或总督的级别，是不能戴双眼花翎的。刘锦棠以二品武官、三品文官之职戴双眼花翎，与总督的待遇一样。其他各将士，也是人人受封，个个得奖，“眷注之隆，为两百年所未有”。

西征大军三路并进，不到半个月时间便连下三城，为直捣敌巢、收复南疆八城创造了条件。此时，迭遭阿古柏匪帮暴虐压迫的南疆各族人民纷纷起来反抗，使阿古柏完全陷于绝望境地。

刘锦棠立即向左宗棠发出信函，请求即进兵南疆，一举歼灭敌寇。

左宗棠看了刘锦棠的来信，对虞绍南说：“这小子太急了，刚克三城，需要休整，又值伏暑将至，南疆酷热之地，蚊虻成群，不易急进。”

虞绍南说：“敌人大势已去，南疆规复只是时间问题了。现在休整，可备些粮草，南疆各城之间距离遥远，塔克拉玛干大沙漠又横亘于东四城与西四城之间，一片浩瀚。南八城比较富庶，粮草虽然可以就地采买，但阿古柏匪帮久据南疆，战事不断，黎民难以耕种，恐难有粮草可采买，急于进兵，万一粮草不继，后果将不堪设想。”

“说得对，毅斋既然已经派人将通往南疆的干沟要道守了，就在吐鲁番、托克逊休整，备足粮草吧。”

左宗棠关于就地休整，伏暑过后出征的战略部署传来，刘锦棠觉得大帅考虑周详，放弃了自己的主张，大军暂时停止了西征。

阿古柏命赴黄泉，匪兄弟狼狈相残

回头再说海古拉，将托克逊防务交给制军统领，六天后，带着部下逃到了南疆第一重镇——库尔勒。

自西征军攻陷迪化后，阿古柏便亲率大军，从喀什噶尔出发，来到库尔勒摆开阵势，要与西征军决一死战，他不愿失去自己统治达十年之久的库尔勒。

海古拉到达库尔勒城下，本想进城休整恢复元气，不料城门紧闭。阿古柏大侍卫兼库尔勒守将艾克木汗立于城楼，大喊道："来人可是海古拉王子？"

"正是在下，请将军放我进城，拜见父王。"海古拉高声回答。

"本将军奉汗王之令，只许王子和随卫进城，其余部队驻扎城外。"

"本王子率部征战，部下已疲倦不堪，需要进城休整，难道父王不知道吗？"海古拉抗辩地回答。

"末将只是奉令行事，王子进城与汗王说清楚后，有汗王之令，末将才能开门。"

"父王是啥意思？"

"汗王说了你临阵脱逃，令他非常生气，辜负了他对你的期望。"艾克木汗的回答让海古拉没有了回旋余地。

海古拉只得令部队驻扎城外，自己带着身边的十多名侍卫进城，只见两旁兵士，一个个冷若冰霜，杀气腾腾，以前那种见了他就点头哈腰、阿谀奉承的嘴脸都不见了，这种场合，不得不让他胆寒。主子后面的侍卫，平时也是一个个狐假虎威，现在也是胆战心惊。

更让海古拉害怕的是，艾克木汗手持佩剑，不离左右地跟着他。刚才还在部下前耀武扬威的王子，好像一下子就成了阶下囚。

阿古柏看着垂头丧气的次子，气呼呼地训斥道："你作为王子，大敌当前，不为国家大计着想，弃城逃遁，该当何罪？"

海古拉双腿一跪，泣道："父王，不是儿想逃，清狗有数万人马来攻托克逊，儿只有八千人，怎能对阵？"

"不战而逃，你这个胆小如鼠孽子，怎能成大器？"

"父王，不是儿胆小，当时情形，达坂被破，吐鲁番被围，爱伊德尔胡里一帮逆臣投降清廷，又妖言惑众，劝说孩儿投降，乱了托克逊的军心，每天有兵卒逃跑，儿怎么去迎战？”海古拉为自己开脱。

阿古柏越听越气，大骂道：“没用的东西，从小就刁蛮成性、哄骗成瘾，还自以为聪明，不战而逃，弃了城池，犯了死罪，你还为自己狡辩，简直可恨，留你何用？”

站在阿古柏旁边的艾克木汗，抽出佩剑，寒光闪闪。

海古拉慌了，他知道只要汗王一声令下，艾克木汗随时就取他首级。海古拉也不哭了，急急问道：“父王，你要杀了孩儿？”

“要你何用？”

“父王，”海古拉绝望地伏地道，“孩儿知道弃城逃脱是死罪，但孩儿逃命，为的是能前来保护父王，为父王效力啊。”

“够了！”阿古柏大声骂道，“你的心思本王知道得一清二楚，你能有心保护本王，除非太阳蹲在地上，不挂在天上。你的心全在本王的汗王位上，但你不思进取，心术不正，又心狠手辣，本王怎会传位于你？就是本王选不出一个续统之人，也不会传给你的，你别痴心妄想了！”

海古拉从地上抬起头来，阴沉沉地说道：“你一贯对我有偏见，看我不顺眼，我怎会期望你传位于我。我一直暗中努力，想凭自己的才能，改变我在你心目中的位置，可你一直看不上我，难道我就不痛心吗？”

“你的才能？哼，你还有才能吗？干什么事都会半途而废，只是任自己性子行走于世，没有一点大家风范，还痛心呢？要说痛心，本王实在痛心，养下你这个祸根，坏了本王的大事，丢弃了军事要地，本王现在痛心都来不及了。要知有今天，何不当初将你溺死，也不会有今天的困境了。”

话说到这个份上，海古拉用缓慢的口气说道：“我今天总算明白了，我在你心里已经死了，可惜还一直忠心于你，为你舍身卖命，到头来，是这种结果，我活着还有什么意思？”

父子俩的这种你争我斗，站在阿古柏旁边的艾克木汗，嘴角不时发出一丝冷笑。

海古拉的心凉透了，整个身体都冰凉了，他觉着有一股寒气从脚底升起，刺得身心像针扎一样疼痛，他忍住这种疼痛，长叹一声，无言以对。

阿古柏轻蔑地笑了笑，说：“你是该死，你活在人世，形同行尸走肉，一事无成，有何意义？唉，本王怎么会有你这样的儿子？你若有你兄长的一半才能，也是本王的造化呵！”

“别提他，伯克·胡里不是我的兄长！他一生下来就受恩宠，做什么事都正确，我一个行尸走肉，怎能是他的弟弟！”海古拉从地上爬起来，气愤地说道：“你说吧，怎么处死我。”

阿古柏盯着海古拉看了一会儿，才说：“你也算做了一场我的儿子，我不忍心看你身首异处，就赐你一壶酒，你去自灭吧！”

阿古柏随唤人送来一壶毒酒，递到海古拉手中。

海古拉捧着毒酒，心里却静了下来，他在问自己：“就这么结束了么？梦想、汗位、权势，都还没实现呢！一切都还没开始呢！”他的大脑里一片空白，凝神望着酒壶看了一会儿，心疼得抽搐起来。突然，将这杯毒酒往地上一摔，抽出随身佩剑。

阿古柏以为儿子要犯上作乱，命令艾克木汗：“杀了这逆子。”

阿古柏话音刚落，说时迟，那时快，艾克木汗冰凉的剑锋一下刺进了他的心脏。

“你怎么刺我了呢？”阿古柏临死前还想问个明白。

“你早就该传位给王子了，你不死，王子怎能做汗王？”

海古拉被眼前发生的事惊呆了，他抽出佩剑本想自杀，并没想到艾克木汗会站在他这一边。现在一切都倒过来了，父王死了，刚刚还在虎视眈眈注视自己的艾克木汗，此时说要他继承王位，真是把他弄糊涂了。

艾克木汗为啥要杀阿古柏？还得从阿古柏集团内部历来存在着的三股势力说起。以阿古柏为首的浩罕匪徒，以布素鲁克为首的依附于浩罕的原南疆和卓后裔，以尼牙斯为代表的一伙认贼作父的内奸，三者之间矛盾重重。1867 年，阿古柏驱逐布素鲁克，毒死其堂兄弟，解决了主子与傀儡之间的矛盾。清军压境使阿古柏集团内部固有的矛盾重新尖锐起来，而且还产生了新的矛盾——阿古柏家族内部的矛盾和阿古柏同他亲信之间的矛盾。艾克木汗是布素鲁克的侄子，从阿古柏以“浩罕汗国”（洪福汗国）取代布素鲁克的“哲德沙尔汗国”时开始，艾克木汗就一直想杀了阿古柏，苦于一直没有机会，今天终于血了仇恨。

“你怎么杀了我父王？”海古拉愤怒地用佩剑指着艾克木汗。他有野心，但在他的内心里，父王还是父王，他只能是他父王不喜欢，永远看不上的一个儿子。虽然他像他父亲一样恶毒、残暴，但在骨子里，他还是被罩在父亲的阴影下，心没有飞出来。

“你父王不死，你怎么做汗王？”

海古拉一听，血呼地涌上了头顶，全身烧得热乎乎的，心里在问自己：“这样当汗王，有没有良心？”他一下子有点不知道怎么做，心中又不由自主地想：“站起来，良心是什么？”沉默了好一会，他的躯体和预感到某种新的神秘力量之间的争斗！现在这股力量攫住了他的躯体，甚至灵魂。不能放过这次机会！不！不能！这是一次重生，并且能够得到自己梦寐以求的汗位，他什么也不顾了，终于下定决心："父王暴病身亡，我当汗王！"

库尔勒是艾克木汗的地盘，没有他办不成的事。艾克木汗当众宣布了大汗突然患病死亡。

次日，海古拉宣布艾克木汗为他的副手，主持库尔勒一带的防务。他带着一帮人护送阿古柏的尸体去喀什噶尔，送大汗宾归。

临行前，艾克木汗私下对海古拉说："我已派人将汗王的遗命传位之书送往喀什噶尔了。一到喀什噶尔，你就是大汗了，你的哥哥永远只能是你这位新大汗的部属。"

海古拉点着头说："艾克木汗，这次多亏你的帮助，我才脱离死亡。只要我登上汗位，即封你为顾命王爷。"

艾克木汗一脸认真地说："到时再谢大汗吧！"趁机行了大礼。

海古拉离开库尔勒的第二天，艾克木汗即宣布自立为王。从吐鲁番逃回的海古尔也来到了库尔勒，两人同为布素鲁克的侄子，也就是堂兄弟。不用说，兄弟俩一拍即合，合兵一处，宣布重建"哲德沙尔汗国"。

海古拉没有想到，自己这么急匆匆地一走，等于向外界宣布，阿古柏的浩罕汗国（洪福汗国）很快就要完蛋了。阿古柏侵占库尔勒统治十年之久，血腥镇压当地各族人民，已是血债累累。原南疆投靠阿古柏的一些聪明的上层分子，欲在朝廷派出的西征大军到来之前，争取立功反正。海古拉想着去喀什噶尔就任大汗，途经库车，不料城门紧闭，他企图绕城而去。可万万没想到，当地回民首领托胡迪夏带着一彪人马，从斜刺里杀出，力图抢了阿古柏的尸体。海古拉一心想着汗王的位子，没有心思在这小城开火交战，也就仓皇地逃走了。

海古拉经过十多天的行程，终于赶到离喀什噶尔六十里地的阿图什，马上就要到喀什噶尔了。海古拉归心似箭，想快点登上汗位，催部下快点赶路。走到阿图什不远的克孜勒苏河边时，突然一声炮响，一大群人马从河边树丛中冲出，将海古拉包围住。

是他的哥哥伯克・胡里骑着一匹高头战马，从人群里走出来。

海古拉一看到哥哥，心里一惊，故作镇定地说：“哥哥，你跑这么远来迎，弟深受感动。”

伯克・胡里开口骂道：“逆贼，快交出父王的遗体来。”

“父亲是暴病身亡，库尔勒百姓都知道。”海古拉还抱一种幻想，说道：“父王临死前，已传位于我，艾克木汗已将父王遗命送达给你，我是汗王，你虽是哥哥，但也不得无理犯上作乱。”

“逆贼，什么传命遗书，艾克木汗的信函写得清清楚楚，父王乃你刺杀，还不快快下马受缚，非要本王动手吗？”伯克・胡里言词铿锵，容不得海古拉再次反驳。

海古拉虽是阿古柏的儿子，但实在是个文不能提笔、武不能拿枪的笨蛋，根本无力充当风云变幻中政治头领的角色。他哪是久经沙场的伯克・胡里的对手。

伯克・胡里不待海古拉反应过来，催马上前，一枪将这弟弟毙命。

伯克・胡里杀了弟弟，率部退保西四城，在喀什噶尔称王。

伯克・胡里位子还没坐稳，就有消息传来：艾克木汗自称为王，海古尔朋比为奸，两人攻占了阿克苏。这还了得，伯克・胡里闻之大怒，他立即点起五千精兵，进军阿克苏，攻打刚刚占领阿克苏的艾克木汗、海古尔。

艾克木汗率四千余人，死守在阿克苏。

伯克・胡里装备精良，一到阿克苏，大炮一轰，艾克木汗就慌了，听到城下伯克・胡里的人喊一家人不打一家人，军心也乱了，兵卒大部分弃城而逃，两个梦想恢复“哲德沙尔汗国”的人成了孤家寡人，带着一伙人逃往俄国。

伯克·胡里大胜，攻陷了阿克苏。

一波未平，一波又起。伯克·胡里率兵打败艾克木汗，还没回到喀什噶尔，又有坏消息传来：和阗阿奇木伯克尼牙斯响应西征大军，宣布反正，与伯克·胡里为敌，准备向刘锦棠西征大军投诚。

伯克·胡里大惊：“阿奇木伯克找死，关键时刻叛乱，本王非铲除他不可！”

伯克·胡里意想征讨，又怕后院起火，只得率部回到他的所谓王城，遂命喀什噶尔守城统领带人去平息阿奇木伯克叛乱。

这时，伯克·胡里才意识到，内讧使军心涣散，矛盾重重。自己已身陷绝境，政权不稳，西征军大阵压境，王位已摇摇欲坠了。

顽伯克遣使求援，英帝国包藏祸心

伯克·胡里坐上汗王的位子，统治南疆这块莽莽苍苍的土地。他感觉前景渺茫，命途多舛，心情颇有些类似于弃儿的悲凉，一种未来的恐惧感使他没一点兴奋劲，反而一肚子火气，见了谁都想发一顿火，大概是他的身上传承着阿古柏的正宗血液。“怎样才能退了西征大军，保全自己的汗国呢？”伯克·胡里伤透了脑筋。

这时，原“洪福汗国”的外交大臣哈吉·妥拉前来祝贺伯克·胡里登上汗王的位子。此人倒是有一些来历，他是原浩罕汗国派驻君士坦丁堡使馆的秘书，在浩罕失去了独立国家的地位后，前来投奔舅舅阿古柏，被阿古柏任命为外交顾问，曾被委任为全权特命大使出访俄罗斯。

哈吉·妥拉长期研究国际政治，颇具国际眼光，对形势有一些见解。

哈吉·妥拉一见到伯克·胡里就称颂道："表弟，你有高瞻远瞩过人之处，又有英雄盖世，神勇无比，拥有成为伟大君主的一切优良禀赋，但不知你对眼下清狗出征新疆后局势有何分析？"

伯克·胡里令人上茶，皱了皱眉头，语气沉重地说："不瞒表兄，眼下清军压境，意在灭我'洪福汗国'，而我确实一时想不出一个万全之策，请你指拨指拨吧。"

哈吉·妥拉道："表弟啊，你要借鉴一下父汗的外交政策，现在，英俄两国仍是你的保护伞。英国在把印度变为殖民地以后，想进一步向中叶地区推进，可这与沙皇俄国的南下政策发生了矛盾，你父汗正好利用这一矛盾建立了'洪福汗国'。英俄两国从各自的野心出发，都极力支持，这是为什么？因为，英俄两强较量，却并不愿意直接发生冲突，都有在中间地带建立若干缓冲国的意愿。过去英国主要利用布哈拉、希瓦、浩罕三国充当缓冲国，因此给了它们大量的援助，现三国已被俄国完全控制。在此情况下，你的浩罕汗国自然成为双方建立战略缓冲的最佳选择。"

伯克·胡里道："我明白你的意思了，我国的生存之道，不在帮助一个大国去反对另一个大国，而在于成为两个大国的缓冲地带，就相当于夹在两块硬骨中间的软骨一样，虽小且软，却谁都不能低估它的重要性。如果能做到这样，我们就有救了。"他认为表兄的分析有道理，于是谦恭地问："目前，形势非常危急，清军左宗棠、刘锦棠是非置我于死地不行，'洪福汗国'到了生死存亡的关键时刻，你说我国怎么办？"

哈吉·妥拉喝了口茶，说道："我们还得把保护伞的外交政策用好。不过，俄国对土耳其有所企图，当前很难与中国直接发生冲突。现在，只有请英国向清政府施压，允许保住我南疆西部数城，使'洪福汗国'

仍旧成为一个国家继续存在。"

"英国会出面吗？"伯克·胡里问道。

哈吉·妥拉说："英国肯定撑我们的腰，因为我'洪福汗国'被清廷消灭了，它就失去了在新疆的地盘。而且，英国出面的条件也非常成熟，中英两国因'马嘉理案'刚签订完《烟台条约》，只要我们派出赴英使者，它一定会应承的。"

伯克·胡里说道："表兄，你真是有着超人的智慧，就请你代我出使英国吧。"

哈吉·妥拉说道："我出使英国可以，但英国好比一只贪婪的狼，它一定会趁机敲诈我国的，你的底线是什么呢？"

伯克·胡里沉思一会，很不情愿地说："只要英国能阻止中国不来消灭我国，今后我国就向英国纳贡，一切听从英国的调遣。"

"好的，有了汗王这句话，我即刻启程去英国。但你还得替女王和外相德尔比准备厚礼，这两份礼是绝对不能少的，除此之外还要多预备三四份，应付其他有关的官员。"哈吉·妥拉说的预备礼品，实际上是留给自己，他是这么想的：你要我去英国游说，我也不能白跑路，谈得好不好，自己先抓点收入再说。

"好，就照你说的做。"

哈吉·妥拉一到伦敦，立即向英国外相德尔比呈上大礼。

德尔比一看礼品清单，心中大喜，对哈吉·妥拉说道："你们汗王太客气了，帮助'洪福汗国'是我国的一贯政策，你与我一同去参见女王吧，以示我大英帝国对你'洪福汗国'的重视。"

德比尔知道，哈吉·妥拉较不上女王接见的资格，在英国的对外交往和国家礼仪活动之中，女王只接见国家元首一级的领导人。但女王是一个特殊的政府符号，也是政府彰显对某一事件重视的一张特殊"王牌”。对于外宾而言，被女王接见则是一种较高的荣誉，代表着英国对该国关系的重视。

哈吉·妥拉带着礼品，随同德尔比前往白金汉宫，拜见维多利亚女王。女王破例接见这个傀儡特使，并不是看得起伯克·胡里，英国的目的是保住自己在新疆的利益。

女王接见完毕后，德比尔对哈吉·妥拉说：“你回去告诉大汗，由我国出面与中国交涉，要求中国答应你们名义上为他们的属国，不必给中国纳贡。为了保险，我国将派遣罗伯特·肖前去喀什噶尔出任公使，这样，中国就不敢进攻你国了，不然，他们会犯了国际公约，我国是绝不会答应的。”

哈吉·妥拉说道：“我们两国签订一个协议吧，让中国政府明白，他再来攻打我国，就是与贵国过不去。”

“好的，明天你就可带着友好协议回去复命了。我国政府立即电令驻中国大使威妥玛，前去与中国政府交涉。”德比尔又轻松地问道：“哈吉·妥拉特使，你还有什么要求吗？”

哈吉·妥拉狡猾得像只狐狸，德比尔的话中似乎还有更深的意思，于是，他说道：“尊敬的外相，我还有一个请求，不知你能否答应？”

“你说吧，有什么要求都说出来。”德比尔显得相当大度地回答，看来英国全不惜血本地支持这个企图分裂中国的侵略者。

“我国与清政府的西征大军交战，损失了不少武器，贵国能否再支持我国一些枪支弹药吗？”哈吉·妥拉哀求地说。

德比尔说：“我把国防大臣叫来，叫他送一份礼品给你吧。”

不一会，国防大臣来了。在外相的撮合下，英国政府送给伯克·胡里连发枪两万两千支，山炮八门，炮弹两千发。

哈吉·妥拉可说是满载而归，他回到喀什噶尔复命，伯克·胡里真是高兴得不得了，有了英国的支持他也安心做汗王了。

英国驻华大使威妥玛接到政府的电讯，一改去年蛮横不讲理的态度，立刻带上五十万两白银进了李鸿章家门，很有礼貌地对李鸿章说：“李中堂，我国政府与‘洪福汗国’又订立了新的友好条约，并派出了罗伯特·肖为大使，我想请他去说服皇上、太后，不要再为难‘洪福汗国’了。”

“大使先生，我同意也不行啊，那个左骡子是一根筋，他是不达目的不罢休的人。”李鸿章说出了自己的苦恼。

“我国政府愿意出面‘调停’贵国与‘洪福汗国’的矛盾，条件是‘洪福汗国’政权‘作为属国，不必朝贡；中国与其划清地界；两边议和后，永远和好’三个条件。如果左骡子不听，我国政府就将军舰开到天津来。”威妥玛终于露出了强盗嘴脸。

李鸿章一向和英国打交道，深知帝国的威力，便答应了。

李鸿章一面给自己的支持者，想靠自己升官的地方官员写信，一面进见西太后慈禧，试探慈禧的态度。

慈禧一听，思虑了一阵，才缓缓说道：“李鸿章，你的说法有些道理。伯克·胡里愿降我大清，是上等好事，但英国参与，不知会不会另有所谋？这事得弄清楚再说。”

“太后圣明。”李鸿章见劝说有望，趁机奏道，“太后，微臣也这么想，英国已派罗伯特·肖到喀什噶尔上任‘洪福汗国’公使，我们现在一开战，就违反了国际公约，与英国有了瓜葛。这样，微臣以为，朝廷何不派员出使英国，以探英国方面情况，太后也好作定夺。”

“就这么办吧。”慈禧点了点头，说，“李鸿章，你看派谁去呢？”

“郭嵩焘最为合适。”

就这样，年近六十的郭嵩焘带了三十多人扬帆起航，出使西洋。经过五十天的海上颠簸，终于抵达英国。

郭嵩焘到伦敦的第二天，他在翻译马格里的陪同下照会英国外交部，觐见维多利亚女王呈递国书。

通往白金汉宫的街道上，两旁尽是看热闹的市民。中国公使一干人的到来，也引起伦敦市井百姓的好奇。那时东方人还见得少，特别是清朝人的长辫子和那身官服，英国市民见了就笑，他们也在说："这些外国人为啥长这样？"后来还出过一个笑话，一天中国使馆仆人上街买菜，奇装异服引来一个醉汉用手杖敲他们脑袋。路见不平的人把醉汉扭送到警察局，英国法庭以伤害罪判处该犯劳役，郭公使致信英首相请免去处罚。此事一见诸报，倒引来市民对中国人的好感。

白金汉宫前，早就聚集了一大堆各国记者。在西方世界看来，古老而腐朽的满清向"文明的西方世界"派出使节，这可是他们看中国大官"出洋相"的好机会。早在《天津条约》缔结时，伦敦《每日电讯》嘲笑道，"英国公使将常驻北京，而有一位满清大官将驻在伦敦，也许他还会邀请英国女王参加在阿尔伯特门举办的舞会呢"。女皇出了宫门，郭嵩焘即随行迎上前去，向女皇行鞠躬之礼，女皇亦鞠躬还礼。郭嵩焘向女皇递上国书，说道："中国大皇帝之心，对马嘉里案极为愧惜，特命使臣前诣贵国，陈达此意，即饬作为公使驻扎，以通两国之情，而申永远和好之谊。"

马格里在一旁翻译。

初次出使的郭嵩焘，显得落落大方，既无因马嘉里事件而显卑屈之感，也无天朝蔑视英夷之意。

郭嵩焘与女皇见面后，与英国外相德比尔坐下来交谈。

德比尔说："大使先生，我国政府已与'洪福汗国'又订立了新的友好条约，我想请你转告贵国政府，'洪福汗国'可作为贵国的附庸，请贵国政府不要再出兵征伐它了。如果贵国硬要出兵征伐，那就是蔑视我大英帝国，那时，我国政府是不会坐视不理的。”

郭嵩焘说：“外相先生，此事我做不了主，我即给朝廷发电，言明此事。”

将在外，君命有所不受

郭嵩焘电讯一到北京，慈禧立召李鸿章入宫。

李鸿章高兴地问李莲英：“太后何事传唤？”

李莲英答：“不知道。”

当李鸿章跪在养心殿西暖阁的垫子上时，东面墙根龙椅上已坐着六岁的光绪小皇帝，黄幔拉到一边，东边龙椅上空着，西边坐着西太后。

李鸿章给皇上、西太后一一请过安。

“李中堂。”慈禧轻轻唤了一声。

“在。”李鸿章简单地答了一声。

慈禧打量了一下李鸿章，说：“本宫接到郭嵩焘从英国发回的电报，想先听听你的意见。”说着，命李莲英将电报递给李鸿章。

李鸿章接过电报看后，高兴地对慈禧太后说：“这是好事，不战而和，求之不得呢。”

“你说这事怎样向外公布？”慈禧问道。

李鸿章说道：“明天朝议时，向群臣宣读郭嵩焘电报，一是听听群臣的意见，二是将‘不战而和’的消息公布给大家。”

郭嵩焘本意是将英国对“洪福汗国”的态度报告朝廷，不料却被李鸿章利用做足了文章，郭嵩焘也背上了卖国的罪名。

形势对西征军非常有利，全军已做好准备，军粮运到，就一鼓作气，底定南疆。明明是胜利指日可待，偏偏朝中又有一批患了“恐外症”的人出来反对进兵南疆。

朝会上，慈禧太后将郭嵩焘电报交大臣议论。朝廷上下一片哗然。

同时，在大殿之上还宣读了山西巡抚鲍源深的奏折：南疆之举尚可缓进徐图。理由是：屡征则饷源易穷，日久衅端别启。

库仑办事大臣也向朝廷上奏说，如果进攻南疆，英俄就会参与战事，中国将陷于进退不得的困境。只有放弃战争，偃旗息鼓，与英俄两国讲和。所谓“划定疆界”，实际上就是割让南疆和伊犁，以求取和平。这是一套与李鸿章提出的意见如出一辙。

慈禧一再催问众大臣怎么办才好。

军机大臣文祥站出来说：“西征大军已大阵压势，势如破竹，又花费甚厚，还借贷了洋款，何不乘势规复南疆，免得伯克·胡里用缓兵之计，日后又起异心。再者，中华泱泱大国，一再受列强牵制，日后恐受大辱，难扬大清之国威。”

另一位军机大臣李鸿藻上前奏道：“太后，微臣认为，可将郭嵩焘电报和大臣们讨论的不同意见寄给前方，听听左宗棠的意见，他是西征大帅，定有高见的。”

李鸿章全身颤了一下，又恢复了平静，他心底在说：“完了，弄不好左骡子会提前出兵，来个先斩后奏。”他还想向太后说什么，但已经晚了。

“军机处两位大臣说得在理，八百里加急发给左宗棠。”慈禧说着，立起身来，全体退朝。

左宗棠收到密谕一看，郭嵩焘在奏折中提出“数月之内席卷扫荡”的要求，这显然是给西征军出难题，虽然自己对南疆用兵，已有周密布置，意在速战速决，与郭嵩焘片奏“乘阿古柏冥殛之时席卷扫荡”一语，尚无不合。左宗棠此时却不能贸然许诺，战事变化无常，怎能做出几个月收复南八城的肯定答复。

左宗棠气得把密谕往地上一抛，骂道："郭筠仙（郭嵩焘的字），你为虎作伥，十足的卖国贼。我左季高从此与你绝交，永不宽恕你的卖国行径，你在我心里已经死了！"

郭嵩焘与左宗棠是同乡，青年时为莫逆之交；左宗棠受樊燮、官文构陷时，郭嵩焘曾在咸丰帝面前为他辩白，还极力推荐他，是他的恩人。左宗棠对郭嵩焘心里是感激的，但遇到公事，却公事公办，不受私情干扰。同治初，左宗棠任闽浙总督，郭嵩焘任广东巡抚，左宗棠以广东协饷不力和督抚不和等原因，参奏嵩焘下台。嵩焘因而心怀怨怼，认为他"忘恩负义"，有时还流于谩骂。

英国如果真的要维护浩罕，可以把自己的殖民地印度割让给它好了，何以倒要中国割地给它呢？明明是欺诈，倒有中国政府大员愿听从它，说是应"俯顺其心"，岂非咄咄怪事！左宗棠气得咳嗽不停，怒目圆睁，他继续说道："老夫早就看出英夷是在借机勒索而非真想起衅端。老夫就是不信，两国交兵，对方虽装备优于我，难道就没有伤亡？杀人一万还自损三千呢！"

虞绍南从地上拾起咨文看后说："季高，筠仙电报的所谓调解上奏朝廷，万万没想到他的这报告会被人利用做文章。朝廷的咨文上也没明确的态度，大概想听了你的意见后再做最后定决定。"

师爷这一提醒，左宗棠马上明白过来了，他立即提笔给驻扎在吐鲁番与托克逊的刘锦棠、张曜写信，道："我军立停休整，刘、张二部即刻发兵，徐部留驻吐鲁番三城，不得有误。"略为思索后，又写道："我之兵力应蹑纵追剿、尽复旧疆，岂容他人饶舌？如果英人前去交涉伯克·胡里之事，则以奉令讨贼，复我疆土，叫他不要干预，如他不听，可押赴哈密大营，本帅与他对质。”

左宗棠搁笔，附上朝廷咨文，自己封口，令亲兵八百里加急送达前线。估计用不了两天，刘锦棠、张曜部队就会挥师南疆。左宗棠先斩后奏之行动，正印证了李鸿章的预测。

虞绍南一看，忙说：“季高，别这么急，是不是等朝廷降旨，再进攻南疆？”

“等什么？”左宗棠剑眉一竖，说：“不能给英国有隙可乘，也免得李鸿章在太后、皇上跟前天天说长道短。况现在秋高气爽，正是进兵之时，不能误了战机。”

“季高，我担心朝廷没有降旨，你擅自用兵，会招来祸端，况英国人插手，别到时不好收场。”

“绍南，你可知‘将在外，君命有所不受’？我是西征大帅，一切由我担待。英国人怎么了，这是我国疆土，我驱除列强，与他何干？”左宗棠气愤地说道：“这些洋夷，恨不得把大清国全盘拿走！咳，李少荃这些年在洋人面前卑躬屈膝，更助长了他们的气焰。”

“季高，如今朝廷奸臣甚多，随时准备参劾，你还是防范点好。”

“怕他们作甚？一群无用之辈，能奈我何？绍南，你别担心，南疆进兵，在停与进这个问题上，朝廷意见不一，却没有就此做出决策，密谕问我，就说明太后有点犹豫，如在这里等着朝廷降旨，必会拖延时日，一旦拖延，李鸿章之流大做文章，最后只有停兵言和了。所以，不能给他们机会，我这里一开战，他们拿我也没有办法，只好走进兵南疆之路了。”左宗棠瞪了虞绍南一眼，继续说道：“大丈夫立于天地间，应该生为人杰、死为鬼雄，万不可学三国袁绍也！袁绍四世三公，却囿于儿女情长被奸雄所败。”

虞绍南就不再劝了。他不愧高参，根据左宗棠的意图，在复奏中痛快地驳斥了郭嵩焘，说：“浩罕入侵我回部，谄附英人。英人荫庇之十余年，明知为国家必讨之贼，从无一语及之。上年官军克复北路，乃为居间请许其降，而于缴回各城缚献叛逆贼目，一字不及……我愈示弱，彼愈逞强，势将伊于胡底？”

奏折拟好了，左宗棠说：“绍南，用快递送达总理衙门。”

“怎么不用八百里加急？”

“让这奏折在路上耽搁几天，当它到了京城时，我西征大军早已攻下了库尔勒，捷报再用八百里加急。朝廷还在对第一份奏折议而不决时，我的捷报到了，谁还能说这仗不打了？”

虞绍南听后，真的佩服左宗棠这种大帅之胆略和策略，自言自语地说：“真是‘老奸巨猾’，我可没这胆啊！”

“你说什么？”左宗棠问道。

虞绍南回答说：“我说你真是‘老奸巨猾’。”

“随你怎么说，仗打赢了，国土收回了，让别人去说，天不会塌下来。”

晏诰命猝然病逝，刘锦棠肝肠寸断

吐鲁番虽然时近金秋，但艳阳依旧高照，尘土飞扬，热不可耐。

劳累了一天的刘锦棠回到住处，已到午夜时分，洗漱过后准备休息，睡觉前，他和往常一样，拿起摆放在床头边的一本兵法书看起来，这是他几十年来养成的习惯，睡觉前一定要看一会书，不看书不睡觉。

今天，刘锦棠可能是忙碌太劳累了，他拿起书本，伸了个懒腰，眼睛就合上了。眼前的一切迷蒙而绚丽，仿佛是单独置身于一片深邃的星空之中一样，一道道流光在黑色中闪过，划出一条条完美的弧线，美丽动人，璀璨无比。他莫名其妙来到了一个陌生的所在。

刘锦棠一时间神迷目眩，精神恍惚了一下，好在他久经琐事，心神迅速清醒，冷静观察四周，这……这是哪啊，似乎熟悉？

他现在所在的地方是一个看不见边际的巨大花园，园中寂寞，觉得凄凉满目，台榭依然，心中怅然如有所知：这是与夫人晏氏第一次相见的地方，怎么变成这样了呢？岳父家中的人呢？

他不知自己如何孑然一身，四周空荡荡的，无边无际的空旷，寂静一片，便是最轻微的呼吸声，都能不费劲的听得清清楚楚。

前面有人在说话，好像是管家的声音："大小姐回一趟娘家本来就不容易，不料在这花园吓出病来。"

另一个人说："听说大小姐是在花园中撞着什么一个毛烘烘的东西，眼睛有灯笼大，还会说话，唬出一场病来的。"

"可怜的大小姐，她就是在这园中相中刘大将军。当年的刘大将军还是一个轿夫，今日丈夫做了大官，而大小姐说没就没了，丈夫还在新疆打仗，相隔万里，不知能不能回家一转啊！"

他心中惊讶不已，他俩说的是我啊，大小姐就是晏氏夫人，难道夫人死了？我怎么不知道呢？还是先回家去看看。

他转身就走，不一会，就到了自家富埒。大门口悬挂的金边蓝底"将军府"竖匾，门旁两个高大威武的石狮，都显示着主人的特殊地位。他清楚记得，自己在家时，府上的人进进出出，里面就是一个欢乐的小天地。现在，它却被一片浓重的悲哀笼罩着，到处是一片素白，大门口用松枝白花扎起了一座牌楼，牌楼上书"诰命刘母晏夫人千古"。

夫人真的死了？他在问自己。

"我在新疆舍命战场，我的夫人怎么能死呢？不行，我要到阎王那里讨个说法。"

忽然眼前漆黑，辨不出方向，心中正自恍惚，只见眼前好像有人走来，他茫然地问道："借问此是何处？"

那人道："此阴司泉路。你寿未终，何故至此？"

他道："适闻夫人无缘无故地死了，我要找阎王论个理，至此，不觉迷途。"

那人道："你夫人是谁？"

他道："诰命刘母晏夫人。"

那人冷笑道："凡人之生死，在阎王爷这里是没有后门走的，你虽然是大将军，但阎王爷是不会见你的。"

他道："本将军在西域为朝廷效命，阎王不能要了我夫人的命去。"

那人再不说话，从袖中取出一石，向他心口掷来。他没啥防备，被这石子打着心窝。就此一惊，醒来，原来竟是一场幻梦。手中还拿着兵法一书。

刘锦棠定神一想，浑身冷汗，难道夫人……夫人音容笑貌时时呈现眼前。一夜不寝，便觉头昏脑闷，懒得动弹，早操演练，又昏沉睡去。

亲兵不见总统领起床，甚觉可疑，推门进房，喊了一声不见回答。亲兵大声呼叫，惊动了幕僚一班人，也把梦中的刘锦棠惊醒。

罗镇嵩上前问道，"毅斋，身体哪里不适？"

"没有啊！"刘锦棠遂把幻梦吐露众人。

罗镇嵩说道："这梦里的事与现实是相反的啊！"众人也附和着劝说。然而，突有戈什哈来报，京卿管家从湘乡送来家书。

从湘乡到这里，遥遥万里，家中没有急事，哪能打发家人亲自前来。

"快领进来！"刘锦棠翻身起床，迫不及待要见管家。

管家是一位族兄，自晏氏婚配成家后，刘锦棠从军长期在外，家中大小事务几乎是他打理。管家对这位族弟的家庭，可说是忠心耿耿，尽心尽力，深得全家器重和下人们的尊重。管家跌跌撞撞地走了进来，一见刘锦棠就放声大哭，说道："老弟呀，晏氏夫人去世一个多月了，奶奶令我前来，要你定主意，如何办理夫人后事？"

刘锦棠一听，面色苍白，冷汗直冒，几乎晕厥。众人扶着他躺到床上。

在场的人，都知道晏夫人称得上女中豪杰，刘锦棠当轿夫的时候，她毅然下嫁。一个家有千金的娇娇小姐，嫁给一个穷光蛋苦力，这是一般女人不可能做的事，可她相中了刘锦棠。婚后不久，刘锦棠就随叔父转战东西，晏夫人在家侍奉奶奶，管理家务，一切都是有条不紊。现在，晏夫人突然撒手而去，刘锦棠岂能不伤心？

一会，刘锦棠缓过气来，泣声问道："两个月前，夫人来信说，身体好着啊，怎么突然变卦了呢？"

"老弟，夫人回娘家给父亲拜寿那天，天气闷热，途中中暑。到家时，腹痛、恶心、呕吐不止。奶奶命人请来郎中，作中暑诊治，服药无效。次日越加沉重，疼痛不停，甚至汤水不进，连起坐都不能了。奶奶慌了手脚，遍请名医，皆诊断为中暑。日重一日，到第三天，出现腹泻，便中排血，众医不识病源。无奈之下，又至县城，请来洋医。洋医看后，说是什么盲肠穿孔，已经误了诊期。"管家在哭泣中述说了夫人得病经过。

刘锦棠听后，一声"夫人"喊后，只觉得眼前发黑，便什么都不知道了。屋中人慌成一团。罗镇嵩懂得点医道，对大家说："不碍事。这是连日劳累，加上方才悲痛过度引起的，慢慢就会醒过来的。"

罗镇嵩指挥众人把刘锦棠抬到床上，掐着人中，用冷毛巾敷着他的额头，然后撬开牙，灌下一匙温水。刘锦棠慢慢醒过来了，满脸是泪，众人无不凄然泪下。

刘锦棠想起为家庭的操劳，对自己的支持；想起夫人重病中，自己居然没有在家尽丈夫之责。一时间，他肝肠寸断，心胆俱裂，积压在胸中的悲伤，一齐奔涌出来。他再也不能控制了，便索性在床上放声痛哭。

“毅斋，人死不能复生，你还是拿个主意吧？”

“毅斋，节哀保重，你可是西征大军的主心骨啊。”

也有人劝说：“毅斋，左帅是一个通情达理的人，你何不请假回家一转，安葬夫人再回来。”

“大战在即，军中岂能无帅。”这个主意立即遭到否决。

管家在一旁说道：“夫人临终前，一再对奶奶说，孙媳死后，不要影响毅斋西征大业，等到他凯旋回来时，在我坟头上一炷香，洒一杯酒，我就心满意足了。”

刘锦棠为夫人的深明大义感动。现在自己统领数万大军，受命收复大清江山，怎能辞而不前呢？何况早在读书时，便立志，此生定要做出一番大事业。今时机已到，气运已来，上自皇上亲王，下至士民友朋，莫不瞩目于西域之战。我若践运不抚，临机不发，不但辜负了自己的平生志向，也使皇上、左帅、军中将领心冷、友朋失望。还犹豫什么呢？夫人说得对，西征大业为重！

从悲痛中醒悟过来的刘锦棠，对一直不离左右的罗镇嵩说：“穆清，我不能负皇上、太后、左帅之托，在即将进军南疆之时为家事而退却。夫人对我有恩，我不能忘义，你帮我在营中设一灵堂，我为夫人祭奠三天后，即赴疆场。”

刘锦棠又对管家说：“家兄，你速回湘乡，我给奶奶和岳父及儿子国福、国禄分别写信，让家里人照我的意思为夫人办理丧事。等南疆凯旋，我再回家悼念夫人。”

众将领对刘锦棠的“忠”“义”之举赞叹不已。

第九章

席卷南疆

刘将军运筹征南疆，众将领受命赴战场

吐鲁番军中大帐，一场进军南疆的军事行动会议正秘密进行。各军将领齐集大营，没有大张旗鼓的出征仪式，刘锦棠说："今年只剩三个月了，我们要在这三个月中，纵横万里，收复南疆，这是一场前所未有的艰苦卓绝的生死之战。"他威严地扫视下面，接着下达命令："提督汤仁和领西部步骑，由托克逊进驻苏巴什和阿哈布拉；总兵董福祥和张俊沿阿哈布拉、桑树园、库木什、榆树沟、星星子、乌沙塔拉一线，设哨筑垒，军至曲惠后安营；提督张春发由伊拉湖小道进抵曲惠，与张俊等人会合；提督张春发、萧元亨、桂锡桢各领本路人马，随汤仁和之后跟进。"他叮嘱大家，各路人马沿途必须准备柴薪草料，开浚泉井，按程预备，以待大队续至。

命令完毕，将领们分别站立在摆满了敬行酒的条桌两旁。刘锦棠亮着嗓子说道："今日出征，本京卿在这里先替左帅，替皇上、皇太后，替全疆的百姓谢谢你们了！我军是正义之战，一定会成功，凯旋之日，本京卿摆酒，为大家庆功！"他说毕，先端上大碗酒说道："汤军门，你随老弟征战一年多了，夺关斩将，立功数次，老弟替你感到自豪！如今又要你老兄先行一步，在此，老弟为你壮行！"

提督汤仁和双手接过酒碗一饮而尽，把空酒碗向远处一抛，双手抱

拳说道："卑职感谢京卿的信任，一定不负京卿之重托！"

刘锦棠又把第二碗酒递向总兵董福祥和张俊。

两位总兵急忙接过酒碗说："京卿，你就别说了，我们自归顺以来，一直与京卿情同手足，从关内打到关外，所向披靡，我们对你的指挥才能非常佩服。今日出征，我俩万死不辞。"两人话毕一饮而尽，随后把碗一抛。

刘锦棠端上第三碗酒，快步走到提督张春发、萧元亨、桂锡桢的身旁说道："三位提督，本京卿敬你们，一敬你们领军有方，二敬你们此次出征旗开得胜。"

张春发也是一饮而尽，说道："毅斋，老兄与你叔父征战多年，我佩服你叔侄的'忠义'，我没说的，你指到哪我打到哪。"

最后，刘锦棠来到黄万鹏前说道："黄将军，我与你率大队人马随后进军托克逊，大帅军令一到，我军即刻挥师库尔勒，直取喀什噶尔。"

各军将遵命，昂然出帐，领兵出发。

刘锦棠刚刚调兵遣将，安排妥当，门外亲兵来报："左帅八百里加急行文到！"

刘锦棠阅看朝廷寄来的密信，心中气愤不已，大骂道："南疆自古就是我大中华领土，你英国人操哪辈子心！"

一旁的黄万鹏问道："毅斋，怎么回事？"

刘锦棠不答，再往下看，心中大骇，说道："李鸿章崇洋媚外是路人皆知，而这郭嵩焘，怎么也蹚这浑水？他说只有在数月之内收复南疆，英国才不好插手，这明明是给西征大军出难题，帮英国人说话。"他看完密信，递给黄万鹏，心中仍旧愤愤不平，口中喃喃地说："我就不信，我要收复自家的国土，远隔万里的英国人能管得了我。"

密信之后，就是左宗棠下达的军令，只见上面写道："本帅着令刘锦棠率所部湘军三十二营立即西进；张曜率军督运粮草，随后跟进；徐占彪军回防巴里坤至古城一线，副将秦玉盛骑兵营归属湘军。”

黄万鹏看完密信，说道：“毅斋，你真乃神人也，左帅的决策你总是未卜先知。有了军令，我军速行决战，乘勇追寇，年内了结南疆之事，免得夜长梦多。新疆一日不收回，我这心里就一日不落地呀！”

刘锦棠也说：“老弟若不收复新疆，把祖宗基业夺回来，死不瞑目啊！”

“你怎能说这不吉利的话。”黄万鹏一愣，压低声音说。

“我说的意思就是坚决收回全疆，没有不吉利的意思。”接着又说道：“这次进攻南疆，形势有所变化，西征大军在屡胜之余，士气旺盛，斗志昂扬，这些是有利条件，但因英国人插手，战略上得改变一下路数了。”

“毅斋，你说得对，我湘军步骑兵力已达三十二营，还有张曜、徐占彪两军二十四营。而敌方则由于内讧，已成瓦解之势。南八城中，除喀什噶尔尚需用重兵外，此外师行所至，当无敢再抗颜行者”。黄万鹏完全是处在兴奋乐观之中。

“老兄，你说的虽是实情，但战场形势瞬间变化万千，我们绝不能大意呀。”刘锦棠稳重地说。

黄万鹏说：“目前炎暑虽然还未退尽，但我军休整已将近四个月了，粮草弹药也基本备齐，出征南疆的军令也来了，我们乘胜进军的时机来了。”

两人取得一致意见，刘锦棠即向各路将领发出紧急命令：湘军兵分两路，迅速齐集曲惠，提督黄万鹏、余虎恩率马步十四营，取道乌沙塔拉，沿博斯腾湖向西，奇袭库尔勒；刘锦棠率大军从大路向开都河一带推进，直捣喀喇沙尔和库尔勒，出铁门关取库车；谭慎典、夏辛酉、余虎恩、章洪胜、方友升、谭拔萃、罗长佑、陶生林率部跟进。

湘军按照刘锦棠的筹划，有条不紊地秘密行进。

浩罕军弃城逃命，通天河湘军强渡

话说刘锦棠率大军从大路直捣喀喇沙尔，向开都河一带推进。

喀喇沙尔曾是西域古国之中的焉耆古国之地。清乾隆二十三年（1758 年）清军平定准噶尔部之后，于其地筑城，定名喀喇沙尔，并设喀喇沙尔办事大臣，由喀什噶尔参赞大节制臣，听命伊犁将军。喀喇沙尔语出维吾尔，意思是雄伟的城。

喀喇沙尔城外流淌的开都河，它将古丝绸之路上的重镇西域焉耆国古镇联系起来，在纵横的视野里一点儿也不感觉空旷遥远，宛然在身边。这是一条历史的长河，曾几易其名：《山海经》称敦薨之水，唐代称淡河，《西域水道记》称海都河，《西游记》称通天河，极言河之广，上通大山之意。此河乃是新疆的大河之一，也是一条著名的内陆河，流域包括和静、和硕、焉耆、博湖等县。开都河的源流之水并不大，在海拔四千米以上，属于雪冰融水和雨水混合补给的河流。在开都河径流补给源中，积雪和冰川及地下水补给占有相当大的比例。它一路走来，有了巴音郭楞河、依列克西河等十二条支流的汇入，就由潺潺溪流变得浩浩渺渺，波澜壮阔。

喀喇沙尔城东岸，回族沙木沙克老人带着他的大黄狗静静地坐在开都河边。他痴呆地望着开都河的源头，远处天山云雾缭绕，云水难辨，仿佛河水从天而降。

沙木沙克老人并不老，实际年龄只有四十多岁。浩罕人的军队来了之后，一系列的打击落在他的头上，先是海古拉抢走了他美丽的妻子，两个儿子上前论理，倒在了他们的枪口下，他急得须发一夜间几乎全白。剩下他和女儿相依为命过了几年，海古拉从托克逊逃跑时，又抢走了他女儿。一个欢乐的家庭，就这样被浩罕人拆散了，一个中年人就这样成了苍老的老人。现在沙木沙克可怜得只有大黄狗为伴，形影不离。

大黄狗突然朝对岸的喀喇沙尔城“汪汪”大叫，撕扯着沙木沙克的衣服。老人不知发生了什么事，只见得城中的守军，有士兵吹响军号，有士兵摇动令旗。

一会，城门大开，那些为虎作伥的兵士，大叫道：“清狗快来了，全体出城，都到西山躲避。”

城内居民还不知发生了什么，有不想走的，也有走得慢的，一个个都莫名其妙地死在那些兵士刀下，他们杀红了眼，见人就砍，将喀喇沙尔城染成了一片血红色。城内空虚了，“哒哒”的马蹄声在乡下响起，四野是狼一般的嚎叫：“清狗快来了，都到西山躲避。不听者，格杀勿论。”

沙木沙克眼睁睁地看着无数的兄弟姊妹被残杀，号啕痛哭，又深为那些正在逃跑的同胞命运所担忧。城内城外，四处一片哀鸿，无数的哀求惨叫声，痛彻心扉。

撤退的军队在城中点燃了火，霎时，喀喇沙尔和开都河两岸变成一片火海，大火熊熊燃烧。沙木沙克和他的大黄狗也走在被驱赶的人群中，老人对身旁的人说道：“我们现在就好比田野上吃草的一群羔羊，早已被屠夫注视。屠夫为了他的美餐，已经把屠刀磨得铿亮，而我们却仍然自顾自地低头吃草。这种被人宰割，极度压抑的日子我已经受够了。”

一颗星星在落日里灼灼闪亮，不停地颤抖，空气中已是暮霭纷飞。

沙木沙克望着远处黑黜黜的山丘上方，天际闪现出一片朦朦胧胧的月光，那里就是被驱赶的这群人要去的地方。

人群还没进山，身后传来雷鸣般的响声，一个个吓得面色发白，目瞪口呆。

决堤了，守敌逃跑时，掘开了开都河堤。

沙木沙克泪水纵横，他愤怒地骂道："畜生，一帮畜生！"

西征大军一出发，密探就将消息传到了留驻喀喇沙尔的浩罕守军耳中。他们无法抵御西征大军进攻，就把自己的残部移驻开都河西岸，然后掘开开都河水，以阻西征大军。

开都河河水漫流泛滥，阔可百余里，深者灭顶，浅者亦及马背。

西征大军正行进间，探马来报："前方河水泛滥，百里之内白花花一片，横在大军面前的，像一个一眼望不到边的湖泊。"

西征将士站在高处一望，滚滚洪流，波涌翻腾，喀喇沙尔和城外原野的村落、房舍、人畜、庄稼全被淹没了。来不及逃走的老弱妇孺，被淹死无数，浮尸随波起伏，惨不忍睹。

刘锦棠急命大军停止前进，就地休息，又命人前去探路。

这怎么渡过去呢？没有桥，也没有木船。

刘锦棠是在涟水河边长大的，对河流有着深厚的感情，可此时，他站在一片汪洋跟前，却犯愁了。

探马回报："京卿，水太深，无法泅渡。"

又有探马来报："前方有万余行军人马。"

刘锦棠以望远镜观之，果见远处扶老携幼，驱车牵马，杂众攒集，持枪者不过一千余人。一看便知是被敌军所胁难民。

一些被胁迫的难民，看见了西征大军的旗帜，人群中一阵骚乱，有人企图趁机夺取敌人手中的武器反抗。

持枪匪军朝反抗者一阵扫射，无辜的百姓又倒下一片。

刘锦棠大怒，即令军中骑营："冲上去，手持军械者斩，余均不问。"

须臾，湘军号鼓齐鸣，马步并进。

敌军弃难民而去，刚逃数里，敌方发现西征军人数不多，又列队挺枪，企图反扑。

突然，敌军左右两侧，炮声响起，各有几支步骑大军列阵出击。

刘锦棠一瞧，左侧是章洪胜、方友升、谭拔萃、罗长佑、陶生林率领的后续部队；右侧是萧元亨、桂锡桢、汤仁和、董福祥、张俊、张春发从曲惠赶过来的部队。

三路将士奋勇冲杀，敌军哪有回击之力，只得仓皇狂逃。

被解救的蒙古、维吾尔万余人，均伏地以迎西征军。他们一个个衣着褴褛，面黄肌瘦，大多数瘦得已是皮包骨。

刘锦棠令各营埋锅做饭，让这些百姓和兵士一同用餐。

吃饱了的难民，许多人脸上有了生机。

刘锦棠令人找来几个当地人，向他们询问喀喇沙尔、库尔勒的敌情。不问不知道，一问才知真情：在场的难民，不光是喀喇沙尔的居民，敌军还将库尔勒的百姓押解至此，意在断了西征大军的粮食、弹药的运输劳力。

几个百姓哭着说道："大将军，我们盼大军盼了十几年，今天终于盼来了，将军，你可要救救我们的父老兄弟呵！"

刘锦棠说："兄弟们，别伤心，我等就是来征讨贼寇的，你们受侵略者的迫害太深了。"

一个百姓回应道："将军，贼寇占我家园，抢我财物，奸我姐妹，叛逆白彦虎狗仗贼势，抢掠秋粮和牲畜，胁迫父老兄弟运粮西走库车了。"

刘锦棠一听，急问：“那么，喀喇沙尔、库尔勒是空城了？”

“两地还有残匪守着，喀喇沙尔虽被白贼放水淹了，但城墙上还有十多尊大炮。匪军丢弃大炮的目的，主要是怕这些笨重的火器影响他们的逃跑速度。”此人尚未说完，另一人接着说：“匪军知道大军的运输困难，他们在库尔勒留下部分兵士掩埋粮食。”

“我知道他们埋藏粮食的地方，可以挖掘出来，献给大军。”

“大将军，求你救回我们的父老兄弟！”

刘锦棠听了百姓反映的情况，当即决定各军即刻进军喀喇沙尔，副将陶生林部马步五营，堵住开都河河水，就地安置难民结束后，追随大军继续西征。

河水泛滥，如何前行？各军正为如何进军犯难时，三四个蒙古族牧民打扮的百姓男子走过来，一个中年汉子上前问道：“请问哪位是刘大将军？”

刘锦棠说：“本将军便是。”

那汉子上下打量了一下刘锦棠，见这个将军英武，有豪气，但太年轻，便犹豫道：“我等要见刘锦棠大将军。”

“本将军就是刘锦棠。”

中年汉子确信无疑了，便招呼几个人过来，要行大礼参拜刘锦棠。

刘锦棠伸手扶住：“免礼，我们都是一家人。”

几个蒙古族的百姓说道：“将军，只要绕过眼前这大湖，喀喇沙尔城外原有一条戈壁脊梁，现在成了一处浅滩，我们带路领大军在那架桥渡河。”

“好，我在这里先谢谢各位了！”刘锦棠双手抱拳向大家行礼。

这几个蒙古人说给大军带路，难民中的中青年汉子全都涌上前，黑压压地跪下一大片，齐声说道：“我们先行开路，自愿为大军运送粮草弹药。”

沙木沙克也是这大群人中的一员，跟随他身边大黄狗，趴在地上，发出“汪汪”叫声。它也好像在说，要随大军一起行动。

刘锦棠略一思索，下令董福祥五营为开路先锋，从志愿随军的各族百姓挑出几个年轻人来，为先锋部队向导；凡愿随军百姓跟随大部队，组成运输大军。

先锋部队抵达喀喇沙尔东岸，董福祥纵马上前，察看敌情，他传令骑兵下马堵塞水流，步兵搭造浮桥，抢修车道。

随同西征大军而来的各族百姓，也跟着下河与将士一同作业。

城墙上的敌军一见西征大军下河架桥，一个胖色提下令“发炮！发炮！”顿时，敌军炮弹在水中掀起冲天水柱。

董福祥见状，对部下说道：“今时今刻，我们还有退缩的余地吗?我们就是把自己的命搭在这里，也不能退缩。”

兵勇冒着炮火在水中继续作业，百姓也没有被炮火吓倒。

不能让敌军这样猖狂。

董福祥令火枪营冒着炮火涉水渡河，几个蒙古族青年走在前面带路。

火枪营到达有效射击距离，几百杆快响枪、七响枪、连发枪一齐发射，子弹如雨点一般向城楼倾泻，将敌火力压住。

敌军被西征大军强大的火力吓得仓皇逃跑了。

浮桥搭好，车道开通，董福祥率军开进喀喇沙尔。

一座空城。城中水深数尺，城内外官舍民房都被毁。

刘锦棠率大军轻骑简装，随后赶到。躲藏在附近山中的百姓，听到西征军收复喀喇沙尔，也都纷纷回来。

不能给残敌喘息的机会，刘锦棠令将士一鼓作气，日夜兼程进军库尔勒。

第二天，刘锦棠大军进入库尔勒，余虎恩、黄万鹏等率部也从间道赶至，又是空城一座。

这时，由于开都河水的泛滥，道路毁坏，粮草运输无法跟上战斗队伍，在喀喇沙尔渡河时大部分粮食都留在东岸，致使大军悬釜待炊。两支部队一连赶了几天路，疲劳已极，加上军粮已吃光了，人马又困乏，又饥饿。原以为进了库尔勒，可以筹划到粮食，不料城内阒无人烟。

刘锦棠正在犯难犹豫不决时，在喀喇沙尔解救的群众中走出一群人来对刘锦棠说，他们是库尔勒人，驻扎在这里的白彦虎在附近抢收了不少粮食，由于西征大军来得快，这些粮食多未搬走，已经窖藏起来了。在同胞的引导下，西征大军寻找到了十多个地窖。兵士们打开一口口粮窖，一个个欣喜若狂。

库尔勒气候干燥，乾隆皇帝收复这里时就建造不少地窖，建成军粮储备库，每个窖里贮藏着上千石粮食。当地人习惯将这里叫作军库，军库周围二十多里，无人敢靠近。

掘开一口藏满粮食的地窖，百姓跟着湘军将士欢呼。刘锦棠站在粮窖附近，看到各族同胞那一张张善良的面孔，倏然之间感觉到了自己灵魂深处那种莫名的责任心。他知道百姓最关心的并不是一些虚幻的东西，他们最关心的就是吃饭。

罗镇嵩靠近刘锦棠说道："毅斋，我粗略地估算一下，这里不下四千石粮食，全军吃上十天半月应该不是问题。"他说到此处，还想说下去，却欲言又止，没有了下文。

刘锦棠见罗镇嵩那犹豫不决的样子，便说道："你接着往下说吧，对与否，我都不会怪你的。"

罗镇嵩说道："我军再继续西征，后路转运粮草的车驼未至，军无现粮不行，我军必须用几个营的战斗部队来运输粮食。”

刘锦棠边听边点头：“你接着说。”

罗镇嵩继续说道：“为了不延误战机，我军应继续快速前进，现张曜大军尚未跟上，我们用眼前的这一窖粮食，可拿出一半救济、安抚难民。同时动员难民中的青壮年，组成运输大队，用另一半粮食相抵民工运输工资。尽量不让战斗部队减员。”

旁边的几位将领都认为罗镇嵩说得在理，极力主张刘锦棠采纳这一建议。

刘锦棠和一班将领幕僚来到难民人群中，他在马背上高声地对大家说：“各位同胞兄弟姐妹，今日我们将此窖中的一半粮食发给你们，大家紧紧凑凑地吃几天，等我军后续部队赶到时，再想法为你们解决目前的困境。来春大家积极种粮，直到丰收之时，我们都会不断地有粮食给大家，绝不让一个人饿着！”

难民一片欢呼！

刘锦棠挥手让大家安静下来，他接着说：“我军不能在此停留，现在必须继续进军，只有彻底消灭浩罕匪军，大家才能过上安静的日子。现在，我们的先头部队已经出发了，但是我军遇到一个困难，运送粮草弹药的骡马未至，只有请你们帮忙了，剩下的另一半粮食就作为运送民工的工钱，大家说，行不行？”

很多难民听得都有些泪眼模糊了，回想起来，已经有十多年没有得到过如此的眷顾了，而更多的人则是激动得泪花闪动！

“我来一个！”

“算我一个！”

不一会，浩浩荡荡的运输大队，车轮滚滚，随同大军踏上出征之路。

伪汗国库车设防，“飞将军”飞越铁门

浩罕军掘开了通天河水。驻扎在库尔勒的白彦虎心里明白，这只不过权宜之计，于是他日夜不停地逃到阿克苏才停下脚步。

阿克苏的秋天，时而炎热，时而寒冷，一天之中，早穿棉袄午穿纱。脚下是荒凉的沙漠，眼前是绚丽的秋色，一步天堂，一步地狱，这是一个每天都在上映着枯萎与繁华的不同寻常边塞。

白彦虎心情坏透了。他疲倦不堪，不知不觉来到了后院凉亭，在石凳上坐了下来，再度陷入了沉思：陕西起事时，自己独树一帜，一呼百应，旗下人马数以万计。几场战斗下来，次年退到了甘肃董志原，众人簇拥他成了十八大营元帅之首。接下来辉煌不了几年，又节节退却，从关内到了西域。原以为借助阿古柏的势力，有了转机再杀回关内。未料到左宗棠、刘锦棠这两个湖南蛮子，追着不放，不得不从北疆且战且退，一直退到这边塞。

白彦虎回想自己这十多年来，征战不息，不知打了多少仗，也不知杀了多少人。一幕幕惨烈的场面浮现在眼前：哀鸿遍野、血流成河。当时杀红了眼的他倒不觉得什么，今天在这再无退路的西域细想一下，感觉不寒而栗。我为啥起事？是为了高官厚禄还是争这天下？什么都不是。这十多年战火摧毁了多少家庭，多少父母痛失儿子，多少妻子丧失丈夫，多少儿女失去父爱啊？残酷的战争，民不聊生的悲剧何日才能结束啊？

忽然，一道黑弧自北向南从他头顶划过。白彦虎不由自主地打了个寒战，无数头颅和尸骨在眼前垒成了一座大山……他感觉到许多冤魂全都围了上来，在向他索命，“还我命来！”“还我命来！”的凄厉声在他耳边回荡。脑袋“嗡嗡”作响，胸腔气闷难受，“啊”的一声，昏厥

过去。

身边的亲兵大惊，慌忙将白彦虎扶进房间床上。

白彦虎清醒过来，他的第一反应就是，难道刚才那道黑弧是示意我命该绝了吗？不，我是真主的儿子，真主一定会保护我的。他支撑着身体坐了起来，传令各大副帅、将军，速至大帐商议军情。

大帐中，白彦虎端坐上位，两旁是王元林、余小虎、蓝得全、马元四位副元帅和一班将军、幕僚。万万没有料到，商议军情的会议还未开始，一名哨探匆匆地闯进来报："启禀白帅，刘锦棠率军正攻打铁门关，请白帅定夺。"

在场者一个个目瞪口呆。

白彦虎惊诧万分，他几乎不相信这是真的，如是反问哨探："你说什么？"

哨探将原话重复一次。

白彦虎算了算时间，惊奇地问那哨探："湘军从吐鲁番到喀喇沙尔、库尔勒将近五百里，仅用了三天时间，难道是飞过来的？"

哨探说道："我军最后撤离喀喇沙尔的炮兵说，亲眼看见一个骑着白马的将军，腾云驾雾飞过开都河，降落到喀喇沙尔城墙上，他手下的那些清狗，也都跟着飞过来了。我军逃回的兵士都说，他们后来打听到，那骑白马的'飞将军'叫刘锦棠。"

白彦虎心想，湘军进军之速度确实令人胆寒，更可怕的是，刘锦棠有了"飞将军"这个外号，我军上下将失去与清军决战的信心了。

白彦虎令哨探退下，在帐外等待。

白彦虎瞧瞧左右，说道："铁门关守将马壮身经百战，刘锦棠再厉害，没有七八天恐怕也攻不下，现在谁能领兵增援铁门关？"

余小虎说道："元帅，我军即使现在就派兵去铁门关，恐怕不待援兵到达，铁门关早就丢了。我还有一支骑兵在铁门关附近，可用飞鸽传令即去增援。”

幕僚中一人站出说道：“白帅，铁门关丢了并不可怕，可怕的是库车丢了，那阿克苏、乌什也守不住了，东四城就会全部陷落。”说话的幕僚非同一般，他是一位汉人，大名李科库。此人是大清的一名秀才，学问好，足智多谋，在回军中有“智多星”之称。从白彦虎起事开始，他就一直在白府中出任高参，他对白彦虎影响很大，参与了许多重大问题的决策。

李科库的话并非骇人听闻，西征军只要攻克库车，阿克苏、乌什就全无防线可守，等于一个人敞开胸怀暴露在敌人的枪口前。他接着说道：“东四城陷落，那么西四城也就守不住了。再过一个月，这南疆是吐痰成冰，地冻裂缝。在这人生地不熟的地方，我军得不到补给，人人是衣着单薄，腹中无食，饥寒交迫。到了那时，前面是高山峻岭、异国他乡，过境去，人生地不熟，语言也不通，凶多吉少；不过境，后有手持屠刀的数万追兵，真的是上天无路，入地无门。”

帐中众人听了，一个个不寒而栗。

“我们拼个鱼死网破，绝不做清狗的俘虏。”马元坚定地说。

“我们军人战死沙场，那是一种荣誉，可跟着我们的数万百姓全都去死吗？”李科库反问马元。

马元无言以对。

“你说，我军该怎么办？”白彦虎问道。

李科库说道：“白帅，摆在我们面前有三条路。第一条路是你立即给汗王修书，说明唇亡齿寒的道理，我军失败之时，也是他伯克·胡里汗王灭亡之日。汗王必须迅速出兵，两军合为一处，在库车设防，与湘军决一死战，趁机将湘军赶出库尔勒，我们才有生存的希望。”李科库说至此，不再言语。

“第二条路呢？”白彦虎迫不及待地问道。

李科库上前，在白彦虎耳边言道：“如果我军在库车再次失败，白帅可秘密派人携带金银财宝赴俄境，以重金买路逃生。”

“第三条路怎么走？”

李科库欲言又止，犹豫不决。

“说下去，本帅不会怪你的。”白彦虎说道。

李科库才继续说：“第三条路是白帅前去自首，以保全众人性命。”

另一位副帅蓝得全说道：“不行，自首已有前车之鉴，降清的马化龙、马文禄等人无一幸免于祸，此路不通。何况左宗棠已放出话来，白部‘务必全歼’。”

白彦虎心想，我投了清军，历史恐怕不会饶恕我，我如果自杀，也是绝对不行的，那时真主也不会收留我。他站起来，铿锵地说：“我们没有退路，只有血战到底，这不是个人安危的问题，而是为我族人们的安危着想。”

正当众将向白彦虎纷纷表示宁死不屈的誓言时，帐外亲兵来报：“启禀元帅，汗王谕令到。”

白彦虎拆开谕令一看，简直气得发晕。伯克·胡里在谕令中指责他为保存自己势力，将“洪福汗国”的江山拱手送给清军，大骂白彦虎是一条喂不熟的狗。同时，命令他重整人马，立即出兵库车，如果清军突破库车，就提头来见。

顿时，大帐内像炸开了的油锅。大家骂伯克·胡里简直就是一个混蛋，自己按兵不动，反而对拼死抵抗的回军横加指责。大帐内，有的将领干脆说：“我们投降清军算了，何必为浩罕人效劳。”

也有人说：“若不是看在白帅面子上，我早就投降了。”

帐中将领议论纷纷，一个个牢骚满腹，怪话连天。

白彦虎正想平息帐中的混乱，亲兵又来报：“汗王谕令到。”

不到一刻，连来二道谕令，白彦虎和众将真摸不着头脑。白彦虎展开谕令，伯克·胡里说，他已亲自带领五千步骑大军赶赴库车，令白彦虎和各位副帅速领本部人马，随同汗王东征。

伯克·胡里这次下达的谕令比上一次客气多了，不仅没有对回军横加指责，还说白彦虎和各位副帅都是他的得力干将。真是翻手为云，覆手为雨，让人摸不着头脑。

白彦虎面对第二道谕令犹豫不决时，李科库又站了出来说：“元帅若想走第一条路，就应派兵速行，联合汗王决战库车。”

“众将听令！”白彦虎霍地站起，命令余小虎为出征库车先锋，其他各部随后跟进，所有辎重武器一并开拔。

就在回军大队人马杀回马枪，也就是伯克·胡里说的所谓亲自督师东征时，此时的铁门关，正如余小虎预料的那样，激战正浓。

铁门关位于库尔勒之北的库鲁克塔格山中，扼孔雀河上游三十公里长的陡峭峡谷出口，乃是南北疆交通的天险要冲，古代丝绸之路中道咽喉。晋代在这里设关，因其险固，故称铁门关。它与山海关、函谷关、嘉峪关等列为古代中国二十六名关之一。铁门关自古以来就是兵家必争之地，关旁绝壁上还留有“襟山带河”四个隶书大字。西汉张骞奉命出使西域曾路经铁门关，班超也曾饮马于孔雀河，故而人们又称孔雀河为饮马河。唐代边塞诗人岑参登铁门关曾赋诗一首：“铁关天西涯，极目少行客。关旁一小吏，终日对石壁。桥跨千仞危，路盘两崖窄。试登西楼望，一望头欲白。”因此，后人也有诗咏《铁门关》：“襟天山，带大漠，张骞虎胆通西域，班超饮马孔雀河，铁关夹险崖，极目少行客！”

余虎恩这次攻关早就多留了一个心眼，他出发前就在蒙古族、维吾尔族百姓中进行了访问，传说唐僧师徒取经路过铁门关时，因山洪突然爆发，孔雀河水暴涨，阻断了西行之路。在这前不着村后不着店的地方，师徒四人上了山冈，唐僧勒马观看，山岭上虽是有道路的痕迹，左右却都是荆棘刺针，蛇虫伏地而游。唐僧大叫："徒弟，这路怎生走得？"孙悟空将身一纵，跳在半空看时，一望无际，似有千里之遥。三藏大惊道："怎生是好？"八戒笑道："师傅，看我的。"他说着念个咒语，把腰躬一躬，身高长到十丈，挥动两丈的钉耙，在山顶把荆棘分开，辟出了一条小道。从此，铁门关峡谷，虽然怪石峥嵘，曲折幽深，岸壁如刀劈斧凿，但山顶上有一条当地人知道的隐秘小道。

余虎恩听后便把董福祥、萧元亨、桂锡桢请来，用协商的口吻说："白逆重兵扼守铁门关，意在阻我深入腹地。本提督不愿与他纠缠，另有破敌之策。"

还没等余虎恩说完，董福祥就抢着说："某愿为先锋，与匪决战！"

余虎恩笑了："将军领会错了。我意是请将军率领你我两军人马，午夜出发，凌晨时在铁门关前摆出决战的状态，把白匪牢牢吸引。我率五百精兵，配十门小山炮，装备充足弹药，从山中小路直插铁门关后方，切断匪军的退路。明日午时，将军向铁门关发起炮击，我即从铁门关山顶后方同时发起攻击。到那时，你我前后夹击，何愁铁门关不下？"

董福祥的眼睛一亮："提督此计甚妙！"

余虎恩一再嘱咐："将军牢记，你到达铁门关时，一定要大张声势。千万不要被关上守军发觉我军还有奇兵！否则，此计就要落空了。"

董福祥满口应承，出帐领兵。

当晚，余虎恩从军中挑选出精兵，在当地几个向导带领下，避开大道，走山间小径。将士爬悬崖，翻峭壁，那些抬炮抬弹的兵勇更是困难重重。凌晨时，他们秘密接近了铁门关。

余虎恩下令让大家歇息。这些官兵，走了一宿的路，又困又累，又渴又饿。一听让他们休息，如获大赦，立刻就地倒下，眨眼之间，就呼呼地入睡了。只苦了那些哨兵，还得站岗。

余虎恩没有休息。他和向导登上山头，往远处眺望：见重峦叠嶂，漫无边际。再看眼前，两座大山中间有一凹地，铁门关就建在这凹地中间，两旁之山，山势特别险要，又像两个巨人，手拉着手，云雾茫茫，遮得山头忽隐忽现。一股股瘴气，在山谷中慢慢浮动。他举起望远镜细瞧，不觉大惊。就在部下休息不到半里的地方，驻扎着上百名敌军，不过除了一两个放哨的外，其他的大概都还在梦乡中，他们没有料到湘军会从这里攻上来。

“好险啊！”幸亏这些守军麻痹大意了。余虎恩和向导赶紧悄悄下山，小声唤醒酣睡的将士，悄悄地包围山中的守军，全部使用冷兵器，一声不响地将其就地消灭。

董福祥、萧元亨、桂锡桢也于午夜点起两军人马，浩浩荡荡向铁门关起程。抵达关前，将士们一瞧这关势，着实吃了一惊，真是：一关横断疆南北，遍山万古石如铁。

董福祥将炮队摆成一字队形，大炮昂首挺立，瞄准铁门关，做出大战的架势。

守关者乃甘肃籍回民军首领马壮，他跟随主帅白彦虎不远千里来到这里，近万名手下，如今失去了一半。为了回民军的威名，他无从选择，只想和身边的其他战友一起，在白帅的指挥下，坚守这铁门关，让自己的民族有最后一块生存之地。

湘军列阵，关楼上哨兵立马报告守将马壮。马将军大骇：“湘军怎么来得如此之快？”他来不及思索，立即披挂上关。

马壮站在关墙上，一见湘军这火炮阵势，特别是那十多门无坚不摧的克虏伯火炮，他早就领教过其厉害，不免大惊失色。作为守关主将的他，心中暗暗哀鸣：此次败了，彻底地失败了！另一个念头在脑中显过，保存实力撤出铁门关。然而，他的心一个突兀冷战，这样一来，整个战局将变得无法收拾。

马壮一阵咆哮，挥舞战刀，对着城楼上的炮兵声嘶力竭地喊叫：“开炮！”

没等关楼上守军炮弹发出，湘军号角齐鸣，鼓噪大进，炮弹铺天盖地倾泻而来。

关楼上守军还没反应过来，忽听关楼后山大喊，山炮冲天而起。一颗炮弹落在城墙堆放的炮弹中，顿时，铁门关真是地动山摇，火光上下通红。烈焰飞腾，照耀山峪。

马壮仰天长嘶：“我在山顶的伏兵呢？”殊不知，他的守军早就去阴间报到了。

关楼上守军前后不能相顾，马壮悲哀地哭叫道：“天要灭我，败局已定，怎能挽回！”

经过这短短十来分钟的炮轰，湘军士气大振，关楼上守军一片混乱，有兵士大叫道：“飞将军来了！”这一叫喊，真是要了关楼守军的命，关中几千兵马，丝毫没有了斗志。

马壮往关下一瞧，果见一个年轻将军，骑一匹白马，两旁都是手持火枪的护卫，那白马将军脸如雕刻般五官分明，眼神锐利如鹰。只见他剑指关楼，大军斗志昂扬，发起冲锋，齐声大喊：“飞将军刘锦棠在此！”不用说，真的是刘锦棠的湘军到了。

马壮吓得脸无人色。不待他反应过来，湘军又一阵炮火轰过来，轰得他手下一个个晕头转向。

山上湘军大喊杀下来，五百多条火枪齐射，居高临下打得关上匪军抱头鼠窜。

关前湘军架起云梯，一部分手执战刀，一部分使用火枪，如潮水一般涌上关来。

马壮发出弃关命令后，仅存的抗争意识彻底消失。铁门关崩溃了，兵士夺路往库车逃奔。

库车城血雨腥风，白彦虎瞒天过海

书前说到，伪汗王伯克·胡里不到一刻，连向白彦虎下达二道谕令，他自己亲自带领五千步骑大军赶赴库车，白彦虎和众将真摸不着头脑。原来，前方哨探向伯克·胡里报告说，湘军从迪化出发时，当地有几千维吾尔、回、蒙古等民族百姓组成支前大军，帮助湘军运送粮草弹药。湘军攻克吐鲁番三城后，又有几千民众加入支前运输队伍。湘军到了库尔勒，支前的民众增加到一万多人，跟随湘军奔库车而来。

伯克·胡里听了这一情报，大骂道："这些本地的土狗子，不知死活的家伙，都是本王的奴才。现在仗着清狗的势，与本王叫板了，我要杀绝这群土狗子。"他对着部下歇斯底里狂叫道："出兵库车，我得不到的东西，绝不允许清狗得到。"

伯克·胡里亲率骑兵走阿克苏戈壁直径，只用了一天多时间就到达库车。他下令在城外的胡杨林和塞赛里木两个隘口修筑工事，抵抗西征大军。

库车是南疆的要塞，是丝绸之路北道中段的咽喉。自汉神爵二年（公元前 60 年）置西域都护，治乌垒城，辖龟兹，龟兹王及下属官员皆佩汉印绶。龟兹是中国古代西域三十六国之中的大国，东西千余里，南北六百里，是中国唐代安西四镇之一，曾经是古代西域政治、经济、文化的中心。乾隆二十三年（1758 年）收复后，定名库车。设库车办事大臣，统管地方军政，并沿袭旧制，续行伯克制，辖理回部事务。它是当时统辖西域诸国的政治、经济、军事、文化、商贸和佛教的中心。

库车城内有一座王府，王府全称为“库车世袭回部亲王府”，“回部亲王”就是“维吾尔王”，统领着天山南部维吾尔族的大部。乾隆年间，大小和卓叛乱，攻入库车城。当时担任库车、阿克苏、拜城三城地方官的米尔扎·鄂对，面对叛军的威逼利诱，坚决反对分裂，维护祖国统一。叛军残忍地杀害了他的两个儿子和一个女儿，随后又将他全家人全部杀害。米尔扎·鄂对带领十余人，千里迢迢到北京，请求朝廷发兵平叛。大小和卓叛乱被平息以后，乾隆皇帝命人绘制了米尔扎·鄂对的画像，悬挂在北京故宫金光阁内。后来，在解决和阗问题中，米尔扎·鄂对冒着生命危险，只身前往和阗城中为朝廷当说客，在关键时刻作出了非凡的贡献。乾隆皇帝为表彰在平定准噶尔及大小和卓叛乱时，米尔扎·鄂对为维护祖国统一，作出的卓越贡献，册封他为“一品扎萨克达尔汗”，并在库车为他建造王府。鄂对家庭受此殊荣，子孙一直鼎立祖国统一大业。第七代亲王米尔扎·艾合买提，由于致力于铜厂管理，受到咸丰皇帝嘉奖。同治三年，也就是 1864 年，库车出现了“伊斯兰圣战者”叛乱组织。叛军威逼米尔扎·艾合买提担任他们的头领。他宁死不从，被叛军乱石打死。此后，王府落入伪汗国阿古柏囊中。

伯克·胡里在王府大殿的大椅上落座，有一种特别的亲切之感，心里特别的惬意。他随父亲阿古柏在这王府中住了多年，那时这把椅子上坐的是父王，自己想过，将来一定要坐到这把王椅上。俗语说得好：“恶有恶报，善有善报，善恶到头终有报。”刘锦棠西征一举攻下北疆，阿古柏终于有了报应，他在库尔勒被次子海古拉杀害。兄弟俩在争夺王位的火拼中，伯克·胡里成了赢家。今天，才有资格坐在这王位上。

王府外面，哀哭之声惊天动地，震动了整个库车城。原来，伯克·胡里的军队一进城，就紧闭城门，将原守城的回军赶上城墙，浩罕军人在城内大肆强掳抓劳力。刹那间，全城大乱，几乎所有的满汉居民，扶老携幼，争相向城外逃命。城门下已经汇聚了全城的百姓，呼天抢地，苦苦哀求开门，痛哭声叫骂声汇成巨大的声浪，直扑伯克·胡里的耳鼓。

一个回军将官在城楼上见此情景，实在于心不忍，下令放出老弱妇幼，青壮年留下守城防御。

伯克·胡里得知回军放人出城，立即带着几个如狼似虎的护卫，径直走向城门。聚拢在城门口的大片人群，吵闹声此起彼伏。伯克·胡里不由大怒，下令留下青壮年劳力，余下者全都斩杀。城门再次紧闭，进城的两千多浩罕兵如狼入羊群一般，见到老人、妇女和儿童左砍右劈，杀得两眼发直，枪折刃卷，甚至被鲜血熏得头昏眼花，几乎都没有举起战刀的腕力了。

民众大恐，拼命寻找躲藏之处。然而，在一群虎狼横行时，哪有藏身之地。库车城内，喷溅而出的鲜血四处流淌，把地面冲出了一条条血沟，冲到护城河的水面上，护城河很快变成一条血河，腥气直冲云端。

一位回族伯克毛骨悚然，道："汗王，手下留情吧，他们都是无辜的百姓啊！"

伯克·胡里道："不把这些人全部杀掉，库车城中的粮秣财富就会被他们白白消耗掉，不给他们粮食吃，他们一定还会反抗。这些人一旦落入敌手，他们又会帮助敌军来消灭我。我的父王早就说过，要想让他们不反抗，最好的手段就是干净彻底地把他们消灭掉。"

回族伯克知道这句话真正道出了伯克·胡里大开杀戒的缘由，不觉为他的心狠手辣手段感到不寒而栗。

掳获的几千名各族青壮年押至一宽阔大坪，全都戴上脚镣手铐，作为战利品充当奴隶，押往胡杨林和塞赛里木隘口修筑工事。

伯克·胡里对着被抓的人说道："你们都是我洪福汗国的奴隶，比那些讨伐我国的清狗更可恶。父王说过，对待你们这种人，就像叫唤只会听呼喊的牲畜一样。你们都是真主的异教徒，真主就是要借我的手来惩治你们，凌辱你们，就是要使你们感觉到真主的严厉。"

伯克·胡里就是这样的一个恶魔，他还为自己的罪行贴上漂亮的标签。他下令屠城后，还不罢休，又下达新的指令：出城屠杀、抢劫附近村堡百姓。

深秋的库车原野，残阳如血，沙海茫茫，孤鸿号野，一场浩劫降临到了这西域大地。穿着兽皮的伪汗国豺狼，吹着牛角号，冲进了大大小小的村堡。顿时，妇幼老弱被杀戮时发出痛苦的惨叫声。牛羊鸡鸭，一钉之微，一缕之细，凡可移动者，亦皆席卷而去。当掳到劳力，即将衣服尽行褫去，痛打一顿，名为见面礼，然后脚镣手铐，若稍抵抗，或不能行走时，即行杀掉。劫财掳人过后，四面八方燃起大火，村堡化为一片焦土。

伯克·胡里看着一群群掳来的民众，犹如奴隶一样颈上系以粗绳，被士兵牵着行走，他很为自己的这个创意感到振奋，他想象着这种成群结队的奴隶戴着镣铐，在"啪啪"作响的皮鞭下干活，那情景该是何等的壮观！

血雨腥风中的惨叫，伯克·胡里似乎习以为常，心头居然会生成一些莫名其妙的快慰。他又嚎叫道："该死的白彦虎怎么还没到来？"

突然，伯克·胡里似乎感觉到大地微微颤动，急骤的马蹄声从西面传来。他急忙取过望远镜，往西观察，远方隐约可见一大队人马，有如蠕形动物，全身伸缩着朝库车蜿蜒爬行。他心中一惊：那条蠕动的长虫，仿佛变成了一个怪物，张开大嘴向自己扑来。

哨探来报："启禀汗王，白彦虎元帅大军正朝库车赶来。"

伯克·胡里听了哨探的报告，口中蹦出一句粗话："什么元帅，他只是我浩罕汗国的一条狗。"

爬行的蠕虫走近了，伯克·胡里瞧见，队伍中的各色军旗，在西风的吹动下，发出"噼啪噼啪"的声响，就像那招魂幡一样，把那些索命的恶魔全招来了，自己即将陷入万劫不复之中。

时已傍晚，冷风飒然而至，伯克·胡里不觉心中冰凉，一种不祥的预感袭来，他下令："白彦虎大军不得入城，分驻城外树林和塞赛里木隘口，立即督促抓来的奴隶抢修工事。"

站在一旁的大通哈说道："汗王，万万不可让白彦虎驻于城外，这家伙狡猾透顶，汗王让他驻到城外，正好给他创造了打得赢就打，打不赢就跑的机会。"

伯克·胡里却不假思索地回答说："大通哈先生，给他一百个胆也不敢跑，我不相信这班回奴会跑得过我五千铁骑大军。"

大通哈不再多嘴，他知道，伯克·胡里以权势独断独行，刚愎自用，是谁也说服不了的。

白彦虎的大军经过两天的强行军，本想到了库车就可得到休息，不料伯克·胡里不让进城，将士们哪受得了这窝囊气，一个个牢骚满腹。

副帅马元说道："元帅，伯克·胡里这是防着我们，我们退回阿克苏，这里让他去打吧。"

几个将军也附和着说："退兵！退兵！"

白彦虎还算清醒，自己的这支部队在陕甘基本被镇压，走投无路之下流窜到新疆才投降了阿古柏。现在浩罕人占据优势的情况下，暂时还不能与伯克·胡里翻脸。由此，他板着脸说道："执行汗王的指令，我们寻找营地。"

天啊，哪还有什么落脚之地，只见各村堡火光冲天，杳无人声，全部被浩罕人纵火烧成焦土，余火中还有一具具烧焦的尸体，发出阵阵刺鼻的臭气。

白彦虎在回民起事中也杀过不少人，今天见了伯克·胡里这种屠村屠城的惨状，不禁冷汗淋漓，不寒而栗。他清醒地意识到伯克·胡里这种罪孽深重的所作所为，只能加快恶报来临。他心里暗暗下定决心，加快实施自己的计谋，不然将死无葬身之地。

天可度，地可量，唯有人心不可防。伯克·胡里不让回军进城，很明显是防着白彦虎对他下手。

白彦虎手下也在怀疑，元帅从阿克苏回到库车，名曰执行伯克·胡里的东征命令，但他的几个副帅都知道，白彦虎绝不是真心与西征大军对阵，葫芦里卖的什么药，暂时谁也没猜着。

亲兵寻得一处破窑，白彦虎看后，再也没好的地方了，权且作为临时指挥部吧。副帅、将军、幕僚等一大群人跟着进了窑。

窑的上方用几块砖头垒成一条坐凳，权当帅椅，白彦虎坐在帅椅上，瞅着下面的人，好久都不出声，原来他正在琢磨着如何完善自己的计谋。

忽有亲兵来报："启禀大帅，汗王派遣大通哈阿里达什进见。"

白彦虎心中一个冷战，这是伯克·胡里派来监督的人。不待他出窑相迎，大通哈就走进来了。

大通哈傲慢地瞧了一下在场的人，说道："白大帅，本将军奉命前来与元帅商讨军情。"

白彦虎看透了浩罕人，心也凉透了。然而人在屋檐下哪能不低头？他不得不强装笑脸起身相迎。

“启禀大帅，铁门关马壮将军在外等待。”兵士来报。

白彦虎做出请大通哈就座的手势，大声地对通报的兵士说：“传马壮进来。”

马壮进窑，一见怒气冲冲的白彦虎，吓得魂魄出窍，颤巍巍匍匐地上说：“启禀元帅，末将无能，失了铁门关，特来请罪。”

白彦虎霍地站起，怒目圆睁，怒发冲冠，对站立两旁的武士说道：“给我拿下这奴才，军法从事，送到阿克苏死牢，待本帅凯旋时，绞刑处决。”

一班武士如狼似虎，将吓得几乎瘫倒的马壮拉出窑去。

“慢着！”副帅余小虎进前说道：“马壮乃吾军大将，望大帅宽恕之。”

白彦虎大喝道：“汝何敢多言，乱吾军法！将余小虎捆了。”

真是人心难测，海水难量。余小虎可以说是白彦虎的左膀右臂，征战不息，就为了给马壮求个情，白彦虎竟不顾往日战场生死之情，怎不令人寒心。

众将官皆跪告，苦苦告求说道：“马壮失了铁门关，罪固当诛，但于军不利。望大帅宽恕，权且记罪。待破清狗之后，斩亦未迟。余副帅对元帅忠心耿耿，更不可治罪。”

白彦虎怒目视众。心中却在想，我这身不由己的伪装，目的是应对伯克·胡里的诡谲，你们可知，浩罕人大势已去，朝廷又不会给我们生存之地，我只是想用计来保全我们这支大军啊！到时你们才知我的良苦用心。

几位副帅还想给马壮求情，一旁的大通哈抢步上前说道：“白帅，大敌当前，不可先斩大将，何不让马将军戴罪立功，以功赎罪呢？”

大通哈这句话，犹如火上浇油，白彦虎凶神恶煞般地说道：“军法无情，谁要视战场为儿戏，本帅绝不轻饶。”

刚才还很骄横的大通哈，吃了一个哑巴亏，白彦虎这句话明明是说给他听的。

大通哈自讨没趣，怒目直视白彦虎好一阵后，切齿咬牙地退出窑洞，恶狠狠地抛出一句话：“混账的东西，等着瞧。”

大通哈刚刚退出窑洞，白彦虎板着脸，冷峻地说道：“将马壮押上囚车。余副帅无罪请起。各位兄弟，不必为马壮求情，这是他罪有应得。”

在场的大多数人，似乎看透了白彦虎之心，心也凉透了；也有人狐疑不定，白彦虎今天葫芦里卖的什么药？谁也猜不出。只有幕僚中的李科库，嘴角发出丝丝冷笑，从头至尾没说一句话。

白彦虎发出命令：副帅余小虎领本部人马，用石头堵塞赛里木的两个隘口，构筑工事；副帅马元派兵防守城西南方向的托木洛克通道；副帅王元林、大将军蓝得全率本军人马，随同他自己固守城外胡杨树林。最后，白彦虎令各军将伯克·胡里掳来的百姓，夜以继日抢修工事；一旦敌军到来，去除脚镣手铐，随军坚守阵地，不得让刘锦棠大军靠近库车城。

各军将领得令而去。

马壮上了囚车，押解的武士前来禀报。白彦虎令身边侍卫队长和李科库近前，附耳说，如此，如此。

李科库早已心领神会，诡秘地笑了一笑，说道：“请元帅放心，‘瞒天过海’之事包在卑职身上。”

地道战攻陷库车城，伯克·胡里狼奔豕逐

西征大军攻克铁门关，将士正欢呼庆祝胜利时，忽有前方哨探飞鸽传来情报：伯克·胡里亲领五千步骑与驻阿克苏的白彦虎三万多人马倾巢出动，前锋已接近库车。

刘锦棠大惊，从铁门关到库车比阿克苏到库车多了一天多的路程，现在是敌军已经先行到达，出兵库车，已是分秒必争。刘锦棠令诸将，人不离鞍，马不停蹄直奔库车。一路穿过萧萧戈壁，茫茫沙漠，一路满目沧桑。突然，前面一片胡杨林，大地有了生机，疲倦不堪的西征大军终于到达了戈壁、沙漠的尽头。

一名精通汉语的维吾尔向导上前说道："大将军，这就是南疆的胡杨！胡杨树在我们的维吾尔语中叫'托克拉克'，意为'最美丽的树'。"

又一向导对刘锦棠说道："大将军，过了这片树林，再行二十里就是库车城了。"

戈什哈递上望远镜，刘锦棠一瞧，心中赞叹，好大一片胡杨林，真是天下奇观！他粗略估计面积不下四五百亩。这片树林如果在南方，不觉出奇，而这戈壁沙漠之地，更显其雄浑、粗犷，林木又细腻生动，绽放着金黄的美景，让人心灵震撼。一路上，虽然见过胡杨，可那都是零星几株，看上去让人倍感萧条，这里成片胡杨却让人为之震惊。

一旁的罗镇嵩说道："胡杨可是活着千年不死，死了千年不倒，倒了千年不朽的'沙漠英雄树'，这种豪壮的英雄主义气概，就是胡杨的魂，令人敬重。"

这天的天气正好，遥望远方，雪山都撩开了神秘的面纱，让大家看个真切。一切的颜色都极致的单纯，天是那么的蓝，雪是那么的白，找

不到一丝杂色。

刘锦棠的目光重新回到前方树林，仔细观察，林中似乎暗藏杀机，隐隐约约杀气重重。心底一惊，这里面布满伏兵。他又问向导："绕过树林，还有其他道路接近库车吗？"

向导回答说："将军，北面有赛里木峡谷直达库车城，但隘口极为险峻，有一夫当关万夫莫开之势。东南还有一条叫托木洛克的大道，是库车至阿克苏的必经之路。"

刘锦棠略作思考，即令黄万鹏、谭拔萃领兵前往赛里木峡谷，余虎恩、董福祥继续朝前方树林行进，自领老湘军绕至托木洛克大道，截断库车敌军退路。

分路进军时，刘锦棠对余虎恩、董福祥两人说："胡杨林是大自然恩赐给人类的宝贵财富，林中有伏兵，你们决不能让胡杨毁在这场战火中。"

两位将军心领神会。董福祥将本部人马分为两队，埋伏在林外两旁。余虎恩令大军后退五里，兵勇不解其中意图，又不敢违抗军令，悻悻返至一处宽敞平坦的戈壁。董福祥将军中几十门大炮一字排开，填弹上膛。然后命一骑兵营进胡杨树林侦探敌情，反复交代营官，若遇敌情，只准撤退，不准进攻，将敌人诱出树林。

果不出所料，骑兵刚刚接近树林，埋伏在林中的白彦虎回军，嗷嗷大叫着猛窜出来。湘军骑兵扭头返回，回军骑兵穷追不舍。这一下，正中刘锦棠密授的引蛇出阵之计。

回军骑兵到达大炮有效射程内，余虎恩下令对准敌军一阵炮轰。回军骑兵被打得晕头转向，各人寻路奔走，骑士自相践踏，死者无数。副帅王元林见骑兵败退，急令大将军蓝得全率领所有步兵上前相救。

蓝得全在回军中也是出了名的猛将，他倒是临危不惧，一上阵就带队直扑湘军炮兵阵地，本已溃不成军的回军骑兵，见主将拼死冲锋，他们也掉转马头冲杀过来。

湘军炮兵阵地眼看危在眉睫，突然，炮阵身后鼓角相闻，喊杀声回荡大地。当先一员大将，手持连发火枪，口中大喊道："决战的时刻到了，全体将士誓与来敌一决死战！"来将正是余虎恩，他率领的九营湘军骑兵，以排山倒海之势朝回军压过来。吼声，枪声，炮声，马蹄声在战鼓声催奋下，湘军纵横于回军阵中。

两军杀得难分难解时，埋伏在树林两侧的董福祥部向林中阵地偷袭。白彦虎做梦也没想到，湘军竟然会绕到他的背后发起偷袭。那些掳来的青壮年，也纷纷拿起手中劳动的锄、耙、棍等工具与清军一道向回军发起攻击。

回军受此突然袭击，白彦虎带着亲兵企图与蓝得全汇合。不料，败军反而冲击了自家的军队。

白彦虎知败局已定，即与蓝得全合兵一处，别下库车，拼命杀出重围，向西逃窜。白彦虎泪流满面，对天长叹："我对不起死去的兄弟姊妹，天要灭我乎？"

再说赛里木峡谷，余小虎正押解百姓堵塞峡口，修筑工事。谭拔萃心急如焚，马上率军发起进攻。

"慢！"黄万鹏说："谭猛子，千万不要贸然开进。"他观察一番后，让军中几门远程克虏伯大炮的炮手，瞄准谷中那一堆指挥官，连轰几炮。余小虎万万没料到，敌军的炮弹会越过前面二道防线，直击他的指挥中心。这叫"擒贼先擒王"。

黄万鹏也没料到，这几炮真的奏效，只见敌阵乱成了一锅粥，一个个失魂落魄。那些被胁迫修工事的民众，蜂拥而逃。机不可失，黄万鹏便叫了声："谭将军，你留守殿后，若遇情况不对，立即支援。"他自己战马跃起，率军发起冲锋。

谭拔萃见状，即令炮营一齐开炮，火枪兵占据有利地形，炮火、火枪齐射，掩护黄万鹏冲锋。

余小虎知道，兵败如山倒，败局已定。再无挽回之术了。他带着部下弃库车，一路向西，与白彦虎汇合。

库车城外敌军全部扫除，湘军各路追至库车，见城门紧闭，城墙上布满了守军。湘军用其独创的“铁桶战术”，把个库车城围个水泄不通，一只蚊子也莫想飞出去。

伯克·胡里站在城墙上，四周的空气顿时颤动不已。只见湘军黑压压地漫无边际，前有上万马队，后有数不清的步兵，战马嘶鸣，人声鼎沸。库车是四面楚歌，十面埋伏，草木皆兵。不用哨探报告，他就知道回军溃退了。

余虎恩得知守城的乃伪汗王伯克·胡里，他便在城下将炮营一字排开，认为这次伯克·胡里插翅难逃了，便站在城下大喊：“伯克·胡里贼子，快开城受降，不然，爷要用炮轰了，到时别怪爷不给你留全尸。”

城上敌人回骂道：“满人走狗，你也配和汗王开战，对付你这样的小狗，哪用得着汗王？”

余虎恩被骂得火起，便命人推来开花大炮。炮弹落在用柳条土沙密筑成的城墙上，犹如铁拳打在棉花上。湘军大炮轰了一阵，那城墙仍是完好无损。原来，库车城构筑方法十分特别，垣依山冈，墙基底部为浮土掩埋，自浮土往上，墙体每层由捆扎成束的红柳、芦苇横向平铺而成，隔层为黄土堆筑，其上再加砌土坯墙，再往上就是城墙最顶部的城垛、马面等军事防御构筑了。

余虎恩更为冒火，令炮兵瞄准城墙顶端轰。

“不好，城墙上站着的大多是掳来的各族青壮年。”萧元亨、桂锡桢、董福祥看出了敌军用百姓做炮灰的恶毒用心。

刘锦棠赶至，忙令停炮。

伯克·胡里见湘军停止了炮轰，他知道自己的用百姓做挡箭牌的计谋奏效了。于是，他在城墙上用英制的望远镜瞭望城下湘军，在围城的大队人马中，有一骑白马年轻将军对着身旁人正在发话，他心里一咯噔，向大通哈问道："那人就是刘锦棠吗？"

大通哈接过伯克·胡里递来的望远镜，一瞧，急忙说："汗王，那骑白马的正是'飞将军'刘锦棠。"

"哈哈，哈哈！"伯克·胡里一阵狞笑，接着说道："刘锦棠啊刘锦棠，天堂有路你不走，偏要到阎王殿报到。今天你遇上了汗王我，让你这飞将军死无葬身之地。"他说着就指挥炮兵，瞄准刘锦棠猛轰。

炮弹呼啸而来，眼看就要落在刘锦棠身旁，那白马突然四蹄腾空，奋起蹶跃，跳出炮弹的有效杀伤范围。

伯克·胡里在望远镜中看得确切，大惊道："那刘锦棠真的能飞？"

时近黄昏，经一天的战斗，夜幕降临，双方暂时休战。

老湘军的将领，大多都打过不少攻坚战。黄万鹏、余虎恩等献计说："毅斋，我军正面强攻不成，干脆挖地道进城，炸开城门，定能杀得贼匪一个不剩。"

刘锦棠说道："此计正合我意，今晚我们分头行事，别让敌人发觉，明早必须挖成直达城门的地道，三更做饭，天亮发起总攻。"

各路统领回营，派人连夜轮流挖起了地道。

浩罕人经不起瞌睡的袭击，大都呼呼睡去，留下少数的士兵监督掳来的百姓在城墙上巡逻。巡逻的百姓，有人本来已经发现湘军在挖掘地道，他们恨透了浩罕人，对湘军的行动，或视而不见，或装聋作哑，木偶一般，只在城墙上行走。

第二天清晨，刘锦棠接到报告，地道挖成了。他的眼里射出光芒：

“炸药都填进去了吗？”

“一切都已就绪，只等总统领之令了！”

“好！马上引火！”刘锦棠下达了攻城之令。

伯克·胡里做梦也没想到，东南西北同时响起了轰鸣的爆炸声，犹如天崩地裂，四门同时倒塌。

湘军分别从四门发起攻击，将士奋勇上阵，杀声冲天，潮水般地冲向城内。

城墙上的浩罕人企图胁迫百姓抵抗。他们没有料到，这些百姓拿起手中武器，投入湘军进攻的队伍。浩罕人马被冲得七零八落，被杀得哭爹叫娘，在城门缺口争抢逃生时，又自相残杀不计其数，剩下不多的残余人马惨败而逃。

伯克·胡里气得大骂，他还想召集部下反击，忽然间，头顶上光芒四射，照得他难睁双眼，叫声不好，一发开花炮弹即将落地。他吓得面如土色，双足一跨，战马跳起，慌忙中险些坠马。

“活捉伯克·胡里！活捉伪汗王！”喊声此起彼伏。

伯克·胡里不敢再战，在武士的护卫下，杀出城门，朝西方狼狈逃窜。

湘军收复库车城，龟兹乐舞大联欢

湘军收复库车，嵩武军也跟来了，孙金彪部携粮草往阿古苏开进，补给前线大军给养。

库车王府内，刘锦棠坐在王椅上，环视殿中诸将，说道：“各路统领，东四城已克两城，只剩下阿克苏和乌什。由库车至阿克苏，今有两路可通，两路中间隔却勒塔格山。山南出库车沿却勒塔格山径直向西，直抵阿克苏；山北乃‘丝绸之路’，出盐水沟，折向西，经拜城至哈喇玉尔滚河，与南路会合。大家都知阿克苏历来为兵家必争之地，是进兵西四城的关键，占有阿克苏，乌什和西四城也就掌握在手中了。阿克苏之战，非我军主力不可，本统领率部绕道取了拜城，再去阿克苏会合，到时再商西进大计。”余虎恩早按捺不住了：“总统领，卑职愿走南路往阿克苏，讨伐贼匪。”

几位统领也一再请战。

刘锦棠心里高兴，大战之际，群情激昂，有请战者，他怎能不高兴呢。

“好，本统领决定余提督为进攻阿克苏的前线总指挥，黄万鹏、张俊率部从南面包抄阿克苏南路，谭慎典、夏辛酉率部从北包抄阿克苏北路。南、北两路配合余提督主攻。”

“遵命！”

“还有，兵临城下，事到将成之际，总要慎之又慎，切不可视事太轻，冲锋是大战事，攻城不可性急，必须留意。再者，阿克苏城内已聚百姓数万,千万不可炮击，以防伤了无辜性命。”

“毅斋，你放心好了，我这次一定智取，绝不伤百姓一根汗毛。”余虎恩保证道。

各将得令，率部马不停蹄，直指阿克苏。

刘锦棠亲率老湘军，立即向拜城开拔。此路自古尤为重要，汉张骞、唐玄奘皆行此路。

拜城系维吾尔语“巴依”而得名，“巴依”为富庶之意。拜城地形复杂，四周群山环抱，为带状盆地。西北高东南低，自然坡坡降较大，北部为天山主干，南部为却勒塔格山，东部为库车达坂，西部有叠山洪沟。从天山而下的众水皆汇于木扎提河，形成了以拜城为中心的大片绿洲，而却勒塔格山多少能抵挡塔里木盆地的热浪，故拜城成为南疆丰产之地。拜城虽然不大，但城内居住着十多个民族同胞近万人。

战败的回军接近拜城，城内官民全都登上城楼，竖起大清王朝龙旗，摆出与敌军决一死战的气势。

白彦虎见拜城官民反正了，心知一时难以攻下拜城，湘军紧随在后很快就会追来，只得绕道离去。

南疆深秋的傍晚，一到夜幕降临，虽然皓月当空，但气温骤降，朔风怒号，大地霜凝冰结。湘军和难民踏冰行军，顾不得寒风中人马冻皲，大家只有一个念头，赶到拜城歇息。

拜城城楼上的官民远远瞧见，一支浩浩荡荡队伍正朝拜城赶来。城墙上的士兵慌忙报告大伯克买买提托呼达："报！东北方出现了一支队伍。"

"有多少人？"

"大约……大约有几万人。"士兵答道。

"什么！"买买提·托呼达不禁一呆，脸上闪过了一丝绝望。若是来者的人数在几千之内，肯定是湘军到了，现在来者有几万人，这是哪方的队伍？如果是敌军返回来了，那就相当我们守城兵力的十倍以上，加上全城百姓也没超过敌军之数，我们拿什么守城？这位伯克还真聪明，他明白此刻绝不能讲泄气的话，一旦畏敌情绪在守城队伍中传开，守城队伍马上就会分崩离析。大伯克的心境逐渐恢复平静，沉着问道："能否看出是谁的队伍？"

"似乎是刚刚赶来战场的，不是昨日的回军队伍。"士兵不确定地答道。

大伯克买买·提托呼达登上城楼，看到那支队伍的先头骑兵，很快到达城下，在一名军官的号令下，呈一字排开，一个骑着青马的青年将军，从队伍中走了出来。在他的身后，有一杆迎风飞舞的“方”字大旗，那年轻将军大喊道：“拜城的兄弟姊妹们，本将军乃大清方友升，奉西征大军总统领刘锦棠之命，前来剿灭伪汗国伯克·胡里和叛逆白彦虎。我军在乌孙古道已解救回了两万多名各族难胞，今晚安置城内，让大家度过这个寒冷的夜晚。”

方友升话音刚落，买买提·托呼达就说：“请方将军进城！”拜城四门大开，各族同胞欢欣鼓舞，出城迎接西征大军进城。

拜城不大，哪住得下几万人呢？刘锦棠令湘军驻扎城外，不得进城与百姓争宿营地。一切安排妥当，准备睡觉。突然，营外鼓角齐鸣。湘军将士不知发生了什么事，人人手持武器，出帐迎战。

刘锦棠率领亲兵营，迅速上马，驰奔营前，一看究竟。

眼前的景象惊呆了将士。一条长长的火龙队伍从拜城游出来，远远看，繁星点点。到了近前，竖起的火龙像一棵棵通天的灯树，又像一个个升天的灯梯。大营前宽阔的大地成了灯的海洋，场面十分壮观，气势浩大。火龙后面跟随着大鼓、腰鼓、细腰鼓、羯鼓、铃、铜钹、排箫、筚篥、横笛等叫不上名字的乐器队伍。各种乐器奏响，铿锵镗镗，洪心骇耳。

买买提·托呼达行至营前，向刘锦棠行以大礼，说道：“大将军，为感谢大军解救了我拜城受苦受难的百姓，众人商量献上一场龟兹乐舞，慰劳大军。”

龟兹乐舞说来很不一般。以库车、拜城为中心的龟兹国，是汉代西域三十六国中的大国，经济发达，文化昌盛，公元前就与中原交往频繁。汉宣帝时，龟兹王绛宾娶乌孙公主为妻，后绛宾携公主去长安朝贺，汉宣帝赐给“车骑旗鼓，歌吹数十人”。以后绛宾“数来朝贺”，回龟兹后“治宫室，作徼道周卫，出入传呼，撞钟鼓，如汉家仪”。形成了“西域文化看龟兹，龟兹文化看拜城”。龟兹乐舞是其中的一朵奇葩，“以歌言声、以舞言情”成为龟兹各民族的典型特征。隋唐时期，龟兹本地的音乐舞蹈也进入发展高峰。唐玄奘去印度取经，回国撰写出的《大唐西域记》称：“屈支龟兹国……管弦伎乐，特善诸国”。在那时风靡一时，上至君王，下至庶民，从中原到边疆，龟兹乐舞征服了神州。一千多年期间，战乱不断，龟兹与中原王朝虽有离合，但在大多的历史时期都能够与中原王朝保持从属关系。由此，龟兹乐舞对世界特别是亚洲产生了很大影响。龟兹乐舞成为对外交往、显示国威、开展文化交流的工具。日本在隋唐时不断派“遣隋使”“遣唐使”来中国，这些使者归国时带回的中国乐舞，其中不少就是龟兹乐；朝鲜半岛流传的“长鼓”就是随龟兹乐舞传入的，古代朝鲜使用一种“桃皮筚篥”乃是龟兹筚篥的变种；古代越南、缅甸等国，亦有龟兹乐舞的影响。

军中将士有的在西安欣赏过龟兹乐舞，大多数将士还未见过。火龙在大营前围成了一个圈，将偌大的一块平地照耀如白天。首先出场的是专为宫中表演的“苏幕遮”乐舞：一队小伙子目光炯炯，精神抖擞，姑娘们美如天仙，衣裙飘然起舞。男男女女，一个个手持舞旗为先导；头戴各种面具，盔冠长须的威武将军，披肩方巾的英俊武士，竖耳勾鼻的鹰头和戴兜状帽子的老者紧紧相随；男女交错互相手牵手的舞蹈者，布帛相连，袅袅飘然而舞；后面的乐手率相起乐，边奏边作神情交流，竖箜篌的演奏者将尾杆插入腰带内，奏出响亮的乐曲，热烈雄浑的歌舞戏的气氛达到了最高潮。

大大小小的伯克们，热情地邀请湘军将士进入舞池，和百姓们共同起舞。

军民欢乐一阵之后，一位歌王高唱古曲《胡旋女》：

胡旋女，胡旋女，心应旋，手应鼓。

旋鼓一声双袖举，回雪飘飖转蓬舞。

左旋右转不知疲，千匝万周无已时。

人间此类无可比，奔车轮缓旋风迟。

……

姑娘们随着歌词在鼓乐声中急速起舞，如雪花空中飞舞，似草蓬迎风飘摇，左旋右旋千周不已，像车轮飞奔连旋风都无可比拟。

方友升感叹地问旁边的罗镇嵩："这歌词太美了，你这个举人知道是谁写的吗？"

罗镇嵩笑着回答说："你知道白居易吗？"

"知道啊，他是唐代的大诗人，他也到过拜城？"方友升不解地问道。

"白居易本来就是一个具有汉人与龟兹人血统现实主义诗人，其先祖白姓王族自东汉至唐朝，曾经统治龟兹长达六个世纪，他的故乡就在这里啊！"

在频繁的战火中，还真难得有这样的军民联欢，快到午夜，刘锦棠对伯克们说："明早大军还要开拔，赶赴阿克苏，前面还有很多战斗，等收复南疆的战争结束后，我们再来与各族同胞联欢。"

"好！好！我们听大将军的。"伯克们带着众人依依不舍地离开了营地。

"飞将军"踏冰阿克苏

龟兹乐舞晚会一结束，刘锦棠请大伯克买买提·讬呼达挑选几名向导，亲率精锐步骑，沿木扎提古道跟踪疾追。是夜四鼓，晨曦微露。

木扎提古道因木扎提河得名。唐僧正是顺着这条河畔的崎岖的山间小道，翻越了陡峭险峻的哈达木孜达坂，到达伊塞克湖，再向南前往佛教圣地天竺国的，他在这条古道，遇到的困难真是难以想象。西汉时期，张骞受汉武帝之命前去连接乌孙共击匈奴走的也是这条古道。

刘锦棠站在巍峨山峦环绕的木扎提河河畔，放眼望去，群山盘亘逶迤，一条崎岖的山道顺河向深山延伸。大军进了山口，一开始还好，但走着走着，路冻得越来越硬，树上也结着一串串冰凌，遥望山顶，白茫茫的一片。有人脚下绊到一冰疙瘩，“扑通”一声，摔出老远，又是“唑”的一声，门牙落在冰上了，站起来一瞧，鼻肿脸青。“哈哈！”笑声还没停，笑人者也是同样的结局。山沟越来越狭窄，从山外吹过来的寒风，一下子挤进这山沟里，凛冽而干燥，吹到脸上，犹如刀割般生疼。难怪玄奘在《大唐西域记》中有这样的描述：“山谷积雪，春夏合冻，虽时消泮，寻复结冰。经途险阻，寒风惨烈，多暴龙难，凌犯行人……”

将士履冰而行，马蹄一滑，险些儿把骑兵跌下马来。向导说道：“行走古道，要稻草或布匹包着马蹄方才踏冰而行，如不包裹马蹄，骑手都得下马。”几千匹战马，一下子到哪找这么多稻草和布匹，骑兵只得牵马随步兵一同行进。

最苦的还是炮兵，稍不注意就是车翻炮毁，炮弹滚地。

有人询问向导：“这沟里为啥这么冷？”

向导说道：“这里的雪常年不化，形成了四季不化的冰山。”

大军继续行进，只见前方那一座座巍巍冰山，天寒地冻，霜凌凝聚。将士们冻得直发抖，手足冻皲，有人嘴中嘟囔着：“真是鬼天气，撒泡尿也会冻成冰柱，只怕棍子也敲不断。”

前后伙伴哈哈大笑，有人附和着说道：“千万敲不得啊，搞不好命根子也敲掉了。”这些上不了书的笑话，行军中却是一种最好的减压方式，沉重的脚步在嬉笑中好像轻松了许多。

突然前哨来报，前面有一小队难民正在随地休息。

刘锦棠催马上前，来到这群人前，只见他们的脸上都裹着一层挡寒用的棉布或纱巾，或坐或躺，个个满身积尘，疲倦不堪，眼中都充满劫难过后的神情。湘军将士将他们团团围住，顿时，一个个惊慌失措，如死神降临一般，吓得面无人色。

刘锦棠令向导上前说明。这些人齐刷刷地跪在地上，朝刘锦棠一个劲地磕头谢恩。从他们口中得知，这些人正是白彦虎从拜城乡下胁迫来的百姓，他们借助冰山中复杂的地形逃脱至此。没有逃脱的正在前面被敌军押着渡河。

一听前方出现敌情，刘锦棠挥军出了树林，前面一河床宽阔之处，人嚷马嘶。

敌情就是命令，湘军将士发起冲锋，见贼即杀，将被押老百姓救出，刘锦棠令人遣归拜城，率部沿河追敌不舍。日暮时，眼前的河面变得宽敞，流水击石涌起浪花声，宛若淑女弹奏悦耳的古筝，两岸一簇簇铃铛刺、野山菊像两道篱笆包围着河水。远山如黛，青绿幽然，近山呈现出红黄相间的色彩，天空受沙尘影响，显得有些浑浊，然而山水相依，依然是平常难得一见的景致。

向导高兴地说，大军已走出冰山到了察尔齐克台。湘军就地宿营。刘锦棠率亲兵和向导沿河而下，察看地形。走着走着，一阵“汪汪”的狗叫声，打破了这片土地的宁静。循声望去，紧邻河边有两间用干打垒砌成的土房。用红柳扎成篱笆圈起来的院子内，一条黑狗正向陌生人发出警告，一条斑驳的旧船靠着墙根。说是船，其实是用整棵树木做成的独木舟，从这点判断，这家人应该是靠打鱼为生的。

听到狗叫，一个须发斑白的维吾尔族老人出现在院子中，也许是久居河边的缘故，老人满是刀刻般皱纹的脸被河风吹得黑里透红。他见了一群当兵的到来，赶紧退到屋子里，把门紧紧地关上。

随来的向导走进院子，向屋里的人说了几句维吾尔语，老人立即开门，满脸笑容邀客进屋。

刘锦棠向老人行过维吾尔人的礼节，说：“老人家，您能给我们介绍一下这里到阿克苏沿途的地理情况吗？”

向导翻译后，老人口中说个不停，连连摇手。

向导向刘锦棠说，老人叫你莫急，他要表达心愿，烤几条大胖头鱼慰劳大家。

只见老人拿个大筐子走向河边，众人紧随。老人下到河里，搓动大筐，一条五六尺长的胖头鱼在筐子里跳跃，掀到岸上。老人如此重复，很快就捞到了五六条大胖头鱼。亲兵帮着老人将鱼抬回。老人又从院外搬回一大堆干柴，用火石点燃。然后，向导帮着老人用红柳棍串上鱼，撒上盐巴，放在火中烤，不多会，美味飘香扑鼻，真令人馋涎欲滴。此时此景，刘锦棠突然想起了乾隆朝尚书纪晓岚，品尝过新疆大头鱼后，写下了“凯渡河鱼八尺长，分明风味似鲟鳇”的名句。

刘锦棠和亲兵美餐了一顿烤鱼，还了解到许多新的情报。

湘军又是三更做饭，四更出察尔齐克台。晨光微露，只见沙漠戈壁，赤土壁立，草木不生。刘锦棠心想，这里大概就是昨晚维吾尔老人说的“赤沙山”了。奇奇怪怪的土林状沙山，他心中一激灵：“不好，前方定有敌军埋伏。”他急令大军全线撤退。但为时已晚，刹那间，铺天盖地的炮弹划出道道光亮呼啸着射入湘军队伍，顿时鲜血染红了脚下的土地。

原来，从库车败走的伯克·胡里，途中碰上从喀什噶尔赶来增援的几个胖色提，经过一番商量，执意主张在赤沙山与湘军决一死战。白彦虎部在木扎提河前再次大败，渡河后急急忙忙向西逃窜，途经察尔齐克台也不敢停留，连夜逃到赤沙山正好遇上了伯克·胡里。三路敌军在赤沙山以逸待劳，欲给湘军来个出其不意的打击。

湘军将士临危不惧，很快撤到了敌军炮火的射程之外，摆开阵势。克虏伯大炮的威力远远胜于敌军的火炮，射到敌军阵地的炮弹，处处开花，火光冲天，敌军火力渐渐削弱。

刘锦棠迅速调整战术，兵分三路，左右两翼包抄，亲自率兵居中调度策应。

决战时刻，刘锦棠骑白马飞入敌阵正中，敌军大骇，喊道："飞将军来了！"敌将略为分神，刘锦棠快枪发射，挥刀将其斩首，敌军大乱，余下的胖色提无心恋战，急忙率死党逃走。

湘军一连追了三天三夜，到达阿克苏城下，只见城门敞开，余虎恩和阿克苏城内的回、蒙、维吾尔人出城迎接大军入城。原来，余虎恩、黄万鹏、张俊、谭慎典、夏辛酉已于先天到达阿克苏前，城内守军仓皇逃跑，全城数万民众，皆守城以待官军。从赤沙山败退的伯克·胡里、白彦虎率死党到达阿克苏时，城内民众拒不开门。败军只得继续西遁。余虎恩、黄万鹏大军一到，城内百姓开门迎接。

阿克苏为新疆南路的交通枢纽，它北通伊犁，西连乌什，东接库车，迤西达喀什噶尔、叶尔羌、英吉沙尔，稍南而东则达和阗。阿克苏既复，白彦虎已是穷途末路，知乌什也非立足之地，别无归宿，只得随伯克·胡里逃往喀什噶尔。

刘锦棠令谭慎典、黄万鹏各率部分西南、正西两路追敌。第二天，乌什又走了阿克苏的老路。至此，湘军在两旬内驰驱两千多里，连克南疆东四城。

左宗棠小技成大业

仲秋的肃州，秋风萧瑟；冷冷飕飕天地变，无影无形黄沙旋。

左宗棠是上了年纪的人了，这天西北风甚紧，晚上和不久前调到身旁的王诗正谈了半宿，不知不觉受了凉，当天夜里便发寒发热，立刻召了军医来请脉。

“来势虽凶，不过一两天的事。”军医不在乎地说，“大帅是受了凉，这几天天气又不好，‘苦寒化燥火’，这帖药趁热服下，马上就可以退烧。”

“没有那么快吧？”一旁的王诗正有点不太相信。

“只要是感冒，我的方子，一定见效。”军医肯定地说。

一夜过去，左宗棠寒热依旧，而且哮喘病也发了，躺在床上气都喘不过来。

王诗正又叫来军医。

军医看了舌头，又把脉诊断，口中嘟囔着：“奇了，怪了，这处方明明是对症下药，怎么不见效呢？”

虞绍南走了进来说道：“你的药方不见效，你看我只要一个处方，不用服药就会立马见效，你信不信？”

军医苦笑一声：“那就看你的吧！”

虞绍南递上刘锦棠从库车送来的加急军报。

左宗棠躺在床上瞅了军报一眼，立马坐起来，喜匆匆地说道：“绍南，快拟折子，八百里加急送达朝廷。”

虞绍南笑着对军医说：“本人不是吹牛吧，我的处方见效了吧？”

“刘毅斋小子不简单，亲率湘军六日夜驰九百多里，收复喀喇沙尔、库车两城，其余庄堡无数。奇迹！真是奇迹！看来我没看错这小子。”

左宗棠平时很少夸奖别人，看了军报，抑制不住自己的兴奋，不自觉地夸起了刘锦棠。

军医见左宗棠变化如此之快，微笑着说：“你的药方真有效！”

左宗棠令军医退下，对王诗正说道：“小子，你跟着虞师爷好好学一把，看他是怎样拟折子的。”

“世叔放心吧，小侄一定好好向虞师爷学习。”

红旗捷报拟就，左宗棠审查后，说道：“六百里加急传送！”

虞绍南惘然地问道：“季高，红旗捷报以前都是八百里加急，此次为啥用六百里加急？”

“山人这么做，自有道理，天机不可泄露。”左宗棠诡异地一笑。

“哈哈！哈哈！”虞绍南突然一下子明白过来了，八天前用四百里快递向总理衙门传送进军南疆的奏折，估计还在半途，现在攻克南疆二城的捷报用六百里加急传送，相差不过一两天也会到达京城。拜城一战，阿克苏、乌什收入囊中，东四城收复不过三四天的光景了，那时再用八百里加急传送，也是迟不到一两天到达京城。仗打到这份上了，不管朝廷同意不同意，这仗都得打了。虞绍南不得不佩服左宗棠的高明，不过他还是挖苦地说道：“季高，你真的是老奸巨猾，一个雕虫小技也能成大业，我这村夫自愧不如。”

王诗正听后哈哈大笑，说道：“师傅，你这‘老奸巨猾’用得不妥，世叔也最多是‘老谋深算’。”

虞绍南调侃地说道：“你这小子也是‘少奸巨猾’，将来一定会继承你世叔的衣钵。”

左宗棠知他猜透了其中奥秘，只是笑笑，避开他俩的话题说道：“复信给刘锦棠，要他办好善后工作，在各收复城市设局放赈，督促劝教百姓耕种和放牧。随后要修理道路，添造船只，修设驿站，以便利军民、客商来往。”

左宗棠对收复南疆战役很有信心，不像去年攻陷迪化时那么焦心了，因为那是西征军在新疆的第一仗，又是刘锦棠初次在前线独立指挥，他的担心不无道理。经过第一仗的实战，今春吐鲁番战役中刘锦棠又表现出惊人的战略决策、战术指挥才能，现在刘锦棠心理上来说已成熟了。此次南疆战役，又有一员猛将张曜参与，他对刘锦棠的指挥才能更加坚信。所以，收复喀喇沙尔、库车两城的六百里加急红旗捷报发出后，他就在肃州安心养病，静等佳音。

只过了四五天，刘锦棠攻克阿克苏、乌什的军报送达。左宗棠用八百里加急传送朝廷。

一路黄尘滚滚，骏马飞驰而至，但见人影一晃，跳将下马。大喝道：“八百里加急！御赐金牌，阻者死，逆者亡！”随即便见烟尘滚滚，骑者已然离去！

北京长春宫内慈禧捧着军机处兵部尚书兼总理各国事务衙门李鸿藻送来的折子，阴沉着脸对慈安太后说道：“姐姐，这左宗棠安的什么心？本宫用八百里加急给他传送咨文，他倒好，用快递传送折子，这明明是欺侮我们姐妹。”她恼怒地对站在下面的军机大臣李鸿藻说道：“更可恼的是他没有朝廷旨意就发兵南疆，真不把朝廷放在眼里了。”

“左宗棠可是你相信的人啊，他怎么能这样呢？”慈安倒是显得沉着。

“传李鸿章进宫。”

李莲英跪地说：“是！”

李鸿藻说话了：“太后，左宗棠发兵南疆这样的大事用快递传送折子，微臣揣摩他的心思，这左骡子有可能是为太后和朝廷着想呀！”

“此话怎讲？”慈禧满腹狐疑地问道。

“太后，您想呀，收复南疆本是我大清帝国自己的事，但英俄偏要插手。左宗棠来个先斩后奏，不用朝廷表态他就出兵了，用他的话说叫作‘将在外军令有所不受’。这样英俄要想找朝廷的麻烦，找不上啊，这事是左宗棠干的。”李鸿藻说到此处，见慈禧的脸色有了变化，那阴沉中的肃杀已缓和多了，于是接着说：“太后，为了新疆这块祖宗的基业不落外敌之手，您劳了多少神？可朝中有些人偏偏不知道您的辛劳，还要说三道四，左宗棠这么一做，他们的目标就对准了这骡子，无形之中给您减轻了压力，您说是不是？”李鸿藻这些拍马屁的话，恰到好处。

慈禧的脸色犹如宫内宫外的天气一样。宫外的大水缸中，连底结了冰，宫内却如十月小阳春，暖气洋洋，她脸带微笑地说：“依你这么一分析，我还要感谢左骡子了，他先斩后奏还是一件好事？”

“太后英明！”李鸿藻回答。

一般人见了西太后有些胆战心惊，说错了一句话，头顶的乌纱帽就掉了。李鸿藻不同，他是同治帝师傅，深受西太后信任。军机大臣文祥在五月去世后，西太后命李鸿藻兼总理各国事务衙门，以兵部尚书、协办大学士的身份调吏部。

慈禧对左宗棠的看法很快来了个一百八十度的大转弯，除了李鸿藻的机智应对外，慈禧本人是非常信任左宗棠的，她对李鸿藻说：“左宗棠办事爱亲力亲为，自新疆开战以来，朝食为念。而如何进取，如何布置，谅早胸有成竹，为朝廷抒西顾之忧。其统筹全局，直抒所见。”她略为思索后，又对李鸿藻说：“你要左宗棠迅速密奏本宫，以慰廑念。”

慈禧和李鸿藻讨论分析左宗棠出征南疆之事，慈安插不上话，她说：“本宫有些身体不适，先回宫了，你们谈吧。”说着起身离去。

李鸿章来了，太后才中断与李鸿藻的谈话。

李鸿章说道："微臣给太后请安。"

"李中堂，起来说话。左宗棠给朝廷上了一出征南疆的折子，哀家想听听你的意见。"慈禧说着命李莲英将左宗棠的折子递给了李鸿章。

李鸿章看完折子，说道："启禀皇上、太后，微臣认为左宗棠出征南疆这样的国家大事，来个先斩后奏，真是胆大妄为，此举若惹恼了英俄，势必对我大清国构成战争威胁。英国人的军舰在烟台，俄国人就驻在伊犁，它还有军舰在大连。我国完全没必要为一块不毛之地而与世界上的强国开战。"

"李大人是被洋人吓破胆了吧？左宗棠既然出兵，开弓没有回头箭，哪有停战的道理。"李鸿藻理直气壮地站在左宗棠一边。

李鸿章心想，文祥死后，朝中在新疆问题再也没有与自己抗衡的了，没料到这李鸿藻比文祥说出的话来还硬。他正想反驳李鸿藻，只听得李莲英在宫外喊道："启禀皇上、太后，军机处送来左宗棠六百里红旗捷报，刘锦棠在南疆大获全胜。"

慈禧顾不了什么礼仪就走出幔帐，从李莲英手里接过捷报，当她见到捷报上"刘锦棠率西征大军六个日夜奔驰九百多里，收复喀喇沙尔、库车两城，其余庄堡无数……"的消息时，高兴地对李鸿藻说道："看来李大人分析得没错，这左宗棠还真与哀家耍起了心眼。"

李鸿藻暗笑，知道自己的话在她身上起了作用了，开脱了左宗棠无视朝廷的罪名。

李鸿章心想，左宗棠要是收复了新疆，他出尽了风头，我在朝廷和国人心中就没有了位置，他急了，立即跪奏道："太后，微臣以为大清国不能再在外交上走一贯的老路：事端一出，动辄开战，战则必败，败则议和，和则割地赔款。"

李鸿藻一身正气，对李鸿章说道："新疆乃祖宗基业，太后为其劳心尽力，时时以社稷大局为重，心系苍生。而你李中堂公然与太后唱反调，其居心何在？"

李鸿章被李鸿藻这几句话呛得愣住了，脸成了猪肝色，他想自己在朝中也是一个举足轻重的人物，不是你李鸿藻想骂就骂的，他正欲反驳李鸿藻，慈禧发话了："两位不要争了，你俩都是哀家的左膀右臂，左宗棠先斩后奏之事暂时搁下。刘锦棠收复喀喇沙尔、库车两城，军机处拟一折子，该奖的还是要奖，过两天让朝中御前大臣讨论一下。"慈禧这句话说穿了，她已默认了左宗棠出征南疆之事。

李鸿章被李鸿藻抢白了一顿，实在有些不服气。但慈禧下了逐客令："你们跪安吧，本宫要休息了。"

两人跪安退出。李鸿藻高兴地回军机处拟折子去了，李鸿章面色凝重地回府。

洋人就像狗皮膏药一样"黏住"李鸿章不放，他刚刚回到府上，英国驻京代办傅磊斯就来了。李鸿章对这个英国人印象还算不错，他没有大使威妥玛那样骄横，常能提出一些友善建议。

傅磊斯看了李鸿章一眼，便问道："中堂大人，威妥玛大使代表我国政府照会贵国政府，关于我国的邦交'洪福汗国'与贵国政府和谈的三个条件，时间已过去十多天了，不知贵国政府有何回复？"

李鸿章一愣，看来英国还不知道左宗棠已经出征南疆，并收复了喀喇沙尔、库车城之事。于是，他油腔滑调地说道："代办先生，这事你还得去问那左骡子才知道呀！"

傅磊斯说道："中堂大人，你这是什么话呀？难道朝廷还要听左宗棠的？左宗棠可不犯了以下犯上的大错？"

"左宗棠没错呀！这叫'将在外军令有所不受'。"李鸿章狡猾地一笑。

傅磊斯觉着李鸿章在戏弄他，于是板着脸说道："我大英帝国与中国一向修好，新疆南部是没有任何用处的地方，贵国与其花那么多军费倒不如省下来。既然'洪福汗国'愿意做属国，那么你们不如趁着形势比较好的时候同意，那样的话他们就会感激你们，我们三国修好，那多好啊！"

李鸿章与洋人打交道，如果不是正规的场合，他有一套专用的痞子腔。首先顺着洋人的杆子爬，然后来一句不着边际的话，让洋人摸不着头脑。今天，他故技重施应付傅磊斯，说道："代办先生，三国修好，当然是好事，何以向我说呢？你转告贵国政府就行了呀。"

这几句打马虎的话，傅磊斯没有领悟到话中之话，他反而高高兴兴地走了。

几天之后，朝中王爷、御前、军机大臣在养心殿接受召见。

养心殿从同治崩逝后，两宫太后再度垂帘，大殿曾经大修过一次，门窗隙处严丝合缝，挡住了西北风带来的寒气，加上四个红彤彤的大炭盆，烘得遍体温煦，所以君臣议事，十分从容。

李鸿章弄不清因何事召见，不过一进殿他就发现了，不论原因为何，有一点却是很清楚的，这不是一次寻常的召见，慈禧太后一定有重大事项决定。

慈禧发话了："本宫召集各位御前大臣，意在商量左宗棠收复南疆一事。目前战事已开，开弓没有回头箭，特听听各位的意见。"

李鸿章一愣，"开弓没有回头箭"之说，已表明同意了左宗棠先斩后奏之决策，还有什么好议的？

"六爷，祖宗江山传到当朝，虽没多大危难，可也大事不断。远的不说，就说近期，西北征讨之事哀家想先听你的意见。"慈禧轻轻对恭亲王奕䜣说道。

贬废的恭亲王今天也被请了出来。他跪在黄幔前垫子上，轻声说道："太后，奕䜣能有什么主意呢，太后定夺就是了。"

慈禧打量了一下奕䜣，仍用柔和的声调问道："六爷，先听哀家把话说完，西域征讨，已规复新疆大半，眼看大计将成，英国出面调停，设南疆为附属国，却不纳贡，现大军压境，是战是和，你有何高见？"

"战也行，和也行，太后定夺就是了。"恭亲王推诿开了。

"七爷，你的意见如何？"

七爷就是醇亲王奕譞，也是光绪皇帝的生父。"甲申易枢"中，七爷取代了六爷。这个七爷在慈禧面前，嘴巴闭上，尾巴夹紧，唯命是从。他从慈禧的开场白中知晓战事到了这个程度，慈禧是力主一战了。于是他说道："太后，新疆是我祖宗的基业，岂容得外人侵略。现在已规复大半，应即令左宗棠、刘锦棠迅速收复新疆全境。"

"李鸿藻！"

"臣在！"李鸿藻跪地回答。

"本宫令你草拟左宗棠、刘锦棠红旗捷报一折，是否拟就？"看来慈禧不想再对此事多作讨论了。

李鸿藻呈上所拟奏折，说道："太后，微臣奉旨已将折子拟好，请皇上、太后御批。"

李鸿章还真有些不知死活，他取下紫貂帽檐的大帽子跪奏道："太后，此事仓促不得，现在日本军队开始向朝鲜武装挑衅，左宗棠若在南疆开战，英国定会参与，我国一旦与英开战，正给日本创造了可乘之机。再加上今年山陕豫等地旱灾严重，国库空虚，左宗棠再一开战，洋款会越借越多；这么多钱收复一块不毛之地划得来吗？"

慈禧正欲发话，宫外值日官高声喊道："左宗棠、刘锦棠八百里加急红旗捷报到！”

李鸿藻立即出殿接过捷报一瞧，原来早在十天前，刘锦棠又收复了阿克苏、乌什。至此，东四城已全部回归祖国。

“大喜！大喜！太后大寿前几天，刘锦棠连克东四城，太后真是洪福齐天啊！”醇亲王奕譞的马屁捧到点子上了。

慈禧站起，对李鸿藻说道：“本宫口谕……左宗棠奏大清西征军追剿逆贼，自克复喀喇沙尔、库车各城后，经甘肃西宁道刘锦棠督率所部疾驰西进，连复阿克苏乌什两城，杀贼以数万计，就抚各回不计其数。刘锦棠决机神速，迅扫贼氛，师行迅利，大振军威，古近以来实罕其比。”

慈禧说到此处，目光扫了一下全殿，见无人再作声了，便继续说道：“此次大军整旅西征，弥望戈壁之中，一月驰骤三千余里，诸将士踊跃用命，自应量予恩施。刘锦棠为此战前线总指挥，实属奇功，以三品京堂候补。军机处迅速查明，凡参战将勇，一律予以重奖……”

“遵旨！”李鸿藻跪地匍匐接旨，抬头奏道：“皇上、太后，微臣认为，南疆现已冰天雪地，大军多系南方之人，将士实难适应这冰雪凛冽的恶劣天气。朝廷是否考虑，让左宗棠、刘锦棠就地休整，待开春之后，再出征收复西四城？”

慈禧一听李鸿藻之言，说道：“李中堂怎如此糊涂！喀喇沙尔、库车、阿克苏、乌什四城已克，南疆已复其半。大军此时休整，给敌军以喘息之机，外人更可借此煽风点火。”她铿锵地说道：“四百里谕令：着左宗棠督饬刘锦棠稳慎进取，将浩罕贼人和逆贼白彦虎擒获，速蕆大功。饬令各官军乘此兵威，将西四城次第攻克，以竟全功。军情瞬息千变，尤当审慎进取，不可掉以轻心……”

慈禧凤眼圆睁，瞄了一下李鸿藻，威严地说：“军机处照此拟折！”

如此重大圣意，太后不用八百里加急，只用四百里快递。李鸿藻一片茫然，问道："太后，微臣一事未明……"

慈禧不待李鸿藻说完就说道："你不明白本宫之意，他左骡子明白就行了。"

殿中众人猜不透慈禧葫芦里卖的什么药，不解其意。只有恭亲王嘴角稍现丝丝冷笑，他不得不佩服这个女人驾驭朝中大臣的手段。

"新疆之事，今日不再商议，哀家要休息了。"慈禧说完，离座而去。

进军西四城之事，慈禧一锤定音。

喀什和阗举旗起事，伯克·胡里垂死挣扎

西征大军势如破竹，盘踞在西四城的敌军惊恐万分。

喀什噶尔汉城何步云魂不守舍，他原是朝廷派来的守备。这几天，他只要一合上眼，静静的黑夜，隐隐约约看到两个满身血迹的人，眼睛闪闪发绿，透过门缝监视着他。他大胆地叫了声："谁呀？"忽然，那两个人立马消失了，他吓得连汗毛都竖了起来。

何步云醒了，又似乎听见了外面地板"咔嚓咔嚓"的响声，他就把整个身子藏进了被窝。一会，他鼓起勇气，钻出被窝，悄悄地走到门旁，透过门缝看了看外面，再次确认门口没有"鬼怪"，闭上眼睛，睡了。

过了不久，那两个人又来了，这次他俩穿越房门飘到了床前，身后跟着一群旗员和汉回官员，也与领头的那两人一样，全是血肉模糊的面孔。何步云看清了，前面站的就是已在十年前就义的喀什噶尔办事大臣

奎英和帮办大臣福珠凌阿。

何步云不能忘记，喀什噶尔被阿古柏围攻时，奎英铁心决战，报效朝廷。何步云胆小如鼠，怯懦怕死，临阵倒戈，率城内三千满汉官兵投降，竟然偷偷地打开城门。奎英与大批清军将吏腹背受敌，四面被围，他仰望茫茫天空，感叹苍天不给力，有心杀贼，妖魔作梗。尔后，奎英引爆城内弹药库，与孩子和家中十多人，正气凛然地走向熊熊烈火中慷慨就义。帮办大臣福珠凌阿和不少清军将士见状，也紧跟着奎英的义举，带着一腔怒火，带着愿留清白在人间的豪迈，义无反顾地走向烈火之中。

阿古柏进入汉城，他带着复仇的心理，咬牙切齿地向旷日持久围困的汉城发动了野狼般的屠杀。浩罕军人把在南疆各地受挫的怨恨，全部报复发泄到汉城兵民身上。阿古柏纵兵烧杀奸淫，城内到处是哀鸿遍野，惨不忍睹。数千名不愿意做奴颜走狗的满汉官兵遭到杀戮，鲜血染红了伟岸的喀什噶尔城墙，英雄悲壮的怒吼声震惊鬼雄，吓破敌胆。直到几年后，城东门外还能看到当年被外敌屠杀后的累累白骨。

民众含泪悼念了逝去的亡灵，隆重地掩埋了英雄们的遗骨，悲愤地把东门全部封死了。

征服人心是最大的征服。阿古柏早就想到了这一点。为彻底击垮他们的心理防线，阿古柏不停地笼络人心，欲盖弥彰，装出一副慈善脸庞，菩萨心肠，还专门给投降清将何步云封赐厚赏，让其忠实卖命效忠。可悲的是，何步云理智糊涂，良心愚蠢，利令智昏，被强大敌对势力所吓倒，错估形势，皈依伊斯兰教，起个教名叫库达来。降兵全部编入阿古柏炮兵部队，由何步云出任指挥官。何步云还把自己的女儿嫁给了这个杀人如麻的魔鬼。

呜呼，悲哉！一代清军守将，竟然落到如此卑躬屈膝的地步！

从此，阿古柏把喀什噶尔城当作不断扩张的大本营，肆意横行称霸，用武力扩大疆域。新疆大地上攻伐和战乱是上演不尽的剧目，颠沛和苦难是百姓吞食不尽的涩果。

十多年啊，新疆大地上飘荡着多少惨死于他人屠刀之下冤魂们悲恸的呐喊，回荡着多少民族担惊受怕的叹息与和平幸福的呼唤！

奎英和一群将士的忠魂，一齐向何步云伸出血淋淋的手来，口中喊道：“抓住这叛贼！严惩叛贼！”这呐喊，这呼唤，凝聚成霹雳终于炸响。

“呀！”的一声惨叫。何步云从噩梦中醒来，摸摸自己一身冷汗，原来是一场噩梦，还好，还好，是场梦。他心想，如果是真的，我就完了。他拧了一下自己的脸，“啊！好痛！”看来刚才一切是真的，“我没做梦吗？难道是奎英和他的部下讨债来了。”

何步云的惨叫惊动全家上下，一时间，何府乱成了一锅粥。众人见何步云木呆呆地坐在床上，大家都不知道发生了什么大事，让老爷失去神智。

夫人上前唤道：“老爷，老爷！”没有回音。夫人双手合十，口中念道：“罪过，罪过。”

何步云并没有昏聩，他在细思如何化解梦中危机。刘锦棠大军已经收复了东四城，即将进军西四城，自己苟且偷生十多年了，现在怎么办？梦中的冤魂怎么办？他终于发话了：“本官没事，只是做了一个梦。”他令亲兵把前署喀什噶尔粮饷回务章京英韶、前署喀什噶尔城守备杨世统请来。众人全都退下。

英韶、杨世统是一块投降阿古柏的清朝官员。深更半夜得到何步云的邀请，他们已猜着了何步云八九分的心思。

何步云早在客厅等待，两人一到，三人便进到密室。

英韶直截了当地说道："守备大人，卑职认为，你反正的时机到了，此时不反正，那就错失良机，你这叛国罪就永远洗不掉了。"

当下，三人经过一番密谈，反正的方案拿定了。第二天，何步云派信使飞马驰往阿克苏。同时，喀什噶尔汉城的练兵场上，一场隆重的传统中原祭奠仪式举行。礼炮鸣响，牛羊、肥猪、雄鸡一片被宰的哀叫。

一会，祭品摆列祭台。英韶高声喊道："主祭，大清臣民何步云祭奠喀什噶尔汉城办事大臣奎英和帮办大臣福珠凌阿等同僚仪式开始。"

何步云披一身洁白的服饰，在祭台上朝东方四揖四拜说道："喀什噶尔守备何步云祝大清皇上万岁！万岁！万万岁！皇太后千岁！千千岁！"何步云礼毕，展开祭文，读道："呜呼！大清光绪三年（1877 年）九月二十日，大清臣民喀什噶尔汉城守备何步云略备祭品，率全家和汉城大清臣民，祭奠同治四年（1865 年）为大清江山英勇殉职的喀什噶尔办事大臣奎英和帮办大臣福珠凌阿及其同僚。你们这些紧随大清帝国的臣民们，在阿古柏围攻喀什噶尔汉城时，个个意志如铁，信念如钢。你们的魂魄，伴随着阵阵爆炸声以及升起的缕缕浓烟飘向天穹，留给后人的是无数的感慨、敬佩和思念。你们这些忠勇的志士，用血肉之躯，把坚贞不屈精神，浸透在喀什噶尔城墙上。"

何步云读至此，假仁假义地洒下两行热泪，继续读道："呜呼，奎英大人及其同僚慷慨赴难，死得其所。我何某人当时也想随奎英大人赴难，但浩罕人的凶悍野蛮想必你们亦有所耳闻，如果我何某撒手不管，这城中数万军民，有可能被屠杀殆尽。何某在此镇守十数年，早已和这里的父老乡亲融为一体，他们对我而言，是一个个与我同呼吸共命运的兄弟姊妹，我岂能忍心看着他们一个个被砍断脖颈而坐视不管？何某为汉城数万民众的生存，只能曲线救民，十多年来不惜负万世骂名。"

何步云长哭一声，又读道："呜呼，非是何某不念国恩，然身逢乱世，又有几人能主宰得了自己的命运？又有多少选择在身不由己的情况下被迫做出？身为平民者固然只需谋一己之事，然如我这般身处高位者岂能只谋一己之名节？老夫谋一城一池之事，个中之艰辛，又岂能为仅谋一己之名一己之利者所能体谅？我何某报国与爱民不能两全！”

……

借祭奠英烈之机，洗刷自我罪行，好一副汉奸心肠。

读到最后，何步云道：“我何某与奎英大人份属同僚，情同兄弟，我何某岂会真心投降外来入侵者？做出如此悖君灭兄，无仁无义，大逆不道之事？何某是死过多少回的人了，还怕一个死字？我非浪得虚名之人，一身军功都是从刀口上挣来的，浑身上下战伤累累，身体里流的血都已换过好几茬了。何某忍辱负重十多年了，天朝大军已经收复了东四城，很快就要兵临喀什噶尔。今日，何某与汉城活着的大清臣民，竖起大清龙旗，正式宣布反正！以此，告慰奎英大人、福珠凌阿大人及同僚在天之灵。”

大清龙旗在喀什噶尔汉城升起，盘踞在喀什噶尔回城伪汗王王宫的伯克·胡里，这下慌了神，就在他的眼皮底下的何步云竟敢反正。他即令大通哈阿里达什统五千浩罕人马，对何步云、奂韶、杨世统所占据的汉城发起攻击。

就在伯克·胡里出兵汉城时，忽有叶尔羌大通哈信使飞马来报：“禀告汗王，和阗尼牙斯伯克反水了，他与清军刘锦棠取得了联系，正率本部人马进军图叶尔羌。”

伯克·胡里一听，怒火冲冠，亲点五千精兵，直奔叶尔羌。

说到和阗尼牙斯伯克，还有一段历史需要交代。和阗位于新疆最西端，地处喀喇昆仑山与塔克拉玛干大沙漠之间，塔里木盆地西南部、玉龙喀什河（和阗河）畔的绿洲内。乾隆二十四年（1759 年）设和阗办事大臣，辖额里齐、哈拉哈什、玉珑哈什、齐尔拉、克勒底雅、塔克等六城，受叶尔羌办事大臣节制，和阗城设三品阿奇木伯克。同治三年（1864年）夏，阿古柏围攻和阗数月遂陷。时领队大臣托克布托已迁叶尔羌，办事大臣和五品伊什罕伯克坤都思等八人穿着大清朝服自焚。城中人先已饥死过半，浩罕人破城时，因仇恨伯克坤都思助汉人守城，屠城数日，胔骼满街。

西征大军攻克东四城的消息传来，压抑在和阗各族人们心中的仇恨爆发了。伯克尼牙斯立起大清国旗，城中大小伯克和军民早已对浩罕人的压迫有反抗之心，都愿回归大清帝国。尼牙斯振臂一呼，青壮者无不响应，随同西征叶尔羌，讨贼立功。

呼啸的北风发出阵阵咆哮，叶尔羌城楼上一哨兵对同伴说道："如今已是冰天雪地，人人都蜷缩在土坯房子里避寒，我们天天在这城楼站岗，清军的影子都没有出现过。兄弟，你说这么冷的天，清军会不会不来进攻南疆啊？"说着，他们便和衣靠着女墙躺睡。昏睡中醒来，一士兵听得城下喧嚷，睁眼一瞧，被城下的情况吓得颤抖起来，惊慌地喊醒同伴说："是清军的龙旗！清军竟然这么快就杀来了！"

"我们要不要告诉那些浩罕人？"一士兵神色犹豫问道。"虽然这些清军是来解救我们的，但是我们现在不去通报，待会全家就得死了！"

叶尔羌守将大通哈达的罕条连得报，登上城楼，初见城外大清龙旗迎风招展，围城之人马漫山遍野，盖地而来。大通哈达的罕条连着实吃了一惊，哪来的官军？举起望远镜一瞧，围城的人马，没有统一的军装，武器装备杂七杂八，说得不好听，就是一群乌合之众！虽有十几门大炮摆在阵前，但都是一些土炮，哪能攻城略地？这是些什么部队？为首大将，虽骑高头大马，细瞧却是和阗尼牙斯伯克。

大通哈达的罕条连大骂道："尼牙斯，你这回狗混蛋，汗王给你土地，给你官做，你如何要反叛？”

尼牙斯回骂道：“我们本是大清臣民，脚踩大清的地，头顶大清的天。你们这群浩罕狗侵占我大清土地，奸我姊妹，杀我同胞，不杀尽你们誓不罢休。”

大通哈达的罕条连被尼牙斯骂得发晕，他对炮兵吼道：“开炮！给我把这些回狗往死里揍！”

尼牙斯便指挥十多门土炮一齐发射，炮弹威力虽不大，也打得城楼守军血肉横飞。紧接着，尼牙斯挥师发起攻城。然而，终因炮火压制不住叶尔羌守军火力，不得不退下来，尼牙斯一连几次攻城，都不见效，只得休兵，来日再战。

第二天，大通哈在城楼见尼牙斯攻城甚急，欲出兵决一死战。旁边一员裨将说道：“和阗兵势甚大，我城深沟高垒，不宜会战，只宜炮火还击，敌军到达城下，用檑木炮石，不消几天，汗王援兵一到，那时乘虚掩杀，可不战而破也。”

大通哈达的罕条连依其言，固守叶尔羌城，坚壁不出。和阗军民攻城时，只要进入炮火射程，城中大炮齐发。

尼牙斯　连攻了数日，不能成功，乃与众伯克计议。一伯克说道：“叶尔羌城墙坚固，炮轰不能奏效，若伯克·胡里援兵到达，敌军里应外合，我军危也。大家既然决心效忠大清王朝，应派信使飞报刘锦棠，请求支援。全军应该暂时撤离，保存实力。”

尼牙斯觉得此伯克之言在理，当晚即下令于各营燃火，虚张旗号，设为疑兵，连夜撤围而去。不料，伯克·胡里的骑兵第二天追来，两下鼓声大震，互相鏖战。忽尼牙斯阵后先乱，一彪军从背后抄来。尼牙斯大惊，急回马来迎：原来是城中大通哈引军刺斜杀来，前后夹攻，尼牙斯一军寡不敌众，奋力杀条血路，往和阗而走。

浩罕骑兵紧追不舍。尼牙斯败退和阗，不敢入城，率部向北，穿过塔克拉马康大戈壁，投奔张曜。

伯克·胡里复回大军，乘势取了和阗，浩罕人进入城中，为报复尼牙斯反叛，不分民族，大开杀戒。伯克·胡里屠城后，留下大通哈洛巴什俄波驻守和阗，自己领军返回喀什噶尔，沿途兽性大发，见到村堡烧杀掳掠，鸡犬不宁。

喀什噶尔大通哈阿里达什攻打汉城，何步云得知消息，自知兵力不足，武器不如敌军，担心难以守城。忽有哨探来报，伯克·胡里已赴和阗，何步云大喜，只要挫败阿里达什的锐气，坚守城池一两个月没问题。于是，他在离城二十余里一密林中埋下重兵。

阿里达什人马到达密林前，已是黄昏。一幕僚说道："大通哈，我军应防林中有埋伏，可就地宿营，待明天再过密林。"

阿里达什狂妄地说道："量他何步云这头汉猪，没有狗胆在此地设伏。加速行军，今夜取城，让我浩罕兄弟在城中快活几天。"

下面兵勇一听主帅这么说，想着汉城中有那么多的维吾尔、回族妇女，一片嘞哨声，蜂拥着进入了密林。

忽然一声鼓响，火把齐明，枪声大作，刚才还想进汉城快活的浩罕人，一下子倒下一片。阿里达什大惊，勒马回走，一将当先拦住，火光中视之，乃何步云也。阿里达什杀条血路，退出密林，待到天明，重新组织发起攻击。何步云早已领军回到汉城。

阿里达什大怒，出了密林，见到村堡就进，企图洗劫杀掳。然而，处处是一空壳。何步云知道浩罕人吃了亏，肯定会将气恨散在民众身上。因此，汉城周围村堡的百姓全都进城了。

浩罕人马，将汉城团团围住。何步云令手下将火炮全都搬上城楼，各门多置檑木炮石，闭门坚守不战，等待刘锦棠援军到来。

伯克·胡里回到喀什噶尔，见阿里达什久攻汉城不下，欲提兵支援。刚刚出了城门，一支几百人的败军出现，一人站在路中说道："汗王，万万不可出城，清狗很快就要兵临城下。"

伯克·胡里一瞧，原是白彦虎挡道。再瞧白彦虎残部，一个个衣衫不整，面黄肌瘦，疲惫不堪。

白彦虎行君臣之礼，说道："汗王，清狗虽然兵势较盛，但奔波数千里冰天雪地，锐气必减。我军一面抓紧时机，下乡征足粮草，加挖壕沟，凭借坚固城墙，坚持三五个月不成问题；城内尚有英、俄、印、土国侨民，汗王可从中寻找使者回国，请求他国出兵保护侨民，清狗害怕引起国际争端，不会轻易攻打此城，这样尚可保国。"白彦虎的所谓征粮，实际上就是下乡抢劫。

伯克·胡里依其言，收兵进城。又请求英、俄驻喀什噶尔的信使回国搬取救兵。伯克·胡里和白彦虎多方备战，准备顽抗到底，与西征大军决一死战。

刘锦棠巧妙出奇兵，"飞将军"连收西四城

阿克苏大营，吐着火舌的柴火把营帐烤得暖烘烘的，湘军将领和幕僚召开收复西四城军事会议。

刘锦棠说道："各位，东四城攻陷，伯克·胡里和白彦虎已成惊弓之鸟，现在南疆虽然入冬，但我们必须乘势进军，一鼓作气，拿下西四城。"

将领们一个个摩拳擦掌，齐声说道："听凭总统领调遣，攻下西四城，收复国土！"

刘锦棠首先拿出自己的作战方案，说道："近日喀什噶尔汉城何步云派人送来了他反正的信函，请求我军早日西进，夹击盘踞在喀什噶尔回城的伯克·胡里。又有探马来报，和阗伯克尼牙斯已竖起大清国旗，表明他归顺朝廷，只需安抚即可。所以，本将军以为，攻取西四城，先取叶尔羌，然后进攻英吉沙尔，把最后一仗放在喀什噶尔，一举将伯克·胡里匪巢端了。"

刘锦棠刚说到这里，忽有戈什哈进帐禀报："总统领，外面有和阗伯克尼牙斯派来的信使求见。"

"快叫他进来。"

信使进帐，哭泣着说道："大将军，请救救我们和阗百姓。"

"快快起来说话。"刘锦棠和善地对信使说。

信使起身，递上和阗尼牙斯伯克的求救信函，信中写到自阿古柏入侵以来，和阗军民一直没有忘记自己是大清国民。当西征大军攻下东四城后，和阗全城军民为策应大军西进，主动攻打叶尔羌。伯克·胡里闻信后，亲带五千兵卒反攻，和阗军民失败后，伯克·胡里又一举南进，血洗了和阗。全城军民盼望大军快速西进，争取早日回归大清。

和阗信使未走，又有喀什噶尔汉城何步云派人送来求救信。信中说回城大通哈阿里达什日夜攻城，形势危急，乞求刘锦棠派兵援助。

帐中诸将一听，群情激愤。

刘锦棠眉头紧皱，他知道兵贵神速，此时再不出兵，就要错失良机。将士们虽然斗志昂扬，但一个致命的问题无法解决，这就是运送粮草弹药的张曜未到。这一仗千里奔袭，后勤跟不上，必败无疑。他知道张曜的运输大队快到了，但这样的冰冻天气，万一出了差错怎么办？正当他左右为难时，帐外亲兵大呼："总统领，张曜部下运送粮草弹药的赵秉均到！"

“快请进！”

赵秉钧进帐行礼，说道：“卑职奉命押送粮草弹药到达，请总统领验收。”

“好！”刘锦棠站起说道：“秉钧，粮草弹药不须解鞍，你率领运输队伍继续随大军西进，本官派人通知张提督。”

“遵令！”赵秉钧回答。

接着，刘锦棠对众将说：“各位，我刚才未下继续西进的决心，是担心粮草弹药还在途中，现在这个问题解决了。根据敌情发生的变化，原攻取西四城的方案要作修正，以适应随时发生的战情变化。伪汗王伯克·胡里占领了和阗，喀什噶尔城空。本人以为，乘敌不备，迅雷而击，先攻取边城喀什噶尔，裹敌中央，截断敌人向俄境逃窜去路，然后再攻打叶尔羌、英吉沙尔、和阗三城。”

余虎恩说：“毅斋，你说怎么打我都听你的指挥。”

刘锦棠遂命众将听令：“提督余虎恩、萧元亨、戴宏胜、陈健厚，总兵桂锡桢、张宗本、副将夏辛酉各率本部步、骑营队，从阿克苏取道巴尔楚克、玛纳巴什，直捣喀什噶尔，一齐攻击城东；黄万鹏、张俊率骑兵一营、步兵三营从乌什取道布鲁特边界，迂回至喀什噶尔之西；两军于十一月十八日会师喀什噶尔城下，均由余虎恩提督节制；黄万鹏、张俊部埋伏城外，等余虎恩发起攻城时，尔等出奇兵，并肩取下喀什噶尔；董福祥、罗长佑随本统领率马步各营驻扎巴尔楚克、玛纳巴什，以扼和阗、叶尔羌要冲。”

余虎恩一听，心里高兴，说：“毅斋，卑职定不负所望，与其他统领一举取下喀什噶尔！”

“好！”刘锦棠称赞了一句，他从心里对余虎恩的作战才能有绝对的把握。

众将得令，各领本路人马出发。

放下两路大军不说，单表跟随刘锦棠进军巴尔楚克、玛纳巴什的湘军一路。三更造饭，五更起程。冷雨淅沥了一整夜，气温突兀降下来，天似乎是绷紧了的，往后收缩，人从下向上望，很像处身大教堂中，顶上是一块连一块弧状的屋顶；空气中闪光点点，那是冻雨浮游其间。大气里面一点水分都没有，水蒸气不是干化，就是凝结成冻雨，空气十分稀薄而似有弹性，人呼吸其中，心中冰凉。将士们脚下的土地，铿锵有声，如叩坚硬的古木。

大炮都穿上了防寒炮衣，拉炮的骡马，蹄子上都包裹着防滑的草、布、皮，但它们踩在冰冻的大地上，不时滑倒跪地。特别是那克虏伯火炮，平时就要配备二十多人，这样的冰冻天气，配备的人员还得加倍。士兵在两旁扶着炮车，炮筒上冷冰冰的炮衣也是刺骨透凉。

从湖南过来的湘军将士，虽然在北疆度过了一个冬天，在那里见识过了什么是皑皑白雪，什么是天山的万年积雪。但这南疆却大不同，雪没这么厚，地却更硬，天也更冷。

咆哮的北风，风头如刀。将士们在冰地上行军，脑袋冻得发懵，一个个反应迟钝，“叭啦！叭啦！”的声响不时出现，刚刚还在取笑那摔倒的同伴，不料自己也跟着滑倒。

老湘营刘一本是一名步兵哨长，现在他一哨兵士被分到炮营帮助炮兵拉炮。刘一把自身装备的长枪、大刀搁在炮车上，发出碰撞的响声。他想把枪刀放稳，用手去拿，却怎么也拿不住，原来戴在手上的手套冻硬了。他只得脱下手套，拿到手上的枪刀，却像吸铁一样，粘在手掌中，怎么也放不下来。同伴尼加提一见，大呼：“刘一哥，你的手和枪刀冻到一块了，快停下动作，不然你手上的皮就会粘到枪刀柄上去。”这位维吾尔族青年说着，快步上前，抓住刘一的双手，使劲地嘘着热气，另有几个同伴照着尼加提的动作，嘘了一阵热气，刘一的手才与枪刀分离。

前面是一座城墙般的山体自西而北，横卧在四周平坦的戈壁上，乱石嶙峋，险峻异常。湘军沿山而上，来到一个岔路口，这里是古丝绸路中道的三岔路口，往远去一瞧，山中间有一个巨大的断裂口，豁口两边是陡峭的山岩，山势成为一道天然屏障，只有中间可通行。向导说从这里向西可去帕米尔，向南可以到达莎车、和阗，历史上就为兵家必争之地。当地群众把这座山称作“代热瓦孜塔格”意即“大门山”，它也是古丝绸之路中道龟兹国至疏勒国中间的一座重要城市和交通要道，也是阿克苏至西四城的咽喉要道，更是历朝中央政府与中亚、西亚乃至西欧进行商贸、物资、文化交流之地。

突兀的山前耸立着几棵巨大胡杨树，树旁有两个两丈多长，二三尺深的神奇“马蹄印”：传说唐僧师徒四人爬上山冈，正值寒冬。小白马冻得直哆嗦，不停地在冻地上原地踏步，可它怎么也挡不住寒气袭身，白马脾气大发，长嘶一声，腾空而起，猛地一下着地时，踏出一对巨大的马蹄窝，从此，人们把这座山称为马蹄山。两个酷似马蹄状的大坑，真的很像是被马蹄踏出来的，并列在一起，当地人将它视为唐僧圣迹。

刘一正要提醒大家注意安全，话未出口，装载克虏伯大炮的炮车“哗啦”一下，滑进了马蹄坑。坑虽然只有两三尺深，但冰冻了的山石却出奇的光滑。炮手陈虎指挥几十个押车兵士搬的搬石头垫轮子，推的推，冰冻了的马蹄坑犹如涂上了一层滑油，大家推着车轮前进一步，不料又滑回一步，一个个累得气喘吁吁，两匹拉车的马也“呼啦！呼啦！”喘着粗气。忙乎了一阵，那炮车还是躺在坑里。

营官王冕成不得不令炮营停止前进，集中了四五匹高头大马在前面拉，几十个兵勇在后面推，呼喊着“一二三！”的号子，好不容易才把炮车弄上来。

刘锦棠率领的中军抵达三岔路口，他用望远镜瞭望山梁地形地貌。距离马蹄山不远处有一座依山而建的古城，那就是巴尔楚克唐王城。唐王城很大，共计三重，城中还有城，有内城、外城和大外城之分，城堡坐落在西北端的山坡上，大外城和内城城墙如一蟒蛇盘旋连接一个个山头。城墙坚固无比，全用泥土和石头构筑而成，延伸至山下的唐王府。历朝历代在城里都设驿站、兵站、粮库。

刘锦棠正仔细察看地形，哨探来报："禀告总统领，我军余提督先头部队到达巴尔楚克、玛纳巴什时，守城敌军已逃往叶尔羌、和阗，唐王城已是一座空城。"

罗长佑说道："毅斋，按原定作战方案，我中路大军已到达目的地，大本营安在唐王城最合适。"

树欲静而风不止，又有哨探来报："禀告总统领，叶尔羌、和阗之敌正朝喀什噶尔方向运动。"

"地图！"刘锦棠下马，就地铺开戈什哈递来的地图。

罗长佑、董福祥和谭邦人、谭邦造等几位营官、哨官凑上去。

刘锦棠在地图上比画一会，神情严肃地说道："总兵董福祥听令，你速领本部三营骑兵，明天下午到达叶尔羌，堵住西窜之敌；罗长佑听令，你部三营步兵放下一切辎重，日夜轻装兼程，后天下午赶到叶尔羌，两军由董总兵指挥发起攻城。攻克叶尔羌后，不要停留，留一营守城，其他各营速往和阗，决不能让和阗之敌再逃窜。迪化城中的刘文正好送来了几车湘乡烘糕，全部分给两军将士，用作行军途中的干粮。"

董福祥一听，真有点惊悚。从巴尔楚克到叶尔羌，骑兵一天一夜赶三百多里路程，不用说人，到了目的地马也会累得差不多了。步兵两天行三百多里，中间不吃饭不睡觉也难做得到呀？步骑即使按时赶到了目的地，疲劳之师怎能立马投入战斗？

军令如山，容不得讨价还价。董福祥、罗长佑遵令带领部队出发了。

再说喀什噶尔回城的伯克·胡里采纳白彦虎的建议后，一面向主子英、俄求救，一面部署防务。自认为一切妥当后，就在王宫的温柔乡里尽情享乐。忽有探马来报："禀告汗王，湘军兵分三路，日行两百里，一路已兵出布鲁特，正迂回包抄我王城，有两路已经翻越巴尔楚克大山，分兵直指和阗、叶尔羌和我王城。"

伯克·胡里一听，急得像热锅上的蚂蚁，急召金相印、白彦虎、余小虎、王元林、马元和一些胖色提入宫商议军情。

伪王宫中，一班所谓的文武大臣自感末日到了，殿中鸦雀无声。坐在王椅上的伯克·胡里阴沉着脸，说道："清狗欲置我们于死地，现已大军压境，诸位说怎么办？"

白彦虎扯着身旁的几位回军将领，上前说道："汗王，我等被清狗从关内追杀至此，愿领一军先灭了汉城的何步云，再与清狗决一死战，以报汗王收留之恩。"他心里明白，喀什噶尔危在旦夕，不可能阻挡湘军的进攻，留在城内，等于自寻死路，出城交战，打得赢就打，打不赢就跑，这叫未进营房先寻败路。往哪跑？白彦虎心中有数，早在库车大战时，他使了一个瞒天过海之计，让马壮寻找一秘密之地。

蒙在鼓里的余小虎、王元林、马元几位副帅却错会元帅的意图，两人挺身而出，拍着胸脯说道："汗王，卑职愿随元帅去汉城灭了何狗子，再与刘锦棠决战，宁可战死，也决不向清狗投降。"

伯克·胡里一见回军将领个个请战，即令白彦虎、王元林率军攻打汉城。两人并骑在汉城的东门，城墙上大清龙旗在北风中"呼呼"作响，不见兵勇，也不见刀枪，见不到一点大战在即的感觉。第一轮炮轰过后，城内还是无动于衷，就像什么事也没发生过一样。白彦虎指挥攻城，大军刚到城下，城墙上鼓声大震，枪弹如雨点般倾泻而来，攻城兵勇崩溃下来。

白彦虎不敢轻易攻城，如此僵持了半天，临近黄昏，收兵回营。

是夜三更，余虎恩所部抵达喀什噶尔城东郊外牌素特，黄万鹏所部抵达喀什噶尔城北郊外麻古木。余、黄议定，汉城何步云告急，当速起援之。哨探侦得白彦虎指挥所和敌炮阵地，余虎恩用黑虎掏心的战术，两军骑兵趁敌不备，余虎恩自带一军直奔敌军炮阵，黄万鹏统军直捣白彦虎指挥所。

敌军指挥所和炮阵人马，以为外围有重兵守卫，围得铁桶似的。哪知湘军来个突然袭击，来一个中心开花。

黄万鹏已杀至中帐，几十门大炮全都被湘军做战利品缴去了。

湘军骑兵在敌营中左冲右突，纵横驰骤。外围步兵号鼓齐鸣，举火如星，喊声大震。刹那间，敌军纷纷奔逃。王元林忽为步军矛戳斩首落马。敌顿失指挥，队伍自乱。

此时，城西北边隅，敌步骑三四千奔救东西之敌，忽闻北路号鼓齐鸣，黄万鹏已率步兵杀至，余虎恩督众力战。

城内守军知救兵已到，顿时火光冲天。何步云、英韶、杨世统，各统一军从城内杀出。

一场混战接近凌晨，月亮恰被乌云遮蔽，白彦虎趁此光线暗淡之时，向西北逃窜。余小虎则逃回喀什噶尔回城。

时近中午，余、黄两军挥师直逼喀什噶尔城下，正欲攻城，刘锦棠统中路骑兵赶到。

余虎恩惊喜地问道：“毅斋，你不是在巴尔楚克吗？怎么来得如此迅速？”

刘锦棠笑了一笑，回答说："董福祥从巴尔楚克南下，率骑兵日行三百里，步炮营还未跟上，叶尔羌之敌闻讯弃城逃跑。董福祥轻取叶尔羌后去了和阗，我率骑兵跟袭取了英吉沙尔。"

黄万鹏在一旁说道："难怪敌军称你为'飞将军'，六天跑了一千多里，不愧这称号。"

余虎恩说道："毅斋，你来了这仗就由你指挥吧！"

刘锦棠调动人马，将喀什噶尔回城团团围住。然后，谓众将道："喀什噶尔一战，乃我军与匪军在南疆的最后一次大决战，决不能让伯克·胡里再次脱逃。"他望着围城的将士，军中已经断炊四五天了，全靠干粮和冰水和着为食。

"不行，将士们食不果腹，哪能赢得大战的胜利。"刘锦棠令各营埋锅做饭，把汉城何步云送来的酒、羊牛肉分拨各营，将士们饱餐一顿后，发起攻城。

在城墙观战的伯克·胡里，手指城下骑白马调动大军的年轻将军，问身旁胖色提："此人是谁？"

胖色提回答道："那就是刘锦棠。"

城墙上也有认识刘锦棠的士兵，大喊道："飞将军来了！"伴随着他们的喊叫，湘军的克虏伯大炮发出怒吼，几十发大炮弹倾泻喀什噶尔城墙。炮弹炸醒了伯克·胡里，他知道大势已去，便召大通哈阿里达什和几个胖色提商议逃跑之计。

围攻西门的黄万鹏、张俊所率马步各营正列阵备战，不料三千多匪军竟大开城门，狂叫着从城中杀出。瞬间，又见一千余敌骑径向中间猛扑，准备与先出城之敌合并，一群百姓随后呼喊涌向城外，中间还夹杂着一些兵士。

黄万鹏一眼就识破伯克·胡里出逃的诡计，他和张俊放开出城的少数民族队伍，死死咬住骑兵不放，又令萧元亨、戴宏胜围住出城的百姓，梳理混杂在百姓中的匪军首领。

湘军中有人识得余小虎，大喊道：“那人就是余小虎！”

余小虎一听，心中一慌，一下子被湘军两位营官活捉。夹杂在人群中的阿古柏子女九人和金相印父子也被活捉。伯克·胡里自率卫队化装成百姓，混在出城百姓中侥幸逃脱。

伯克·胡里逃走的消息传开，城中守敌顿作鸟兽散。

大军进城，董福祥派人来报：和阗收复，生擒敌头目大通哈达的罕条连、洛巴什俄波和伪元帅常世和、王孝等人。

南疆八城中的最后一座城市，被西征军收复。至此，清朝神圣领土新疆，除了伊犁地区尚被沙俄占领外，其他地方重新回到了祖国怀抱。

八百里加急捷报传送肃州和朝廷。

喀什噶尔湘军安民，高台小巷饥民得救

刘锦棠率大军进入喀什噶尔，出榜安民。对阿古柏请来的一些英国、土耳其教官和工匠视同外国侨民，来去自由。留者必须遵守大清法律，去者准其离境。

喀什噶尔三面环山，西靠帕米尔高原，南缘昆仑山，东临塔克拉玛干沙漠。唐朝时，喀什噶尔重要军事据点，为安西四镇之一。清乾隆时期，这儿是“总理南八城事宜”的喀什噶尔参赞大臣的驻地。西部与俄罗斯、阿富汗、巴基斯坦接壤，周边邻近国家还有土耳其、印度等国家。来自昆仑山、帕米尔高原的冰雪融水，浇灌了这里干涸的沙土，于是在塔里木盆地的西南缘形成了一片人口稠密、禾田相望的绿洲福地。

喀什噶尔本是一个好地方，伯克·胡里败退回到这里，就将城中居民抢劫一空。湘军入城，街道两旁聚集了不少饿得皮包骨头的饥民，怯生生地望着进城的队伍。运送粮草的车队来了，也不知是谁喊了一声："车里有'艾曼克'馕！"顿时，饥民们像打了强心针般振奋起来，看着装在牛车、马车、手推车上的馕，直流口水。也许是饥饿催生的胆量，一个维吾尔族青年跃到车前，从车上抢下一个馕就跑。这下了得，饥饿的人群呼啦冲上去，一车的馕就这样抢光了。

一车馕，这可是一个营一顿的干粮啊！若不制止，后面还有几车干粮，可能全都会被抢走。押运的营官拔出枪来，准备鸣枪警告。

一匹白马冲来，马背的人大喊道："不得开枪！"

营官一看是刘锦棠来了，立马松开了扣动扳机的手。

饥民看到一位大官来了，立即停止了抢夺。

一个十二三岁的维吾尔女孩饿得双眼深陷，一双脏兮兮的小手抓住一小块馕，拼命地往嘴里塞，她的一双小手遮住了半张瘦脸，双眼惊恐而哀怜地望着这个大官。

刘锦棠一下抱起小女孩，脸贴着小女孩的脸："你叫什么名字？"

小女孩有气无力地答道："我叫古丽仙。"

刘锦棠颤声说道："好姑娘，慢慢吃，我一定要让你吃饱。"接着又问道，"你家住在哪？"

小女孩吃力地回答："我家住在高台。"

"能带我到你家去看看吗？"

小古丽仙点点头，脸上露出稚气的笑。

刘锦棠看着围在他四周的饥民，浑身战栗，手无寸铁、饿得只剩下一口气的同胞，把军粮发给他们，可以救下全城百姓；但一旦运送粮草的队伍跟不上，弟兄们也不能饿着肚子同匪军拼命啊？两幅画面在眼前交替晃过，一边是弟兄，一边是各族同胞。他强咽着泪水，对周围的饥民说道："乡亲们，这些馕是我军弟兄们的口粮，现在伯克·胡里、白彦虎匪军逃走了，我军还要继续追击，我不能让弟兄们空着肚子在与匪军拼命……"

街道上一片寂静，所有的人如石雕一般愣在那里，一些手中还拿着没有吃完的馕送还车上。

刘锦棠把小古丽仙抱上马，带着她引路走向高台。饥民也都跟随其后，黑压压的一片涌向高台。

高台，名副其实，前面是一条梯路，全体人员下马徒步，通向陡峭的黄土高崖。高台是一片居民区，几乎都是土黄色和泥土味，暗合大漠戈壁的基调，属于乾坤造化的本色。房屋依崖顺势而建，高低错落的泥屋土楼，拥挤不堪，颤颤悠悠，其实四平八稳，有模有样。不论是土楼还是泥屋，都是大同小异的木梁、檩木、椽子、芦苇席、草泥层层糊顶抹墙。维吾尔族同胞世代聚居高台，家族人口增多一代，便在祖辈的房上加盖一层楼，这样一代一代，房连房，楼连楼，层层叠叠，形成了四通八达，纵横交错，横七竖八，繁杂重叠，大小不一的小巷，没有本地人带路，外来人一定会迷路。

黄土高崖在两千多年前就已存在。相传东汉名将班超、耿恭曾在此留下足迹。那时的高崖北坡与南坡连为一体，后来被洪水冲断，南北分隔。公元九世纪中期的喀什拉汗王朝时，喀喇汗王将王宫建在北崖，南崖就是百姓的民居。

古丽仙带领刘锦棠一行，穿过几条狭窄弯曲巷道，在一条狭窄巷子的土墙前停了下来，这就是她的家。那泥墙草顶的古屋，应该都有数百年的历史。虽然门窗、屋顶看起来似乎都有些古旧，院落里枯萎的葡萄架、无花果，显示着主家昔日的繁荣。刘锦棠令亲兵站在外面，他和罗镇嵩及翻译几个人跟着古丽仙进了屋子。

一个瘦骨嶙峋的男人，衣服像碎布条似的，他饿坏了，虚弱不堪，坐在外间的土坯上，旁边土坯上靠着一个妇人，脸色苍白，似乎只有丝丝气息了，一看就知她在拼命支撑住自己。他俩有多大的年龄，刘锦棠瞧不出的。

古丽仙说这是她的父母，父亲叫乌依古尔。

一个跟来的维族中年人说："伯克，朝廷把浩罕人赶跑了，大将军他们看你来了。"

男人嘴角有了丝丝笑容，表示对客人的欢迎。

还是那中年人说："他叫乌依古尔，本是管理高台的'伯克'。早两年，他坚决反对浩罕人到高台强行征粮，被伯克·胡里罢了官，还在牢房关押了几个月。"

屋内冷冰冰的，就是吃饱了也会冻死去。刘锦棠一见此状，对身边的一个亲兵说道："快把谭军医叫来，看此妇有没有救？"

向导和一些随同而来的人聊了一会，才知道乌依古尔和妻子都是不到四十的人，他祖上靠烧制土陶度日。乌依古尔传承祖传手艺，还带了不少徒弟，家中富足后成为高台的伯克，自从阿古柏来了后，丝绸路中断，土陶制作也冷淡。伯克出狱后，陶艺作坊也被砸了，家也被抢劫一空，全靠邻里救济和野菜度日。

军医谭邦瑚匆匆赶到，给奄奄一息的妇人把脉后，对刘锦棠说道："毅斋，这妇人没病，她是饿的。"

"谁身上带干粮了？"刘锦棠高声地问道。

"我还有几块烘糕。"一亲兵说着，将身上仅有的几块烘糕递给了谭邦瑚。

谭邦瑚接过烘糕后，从主人家找一只土陶碗，水泡成米糊，要妇人吞服。那妇人口也张不开了，谭邦瑚就用调羹撬开妇人的嘴，喂了下去。

喂了几口之后，妇人缓过气来了，她有了力量，夺过谭邦瑚手中的陶碗，如遇山珍海味，狼吞虎咽，居然吃个精光。

此时此景，谁不泪下？

刘锦棠下令：全军将士每天减少一餐口粮，先拿出部分军粮救济饥民，军民共渡难关。

很多人都已经饿了数天，听说有粮食发了，终于可以饱餐一顿了，他们心里对这位大将军充满了感激之情，很多人自发地跪地叩拜。是夜，喀什噶尔城彻夜通明，百姓们都领到了粮食。

第十章

龙旗高扬

帕米尔高原大追击

喀什噶尔王宫成了西征大军大本营，刘锦棠正与大家讨论追击伯克·胡里和白彦虎的作战方案。宫外，天已大亮，有戈什哈来报："乌依古尔伯克带着十多个回、维中青年汉子，都说知道匪军逃走的路线，愿意为大军带路。"

刘锦棠说："快请他们进来。"

乌依古尔和一大群人站在王宫大门外，一天前，这伙人如果站在这里，轻则驱赶离去，重则皮鞭上身。当地百姓对"欧尔达希克"（意为"王宫大门"）望而生畏。

前去通报的卫兵来了，向乌依古尔等人行礼后说道："总统领请你们随我进去。"

众人听说请他们进门，心中不免一惊，以前只有王公贵族和侍卫人员从此门通行，庶民百姓想要进门，那是要掉脑袋的。乌依古尔毕竟是一位见过世面的小伯克，又与刘锦棠有了一次交情，所以很快便反应过来了，跟随在侍卫身后，招呼大家迈进了王宫大门。

王宫内金碧辉煌，雕龙画凤，楼阁亭榭，小桥流水，奇花异草，乌依古尔心想，几天前，这王宫还是浩罕人寻欢作乐、醉生梦死的地方，今天我们老百姓也能进来了，这天真的变了！

昨天还是饿得发晕的乌依古尔，今天的气色好多了，走路也迈开了大步。

刘锦棠见得乌依古尔一班人进了宫门，马上起身行礼迎接。

这群维、回同胞，一见大将军向他们行礼，还真是手忙脚乱，惊慌失措，不知如何是好？在他们的记忆中，只有百姓向当官的行礼，还从没见过当官的给百姓行礼。

“乌依古尔大哥和各位，听说你们知道伯克·胡里和白彦虎的逃路，还愿意为本军带路，本将军代表全军谢谢你们。”刘锦棠这一番话，让维、回同胞更加感动。

乌依古尔说：“大将军，匪军向西逃窜，只有两条路可走。一是穿越玉底尔魔鬼大峡谷，顺叶尔羌河到塔什库尔干；二是经阿图什，走魔王谷；两路交汇于石头城，然后过死亡之谷，翻越帕米尔大山，通达俄国、印度。”

刘锦棠在地图上寻找到石头城和帕米尔，两地粗略估算在喀什噶尔五六百里之西。帕米尔是塔吉克语，即“世界屋脊”的意思。喜马拉雅山脉、喀喇昆仑山脉、昆仑山脉、天山山脉、兴都库什山脉五大山脉汇集处，号称亚洲大陆地区的屋脊。

乌依古尔继续说：“大将军，如果没有我们带路，大军即使过了魔鬼谷和魔王谷，也到不了石头城，更过不了死亡谷。”

“魔鬼谷和魔王谷可怕吗，总比不过哈密的魔王城吧？”有人对伯克的话产生了质疑。

乌依古尔认真地说：“各位将军，魔鬼谷中居住着一些食人的魔鬼和一些力大无穷的食人怪兽，它们一出现，进入谷中的人大多一去不复还。魔王谷传说是牛魔王的居地，当年孙悟空借芭蕉扇扇灭火焰山之火，归还芭蕉扇时，为报铁扇公主三扇之仇，他在魔王谷连扇三扇，从此，魔王谷每天都有一个时辰出现狂风大作，飞沙走石，进入谷中的人一旦遇此大风，都会卷至半空中丧命。”

“这是真的吗？”有人产生了疑问。

乌依古尔严肃地说：“各位将军，死亡谷就更可怕了。相传在汉朝时，一支一百多人的汉军，带着许多马匹骆驼和大批珍宝，经过长途跋涉劳累不堪，决定在帕米尔冰山峡谷休整。军队刚住不久，就连降大雪，粮秣用尽，前途渺茫。为了摆脱困境，他们终于在离地面三百多米的悬崖上找到了一个山洞。可是进洞无路，他们便把所有马和骆驼杀掉，把肉一块块地切开，冻在平滑的岩石上，沿着肉梯攀登上去，把所有的财宝藏进了山洞。进洞不久，两名军官因为劳累过度，靠在洞口的冰壁上便断了气，和冰雪冻在了一起，像活人一样守护着山洞。其他官兵也因为连刮了四十九天的大风雪全部冻饿而死。第二年春天，悬崖上的肉梯溶解崩塌，山洞再也无法攀登了。那些被逼进洞的官兵，在生命的最后时刻互相依偎拥抱在一起，在狂风呼啸的夜晚常常发出阵阵凄厉的叫声。冰山峡谷由此而得名‘死亡之谷’。后来，又有一支多达万人的商贾和几千峰骆驼组成的驼队在途经死亡之谷时，遭遇暴风雪，人畜全部死亡，现在峡谷里还经常发现人的尸骨。”

乌依古尔一番话，众将惊愕，不觉毛骨悚然。

刘锦棠也有些忐忑不安，几万弟兄身经百战至此，若在这死亡谷不明不白地葬身，真是冤了。因此，他对乌依古尔说道：“伯克大哥，你刚才所说帕米尔之情况，本将军闻之甚寡，请予多多赐教。”

乌依古尔继续说道：“各位将军，匪军往俄国逃窜，肯定要经过红其拉甫，这地方更可怕，当地人说此处是‘血染的通道’，战马到了这里就跑不动了，如果没有塔吉克人的牦牛协助行军，大军将会死伤过半。”

在场的将领以前从未听说过这样恐怖的地方，令人咋舌。

乌依古尔转换口气说道：“各位将军不要怕，我们和居住在石头城的白种塔吉克人是世代好友，我们称塔吉克人为‘高山上的雄鹰’。塔吉克人的头领是朝廷封的，官衔叫‘阿钦拜克’。他们有自己的语言，没有自己的文字。我们今天来的这十多位兄弟，都会讲他们的话语，与他们的头领非常熟悉。只要有了塔吉克人的帮助，大军一定能剿灭匪军。”

刘锦棠关切地问那十多个维回同胞：“兄弟们，这场追击战非常危险，你们都愿意为大军带路吗？”

这些民族兄弟齐声回答：“大将军，浩罕人害得我们好苦呀，若不是大军来了，我们不饿死也会冻死。我们的命是大军给的，还有什么怕死不怕死？我们又是乌依古尔伯克的好友，一切都听伯克的。”

然后，乌依古尔把来人一一做了介绍：“大将军，这位叫尧里瓦斯，这位叫沙依然，他叫阔孜巴依，那个叫沙木沙克……”

听了乌依古尔一番话，刘锦棠对众将说：“各位将军，刚才乌依古尔伯克的话大家都听清了。人生天地间，以忠孝为立身之本。我等既为大清之臣，岂能坐视外敌内乱？下一步追歼逃敌的战斗更加艰苦，即使有千难万险也不能阻挠我军前进的步伐，大家说是不是？”

“是！”激昂的回音震荡王宫。

“张俊、罗长佑听令！”

两人站起回答：“到！”

“两位将军各率骑兵一营追剿白彦虎，由提督黄万鹏统一指挥。”

“遵令！”三将齐声回答。

“萧元亨、戴宏胜、陈健厚听令！”

“三位将军各率骑兵一营，由余虎恩统一指挥追剿伯克·胡里。”

“遵令！”四人齐声回答。

“各营备足五天以上干粮，日夜兼程，一定要在我中国境内歼灭两路匪军，有没有信心？”

“有！坚决消灭匪军！”众将坚定地回答。

“总兵桂锡桢、张宗本、副将夏辛酉三位坚守喀什噶尔，待张曜运送粮草弹药大队到达后，尔三位速解粮草弹药追赶大营。”

黄万鹏、余虎恩两军遵令出发。

向导沙依然随余虎恩、萧元亨、戴宏胜、陈健厚的大军追击伯克·胡里，经过三四天的急行军，进入昆仑大峡谷，他们的身后是逶迤的骑兵马队，沿途群山起伏，连绵逶迤，雪峰群立，耸入云天。雄浑的马蹄声在大地奏出的鼓点，悲怆苍劲的嘶鸣、叫喊在拥挤的空间碰撞、飞溅。

沿途尽是敌军仓皇逃跑留下的踪迹，余虎恩从行军锅灶和战马的马粪来分析，这股敌军有四五千人之多，其中有不少于一千人的骑兵。而且距敌军越来越近了，最多不会超过一天的行程。

冬季的帕米尔高原像一个昏睡的老人一样，躺在冰川大床上一动不动。周围的一切也似乎都丧失了生机，满山的石头散散乱乱，大的、小的、圆的、畸形的、裂缝的，都沉睡在天空下的冰雪之中。

一时间，马嘶人叫角号吹，军旗、龙旗呼呼挥，往日寂静的大峡谷变得有了生气。开始落雪了，不一会儿，雪下得更大了，雪峰变成了黑乎乎的一团。将士们不再四处张望，时刻提防着脚下打滑的石头小路，小心翼翼地前行。

这时，不知谁突然叫了一声：“那里是什么？”

将士们一齐扭头看去，厚厚的积雪地里有东西开始在蠕动。

向导说：“那是旱獭出来了，我们行军的队伍惊扰了它们。”

果然是旱獭。领头的一只先是蹿上一块石头，朝四下里细细观察一番，确定过路的人群不会对它们构成威胁后，返身对伙伴支支吾吾地唤了几声。于是从石缝、草丛的积雪中倏然间像变魔术似的涌出了三五成群的旱獭。它们亲热地聚在一起，有的头碰着头，有的互相打闹嬉戏，显得非常亲密。不一会儿，山坡上便满是旱獭，它们对石头和雪不屑一顾，顽皮地蹿上蹿下，小爪的足迹清晰地印在雪地上，如果有雪沾在身上了，便甩开四只小蹄狂奔，似乎不把雪抖掉便誓不罢休，因为有了这些活泼的小家伙，高原显得祥和而又温馨。

一群旱獭欢快腾跃，起起落落，向行军队伍靠近。待旱獭走得近了，几个大胆的兵勇，顾不了军纪，翻身下马，往雪地上一扑，伸手就将旱獭捉住了。他们高兴极了，举起一只只四爪乱蹬的旱獭，俨然获得了什么宝贝。然而没等他们再高兴，顷刻间的变化便让他们惊骇不已，不知怎么的，一只只旱獭们在短短的时间内将身骨缩小，从他们手中脱出掉到了地上，再在瞬间还原，一跃而起飞奔向山谷深处去了。他们被惊吓得发愣，半天才缓过神来，满脸茫然地向四处张望。他们很沮丧，那双刚刚还拥握着“成绩”的双手变得麻木，举在半空中好一阵子收不回来。

旱獭会缩骨术，这发生在眼前的事实让大家似信非信，他们不能接受这样的事实，很明显，他们有一种被戏弄的感觉。面前的雪地，旱獭们踩出的痕迹让整个山坡变得坑坑洼洼，像是有千军万马刚刚从这里奔腾了过去。大家目睹了这番酷似天方夜谭的神奇一幕，高原很快又恢复了平静，像是什么都没发生过一样。

高原的气候，真是变化无常。一会，雪停了，太阳已经升到中天，阳光垂直照射下来。不知不觉海拔逐渐升高，将士们觉得浑身乏力，呼吸也有些急促了，大家都想休息一会。

对于大家的提议，沙依然焦急地对余虎恩说：“将军，此地就是魔鬼谷，万万不可停留。”

余虎恩对沙依然的话深信不疑，从这一路可以看得出来，沙依然对这里的情况的确很熟悉，简直是和家里一样熟悉，哪里可以扎营，哪里可能会有埋伏，他都一清二楚。由此，余虎恩果断地下达命令：“加快行军，抓紧时间走出魔鬼谷。”

一些胆大的兵勇偏不信邪，他们说：“我们还没见过魔鬼呀，要是真有魔鬼，我们手中的枪和刀也不是吃素的，还怕几个魔鬼？”

向导的回答越来越离谱：“兄弟啊，别看现在阳光万里，太阳下山时魔鬼就会出来，峡谷中天昏地暗，阴魂野鬼哭叫，你不被魔鬼吃掉，也会吓死。只有过了这峡谷，到了波谜罗川驿舍才可休息。”

兵勇们不再说了，跟着向导一个劲地催马前行。

太阳还没落下，当押后的萧元亨走出了峡谷，向导便说：“我们在此休息一会，看看峡谷中的魔鬼吧。”

将士们刚刚下马，只听得霹雳一声，震得峡谷中群山颤抖，乱石翻滚。众人扭头回瞧，黑云笼罩着山谷，伴随着电闪雷鸣，蓝莹莹的鬼火若浮若离，谷中不知有多少人发出绝望悲惨的哭嚎声。

峡谷中惊心动魄的情景，转瞬便变得寂静无声。将士们如不是亲眼看见，谁又会相信向导说的没假。震荡的峡谷又昏昏沉沉地睡着了。高原的那种懒散，麻木的老人神态又出来了。就在这种寂静和苍茫中，眼前的这块刚刚上演过神话的山谷被大雪淹没了，而且因为天已黄昏，一切变得越来越模糊了。

值得庆幸的是，部队走出了魔鬼谷，与死神擦肩而过，安全到达了波谜罗川大龙池驿舍。这是什么驿舍？全是卵石砌筑、方形尖拱屋顶，无人居住的荒凉野舍，而且数量只有十多处，远远不能满足湘军宿营的需求，大多数将士只能在野外帐篷歇息。

余虎恩进了一间能容十多人的大房子，踏进门里，仔细一瞧，屋角还有卵石砌就的炉灶，灶里的火灰还有点点余热，室内墙壁烟熏痕迹明显。

谁留下的火灰？又有多人来报，多处驿舍发现火灰。余虎恩询问向导沙依然，平时路过这里的人多么？

沙依然回答说："这是通往帕米尔路上最为艰险和神秘的一段路。当地有一民谣：一二三雪封山，四五六雨淋头，七八九正好走，十冬腊月开头。"他肯定地说，隆冬季节很少有人在这段路停留。

余虎恩心里一惊，没有过路的百姓，那就是匪军留下的了。从火灰的余温分析，匪军走得不远。他心底暗思，这么寒冷的夜晚，部队怎能行军？难道他们埋伏在附近，今晚偷袭我军？

"将军，前面大龙池石山上有一个洞穴，里面有一位当地的塔吉克牧羊人。"与沙依然同来的一位向导进门报告。

余虎恩一听，令戴宏胜、陈健厚指挥安营扎寨，他和萧元亨带上一哨亲兵，急忙叫上沙依然随与向导赶过去。走了几里路，天快黑了，但地形还是看得清楚，两侧雪山相望，当中谷地是一望无际的平坦冰地，四周生机全无，戈壁连绵，砾石遍野，草木稀少，白花花的雪地透出阵阵死寂。

"这是什么地方？"余虎恩询问向导。

"这里就是大龙池。"沙依然回答。

余虎恩又问道："这就是唐僧西天取经中记载的波谜罗川大龙池吗？"

"是！冬天的大龙池是个阒寂无声的冰雪世界，分不清疆界。到了夏天，湖面显露出来了，东西三百余里，南北五十余里，湖里的水澄清皎镜，莫测其深，色带青黑，味甚甘美。湖水中潜居鲛、螭、鱼、龙、鼋、鼍、龟、鳖，湖面浮游鸳鸯、鸿雁、驾鹅、鹔、鸨。诸鸟大卵，遗荒野或草泽间，或沙渚上。”

余虎恩听了沙依然对大龙池的神奇描述，惊讶过后，便问旁边的向导：“你说的洞穴在哪？”

向导指着南侧雪山说：“就在那山腰中。”

余虎恩顺着向导所指的方向看去，洞穴非常隐蔽，若不是熟悉这里的人，根本发现不了。

一行人下了马，徒步走进石洞，由于洞穴中太过寒冷，地面与墙壁形成了厚厚的冰层，冰面甚是光滑明净，漆黑的洞中出现了微弱的火光，朝深处行去，火光映照，进来的人这才发现，里面非常的宽敞，住上两三百人不成问题，不远处还垒着一大堆木柴。火堆旁边什么也没有，烧火的人哪去了？

向导用塔吉克语喊了几声，从前方的石头后面，一个彪悍强健的牧羊人突然出现在众人面前。只见他头戴黑绒为面的绣着花边圆筒形羊羔皮帽，身穿条绒无领长外套，系着腰带。腰间随身携挂着一把小刀，脚穿着野羊皮为帮、牦牛皮为底，既轻巧柔软，又坚实耐磨的长筒皮靴，手中握着一根羊鞭，双肩上各站着一只雄鹰，鹰眼警惕地注视着这些进洞的不速之客。

沙依然一见来人，摊开双手，激动地叫了一声：“安布利，我的好朋友，好久不见，想死老兄了！”

安布利也敞开胸怀，大叫着：“沙依然，怎么是你？”

两人热烈拥抱之时，那两只雄鹰展开翅膀，落在洞顶的岩石上。两个民族兄弟一番对话后，安布利走近黄万鹏、萧元亨，双手拇指并在一起，道一声：“更艾力麦古卓！”他说着，主动伸手与两人握手，并亲吻着他们的手背。

沙依然在一旁解释说：“这是塔吉克人的礼貌用语，含支持、帮助之意；亲吻手背表示对友人的尊重。”

余虎恩向安布利行了一个汉族人的鞠躬礼，说道：“兄弟，我军为了剿匪，未经你的允许，我们进了你的领地，非常抱歉，请你谅解。”

沙依然替代安布利说：“将军，自从阿古柏进了喀什噶尔成立‘洪福汗国’后，头领阿钦拜克就在此地设置了瞭望哨，一旦有浩罕人的军队过了魔鬼峡谷，就用老鹰向石头城传递情报。去年俄国人把浩罕汗国灭了，俄国人又想打这片土地的主意。塔吉克人为了保卫祖国的领土，与外来侵略者战斗了几百年，今天，朝廷的大军终于来了，他们高兴都来不及呢！安布利说他是阿钦拜克头领举马派等候朝廷大军的，你们来了，他的任务也就完成了。”

萧元亨感叹地说：“这就是打断骨头连着筋，血肉相连的民族兄弟。”在场的一哨湘军兵勇听了，真的受到感动，国家有这样的民族，何惧外来势力入侵？

余虎恩对沙依然说：“兄弟，你问一问安布利，我刚才在驿舍中发现一些火灰还有些余热，今天是不是有大队人马途经这里？”

两人嘀咕了一阵，沙依然翻译说：“将军，安布利说前天有四五千匪军到达驿舍，今天下午才开拔，他已向塔什库尔干阿钦拜克头领举马发送了情报，估计两三天后，匪军就会到达塔什库尔干石头城。”

“敌军真的走了吗？他们今晚会不会返回来偷袭我军？”余虎恩怀疑地提出了两个问题。

“敌军已走出龙池，翻越了龙山，直奔石头城去了。”安布利肯定地回答。

“安布利老兄，明天你能给我们当向导吗？”余虎恩诚恳地提出了请求。

沙依然翻译后，安布利毫不犹豫地说：“行！”他还提议，要一部分大军住到洞中来，并愿意把洞中的木柴贡献给大军。他说，晚上在驿舍和帐篷宿营，不燃柴火，将士们不但会冻坏，还会受到雪豹的攻击。

余虎恩一行从安布利洞穴中出来，外面已经下起了鹅毛大雪。

夜渐渐黑了，陈健厚一营兵勇去了安布利的洞穴，其他各营还是在龙池扎营，一顶顶帐篷之外，生起了一堆堆篝火。三千多米的高地，零下三十多度的严寒，篝火产生的热量也带不来多少暖意。即使这样，疲劳不堪的将士们还是禁不起睡意的袭击，他们只要拴好战马，走进帐篷就会和衣躺下，一会就进入了梦乡。

夜是如此的宁静，偶尔只能听到几个年轻兵勇的鼾声和战马的嘶鸣声。

余虎恩带着一队全副武装的亲兵巡视营地，安布利担心雪豹袭击营地，跟随在余虎恩身后。果不出安布利所料，冷不防，一道疾风飞过，众人顿时寒毛直竖，皆是回头望去，身后除了飞舞的冰雪再无他物。

安布利赶忙道："大家集中注意，有灵兽出现了，谨防它从背后偷袭！"他说着拍一拍肩上的两只雄鹰，神经紧绷，竖着耳朵分辨着周围的声音。

这灵兽速度极快，众人根本无法捕捉它的踪迹，甚至连残影都看不见。

众人望着周围白茫茫的一切，心中升腾起了一股无法言明的焦虑，这种焦虑中还夹杂着一丝对未知事物的恐惧之情。

安布利闭起双眼，仔细地感受着空气中波流的涌动方向，以此来判断这只灵兽的运动方位。

前方不远处发出一声"呦殴"的嘶号声音。

叫声过后，只见雪地中一只猛兽站起，体形匀称，虎头虎脑、年轻健壮，肚子和大腿的毛都闪耀着白色的亮光，难怪先前没有发现，只因它的躯体已与这白色的大地融为一体。众人骇然，这只灵兽竟然是以速度著称为“雪山之王”的雪豹。

细瞧这只雪豹，真不愧为兽中的魁首：吊睛花斑，乳白的绒毛中明显地现出一圈圈花斑，它比正常的花斑雪豹要大得多，只见它身高约两米，体长三米有余，尾巴极大，盘在身侧的时候，竟然与身体差不多长。且看它浑身的毛发，或许因为寒冷的缘故，极其厚实，而且隐隐有光泽闪烁。

只见那雪豹瞪着清澈的蓝眼睛盯着这群陌生的人类，四只锋利无比像利剑一样的爪子，后腿微屈，前腿向前伸出，弓着身子，摆出一副随时准备进攻的架势，两只眼睛里发出幽幽的凶光。它已摆出了一副角斗士的姿势，神态异常紧张。

“不能开枪！”安布利的警告为时已晚，只听“砰！”的一声响起，一个亲兵的子弹射向雪豹。

子弹并未击中雪豹要害，对它竟无半点实质性的伤害。

然而，这一枪仿佛打开恐怖之门，旋即空旷的山谷，安谧的雪地，尽是“呦啜”的嘶嚎，远近呼应，此起彼伏，声震四野。营地的上千战马，一听到成群雪豹的嘶鸣，它们知道天敌来了，全都发出惊恐的嘶鸣。

“大群雪豹来了。”安布利惊慌地告诉巡视营地的将士。

营地的将士以为敌军偷袭，各哨各队紧急集合，出了营帐、驿舍一瞧，个个不寒而栗，有的手持刀剑长矛，有的手握火枪，子弹上膛，人人拉住战马缰绳，霎时做好了与雪豹拼斗的准备。

只见昏暗的夜色中，数不清的炯炯绿光闪烁，营地四周星星点点，这是雪豹眼睛放射出的凶恶光芒。

猛兽大都具有团队性，一旦有同伴遇到危险，它们成群结队，认定目标，群起而攻之，很少半途而废，除非被杀身亡或受重伤。原本还在远处的那些雪豹，一下子来到了营地前，它们都摆出了一副与入侵者搏斗的架势。

安布利大喊："不要与雪豹搏斗，快快撤到火堆旁边去！"他说着，叫将士们先撤，自己断后。

余虎恩高声传令："全体将士！谨防雪豹袭击！"

"呦殴！"花斑雪豹目不转睛地盯着前面的敌人，毛发上的斑纹开始有光泽闪动，隐隐冒着一股钉气，它清理好了爪子，嘶嚎着纵身一跃，右前脚成爪状，朝着走在最后的安布利身上抓去。眼看安布利危险非常，瞬间，站在他两肩的两只雄鹰，呼的一声，展开翅膀，与雪豹在半空中相撞。雄鹰伸出铁爪，直奔雪豹那炯炯目光。

离地的雪豹受此一击，"咕咚"一声，重重地摔在地上。

安布利趁机逃离雪豹的攻击，跑到篝火旁边，背对火光持剑而立。

雪豹和一些凶猛动物一样，天性畏火，除非万不得已，不会越过火堆袭击猎物。

雪豹嘶嚎，战马嘶鸣，强大的声波冲击大龙川四周雪山。营地中将士感觉到，好像脚下的雪地在颤抖。突然之间，一种天崩地裂的，雷鸣般的声音震荡龙川，随后就看见四周雪山垮塌，漫天的大雪一齐涌向龙池。

来自南方的将士，哪见过如此阵势，一个个紧绷着神经，双腿随着激烈的心跳不停地颤抖。

刚刚还是面目狰狞，怒不可遏的雪豹，也被眼前的情景吓得夹着尾巴落荒而逃。

眼看就要发生的人兽大战，被这场突来的雪崩灾害平息了。

伯克·胡里落荒而逃，冰山雄鹰守卫边疆

伯克·胡里逃出魔鬼谷，大通哈阿里达什侦得湘军随后追来的消息，连夜拔营，刚刚翻越龙山，尚不及宿营，就听得大龙川一声巨响，如天崩地裂，振聋发聩，万山无不嗦嗦发抖。他吓得胆战心惊，以为湘军飞越了龙山，加鞭催马继续逃窜。

败军在黑夜大雪中狂奔，脚步声自耳后密密地追来，践踏声、呼啸声，越来越近。来的有多少人？

伯克·胡里逃奔一阵，追兵越来越近，不得不战了。他闪身躲进了一旁的乱石之中，想稍作休整。不料，歇息在这乱石中的雄鹰，被这群不速之客一打扰，顿时，“扑腾！扑腾！”展翅飞翔，犹如万马奔腾。他希望不要太快被人发现。走了几步，找了个隐蔽的地方坐下休息，手握火枪，随时还击偷袭之敌。

“嘿！”耳旁响起一个声音。

伯克·胡里一惊，万万没想到追兵来得如此之快，他下意识举枪起刀，就要朝对方射去。

“汗王别慌！自己人！”那人一把捏住他的手，低声说：“我是白彦虎！”

“吓我一跳。”伯克·胡里稳住了神，问道：“你的人马都来了吗？”

“我军一万多人马全都来了！清狗也出了魔王谷。”白彦虎说的所谓一万多人马，实际上已无战斗力可言，其中妇幼老人不少，伤残病弱者居多。他在喀什噶尔败走时，沿途把从关内随军而来的残兵和家属全都召集到一块，他坚信自己的“瞒天过海”之计，定能救下自己民族的这些精英。

“这些清狗都不要命了，粘住我们不放，他们真要赶尽杀绝？”伯

克·胡里气愤愤地说。

“汗王，我们现在必须分兵，绕开塔什库尔干，保存有生力量，以图东山再起。”

“我要抢占塔什库尔干，那里没有清狗军队把守，在那里建立反攻基地。”伯克·胡里还在不识时务狂妄地说。

白彦虎心想，这里也没有分兵之道，不如答应了他，到了塔什库尔干再说，于是他回答说：“汗王高见。”

伯克·胡里没有料到的是，塔什库尔干虽无朝廷大军驻守，却遇上了一个两千多年来就誓死保家卫疆的塔吉克民族。塔吉克是他们本民族的自称，意为“皇冠”。

塔什库尔干，在维吾尔语里意为“石头城”，因城是古代石砌城堡而得名。汉代时，这里是西域三十六国之一的蒲犁国地。北魏至唐为喝盘陀国，喝盘陀国在高丘上大规模建造了城堡。城虽小，地势却十分险要。城外建有多层或断或续的城垣，隔墙之间石丘重叠，乱石成堆，构成独特的石头城风光。城下一片草原，周围还有数片草原。古代，自喀什、英吉沙、叶城、莎车至帕米尔高原的几条山路均汇集于此，西去中亚的几座主要大山：红其拉甫达坂、明铁盖达坂、瓦赫基里达坂等，自此也都有天然谷道可通达石头城。唐朝政府统一西域后，在这设有葱岭守捉所，元朝初期，大兴土木扩建城郭，旧的石头城换了新颜。

乾隆平定准噶尔、大小和卓叛乱时，朝廷在塔吉克民族中任命伯克，统军驻守塔什库尔干。紧靠着塔什库尔干的浩罕汗国，汗王额尔德尼也归附中国。因此，朝廷不再派军队驻守塔什库尔干，任命一名三品阿钦拜克官员和三品以下的一批伯克，领导当地百姓把守边关。

臣服了的浩罕汗国为啥要挑起边疆战事？说来话长：乾隆后期至道光年间，世界发生巨大的变化。资产阶级革命解放了被封建制度束缚的生产力，为工业革命创造了条件。工业革命使资本主义国家对原料和销售市场需要大大增加，所以欧洲资本主义侵略势力开始向外扩张，才能使资本主义得以生存、巩固和发展。塔什库尔干在当时的国际贸易中占有很重要的地位，中亚的布哈拉、浩罕汗国就有大批商人经过这里到南疆的喀什噶尔、叶尔羌等地做生意，帕米尔以南的克什米尔、巴达克山、印度北部的商人，也经常通过这里到叶尔羌经商。如果说叶尔羌在当时是一个著名的国际性商业城市，那么塔什库尔干就是从叶尔羌通往西方的咽喉之区，在军事、经济、地理位置上都占有很重要的地位。控制了塔什库尔干，就等于控制了中国新疆与印度、阿富汗、巴基斯坦等地的贸易。所以当时英国，尤其是北边的沙皇俄国对该地虎视眈眈，垂涎已久。这时强大起来的浩罕汗国开始大规模的侵略扩张，最先伸出魔爪下手的地方就是新疆。

塔吉克民族反浩罕汗国入侵的斗争由此拉开序幕。道光十年（1830年），浩罕侵略军在向叶尔羌进犯时，出兵攻打了塔什库尔干，在塔什库尔干掳掠了大批的人口、财物、牲畜，并将一品阿奇木伯克迈玛沙劫走，在半路上把他杀害。塔吉克人民在维吾尔族一品伯克萨依特带领下，打退了来犯的敌人。在此战中，塔吉克青年库尔察克手持银柄剑，杀死多名敌人，因他作战有功，被叶尔羌参赞大臣委任为色勒库尔（即塔什库尔干）的五品阿奇木伯克，替代牺牲的迈玛沙统辖帕米尔高原。

道光十四年（1834年），浩罕汗国差派迈买西里普等来至色勒库尔，劝令库尔察克归顺。遭到库尔察克的痛斥。浩罕汗国劝降不成，就派兵滋扰色勒库尔，抢取牛羊，库尔察克率众抵御，杀贼二十余名，将牛羊夺回。年末，浩罕汗国又断然以大部队猛袭色勒库尔，炮轰城垣，库尔察克率众抵御，打退敌军。浩罕入侵失败后，并没有放弃侵占塔什库尔干的企图。第二年，浩罕大批军队再次侵入塔什库尔干。敌人占领了北面的塔哈尔玛庄，把庄子两面的树林付之一炬。他们派人给库尔察克送信，信上说："库尔察克，你必须立即投降，所有的山民都要做浩罕的恭顺的臣民，否则，就要把你们统统杀光或者全部赶走。"库尔察克看了信后非常气愤，厉声对送信人说："塔什库尔干自古以来就是中国的土地，我们的祖先世代居住着。你们赶快滚回去。只要我活着，你们就休想占领这块土地"。库尔察克组织起本族人民，与敌人展开了有智有勇的斗争。在库尔察克的带领下，塔吉克兵民奋勇抗敌，驻扎在塔合曼乡的浩罕侵略军大败而归，并且夺回了被抢去的牛羊和掳去的妇女儿童。一天夜里，库尔察克和买买夏伯克率领一些兵偷袭了敌营，赶走了敌人两百多匹马。第二天，敌人分股四处找马，库尔察克又用计杀了四五十名敌人。随后，他又多次打退了敌人的进攻，夺回了被抢去的牛羊。因此，浩罕汗国气急败坏又派出两千人，穷凶极恶地又来攻打色勒库尔，用大炮轰开了城门。战斗十分激烈，塔什库尔干的十四个村庄被敌人占领了八个。此时，库尔察克向塔吉克族人发出"宁肯战死，不当俘虏"的号召，领导塔吉克族人民同仇敌忾，英勇抗敌，歼灭这些豺狼。

阿奇木伯克库尔察克和买买夏边打边退，到了塔什库尔干时，敌人愈来愈多。半夜，敌人把库尔察克的帐篷包围了。他的部下劝说，让他赶快突围，但库尔察克不愿丢下自己的同胞一人逃命，宁愿战死在祖国的土地上。为了表示以死殉国的决心，库尔察克把自己的盔甲留给了别人，冲出帐篷，同敌人进行了殊死搏斗，终于因胸部中弹，光荣牺牲，就连库尔察克的孙子英提巴哈在山北本庄防守，亦被枪伤身死，其眷属皆被掳去，全部杀死。买买夏伯克也中弹身亡。塔吉克人民的英雄库尔察克，为了保卫祖国领土完整，为了塔吉克族的利益，为了帕米尔的尊严，库尔察克祖孙三代流尽了最后一滴血。敌人凶残地把他的头颅割下来，送给了浩罕汗。浩罕汗大发脾气，训斥部下说：“你们这群废物，我要的是活的库尔察克，你们把他的头送来又有什么用呢？”

阿奇木伯克库尔察克和买买夏两位阿钦拜克誓死抗敌，战死在石头城下，终使敌国未能占我一寸国土。愚蠢而残暴的浩罕汗国怎么会懂得塔吉克人民是宁死不屈的呢?

且说现任塔什库尔干的头领举马，接到了魔鬼谷和魔王谷飞鹰传递的情报，立即在阿钦拜克公厅召开军事会议。举马升堂坐定，属地协助管理帕米尔高原大小事务的伊什罕以及管征粮赋、管理刑名事务、负责驿站杂务等伯克和帕米尔高原十四个村堡的头领，皆坐两侧。他对众人说道：“匪军伯克·胡里和白彦虎已被朝廷大军击溃，逃至我境，特请诸位商议抗敌之策。”

伊什罕伯克站起说道：“敌军溃逃虽是惊惶不已，但来势汹汹，利在速战，我族唯有地不分村堡，人不分男女，全民皆兵，坚持到朝廷大军到来，里应外合，方可全歼逃敌。”

管征粮赋的伯克说道：“匪军仓皇逃跑，肯定欲在本境补充粮草，我族民众应坚壁清野，不给敌军留下半粒粮食、一根草料。”

一村堡头领说道：“敌军败走，定要走红其拉甫和卡拉苏，这里北有‘冰山之父’慕士塔格峰，南有乔戈里峰。战马至此不能载人，敌军很有可能掠夺我们的牦牛，驭其辎重才能出境。因此，我族牦牛定要隐藏，不给敌军掠夺的机会。”头领在这里说的“红其拉甫”在波斯语中意为“死亡之谷”，在当地塔吉克语中意为“流血的沟”。

备战会上，各抒己见。举马集众人之计，部署动员全族民众坚守石头城池和村堡。日夜提防，迎战敌军。

这个冬季，天气异常寒冷。帕米尔高原都穿上了白色的大衣，河水也停下了脚步，只有城内密密麻麻的石头屋顶上，站立的雄鹰露出炯炯眼光，它们也在警惕地守卫自己的家园。

太阳当头，阿钦拜克举马在石头城城墙上巡视备战，只见一个骑着牦牛，手持火枪，背一把砍刀的塔吉克人，英气勃勃地驰骋于城外草原巡查，口中高唱着塔吉克民歌：

不让狼群糟蹋我们的青稞，

不让外寇玷辱我们的山河。

……

与其在异乡拾黄金，

不如在祖国捡牛粪。

一支不下千人的骑兵隐藏在稍远的山沟，只要放哨的骑兵发出信号，他们就能立即投入战斗。

城墙上尽是骑着骏马，喜穿连衣裙，头戴圆筒绣花羔皮帽，足蹬长筒皮靴，颇有古代巾帼英雄风貌的婀娜俏丽女人，一个个英姿飒爽，一旦城外战斗打响，她们也将投入战斗。塔吉克民族就是这样，世世代代全民皆兵，守卫着这片国土。

举马望着眼前这座上千年的“石头城”，愈发显得古老、险峻、坚固。把目光投向远处的帕米尔，几座山峰耸入云端。待云朵散开，这几座山峰便又换上另一副面孔，透出一股阴冷之气。突然，他的头顶响起一声尖利的嘶鸣。是鹰看见了敌军，在主人头顶上空盘旋鸣叫。他感觉到了，一场大战就在眼前。

“砰！砰！”几声枪响，打破了刚才的平静。

铺天盖地的敌军人马，嘶喊着向石头城奔过来。

城墙上一声枪响，指挥官举马向草原上的哨兵发出战斗信号。只见那隐蔽在山沟的塔吉克男人，牦牛骏马飞驰，冲至敌军前，一阵排枪射出后，手持砍刀迎头冲入敌群，敌军的火枪在肉搏中失去了优势。

追歼死亡谷，旗扬不周山

石头城下双方一开战，就显得异常惨烈，马嘶人叫，虎吼熊嗥，杀得天昏地暗，日月无光。城下战斗异常激烈之时，城墙上的女人们，一齐吹响美妙动听的鹰笛。这鹰笛之声有如山风呼啸，成群的猎鹰像听到命令一样，从四面八方往笛声响的地方飞来，在战场上空盘旋。它们也能分辨谁是主人，谁是敌人，它们会抓住时机，不时地用尖嘴啄敌人之头，用利爪抓敌人之脸。没有攻击敌人时，它们齐声嘶鸣，这种嘶鸣之声极具震撼力，那种尖利、脆烈之音，似乎是从它们喉咙中飞出的一把把利刃，闪着夺目之光刺向了目标，令敌军胆战心寒。

战斗到了白热化的程度，双方难解难分。突然，敌军后方龙旗飘舞，“湘”字军旗呼呼作响，两队人马闯入阵中。

来军正是余虎恩、黄万鹏率领的两路追兵。

“解救我们的朝廷大军来了，大家拿起武器出城，配合大军坚决消灭这帮匪徒。”举马在城内向民众发布命令。

塔什库尔干城门大开，全城男女老少能走得动的，全都拿起各式武器，毫不顾及自身的安危投入战斗。

“杀啊！”阿钦拜克举马冲在最前面。

一个匪军见到这样的情形，马上趁机举枪向举马射去，“砰！”

“哼！”一声闷哼，一名跟随举马的壮年男人策马挡在了举马身前挨了这一枪，最后艰难转过身躯，眼中敬仰地望了举马最后一眼，终于不支倒下马去。

举马怒发冲冠，“啊”的一声大喊，带着一帮青壮男人冲入敌阵。

敌军哪还有恋战之心，白彦虎掉转马头，认准西方，催动坐骑，拼命逃走。回军见主帅一走，也跟着蜂拥而逃。

黄万鹏见回军逃走，紧紧围住浩罕人一军，力图全歼。

伯克·胡里知大势已去，他和大通哈阿里达什带着亲兵拼命杀出了重围，再看自己的军队，全作鸟兽之状，纷纷逃窜。

回军走不了多远便就进了山，战马“呼哧！呼哧！”喘着粗气，四蹄在地上乱扒，随你怎么抽打，它就是不再前进。

“锵！锵！”后方金戈交鸣，回军更加大乱。突然，前方慕士塔格峰冰川出现了一队人马，催动牦牛，奋蹄疾驰而来。大家都以为前有重兵拦截，后有追兵，再无生还之路。

白彦虎此时倒不慌不忙，拿起望远镜一瞧，来者不是别人，正是他的老部下马壮和原侍卫队长。他高声地对众人说：“兄弟姐妹们，我们的救兵到了，大家下马，快速与前面的马将军会合，他会把我们带到一个安全的地方。”

刚刚还自以为死亡降临的回军，一听白帅说出有救的话来，众人不顾一切地朝前奔。

军中将士大都疑惑不解，这马壮不是被押上了囚车，送至阿克苏监狱了吗？怎么会出现在这里呢？原来，白彦虎在当时当着伯克·胡里的面，严刑重处丢失铁门关的马壮，背地里却令押解马壮的侍卫和李科库带上一些金银财宝，在中途和马壮一道潜入俄国准备好一处败退的落脚之地。这就是他的“瞒天过海”之计，不但瞒过了伯克·胡里，连回军将士也不知其中奥妙。

转眼间，马壮来到白彦虎前，跪地行礼，说道：“大帅，卑职来迟，这里叫死亡谷，最好的战马到此也不能载重了，只能改乘牦牛。”

白彦虎听后，心底一片凄凉，入疆时的七八万人马，如今就剩这些老弱病残了。前面是高山峻岭，异国他乡，后有数万手持屠刀的追兵。他也曾想向朝廷自首，以保全众人性命。但此路不通，左宗棠早已放出话来，“白彦虎部务必全歼”。他悲凉地问道：“马将军，我拜托你办的事办得怎样？”

马壮回答说：“元帅，卑职已在俄东干购得一处营盘，出了边境就有我军的立足之地。”

白彦虎长叹一声，他知道即使到了俄境，也是前景未卜，人生地不熟，语言也不通，凶多吉少。但现在是非常时期，不能再说什么，于是他在众人的劝说下，翻身上了牦牛。回军人马紧随元帅之后，有的骑上了牦牛，没骑上牦牛的人，揪住牦牛尾巴，让其拖着行走。当年叱咤风云的起义领袖，如今落难异国他乡。（后来，这些过境的人在中亚大地上得以繁衍生息，形成了今日的东干族，白彦虎被称为“东干人之父”。）

石头城一战后，湘军大都换乘了塔吉克的牦牛，黄万鹏一军追歼伯克・胡里，在举马的带领下追到乔戈里峰峡谷，只见冰川中躺着不少的战马，有的还在“呼哧呼哧”喘着粗气。冰川中将士们看到很多死去的大型动物的骨架，不能确定那是一些什么动物，但是看着它们狰狞的枯骨，大家开始嗅到一种恐惧的气息。

“这是怎么回事？”黄万鹏和将士还真疑惑不解。突然，自己的队伍“哗啦哗啦”倒下一片，有的人还“哎哟哎哟”地嚎叫，捧着绞痛的下腹满地打滚。情景迅速传开来，队伍中很多人突感心跳加速，头晕目眩，天地也在旋转。刚刚还是势不可挡的追敌队伍，一下子变得稀里糊涂。

“将军，这里就是死亡之谷的大头痛山和小头痛山。只要登上前面山顶上那巨石，就到了‘冰山之父’，身体不适的人不能再前进了。”举马说的话，用现代的语言来说就是高原反应，这里常年白雪皑皑，是世界上最不适宜人类生存的“生命禁区”之一。

“浩罕人怎么过山的呢？”有人产生了疑问。

举马回答说："他们在这条路往返较多，基本适应了这里的环境，所以他们翻越此山时，大都没问题。"

黄万鹏迅速调整队伍，有了高原反应的将士，就此停止前进，队伍一下子几乎减员一半。陡峭的梯路，许多深沟被厚厚的积雪覆盖着，雪齐腰深。牦牛也不能驭人了，将士们用刀砍出脚窝，艰难地往山上爬。沿途死去的将士太多，这种行军对他们来说真是苦不堪言，每走一段路都是一座座坟墓。真个是："天连雪雪连天万里冰霜，人踪灭鸟飞绝天地肃杀。"

冰雪梯路，将士们缓一口气，走上几十步；再缓一口气，爬上一段，就这样机械性地挑战生理极限似的走着。突然一声惨叫，一个兵勇哗地就滑下去了。其他人都吓得停下来，眼睁睁地看着他从身旁一路滑下去。他的两只手拼命地在冰雪上抠着，希望能阻止身体下滑，地上都划出了几道印子，也掀起了很大的雪尘。滑下去十多丈后，终于停住，捡回了一条命。大家平静了下来，又吭哧吭哧往上爬，全都盯着山顶的巨石，那就是目标，再累，再难受，也要朝着目标一步步迈进。呼吸急促，腿也有些酸痛，尽管气喘吁吁，但终于到达山顶了。巨石上隐隐约约可见"不周山"三字，众人大骇，这里原是连接天地的不周山，若不是共工触倒天柱，大家就在这里登上天庭。

这里是世界之巅，我国疆土！大清龙旗在朔风中呼呼作响！

遥望远处，云海茫茫，不知不觉天色已晚。不周山顶白天好过，夜晚难熬。将士们伴在牦牛肚子底下过夜，望着湛蓝的夜空，满天繁星，迢迢银河挂在眼前，让人有"手可摘星辰"的感觉。月亮把大地照得一览无遗，四野里全是动物的尸骨，在月光下它们泛着白光，显得阴森森的。早晨起来看不见人，只能看见一堆堆雪，天大亮将士们才从雪堆里爬出来，有的就在这个夜晚睡着了，再也没有醒来。将士此时有了一个共同的想法，能活着回到家乡，就是最大的荣幸。

几天追击，前方雪地出现了几间古老的石头房子，举马大声喊道："那就是，那就是！"

"是什么？"黄万鹏问道。

"那是国境！卡伦哨所！"

"我们到了国境？"黄万鹏把毡帽重重地一摔，懊悔地说："伯克·胡里这狗杂碎跑了，怎能对得起被他杀害的新疆各族同胞？"

"这里就是国境？"

湘军将士还从来没有到过泱泱中华大国的边境，原是这样"冷冷清清，凄凄惨惨戚戚。"今天有幸到达祖国最西端，总算识得庐山真面目。一旬追歼残敌的辛劳似乎全被忘却，接下来便是一片欢呼。

欢呼声惊动了几位守卫边疆的塔吉克汉子，他们见到了久违的亲人，踏着积雪一路奔跑过来，把以往守卫边疆的孤单、寂寥、思念与满腔热血忘却得一干二净。

执旗手兴奋地奔向那石头屋，将黄龙国旗和彩色军旗插在屋顶，旗手振臂一挥，国旗和军旗迎着呼啸的风雪，飘扬在上空。

塔吉克族同胞望着那飘扬的国旗，情不自禁地放开嗓子唱起了他们民族的歌曲：

祖国的土地就像所罗门王的宝座，
在埃及时做帝王时的豪华，
祖国的每棵树都像紫罗兰的花朵……
它富庶、繁荣，就像克什米尔，
我在这里多欢乐，从来没有哀愁。

宣旨意暗藏玄机，说原委宗棠会意

话说朝廷令湘军收复西四城之事，慈禧一锤定音。她却卖了一个关子，一改常态，用四百里快递传达圣谕，戏弄一下左宗棠。

隆冬时节的肃州，天总是亮得格外晚。大帅府就在驻军大营旁边，不待军中晨钟响，左宗棠就起床了，天天如此。与左宗棠一样早起的人，还有那些来自五湖四海赶早集的小贩，有的挑着小担，有的拉着小车，南腔北调叫卖着驶过军营长街，然后总会在帅府前稍作停顿。帅府是一座古老的大宅子，檐角飞扬，门庭开阔，牌匾上“大帅府”三字，乃左宗棠金漆挥毫而就。小贩至此停留的目的，有的是想目睹一下大帅的尊颜，只要左帅在，他们就会踏踏实实地做生意；也有的是为了等待帅府的人出来买东西，因为帅府的人从来就没有赊过账。

左宗棠早已习惯了晨起，在他的眼中，这片荒凉的土地，随时随地都可欣赏到那雄浑中蕴藏着的荒凉之美。特别是每天清晨，他与小贩们交谈，心中免不了一个奇怪的想法：富贵荣华，青云平步，不如他们这些市井草民，脚踏实地活得自在。他还想，等这新疆战事结束，回到湖南老家，也去做一个小商小贩。

这几天，左宗棠一反常态，总是精神恍惚，军营晨钟响过后才清醒过来。钟声过后，所有将士必须在两刻钟之内完成出帐以及就餐。好在大帅不受这种军中律令的约束。左宗棠还在床上辗转，光绪四年（1878 年）除夕即将来临，收复东四城的红旗捷报向朝廷发出了一个多月，朝廷尚无音讯，自己和刘锦棠已统一意见，乘机收复西四城，朝廷意见如何？至今没有接到旨意。刘锦棠收复东四城后，大军继续西征，至今也无消息。他一想至此，口中就会嘟囔着：“刘毅斋这小子，搞的什么名堂，也不给老子来一封信。”虽然自己相信刘锦棠，这小子自肃州、嘉峪关抵吐鲁番，自托克逊抵库车，数千里一气卷舒，率然势成，首尾相应，收复西四城他又做了周密布置，残敌已成瓮中之鳖。战事瞬间即变，大军去了西四城后，对西征充满了信心，但一个多月没消息，总有些放心不下。

军营晨钟响过后，戈什哈为左宗棠送上早饭。左宗棠莫名其妙地对戈什哈发泄无名之火，吼道："谁让你进来的？"

戈什哈吓了一跳，但他稍许即回过神来："爵相，是吃早饭的时候了。"

左宗棠自觉失态，口中含糊地"呀呀"应声回答。

"红旗捷报！刘锦棠收复西四城红旗捷报到！"一名戈什哈在帅府高声大叫。

左宗棠一听红旗捷报到，犹如一针强心剂，来不及穿好衣服就说道："快把红旗捷报传进来。"他接过捷报，和衣靠在床上，展开来读。看完喀城一战，捋须大笑，连呼："好！好！这一仗打得太好了，打出了我军的威风。"一口气将捷报看完，对这次战役十分满意，这才发现，自己周围站着一大群人啊，他神采飞扬地说："南疆砥定，以事功论，汉唐以来所未见。盖此次师行之迅速，扫荡数万里，克名城百数十计，为时则未满两载也。"一班幕僚进了他卧室也没发觉。

虞绍南也抑制不住自己的兴奋，说道："季高，这样大的战役，从去年六月初一到九月廿一日，收复新疆北路，不到四个月；从今年三月初一日到十三日，收复南疆门户吐鲁番，还不到半个月；从七月十七日到十一月二十九日，收复新疆南路，也只用四个半月。在中国几千年的历史上，从敌人手中收复这么大一块沦丧十余年的沃土，用兵又如此神速，实在是前所未有。"

"你们什么时候进来的？"不待虞绍南回答，左宗棠继续说："好一个刘毅斋，不负老夫和朝廷期望。”从他说话的语气中可以看出，他是在衷心赞扬刘锦棠。

王诗正上前说道：“爵相，我看您老光顾着高兴，还没穿好衣服，小心感寒呀。”

王诗正这一提醒，左宗棠才说：“你们都出去，老夫穿好衣服，一块去大厅议事，快给皇上报捷。”

“圣旨到，陕甘总督钦差大臣、一等恪靖伯左宗棠接旨！”

左宗棠带着所有人匆匆来到大厅，摆好香案，所有人匍匐跪地接旨，恭听帝谕。

传旨官读道：“内阁奉上谕，左宗棠奏三品京卿实授甘肃西宁兵备道老湘军统领刘锦棠，率出关人马，三旬之间，迅扫贼氛，穷追三千里，收复东四城，歼贼数千，追回难民数十万，决机神速，古近以来实罕其比。特着礼部封授刘锦棠三品京堂候补……”接下来便是黄万鹏、余虎恩等所有参战人员封功论赏一大串名单。除了升官外，圣旨上还说，再命户部颁发粮草彩缎，工部发出御酒三百坛，差陕甘总督左宗棠解往刘锦棠军前，犒赏三军。

“钦此！”

众人以为圣旨读完了，叩头谢恩：“万岁！万岁！”

不料，传旨官又从腰中取出一卷圣旨，喊道：“陕甘总督左宗棠接旨！”

传旨官读道：“奉天承运，皇帝诏曰：着左宗棠迅速咨调张曜，会同刘锦棠，添派马步等队，赴前敌助剿，一鼓作气，进规南疆西四城……”

圣旨最后一句话，传旨官特意拖长音调，读道：“将此由四百里谕令知之。”

大厅一片寂静，人们仿佛傻了一般。这么紧急的作战命令，朝廷竟用四百里快递传送。现在谕令到达肃州时，西四城已经收复。朝廷安的什么心？

传旨官不得不走到左宗棠跟前，轻声地说道："爵相，你怎么不接旨谢恩啊？"

传旨官的话，让左宗棠猛然醒悟，他双手接过圣旨，面北长跪，泣不成声，拜了又拜，起身时已泪流满脸。他此时内心的激动充溢着全身，根本无法掩饰，口中说道："吾皇万岁，万万岁！太后千岁，千千岁！左宗棠叩谢圣恩。老夫一定不负圣恩，收复新疆，治理好新疆。"

虞绍南还是疑惑不解，他问道："季高，收复南疆这么重要的军情命令，朝廷为啥不用八百里加急传送？"

左宗棠回答说："我用快递传送出征奏折，其意在戏弄李鸿章；太后用老夫之法戏弄老夫，其意是说，皇上和太后把新疆的事一并交给老夫，由老夫全权处理。"

旁人恍然大悟。朝廷对汉人都存戒心，而对左宗棠如此信任，真是让人出乎意料。

送走传旨官，左宗棠忙给远在喀什噶尔的刘锦棠传达圣意，又令人将户部、工部犒赏三军的物资解送刘锦棠军营。

盛会欢宴除夕，三军喜迎犒赏

回头再说黄万鹏、余虎恩追击敌军到达中俄边境后，胜利班师回到喀什噶尔时，已是除夕来临。

湘军将士几个月的长途奔袭，出生入死的战斗，回到喀什噶尔，大家想到的第一件事，就是睡觉。一个跟随黄万鹏而来的湘潭伢子，刚刚回到老家，一阵肉香扑鼻而来，厅堂中摆了美美一桌，都是他没吃过的山珍海味，那味道真是馋死人。不一会，祖父、父亲、哥哥、嫂子、弟弟、妹妹，一家人团坐一大桌。爷爷说："伢子呀，今天是过年了，你从新疆立功回来，多吃一点。"母亲在一旁唠叨着说："吃饱了，娘带你去相亲。"饭后，他跟着母亲出了门，一位白胡子老人接待他母子。老人摸着他的头说："伢子，这门亲事爷爷做主了，过了年你们就成亲吧。"姑娘长得怎么样，他没见着。回家的路上，一不小心踢到了一块石头上，重重地摔在地上，他奋力挣扎着，结果，一睁眼醒了。

湘潭伢子醒来，太阳还在半空中，一想到梦中那顿团年饭，心里怪怪的。他长叹一声："哎，今年过年又回不去了。"他再无睡意，想到外面去逛一逛。

喀什噶尔，当之无愧是中国的西陲重镇。然而，对于湘潭伢子来说，这里与江南水乡实在无法相比。喀喇昆仑山的影子就在眼前，山上落满白雪，雪之上是苍老的云朵，飘浮不定，孤独决绝，犹若流浪的国王。再高处就是天空，冰蓝，幽深，混沌，迷茫，幽灵一般笼罩着一切。沦陷十多年之久的喀什噶尔，虽然收复了，但这座城市被侵略者毁坏得面目全非，很多地方还是残垣断壁，伤痕累累的老墙百孔千疮，偶尔有乌鸦蹲踞于此，抖着翅膀，唱响地老天荒的挽歌。

城中一座废墟的古堡，仿佛依旧在梦里，遗址周围散落着陶片和枯木、零星的砖头土坯、腐朽不堪的丝麻制品残片，间或还有锈迹斑斑箭镞和铁钉，它们都静静地依傍着大地，成为时光流逝的证据。几匹马和骆驼的尸骸平躺于断壁之下，白骨森然，头颅上的眼窝空空荡荡，凝望时空的眼睛早被西风吹干，残泪飘零，不知去向。

湘潭伢子走在这街道上触景生情，他想起了一块从家乡携手出征，风餐露宿，转战南北，同甘共苦的阵亡兄弟，血肉之躯，战死沙场，埋骨异乡。还有一些身负重伤的兄弟，在这异乡备受惨苦，不觉黯然泪下。不知谁在弹奏乐器，声音惆怅和忧伤。他循着歌声走过去，看见一个白胡子老人，盘腿坐在街边一处残墙下，怀抱一把都塔尔，用手轻轻弹拨，嘴里还哼唱着什么古调，但周围没有人，一只银灰色小猫睡在他的脚前。

湘潭伢子瞧见孤单的白胡子老人，一下子让他想起了梦中团年饭桌上的爷爷，还有那位相亲时的白胡子爷爷，还有年迈的老父老母。此时，他心底在说：民间流传“叫化子也有个大年三十”的俗话，除夕是一年之中一个隆重的节日，谁不想回家过年？

湘潭伢子一想至此，赶紧离开白胡子老人。回到军营，肝肠欲断，泪流未涸。他的思乡之情，一下子传染给了这群“独在异乡为异客”的兄弟，大家在这特别的日子对家分外思念，家里的老人一年比一年年迈，做儿子的不能回家和他们团聚，双亲倚杖候柴扉，思念遥远的儿郎容颜。

人与人之间有一个自然的磁场，就如同传染病一样，互相传染，互相感应。年轻人的思乡情结，只要爆发，有人就难以控制。除夕这天，突然一声号啕大哭，打破了军营的严肃氛围。顿时，军营一片哭声，震天动地。

兵勇们发泄思乡情结的哭声，令那些营官、统领束手无策。刘锦棠也被这乡愁感染，离家两年多了，白发奶奶在这除夕怎不会拄杖倚门望孙音呢？征夫久戍边塞，妻子倚门盼归，怎不柔肠寸断？

身体发肤，受之父母。节至除夕，将士们沉浸在思乡情结之中。

突然，手鼓、热瓦普的合奏在王宫广场响起，苍凉而豪迈的歌声飘散开来：“篝火升起来喽，烤肉架起来喽，大家一起唱吧跳吧……”

将士们大吃一惊，大家奔出军营，只见那冰雪覆盖的广场中，大片大片的维吾尔族同胞围着一堆堆篝火翩翩起舞，乌依古尔伯克成了一名演唱者，他正奋力高歌，一群青年男女围着他翩翩起舞。

湘军将士那一张张解不开乡愁的苦脸，现被这载歌载舞的欢笑声感染消失不见。

刘锦棠望着欢乐的广场，内心洋溢着无限的喜悦，真要感谢维吾尔这个诚实可爱、讲信用、重义气、民风淳朴、热情好客的民族兄弟。很难想象，这么简单的几种乐器，配合人声、舞蹈，就能制造出恢宏的场面。重要的是这场盛会让将士们走出了思乡情结的阴影。

湘军将士对这喀什噶尔盛大的节日庆典场面，是陌生而遥远，它遥远的存在于茫茫的沙漠边缘，依偎在昆仑山脚下；遥远的似乎是在荒古天边；同时它又是如斯的丰硕神秘，这里是中西亚文化交融之地，怪异得让你似乎身处在另外一个国家而又让你说不出像哪个国家；怪异得能够代表新疆的缩影而又不是完全的新疆。

正在高歌的乌依古尔伯克，见到刘锦棠和众将也在观看他们的舞蹈，便上前说："大将军，喀什噶尔自沦陷以来，我族同胞就没有了一年一度的除夕'麦西来甫'。现在，你们为我族同胞赶走侵略者，我们的'麦西来甫'又回来了。今晚除夕良宵，你们理应阖家团圆，然而，身处万里边塞，我喀什噶尔各族同胞特向大军献上一场'麦西来甫'与兄弟们共同迎接新年到来。"乌依古尔伯克说的"麦西来甫"，在维吾尔语中即"歌舞集会"的意思。

"那是什么节目？"人们循声望去，只见一根四五丈高的立柱上安装木轮，轮轴木立在地上，下面有二十多个人推动一根横木，将吊板不断提升，站在吊板上的人则越升越高，当升到最高处时，立柱顶端车轮便在高空中转运。有高空飞行者吓得面无血色，在空中高呼"萨哈迪"，意在要求停止飞空。这个节目真让湘军将士看得目瞪口呆。

“这个节目是麦盖提庄刀郎兄弟表演的，叫恰克皮来克，在汉语中就是转轮的意思。”乌依古尔伯克继续向众将解释：“恰克皮来克麦西来甫是我们刀郎兄弟在每年新春来临之际，为迎新辞旧而举办的。它在刀郎人中有很长的历史，自古以来作为习惯延续下来，刀郎兄弟认为这个麦西来甫可为新一年的劳动、生产带来无穷的力量。”

悠扬古老的弹拨尔，激越热情的手鼓、达卜、扎木聂等乐器一齐奏响，随着高空转轮再次运转，青年男女争先恐后在高空车轮上飞荡。另一边，一个米热瓦孜（麦西来甫的主持人）不断摇响碗里的“赏钱”，大喊大叫；各个场子中传来的木卡姆乐声激奋人心，给人以无限的乐趣与享受，与此同时赛马叼羊的人们正在呼唤、奔跑；民间滑稽表演者表演各种游戏和节目；小商小贩、烤馕、厨师等的吆喝声，身穿色彩艳丽裙衣的姑娘们与小伙子们成群结队地玩耍；不远处经过精心化妆和打扮、涂染眉毛、头上插花的少妇们则在一旁谈笑风生，吸引着人们的视线。这些有趣的游戏娱乐活动，将他们心中遭受外族十多年蹂躏的痛苦冲刷得荡然无存。

千百年来，几多沧海桑田、世事变迁，滚滚的叶尔羌河水从喀喇昆仑群山之巅奔流而下，养育着包括“刀郎人”在内的塔里木盆地西缘的各族居民，创造了这样一台别开生面的刀郎文化盛宴。这群热情奔放的人们依然用他们特有的刀郎麦西来甫，表达着对祖先的崇拜和对美好未来的向往。

好客的维吾尔族同胞，不分男女老少，热情地邀请湘军将士与他们共舞迎春麦西来甫。

当以刀郎舞为主题的舞蹈一次次地旋转起来，跌宕起伏，时而热血豪迈，时而温柔优美，时而诙谐幽默，时而欢快俏皮，风采各异，构成了一幅幅色彩斑斓的“刀郎人”生活情景图。同时，也把湘军将士带入到刀郎人的梦乡，一个无忧无虑的世界。

深夜，除夕盛宴还在走向高潮，忽有军士来报：“爵相解送户部、工部犒赏三军的物资到达城外。”

刘锦棠和众将一听，匆匆上前迎接。只见一车车粮草、彩缎、御酒组成的车队，犹如一条长龙，在喀什噶尔大街游走，那车轮发出的“吱啊吱啊”声，伴随着军民发出的欢呼声，就似一曲曲美妙的天歌，令人无比振奋。

刘锦棠下令将粮草，彩缎解送大营，论功分赏。三百坛御酒即刻开坛，全体军民就此分享。

伯克·胡里乞求仇敌，考夫曼玩弄诡计

西征大军在喀什噶尔与当地各族人民欢度除夕之时，逃往俄国的伯克·胡里，安顿好残兵，他就带着一伙幕僚径直往土尔克斯坦，求见沙皇派驻在那里的总督考夫曼和七河巡抚郭尔帕科夫斯基。

土尔克斯坦位于中亚北部，坐落在锡尔河畔。1456 年，克烈汗和贾尼别克汗率领哈萨克人在楚河流域建立哈萨克汗国时，就定都土尔克斯坦城。两百多年后，乌兹别克明格氏族首领沙鲁赫建立浩罕汗国，取代哈萨克汗国。十八至十九世纪，沙皇政府意识到，经济的发展依赖丰富的资源，这样才能奠定它成为政治强国的基础。光绪二年，俄国派遣考夫曼灭了浩罕，也就是说，妄图占领中国新疆的伯克·胡里老窝被别人占了，他被大清的西征大军打败后。便成了一条流浪的野狗。

一路上，伯克·胡里的心情与这寒冷的天气一样，心底凉透了，还

伴着一股说不出的滋味，因为这个主子，是一个灭国毁家的仇人，又有什么办法？自己现在是上天无路，入地无门，只能忍气吞声地向仇人摇尾乞求。

沙皇俄国土尔克斯坦的总督考夫曼，全名叫康斯坦丁·彼得洛维奇·考夫曼，这个老毛子不是圣彼得堡那些没打过仗见过血的贵族。考夫曼青年时期受过工程师训练，后在高加索服役；克里米亚战争期间，担任坑道工兵营营长，随后在陆军部任职。他调到土尔克斯坦任职时，当时俄国在该地推行积极扩张政策，他先后占领了撒马尔罕、布哈拉汗国、希瓦汗国、浩罕汗国。考夫曼在这片沙皇俄国扩张的土地统治二十年之久。因此，俄人送他一个“半沙皇”的绰号。

总督府设在浩罕汗国王宫，里面温暖如春。总督考夫曼的案桌前，一位身着戎装的将军正在汇报军情。此人就是土尔克斯坦驻军司令兼七河州州长一身的郭尔帕科夫斯基。

“报告，伯克·胡里求见总督。”一个亲兵前来报告。

“叫他进来。”考夫曼冷冰冰地回答，屁股也没挪动一下。

“这条丧家犬来得真快！”坐在案桌前的郭尔帕科夫斯基说完这句话，还是主张去督府外礼节性地迎接一下。

“将军不用去，对乞怜摇尾的丧家之犬没有什么礼节可言。”考夫曼愤愤地说：“阿古柏当权时，本总督派遣了一个使团到喀什噶尔与他谈判，划定他国与我费尔干纳省之间的边界，帕米尔那块地盘，阿古柏小子竟敢不给，现在那里成了清朝的地盘。更可恶的是，阿古柏竟然高高在上，戏弄我使团的团长库罗帕特金。”

郭尔帕科夫斯基知考夫曼对早年谈判之事记恨在心，就不再说什么了，也板着脸等待伯克·胡里进来。

伯克·胡里本以为自己曾是一国之君，总督会出府迎接，没料到老毛子不买这账了。没办法，只得硬着头皮随亲兵进见考夫曼。

“故人拜见总督。”伯克·胡里还算识趣，不以君王自居，用了“故人”这个称呼，意思是故乡的人来与你总督见面。“故人”这词也说得过去，他曾代表父亲与考夫曼进行过多次会面，说明相识已久；另外，土尔克斯坦本来就是我伯克·胡里的故乡，虽然被你俄国占去了，但它在我心目中这里是永远的故乡。

考夫曼听到伯克·胡里用“故人”称呼自己，也不好说什么，起身说道：“故人回来了，这里就是你的家。”

伯克·胡里注视着在座的将军，此人虽未见过面，又似曾相识。

考夫曼拍着伯克·胡里的肩膀说道：“我来介绍一下，这位就是郭尔帕科夫斯将军。”

伯克·胡里一听郭尔帕科夫斯基这名字，恨不得剥了他的皮抽了他的筋，这个凶狠的家伙，侵占了自己的老家，浩罕汗国成了沙俄的领土。然而，今天不得不忘掉他过去在自己家乡屠杀同胞的那丑陋嘴脸，忘掉自己之前对这恶魔的仇恨。他一把鼻涕一把泪地向眼前的仇人诉说，清军中有一名优秀的指挥官叫刘锦棠，他手下的部队打仗时丝毫不逊色于欧洲一流军队。而且此人计谋甚多，使得父王和自己训练有素的三四万士兵全军覆没。

“上帝啊，这不可能？东方那些怯弱的兵勇怎么会打败彪悍的浩罕安集延军队？”考夫曼听了伯克·胡里一番诉说，心底在默默地自我拷问。前年，他得知刘锦棠率大军出征新疆时，就有一分好奇，两年时间刘锦棠又出乎意料地收回了被阿古柏侵占的领土，几乎破坏了沙俄盘算了很长一段时间吞并伊犁的计划，考夫曼对刘锦棠更加好奇了。他真的很想亲眼见一见这个令他惊讶的清国将军。

郭尔帕科夫斯基则在一旁冷笑不止。在他的眼中，中国军队中没有哪一位将领能与他相提并论。

伯克·胡里从两人的神态中，更令他领悟到败军之将的辛酸苦楚。他继续咬牙切齿说："这并不是说我军已经不堪战了，也不是说我国的士兵不再勇敢了。我可以对着上帝发誓，强大的浩罕大军虽然被刘锦棠打败了，但我们仍然是欧洲第一流的部队，一定会把失去的都夺回来。"

"你还有能力夺回失去的领土和财产吗？"郭尔帕科夫斯基嘲笑还在那里痴心妄想的伯克·胡里。

伯克·胡里知道郭尔帕科夫斯基在蔑视自己，但他恨恨地说："战场上的浩罕大军，依旧是一支具备坚韧、勇猛，能战斗的军队，只是目前缺乏武器弹药，如果能得到总督和将军的帮助，我们一定要清狗偿还欠下的血债。"

"好，本总督同意你军驻扎在费尔干纳省，有什么需要我们帮助的，包括武器弹药，我都会满足你提出的一切要求。"

伯克·胡里听了考夫曼的鲜明表态，悬着的心放了下来，进府时他还担心考夫曼是否收留自己这些残兵败将。

不待伯克·胡里回话，考夫曼就说："你接受我国的支援，除了与清军继续战斗外，你还要束缚你们的浩罕人，不要与我国为敌，否则，我国就会中断对你军的援助。"原来，俄国虽然吞并了浩罕，但生活在这里的浩罕部落，并不买占领者的账，经常武装袭击俄国人，并在遭到追剿时退入阿古柏政权统治下的喀什噶尔地区。现在，喀什噶尔的阿古柏政权虽然不复存在，但浩罕部落的反抗仍未停止。

心里刚刚舒服了一下的伯克·胡里，不料考夫曼说出这样的话，要他替代仇人去镇压同族的反抗，为了达到反攻的目的，他只能接受这心底滴血的条件。

考夫曼给伯克·胡里开出的两个条件，其险恶用心路人皆知，他自以为这是一箭双雕的好计谋。武装浩罕军队，一是可用来对付中国正在筹备收复伊犁的行动；二是用浩罕人自己打自己，更有效地控制刚刚吞并的浩罕汗国。

伯克·胡里明知考夫曼的所谓支援是一个陷阱，不过，他不得不承认，这个诱饵实在是有着无比的诱惑力，让他明知是个陷阱，也要往里跳。因为，这是他获得反攻中国的唯一机会。于是，他爽直地回答说："总督的话，故人记住了。"

考夫曼也爽脆，对郭尔帕科夫斯基说道："将军，故人需要的东西，你必须尽快给他送去。"

郭尔帕科夫斯基站起说道："一定按总督的命令行事。"又对伯克·胡里说："先生，你明天就可派人接收。"

伯克·胡里达到了目的，他不愿在考夫曼的总督府再停。他怀着复杂的心情向两个红毛子告别。

沙漠追寇遇妖风，赵秉钧大难不死

大地开始解冻，晴暖天气到来。刘锦棠一想到伯克·胡里与白彦虎自喀什噶尔逃往俄国，心中仍是一片寒冰。这天，他正和一班幕僚在营帐商议边界防务之军事，忽有戈什哈来报："启禀将军，营外有布鲁特奈曼部落头人吐尔干买买提求见。"

刘锦棠大惊，奈曼部落吐尔干买买提头人住在帕米尔高原博斯塘特勒克地区，紧邻俄、印、巴三国，如果没有重大军情，头人是不会轻易下山的，他向戈什哈说："快请头人进来。"说到布鲁特民族，在此需要向读者做出交代：布鲁特与塔吉克民族居住在帕米尔高原，亦称"猎鹰之乡”。十八世纪初，布鲁特人处于封建农奴制阶段，以游牧畜牧业为主。“爱曼”是社会基层组织，若干“爱曼”为一鄂拓克，其首领称“比”，每一比“或有管领一二十爱曼者，或有管领二三十爱曼者”。那时的布鲁特民族有十九个部落：冲巴噶什、希布察克、萨尔特、奈曼、喀尔提锦、提依特、图尔额依格尔、苏勒图、岳瓦什、额德格讷、察哈尔萨雅克、萨雅克、巴斯奇斯、蒙额勒多尔、色勒库尔、奇里克、胡什齐、萨尔巴噶什、诺依古特。布鲁特是一个非常热爱祖国的民族，沙皇俄国向东侵略扩张的矛头伸到帕米尔高原地区时，布鲁特族人民对沙俄的侵略扩张与各族人民一道进行了激烈的反抗。伯克·胡里和白彦虎逃跑后，刘锦棠与布鲁特各部落头人商量，招募了两哨有身家的布鲁特人，充当马队。将他们打扮成商人，派往俄国，以经商为名，搜集情报，以便及时掌握敌人的动向，准备随时反击俄国的武装侵略和粉碎伯克·胡里残匪的武装骚扰。

吐尔干买买提进帐一见到刘锦棠就说道：“大将军，情报人员发回情报，俄总督考夫曼武装伯克·胡里，派出两路人马准备侵犯我喀什噶尔边境地区。”

刘锦棠从戈什哈手中接过茶水，亲自端给头人，说道：“你慢慢说，不要着急。”

吐尔干买买提喝过茶水，稳住了心情，说道：“大将军，伯克·胡里在喀什噶尔的大通哈阿里达什，自上年窜至俄境后，伙同默尔开里木和哲拥立迭拉什罕为条勒，率浩罕胖色提五名，玉子巴什（汉语称哨官）及贼党一百八十余名，窜至奈曼地方，勾结该地叛国头目阿布都勒哈玛父子，率部三百多人，准备进攻英吉沙、莎车、叶尔羌、和阗、喀什噶尔城；另一路由三个胖色提组成了一支三百多人的精锐驼队，伺机攻打阿克苏等地。考夫曼为他们发放了‘路票’，驼队已过了我喀什噶尔边境，进入到了塔里木塔克拉玛干大沙漠。”

刘锦棠一听敌军进入了塔克拉玛干大沙漠，心中不免一惊。这大沙漠被人称作“死亡之海”，当地人很少涉足。敌人驼队敢于进入大沙漠，看来这支敌军不简单。

幕僚中有一二十来岁的年轻人站起，说道：“总统领，敌军既然进了沙漠，我们何不来个瓮中捉鳖？”

说话者乃最近入幕的赵秉钧，名智庵。此人说来很不一般，他是河南汝州人，早年丧父，不久母亲又病故，家境极其贫穷，寄居于舅父家，小时连名字也没有。稍大点，在家乡一个仕宦人家做书童，他生性慧黠，强悍而有胆识，颇得主人欢心，因此获得自修学习机会，掌握了一定文化知识。加上自幼聪明能干，学啥通啥，后在家乡店铺当伙计时，帮助路过此地的官员修好了一台座钟，从那时起，他就得到这个官员的赏识和器重，于是就把他带了出去。离开家乡时，他给自己定为“赵”姓，其含义“赵”姓是百家姓之第一姓，取名“秉钧”，源于“秉国之钧，四方是维。”意即我是天子脚下第一人。生日自定为正月初一。十五岁时，赵秉钧考秀才未中，投入张曜部，随军出嘉峪关，进驻新疆。西征主力湘军攻取达坂城时，敌军掘堤放水，沼泽泥地阻挡湘军的进攻，众将见状都愁眉不展。此时，张曜部的押运官赵秉钧前来交接粮草，刘锦棠画押后令其返回。这小子竟然见了眼前现状，神色异常冷静，没有露出难色。刘锦棠心想，难道这小子有主意？不等刘锦棠问话，赵秉钧主动说，总统领何不弃马攻城？刘锦棠和众将觉得他说得可行，全军徒步涉水而过，大获全胜。自此之后，刘锦棠记住了赵秉钧这个年轻人。赵秉钧解粮至阿克苏大营时，刘锦棠便将他留在军中做了幕僚，并经常和他商量军情，竟然发现他对答如流，颇有见地，而且学习东西，迅速之极。赵秉钧经过刘锦棠一番培养，后来成为清末民初政坛上的一代枭雄；袁世凯任中华民国大总统期间，被重用为第三任国务院总理；曾拟订警务章程，创设警务学堂，成为中国近现代警察制度创始人。这是后话。

今天，赵秉钧说出对付敌军之策，刘锦棠觉得可行，说道："智庵，把你的话说得更具体一点。"

赵秉钧滔滔不绝地说了一阵。

刘锦棠不禁露出笑意，一个全歼敌军的作战方案基本形成：他令罗长佑、夏辛酉率部从南北两个方向往西，追歼进入沙漠之敌；自率余虎恩、董福祥、张俊，率骑兵九百、步兵三百出和阗，从喀什噶尔出发，沿边境急驰，截住该敌，全歼企图进犯英吉沙之敌。

赵秉钧又站起，请求刘锦棠同意自己随罗长佑大军行动，参加围歼驼队匪军的军事行动。

闲话少叙，独表罗长佑一军和当地驼队头人，有名的沙漠老驼手沙依然和二十多名驼队人员，从喀什噶尔之南往西进入塔克拉玛干大沙漠追踪敌军入境的驼队。

天黑时分，晚风瑟瑟，喧闹了一天的沙漠渐渐安静，天空褪去最后一抹红霞，晚霞涂抹过的沙丘呈现出一派难得的宁静。

罗长佑他们在大漠中寻找了三四天，就是不见吐尔干买买提说的这驼队踪迹。这天，他们抵达了"死亡之海"的葫芦口。队伍在一座土围子里落下脚。沙漠里这样的土围子不少，有些是专供驼客子落脚的，有些里面指不定藏着啥。哪儿能落，哪儿不能落，这就看你的眼力。眼力好，吃的亏少；眼力差，丢个命不在话下。

自愿申请随同进入大沙漠的赵秉钧，一到宿营地，他就要到周边走一走，瞧一瞧。葫芦口宿营安顿后，他牵着马就往营外走，沙依然马上喊住他，把自己的驼换下了他的马。反复叮嘱他葫芦口的风不同别处，来得猛，旋得也疾，平地而起，呼啦啦就能把人旋起。沙依然反复叮嘱，一旦遇上妖风，就拿绳子将身体跟驼捆一起，这样，驼在人在，风再厉害，驼有办法应付。

旁边一个声音响起："沙依然，你还是派两个人跟随他吧，免得发生万一。"说话者乃巡查营地正好路过此处的罗长佑，他对赵秉钧独自出去，有些不放心。出发时，刘锦棠曾叮嘱说，要求罗长佑照顾好这年轻人。

"还是大将军想得周到。"沙依然回答后，即刻叫来两人，牵着两峰驼，随同赵秉钧而去。

大漠追踪中，最辛苦的是那火头军，他们随同大家长途跋涉，宿营后还要支锅架。这一次，炉灶刚架起来，第一把柴火点燃时，啸叫的西北风便到了。这风，来得没一点儿征兆，刚才四野还静悄悄的，沙子扬起来，都能垂直地落下，转眼，西北风卷着沙尘，怒吼而来。

天地间忽然响过一阵轰鸣，紧跟着，一股黄浪腾起。那轰鸣犹如一颗巨大的爆炸物炸响，旋即腾起滚滚黄沙。

此刻，临时宿营地里乱成一团，帐篷被掀起，风筝一样卷上了天，将士们的行李、衣物，全都像树叶一样被轻飘飘掠走。

"妖风来了，快牵马靠墙趴下，千万不要慌神。"沙依然大惊，他对湘军将士大声吼叫的同时，死死握住驼的结绳，往做饭的火头军那里边走边喊："快把锅翻过来扣上，不然铁锅会被风旋走的。"他与火头军说完，又在狂风中跌跌撞撞地寻找罗长佑。

驼队的二十多人都有应对妖风的经验，也不怎么显慌，他们竖起衣领，缩起脖子，弓身牵着骆驼，走向背风处，身子蜷缩在驼腹下。

罗长佑没想到，沙依然说这里有妖风，这妖风真的来了。湘军将士第一次遇上妖风，这阵儿大家都心虚了，只是互相对着耳朵喊："我们不会被风吞了吧？”

“怎么办，赵秉钧还在营地外！”罗长佑每喊一句话，嘴里就要灌进一大把沙子。

“还能怎么办？这阵是风头，等风头过去，我们再想办法。”沙依然也是喊破喉咙。

罗长佑还想去寻找赵秉钧，沙依然奔过去，强行将他压在驼腹下，示意他别急，看情况风头不会持续太久。

这是妖风的规律，来得越猛，风头就越短。如果不彻夜地刮，大家还不会有生命危险。

果然，风暴只持续了半个时辰，人还处在惊魂未定中，风势便弱了下来。

罗长佑努力睁开眼，瞅了瞅四周，全变了样，如果没有那些残墙断壁，恐怕宿营地早没了影，没有谁能找到这个地方。

一个，两个……将士们和向导一个个从沙中站起，全都土头土脸，好像刚从土里面扒出来，口、鼻、耳中全都塞满了沙子。问及刚刚过去的妖风，一个个摇头，那脸色，那神情，就像刚从战场上下来，心还沉浸在惨烈中，不敢回味。

罗长佑站起，命令各哨官马上清点人数。

清点来清点去，除了赵秉钧和两个一块的向导外，其他人都在。

真是怕啥就有啥，罗长佑最担心的就是赵秉钧，他驰马奔向一个沙丘。

风势虽是弱了，但残风足可以把人的脚步阻挡住，沙依然担心罗长佑安危，他也催动骆驼，紧随其后。

“赵秉钧……”罗长佑的吼声回荡大漠。

夜幕拉开，白昼与黑夜之间，沙漠有了片刻的喘息机会。

沙依然说："将军，我们回去吧。只要赵秉钧没有与驼分开，他就会回来，我的驼是有识途经验的。"

回到营地，沙依然说道："将军，命令伙头军马上点火做饭，这个时候，只有火才能告诉远处的人，营地在这儿。"

火头军把火点起，那残风刮来，火星灭了。费半天劲，好不容易才将火点起，火借着风势，很快就成了灯塔。

罗长佑望着这堆熊熊大火，心才稍稍平定。他希望赵秉钧能看到火光，平安地回来。火头军做好了饭，馕就酸菜，一人一勺盐汤。将士们惊恐之余喝到热汤，大家都感到这汤真是香气扑鼻，那个味道真不用说了。

将士们吃得正香，远处传来驼队向导发出的风铃声。湘军将士都没有听到，只有沙依然听到了，因为沙漠老驼手有一种特殊的功能，不然不配"驼手"这个称号。只听得他喊道："回来了！"说着就往沙丘那边跑。

罗长佑跟过去，果见前方有两峰骆驼慢慢地朝这边走来。

两峰骆驼来到面前，不见了赵秉钧。

罗长佑焦急地问道："赵秉钧呢？"

"大风旋起时，我听见过他在喊，可风实在太猛，我……"一向导结结巴巴回答。

另一向导接着说："我俩已寻遍了附近，四处不见赵秉钧，以为驼把他带回来了。"

罗长佑顾不上多问，奔回营地，命令各哨官带队寻找赵秉钧。

"将军，现在出发找人，无疑是大海捞针，搞不好还有人失踪，要找人也必须等到天明才行。"沙依然从罗长佑脸色看出，他是急坏了，于是继续说道："将军，你放心，相信我的驼一定会把赵秉钧带回来的。”

果然如此，一阵驼铃声传来，沙依然高兴地大喊：“我的驼回来了，赵秉钧回来了！”

众人定睛一看，果见一峰骆驼慢悠悠地走来，驼上匍匐一人，血肉模糊，不过肯定是赵秉钧无疑。罗长佑上前摸了摸脉，这小子命大，还有丝丝气息。

“快叫军医。”罗长佑对身旁亲兵吼了一声。

军医来了，一瞧这惨状，就知赵秉钧是饥渴疲劳所致。喂下几口水，这小子有了明显的喘息。军医为他检查一番后，其血全都是从他胯下命根子流出来的，全身其他部位再未见伤情。赵秉钧受此一难，失去了生育能力。后来，尽管他的官做到了一人之下，万人之上，但终身没有留下自己的一男半女。

苦海歼敌，捷报频传

驼铃乍响，沙依然猛从梦中醒来。睁眼一看，四周蒙蒙的，并无反常，天刚刚吐出一星儿亮，黑暗正以更猛的方式阻止白昼的到来，这是人瞌睡最重的时候，也是反应最为迟钝的时候。沙依然不敢贪睡，队伍中的驼不可能糊里糊涂就把铃弄响。他摸出营帐，屏声静气观望了一会儿，眼里忽就跳进了东西。

驼队？沙依然先是一惊，难道这就是我们辛辛苦苦寻找的那支敌军神秘驼队？还有更让他吃惊的，已有十多个隐身黑衣人离营两百丈的距离。真是太能隐身了！单凭他们在沙漠中隐身的这功夫，就能猜想这些人的身手是如何了得！来不及多想，沙依然只能大声叫醒睡梦中的将士："有情况！"

喊声并没有惊退黑衣人，他们反而加快速度扑了过来。

枕戈待旦的将士一听到有情况的喊声，一个个霍地站起。

黑衣人形成一个包围圈，离营地不到二十步。罗长佑用手势令大家做出反扑的姿势，双眼静静地盯住领头的黑衣人，一动不动。眼看黑衣人就要落网了，不料，一匹战马像往常临战前一样，一声长嘶，这一下，一百多匹战马齐声鸣嘶，沙漠大地一阵颤抖。

黑衣人知道对方已有了准备，不敢继续前进，领头者一个手势，全都转身退走。

罗长佑抬手一枪，将一个黑衣人击毙。指挥员枪一响，两百多支各式火枪一齐发射，黑衣人大都毙命，剩下一两个拼命逃走。

"追！"一声令下，将士们翻身上马，犹如离弦之箭，紧紧追赶那几个逃敌。

战马越过荒漠，不多时，前面又有一沙丘。罗长佑带住坐骑，欲令大家停止追击，为时已晚，沙丘一阵排枪射来，前面十多名兵勇，死的死，伤的伤。

湘军将士遭受到这突然袭击，立即掉转马头，后退五十步。等了一阵，不见敌军动静。

罗长佑举起望远镜观察敌军，沙丘后面的死角，什么也看不见。只是远处有一支长长的驼队，飞快地朝西奔走。"不好，敌军要逃跑！"说着把望远镜递给沙依然，请他判断敌军逃跑的路线。

沙依然接过望远镜，一见敌军逃跑的方位，他就说道："这个方位除了去苦海，再无其他去处。"

"有近道到达苦海吗？"

"有！将军放心，我们一定会在敌军之前到达苦海。"

罗长佑将营队和向导分成两队，亲率两哨骑兵，由沙依然带路，直奔苦海。另一路尾随逃敌，赶鸭子上架，迫使敌人不再改变逃窜方向。

一路急行，第二天中午，荒凉的沙漠突然出现一片茂密的灌木林，白果刺、红柳、黄毛柴长得铺天盖地，灌木中间，铺着厚厚一层沙葱。“将军，前面这片灌木就是苦海。”沙依然禀告罗长佑。

罗长佑带领队伍进入灌木丛中，简直傻眼了，里面不仅有废城遗址，还有枯井深穴。可怕的是，废弃的城墙下白骨累累，弥荡着一股冤气。不知在何年何月，这里发生了一场战斗还是一场民间血斗留下的痕迹？进来的人每迈一步都觉有寒气从头顶冒出。

沙依然多次到过这里，以前总是走马观花，看到过这里的洞穴，一点儿也不觉得有什么异样。这次，他是为湘军当向导，寻找敌军藏匿的据点。终于，前面的灌木丛留下了敌人与骆驼踩踏的痕迹。顺着这些痕迹找下去，不知怎的，他一个跟头跌进了一个被黄毛柴遮蔽得严严实实的洞穴。

抬头一望，好大的洞口，一条梯道下到洞底，一丈多高的洞顶上，有人用树木搭棚把它隐蔽起来。棚顶上长满了沙葱和干枯了的灌木，遮着洞门。洞口矗立一个巨大的峻岩，犹如一个阴曹的判官，令人望而生畏。进了山洞，里面宽敞得让沙依然目瞪口呆，容下两百人还绰绰有余，还有一汪清水，留下的日用物什还不少。看到这儿，沙依然明白了，怪不得他们神出鬼没，在沙漠中如入无人之境，怪不得他们长久地潜伏在沙漠中，而不被外人发现。

“将军，沿着梯道下来，秘密都在这里！”沙依然在洞内大声叫唤。

罗长佑闻声下到洞底，的确让他吃了一惊，这就是敌军的据点，平时藏身的地儿，他这么想着，开始四下里找寻，一定要在这穴里找到更多的秘密。突然，他脑海显过一种不祥之感，我一营人马进了苦海，敌人若是包围用火攻，全营就有覆灭的危险。来不及多思，他迅速回到地面，就在他抬腿离开洞穴的一瞬，灌木外传来了驼铃声。

罗长佑选一残墙站定，举起望远镜一瞧：只见远处一支两百多峰骆驼朝苦海奔过来，猛一看，就像一群丢盔弃甲往疆域内陆奔命的逃生者；细瞧，一半的驼上驮着什物，显然他们是做好了在沙漠长久生存的准备。敌军！追踪了十来天的入侵敌军，今天才看清了敌军的真面目。

罗长佑估算了一下，双方兵力几乎相等，如果不采用计谋还不一定能取胜，敌军也是一些久经沙场的老油条了，其战斗力绝不会输给湘军。他环顾左右，发现这里还真是一处理想的阻击战场，部队埋伏灌木深处，敌人一时难发现。他唤过沙依然和一个哨官，附耳叮嘱。

罗长佑刚刚做好伏击敌军的部署，驼队就到了苦海外围：只见中间高大的三匹驼上的骑手，正在指指划划，相互嘀咕；三人身后，有一百多个全身披着黑衣外套的武士，一个个凶神恶煞，看来不是善良之辈。

兵贵先声。罗长佑率领一哨骑兵，一排火枪瞄准中间三个头目发射，两个头目和十来个黑衣人栽倒驼下。

敌军万万没有料到，在大漠深处的据点会受到攻击，顿时乱了阵脚，又见两个头目呜呼丧命，余者皆倒戈而走。

罗长佑率队发起攻击，呼喊着冲向敌群。一哨人马的冲锋，显然有些单薄。敌军头目一见湘军就这么点兵勇，他大声喝住部下，转身与湘军展开肉搏。

厮杀再次开始，那些黑衣人武艺了得，他们腾空而起，在空中旋身，只见刀刃剑锋舞动，迸射出夺目的凶光。几个冲在前头的兵勇，猝不及防牺牲在黑衣人利刃之下。

罗长佑大喝一声："快撤！"说着掉转马头，撤进灌木丛中。

黑衣人大有赶尽杀绝之势，紧追湘军不放。湘军到达灌木深处，突然消失得无影无踪，敌军正在犯疑，埋伏在废城内的二十多名向导，掷出炸药包，天地间忽然响过一阵轰鸣，紧跟着，一股黑浪腾起。顿时，那些干枯了的白果刺、红柳、黄毛柴化作熊熊大火，很快向四周蔓延，火生风，风助火，黑衣人陷入火海之中，掉转驼头逃跑。二哨湘军又合为一处，火枪齐发，荒凉的土地上，全是黑衣人浓稠之极的血，在沙漠中泛着一种异样的红色。

敌军受此重创，知西去之路已经封死，被迫转身逃窜。

罗长佑率军紧紧咬住逃敌，乘胜追击。

追出几里路，敌军又退了回来，而且溃不成军，那些黑衣人一个个疲于奔命。

原来，紧紧咬住敌军的那两哨湘军，途中又遇上了夏辛酉率领的骑兵，两军合为一处，叮住敌军不放。两路人马一合击，领头的胖色提还想趁乱逃跑，夏辛酉催动坐骑，一枪将他击毙。入侵之敌无一漏网，全都葬身苦海。

湘军欢呼雀跃，打扫战场。

刘锦棠一军也是大获全胜，在玉都巴什地方将侵略之敌三百余人歼灭，并且阵斩阿里达什，还将被擒之大小头目一律正法。阿里达什的死是除掉了伯克·胡里的一大帮凶，对伯克·胡里来说，是一次重大打击。阿布都勒哈玛父子逃往俄国。

第十一章

虎口夺食

崇厚使俄，丧权辱国

早在刘锦棠大军收复迪化、玛纳斯后，朝廷迫于国内舆论的压力下，要求沙俄履行诺言，交还伊犁。然而，沙皇却厚颜无耻，拒不履行诺言。刘锦棠收复了南疆，阿古柏政权覆灭，朝廷又与俄交涉欲收回伊犁这片被沙皇俄国说的“代管”国土。俄国驻华大使布策多方推诿，坚持“中国须将通商各案先行办结，方可会议交还”。更让人气愤的是，左宗棠写信给考夫曼，要求归还伊犁并遣返伯克·胡里和白彦虎。此红毛子反而说，伊犁乃国与国之大事，伯克·胡里、白彦虎等人是“难民”。不但拒不引渡，反而要左宗棠偿付白彦虎等人在俄国的生活费用。政府与俄反复交涉，均毫无结果。

沙俄就是这样出尔反尔，我就不还，你能怎么样？你敢跟我打吗？

面对沙俄的嚣张气焰，朝廷一方面谋求英国、法国、德国等国的支持，大力制造国际舆论，始终坚持“俄国当初占领伊犁，始终是代管”这个说法，因为这是俄国人始终无法否认的，俄国始终理亏！

俄国认定这是中国软弱可欺的表现，大张旗鼓地支持伯克·胡里在两国边境捣乱。朝廷仍然不愿跟俄国开战，派吏部侍郎崇厚为使俄全权大臣，正式直接与俄国交涉。清朝政府期待着自己伸出的橄榄枝，能够换回俄国的良心发现。

崇厚出发前，有人建议他走陆路去俄国，可以途经新疆，熟悉该地区的地理环境，这会对他的谈判有所帮助。崇厚一想，陆路离目的地圣彼得堡太远了，一路颠簸劳顿之艰辛，这样的苦受不住。

1878年（光绪四年）11月8日，崇厚率领副使头等参赞二品衔即选道邵友濂、三等参赞知府用同知蒋斯彤、随员员外郎德明塔克什讷、郎中桂荣、九品官福建州同王锡赓、盐大使石汝钧、守备李永春、随员员外郎衔主事庆常、庆禧、纯锡、光禄寺署正奎文、中书陈允颐、八品官赓善、守备常有泰、把总齐树敬等三十人组成的庞大使团，浩浩荡荡地从上海登船。明眼人一看就知这是一群拼凑起来的、几乎毫无洋务经验的满汉杂牌军，对崇厚此行提供不了什么实质性的帮助，有的人甚至是累赘、帮倒忙的人。

11月17日到达法国巴黎，崇厚一行会见了中国的首任驻英法公使郭嵩焘。崇厚对谈判的毫无准备令郭嵩焘目瞪口呆，郭断言：崇厚肯定会把事情搞砸。

崇厚在巴黎大话连天的时候，沙皇亚历山大二世圣彼得堡皇宫，正召集国防、外交大臣和各地总督商讨对付中国使团的对策。

老谋深算的外交大臣格尔斯首先说：“陛下，从驻华公使布策传回的消息看，清朝出使的想法是：伊犁一定要收回，不然无法向臣民交代，在这个前提下，他们可做出较大让步。”

“你们外交部的对策呢？”沙皇问道。

“陛下，我俄罗斯大帝国说话应该算数，鉴于曾经向中国承诺，一旦中国收复迪化和玛纳斯，即归还伊犁，为了维护大国的尊严和外交信誉，我外交部的意见倾向于如约交还。但界务、商务和偿款我国要尽量力争，所得利益必须高出占领伊犁的利益……”格尔斯的话，沙皇边听边点头。

格尔斯还没说完，国防大臣米柳京一声咆哮，吼道："伊犁绝对不能归还，我国控制了伊犁，大大增加了刚征服中亚回教布哈尔、希瓦、浩罕各汗国的稳定性；另外，我方慷慨归还伊犁，国际上予人一种示弱的印象，误认为我国无力固守伊犁，而不得不归还，正好给英、奥、德与我国正在谈判的《柏林条约》增加筹码。"

沙皇一听米柳京谈到《柏林条约》，霍地一下站起，抓起会议桌上的东西往地上摔去，一声声清脆的瓷器、水晶制品破裂声，寂静的皇宫释放着皇帝的怒火。口中骂道："这帮强盗贼寇，就知趁火打劫。"

沙皇这番怒火，吓得米柳京胆战心惊。他一时弄不清沙皇是发英、奥、德国人的火，还是要追究自己的责任？

原来，米柳京是刚刚结束的俄土战争的总指挥，在这场战争中，俄国有四十八个步兵师共七十二万人，三千门炮，组成十六个军投入战斗。凭借两倍于敌军数量优势，兵临土耳其首都君士坦丁堡城下，双方在圣斯特法诺正式签订《圣斯特法诺条约》。该条约是俄国人事先炮制的，承认罗马尼亚和塞尔维亚独立，保加利亚则成为俄国管辖下的自治国家。条约对于土耳其来说完全是一个城下之盟，没有任何回旋的余地。此条约也引起了英国和奥匈帝国的恐慌，它们联合对俄施加压力。德国首相俾斯麦乘机站出来进行调解，声称要做个诚实中间人。由于俄国在战争中也付出了十多万伤亡的惨重代价，军用物资已经出现严重缺口，力量对比对俄国极端不利。俄国被迫与列强重定《柏林条约》，对《圣斯特法诺条约》进行重大的修正。俄国已经吞下肚的果实被迫吐出来了。

沙皇亚历山大二世发泄一番后，自觉在大臣前有所失态，只好自我下台，转换口气对坐在下首的考夫曼说："总督先生，谈谈你的意见如何？"

沙皇要考夫曼发言，米柳京才知沙皇没有追究他的思想，悬着的心放了下来。他微笑着瞧了瞧考夫曼，心想这个历来主张对中国动武的强势总督，一定会赞成自己的观点。

考夫曼站起向沙皇行礼，然后走到悬挂在皇宫墙壁上的大地图前，说道："陛下！我大部分兵力被调往俄土战争前线，中俄边境兵力严重削弱，中国在新疆的军威正盛，不容轻敌。"他说到此处，略作停顿，观察沙皇对他发言的脸色，才接着说："陛下，考虑到当前中、俄、土三大板块互动碰撞的复杂性和不测的后果，本人同意外交部的意见，中国不是要伊犁吗？我们就把伊犁给他，把归还伊犁的损失在界务、商务和偿款上向中国索回来。"

考夫曼的话，完全出乎在场大臣的预料，都用怀疑眼光瞪着这位好战的总督大人。个中缘由，只有考夫曼自己知道，他已略知中国军队的战斗力绝不可忽视。

书写到此处，笔者不得不说：尽管俄国内部意见不一，但对外却是一致的，那就是不择手段，尽量刁难中方使臣，为俄国不战而在谈判桌上捞取最大利益。沙皇骂英、奥、德是强盗贼寇，自己又何尝不是同类？

大臣们又是一番讨论，一个接待中国使团的陷阱已经掘好，就等崇厚这个钦差往里跳。

中国使团从巴黎转乘火车前往俄国。12 月 31 日，抵达俄国圣彼得堡。下了火车，一股潮湿阴冷的寒气袭来，大家本能地紧了紧身上的貂皮大衣。圣彼得堡本来纬度就高，冬日便是一派肃杀之气。再加上涅瓦河、芬兰湾以及波罗的海吹进来的冷空气，更使奇寒之中带着使人受不了的湿气。

堂堂大清帝国使团到来了，车站里没有见到接车的主人，倒是彼得堡市井百姓纷纷围拢过来。他们并不是欢迎中国人的到来，而是看到这群长袍短褂的男子，头顶和四周边缘剃去一圈，独后脑中间留长发编成辫子的东方黄种人，市民出于好奇而围观。

出了车站，好不容易找到了下榻的旅馆。

第二天，俄外交部东方事务部负责人热梅尼看了崇厚呈递的国书：中国大皇帝特命内大臣、左都御史崇厚为全权钦差，前诣贵国，谈判收归伊犁。老毛子摇晃着脑袋说："贵国来俄目的是外交谈判，应为一名从事谈判的外交官，钦差没有全权谈判资格，对不起崇大人，帝国不能与阁下谈判，你请回吧！"

崇厚接过使俄使命时，对完成其艰巨任务似乎胸有成竹，不料还没开始就被人戏弄。如果在国内，这钦差可能早就怒火中烧了，可这是在俄国，他只得忍气吞声地说："我要见你们的外交大臣格尔斯。"

"对不起，钦差来得不是时候，格尔斯正陪同亚历山大二世大帝在黑海的里瓦几亚度假。"热梅尼不热不冷地回答。

大清帝国的全权代表前来谈判，而主人不在家，表面上像是个偶然，实则是精心的安排，因为外交大臣和沙皇远在数千里之外，当然请示需要时间，这就为俄方的拖延策略提供了很好的借口。

崇厚急了，但又没法子，人在别家屋檐下，怎能不低头。任崇厚怎么解释，热梅尼不肯承认崇厚就是头等全权大臣。

中国毕竟是大国，不能轻易打发使团一走了之。热梅尼最后总算答应发电请驻华大使与总理衙门交涉。

从圣彼得堡发电到上海，有一条海底电报线，虽然中间周转好几站，但一天就可到达。但从上海通过驿站再送至北京，却要五六天。这么来回一折腾，半个月就过去了。中国使团的成员，对这冷潮湿的冬季都承受不住，有好几个人先后病倒。这期间俄国外交部连一个人影也不见，大清帝国的内大臣、左都御史崇厚，在国内哪日不是趾高气扬，在这里受此冷遇，他的心情能好到哪去？

崇厚在旅馆实在闷得不行了，带着几个随从和翻译到大街上逛一逛。只见前方来了一队高贵的马车，两旁全是骑着高头大马的武士、卫兵，耀武扬威地呵叱沿途市民，那气势毫不亚于中国的皇帝出巡。崇厚命人打听，原来是沙皇亚历山大二世度假回来了。

崇厚原想逛一逛彼得堡大街，调和一下忧闷的心情，不料撞上沙皇回宫，更让他忧上加忧。回到旅馆，心情就像门外的冰天一样，冷到了极点。

俄外交部的一个职员终于来了，通知中方说："崇厚头等全权大使的身份已经查明，明天到外交部商讨有关递交国书事宜。"使团一帮人这才稍稍宽心些。

次日，副团长邵友濂和随来的几人赶到俄外交部递上国书。

热梅尼热情邀请邵友濂一行进了会客室，按照中国接待客人的传统，请坐上茶。一番客套问候后，他才说："邵大人，还真有些不好意思，格尔斯部长陪同大帝休假还没回来。有关事情已经托付给土尔克斯坦总督考夫曼，可直接与他相商。"

"大帝昨天就回来了，陪同人员不可能不会回来吧？"邵友濂有些生气地回答。

热梅尼粗鲁地回答："我说没回就没回，即使回了也不是你们随便想见就见的！"其蛮横态度着实让中国使团的人难以接受。

邵友濂瞅了热梅尼一眼，向热梅尼提出抗议。

热梅尼借机下台，说："邵大人，伊犁系土尔克斯坦属区，格尔斯外长的意见还是请你们先与总督考夫曼先生谈谈。"

邵友濂回到旅馆汇报了情况，崇厚派人打听到考夫曼暂住在圣彼得堡城东，离中国使团住地有好几里路。崇厚等人雇了两辆马车，赶到城东前去拜会。

一个侍从将崇厚一行引进庄园会客室。过了许久，考夫曼非常傲慢地走了进来，连个招呼也不打，便问道："贵国有何事找我？"

崇厚说："我代表我国政府，向贵国索还伊犁。"

"伊犁是我帝国牺牲了许多宝贵的士兵生命从叛军手里收回的，绝对不能归还！"考夫曼生硬地回答。

"贵国当初说一旦中国平定了叛乱，就归还伊犁，现在贵国应当实践诺言。"崇厚并不示弱。

"当初只是顺口说说罢了，伊犁在我的管辖之下，我说不行就不行。"考夫曼与在沙皇前说得完全不一样，这就是他狡猾之处。

谈判根本无法进行，崇厚等人只好悻悻返回，派人与俄外交部交涉。热梅尼回答，他向部长反映情况，让中国使团耐心等待。

又过了几天，俄军参谋总部亚洲司司长库罗巴特金亲自到崇厚下榻的旅馆来了。国际事务就是这样：弱国无外交。用现代的职位来对照，库罗巴特金这个厅局级的官与崇厚这个副国级的大官来相比，真是微不足道。

谁叫你没本事？库罗巴特金与崇厚不但职位不对等，而且老毛子一来就横着说："本司长负责亚洲事务，来与中国头等全权大使商议伊犁的事 。"

崇厚一听对方只是司长，心中有些不悦，你们这些红毛子简直不把我大清帝国放在眼里。然而，库罗巴特金却不管你崇厚如何，他只顾说道，本司负责亚洲事务，曾经在部队服过兵役，在伊犁待了八年，对伊犁情况非常熟悉。接着给崇厚讲述在伊犁的经历，但闭口不谈交还伊犁的事。崇厚几次要插话，都被他打断了。他反问崇厚，大人是要救济伊犁的贫民吗？经过多年战乱，不少难民涌进伊犁，贫民的确不少。不知大人带了多少银子，可交给本司，由本司转交驻伊犁的将军。

崇厚见他始终不谈交还伊犁的事，忍不住火了，说：“本使前来只有一个议题，那就是归还伊犁。请问伊犁什么时候能够交还？”

库罗巴特金奸笑着说：“崇先生，交还伊犁的事不是本司职责，本司一句也不能说。”

崇厚大有被人捉弄的感觉，怒气冲冲地说：“你这鼠辈既然一句也不能说，那又何必前来？我算看清楚了，你们根本没打算归还伊犁。那好吧，你告诉你们外交部，如果再不谈伊犁问题，本使就回国了，一切后果由贵国承担。”

库罗巴特金反而不气不恼，嬉笑着说：“大人不必生气，我是个军人，对外交的事不懂，我也不会给你传话。有什么要求，请大人与外交部说话。不过军事我懂一点，贵国的左、刘虽然平定了叛军，但依本司看来，贵国军队对付乌合之众行，与帝国的军队根本无法比。想必大人从未见识过我帝国的最新式大炮，只需一发炮弹，像大人住宿的这种旅馆，就会被炸为平地。至于贵国的水师，更无法与我帝国的舰队相比，帝国已经有两百余艘军舰，只要其中的五艘把天津一封，不用动手，一个冬天贵国都城就要饿死成千上万的人。贵国首都的粮食都是从南方海运，再从天津河运至都城，本司说得不错吧？”

这一番话，让崇厚一下就软了，他对当年天津教案的惨状记忆极深，当时俄法美等国舰队云集天津，扬言要攻打北京。而天津却没有一艘自己的兵舰，只能任由各国提条件。这次如果自己谈判不成，反引来一场战争，自己头上的顶戴不保是小事，恐怕连脑袋也保不下来。因此恳请库罗巴特金转告外交部，他率团前来，就是为了和平的目的前来，请尽快展开谈判。

库罗巴特金回去后向外交部大臣格尔斯做了报告，格尔斯说：“看来他是真急了。行了，事也差不多了。陛下交代，帝国刚刚与土耳其结束战争，无力与中国开战，所以，伊犁不能不还，但帝国的利益要得到充分的保证。明天，就该把这位崇大人请进炉火熊熊的城堡了。”

天刚刚放亮，崇厚一行人所住的旅馆外突然来了一队戎装的俄国士兵，钉过铁掌的皮靴踩在石板路上发出整齐清脆的咯咯声，整整齐齐分成两排，把旅馆大门堵住了。旅馆老板从来没见过这阵势，惊慌失措，问崇厚你们当中是不是有人犯禁了，马上自动交出来，不然，麻烦就大了。使团一行人都十分紧张，通事看了看门外的士兵，说看样子好像是宫廷的礼兵，应该不是抓人的。

大家正惊恐不安，听到外面有人高声叫道：“俄罗斯帝国外交部大臣格尔斯，奉沙皇陛下谕令，前来迎接大清国头等全权大臣入宫觐见沙皇陛下！”一辆六匹马的皇家马车缓缓驰到门口，格尔斯亲自入内，请崇厚入宫。格尔斯与崇厚携手登上皇家马车，崇厚的随从也登上了另一辆由四匹马拉的皇家马车，戎装的士兵前导，马车随后，噔噔噔一路小跑驰向皇宫。宫门外，一位显贵亲王亲自引导崇厚一行进入大殿，大殿正中的御座上坐着亚历山大二世。亚历山大二世非常温和客气，郑重地接过国书，然后仔细询问了路上行程，是否住得习惯等等。

会见结束，是盛大的宴会。宽敞的宴会厅里仆从如云，壁炉里烈火熊熊，酒菜中西式两种，完全是为了照顾远道而来的客人。俄罗斯外交部、宫廷侍从官等人轮番敬酒，一杯杯伏特加落肚，崇厚已经有几分酒意，身心暖洋洋的，忘记了一个月来受的挫折。外交大臣格尔斯亲自敬酒致歉，说前些日子如果有得罪之处，还请崇大人体谅。崇厚激动地回敬说，俄罗斯是最真诚好客的朋友，愿我们的合作愉快。

第二天，使团一行跟随俄国谈判代表团转移到克里米亚半岛环境优美、温暖宜人的里瓦几亚，谈判将在这里举行。

谈判进行得十分艰难，俄国谈判代表一直不肯拿出一个完整的方案，所有的要求和条件，一条条一项项地提，每一条都要反复若干次。这是他们既定的策略，这样天长日久的拖，把崇厚拖得没了主见，不得不做出让步。这样一直谈了七个多月，草约全文才告达成。

光绪五年（1879 年）八月下旬某天，总理各国事务衙门收到崇厚从圣彼得堡拍来的电报。这封电报一下子搅得大清朝廷乱了方寸。

军机处李鸿藻看过崇厚发来的条约节略，气愤地说："崇厚这是在卖国！"

军机大臣们对照铺在眼前的地图，也都直抽冷气。根据条约，俄国归还伊犁九城，中国则同意把伊犁西部，即霍尔果斯河以西和伊犁以南的特克斯河流域割让给俄国。同时，在北疆的额尔齐斯河流域，中国将丧失斋桑湖以东地区和哈巴河周围的大片土地。这样，伊犁虽然收回，但是它却变成了一个三面被俄国包围的孤城，根本无法防守，伊犁只不过是形式上收回。不仅如此，还要偿还俄国代守伊犁费五百万卢布，折合白银二百八十万两！同时，俄国人在新疆和蒙古全境得到免税贸易权，而且还新增三条通商路线，一条由尼布楚至库伦，经张家口、通州到天津；另一条由科布多到归化城，经张家口转运天津；第三条由新疆经嘉峪关、兰州、天水、西安或汉中直至汉口。这样由陆路东可至天津，东南可至汉口，整个中国西北、西南部成了俄国自由贸易的天下。

李鸿藻坚决反对这个条约，祖宗打下的江山一寸也不能丢，崇厚应该重治其罪。

"请问李师傅，祖宗的江山应该怎么守？"宝鋆反问李鸿藻。崇厚是他举荐的，即使他明知道此约不妥，却也希望能够尽力维持。

恭亲王说："大家别争了，事关重大，我马上递牌子进宫，请两宫圣裁。”

宫中，恭亲王向两宫太后请过安，把崇厚的签约节略说了，这个结果大出慈禧的意料，崇厚怎么这么糊涂？你们军机处是什么意思？恭亲王只好如实说没有一定之见。慈禧说那就把这个节略密谕传给李鸿章、左宗棠、沈葆桢他们，看看还有什么补救办法？总之，又割地又赔款不成，和俄罗斯兴兵也不成。恭亲王说臣也是这个意思，臣的想法当务之急是立即告诉崇厚，不要在条约上签字，等朝廷的旨意。

但此时，崇厚已经在条约上签字。

崇厚代表中国，格尔斯代表俄国，在条约上签字，因为条约在俄国里瓦几亚签订，被称为《里瓦几亚条约》。

总理衙门的训示交由轮船招商局带往上海发报九天后，收到了崇厚已经在条约上签字的电报。恭亲王连连叫苦，即刻进宫报告。慈禧先是斥责崇厚糊涂，又怪恭亲王不能及时提醒。恭亲王有苦难言，只有喏喏称罪。慈安说朝廷不认这个约不就是了？慈禧说哪有那么容易，普通老百姓订婚卖房一旦有了契约还不能随意反悔，何况是两国之间。弄不好，一悔约俄国人会撕破脸皮，又要动刀兵了。慈安一听这么严重，惊得直抽冷气。慈禧问恭亲王有什么打算，恭亲王不敢说没有打算，只好老老实实分析，悔约，有开战的危险；履约，丧权辱国，万世唾骂。所以，臣提议先听听疆臣们的意见。慈禧说你们总是什么事情也要听疆臣们的意见，你们军机处、总理衙门平日都干了些什么？一个个官高爵显，一到朝廷为难的时候，一个主意也没有！看恭亲王满头大汗，诚惶诚恐的样子，慈禧缓和了语气说：我把新疆的事交给了左宗棠，八百里加急，听听他的意见，还有无挽回之法。

易开俊入疆戍边，杨昌濬主政陕甘

崇厚出使俄国的消息传到喀什噶尔时，深知俄国底细的刘锦棠，一种不祥之感伴着血液涌上头顶，心中“咯噔”一下：坏事了！我堂堂中华之大事，可能坏在这所谓的一品大官身上。来不及多思，立即提笔给左宗棠写信。

夏秋之交，肃州天气晴暖，左宗棠的哮喘病也有所缓和。然而，当他得知崇厚使俄走海路不走陆路的消息时，急得他缓不过气来，预感到：崇厚要坏大事。他的预感不是心血来潮，崇厚虽然官居要位，却是一个鼠目寸光之辈，他与李鸿章一样，常说新疆乃不毛之地。如今中俄因伊犁纷争，崇厚作为一国之使，不来实地了解情况，贸然前往，如果这个崇大人仍按原思路去谈判，岂有不割地赔款求和的可能？

门外亲兵喊道：“刘锦棠有紧急公函，传送中堂大人。”

虞绍南拆开公文，递给左宗棠，说：“季高，我猜想毅斋的公函说的是你还没解开的心结。”

刘锦棠在函文中说：中俄矛盾的焦点在伊犁。伊犁历来为我祖宗之基业，俄人乘中国内战方殷，未遑远顾，乘机占据，借称代我收复，在地方上按户收税，已掠夺不少，仍未餍足，现又企图长期占为己有。俄人原说，待我收复乌、玛二城，即交还伊犁，而俄不践前言，反而庇匿匪徒，纵其党羽四出扰边。去冬今春为我军捉获俘虏，搜有俄政府路票，并供认系由俄官员驱遣。官军追贼从未越俄界一步，我之守约如此，彼之违约如此，尚何信义可言！俄国的狡猾和不守信用的诸端事实说明：俄国企图吞我伊犁。

左宗棠看到此处，对身旁的人说道：“看来，毅斋对红毛子了如指掌。”

刘锦棠谈到崇厚使俄，担心朝廷中的投降派过去反对收复新疆，现在又深恐得罪俄国，宁愿放弃伊犁。崇厚系投降派重要成员，很有签订卖国条约的可能。刘锦棠在信中说，崇厚这些人不明白："古今之战，并非敌强必胜。然我与俄弱在枪炮，而其他方面皆强。我军以逸待劳占据天时地利与人和；俄军在土耳其一战中，元气大伤，我军正锐气上涨，斗志昂扬……"

左宗棠接着往下看，眉宇舒展。原来刘锦棠关于收复伊犁的对策与他想的一模一样：是衅不轻开，先进行耐心的外交交涉，但必须以武力作为后盾，如果凭交涉不能收回失土，就不惜一战。

对俄宣战，刘锦棠主张采用静以制动，以逸待劳之战术策略。为确保这一策略的实施，他又分析了双方兵力的部署：俄国在伊犁部署了两万多兵力，武器又比我军先进，单兵素质比我方强，军队的机动性也非常迅速。一旦中俄在伊犁交战，俄方可在几天之内从远东调来重兵。我军之优势，在于背靠广袤土地以及亿万百姓作后盾，但兵力上并非占有绝对优势。西征大军进军新疆，运输粮草弹药的兵力比实战兵力还多；南疆收复后，东四城驻军皆为防军，西四城驻军皆为且战且防之军。由此，出嘉峪关兵力虽有二十万之众，但收复南疆时真正打仗的军队不及四分之一。为做好武力收复伊犁的准备，刘锦棠建议将驻防在关内，由易开俊统领的另一支老湘军入疆，驻防吐鲁番、库车，一方面屯田解决粮食问题，另一方面一旦收复伊犁战役打响即可随时参战。这样我军可用其优势兵力一举击溃俄军。

当时，全国各地都有军队驻防关内，刘锦棠为啥点名易开俊呢？原来，易开俊也是湘乡人，咸丰四年（1854 年）为老湘军旗长。自曾国藩衡阳出师，老湘军就分为两支：一为罗泽南、李续宾所部，佐曾国藩、胡林翼二公立功，攻克安庆、南京后，曾国藩裁撤湘军，老湘军此支裁撤回籍，从此四散不振。一为王鑫所部，与曾国藩不相契，自成一队，王鑫乐安战死，王开化、张运兰分统，王旋病没，合军复归曾国藩统领，援剿江西皖南最久。同治元年（1862 年），张运兰阵亡武平，老湘军又一分为二，易开俊、刘松山两人统领之，各成一军。刘松山随同曾国藩剿捻，遂入甘陕剿回；易开俊赴闽病归乡里。左宗棠赴陕时，刘松山统领的一支老湘军归属帐下。刘松山阵亡后，由刘锦棠统领。同治九年（1870 年），左宗棠剿回大胜，收复陕甘大部，防守兵力严重不足，于是他上疏请调易开俊赴陕，易召集旧部及遣散回乡的老湘军兵勇，统领五营兵力赴陕，驻守关内东路。

俗话说：打虎亲兄弟，上阵父子兵。刘锦棠与易开俊统领的人马都是老湘军将士，大多是同乡人，部队虽然几经分合，但其传统始终得以保留：当年，罗泽南、王鑫、李续宾组建老湘军编队时，以一族或邻里之人，聚成一队，这样临阵作战时，彼此同姓、同宗，人相识、语相通、血缘近、性相知、非亲即邻，朝夕相处，一遇战斗，拼死相争，勇于同心合力，不易溃散，战场格斗，互相卫护，互相援助，因而湘军“悉成劲旅”。

刘锦棠请调易开俊入疆戍边，一句话提醒了左宗棠，如果俄国拒还伊犁，自己必须亲自出关，那么谁来坐镇肃州，谁来保障后勤供给？本来有一个“才可匡时，气能盖世”的刘典，关键时候，刘典老母病重，朝廷已获准他开缺。突然，他的脑海中浮现出十多年前在长沙金盆岭编练“楚军”时，与刘典同入幕府帮办营务的杨昌濬，不觉脱口而出：“对，就是他。”然后，又当众说道：“奏请杨昌濬出山。”

左宗棠阅看公函时，一般不让人打扰。平时他看完公函，深思熟虑后才向幕僚们交代事宜。今天，公函还在他手中，无缘无故地冒出一句“奏请杨昌濬出山”的话来，众人还真弄不清是怎么回事，其中有几人呆呆地看着这位总督大人。

左宗棠一看大家的样子，哈哈大笑。然后将刘锦棠的公文递给虞绍南说："你和王诗正商量一下，拟本折子上奏：一是按刘锦棠的意见调易开俊出关入疆戍边；二是请求朝廷下旨，令杨昌濬速赴肃州，协助我料理大军出关的事务。"

虞绍南一听要请杨昌濬出山，大吃一惊，说："季高，这个人是曾经错办'杨乃武与小白菜案'的著名昏官，刚被朝廷罢免，你怎么会让一名昏官来协助你办理如此重要的军务呢？"

殊不知，左宗棠和杨昌濬是布衣之交。他知道杨昌濬能带兵打仗，提供后勤保障也是一把好手。当年，楚军进入江西和安徽攻打太平军，杨昌濬负责后勤保障有功，升任知县。后来跟随左宗棠到浙江，率部救援衢州有功，便在衢州留任知府。随后被授为浙江粮储道，负责筹备左宗棠在闽浙作战所需的粮饷。他殚精竭虑，办事勤勉，深得左宗棠信任。后来屡次升迁，做到了浙江巡抚。左宗棠被任命为筹办新疆军务的钦差大臣，出兵西征，筹款是第一件大事。慈禧指定东南三省对口支援陕甘，广东积极性不大，福建更是推三阻四，唯有浙江巡抚杨昌濬几乎是有求必应，只要他能做到的，从来不打回票。杨昌濬因此也得罪浙商集团。浙商集团不堪日削月朘，多方运作，试图借机把他赶下台。然而，这浙江军政大权全是一百多名湘军将领、幕僚把握，几个商人怎么成得了事。

世事沧桑，风水轮流转，机会很快出现。同治十二年（1873年）十月，浙江省余杭县所在地余杭镇发生一起命案，豆腐店伙计葛品连暴病身亡。知县刘锡彤怀疑本县举人杨乃武诱奸葛品连之妻毕秀姑，毒毙葛品连，对杨乃武与毕秀姑重刑逼供，断结为"谋夫夺妇"罪，上报杭州府衙和浙江省署。杭州府与浙江省照原拟断结，上报刑部。后经杨乃武之姐杨淑英两次京控，惊动朝廷中一批官员，联名上诉。朝廷下旨，由刑部开棺验尸，才真相大白，冤案昭雪。

这起草菅人命的冤案，自杨淑英上京控告开始，就被浙商买通各家报馆紧盯上了。各路记者各显神通，深挖猛掘，大肆炒作，把当时各种被各级官员们习以为常而又见不得人的潜规则暗手段一一抖露在光天化日之下，顿时如烈火泼油一样，在全国掀起了山呼海啸般的谴责声。杨昌濬在核查该案过程中，他先是受了下属的蒙蔽，犯有失察之过，但尚不算主动为恶，然而杨昌濬千不该万不该，在后来已有充分的证据证明这是一起严重冤案的情况下，非但不为杨乃武小白菜积极平反昭雪，反而在三堂会审之后，用重金贿赂刑部尚书皂保，企图阻挠平反，不料竟被《申报》等报馆打探到蛛丝马迹，很快公之于天下，结果触犯众怒。

慈禧过问此案，这就有着深刻的政治背景了。深宫中的慈禧太后一直提防着镇压太平天国壮大起来的湘军，虽然几经裁撤、打压，但湘军还占据着大清王朝长江以南和大西北半壁江山。无论哪支湘军造反都会威胁到朝廷，然而，又是湘军的存在，大清帝国才没有被洋人取代。利用、打压湘军是慈禧驾驭湘军的手段，这一次，杨昌濬犯了众怒，那些本来就对湘军怀有不满的满人和官员，借机在老佛爷前说长道短，慈禧岂能放过这打压的机会，她凤颜大怒，引爆了一场官场大地震：江浙地区一百多位官员的顶戴花翎因之全部摘掉，永不叙用，杨昌濬本人也花翎不保，由此使因军功而入官的湘军受到沉重打击。

左宗棠明白，杨昌濬之所以会在众目睽睽之下做出此等昧心之事，却与西征筹饷有关。江浙官员大都出身于湘军，为了确保西征筹饷的顺利进行，他必须竭力维护浙江官场中湘军集团的利益，以至到了最后关头，为了保住关系网，竟然不惜使出行贿下策。

左宗棠得知这个消息后，比自己受到降职、撤职处分还要难过。杨昌濬共解西征饷银实数千万两，他曾明确说道：“浙之济陇厚矣，不于浙求饷，滔滔天下谁复应之？”因此杨昌濬的去职，意味着浙江这个丰厚的、可靠的饷源从此将脱离自己的控制，这对西征军来说，无疑是雪上加霜。尤其是杨昌濬的鼎力支持对西征来说具有非同一般的意义，在环顾皆为政敌的情况下，杨昌濬的每次雪中送炭，对西征，也是对左宗棠都构成一种道义上的支持。这种支持，就如透过黑暗浓密的森林照亮了一片绿意的阳光一样，让左宗棠孤寂的心倍感温暖。左宗棠为此曾致信杨昌濬道：“承公忠之谊，数年大批旺解，诚每饭不敢忘。”

左公无论如何都不敢相信有大局意识的杨昌濬竟然也会犯官官相护，妨碍司法公正的错误，气得大声叫骂：“杨昌濬有什么事情对不起浙江？偏偏浙江人就不服他的教诲？”

左宗棠仔细研究了《洗冤集录》，发现太后真是一个聪明人，把巡抚杨昌濬削职为庶民，圣旨中并没有永不任用的旨意，看来朝廷只是想打压一下湘军的气焰。左宗棠领悟到太后的用心，因此，他敢于上奏起用杨昌濬，料定朝廷一定会准奏。

主帅就是主帅，幕僚就是幕僚，再厉害的幕僚也不可能有主帅的眼光。左宗棠的奏折一路到京，朝廷很快颁旨，同意左宗棠的意见。

易开俊接旨后，立率五营人马开赴库车。老湘军自同治元年（1862年）一分为二，没想到十多年后，在万里之外的边塞会师，再次扛起了维护祖国统一的重任。

杨昌濬亦不负左宗棠之信用，在湘乡老家接旨后，踏雪赶赴肃州，挑起了主政陕甘担子。

沙皇试探燃战火，伯克奔赴黄泉路

崇厚签订卖国条约的消息在国内传开，中国人无不气愤万分，街谈巷议，都认为俄国欺人太甚，只有与之决一死战。朝廷中许多大臣也纷纷上章弹劾崇厚，主张修改条约。消息传到新疆前线，将士们义愤填膺。前敌指挥刘锦棠认为："非决之战阵，别无善策。"是年十二月崇厚回到京师时，立即交刑部治罪，定为"斩监候"，等刑期一到，就处以斩刑。

朝廷随即将崇厚所议条约发给阁部、九卿、翰詹科道集议，决定废弃前约，改命驻英法大臣曾纪泽赴俄国重新订约，同时诏命左宗棠统筹新疆南北战守事宜。

俄国沙皇亚历山大二世得知大清国不承认崇厚所订之约，准备易使往议，重新谈判。他恼羞成怒，把外务大臣格尔斯召进宫里，大骂道："中国把我大俄帝国当成阿古柏了！阿古柏不堪一击，是因为阿古柏不会用兵。我大俄帝国是什么？是堂堂的欧洲第一大军事强国！海上，我们拥有一流的舰队和最优秀的海军上将勒索夫斯基！陆路，我们不仅拥有最先进的火炮和快枪，而且还有一大批像考夫曼、郭尔帕科夫斯基那样的能征善战的将军！"

格尔斯小声说道："禀陛下，据新疆传来的消息说，中国的刘锦棠的确很会打仗啊！臣怕郭尔帕科夫斯基不是他的对手啊！据外务部刚刚得到的情报说，中国朝廷已命令直隶总督李鸿章、两江总督刘坤一两人，加紧操练北南两洋水军，又命令几位会打仗的将领，统带大批人马赶往吉林、黑龙江沿线布置。陛下，有一个事实我们必须承认，中国收复南疆取得胜利，的确大扬了中国的国威呀！"

"你混蛋！"性格暴戾的亚历山大二世一掌击在案几上，大骂道：

"格尔斯，你听着，你若再敢替中国张目，我就革你的职！"

格尔斯唯唯诺诺，恭顺地说道："陛下，何不听听考夫曼总督的意见？"

很快，考夫曼应召到圣彼得堡来见沙皇，接受机宜。

沙皇对考夫曼说道："你可能已经知道，崇厚与我们订的条约被他的朝廷否定了。我现在紧急把你召来，就是要问你一句话：如果中国决定武力收复伊犁，凭我们的实力，能不能守住啊？"

考夫曼沉思了一会，不直接回答沙皇的问话，说："禀陛下，清军此次与阿古柏交战，仗打得的确很漂亮，英、法等国许多军事家都很佩服啊！"

沙皇摇头自语："阿古柏是个天字号的头等大傻瓜，他不懂军事，只会享乐，他一败涂地毫不奇怪！"

考夫曼小声说道："陛下所言甚是。但阿古柏进疆前，可是浩罕汗国的帕夏呀！"

沙皇抬头想了想，忽然问了一句："考夫曼啊，清军的作战能力究竟怎么样啊？"

考夫曼思考片刻，点头说道："臣知道陛下要干什么了。"

有了沙皇旨意，考夫曼从圣彼得堡飞速赶回土尔克斯坦，直奔伯克·胡里大营。

伯克·胡里早就过了原定出兵南疆的时间，因为他一直在等待先遣部队发回情报，左等右等不见音信，他正召集早已投降俄国之浩罕酋爱克木汗条勒、阿希木汗条勒、哎买提和卓及逃往俄国的阿布都勒哈玛及其子买买提斯拉木一伙，商议出兵南疆方略。

考夫曼进营就骂道："一帮混账东西，武器弹药都给你们了，怎么还不出兵？"很显然，考夫曼是想通过伯克·胡里的进攻，再次试探清军的防御能力与实际作战能力。

伯克·胡里站起说道：“总督先生，我们正在商议入疆之事。”

考夫曼傲慢地说：“陛下命令你们快速过境，向喀什噶尔进攻，拼死也要攻下喀什噶尔城池，否则便不准再入我国边境！”

伯克·胡里脸露难色，先遣部队的情报还没发回来，贸然进军，恐怕凶多吉少。

考夫曼说道：“你们只管进攻就行了，我会令七河巡抚郭尔帕科夫斯基在伊犁千里边境线上同时发起进攻。”

俄国人出兵了，还有什么说的？伯克·胡里升帐，点起胖色提二十余人、玉子巴什一百余人，所部浩罕军队四千余人马集结在一起，声言为阿古柏报仇，重建浩罕洪福汗国。兵分两路，从乌鲁克恰和博斯塘特勒克卡伦杀气腾腾地再度东犯。

光绪六年（1880年）正月，中国最西部帕米尔高原边境线上的乌鲁克恰提卡伦（边境哨所），大清帝国龙旗迎着寒风呼呼招展。布鲁特吐尔干买买提头人站在龙旗下，一种自豪感在他们内心油然而生：这里是大清帝国领土！生活在这里的布鲁特人和帕米尔高原的同胞一样，已习惯了“人人是哨兵，家家是哨所”的卡伦生活。太阳出来了，头人带着十多个身手敏捷的兄弟，翻身跃上各自的牦牛，开始了一天的边境巡逻。

乌鲁克恰提地处克孜勒苏河与卓尤勒干河在此交汇的冲积扇上，四周群山耸峙，中部地势平坦，河谷中密布天然次生林，神奇的大扇就是玉奇塔什草场，有着将近两百里长的中俄边境线，它是布鲁特多个部落的游牧之地。这里的春天要到六月才开始，冬寒尚未退却时，牧民依山聚居于河谷，形成一个个村庄。巡逻队进入河谷，突然，牦牛“哞，哞……”地嚎叫，四蹄在原地不停地蹦跳。

吐尔干买买提一惊，他的第一反应就是“有情况！”举起单筒望远镜一瞧，前方岳瓦什部落的一个“爱曼”（村庄）浓烟腾空，接着男女老少的阵阵惨叫声震荡山谷。

巡逻队挥动鞭子，催促牦牛奔过去。接近部落村庄，巡查的布鲁特兄弟大吃一惊，只见一支足有两千多人，装备精良的匪军，已将岳瓦什部落团团围困。匪军把抓到的成批群众，用麻绳十个一伙，八个一堆捆串起来，谁要是走得不快或有点反抗的动作，不是用刺刀刺，就是用小刀在脸上划，惨叫声此伏彼起，足有三百多人在匪军刀枪的强压下跪在村中一块大坪中。吐尔干买买提头人急忙地对身旁的一个年轻巡逻兄弟说：“快去喀什噶尔报告刘将军，俄军入侵。”

伯克·胡里站到跪倒的人群前，声嘶力竭地喊叫：“本将军奉俄国大皇帝与考夫曼总督的命令，特来攻取喀什噶尔、英吉沙尔各城！有胆敢抗拒者，杀无赦！”

买买提与巡逻兄弟躲避敌军岗哨，悄悄地进入村子，他们躲在不远处的泥坯房顶，眼前发生的一切，让他们不寒而栗。

伯克·胡里身旁站着三个凶恶的歹徒，大家都认识，一个是阿古柏的部将艾克木汗，另两个是一部落头领阿卜都勒哈玛和儿子买买提斯拉木。伯克·胡里向这对卖国贼父子嘀咕了几句，阿卜都勒哈玛便吼叫着问道：“谁是这爱曼的头领（村长）？”

阿卜都勒哈玛见无人应答，便走进人群中，将一位捆绑的老人拉到前面，恶狠狠地问道：“老东西，谁是这爱曼的头领？”

老人昂首挺胸，回答说：“你这背叛民族的败类，认贼为父的蠢猪，活得不耐烦了！”

恼羞成怒的阿卜都勒哈玛挥动手中大刀，老人的头颅就在地上滚动。

艾克木汗对跪在地上的人说："大家不要怕，我们是俄罗斯帝国派来解救大家的，只要你们不反抗，老老实实归顺俄国，你们就都是沙皇的臣民，大家都能过上好日子。"

一旁的哈玛用砍人时沾满了鲜血的大刀，指着躺在血泊中的老人："这老鬼就是不听话的下场。"

人群中又有几个不怕死的中年汉子站起来，愤怒地说道："我们生是大清子民，死是大清之鬼，投降？背叛民族、出卖祖宗这是猪狗不如的事，决不能做。"

艾克木汗一听布鲁特汉子的话，气得嗷嗷直叫。他令一批匪军将十多个跪着的男女村民拉到前面，排成一字形的长队，每一名村民后面站着一个匪军，只听得这魔鬼一声："杀！"匪军把刺刀从人们的背部穿至胸膛前，搅动一下后，又一使劲，把尸体就挑到了旁边。

"放下屠刀，我是这爱曼的头领！"一个中年汉子站出来，指着买买提斯拉木骂道："你这狼心狗肺的卖国贼，简直丧尽天良，有什么事朝我来！"骂完贼匪，他转过身来说道："乡亲们，大家忍一忍，不要再做反抗了。"

艾克木汗发话了："带上你们的牛羊和帐篷，全都给我搬迁到俄罗斯帝国境内去；年轻的男人，全都给我上阵，与老子一道去攻打清狗，重建'洪福汗国'，你们将来都是我浩罕大帝国的功臣。"

一个爱曼的几百名男女老幼，就这样被掳走了。

岳瓦什部落遭受匪军蹂躏的同时，伯克·胡里手下的几个残渣余孽爱克木汗、阿希木汗和卓哎买提，带领号称三万的铁骑大军，分两路在布鲁特民族的另一个聚居地博斯塘特勒克会合。

博斯塘特勒克左右是山，中间有一片平谷，附近一带为戈壁。牧民一见匪军入侵，大家争相出逃，纷纷涌向通往和阗的山口。一路匪军穿村而过，堵住牧民奔逃的峡口。部落两千多人，全被封锁在谷中。站在高处的伯克·胡里、爱克木汗，见到人人自危，惊慌躲藏的牧民，令部下架起大炮，对准人群一阵猛轰，炮弹就跟炸了窝一般，朝着四面散开，无辜的牧民被炸得血肉横飞，吓得魂飞魄散，四散逃命。

“哈哈！哈哈哈哈！打中了！哈哈打中了！”这血腥的场面，刽子手手舞足蹈。

爱克木汗下令部下冲入部落，强令牧民一排排地跪在地上，四周由全副武装的兵士把守。一个胖色提示范杀人方法，先用马刀开膛破肚，进而用挑杀。被剖的牧民肠肚流出外面，疼痛得在地上喊叫打滚时，场外的匪军官兵却拍手狂笑。

再说吐尔干买买提派出的送信人，途中又遇上了从博斯塘特勒克出发的信使，两人日夜兼程赶往到达喀什噶尔大营，滚鞍下马，直奔中军大帐。

大帐中，刘锦棠与塔吉克、维吾尔、蒙古族和布鲁特几个部落头人正一起详细分析边境地形和敌情。商议间，两地信使忽报敌情。刘锦棠对头人们说，伯克·胡里匪军如此凶暴，若不彻底歼灭这些余孽，边疆就不可能安宁。他立即下令，兵分两路，迎战敌军。自率大军由喀什噶尔启行，日夜疾行，赶往博斯塘特勒克，大本营移驻乌帕尔。董福祥、张俊为另路，赶赴岳瓦什部落。

占领博斯塘特勒克的匪军，自认为旗开得胜，令部下屠宰掠夺而来的牛羊，大摆胜利宴席。爱克木汗、阿希木汗和卓哎买提几个头目喝得酩酊大醉，洋洋得意之，哨探忽报有几个布鲁特头人求见。

“叫他们进来！”

头人进了营帐，仇人见面，分外眼红。但他们此时是奉命前来诱敌，只能强忍怒火，强装笑脸地对爱克木汗说：“大将军，我们几人刚从喀什噶尔回来，一来迎接大军，二来报告军情，清狗为对付俄罗斯帝国在伊犁的大军，部队大都赶往北边去了，喀什噶尔几乎成了一座空城。”

“砰！砰！”爱克木汗将手中的酒碗重重地摔在地上，大喝道：“刀斧手！把这几个前来诈降的布鲁特人砍了。”

一群如狼似虎的彪形大汉上前把布鲁特头人捆得结结实实。头人们大喊：“大将军，冤枉好人了啊，您说我们是来诈降的，我们可对天发誓啊！”

刀斧手哪可不管你冤枉不冤枉，举刀就要砍。

“慢！”匪军中所谓军师阿希木汗问道：“你们说不是诈降，那你们能说出理由来吗？”

“大将军，我们部落的人全在您大军的控制下，我们如果是诈降，那不是拿全部落人的性命开玩笑吗？”一头人回答说。

“你们说清狗大都往北去了，怎样才能证明你们说是真的？”

“不用我们证明，大将军派人去侦探一下不就知道了吗？”

“你们为啥给我们提供这么重要的情报？”

“大军攻下喀什噶尔后，我们只想请大将军饶过部落的人，我们愿为大将军效命。”

“好，本将军答应你们的要求！”爱克木汗终于相信了头人的话，亲自为他们松了绑，接着大喊一声：“马上进军玉都，最先进入喀什噶尔的人，不管你是胖色提、玉子巴什还是士兵，一律官升三级。”

爱克木汗自守博斯塘特勒克大本营，令阿希木汗和卓哎买提领军进军喀什噶尔。匪军出了峡口，戈壁上如布鲁特头人说的那样，确无重兵。行走半天，只碰上一哨巡逻的湘军骑兵。

湘军骑兵匆忙应战，不到一会败下阵来，仓皇地向乌帕尔逃走。

阿希木汗和卓哎买提洋洋得意，带领大队人马追着这哨骑兵不放。出了戈壁，湘军巡逻骑兵进入山谷，匪军跟着进谷，拐过几道弯，湘军骑兵一晃不见踪影，再找那几个布鲁特头人向导，也不知去向。匪军自知中计，慌忙下令退出山谷。

只听得一声炮响，两侧山头雨点般的子弹呼啸着射来，匪军顿时乱作一团。原来，奉命埋伏在乌帕尔和巴什地方的方友升、谭慎典两队湘军赶到伏击地。阿希木汗和卓哎买提上天无路，入地无门，死于乱军之中，剩余的残军败将逃往博斯塘特勒克。

自守大本营的爱克木汗自以为胜利在望，晚上安心地躺在大营中。天还未亮，不防罗长佑率领的奇兵突至，仓皇中拿起枪械抵御，但是措手不及，被湘军歼灭五百余人。爱克木汗收缩部队，凭借布鲁特牧民的土坯房屋、牛羊圈舍，负隅顽抗。时近黄昏，正东尘土骤起，罗长佑知道有敌军从乌帕尔逃回，于是留下马队继续攻击爱克木汗，命步军都埋伏在谷中，逃敌以为摆脱了危险。未料，湘军伏兵齐出，挡住归路，霎时，追兵又至。爱克木汗的所谓铁军，达博斯塘特勒克成了他们的葬身之地，那些胖色提和玉子巴什无一漏网。

另一路敌军伯克·胡里占领乌鲁克恰提后，翻山走小路直扑色勒库尔，将其团团围住，日夜环攻。城内阿布都勒哈山和素唐夏伯克并不慌张，指挥军民奋力作战，多次击退敌军的进攻。

阿卜都勒哈玛见强攻无法得手，便对伯克·胡里说："汗王，我和守城的素唐夏伯克是过去的好友，我写一封信，劝他投诚，大将军以为如何？"

一旁的艾克木汗说："此计甚好，若能劝降成功，汗王可赏他千顷田土。"

阿卜都勒哈玛派出身边一个能说会道的侍从为使者，前往城中劝说素唐夏。

伯克素唐夏和阿卜都勒哈玛的使者交谈后，与城中众将一商量，决定将计就计，同意和他们在城下相会，商谈投降条件。阿卜都勒哈马得知伯克素唐夏愿意投降，兴奋异常，放松了警惕。

举行会谈的那一天，阿卜都勒哈玛并没有带太多的卫士，就走出阵前，与伯克素唐夏把手言欢。

突然，伯克素唐夏将右手往前一挥，大怒道："谁敢上前擒杀逆贼？"

话音未落，二十名精壮的武士从伯克素唐夏背后闪出。其中有一人，名叫苏乃满，突然向前直奔阿卜都勒哈玛，一手抓住他的马缰，一手拿刀往他身上砍去。

这时候，阿卜都勒哈玛已经有了防备，连忙抽刀将苏乃满抓住马缰的手指砍断，然后调转马头，准备逃回自己阵中。

眼看阿卜都勒哈玛就要逃走，另一位名叫豁罕的壮士举枪便射，一枪正中他的后背，结束了他的性命。阿卜都勒哈玛三次带领阿古柏余孽潜回新疆作乱，前两次他命大，得以逃脱，但这一次，终于是天网恢恢，疏而不漏，跟随他的主子阿古柏下到十八层地狱了。他的七名胖色提也被当场击毙。

买买提斯拉木得知父亲被杀的消息，顿时，怒气冲天地带领部下和一队炮兵杀到色勒库尔城下，点名要取素唐夏伯克的首级，以报杀父之仇。

阿布都勒哈山站在城墙上，指着买买提斯拉木道："你这认贼为父的卖国贼，回头是岸，若再如此猖獗，我就让你父子在阎王殿相会。"伯克说完后，悄悄地叮嘱城墙上炮兵，瞄准站在炮阵旁边的买买提斯拉木，轰死这狗贼和敌炮阵地，不给敌军以回手反击的时间。

买买提斯拉木恼羞成怒，对着炮兵吼叫："给我轰死城墙上这帮混蛋。"晚了，他的话音未落，城墙上二十多门大炮齐射，炮弹呼啸而来，落地开花，敌军十多门大炮炸得飞起老高，买买提斯拉木和炮阵中的士兵炮弹炸得血肉横飞，残肢断臂甚至整个躯体都被炸上了天，一时间鲜血遍洒河滩。

伯克·胡里失去了两个得力干将，但自己的士兵和武器弹药损失不多，他还相信爱克木汗的大军一定能牵制住刘锦棠。他不甘心失败，依旧将色勒库尔团团围住，心想：只要攻下色勒库尔城池，入侵基地就建成了。

色勒库尔城下，伯克·胡里使出了最后绝招，两门沙皇大炮和十多门德造大炮炮弹出膛，城墙轰塌出了一个缺口。

匪军蜂拥而上，阿布都勒哈山和素唐夏率领城中军民做好了与城共存亡准备。

伯克·胡里正企图率军攻城，忽听身后金鼓齐鸣，回头一看，不觉大惊失色。湘军漫山遍野，盖地而来，枪弹所到之处，士兵躺倒一片。

色勒库尔最危险的时刻。刘锦棠援军到了，余虎恩也从山沟中冲出。

伯克·胡里哪有恋战之心，转身就从乌鲁克恰提方向逃。

逃出一段路程，艾克木汗一惊，对伯克·胡里说道："汗王，如果刘锦棠在我原路设伏，这不是自寻死路吗？"

伯克·胡里一听，冷汗凉透脊背，即刻下令绕道逃往俄国。

再说董福祥、张俊所部，奉令在乌鲁克恰提中俄边境拦截从色勒库尔逃跑之敌，忽有哨探来报，伯克·胡里改变了逃窜方向，两人不敢怠慢，率军日夜兼程，追击敌军。赶了两天两夜的路，但还是没有见到敌人的踪迹。

前面是昆仑深处的空谷根满斯，两侧高山林立，仅有谷底一条小路通行，炮车和运输骡马车辆无法通过，如果敌军在此设伏，董福祥大军必然挨打。幸好，前哨来报："空谷中满是牛马血迹，未见敌军。"董福祥上前察看，说明敌军刚刚逃出不远。

这时候，步兵赶了两天两夜的路，已经疲惫不堪了，很多人脚上长了老茧，根本无法走路了。不用步兵，只用骑兵的话，兵力显得太空虚，遇上敌人的埋伏，很可能会遭遇惨败。

步兵应该怎样前进呢？董福祥想了许久，终于想出了一个办法。他命部将张俊挑选一批精兵，骑上用来运粮及军需的骡子，跟随骑兵前进。

张俊率军继续追击敌军。追到傍晚时分，终于赶上了敌军。这时候，敌人正解下马鞍喂马，准备扎营休息。

张俊兵分两路，他亲率主力，从正面攻击，另一路绕至敌军的后路，发动奇袭。敌军在前后攻击之下，损失惨重，艾克木汗战死，伯克·胡里率余部落荒而逃。

张俊率部继续追击，沿途都是昆仑深山绝岭，人迹罕至，高耸入云的石壁很多。士兵和马匹经常要翻越悬崖峭壁，坠崖丧命的很多，也有人触烟瘴中疾而死，真是一场艰苦的追击战。追了两天两夜，一直追到黑子拉提达坂。

伯克·胡里只剩下百余骑，翻过山岭即是俄国。他想，终于逃出来了。正想喘气稍做歇息时，山岭上一阵排枪射来，伯克·胡里坠于马下，一命归天。原来，董福祥早在两个时辰前到达这里，悄悄埋伏在山岭中。最后，还是有几十个匪军逃入俄境。不过，这几十人已经不大可能掀起大的风波了。

董福祥、张俊合兵，凯旋回归。

刘锦棠暗渡冰川，考夫曼损兵折将

一贯蔑视中国的考夫曼无法接受伯克·胡里全军被歼的消息：“这太不合情了？想不到清军如此能战！”他命令驻守伊犁的司令兼七河省省长郭尔帕科夫斯基率军陈兵中俄边境，抓住中国军队在伊犁尚未完全集结之前，在中国境内再大捞一把。

一时间，几千里长的中俄边境狼烟四起：博尔塔拉、塔尔巴哈台、精河、大河沿子、沙湾等地也受到袭击。俄军所到之处，杀戮百姓，抢掠牛羊、粮食财物，焚烧沿途村堡，强奸妇女，其势甚嚣。

从边境逃回的维吾尔、回、蒙古、柯尔克孜、哈萨克各族的难民，不断地向西征大军诉说俄兵袭扰我边境的罪行。刘锦棠明白这是俄国人的试探，消灭伯克·胡里匪帮，并没有伤及红毛子。现在只有坚决回击，狠狠地消灭入境的红毛子，才能将俄国人的嚣张气焰打下去，边境才会安宁，伊犁才能收回。他写信给左宗棠，表明与俄国人打一仗的决心；准备秘密集结大军，取道乌什，绕道阿克苏之西，越过天山大冰川向西，经布鲁特游牧地，抵达伊犁之西侧，占领瞻德城，那是俄军入侵伊犁的第一个落脚点。俄国人万万不会想到，湘军会跑到他们的背后插上一刀。这条路久经封禁，但却是一条捷径，行程一千两百五十里。为慎重起见，他又给金顺写信，请金将军严守精河一带，牵制驻扎在那里的俄军，防止俄兵东窜。

驻扎在肃州大营的左宗棠已经六十八岁高龄，收回伊犁的心情也越发急迫。一个多月没有接到刘锦棠的行文，他在行辕已是几夜不得安枕，身体日渐变差，再次病倒，除旧病复发外，又添了咯血一症，他现在每日都在靠人参支撑着精神。刘锦棠消灭伯克·胡里匪徒和湘军剑指伊犁的行文到达肃州，左宗棠又奇迹般地好了。他立马伏案回信，只写了一句话："将在外，君命有所不受。"

虞绍南一脸茫然地问道："怎么就这几个字？"

左宗棠诡异地一笑："毅斋早就出兵了，等他接到我的信时，这小子已经把事做完了。"

"佩服！真是老谋深算！"虞绍南说完，六百里加急传往刘锦棠。

果不出左宗棠所料，刘锦棠刚向左宗棠发出军情咨文，他就调兵遣将：当晚子时，主帅和亲兵营，随城外各军秘密出发；余虎恩留守喀什噶尔，城墙上遍布旌旗，以此迷惑城中俄军密探，两天后再陆续开拔。一切部署妥当，刘锦棠和亲兵营营官谭邦人、谭邦造像往常巡视各军一样，轻装到达黄万鹏、罗长佑营中。

黄昏时，刘锦棠悄悄地把亲兵营营官谭邦人和维吾尔兵士尼加提叫来，说："邦人，你和尼加提挑选一哨武艺高强的骑兵，先行赶到乌什，在那里选几个熟悉大冰川的向导，等待大军到来。"

两人遵命离去。

子时，先锋官黄万鹏、罗长佑带领老湘军拔营启程，刘锦棠带着大部队殿后。大军一路轻装急行，原要四天才能到达乌什的路程，只用了两天两晚。距乌什城十来里的地方，尼加提带着十多个向导早在那里等候。其中一个向导见了刘锦棠就说："大将军，草民阿哈默再次为您效劳，无上光荣。"

刘锦棠立即下马拥抱阿哈默，说道"老兄，吐鲁番战役后，我俩就没见面了啊，这两年身体好吗？"

"大将军，这次你和大军又要听我的指挥了啊！"阿哈默继续风趣地说："上次我们走的是风道，风可吹起我们进入天堂。这条道却是冰道，稍不小心就要进阎王殿。"

"有你阿哈默老兄，我们大家都会平安的！"刘锦棠拍着他的肩膀，哈哈大笑地说着。

“好，我一定把大军平安地带出大冰川。”阿哈默跃上马背。

刘锦棠指挥队伍继续前行，突然发现哪里不对劲？啊，谭邦人和一哨亲兵哪去了？他勒住战马，向尼加提问道：“谭邦人呢？”

尼加提回答说：“大将军，谭营官就在前面等候。”

走出十多里，先锋部队停留在空旷的戈壁上，将士们围着一座小山包样的草堆，刘锦棠上前一瞧，听到谭邦人与一个哈萨克牧民在草堆旁吵得不可分交。

“这是你的草料，我军征用必须按价付款。”谭邦人对那人吼道。“大军为我们赶走侵略者，我献出这点草料支援大军是我们牧民的心愿，钱不能要。”那哈萨克牧民也说得非常坚决。

刘锦棠上前问道：“谭兄，你备这么多草料干啥？”

不待谭邦人回答，阿哈默接过话来说：“大将军，这些草料是我建议谭将军购买的，过了这个村子，两三天路程才能走出杳无人烟的戈壁和大冰川，抵达那拉提草原，直下瞻德城。如果绕道阿克苏之西，需要十来天的行程。冰川是人迹罕至的峡谷，人马需用草料绑脚防滑防冰寒，不然，人马滑入冰峡很难生还。将士们着的是夏装，如不用草料绑腿，很容易被冰寒冻伤。”

“兄弟，谢谢你为我们考虑得如此周到！”刘锦棠向阿哈默说了这句发自肺腑的话后，对那些送来草料的牧民说道：“感谢各族兄弟对我大军的支持，但钱大家一定要收下……”

“我们不要钱！大军辛苦了！”不待刘锦棠说完，草堆周围的各族同胞发出同样的喊声。

多好的同胞兄弟啊，刘锦棠感慨万千，他向大家深深地鞠躬，说道：“本将军一定不负兄弟们的期望，赶跑侵略者，收复沦丧的国土，还兄弟们家园。”

“收复国土！还我家园！”湘军将士的呼喊声，回荡戈壁上空。

刘锦棠令所有辎重由戴宏胜、桂锡桢、张宗本带领本部人马，绕道阿克苏之西，日夜兼程赶往瞻德。其他诸路人马除带足粮草外，全部轻装出冰川。

第二天下午，太阳还在半空，阿哈默就对先锋官黄万鹏说道：“黄将军，今天就在此地宿营吧。”

“我们马上就要进山了，何故停留？”黄万鹏不解地问道。

阿哈默回答说：“启禀将军，进了山就是神秘大峡谷，也就是大家说的大冰川。这时候进入冰川峡谷，要明天上午才能走得出，夜晚在峡谷中行走，非常危险。传说成吉思汗有一支军队经此西征，也是时值夏日，傍晚进入峡谷，第二天出峡时，留下不到三分之一，其他人全都葬身在冰峡中。”

黄万鹏说道：“兄弟，现在时间就是胜利，我们万万停不得，无论有多大风险，我们都要抓紧时间越过大冰川。”

“好，我听将军的。”阿哈默继续领路，大军到达峡谷山口。

大峡谷位于天山支脉克孜利亚山中，呈东西走向。真是无山不成谷，峰奇谷更幽，将领们一瞧，真是好一处奇峡异景：谷口十分开阔，尤以乃头、丽人、佛面三座山体最为壮观。太阳斜射，晚霞映山，极目远眺，色艳红天，大有不是火焰山，胜似火焰山之奇感。

湘军将士转战华夏大地，阅历过祖国无数山河美景。但现身临峡谷，仍被眼前之景震撼：整个峡谷犹如一条尾震天山头，口饮库河流，曲身九十九的巨龙劈山而卧，真有呼风唤雨，神秘莫测之感。将士们从心底赞叹，此地真是集人间峡谷之妙，兼天山奇景之长，蕴万古之灵气，融神、奇、险、雄、古、幽为一体。景异物奇，令人神往。

行不多时，突兀的崖壁上一黑色“神犬”，不吼不叫，像一个很有身份的武士，威严、老练，一动不动蹲在那里，虎视眈眈，大有随时扑向山下之势，令行军将士惊恐不已。

突然，一阵古怪惊魂的声音传来，将士们惊得毛骨悚然，止步不前。

黄万鹏惊问阿哈默：“谷中是何声音？”

阿哈默回答说道：“这是谷中发出的阴声，等会还有更大的阴声出现，大家千万不要紧张，不会伤人的。”他的话音未落，一阵震撼群山的空谷巨响，势如雄狮狂吼、地震山撼，大有山崩地裂，埋伏了千军之恐惧。战马惊得前脚双双立起，齐声长嘶，山谷轰鸣回荡，悬崖上一块块碎石脱落。

将士个个心惊肉跳，误以为中了敌军埋伏，大战在即，纷纷拔枪在手，子弹上膛，随时与敌交火。全军剑拔弩张时，一切悄然无声，安静得出奇。过了一会，山谷中又是行人般擦擦的脚步声，当你定睛细看时，却是声、人皆无。

阴声过后，大军继续前行。夜幕降临，谷底瞬时升起一团如烟似雾的白气，沿山体缭绕移动呈“之”字形蜿蜒腾空；突然会从地下冒出一个状如八卦图的雾状阴阳球体，沿崖壁滚动上升，消失在峰体之中。

阿哈默和同行的向导高声喊道：“怪气来了，快取路边小草口含，怪气自然不侵。”

军中大多数将士依言而行，也有偏不信邪者，他们心想：我不含小草难道会死吗？然而真是这样，不信者行不了几步，头晕目眩。这些人急取小草含口，顿时脑爽目明。

阿哈默笑着对他们说：“怪气虽然毒不死人，但要你晕头转向，头重脚轻，时不时让你撞到石壁上，头破血流。”

皓月当空，前方亮如白昼，与身后灰暗的夜幕对比，就如同站在阴阳之界。将士们不得其解，有人惊奇地向阿哈默问道：“老兄，前面是何地，如此亮光。”

“那是月光照在冰川上发出的亮光。”阿哈默予以解答后，又对黄万鹏说道：“黄将军，前面就是冰川，就在这里绑上草料吧。”

黄万鹏说：“我们在此休息一下吧！”

“将军，万万不可，绑好腿脚后，赶在冰寒未来之前走出冰峡，如果冰寒一来，人马只要停下就会迈不开腿了。”阿哈默毫不犹豫地回答。

“不会吧？我们翻越‘冰山之父’时，也没这么可怕。”有人不相信向导的话。

“大军过‘冰山之父’时，着的是冬装，现在全军着的是夏装，人马在冰川遇上冰寒，全身必须不停地活动，不能让冰寒钻进体内。一旦冰寒钻进体内，连真气都会冻结，冰寒中蕴含着一股冻结万物，冰封一切的寒气在里面。”阿哈默的话让所有人不寒而栗。

“照阿哈默兄弟讲的做。”黄万鹏自己带头示范先绑好了腿脚，他接着下达了口头传递的命令：“后队加速前进！”

进入冰川，山峰昂然挺立，高度虽然并不惊人，但她那陡峭的山体和雄伟的气魄令人敬畏。有多少英雄豪杰在这途中与大山共眠。难怪，冰川人迹罕至，但这并没有挡住湘军的脚步。

小道越来越窄，阿哈默说前面就是冰峡，骑兵都得下马，人马紧靠山坡，特别注意脚下防滑。他正说着，一匹战马哗啦一声，跌入冰峡，幸亏那兵士及时松开了缰绳，不然连马带人一齐掉了下去。

冰川上空，寒风呼啸，清晰地进入体内，血肉骨骼都开始变得冰冷。将士们一个个寒战连连，大家都相信阿哈默说得没假。

急行一晚，大军终于走出了冰川，将士们只顾蹦跳欢呼。阿哈默却从地上抓起一把雪，从脚跟开始不断地往上搓擦，他要将士们照着他的动作做。他说，走出冰川的人，皮肤都有冻伤，如果不用雪擦热身体，出了冰川，受冻部位皮肤红肿充血，自觉热、痒、灼痛。严重的冻伤除红肿外，还有水疱，疱内可为血性液，深部可出现水肿，剧痛，皮肤感觉迟钝。最轻的就是“冻疮”了，更严重的冻伤就是肌肉甚至骨头，可出现坏死，感觉丧失。

阿哈默的话，让闹腾的将士慌了……

湘军将士如此闹腾了一阵，眼前却是一片繁花织锦的莽莽草原，泉眼密布，流水淙淙，犹如进入了另一个世界，这时云开日出，鲜艳的太阳普照大地。

大清龙旗一出现在那拉提草原，远处地平线上有一条小蛇向这边游来。阿哈默一见，便立即向黄万鹏报告：“将军，那是红毛子的骑兵。”

黄万鹏举起望远镜一瞧，前方出现的那条小蛇，真是沙俄的巡逻骑兵。他令罗长佑带领一营骑兵迎头而上，双方快要短兵相接时，俄军掉转马头而去。

不一会，刘锦棠统帅众将和十营人马先后到达。

黄万鹏一见到刘锦棠就说道：“毅斋，俄军巡逻骑兵退走，意味着一场大战在即。你来了，这场大战就由你来指挥吧！”

刘锦棠察看地形后，眉头紧锁，渺茫的草原就像绿色的大海，四五千人马毫无隐匿之处，全部暴露在草原上，若与俄军就地决战，这里对自己一方极为不利。他对黄万鹏说：“我军穿过冰峡出的是奇兵，重武器全都绕道，各营只有十多门小炮，一旦交战，怎么能抵挡用现代武器武装的俄军？”

随行将领董福祥、罗长佑、张俊、夏辛西、萧元亨、张俊观察一阵地形后，也觉得刘锦棠的担忧是对的，于是齐声说：“毅斋，你说怎么打吧？”

刘锦棠沉思一会，便询问向导阿哈默：“哪里有隐藏部队的伏击之地吗？”

阿哈默说，由此往北是土墩墓地，那里是藏军的好地方。

刘锦棠令黄万鹏领一营骑兵在此摆出与俄军决战的架势，自率大军随向导寻找理想的战场。

走不到两个时辰，阿哈默指着不远之处的一大片土墩说：“将军，那里就是土墩墓地。”

刘锦棠走上一土堆，这片草原上布满了上万座土墩，大都呈半锥体，多数呈南北链状分布，或三五一列，或十几二十座一群，气势宏伟，令人瞩目。更令人惊奇的是，土墩旁站立着许多石人，这些石人，大都选用整块岩石雕凿而成。从石人的外形来看，有的雕凿了全身像，头部、脸型、身躯都生动逼真，全身穿着衣服佩饰件件可数，雕刻精细，栩栩如生。有的石人仅仅在一块长圆石上浅刻几条细线，粗略显现出脸部的轮廓而已。他好奇地向阿哈默问道：“老兄，这些小山包前为啥站立着这么多石人？”

众将一瞧，无不赞叹这里真是打伏击的好地方。

阿哈默说：“将军，你有所不知，很久很久以前，这里曾是突厥人长期生存的地方，突厥人死后，按照他们的习俗要停尸帐前，宰杀马、羊等牲畜祭祀，择吉日殡葬。墓前往往竖立死者石像。这一尊尊石人，就是古代突厥人的活动记载。”

刘锦棠听了阿哈默的话，立即下马，双手合十，口中虔诚地念念道：“先辈们，千百年来，你们守卫在这广阔无垠的草原上，经历着风风雨雨。今日，本将军奉令收复被外敌侵占的国土，决定在此打一仗，迫不得已打扰你们了，赶走侵略者后，还你们一片安宁之地。”

他又令董福祥、夏辛酉将军中尼加提等维族兵士请来，悄悄地叮嘱一番，说道："你先行秘密出发，我在此打完这一仗，随后就到。"又附耳亲兵，传令黄万鹏，若遇俄军攻击，依计而行。他对众将说："本官听说，俄国的那个郭尔帕科夫斯基很会用兵，是俄国一等一的人物。本官倒很想和他打上一仗，见识一下他用兵的手段！"

董福祥一军偃旗息鼓，在向导的带领下出发了。

刘锦棠站在一个平坦的山头，谓众将："我军轻装越过冰川，重武器还需数天才至，现俄军一定出动精锐，企图趁我立足未稳之机，发起进攻，我军可用骄兵之计迎之，敌军必败无疑。"接着，他脸色庄重地对众将说："此战系我军第一次与俄军正式交手，只能胜，不能败；此战必须打出我军的军威，让俄国人知道我军的厉害，乖乖地回到谈判桌上来。"

就在刘锦棠部署痛击俄军的作战方案时，驻守伊犁的俄军司令郭尔帕科夫斯基，正向总督考夫曼汇报近段战绩。突然传来湘军已出冰峡的消息，不觉大吃一惊，等于湘军在他的背后插了一刀。

考夫曼略为沉思，说道："清兵远涉而来，连日疲困，更兼深入伊境，此无谋也！"

郭尔帕科夫斯基这个没将中国军队放在眼里的司令，对手下维列夫金将军说："帝国的尊严不容有辱！中国人，必须为自己所做的行为付出代价。抓住清军立足未稳之机，让他们滚回去！"

"司令，您说的代价是什么？"维列夫金问道。

"这个代价就是中国人的鲜血和生命！"郭尔帕科夫斯基狂妄地回答。

维列夫金为实现司令这句话，率领军中最精锐的三营哥萨克骑兵径直向那拉提草原扑来，后面跟着一营炮兵，十多门"沙皇大炮"都脱去了外衣，炮筒更显军威。

轰鸣的马蹄声震耳欲聋，战马践踏得大地都在颤抖。

罗长佑远远瞧见红毛子来了，令所有的人都做着战斗前的冲锋准备，同时向刘锦棠发出了信号弹。这是早已约定的信号，土墩墓地的大军只要见到了信号弹，就会进入选择好的伏击地。哨兵边打边撤，引领敌军进入伏击圈。

闯进草原的俄军哥萨克骑兵，清一色西方骑兵的标准装束：一把尖刀，一支火枪。

俄军很快就发现了草原上的中国军队，维列夫金挥舞着指挥刀，吼叫道："哥萨克的勇士们，让中国军队尝尝我们手中军刀的锋利滋味吧！"

骑兵纷纷抽出了自己锋利的哥萨克军刀，呼喊着冲上来了。

完全是在同一时间，中国兵勇呐喊着催动座下的战马，面对面的发起了冲锋。

这样的战斗，两军能在最短时间里分出胜负。中国骑兵边打边撤，俄国人哪把这几哨中国兵放在眼里，真个是穷追不舍。

俄国人如入无人之境，追了好一阵，前面就是丘陵起伏的土墩墓地了，狂妄至极的俄军，哪去考虑敌方的什么战术策略？他们的脑子中，只有一个概念，中国军队都是手下败将。

"敌军来了！炮兵准备！"各营开花小炮组成的临时炮营，由王冕成担任指挥官。他从望远镜中看得敌军一清二楚，俄军接下来的举动是什么，他也能猜测个大概。然而，小炮只能近距离发射，所以刘锦棠命令各军："把他们放进来。"

俄军炮营也跟来了，刘锦棠突发奇想，令各营再撤五里，选择大的土墩墓地埋伏。又对罗长佑附耳低声说出一计。

敌军骑兵狂叫着在土墩墓地继续追赶黄万鹏的骑兵。

湘军后退五里，伏击圈已经形成。刘锦棠骂了一句：“这群王八蛋，都不得好死。”接着吼道：“开炮！”

湘军的炮虽小，但几十门小炮集中到了一块，虽然都是开花炮，其威力也不小，俄军一时乱了阵脚。

哥萨克骑兵不愧是俄罗斯的特殊兵种，虽然受此重击，但他们一会就醒转过来，重整队伍，发起反击。

“杀啊，杀啊……”刘锦棠一马当先冲向敌军。黄万鹏转身杀个回马枪。萧元亨、张俊分别从不同方向扑向敌军，四路人马将俄军团团围困。

俄军炮营一见骑兵中了埋伏，立即架炮准备轰击湘军阵地，不料湘军发起冲锋，两军扭到一块，重炮失去了作用。他们还没料到的是，一队湘军步骑冲入炮阵，这些哥萨克炮兵一个个像丢了魂魄一样，众作鸟兽之状，各自逃命。沙皇大炮和炮弹尽数被罗长佑缴获而去。

维列夫金脑子里第一个反应就是：“这一仗中了刘锦棠的计，赶快突围，不能做中国人的俘虏！”他来不及多思，指挥部下，迅速撤退，脱离战场。

此时，总督考夫曼和司令郭尔帕科夫斯基，正在军营中推杯换盏，他俩有十足的把握，胜利一定属于自己。当狼狈奔逃回来的维列夫金和他的哥萨克骑兵出现在军营清点损伤时，三营人马损失过半。特别是那十多门沙皇大炮，全都成了清军的战利品。考夫曼大脑完全懵掉！郭尔帕科夫斯基除了大叫自己的上帝，唯一的反应就是“耻辱”，俄罗斯帝国的颜面被彻底地抹下来踩在了脚下。他再往下想，俄军虽然从结果上讲是再糟糕不过了，但是维列夫金将军在战场上都没有明显的决策失误。俄军的损失只能是刘锦棠这个优秀指挥官的明证。

“不好！”考夫曼大惊失色。

郭尔帕科夫斯基问道：“大人怎么如此惊慌，不就是一支几千人的清军吗？”

考夫曼说道：“刘锦棠兵出冰峡，醉翁之意不在酒，瞻德危也！”郭尔帕科夫斯基有点不相信：“几千人马，能攻下我固若金汤的瞻德城？”

“司令官先生，几千精兵出其不意攻城，是以一当十啊！清军只要占领了瞻德，他们在伊犁就有了落脚点。这样，他随时都以收回伊犁之名，向我军发起攻击。这一刀不是插在我军背后，而是插在我军心脏上。”考夫曼之所以如此慌张，他发现了刘锦棠峡谷出兵的真正目的，但为时已晚。

“瞻德城被清军占领！”哨探传来紧急军情。原来，董福祥按照刘锦棠的计谋，让军中的维族青年化作老百姓，混入城中，夺取城门，董福祥攻其不备，直捣敌军指挥部，守敌弃城而逃，刘锦棠率大军随后入城。

“刘锦棠真不可小觑，他是我军最可怕的敌人！”考夫曼说完，重重地倒在木椅上。他是哑巴吃黄连做不得声，自以为哥萨克骑兵是一支打遍天下无敌手的军队，等到打了胜仗再一同向圣彼得堡报告。结果适得其反，反而被中国的军队打败了，国人若知，自己脸颜丢尽不说，很可能还要被沙皇治罪。这一下，考夫曼知道对手不是好惹的，不到万不得已不要与刘锦棠的军队正面交火。

“捷报！”战报传到肃州大营。

左宗棠初听“捷报”，大吃一惊，哪来的捷报？打开信函一看，原来是刘锦棠兵出冰峡，占据了瞻德城，教训了红毛鬼子，情不自禁地说：“毅斋伢子不简单，打出了国威，打出了军威，打得好！让俄国人也知道我军的厉害！”

左宗棠只顾高兴，一旁的虞绍南提醒说：“季高，毅斋与俄开战，事先未请示你和朝廷啊，一旦战事升级，朝廷追究下来怎么办？”

“怕个鸟，人不犯我，我不犯人，人若犯我，我必犯人。这一仗是在我国土上打的，考夫曼小子理亏，我料他也不敢大做文章。”

虞绍南愣在一旁，难怪左季高给刘锦棠的那封信只写了一句话，原来他算定刘锦棠在前方一定有大动作。不过他还是问道：“这一仗奏报朝廷吗？”

“当然奏报，我要让天下人晓得，中国军队不是好欺侮的，也要让李鸿章、崇厚这些鼠辈知道，中国人何必怕别人呢？”

沙皇班门弄斧，恪靖抬棺出征

维列夫金和他的哥萨克骑兵吃败仗及瞻德城失守的消息传到圣彼得堡，沙皇大惊，他原本不相信中国军队能与他的铁骑交锋，现在俄军居然被中国军队打得焦头烂额。他对着国防大臣米柳京吼叫：“不行，俄国绝不能输！”

沙皇紧急调集西伯利亚九千多骑兵，费尔干纳四千多步兵，赶往伊犁。沙皇大规模集结大军的目的很明显，他决心在伊犁与中国决战，企图夺回瞻德城。

过了好一阵，沙皇突然向米柳京问道：“如果在伊犁和中国打一仗，我国有胜算的把握吗？如果扩大为两国的全面战争，中国人真的会任由我们宰割吗？”

米柳京考虑的是：土耳其一战中俄军已元气大伤，中国也是一个大国，俄国与其开战，真的能胜吗？他知道，战争一旦打开，一年半载刹不住阵脚，他担心打持久战。

狂妄至极的亚历山大二世沙皇正犹豫不决时，外交大臣格尔斯进宫禀报："陛下，中国大理寺少卿、使俄钦差大臣、伊犁谈判全权代表曾纪泽昨天已到皇都。"

"来得好，让曾纪泽看看我们的军事力量。"沙皇明白，对付中国这样腐朽的朝廷，谈判前加大军事威胁力度，就是最好的谈判筹码。

左宗棠得知沙皇增兵伊犁的消息，鄙夷地一笑。湘、楚大军靠胆魄、气势打垮过多少敌人？俄国人也来玩这套，这叫班门弄斧！他决定给俄国佬一点颜色。他心里异常清醒：朝廷敢于昂起头颅拒绝批准崇厚擅订之约，全因西征大军在对阿古柏之战中打得好。俄国能否同意与中国"改订条约"，关键还要看中国的武备如何。而中国的武备，说穿了，就是中国目前的海防与塞防是否能比拼得过俄国。海防是李鸿章的北洋水师，塞防自然就是目前在疆的以及黑龙江沿线的各路官军。

左宗棠对幕僚道："没有强大的军力作保证，我国是断难从谈判桌上要回伊犁！老夫决定出关督军，就是想让俄国人知道，不管通过什么方式，他们都必须交还伊犁。如其不然，我就打他个落花流水！"

左宗棠对着全疆舆图熟虑了五天，终于拟定出三路进军伊犁的方案：刘锦棠为一路，已夺取了瞻德，剑指伊犁；金顺为一路，扼住精河一线，严防俄军窜防；张曜为一路，从阿克苏冰岭之东，沿特克斯河指向伊犁。

左宗棠决定先把自己的进军计划函告刘锦棠，征求一下刘锦棠的意见，然后再上奏给朝廷。

哪知左宗棠信尚未发出，刘锦棠的快函倒先期递进了行辕。他看信后不由愣住了，心中暗暗惊奇："这小子的方案与老夫的完全一样！"

刘锦棠推断：俄罗斯无力发起全面的大规模战争。伊犁一旦大打，西征军大部队可以顺势压过边境，俄国国土到底要沦丧多少，还是个未知数！因为，俄国与土耳其的战争刚刚结束，财政已经枯竭，赤字高达五千万卢布，国家无力支撑大战；英国也正在对俄国实行牵制政策，不许俄国向中国深入发展，俄国实力又无法抗衡英国，这决定俄国不能想打就打；俄国国内确实非常糟糕，灾情严重，粮食缺乏，农民在蠢蠢欲动，酝酿起义，沙皇正抽出力量，准备镇压。由此，他建议朝廷在继续谈判无成果的前提下，动用武力收复伊犁。

左宗棠再往下看，刘锦棠提出的进军路线竟然与自己的想法一般无二！而且还特别强调指出："兵锋指向伊犁的同时，须以十二营分屯阿克苏、哈密为后应，以五至六营增强塔尔巴哈台防务，方为万全。"由此，刘锦棠认定，中俄一旦在伊犁动武，中方必胜。

左宗棠沉思许久，边点头边抚须笑道："这小子是越来越会用兵了！收复伊犁，一个刘毅斋足矣！"

左宗棠考虑三路之外，又调已进关任职的提督谭上连，选募旧部将弁勇丁，并统杨昌濬新募的三营，赴刘锦棠营补换缺额；张曜增募皖北步队一千名，挑选马队数百骑同进，并拨步队四营、马队一营归其节制调遣；金顺则增募湖北四川步队、河南马勇数百，补充兵力。

一切调配妥当，左宗棠不再犹豫，他立即上折，请示朝廷，亲率大军西进，与俄国人打一仗，用武力迫使沙俄交出伊犁。

就在等待朝廷的旨意期间，左宗棠突得大病，吐出鲜血十余口。他自知已是六十八岁的老人了，到西北已有十余年，许多人称赞他日理万机，精力过人，实则他身体并不好，多年的戎马生涯，积劳成疾。来西北前就患长期腹泻，在肃州大营时，不服西北水土，全身长满了风湿疹子，夜间抓搔不止，难以成眠。现在又口吐鲜血，心里叫苦不迭，以为大限已到。他有一种来日不多强烈的紧迫感，慷慨而言：“壮士长歌，不复以出塞为苦也。”

幸好，朝廷很快颁旨，同意左宗棠出征方案。毫无疑问，西征大军消灭阿古柏侵略军之战和刘锦棠在伊犁所取得的胜利，极大地鼓舞了朝廷上下的斗志。鸦片战争以来饱尝各国欺侮的清政府，终于决定挺直脊梁，昂起头颅，和不讲道理的大俄帝国拼上一拼。

左宗棠接了圣旨，便对虞绍南说：“增兵伊犁，老夫要与他打一仗。你抓紧去办一件事，帮我造个‘千年屋’。”

“千年屋”是湖南方言，就是棺材。

虞绍南惊奇地问道：“季高，你说要带军出征，做个这样不吉利的东西做什么用？”

左宗棠哈哈一笑，说：“我要带兵亲征，移师哈密，带着它上路，随时准备躺进去，埋骨在西北。”

一班将领进帐劝说：“大帅您手下身经百战的名将多的是，他们对付俄军绰绰有余，您为什么还要拖着病痛之躯，亲临前线？”

一班幕僚也是千般劝、百般拦，左宗棠却一句也听不进去，极其执拗。考虑到自己年迈多病，此次出关很可能就是走向不归之路，同时也为了表示武力收复伊犁的决心。

左宗棠回答：“我要出关，考虑很久了。就算没有战事，我也想去看看，不然，怎么了却五十年来的心愿？为了收复新疆，别人都反对，我硬坚持挺着，不也过来了吗？这一关，我必须再闯过去，否则前功尽弃！”

虞绍南没辙，几天后，棺材做好了。

左宗棠躺进去试了试，爬起来说，蛮好！以后我就睡在这里面了。

没想到，左宗棠爬出来后，用手一摸，棺材很厚。再掂盖子，很沉。他转喜为怒，质问："什么木料？从哪里搞来的？"

虞绍南如实相告："棺材选用的是胡杨。"

左宗棠用湘阴话骂道："你是个混球！随便找点木料，轻一点就可以，为什么做这么重，用这么贵重的木材？"

虞绍南默不作声，三天内，再造了一口用白杨木做的棺材。做好后不辞而别。

左宗棠马上反省到，老乡理解错了，但自己脾气发大了，态度过于粗暴，马上写封道歉信，并派人送去二百两白银，追了过去。

虞绍南也是骡子倔脾气，收信拒银，再没回来，在湘阴隐居了。

左宗棠怪虞绍南办事太实在，只知原则性，不懂灵活性，不会转弯：就算自己真死了，也不可能真用这口棺材。用棺材做道具，表明一种姿态，抬出国际政治影响来。道具真枪实弹，比生铁还沉，这戏不好演，但又不能事先跟虞绍南说透，只好靠他领悟。偏偏虞绍南一根筋，好心办了错事。

棺材造好后，老管家曾昆厚来了。他看后想了想，提了一个建议，抬口棺材上阵，应是吉祥之物，而不应是不祥之兆，所以黑漆应改成红漆。三天后，棺材漆得红光透亮。

左大帅造口棺材抬去带兵收复伊犁的事情瞬间传开，国内外同时炸了锅。一位相国高官，封疆大吏，居然要亲自披挂上阵，跟俄国军人赤膊拼命，士兵个个激动得血脉偾张。统帅造口棺材抬着去打仗，这实在是惊世骇俗。

棺材虽然造好，抬不抬得，部下还在争执。有人认为，抬不得。道理摆在那里：现在伊犁有俄军大兵压境，俄军公开挑衅，大帅你抬口棺材去打，不是摆明打不赢，我们会全军覆没，所以您才要以死相拼，打死了我们就把您就地埋起来。您都死了，这不是等于告诉将士们，我们都有去无回了？

左宗棠解释说：“我为什么要抬口棺材出关打仗？就是为了告诉天下人，西征大军，上下同心，抱定了必胜的信心。俄军在那里虚张声势，对我们搞恐吓，我们这边呢，不搞假的，我们全是真枪实弹。林公有言，‘苟利国家生死以，岂因祸福避趋之？’抬棺打仗用的就是这个道理，不要躲祸。现在曾纪泽正在俄罗斯谈判，我以必死的决心兵临城下，做他谈判成功的坚强后盾。万一没谈好，或者改约不成，谈得不如意呢？我马上率领军队杀进伊犁，一天之内就可以拿下来。无论是哪种预计，都可以得到最好的结果。”

众将士恍然大悟，佩服左宗棠深谋高见。

此时的左宗棠，体衰多病，已无法骑马，只能抱杖乘轿，或坐卧车中，他的乘舆后面，八名亲兵抬着棺梓随后，真正表现了一代名臣视死如归的冲天豪气。

左宗棠亲征的消息传进民间，车驶出肃州城门，一百余名穿着整齐的乡绅，牵羊担酒，举步来到车驾前，一齐跪倒说道：“老相国不顾风寒，抱病出关督军，实伊犁之幸、新疆之幸、国家之幸！治民等受众乡亲之托，特备薄酒一碗，为老相国暖身送行，请老相国笑纳一口。”众人话毕，对着车驾便磕起头来。沿路官道十余里两边，百姓端茶送水，擂鼓壮行，场面情深义重。

左宗棠无法前行，只好让人搀扶下车。他放眼官道，喘息了许久，眼里忽然流出了热泪。他掏出布巾擦了把眼泪，嘶哑着嗓子缓缓说道：“各位的心意老夫领了，都起来吧。不是老夫拿大，老夫已经弯不下腰扶各位了。”他说这话时，白发飘舞，胡须上满挂着点点滴滴的泪珠。众乡绅愈发不忍，不但无人肯起，反倒都放声大哭起来。

告别了肃州父老，这一列长长的队伍，旌旗招展，士饱马腾，在荒凉的戈壁滩上，缓缓地迎着苍凉的落日前进。

左宗棠看到这一幅悲壮的场景，自己原以为此生不能出玉门，这次为了对付俄国霸占伊犁，必须出关，也居然能出关、远征新疆了，这是少年时代梦寐以求的事，心中十分兴奋。但他也深知，如果谈判决裂，和俄国开起战事，就不一定是两三年可以了结的事；以他年近古稀、衰病之身，能生出玉门，固是幸事，能否生还，却不可期了。

黄昏时到了嘉峪关，天下起小雨，半夜雨下得大了。左宗棠心中欣喜，今年正苦旱，有了这场雨，可卜丰收了。离肃州三天后到达玉门。唐王之涣诗："春风不度玉门关"。可以想象，出了玉门，尽是一片荒凉孤寂之地，左宗棠却兴致很高，并不以出塞为苦，他说自己虽然不能与壮年人相比，但这次为国驱驰，"孤愤填膺，诚不知老之将至！"

左相出行，原本就山摇地动，何况军中还抬着一口大寿材，于是更显得不同寻常了。

滚单一路飞递，队伍按驿前行，留下一路的惊诧和感叹。

一路艰苦行军，光绪六年（1880 年）4 月 25 日，左宗棠抵达甘肃最西的安西州。总理衙门送来密函，得知两国新一轮的谈判即将举行。密函最后又透露说："鉴于各国抗议朝廷，逮捕议约大臣问罪有违《万国公法》，两宫太后已下懿旨赦免崇厚"。望着密函，左宗棠沉默不语，许久才从牙缝里迸出了一句："便宜了崇厚这个王八蛋！"

从肃州出发走了一个半月，农历五月初八日才到达哈密。哈密办事大臣明春率一应官员出城三十里迎接。哈密各族人民听到左宗棠来到，都纷纷拥挤在路旁迎接张望，有些人从百里外赶来，有些老人拄着拐杖来看。

左宗棠到达哈密的当日即上奏朝廷，以陕甘事不可遥制为由，请准甘肃布政使杨昌濬暂护总督印绶。朝廷很快颁旨，允左宗棠之奏，杨昌浚在肃州接旨正式上任。

李鸿章釜底抽薪，刘锦棠督办军务

左宗棠抬棺进军新疆，中国人的士气被这口棺材全激活了，后援军事还在接力跟来。俄国上下也被这口大红棺材切切实实给镇住了！俄国人搞不懂，这是什么打法呢？难道是要跟我们拼命了？

沙皇即命国防大臣米柳京，在向伊犁增兵的同时，又集结马步二十一个连达四千余人，开赴新疆西南边境，准备对喀什噶尔等南疆地区发起攻击；同时在中俄北部边境的西西伯利亚增兵一万五，在东西伯利亚集结兵力达数万，仅黑龙江以北就驻兵一万两千多。在大张旗鼓调集军队的同时，俄国驻华公使布策，又秉承格尔斯的指令，在圣彼得堡约见中国驻俄国公使馆参赞官邵友濂，扬言："俄国海军上将勒索夫斯基率领的二十三艘军舰，已奉大皇帝之命，正由黑海开往日本长崎，随时可以从海上对贵国的北京进行攻击。"

针对俄国人的恐吓，大清朝廷在新疆调兵遣将，又令直隶总督李鸿章、两江总督刘坤一，迅速对南、北二洋海上防务做出布置，再调原淮军将领宋庆等人统带旧部赶往吉林、黑龙江，加强防务。

对俄国挑衅看不下去的官员，血性喷涌，站了出来。陕西提督雷正绾，直接写信给左宗棠，主动申请自己冲到前线，与左大帅"并辔出关"。

已经在家养病的鲍超，率领一万五千名"霆军"，在直隶乐亭封住俄军入侵警戒线。

山西巡抚曾国荃，也早带领一万兵马抵达山海关，在中国东北划下一道高压警戒线。

俄国人看到清朝居然全面做战争准备，知道自己的讹诈计划已经破产。显然，西征大军在新疆所取得的全面胜利，极大地鼓舞了朝廷上下的斗志。

俄国政府有点害怕起来，毕竟国库空虚，底气不足。他们担心这个倔强得让人胆寒的湖南老头蛮干。

沙皇下令格尔斯与中国代表曾纪泽正式开始谈判。

曾纪泽临危受命出使俄国，与俄国重订条约。他心中很清楚，打交道的是一个异常贪婪无耻的豺狼。光绪六年（1880年）六月抵达圣彼得堡，其对手是俄国外交大臣格尔斯、外交部东方顾问热梅尼。

双方第一次见面，格尔斯蛮横地说："崇钦差来我国近一年，将应办事项谈判妥当，现在只等两国大皇帝批准，照协议执行，怎么又来谈判？"他还霸道蛮横地说："两国全权大臣已经签订好了条约，不得修改。"

曾纪泽语气坚定地回答："因为中国的使臣崇厚失职，违背了朝廷的旨意，所以这个条约是无效的。"

格尔斯又说："崇厚是头等全权大臣，你是二等出使大臣，又无全权，怎么能够与我们签订条约呢？"

曾纪泽针锋相对："我既然是驻俄公使，就有权同你们谈判重订条约。"

格尔斯被顶得无话可说，只好同意与曾纪泽谈判。曾纪泽把需要订改的地方一条条列出。格尔斯看后暴跳如雷："这不是把前面所订的条约全部推翻了吗？我国大皇帝已发出了最后警告，假如不批准以前签订的条约，我们就只能用大炮来发言了。"

曾纪泽毫不退缩地回答："如果两国间不幸发生战争，中国用兵向贵国索还土地，那就什么地方都可以索取，绝不只限于一个伊犁。"

格尔斯说："我们打算和谈，可你们总是固执己见，还在西域调兵遣将，听说你们那个左大帅还抬了口棺材，看样子准备跟我们拼命。可是我们并没有打算兵戎相见啊？"

曾纪泽说："打不打，你们皇上决定。我们现在只是积极准备而已，你们不是也说还要出兵辽东湾吗？"

几个回合下来，格尔斯明显处到了下风。

李鸿章眼看着新疆即将收复，纠结到极点。左宗棠一旦打赢了，自己以后在朝廷会说不上话。于是，他上奏朝廷说，左宗棠主战，只是一隅之见，俄人环伺中国万里，水陆均须设防，国力实有所不及。为避免中俄开战，他力主朝廷把左宗棠调京，督办关外兵事。

朝廷看到李鸿章的奏折，又游移不定。如果采取强硬态度，所能依靠的，只有左宗棠西征军的实力和决心，于是将李鸿章意见转知左宗棠，命他"妥议具奏"。

左宗棠写信给总理衙门，坚决主战，反对屈辱投降，认为"察看情形，实非决之战胜不可！"在信中还说："主战固以自强为急，即主和亦不可示弱以取侮。"他斥责那些自命深懂洋务的媚外投降派，"海上用兵以来，其始坏于不知洋务之人，不知彼之真实情形，侥幸求胜；其继坏于自负深悉洋务之人，不顾大局长久，苟且图存，以致愈办愈坏，无所底止。"

奏折发出后，左宗棠一边关注中俄谈判进程，一边又行文金顺、刘锦棠二人，督饬各营抓紧练兵，做好武力收复伊犁的准备。

左宗棠在哈密大营预计旨意应该到来，可是过了两天仍没消息，一种不祥之感袭来。来不及多思，他立即给刘锦棠、张曜、徐占彪写信，令他们速来哈密行辕相见。

又过了几天，忽报圣旨到。左宗棠连忙迎接开读："左宗棠现已行抵哈密，关外军务，谅经布置周详。现在时事维艰，正需老于兵事之大臣以备朝廷顾问。着左宗棠来京陛见，一面慎举贤员堪以督办关外一切事宜者，奏明请旨，俾资接替。"

左宗棠接到诏书后，十分气愤，但又无可奈何。他是五月到哈密的，七月就颁诏调回，明明是出尔反尔，虽然明知在这紧要关头，将他调回京师，将铸成大错，但他不得不成行。尽管他一再申明，但回京之行是不得已、无可奈何之举。将他调离指挥前线，无疑是李鸿章釜底抽薪的诡计得逞了，想至此处，一口鲜血喷出，当场晕倒在地，军医匆匆赶来，紧急抢救，总算保住了性命，但要立即起身赴京复命，短时内是不可能的了。

左宗棠一清醒，就对钦差说道："大人，请稍做歇息，本官有折上奏，请速交皇上和太后。"

钦差点头应允。

左宗棠令王诗正代笔：荐举刘锦棠督办新疆军务，张曜帮办军务，杨昌濬署理陕甘总督。

折子拟就，左宗棠又对钦差说道："本官大病之身，实在难随大人同行，身体略有好转，立即赴京复命，请皇上、太后谅解。"

钦差猜透了左宗棠的心思，他在惦挂新疆战事，刘锦棠统领全疆的圣旨不下来，这骡子就会以大病在身为由，不会离开新疆的。钦差也是一个精明之人，左宗棠这样的封疆大吏得罪不起，如是来个顺水人情，说道："左相，您放心，小的照办。"

"伊犁不复，我左季高怎能半途而废？日后有何颜面去见世人？李少荃这小子，坏了国家之大事。"钦差走后，左宗棠痛苦地对王诗正和罗镇嵩两个幕僚说。

“世叔，这不能怪你，世人自当明知，况中俄已到剑拔弩张，伊犁问题定会得到解决的。”王诗正回答。

“不行，我得拖些时日，毅斋不到，我绝不去京城赴任。”

刘锦棠接到左宗棠的信函一看，也猜到了八九分，朝廷在中俄问题上摇摆不定。他带上一哨亲兵，匆匆地赶往哈密。

哈密是新疆的热点，与吐鲁番齐名。左宗棠到哈密正值最炎热的时候，沙漠热浪袭来，外地人简直受不住。他本来有病，受了酷热，加之朝廷调令下达时，怨火攻身，一病不起，每天躺在行辕军床上。

这天不知为啥，左宗棠刚合上眼，出现了惊心动魄一幕：漆黑的雨夜，几道闪电横空劈下，路旁一棵老树痛苦地呻吟，无情的闪电又一次劈在了它新长出的枝条上。老树在心痛，这些嫩枝是它生命的延续！又一道闪电劈来，娇嫩的枝条被劈断！老树的躯干也伤痕累累，它已经倾尽所有，只为保护那最后一抹嫩绿……老人抱住那棵老树，力图安慰它，突然，耳边传来了一声声呼唤：“世叔！世叔，晚生看您来了！您老病成这样，怎么还出关啊！您老应该为国珍重啊！”

刘锦棠看着躺在床上的左宗棠，自己出关已经三年多了，这期间两人从未会过面，老人比之前瘦弱多了，鼻子一酸，扑通跪倒在床前，用手轻轻抓住左宗棠的一只手，声音哽咽地呼喊。

左宗棠全身一抖，很快睁开双眼观瞧，口里不由自主道：“可是毅斋？可是毅斋吗？”

刘锦棠紧紧握着左宗棠的手，含泪点头道：“世叔，晚生出关至今，常常在梦里与您老相会，非常想念您呀！”

左宗棠哆嗦着身子，挣扎着起身笑道：“小子莫哭，不把伊犁收回来，老夫是不肯去见阎王的！”左宗棠口里说着轻松的话，眼里却流出两行热泪来。

刘锦棠在行辕陪伴左宗棠，辕外有亲兵报：“提督张曜、总兵徐占彪在辕外求见！”

“快请两人进来！”刘锦棠搀扶左宗棠起身，欲出门迎接，岂料两人快步进了辕门。

张、徐两人欲行大礼，左宗棠说道：“两位不必行礼，快请进来，毅斋也在，老夫有要事与三位商量。”

众人坐定，徐占彪直截了当地说：“大帅，您率大军西征新疆，现只剩一个伊犁了，今成功在即，却要您回京复命，这必是朝中出了奸臣，怕大帅立功。您可要慎重酌量，不可轻易上当。”

左宗棠道：“徐总兵，自古君命召，不俟驾而行，不可贪功，逆了旨意。本帅一生只图尽忠。朝廷圣旨，哪管他奸臣弄权！”

张曜接过左宗棠话说：“大帅差矣，古云将在外，君命有所不受。今俄人锐气已失，我兵鼓舞用命，在此一举。依愚见，不如速发大军，收复伊犁，然后归朝，将功折罪，岂不为美？”

左宗棠咳嗽一阵后，喘着粗气说道：“两位将军的话，老夫听明白了。”他转换口气说道：“收复伊犁并非易事，俄国人绝不会轻易放弃，今天召你们来哈密，说的是我走后，新疆军务由毅斋督办，张将军、徐将军你俩要听从毅斋调遣，军事上不能让俄国熊钻了空子。本帅连日通盘筹划，中俄绝非伊犁一战，应将俄侵占康熙朝地段收回不可！”此语道出了他的心愿。

左宗棠已是泪水满眶，语重心长地嘱咐：“汝三人都是手握重兵的人，须当守国家法度，要严束军队，不可拥兵自重，更不可离心离德，不枉我寄予你们的期望！”

徐占彪说道：“大帅，本人出身贫寒，若无大帅提携，哪有今日。

小的定遵大帅嘱咐，听从毅斋调遣。”

张曜说道：“大帅，您老放心好了，我与毅斋情同手足，小的绝不会做亲者痛，仇者快，有损我西征大军和国家之事。”

“我要的就是你们这句话，若不是我西征大军上下一心，彻底歼灭阿古柏，打出中国人的气势来，朝廷会废崇厚之约吗？俄人会回到桌上谈判吗？如今俄人张狂，朝纲混乱，不把规复新疆大计当作一回事，我不来硬的，朝廷定会同意崇厚的误国之约，坏了国体。”

三人一听，无比崇敬地说：“大帅果然是高人！”

正说之间，辕外钦差高喊：“圣旨到，陕甘总督左宗棠接旨！”

左宗棠没有料到，催他起身的圣旨来得这么快。尽管如此，他仍旧跪伏。

“奉天承谕，太后懿旨：西征军大帅左宗棠现已完成西征大业，关外军务谅经布置周详。现在时势维艰，俄人意在启衅，正需老于兵事之大臣以备朝廷顾问，上调军机处大臣留用。”

又听得钦差呼道：“通政使司通政使、二等男爵、太常寺卿、法福灵阿巴图鲁刘锦棠接旨！”

刘锦棠立即跪地，钦差宣旨：“内阁奉上谕，准左宗棠奏，刘锦棠为钦差大臣督办新疆军务，提督张曜帮办新疆军务。钦此！”钦差略为停顿，继续宣读：“自圣旨到达日起，帮办新疆军务大臣张曜、伊犁将军金顺、巴里坤总兵徐占彪及驻疆各军，全凭督办新疆军务钦差大臣刘锦棠指挥。”

这一下，左宗棠脸上出现了久违的笑容，朝廷倒是理解他的意图。他也就可以放心地回京复命了。

左宗棠离开哈密，刘锦棠部署调整兵力，对俄军摆开了在伊犁决战的架势：以伊犁将军金顺一军所部一万余人为东路，扼守精河一带，阻止俄军东犯，兵力不敷，另调金运昌步骑两千增援；张曜五千步骑为中路，自阿克苏北进伊犁；黄万鹏部为西路，扼守瞻德；易开俊率军暂驻吐鲁番，一旦中俄开战，即可投入战斗；罗长佑、董福祥率军自乌什押运粮草弹药，为瞻德守军提供后勤保障。

曾纪泽虎口夺食，刘锦棠枕戈待旦

圣彼得堡进入了秋天，第一场大雪悄悄到来。曾纪泽赴俄谈判，从他动身来俄国，已经过去四五个月了，双方在边界划法上仍然毫无进展，俄方坚持索要领土补偿，而曾纪泽在领土问题上决不退让。谈判进入胶着状态。

今天，俄外交部东方事务部负责人热梅尼发来一函，请曾纪泽和驻俄国公使馆参赞官邵友濂到俄外交部继续会谈。两人乘坐的马车走在圣彼得堡的大街上，呼呼北风在四周发出嘶鸣。

“劼刚，热梅尼今天会出什么幺蛾子吗？”邵友濂对热梅尼的邀请显得捉摸不定。

“管他什么幺蛾子，兵来将挡，水来土掩，卖国条约我们是坚决不能接受。”曾纪泽说得非常坚定。与俄国人谈判，曾纪泽从接到授命赴俄交涉改约的任务时就知道，要重新打开谈判的大门，并非易事。他赴俄前做好了应付各种刁难和阻力的思想准备，但实际上他遇到的困难比他料想的要复杂得多，他每向前推进一步，都阻力重重，可谓一波三折。

“崇厚误吞了俄国人抛出的诱饵，才出现了如此丧权辱国的重大失误啊！”邵友濂当时作为崇厚使俄团的副团长，对崇厚的失策了如指掌。

“是啊，俄国人对崇厚采取的是避名取实，垂饵钓鱼的策略。表面上看，俄国人愿意归还伊犁，实则在分界、商务上打主意。而这一点正好被崇厚忽视。崇厚索地越急，俄国人条件就越提得苛刻。”曾纪泽反复分析了崇厚谈判的全部过程做出这样的结论。

“崇厚的罪过，责任在他本人。代表一个国家出使谈判，事先准备不充分，对可能出现的情况估计不足。有人建议他从新疆入俄，深入西北了解山川地势，可他偏偏不走这条道；会谈时，崇厚大人手中又无中国地图。究竟俄国要占去中国多少地方？险要山口道路在哪里？他完全没有印象。俄国人看出了他的底细，执意按俄国地图分界。可想而知的结果是：中国吃了大亏。”邵友濂说出这些话来，目的是提醒曾纪泽，谈判万万不可大意。

“是啊，分界既属永定之局，自宜持以定力，百折不回，至于通商各条，惟当即其太甚者酌加更易，余者似宜从权应允，如更有不善，则俟诸异日之修改。”曾纪泽说出了自己的谈判原则。

两人正谈得浓，马车已到了俄外交部前。

这一次出现了意料之外的境况，热梅尼早在外交部门外等待。曾纪泽、邵友濂一下马车，他就迎上来，用中国话客套起来：“两位老兄好啊，小弟在此恭候多时了！”

曾纪泽蒙了，俄国人啥时候对我这么客气过？管他呢，进去看情况再说。

进了会客室，格尔斯也在场。曾纪泽心想：看来，今天的谈判可能是真刀真枪了。

格尔斯先试探地问：“听说准备与我国在伊犁打一仗的左宗棠，已经奉朝廷之命进京，要挑起两国的全面战事了，这个消息是真是假？”

曾纪泽说："外务大臣先生，这是谣言！"

格尔斯一听，心里更加没底了。安插在哈密的密探明明探听到了左宗棠入京的消息，为什么曾纪泽要掩盖？他的目的是什么？难道是要麻痹自己。

格尔斯不知道，曾纪泽说了大实话，他确实不知道。

格尔斯说："俄中两国是好邻居，如果为伊犁这点小事就打起来，怎么说都不合情理吧？"

曾纪泽回答："是的，中国不愿有打仗之事，但为了领土主权之事，中国百姓未必不愿一战。中国人坚忍耐劳，纵使一战未必取胜，然中国地方广大，虽数十年亦能支持，想贵国不能无损。"

格尔斯倒抽了一口气。活该自己倒霉，碰到了三个湖南蛮子：左宗棠抬着棺材统领重兵进驻哈密，刘锦棠兵临伊犁，曾纪泽现在用"能打数十年仗"的口气与自己交锋。

格尔斯完全被搞蒙了，搞不懂清廷葫芦里卖什么药。猜来猜去，只有一种可能，皇帝在这个关键时刻召见左宗棠，是要面授机宜，全面部署进攻俄罗斯的计划。这样一想，他心乱如麻，马上报告沙皇。

沙皇听了格尔斯的禀报，大吃一惊。他还算清醒，对格尔斯说道："电告驻华大使布策，令他打探到中国的真实态度后，迅速回国与曾纪泽谈判。"

驻华公使布策一收到国内电报，当天就带着一应随员气势汹汹闯进总理衙门，径找恭王质问："贵国政府不批准崇厚议成之约，改派曾纪泽使俄重开谈判，两国谈得好好的，又把左宗棠调回来，做中俄两国全面开战的准备，你们到底是何用意？"

恭王先是一惊突然醒悟，俄国人还不了解中国其中内情，他灵机一动，要要这红毛鬼子，于是板着脸严肃地说："伊犁那处小地方，只要一个刘锦棠就够了，贵国在长达万里的水陆边界部署重兵，其用意是司马昭之心路人皆知。至于说到左宗棠回京，那是皇上、太后定的。”

布策一听，恭王话中有话，平日见到这老头子，总是客气得不得了，今天说话却是趾高气扬，难道中国政府真准备向俄开战？他恨不得一口把恭王吞进肚子里，气急败坏地吼道：“开战就开战，俄罗斯大帝国还怕你清政府？”

恭王把脸一沉道：“贵国打不打是贵国的事，中国打不打是我国内政，与贵国无涉！来人，替本王送客！”

布策一见恭王口气如此强硬，猜准中国是真准备开战了，他也不甘示弱，大嚷道：“好，这是你王爷说的！既是中国要打，俄国使臣在此已无事可办！不用送，我自己走！”

布策随即对着一应随员大吼一声：“我们走！回使馆马上向大皇帝陛下请示拔旗的时间！”话毕，一行人旋风似的冲出总理衙门。

所谓拔旗，就是撤销公使馆；而撤销公使馆，则意味着两国正式断交。

恭王原本是想戏弄红毛子，没想到这小子真的较上劲了。口水仗不能输，恭王这么一想，也就咬牙切齿地回答道：“拔旗就拔旗，怕你怎的！”

布策一听恭王竟敢当面这样说，以为中国真的准备开战了，认定自己打探到了清政府的真实态度，于是按沙皇所说，立马回国，与曾纪泽展开谈判。

曾纪泽与格尔斯谈判过后，接下来一个多月，曾纪泽等着俄方的回音，但俄方什么动静也没有。正在他着急时刻，热梅尼代表俄外交部送来了一个口头通知：由驻华大使布策回国后与中国代表团谈判。

曾纪泽问道：“布策现在何处？”

热梅尼说，布策已到法国马赛，一两日即可回国。

曾纪泽知道，俄方派布策回国，中俄交涉又重现曙光。

布策回到圣彼得堡后，中俄边界并无战事，他心中突然一惊，老奸巨猾的恭王并没有明确地说出中国要开战，我是不是被耍了？他这么一琢磨，感觉哪里出了问题，原准备回国后就立即与曾纪泽展开谈判，看来我得缓一缓，再探一探曾纪泽的底。他带着疑问，走进了外交部，向格尔斯报告了在中国探听到的情报和自己的疑惑。

格尔斯和布策对中国的策略捉摸不定时，国防部一武官送来了米柳京的亲笔信函。格尔斯阅看后，脸色大变："刘锦棠就是一个好战分子！"

布策接过信函，米柳京在信中说，刘锦棠已在伊犁四面部署了重兵。信中特别强调：皇帝陛下已下令外交部抓紧与中国代表团谈判。

原来，格尔斯在等待布策回国这段时间，刘锦棠得不到曾纪泽谈判的消息，不知道俄国人又在搞什么鬼？看来，又要给俄国人加点压才行，于是他下令在伊犁布防的金顺部推进精河，金运昌随队跟进；中路张曜挺进特克斯河；"老湘军"谭上连、谭拔萃等分队由东四城沿喀什河挺进；自率老湘军居中指挥。

这就是政治，沾血的政治。沙皇倒不是很惧怕中国，关键是怕已兵临伊犁的刘锦棠，是打还是谈，主动权似乎已经掌握在中国人手里。沙皇原是想通过军事恐吓，用谈判解决，不想动武，也担心真动武，自家的财力支撑不起这场战争。

布策约见曾纪泽，中俄谈判重新启动。

谈判桌上，曾纪泽直奔主题：要求俄方交还伊犁全境；崇厚所签条约，擅自变更喀什噶尔和塔城在乾隆大帝时代划定的旧界，让中国失去一大片国土，坚决废止；南疆被阿古柏匪帮盘踞十年之久，未能实现与俄国实地勘界，此次也准予派员实地调查勘定。曾纪泽关于国土主权问题没有半点含糊。

布策听完曾纪泽的阐述，问道："这是侯爵阁下的意思，还是中国朝廷的意思？"

曾纪泽说："是我的意思，当然也是我国朝廷的意思。"他严肃地加上一句："我国祖宗留下的基业，我们绝不会让它失去。"

布策名义上是曾纪泽的谈判对手，实际上在背后指挥他的是格尔斯和热梅尼。曾纪泽这么一硬，布策只得请格尔斯定决。

第二天，格尔斯亲自出马，他先声夺人说：《里瓦几亚条约》我国已同意将伊犁归还，如果曾侯仍坚持要修改此条约，我方实难答应。

曾纪泽正色道："伊犁全境自古是中国领土，断不能拱手送予别国，中国领土今后断无再让之理！"

格尔斯哼了一声后，直截了当地提出："我国为中国代管伊犁这么多年，又为对付中国在海陆边境的重兵，本国出动兵舰到中国沿海，需庞大的军费开支，贵国政府必须给予补偿，具体数目为一亿五千万卢布。若再延搁数月，必然再增加一倍。"

曾纪泽听罢如此无礼要求，十分气愤，但他保持冷静，冷笑道："双方还没有打仗，哪里跑出来的军费？"

格尔斯盛气凌人、步步紧逼："因为本国所耗兵费甚巨，假如再拖延，不如打仗合算！如果你们不答应，我国只好开战了。"

布策也在一旁帮腔："中国必须在期限之内拿出办法，否则按我国大皇帝旨意，太平洋舰队司令会同凯阳德将军把我国最后一句话通告中国政府。"

曾纪泽知道，所谓"最后一句话"意味着最后通牒，要么接受条件，要么接受战争。他不卑不亢地回答："中国不愿有打仗之事。若贵国企图倚强凌弱，苛刻要挟，导致两国失和，兵戎相见，中国也不惧怕，中国地方广大，战端一起，自然全国动员。况中国军队并非弱旅，左帅令刘锦棠精锐之师枕戈待旦，一旦打起仗来，谁胜谁败还不一定呢。我国如果获胜了，那贵国也必须赔偿我们军费。”

曾纪泽说出这段憋在心里已久的话，着实让俄方人员吃了一惊。

布策见谈判面临破裂，出来打圆，对曾纪泽说道：“现在两国协商出现障碍，但尚不到兵戎相见的地步。”布策是中国通，知道中国朝廷掌权人害怕洋人，于是他狡猾地提出：“至于补偿一事，曾侯可请示朝廷呀，何必如此坚持？”

曾纪泽看透布策的祸心，当即回绝：“有疑惑之事请示，无疑惑之事何须请示！”

谈判桌上看不到硝烟，听不到炮声，但“交战”双方神经高度紧张，心智鏖战达到空前激烈的程度。

此后半个多月，围绕着划界和补偿军费，双方会晤多次，始终没有突破。布策进退维谷，他似乎觉得从接受曾的那一刻开始就犯了错误，对曾的能力和顽强估计不足。

“不行，不能这样拖下去。”布策与格尔斯一同到了国防部，两人向米柳京建议：“举起拳头，迅速而有力地把中国痛打一顿，才能使曾纪泽在谈判桌上老实下来。”

米柳京脸色暗淡，轻声地说道：“不是我们不想举起拳头，而是目前的国际形势于我不利。如果土耳其方面采取全面反扑行动，我们将面临很大的威胁，英、德从中牟利，我们现在比任何时候都更应当希望这新一轮的谈判尽快圆满结束。因为我们的全部注意力，应当集中在预料会发生重大纠纷的土耳其方面。”

又一份密探情报送往圣彼得堡国防部。米柳京脸色大变，情报上说，金顺一万多大军渡过了精河，张曜五千步骑也推进到了特克斯河。米柳京再往下看，真是怒不可遏，占领瞻德的湘军，竟然带着缴获的“沙皇大炮”，直奔惠远而来。

俄国人终于明白，刘锦棠这个“好战分子”已是箭在弦上，随时准备向俄国人宣战！

掌握主动权的人，可以放心将别人当猴子耍；被动接受挑战与挨打，提防的滋味可不好受。谈判桌前，曾纪泽没有半点退缩。

打不得，谈不赢，无计可施，焦头烂额。格尔斯回去想了一晚，怎么也扛不住了，只好又赶紧汇报沙皇。

沙皇一听，寝食不安：刘锦棠大兵压境，曾纪泽桌上顶牛，俄国并不想硬碰硬。怎样才能让人去把牛牵走？思前想后，唯一的办法，就是抓紧签约。

光绪七年（1881 年）二月二十四日午后，曾纪泽从圣彼得堡发来讯息：中俄双方宣布《里瓦几亚条约》无效，重订《中俄改订条约》。中国收回了伊犁地区被沙俄强占的两万多平方公里土地和伊犁九城……

伊犁收回，风光者莫过于金顺。早在光绪二年（1876 年），金顺就被朝廷任命为“伊犁将军”，可那时的伊犁是俄国人占着。他既然授命“伊犁将军”，即出布告：“晓谕伊犁汉、陕、维吾尔、土、回等同胞宣布皇恩……”提督殷华亭带上“伊犁将军”告示赴伊犁张贴。岂料俄官七河巡抚郭尔帕科夫斯基，将殷华亭挡回，不令贴示。借称应候土尔斯坦总督考夫曼回信。金顺还不死心，第二次派人去伊犁张贴告示，也被郭尔帕科夫斯基派人阻伊犁境外，而且明令不准复入。谁让你打不过人家呢？这窝囊气，金顺不得不忍了。《中俄改订条约》签订，金顺率领一万多大军浩浩荡荡地进驻自己辖地，结束了俄国人在伊犁长达十一年的殖民统治。

第十二章

西域柱石

父子相见，晏氏“重生”

伊犁收回，冰雪消融，刘锦棠从前线回程哈密。这条道路他已走了多次，前几次路过时，沿途所过村堡，尽是断壁残垣，荒草遍地，此次所过之处，西征大军出关以来在大道两旁新栽的一排排杨柳。在风中摇曳，春风里还夹杂着寒意，初升的太阳被几片乌云遮住。身边一行垂柳匆匆而过，忽然间他被意外的发现惊住了：柳树枝干枯色未褪，还有焦黄的柳叶挂在枝头，但那细细的柳枝上已添上了绿绒，嫩嫩的新芽初吐，是那样可爱，令人心旷神怡，令人畅想，令人忘却一切。

一路上触景生情，刘锦棠脑海中总抹不去一种记忆，出征伊犁时，哈密还见不到多少生机。城郊尽是坟堆，敌我双方的战死将士，静静地躺在这荒冢中，春秋季节，大群的乌鸦在天空盘旋，在树上栖息。树杈上的乌鸦窝，星罗棋布，给人一种萧瑟恐怖之感。出征前，他担心留守的将士，闲居无事，丧失斗志，便下令留守哈密的所有将士，在哈密城内外能栽树的地方，全栽上了柳树，并在大营附近开垦农田，辟地种菜。自产粮菜吃不完可上市去出售，所得款项用以增加部队给养，改善将士生活。越接近目的地，他越想知道他的这些要求，留守的将士做得怎样？

抵达哈密城郊，昔日那尽是野兔和臭鼬出没丛中的大面积的没膝荒草土地，现在变成了甚为壮观的菜地，另一处低洼之地，坑底一方方小水田，也平整如镜。显然，只要气候暖些，田中就可插上禾秧。田土之间，一棵棵柳树站立阳光下，沐浴着浓浓的暖意。

随行的罗镇嵩大有感慨地说：“毅斋，你交代留守将士屯垦养兵的决策，看来初见成效了啊，开了这么多菜地，栽这么多杨柳，还有一方方种水稻，哈密快成塞外江南了。”

“要是能将哈密变成江南，我们收复新疆一仗就没有白打，上对得起朝廷，下对得起战死的兄弟。”刘锦棠见到这场景，知道留守将士们这两年没有闲着，心里踏实了，他对罗镇嵩说道：“穆清，新疆暂无战事，哈密又是个戍边屯垦的好地方，现在我们要抓住开春的大好季节，种菜、种粮，争取自给有余。”

刘锦棠唤过亲兵营谭邦琥、武鼎臣两个营官，说道：“你俩给我在大营内开辟两亩菜园，我对种菜既有兴趣，又有经验，每天到菜园去做点事，人没闲着也为全军做榜样，让全军知道屯垦戍边人人有责。”

哈密原有新、老、回三城，经过战乱，三城已半成瓦砾。张曜进驻哈密时，在库鲁克果勒河东北岸旧名孔雀园的一片高敞长坪中，用黄土筑成围墙，建立哈密大营，大营与新城相对峙，离城约三里外，营内可容纳数千官兵。左宗棠入驻哈密时，这大营就成为总督行辕。现在，它是钦差大臣刘锦棠的大营。三城百姓得知西征大军班师回营的消息，身着各族服装，男女老少载歌载舞，欢迎大军凯旋。

长途行军劳顿，刘锦棠真有点累了，他一进府邸，欲洗漱休息。突然想起，今天是五月初一，自己的生日！摸一摸脸庞，硬硬的胡须充斥满脸，他令亲兵取来铜镜一照：天啊！在镜中怎么是黑乎乎、老乎乎的模样？黑乎乎的脸上布满了又深又密的皱纹，深陷的眼珠布满了血丝，虽说不到四十岁，可铜镜内映出的人影，看上去已是一个饱经沧桑的老人了。刘锦棠已认不出铜镜里的人是谁。“我已经这么老了吗？”口中咕哝着，沙哑的声音似乎来自遥远干涸的沙漠。“这是我的声音吗？”心中又是一怔，可这声音的确发自自己的喉咙。

刘锦棠从懂事开始所过的生日，唯有夫人晏氏嫁进门那年，在他的记忆中怎么也忘不了，晏氏那柔和的目光，神采中蕴含着几分高雅，让他这个放牛娃子感受到生日这天，原来充满着喜悦，充满着欢笑，充满着温馨，充满着快乐！今日生日，脑海中却尽是晏氏身影，几分凄迷，几分悲凉，不仅仅是眼泪，还是心理的伤痕在加深放大：这个名门望族的掌上明珠，嫁入刘家十多年，虽然夫妻恩爱，却总是聚少离多。王氏与安氏两妾，一样知书达理、楚楚动人。她们对夫君志在国家，心系百姓一样能够理解宽容。可是都是妙龄少妇，多么需要给以疼爱、抚慰和激情啊！家庭再殷实，生活再安逸，总不能画饼充饥吧？我不仅不能给她们幸福和欢愉，而且常常要她们为自己提心吊胆。刘锦棠想到这些，一种愧疚感在脑海中挥之不去。这一次西征与家人分离，算来已经有七个多年头了。他虽然是一个指挥千军万马的大帅，可他是一个男人，有长辈、有妻儿，这些至亲的亲人，他怎么不思念？过年前给家人去信，令长子国福在今春护送家人来哈密，如今他们动身了吗？他多么希望家人早点到来啊，享受夫妻快乐和天伦之乐。

真是天遂人意，亲兵进帐禀报：“钦差大人，您家眷到达营外！”

刘锦棠迅速到达营外，只见一个年轻的男子汉领头，身后一个十五六岁的少年和一个七八岁的儿童，齐齐地跪地说道：“孩儿拜见父亲大人！”

刘锦棠大喜，几年不见的孩子，国福已是二十岁的大男人了，已经娶妻生子，宝贝孙子家璠还未见一面。国禄也十七岁了，想不到自己出征时还在娘肚子里的国祉，如今也是一个七岁的儿童了。三个儿子拜见父亲，刘锦棠心中又喜又悲。喜的是儿孙满堂，人丁兴旺。悲的是夫人逝去，没有看到丈夫今天的事业。

王氏、安氏两位夫人行礼见过夫君，又把身后的一个年轻女子推到前面，并说道："拜见相公啊！"

刘锦棠一瞧这女子，惊诧不已："晏氏？"他有点不相信自己的眼睛，再仔细地瞧，活脱脱的晏氏就在跟前。

"相公，此女姓何，她逃荒至家门，奶奶见她与晏姐姐长得一模一样，只不过是年龄比晏姐姐小得十岁，不然两人简直像一对双胞胎。"王氏说出个中缘由："奶奶知道相公与晏姐姐情深，有意要相公收为妾室，稍宽相公对晏姐姐的思念之情。"

安氏接过王氏的话来说道："相公，何姑娘出自良家，贫寒家境中长大，体贴关心他人，你就收下何妹妹吧，莫负奶奶的苦心。"

王氏对何女说道："妹妹，相公你也见了，表个态呀！"

何女羞答答地躲到王氏身后说道："奶奶说了，我全听姐姐的。"

刘锦棠听了何女的话，心中一股说不出的滋味翻滚，是喜还是悲？只是轻轻地说了一句："大家快进屋吧！"

三个儿子，两位夫人和何女，后面还有一个管家和三位教书先生。一行十人进了大帐。原先尽是男人进出的军营，这次来了几位女眷，枯燥的男人国一下子变得热闹异常。

家眷安排就绪，国福递上太奶奶给父亲的信。

刘锦棠接过信，奶奶的身影立时出现在脑海中。他刚刚懂事，父亲和叔父就从军去了，奶奶在家里夜夜失眠、喃喃祈祷。记忆里，奶奶一直是挽个髻，小脚走着碎步子，常常一个人爬到屋后的山冈上，手搭凉篷，眺望北方，企图看到正在战场上出生入死的两个儿子。奶奶十六岁就嫁给了爷爷，进入刘家一个甲子有余，如今已近耄耋之年。老人家相夫教子，贤惠能干；长子战死沙场，爷爷由于思念亲人悲伤成疾，不久也去世了。连着失去两位至亲的亲人，奶奶泪水哭干之后，挺起干瘦的脊梁，祖孙相依为命挑起养家重担。

奶奶在信中自豪地说，古稀之年，儿孙满堂，时来运转，孙子朝命钦差，老人同蒙圣恩，宣读“诰封宜夫人”圣旨那天，不仅刘氏家族，远远近近几十里的乡邻友朋都沉浸在喜庆之中，羡慕叹美。大家前来祝福，喜酒一连摆了三天。奶奶信中畅叙了这件一生中最为快慰的事后，叮嘱刘锦棠：皇上把新疆这么大一块土地交给你治理，你要上不负苍天，下不负百姓，老人家在信中特意交代，要使西域长治久安，靠的是教化民众，目前西域风气未开，教育是件百年大计之事，培养人才要从儿童开始，故请族祠三个教书先生同行，一是为了国禄、国祉的学业，二是为你开办学校带来帮手。

刘锦棠读完家书，对奶奶更加肃然增敬。细思家中之事，父亲战死岳州，自己由奶奶一手牵扯成人后就随叔父在外征战，至今已二十余载，还没有代父为奶奶尽孝。如今年事已高的奶奶，还为远在西域的孙子操心操肺，老人家现在身体健朗，到了这个年龄，总有身心疲惫的时候，到那时，我虽然对得起国家，但孝亲有缺。一种痛苦的感觉袭上他的心头。

十年戎马书生老，开府姑师第一人

刘锦棠从光绪二年（1876 年）出关西征以来，转战天山南北，对新疆社会了如指掌，耳闻目睹了军府制下的新疆，将军、参赞、办事和地方台吉、伯克勾结，不关心人民疾苦，却鱼肉人民等种种弊端。以致新疆多年来地方闭塞，生产凋零，农牧不振，文化教育落后，人民生活极端贫困。更为甚者，敌军入侵时，一些主政地方的将军、参赞、办事、领队等军事大臣及一些台吉、伯克投敌为虎作伥；战后，全疆由善后局处理地方一切事务，一些伯克失去手中的权力后，困顿不振；还有一些伯克从中作梗，给善后局带来了不少的麻烦。再不改变军府制的政治体制，那些军府制庇护下的一些官员施政不合时宜，必会造成民族矛盾日益激化，一些台吉、伯克随时都会发难，到那时再来整治就比较难了。因此，刘锦棠在伊犁收复后，就一直忙于建省这件大事，他在左宗棠的建省方案上谈出了自己的认识。连着向朝廷具奏，反复说明，新疆改设行省，事关西北全局，解朝廷西顾之忧，收长治久安之效。刘锦棠一次又一次上疏，像石沉大海，不见朝廷回音。

殊不知，刘锦棠关于新疆建省的折子刚刚进京，伊犁将军金顺的折子也到了。金顺虽然不反对新疆建省，但他要求伊犁独立于新疆省外。接着，陕甘总督谭钟麟建议新疆暂不建省的折子随之而来，他奏请新疆先设道府州县，将“递设督抚”一节放在“如果地方日增富庶”之后。

离开了大西北的左宗棠，仍在惦记新疆建省之事。为了给刘锦棠筹备建省助一臂之力，左宗棠仍以新疆应督抚并设、分辖南北的意见上书朝廷。

由此，朝廷和地方大员们围绕新疆建省议论纷纷，公说公有理，婆说婆的理，一时难相上下。

新疆一战，刘锦棠在掌握朝政大权的慈禧太后心目中，是一个值得信任的封疆大吏，他的建省方案一到朝廷，慈禧就亲自审阅。金顺和谭钟麟的折子也看了，她心中明白，两人都是围绕“权力”做文章。左骡子则是为刘锦棠帮腔，向朝廷施点压力。新疆建省，除了地方、朝中大员不统一外，慈禧之所以在新疆建省问题上举棋不定，是因为新疆建省是件大事，按大清祖制，实行军府制的各边疆地区，将军、参赞、领队及办事大臣等缺，都由满洲贵族官僚担任，汉员不准涉足。而建立行省的地区，都是满汉兼用，且以汉员为主。新疆建省后，设在新疆的将军、参赞、办事、领队等军事大臣手中掌握地方伯克任免、补缺、选调、升迁、罢黜的军府制大权会心甘情愿交出来吗？那些世代归顺朝廷，为边疆安定、国家统一做过贡献，朝廷也认可了的王爷、伯克们失去了世袭权力和势力范围，他们又会怎样想呢？这种打破祖宗传下来的几百年陈规的改革，慈禧一时还不敢一人做主。她把刘锦棠的建省方案和金顺、谭钟麟的折子批转朝中文武大臣，各地督府，听听大家的意见总不会错的。这样几上几下，时间就拖得久了，刘锦棠再急，朝中官员可不急呀！

刘锦棠催促新疆建省的折子又到了总理衙门，李鸿藻看后，二话不说，立即入宫，求见皇上、太后。

慈禧接过奏折，脸上露出了笑意。刘锦棠在这本折子上说，新疆设立巡抚驻迪化，受陕甘总督节制；下设镇迪、阿克苏、喀什噶尔三道，分别辖治哈密至乌苏的天山山脉一带、焉耆至乌什的天山南麓一带和喀什噶尔至和阗的昆仑山北麓一带；伊犁仍设将军，塔城设副统，管伊犁、塔城边防，不再总统全疆军务。她心里明白，新疆一旦改省，首任巡抚非刘锦棠莫属，如果改换满人，对忠于朝廷的汉人大臣就是一大打击。真任命刘锦棠做了巡抚，新疆一块这么大的地方，交给一个汉人，她还是有些不放心。刘锦棠在此折说保留伊犁将军，原定取消伊犁将军的权力，由巡抚独统新疆的意见没有了，金顺的权力没有削弱，满族权贵就可监视新疆巡抚的所作所为，因此这一方案，正合她意。谭钟麟关于推迟建省的矛盾也解决了，原先左宗棠所拟方案，与龚自珍所议新疆总督、巡抚并设这一点是相同的。新疆如设总督，就不再隶属于陕甘总督，如仅设巡抚，则仍受陕甘总督管辖。按当时清制，各省地方政府长官称巡抚，总揽一省军民要政，总督为地方最高长官，辖一省或二三省不等。新疆只设巡抚，仍受陕甘总督节制，谭钟麟也就没意见了。这个女人为了满人的江山社稷，真是用心良苦呀！她接着往下看，奏折最后说："新疆久乱积敝之后，今昔情形判若霄壤"，"边疆一切事宜无论拘泥于时势多不相宜，且承平年间旧制，乱后荡然无存，万难再图规复。"刘锦棠对朝廷的忠心跃然纸上，慈禧非常清楚这个督军新疆的年轻人，对新疆是了如指掌。然而，她也没有完全看穿，这只不过是刘锦棠的过渡之策。此后金顺去职，伊塔即行设道便是旁证。

慈禧下了决心：不能拖了，该是做决策的时候了！

养心殿里，少年光绪皇帝坐在龙椅上，下面左右两侧是各位亲王、贝勒、御前大臣、军机处、内务府、弘德殿行走、南书房行走的几十位大臣。宣旨官读完刘锦棠、金顺送来的折子后说道："太后懿旨，特请各位进宫讨论新疆建省一事。"

军机大臣李鸿藻立起，说道："启禀皇上、太后，万事皆有源，新疆建省一事，自先朝龚自珍、魏源提出建省之议，一直没有朝议。左宗棠主政大西北后力主废伯克，改郡县、置行省，朝议认定左宗棠之举，故刘锦棠督军新疆，每收复一地，按左宗棠授意，设置善后局，派令军中幕僚担任局员，承担起临时地方政府的职能。一部分爱国爱乡的伯克被安排做些事务性工作，一切听从局员安排，这些局员大多是州县官员，最多才六、七品，而阿奇木伯克品级普遍是三、四品，出现这种'枝大于本'，上下不顺的局面继续下去，怎能确保社会安定？唯有建省，方是新疆长治久安之计。"

一贝勒站起，气愤愤地说："军府制乃祖宗之法，理应'恪守祖制'岂能说变就变？龚自珍之议，道光先帝早已断然否决，今日又提所谓‘建省’，无非是‘夺将军、参赞和伯克之权’，扩大你们汉人权力罢了。”

贝勒的话音一落，醇亲王奕譞立起驳斥：“祖宗之法意在稳固江山社稷，新疆建省这个变通祖制的建议，本王认为是随时势而变，稳固我大清帝国江山社稷的建议，为什么不能采纳？”奕譞乃坐在龙椅上那个小皇帝的亲生父亲，他的话其分量可想而知。

……

争论归争论，慈禧早就拿定了主见，不过她也不说穿，只是说：“户部去拟旨吧，皇上和本宫要休息了。”

光绪十年九月（1884 年 11 月）十六日，新疆建省的圣旨到了。

刘锦棠忙率一应随员到大官厅跪接圣旨。圣旨上说，授刘锦棠为新疆巡抚，仍以钦差大臣督办新疆事宜，以甘肃布政使魏光焘为新疆布政使……省府置于迪化。全疆设四道、六府、八直隶厅、二直隶州……改哈密为直隶厅；裁撤驻哈密办事大臣、帮办大臣衙署。

圣旨上还任命了一批官员：黄万鹏出任新疆提督，署理巴里坤各镇；谭上连任迪化提督；余虎恩署理叶尔羌、和阗；董福祥任阿克苏总兵；易开俊、谭拔萃屯驻库车；徐占彪旋任巴里坤总兵，统辖镇标四营，镇标中营、左右两营、城守营，兼辖哈密协古城营、塔尔纳沁营、木垒营；兵备道员罗长佑移扎阿克苏；张春发署广东陆路提督；席大成授宁夏巴里坤镇挂印总兵；罗镇嵩授中议大夫，仍留刘锦棠幕府；同意桂锡桢、方友升母忧归乡。

刘锦棠接过圣旨，泪沾袍袖，衣襟尽湿，朝东跪拜泣说：“吾代新疆各族人民感谢皇上、太后恩德，新疆建省乃新疆人民之福，本钦差一定不负圣恩，效犬马之劳，治理好新疆！”

刘锦棠三十岁时统领西征各军出关；三十五岁接替左宗棠任钦差大

臣，督办新疆军务；时年四十岁，出任新疆巡抚，成为当时大清王朝最年轻的封疆大吏。

再说，远在福州的闽浙总督左宗棠，身体一天天衰落，疾病缠身，几乎是水米不进。然而，他仍在挂念新疆建省之事，唏嘘不止。这一天，一幕僚风风火火地走了进来，高声地喊道："大人，好消息，刘锦棠来信啦！"

左宗棠接过幕僚手中的信函，阅看中蓦然坐了起来，激动地对身边幕僚说："新疆建省，终于了却老夫此生一桩心愿，死也瞑目了！"

刘锦棠在衙门忙碌了一天，回到家中，何氏为其换下外套。他觉得身心疲倦，便和衣躺在卧室睡椅上。刚一合眼，他就飘然地来到一座富丽堂皇的大宫殿。迪化城中有如此漂亮的宫殿，我怎么没见过？他迈开大步，正欲进入殿内，突然身后一声巨响，扭头一瞧，那宫殿前面折断了一根大柱，这下吓得他七魂出窍，大喊一声："快跑！"刚一抬腿，就从睡椅跌下，哎，原是一梦。

何氏听到卧室里的声响，慌忙进门，一眼就看到躺在地上的丈夫，脸上汗水淋淋，她吓得手足无措，不知发生了何事，尖声喊道："来人呀！"

一家人慌忙朝卧室奔去，只见刘锦棠从地上爬起，说道："我没事，只是做了一个噩梦。"

刘家的人正说着，忽有亲兵来报："启禀巡抚大人，现有左中堂之子孝宽、孝勋、孝同三兄弟致信大人。"

一听左氏三兄弟来信，刘锦棠心底疑惑不定，难道中堂蓬莱登仙？急忙拆信，果然如此，光绪十一年（1885 年）七月二十七日清晨，七十四岁的左宗棠停止了呼吸。信封中还有一纸，那是刘锦棠在去年为了纪念收复新疆死难的将士，欲在迪化建立一座昭忠祠，请中堂写一副门联。左宗棠一直没有忘记此事，终在大限将至之前，集成一联：

日暮乡关何处是；古来征战几人回。

上联是崔颢题《黄鹤楼》末联的首句，下联是王翰《凉州词》的末句。虽然是集句，却信手拈来，浑然天成，将沙场战士忠心报国却又思念家乡亲人的悲壮、凄凉的情景，描写得淋漓尽致。

刘锦棠阅信后，止不住泪水奔流。一想到自己与左宗棠十多年来生死相依，荣辱与共的关系，不觉放声大哭。

消息传遍巡抚衙门，文武官员无不哀恸。

刘锦棠为了寄托对左宗棠这位长辈，又是上司的感激崇敬之情，在迪化建立了“左公祠”，亲书一联：

提挈自东西，帕首靴刀，十年戎马书生老；

指挥定中外，塞云边月，万里寒鸦相国祠。

“左公祠”落成的那天，上至省府官员，下及山林百姓，男女老幼，无不痛哭，哀声震地。

八商入疆兴百业，安居乐业享太平

北疆初冬，暴雪肆虐，天地昏暗混沌，只剩下狂风、雪尘与彻骨的寒冷似乎连空气都冻成冰刃，嘶嘶叫着，从每个人的脖子上划过去。迪化提督谭上连接到首任新疆巡抚入城就职哨报，立即率领几营人马出城十里迎接。远处的戈壁上，一杆五色大旗迎风招展，谭上连几营勇士们一见那杆湘军帅旗，一个个催动坐骑呼啦啦地奔过去，要知道，在这万里之外的西域，能见到“屋门口人”那是一桩多么高兴的事啊！

刘锦棠和谭上连并骑进入迪化，这是西征大军出关最早收回的北疆重镇，经过几年的战后休养，城市恢复了生机，走在大街上，人声鼎沸，百姓朝气勃勃。他们正在清理自家门前积雪。扫雪的人，全副武装得像阿拉伯妇女一样，只能看到眼睛，路上碰到熟人都认不出来。一路上，百姓不断地向进城的部队举目致意。

一会到了十字街，一片喧闹，做小生意、小商贩、卖菜人，在那寒风中怀抱着小火炉，不断吆喝："新鲜的'大青棒大白菜''探头青''绊倒驴''红心脆冬萝卜'！"人们一听，就知这是安大营种菜的人。在一处卖菜的摊位旁，一个四五岁的小孩子，独自守在一个小火炉边，眼睛中有一种孤苦与无助，而父母都只顾吆喝着自己的生意。此时此景，刘锦棠想起了自己给财主家放牛的境遇，悲悯之心让他凄然泪下。那情景，多数人熟视无睹，少数人睹即伤情。生活的真实在这个塞外古城展现得一览无余。

"徽州毛豆腐""太原粉条""孝感麻糖"，旁边几个摊铺的吆喝声清脆悦耳，又带着一种浓重的地方口音。

眼前这情景热闹异常，外人岂知，西征大军刚刚克复迪化时，城内大多地方一片空白，只剩下一堆堆硕大瓦砾组成了荒芜的废墟。跟随大军入城"赶大营"的商贩，就在这些废墟上设点摆摊。为了留住商人，刘锦棠专门划出一段街道，让商贩与兵丁集中交易，谓之"买卖街"。附近各族民众也逐渐将土特产品拿来售卖，"买卖街"日益热闹。"赶大营"的首倡者安文忠真有一副经商头脑，他发现经过战乱的迪化，城内很多无主地，入城者可以任意占用建房。"买卖街"的"十字路"是当时迪化连接南北疆交通要道，他就在靠东的路口搭建了简易住房，结束了"赶大营"住店的历史。追随安文忠进疆的杨柳青人，也纷纷效仿，建起了土房住人存货，并在路边摆摊设点，一般摊位相邻，互相照应，互通有无。同时轮流挑担到附近营房和乡村卖货，并共同集资，按股分红，生意日益红火起来。

稍后入疆的燕、晋、鄂、湘、豫、秦、陇各帮，也在“津帮大营”的十字街落户。短短几年时间，“文丰泰货栈”“成利顺京货号”“瑞生祥京货号”“德兴隆烧坊”“德泰成商栈”“同威和湘号”等等商号兴起，迪化城充满了生机。

迪化商机无限。怀有一技之长的、两个肩膀扛一个脑袋的壮年汉子，在“要想挣银子，来一趟新疆”的诱人描绘下，成帮结伙，纷纷西行，或投奔亲友或投靠会馆，落籍于此。其中一部分人搭棚设摊继续从事商业活动，一部分人在城郊开辟菜地种菜。因为“赶大营”来到这里的小商贩大都是靠苦力谋生，所以他们落户后都能勤奋专心劳动，因此资本积累日益增加。有的开设商店，有的开酱园，有的从关内行商运货，往来传递着西域信息。就是在这种氛围中，赶大营的商人早来的早致富，后来的也各有营生，有饭吃。

一处挂着“安氏总汇”招牌的铺面格外显眼。刘锦棠一看就知这是安文忠在新疆的总部。一行人在铺面前停住了脚步，铺里一个人急匆匆地走出来，嗓门震天：“钦差巡抚大人，快要弟兄们里面坐一坐！”说话者正是安文忠。

“安兄，财运亨通呀！南疆、伊犁有没有你的商行啊？”刘锦棠主动上前与安文忠打招呼。

“大人，目前只在北疆、吐鲁番开了几家，南疆路途太远，路上土匪出没，加之商行人手不够，所以还没准备去。”安文忠如实回答自己的想法。

“安兄，你说南疆远，你从天津到新疆，路途不远吗？你到了吐鲁番不到南疆，可不算到了新疆。如今新疆全境收回，你是大老板要带头把生意做到南疆，做到伊犁去。人手不够更好解决，除了回去雇人外，你可在新疆本地民族兄弟中和退役的军人中雇工啊。”刘锦棠这番话说得实在。

安文忠听出了刘锦棠话中的弦外之音，他憨厚地一笑：“大人，我一定照你意思做，动员更多的人来新疆！”

前面一个耳熟的声音传来，“新烤的湘乡烘糕啊，尝一尝，试一试，不好吃不要钱！”这是一位湘乡人在这里做起了生意。刘锦棠近前一瞧，竟是老家四叔的儿子刘文。原来刘文在入疆的第一仗黄田战役中就失去了一条胳膊，按规定部队在没有裁减之前，他应继续留存军中领饷。对这位家无寸土的农家子弟来说，当兵是为了生活，现在负了重伤，再留部队，即将裁脱，回老家没有出路，他就用自己的军饷，在这迪化城与另一位伤兵做起了湘乡特产烘糕的生意，自制自卖。

刘锦棠抱住族弟，含着泪水说：“老弟，四叔把你交给了我，我没照顾好你，哥对不住你啊。”

刘文反而爽直地说：“毅斋哥，不要这么说，这是命中注定的，即使不负伤，打完仗，我回到老家也没出路，在这里做生意，赚了钱回家，也是光宗耀祖。”

刘锦棠说：“老弟，这几年过得怎样？”

刘文说：“哥，我在这里圈了一大块地，与我一起来疆的山枣、泉塘、月山老乡，好多不能再上前线的伤兵，都想在这里做生意，我们住在一块，有本钱的做生意，没本钱的出力，大家相互照顾，不枉来新疆一趟。”

兄弟两人正说着，一大帮湘乡人围拢过来，刘锦棠见到他们，就像见到了久别的亲人，他的眼里充满了泪水，张开双膀，亲热地拥抱家乡同来的一个又一个生死兄弟。随行的亲兵营，一见到分别了多年的老乡，哪还顾得什么军纪，叔侄、兄弟、乡邻，除了亲热的问候就是热烈的呼唤，真个是“亲不亲，故乡人！”

谭上连见状，上前说道：“各位兄弟，今天是巡抚上任的第一天，以后见面的机会多着呢，大家还是先让巡抚到衙门安顿下来再说吧！”

刘锦棠和兄弟道别；令亲兵营按照谭上连的安排扎营，自己带着几个亲随，还要去看望一个让他牵挂的人，然后再去衙门。原来十字街不远处有一个澡堂子，那是老湘营的张老倌开设的。说来也奇，一想到张老倌澡堂子，浑身就奇痒难受，看来今天非得洗澡不行。

刘锦棠催马前行。好远就见到“张福寿澡堂子”那招牌下人来人往。随行的亲兵一见到这澡堂，就想起了生死与共多年的张老倌和这澡堂子的由来：那是刚刚收复迪化后的一个大雪天，刘锦棠冒着严寒在城内巡视，回到屋子里，只觉得鼻子、耳朵、双手冻得发红，全身痒痒的。随同他一同出巡的亲兵，都是一样的感觉。如果在南方，洗个澡就好了，这个时候的迪化，到哪去洗澡呢？刘锦棠想起了关内一些大城市的大澡堂，他琢磨着，要在迪化建个澡堂。谁来经营呢？亲兵队中，有一个湘乡山枣的老湘军兵勇张福寿，咸丰年间就从军，至今未有家室，如今到了新疆，年龄已经过了壮年，营中都叫他“张老倌”。他曾当着刘锦棠的面，流露出想在迪化做点事过完这一辈子算了的想法。对，就叫张老倌来开一个澡堂。刘锦棠喊来张福寿，征求他退役开澡堂的意思。

张老倌听后为难地说：“毅斋，我确实想在这谋条生路，回老家上无父母，下无妻儿，更无田产，什么牵挂也没有了。但现在开澡堂，我的本钱不够呀。”

刘锦棠说：“您的本钱我给，新疆的冬天盖不了房子，我要老湘营腾几间土房出来，先把澡堂开起来，让大家洗一次澡。”

“毅斋，我真的感谢你叔侄俩。寿卿在时，我就在亲兵营，他对我关怀备至，后来跟了你，你也看得起我，这辈子怎样才能感谢你叔侄俩？”张老倌说的是真心话。

“您老不要这么说，这十多年来，您一直随我叔侄南征北战，要说感谢，是我要感谢您。”

没几天，“张福寿澡堂”开业了。首先是老湘军的将士和关内入疆的商人光顾，接着城里的百姓也来了，顾客应接不暇。张福寿更没料到这迪化城成了他发达之地，数年后，结婚生子，成家立业，衣锦还乡。

老湘营进城的消息，早在迪化城中传开。张福寿知道刘锦棠是一个最讲义气的人，到了迪化一定会来澡堂子看望自己。于是，他早就站在店前恭候。

“来了，毅斋真的来了！”张老倌兴奋地朝刘锦棠奔过去。

从澡堂子出来，刘锦棠觉得身上轻松了许多。在返回途中，途经“定湘王”药房，不知谁喊了一声：“钦差巡抚大臣来了！”人头攒动，喧闹之声不绝于耳的闹市，顿时一片寂静，行人、居民全跪在街道两旁，是迎接钦差巡抚大人还是含冤告状？刘锦棠惊疑不定，几位须发斑白的维吾尔族老人喊道：“定湘王街道草民拜见钦差巡抚大人！”

老百姓自发地用如此隆重的仪式迎接钦差巡抚大臣的情景，众人都没有料到。定湘王药店本是收复迪化城的那年夏末，发生时疫时，湘军在一废墟中盖了几间土房给城中百姓熬制药汤。时疫控制后，城中百姓为纪念湘军的善举，在旁边盖了一庙宇，取名“定湘王”庙，将原熬药的房子装饰成厢房。庙内设有求医“神笺”，厢房设“湘军草药室”，抽得“神笺”的患者，可到“湘军草药室”免费取药，但刻版印就的“神笺”，不但不能适应各种复杂病证，有时还适得其反。刘锦棠为了维护定湘王的“神威”，每天派一名湘军医官坐堂看病，再到药店领药。这样一来，各族群众纷纷前来求医看病。期间，刘锦棠叮嘱军医谭邦瑚选拔几个不能继续西征的退役勇丁，传授一些简单的医术，大军一旦继续西征，让他们留存“定湘王”为民族同胞服务。久而久之，“定湘王”在迪化城中成了湘军救苦救难的代名词。今天，居住在这“定湘王”街道的各族同胞，得知今日上任的钦差巡抚就是当年的湘军统领大臣，都在这里恭候，用最隆重的礼节迎接他们心目中的恩人。

刘锦棠迅速下马，扶起那几位老者说道：“快请起，你们如此年尊，本官只是做了分内该做的事，怎能受此大礼！”

百姓这才起身，为巡抚让出一条道来，刘锦棠一行高高兴兴地抵达临时的迪化巡抚衙门。

谭嗣同入幕钦差府，杨昌濬吟诵千古诗

新疆建省，大的战役基本结束，外敌也不敢轻易再发动战争。因此，参战部队有的调入关内，有的回了老家，还有六万余官兵留了下来。如果不裁军，军饷难以为继，为长远考虑，刘锦棠上奏朝廷裁减三万左右老弱病残兵勇。朝廷上谕很快到了：圣谕特别强调，老湘军尽量少裁，新疆地域辽阔，应保留一支战斗力强、机动性强的战斗部队，老湘军可担此重用；裁撤兵勇亦可屯垦戍边，也可回乡，人员去留，由巡抚、布政使全权决定。这道上谕出乎意外，完全按照刘锦棠的上奏回复，令他欣喜异常。圣旨之后，附有一调兵谕旨：令刘锦棠从老湘军军中调遣三营战斗力强的人马，回关肃州，交王诗正统领待命（后来才知这是左宗棠的主意，中法战争爆发时，王诗正带领这几营人马赴台参战）。

裁军，说来容易，可做起来矛盾重重。被裁将士虽然有部分愿意留

疆屯垦、经商，但不少人还是选择回乡，无论回乡不回乡，裁军，要的是银子。朝廷财政日益空虚，除了八旗、绿营能勉强保证军饷，一般的军队都靠自己筹饷。征伐新疆以来，左宗棠虽然是陕甘总督，但陕肃都是穷地方，新疆尚未平定，所以左宗棠主要靠外省支援和胡雪岩在江浙一带弄钱，并向英国的银行借钱。刘锦棠接替左宗棠督办新疆军务后，全靠家乡人杨昌濬，为他办理此事。然而，裁军所需几百万，上千万两的银子不是喊一声就能到位，幸亏新疆大，各路被裁将士回乡日程不可能一致，刘锦棠深思熟虑之后，对被裁撤将士采用分路裁撤、分批返乡、军饷和盘缠数额全到巡抚衙门领取。这种方式，减少了被撤将士回乡途中集体闹事的风险，正好给军银筹措争得了一定的回旋空间。

近处军营的被裁将士走了，远地军营的来了。一天，刘锦棠在大营送走一批兄弟刚进衙门，亲兵就来禀报："辕外有几百名裁撤回籍的南疆将士，请钦差大人发放军饷和回乡盘缠。"

刘锦棠心里猛地一怔，这批远在南疆的被裁将士预计四五天才能到达，那时，杨昌浚押解的军银也到了，军饷和回程盘缠即到即发，不误他们行程。现在，这些兄弟来得这么快，一定是归心似箭，军银还在途中，四五天后才到，手中又无剩余饷银，怎么办？军需官在一旁说，不给他们发钱，闹起来怎么得了？刘锦棠略一思索，他相信这班与自己共过生死的兄弟，一定说得清。

巡抚衙门外站着一大堆长途跋涉而来即将回乡的将士，他们一见刘锦棠出了大门，就像见到了久别的亲人，有的喊"巡抚大人"，有的喊"毅斋"，喊"老兄""老弟"的也不少，刘锦棠来不及与众人一一问候，便有人上前高声问道："巡抚大人，请把军饷和回乡盘缠快点发放了吧，家里人盼着我们回去呢！"

刘锦棠大声说道："兄弟们，现在押解军饷的杨昌濬大人已在途中，三四天即到，我刘毅斋说话算数，不会欠回乡兄弟一分钱。请你们在大营歇息几天行吗？”

一位年龄较长的哨长说道：“毅斋，我们都是急着回家的人，家人也是望眼欲穿，我们怎能在这歇息呢？”

也有人附和着说道：“毅斋哥，我们在这里坐吃山空，到时回去不了，你可得加钱呀！”

刘锦棠正和众人说着，忽见前面沙尘滚滚，几十驾马车一字儿排开，一匹快马眨眼就到了跟前，一个英俊青年滚鞍下马，向刘锦棠行以大礼：“小侄谭嗣同，奉父亲、甘肃省按察使谭继洵之命，为钦差大人押送十万两军银解到。”

谭继洵，字子实，号敬甫，又号剑芙，湖南浏阳人。道光二十九年（1849年）中举人，咸丰十年（1860年）进士。同治十三年官户部员外郎。次年转户部郎中。旋监督坐粮厅，主办验收漕粮、催督转运等事务。光绪三年（1877年）由谭钟麟荐于左宗棠，得由京官外放，补授甘肃巩秦阶道，加二品衔。长期战争之后的秦州，城乡残破，经济凋敝，民生困苦不堪。谭继洵上任之后，整顿吏治，减免厘税；禁种罂粟，禁售鸦片；兴修水利，种桑养蚕。他不惮繁难、孜孜求治，使得秦州社会经济逐渐恢复，民生安定，由此擢甘肃按察使。谭继洵得知新疆军饷出现困境时，他要帮一帮刘锦棠这个“屋门口人”，于是他在辖内开征薄税，又动用自己在京主管南北漕运的关系，筹得十万军银，关键时刻为刘锦棠稳定了大局。

真是雪中送炭！刘锦棠做梦也没想到，这个谭继洵刚刚上任按察使就送来如此大礼，不仅解了裁军的燃眉之急，更重要的是稳定了军心。真是苦了这位兄长，在甘肃这样贫穷的地方，能筹措到十万军银，他花的心血不少啊。

刚刚还担心领不到饷的裁撤将士，目睹军银解到，一个个放心回驿站，做返程的准备。

刘锦棠见众人散去，即邀谭嗣同入府邸畅谈。

宾主坐定，刘锦棠问道："贤侄，你父亲身体好吗？"

"父亲有意来疆看望叔父，已随押送军饷的杨伯父在途中，过几天就到。"

"你父亲也来了，真是太好了，他这个京官我还没见过哪！"刘锦棠风趣地说。

谭嗣同敏捷地回答说："叔父这么说的话，真是折杀家父了。"

一个身为巡抚封疆大吏，一个尚未出山的毛头小伙子。两人谈古论今，纵论天下大势。谈到本朝，年少者一腔热血沸腾，出言惊天动地。他说，康乾盛世，那威武雄壮的号角，那扣人心弦的马蹄，那冠盖如云的排场，那翠华摇曳的仪仗，已是明日黄花。一个王朝的开始，总是群英会，大气磅礴。到后来，没有了征战，没有了拼杀，没有了锐气，皇宫就渐渐滋生享乐和荒淫，飞鸟尽，良弓藏，狡兔死，走狗烹。在后宫女人怀里长大的爱新觉罗子孙，志短才疏，一副弱骨，哪里谈得上雄才大略，文治武功？他们在重复前朝衰败的历史。

说到西征，谭嗣同更是出言有章。他说，大厦欲倾之时，叔父指挥新疆一战，未满两载收复祖宗基业数万千里，拯斯民于水火，福祉万世，正如左大帅所说，实为周秦汉唐以来所少见。

刘锦棠惊讶不已，他发觉谭嗣同少年老成，话中充满一股英雄之气，实在罕见，使得他对眼前这个晚辈刮目相看。

年轻人的话相对他的年龄而论显得有些走得太快，想得太深，旁人难以企及。他言道：虽然这国家已经病入膏肓，巍峨的皇宫摇摇欲坠，四面寒凉。无论民族的苦难是如何深重，国家的处境是如何困窘，民众的心应当也只能属于这个国家和民族，因为民众的血管里流淌着这个民族的热血。年轻人雄心壮志地说，他要阻止国破家亡的悲剧发生，他要抗争，国家现在虽然是满人统治，但保卫朝廷，就是保卫国家。

“奇才！奇才！”刘锦棠由衷地赞叹眼前的年轻人，诚心聘入巡抚幕府。

眼前这位气宇不凡，忠君爱国、见多识广，声名远扬的钦差巡抚，满脸慈祥而不失威严，谭嗣同没有理由不接受这位长辈的邀请，立起、谦恭地回答：“小侄能入幕钦差巡抚衙门戎机辅政，聆听叔父教诲，真是求之不得。”

“好，等你父亲来了，我再与他说。”

不知不觉，月亮已经挂在天边，朦胧的月光洒满大地，空中的“小眼睛”也越来越光亮了，犹如一颗颗雪白的珍珠洒在一条条黑绸带做背景的天空里。夜是幽静的，万籁俱寂，天地之间空旷而广阔，唯有孤独的月远远凝望着这安静的夜。大自然沉浸在酣梦中，静悄悄地孕育着黎明的到来。两人本来劳累了一天，加上这一长谈，都有些疲倦了。刘锦棠令人安排谭嗣同歇息，自己才休息。

再说从肃州起程的杨昌濬和谭继洵，沿着河西走廊一路西行，沿途所见“一片升平景象”。杨昌濬喜欢唐诗宋词，想起了唐人的诗句：“羌笛何须怨杨柳，春风不度玉门关。”此时玉门关外，一条长长的绿带穿越戈壁沙漠，直达新疆吐鲁番，气势雄浑，正是人类同恶劣的大自然战斗的结果。更令这个湖南人感慨的是，新疆南北到处都是家乡人的口音，到处是湘军将士的足迹。杨昌濬感慨万千，坐在驿馆里写出一首七言绝句：

上相筹边尚未还，湖湘子弟满天山。

新栽杨柳三千里，引得春风度玉关。

他万万没有想到，这首诗很快会传遍神州大地，自己一不小心就成了著名诗人，一洗数年前在浙江官场上的耻辱。

杨昌濬和谭继洵一行人马到达迪化巡抚衙门，刘锦棠大喜过望，设家宴盛待两位嘉宾。席间谭继洵见一儿童，生得眉清目秀，待人彬彬有礼，询问旁人，得知是刘锦棠的三公子国祉。便玩笑地说道："三公子过来，给伯父做女婿去！"

一旁的杨昌濬打趣地说："毅斋，谭大人有一个与三公子相当的女儿，他想与你家联姻，我来保媒，我看这桩亲事就定下来了。"

刘锦棠高兴地说："好啊！"又对国祉说道："三伢子，过来拜见岳父大人。"

众人只当是席中说笑，岂料聪明的小国祉，走到谭继洵跟前，倒身便拜，口中还说："小婿拜见岳父大人！"

众人哈哈大笑，谭继洵不料国祉有如此之举，慌忙中扶起国祉，认了这个女婿："婿儿快快起身！"

刘锦棠笑着说道："谭大人不嫌弃小儿，这桩婚事就定下来了呀！"

谭继洵也说道："毅斋，既然我俩是亲家，那就一家不说两家话，犬子嗣同已在你府中，我还有一子嗣襄，你就一并收下吧，让他兄弟俩在你府中磨炼磨炼，不知意下如何？"

"只要谭兄放心，你就叫嗣襄来吧！"刘锦棠爽快地答复。

这些来自湖南屋门口的老乡，远在万里之遥相聚，真还抑制不住兴奋，大家推盅换盏，气氛之热烈，难以形容。

话说嗣襄、嗣同兄弟入幕刘府，此后数年，谭嗣同抓住机会和空余游巡天山南北，察视风土，领略新疆壮美的山河。在艰苦而又充满浪漫色彩的漫游中，湘军将士收复新疆的故事，激起了他强烈的爱国之心，写下了许多赞美壮丽山河和湘军的诗句。描述迪化之战的《西域引》，就是他为将士们奋勇杀敌保卫边疆的爱国至诚所感，以向往与敬仰之情，写下这首流传后世之作。

将军夜战战北庭，横绝大漠回奔星。
雪花如掌吹血腥，边风冽冽沉悲角。
冻鼓咽断貔貅跃，堕指裂肤金甲薄。
云阴月黑单于逃，惊沙锵击苍龙刀。
野眠未一辞征袍，欲晓不晓鬼车叫。
风中僵立挥大纛，又促衔枚赴征调。

天山脚下“湖南村”

该走的走了，留下来的还得安排。刘锦棠和亲兵刚刚用过早膳，一个瘸腿老兵进营求见。他一瞧，就喊出来者的绰号：“‘黄老将军’，我不是让你回老家养伤么，怎么你冒回去？”

这个被刘锦棠称为“黄老将军”的伤兵，年龄并不大，他是湘乡月山人，大名叫黄忠。因与三国演义中的黄忠老将同名，因此军中有人送他一个“老将军”的绰号，时间一长，伙伴干脆称他“黄老将军”。刘锦棠虽然身为大将军，但与下级将士相处和谐，他也跟着大家叫起了黄忠的绰号。黄忠于同治十一年（1872 年）在湘乡涟滨书院投军，刘锦棠见他年龄较小，便将他分配在亲兵营。迪化城外剿匪时，敌军一发炮弹朝刘锦棠呼啸而来，黄忠见状，在马背上跃起扑向刘锦棠，一块弹片击中他的腿部。大军在迪化继续西征出发前，刘锦棠安排他回乡养伤，没想到今日他还在军中。刘锦棠关切地问道：“老弟，这几年过得怎样？”

黄忠说道：“毅斋哥，我家无田无土，回乡后还得靠父母养着，你们走后，我就在刘文那里帮工，赚点钱寄给家里，日子还过得比较舒坦。”他略为停顿，道出了他此行的目的：“毅斋哥，新疆收回来了，仗打完了，朝廷养不起这么多人，我们这些伤兵肯定在裁军之列。我不想做生意，只想种田。古牧地到迪化的中间，有好大一片肥土，你到那里划一大片出来，我邀一些不能出征，负伤不愿回乡的兵勇到那里种田，你看如何？”

刘锦棠一惊，没想到一个兵勇能说出如此顾全大局的话来。他略微思索后问道：“‘老将军’，有哪些人愿意与你一块留下来种田？”

“我知道的有一百多人，基本上是湘乡月山、育塅、泉塘、山枣、虞塘、蒋市、永丰、杨家滩一带的，大家都是一块投军，在家乡无寸地，回去后可能‘堂客’也讨不到，要是这里有地安家，说不定还能讨一个‘堂客’。”黄忠说的都是实话。

刘锦棠说：“黄忠兄弟，一百人等于两哨，你把他们都集合起来，再发动一下组织几哨，成立一营，你来当这营长，行吗？你还可向别人说，就说是我刘毅斋说的，不能上阵的伤残兵勇，不论父子兄弟或雇伙结伴，均以二人为户，分给每户上地六十亩，或中地九十亩，或下地一百二十亩，给以农具银、修屋银、耕地银，借给种子。”

黄忠一听，拍手叫好，他摸了摸脑袋，说：“我要回乡叫来几个亲朋好友，他们也有地分吗？”

“有，你喊来十人就是五户，二十人就是十户，照上述政策待遇都不变。”

“他们都在刘文那里等我的回音，毅斋哥，你能前去与他们说几句话吗？”

“行，我听‘老将军’的安排。”刘锦棠半开玩笑地说着。

刘文商行前，一大群人在那里等候。

“钦差大臣来了！”说话者湖南口音，顿时一大堆人围拢过来。

“刘将军，我是湘潭人，算得上‘屋门口人’啊！”

“刘将军，我们这些‘屋门口人’跟着你到了新疆，仗打完了，你说我们做么子去？”

刘锦棠一瞧，说话者全是湖南家乡人，他亮开嗓门说：“兄弟们，在新疆这里，我们都是屋门口人。大家不远万里，随同我收复了新疆，仗虽然打完了，但边疆要保卫，还要清查盗贼，大部队不能散。我们收回了新疆，就要帮助这里的民族兄弟建设新疆，有很多事要做，路要修，水利工程要恢复，留下来愿做生意者，给你本钱，想种田者，分几亩地，发放耕牛种子。你们愿意不愿意？”

“愿意！”大多数人说。

“你们还可动员亲朋好友来开发新疆，只要有人来，朝廷都会给他土地，借给他耕牛农具种子，有了余粮后再折价归还。”刘锦棠稍作停顿，接着说：“有全家迁徙来疆的，还可加倍支持。”

“钦差大人，你说的算数吗？”

“兄弟，新疆这块土地，古往今来都是令人牵挂的地方，戍边西域的赳赳男儿，在我们的前头已有过无数个，在我们的身后还会有无数个。所以本钦差已奏报朝廷，皇上颁旨同意我提出的方案，你完全可放下心来。”

几天之后，刘锦棠和几位将领与六百多名负伤年老的兵勇，踏着厚厚的积雪，出现在迪化二十里外的乾德。

乾德背靠南天山和博格达山，境内水磨沟河、铁厂沟河、老龙河三大河流源于天山，河的两岸地势平坦，土地肥沃，水源丰富。水位较高的长山子、三道坝、羊毛工等地还有地下潜水溢出补给，泉眼如织，随处可见，有“地下水库”之称。老湘营将士途经此地时，正值夏天，绿草茵茵，似乎回到江南一般，一股亲切感油然而生。当时就有湘军将士说：“不打仗了，我就来这里种田。”因此，有人给它取名“塞外江南平原”。

现在，老湘营一群即将退役的兵勇回到了这里，黄忠扒开积雪，捧起一捧泥土，亲了一亲，赞叹地说：“多肥的土啊！”同来的一些人干脆躺了下来，在雪中滚几滚，大喊道：“我有地啦！”

刘锦棠站在一处高地，对这群人说：“弟兄们，脚下这片土地就是大家的了。你们仍旧按军队编制成伍，营长由黄忠担任，哨、队长由大家自选，我就不再任命了。我要叮嘱大家的是，种田是一件大事，无论如何要抓好，转眼就到春耕时候，人误地一时，地误人一季，耽误不得。”

黄忠站出来说：“毅斋哥要我负责，我想到一个难题，当地人不生产大米，也不喜欢吃大米，他们贵麦而贱米，乐种麦，不喜种稻。这样，种水稻的农具、耕牛基本没有。我们这六百多人，犁、耙、锄、锨、镢至少要有五六百件，到哪里搞这么多的农具。”

刘锦棠说：牛少，可以用马，各营淘汰的军马，一律不准宰杀，借给你们耕田。没有马，用骡用驴也成。农具少倒是个大问题……

队伍中有人站出来说：“我是个铁匠，只要有铁，这些农具都可打。”

这时候罗长佑说话了：“铁匠说只要有铁就能打农具，我们不是缴了不少武器吗？都堆成山了，那些破刀断矛，大军也用不着，干脆就回炉造了农具得了。”

刘锦棠一拍大腿说：“好，罗长佑这一招叫化刀为犁嘛！”

“稻谷种子怎么办？”队伍中又有人提问。

刘锦棠利落地回答：“先从军费中借给你们启动资金，派人去湖北或回湖南老家采办都可以。明年粮食收割后，全卖给部队，到时扣回借款。你们说，行不行？”

“行！要得哟！”

队伍一片欢呼。

做官与不做官就是不一样，做了官就要想事。新任营官黄忠说：“毅斋哥，我们现在的武器是不是继续配备，在这荒郊野岭一可抵御野兽的攻击，二可保卫一方疆土，遇有内乱外敌我们照样为国出力。我听读书人讲过，叫什么‘屯垦戍边’。”

此时，刘锦棠亮开嗓门高声说道：“弟兄们，黄忠说的屯垦戍边，早在两千多年前的汉朝就在新疆这片土地上实行了。屯田一事，实为安边、便民、足食、足兵之良法。我军入关前，我与左中堂就商量过了，准备留下部分将士在这里屯垦戍边，你们现在配备的武器不但不要交，将来有了新武器，还会发给你们。我相信你们在这里屯垦戍边，无疑会对今天战乱的新疆，在稳定和建设中发挥着重要作用。”

刘锦棠一番话，让这些老弱病残兵勇，重新看到了光明前途，鼓起了生活的勇气。只听得那欢呼声和“哗！哗！”的掌声响彻大地，回荡天山。

黄忠挥手止住喧闹的场面，说：“毅斋哥，我还有一个请求，你给我们的驻地取个名字。”

“我们大都是湘乡人，这里就叫‘湘乡村’，行吗？”不待刘锦棠回答，下面就有人给出了名字。

“好啊！好啊！”有人跟随附和。

刘锦棠本来还没将名字想好，经下面的人一提醒，他敏捷地反应过来，这些裁减的老湘军兵勇中，湘乡人虽然占多数，但也有部分不是湘乡人，不过基本是湖南人，于是他对大家说：“我们大家都是湖南人，我看叫‘湖南村’最好。”

黄忠说道：“弟兄们，毅斋哥想得全面一些，我同意‘湖南村’这个名字，大家没意见吧？”

“没有！”

从此，“湖南村”就在天山脚下生根开花结果。

《新疆图志》记载：“三个泉子（今米东区）皆良田，湘人之从征者，屯聚开垦，省城谷米，半仰给焉。”

有了“湖南村”，各军裁撤的兵勇都是老乡邀老乡，由此“河南庄子”“协标村”“陕西工庄”一大群村庄诞生了，扎根新疆的西征大军将士，在这西域迎接一个又一个春天的到来。

火焰山下小江南，坎儿井道扬情歌

当湘军退役老兵正在乾德“湖南村”踏雪分田分地时，南疆的春天已经来临。往年这个季节的吐鲁番，田地里处处是农人们忙碌着抛粮播种的身影，可今年播种季节来临了，各族同胞兄弟望着自家土地叹息不止。去年，老天发难，吐鲁番是旱灾连着蝗灾，粮食颗粒无收，人们的吃饭全靠政府救济，哪里还有种子粮？

自从建省后，善后局自行终止其职能，吐鲁番郡王的札萨克制度和其属员的伯克制也取消了。朝廷颁旨设立的吐鲁番直隶厅在各族同胞的心目中，就是他们的救星，春播中的一切事务都来求助直隶厅：没有农具找直隶厅，没有种子找直隶厅，没有耕地畜力的也是找直隶厅；还有那种子也是五花八门，维族同胞要种粟，回族同胞要种高粱，蒙古族同胞要种豆和麦，也有的要种黍。因此，设在吐鲁番汉城的直隶厅，每天是人头攒动。

人误地一时，地误人一季，春播的日子不能再等了。又是个好晴天，没有风，没有尘土，太阳也不毒，明净清爽。直隶厅衙门前大坪和大街道，挤满了挑担的，推车的，赶驴驮子，赶马车的，骑骆驼的，还有步行的，来自四乡八邻的男女老少全都有，他们都是得到乡约的通知，来直隶厅官衙领取种子。人们一群一伙，互相打招呼，没有了战争，人群中不断地爆发着笑声，就像赶集一样热闹喧哗。

太阳当顶，还没见官衙有发放种子的迹象，人群免不了骚动，而且城外还有不同方向的人朝直隶厅赶来。

取代军府制原领队大臣职能的直隶厅同知，道员雷声远和吐鲁番抚标营提督谭拔萃带着吏、户、礼、兵、刑、工六房的官员站在衙门前台阶上，高声地喊道："兄弟们，大家不要急，巡抚刘锦棠大人亲自派人给我们送种子来了，按出发时间推算，今天一定会到达这里，请大家耐心地等待。"

雷声远幸亏听了刘锦棠的话，把参加过湘军的尼加提、艾尔肯等一些维、回族青年和曾为西征大军担任向导的阿哈默、斯帝卡奇、艾麦提、西日阿洪、尧里瓦斯这些好兄弟也调到他的直隶厅担任职员。这些穷苦同胞兄弟，从来没有想到要做官，如今他们在直隶厅做事，就像做了大官一样，整天忙前忙后，从不知疲倦。

雷声远话音刚落，尼加提就接着说："兄弟姊妹们，我们要相信巡抚是个说一不二的好官，他时刻都在为我们着想，他说送种子来就一定会来，大家放心！"

那些在直隶厅的维族、回族职员也学着尼加提的样子，分别走进人群中，向他们熟悉的人做解释。

同族兄弟说的话，真是立竿见影，有人拿出了自带的馕，开始进午餐了。

骚动的人群虽然安定了，雷声远那焦急的心情还是不能平静。就在此时，抚标营一快骑来报：“巡抚运送种子车队到达城外！”

谭拔萃鸣响金锣，令抚标营兵勇疏通道路，迎接车队入城。

……

第一批种子粮发完了，又来了第二批。

一个老人肩上背着长长的布袋，颤颤巍巍地走进了直隶厅，一位汉族职员迎上前问道：“老人家，您是来领取种子的吗？”

老人吞吞吐吐地说了一阵，那职员弄不清他说的是啥。

正在当班的尼加提走来一瞧，惊奇地问道：“您是热合买老人啊？您和您的女儿不是在达坂吗？”

来人正是热合买，他老家本是吐鲁番火焰山西端的村子里。阿古柏南逃，老人所在的村子也没逃脱侵略者屠村的厄运，他家十余口人，只剩下他和一个女儿逃出了魔掌，被迫流落外乡，卖唱为生。父女俩在达坂街头时，遭到爱伊德尔胡里欺侮，幸亏西征大军及时发起攻城，父女俩才免遭横祸。西征大军骑兵最先攻进达坂城，敌军惊慌择路逃窜，遇到挡道百姓就砍。热合买老人在女儿的搀扶下来不及躲避，一个匪军举刀就要砍向老人。在这危急关头，只见西征大军中一个骑兵举枪将那匪军击毙，然后跳下马背，把父女俩送到一安全地方。热合买记住了救命恩人尼加提，尼加提也记住了热合买父女。后来，热合买父女回到老家了，善后局分给父女一百亩土地，家中没有青壮男人，女儿挑起了下地的重担，热合买走了两天的路前来领取种子，没想到在此碰到了救命恩人。

热合买一见尼加提，欲行大礼谢恩。

尼加提急忙扶住老人，连连说道：“老人家，万万使不得！”

两人一番交流，尼加提得知老人来意，于是说道："辛苦您了，我们直隶厅正要给您那个最困难的村庄送去口粮和种子，老人家，我们一块上路吧！"

热合买以为自己听错了，他只知道官府向百姓要粮要钱，哪有给百姓送口粮和种子的官府？这天，真的变了吗？他怀疑地问道："年轻人，此事当真？"

尼加提指着停在衙门前十多辆装载粮食种子的马车说："老人家，我们出发吧，这些粮食种子都是送到您那个村庄去的呀！"

马车一路向西，气温越来越高。读者知道，吐鲁番有"火州"之称，盆地中有一山，叫"火焰山"。西游记中说吐鲁番原本无火焰山，孙悟空大闹天宫时，被显圣擒了，押赴老君，将孙大圣安于八卦炉内，煅炼之后开鼎，被孙悟空蹬倒丹炉，垫炉的砖落了下来，内有余火，降到此处化为火焰山。从此，八百里火焰山，无春无秋，四季皆热，四周寸草不生。唐僧师徒取经路过火焰山时，当地土地神告诉他们，若过得山，就是铜脑盖，铁身躯，也要化成汁哩。后来，孙悟空三战牛魔王，从铁扇公主那里代借来芭蕉扇，使尽筋力，往山头连扇四十九扇，那山上大雨淙淙，火虽然不再燃烧了，但这山仍旧是赤砂灼灼，草木不生。就是这样的一个地方，被阿古柏害得奄奄一息。

过了火焰山，沿途山下依稀可见蜷身在泥土中冬眠了一个冬天的葡萄藤枝开始吐芽，它的主人经过战争的苦难，更加珍惜这小小的嫩芽，小心翼翼地刨出，抖落身上的泥土，一丝不苟地攀上藤架……远处地平线上，隐约可见到稀散的农人正翻耕田土，做好播种前的每一道工序。

傍晚，吐鲁番最西的村子，男男女女，老老少少也就百十来个人，大多是西征大军歼灭阿古柏匪军后，重新返回的村民，也有的是善后局重新安置而来的村民，无论是哪种人都是苦不堪言，全聚在村头渴盼官府救济他们。运载粮食和种子的马车到了，大家脸上显出喜盈盈的气色，背着孩子的妇女们，她们也都叽叽咕咕地说笑起来了。

村民蜂拥而上围在马车两旁，尼加提看着一个个脸露饥色的同胞，不觉鼻子也是酸酸的，他嘶哑地喊道："谁是村里的乡约（村长）。"

有人应声走了过来："小的就是，大人有何吩咐？"

尼加提初次听到有人称他为"大人"，还真有点不习惯，说道："我不是什么大人，只是奉命给你村送度荒的粮食和春播种子的。"说着他指着后面的两驾马车说，这是种子，前面的全是度荒口粮。巡抚交代过，口粮一半用来救助，另一半以奖代耕，谁家种的田多，分到的口粮就多。秋季丰收之时，则征收一点固定的粮食作为军用，剩余的全是自家的。

分粮分种开始了，村民一片欢呼。

分得粮食和种子的村民，渐渐散去。最后，热合买老人守着自己的几袋粮食一筹莫展，年老体弱的他哪能拿得起这么多的东西。

尼加提上前问道："老人家，你女儿怎么没来，这些粮食您哪能扛得动？"

"家中没有青壮男人，女儿还在自家的坎儿井挖渠呀。"热合买悲哀地回答。

尼加提对村里为头的乡约说道："老兄，和我同来兄弟今晚只能在你村歇息了，请你做好安排，我帮热合买老人把粮食送回去，今晚就和老人做个伴。"

尼加提赶着马车，在老人的指引下，马车停在两间土黄色的破旧泥土房子外，这就是热合买的家。

卸完粮食，安顿好马车，老人领着尼加提去寻找正在坎儿井挖渠的女儿。

说到坎儿井，笔者不得不交代，它是吐鲁番人民智慧的结晶。天山上的座座雪峰和道道冰川，蕴藏着无穷无尽的水利资源，可是当它融化成条条大河冲下山谷，进入山前戈壁沙砾地带之后，由于烈日蒸发和地表渗漏，只有很少一点水流到下游绿洲。坎儿井就是用暗渠引水的办法把渗入地下的潜水流引出浇灌的一种方式，由竖井、暗渠、明渠、涝坝四个部分组成。

热合买指着前面一片黑土说，那是他家的土地。离这片黑土约有十丈之远，隆起一个小丘，只要挖通这段地下暗渠，水就能自流灌溉，那山丘就是女儿正在作业的竖井口。老人一到井口，便扯开喉咙喊道："提拉汗！提拉汗！"

"哒哒！（维吾尔语：父亲）"一个姑娘应声而出。

尼加提一瞧，几年不见的小姑娘，漂亮得叫人不敢正视，长长的辫子，清澈的眼睛，灿烂的笑容，像朵亭亭玉立的水仙花。身上沾着的泥土发出阵阵清香，他愣然一阵："你叫提拉汗？"

姑娘一看到随同父亲而来的小伙子，帅气得让人心怦怦直跳，高大的身材，高高的鼻梁，炯炯有神的眼睛，无处不透着维吾尔人独有的气质。她突然想起来了："你是尼加提哥哥？小妹在这感谢你的救命之恩！"说着欲行礼谢恩。

"提拉汗，挖井需要两个男人合作，一个在下面挖，一个在上面提，你一个女孩子吃得消吗？"尼加提关切地问道。

"哒哒年老了，我不干谁来干呀？"提拉汗肯定地回答说："两个人的事，一个人也可做哪，我在下面装好筐，再回到地面提，只是花的工夫多一点。你看，我家的坎儿井很快就能挖成了呀！"

"我到井下看看行吗？"

"欢迎！"

尼加提下到井下，暗渠在井中延伸了二三丈，现在需要三四个人作业才能不误工，可以想象，提拉汗一人作业，要付出常人几倍的代价。眼前尽是提拉汗挖渠晃动的人影，他突然朝地面喊道：“老人家，您去把我的那些兄弟叫过来，要他们带上镶，都到这里干一晚，把您家的暗渠挖通，明天提拉汗就可帮着你播种了！”

“使不得，你们都是官爷，我这平头百姓岂敢要官爷做苦力？”热合买想都不敢想，哪敢去叫直隶厅的人呢？

“提拉汗，你哒哒不去，你去。找到村上乡约就能找到他们，他们都是我的好兄弟，我说的话他们都会听，不要耽误时间了，快去快回，我在井下动工挖土了！”

那帮兄弟闻信，果然来得快，而且把挖井的工具也带来了。

坎儿井热闹起来了，火把光照得井道井上如同白昼。尚歌喜舞是维吾尔民族的天性，与尼加提同来的这群小伙子把挖渠当成了聚会。

大家自然而然地唱起了他们的劳动号子。热合买老人见状，他要为这群年轻人弹上一曲，只见老人席地而坐，随着他那弹布尔琴发出的悠扬琴声，女儿提拉汗歌声回荡在旷野：

你是我生命的力量，啊亲爱的姑娘牡丹汗；

你是我黑夜的月亮哎，啊我的姑娘亲爱的牡丹汗；

月亮躲在云彩的后面，啊亲爱的姑娘牡丹汗；

晨风莫吹散了我的思念哎，啊我的姑娘亲爱的牡丹汗！

提拉汗以清脆的嗓音唱出这首古老的《牡丹汗》，那深情的旋律让空中的月亮也像停住了脚步。

井道中的尼加提，听到提拉汗银铃般的歌声，心中一阵激荡，不自觉地接声：

流浪的人儿踏破了天山，越过那戈壁；

告诉你美丽的提拉汗，我要寻找的人儿就是你；

哎呀，美丽的提拉汗。

提拉汗听出了尼加提大胆的表白，真有点猝不及防，她羞答答地回应：

我很矛盾，害怕受到爱情的伤害；

我在徘徊，我在踌躇；

太多的甜言蜜语，是否经得起考验；

希望你给我时间，让我仔细想明白！

尼加提接唱道：

你不要让我等，也不要让我猜；

我怕我的心儿会破碎，只求你给我一个答案；

我会等，直到你亲口说出来！

提拉汗接唱道：

女孩的心事，你真的不明白；

不是说出来，你就会明白；

希望你莫急，莫慌；

终有一天，我会亲口说出来！

真是一见钟情，两个青年男女的爱情之花在坎儿井碰撞出灿烂的火花，尼加提的伙伴们为他俩真诚地祝福，大家齐声唱道：

黑黑的眼睛……啊……

我情愿为你奉献上生命，

我情愿为你奉献上生命，

为你奉献生命而无悔，

你这俏美人，

渴望永远与你相依的眷念……

大家在悠扬的歌声中忘记了疲劳，不知不觉，月亮西沉，坎儿井渠也在这歌声中胜利竣工，清清的流水，哗哗地流进了热合买父女的田土之中，这群年轻人一片欢呼……

尼加提的爱情故事成为美谈，不久传至巡抚衙门，刘锦棠听到后按家乡的婚俗，送去二十两白银作为人情，祝贺这民族兄弟新婚。

全疆办学蔚然成风，天山南北书声琅琅

清晨，当东方吐白、旭日初升的时候，迪化城中大街小巷已经活跃起来了，只见车马穿梭，川流不息。巡抚衙门前留仕巷街道上，一个身着大清王朝宫中便装，圆脸，蓄着小胡须的维吾尔族中等身材男人，身后尾随着一群跟班，优哉游哉地在迪化街道上闲逛。

小胡须的着装引得路人观赏，有人说："你看，他明明是一维族男人，却穿着汉人的衣服？"

还有人嘲笑地说："这小胡须，不维不汉，究竟是个什么人呀？"种种猜疑之语不绝于耳。

小胡须毫不理会旁人的说三道四，旁若无人地继续走在大街上。

有人认出小胡须来了："这不是哈密王爷沙莫胡索特吗？"那人赶紧奔到王爷前，说道："小民向王爷请安！"

"你认识本王？"

"奴才乃哈密人士，去年才来迪化谋生的。"

沙莫胡索特微笑地向那自称子民的人回礼。

说到回王沙莫胡索特，此王很不一般。清朝入主中原初期，新疆还处于准噶尔汗国的统治之下，主政哈密地区的额贝都拉归顺清朝，康熙

三十六年（1697 年）册封“一等札萨克达尔汗”（世袭王公），成为第一代“哈密王”，第七世回王伯锡尔死后，独子迈哈默特继位第八世回王。迈哈默特是先天瘫痪，无子嗣，他死后伯锡尔亲王福晋迈里巴钮为王位继承的问题曾大费脑筋，因为哈密回王家族自认为是“白骨头”的圣裔，所以不与非王族的人通婚，最后她想到了为小女儿招婿来继承王位的主意。具有王族血统的沙莫胡索特年少时，因失手溺死人逃到天山深处，一避就是十年。然而，运气来了挡都挡不住，沙莫胡索特成了七世回王的女婿，八世回王的妹夫。福晋迈里巴钮请钦差大人刘锦棠向朝廷请奏。皇恩浩荡，朝廷批准沙木胡索特承袭王位，是为九世回王。新疆建省后，哈密地方权力全归朝廷设立的直隶厅，回王只剩世袭的名誉。沙莫胡索特觉得朝廷还是看得起自己，虽然手中没有了管辖地方的权力，但朝廷仍旧发给薪金。开明的王爷想，不能白拿朝廷的钱，要为地方做点公益事业。做啥呢？他想到了办学，于是有了这次迪化之行。

王爷与那人正说着，一个跟班上前提醒地说道：“王爷，您还没早膳呢？”

“不急，两年没来迪化城了，再看看。”王爷还真有点女人逛街的味道，他似乎有种恍如隔世的感觉，让他觉着像是在过往的历史中穿越，又好像是在现实中游走，只听他自言自语地说：“迪化，变化真大啊！”

一群背着书包身着各族服装的孩童，边走边齐声背诵：“人之初，性本善。性相近，习相远……”一个个蹦蹦跳跳地往书院巷走去。

沙莫胡索特王爷跟着这群学子进了院巷，因为这是他这次来迪化的目的。

人未入巷，就听到巷中琅琅读书之声，沙莫胡索特王爷心中倍感亲切，满脸春风，脚步也变得轻松了许多，他令随从停留在巷外，独自一人进巷。巷子不长，街道两侧挂着“巡抚义塾”“两湖义塾”“山西义塾”“迪化义塾”的牌匾格外醒目，除此之外，尽是一些经营文房四宝的店铺，看得人眼花缭乱。

“噼里啪啦！”鞭炮声响成一片，震耳欲聋。前方不远处硝烟弥漫，人头攒动，一片喜庆连连的景象。什么喜事？沙莫胡索特凑近前去看个究竟，原来是“陕甘义塾”在举行开学典礼。

喜炮响过后，只见十多位身着朝廷官服的人在台阶上站成一排，一位二品大员向前一步出列，宣布：“陕甘义塾开学仪式开始。”

沙莫胡索特一眼就认出二品大官是布政使魏光焘，他心中不免赞叹：一所义塾开学，竟然有二品大员光临，真够气派。

接下来，三位先生领着一群学童，跪倒在孔夫子的圣像前，先生们齐声念道：“祝告先师、孺子启蒙、青云有路、鱼水化龙……”有意思的是，随同学童而来的其他民族家长，大概都不知道汉人的开学礼仪，他们也跟着孩子们跪拜于孔子像前。接下来，便是开笔礼仪式：正衣冠、朱砂开智、击鼓明智、描红开笔、拜笔师，各道环节都是按照儒学规矩程序进行。

等到开学典礼结束，人群散去，自始至终没有离场的哈密王爷才走近魏光焘，说道：“布政使大人，草民有事报告。”

魏光焘也非常礼貌地说：“你这个自称草民的王爷，来迪化也不打招呼，本官没有迎接你沙莫胡索特，是不是有意见了呀！”

“岂敢！岂敢！我来迪化是找您与巡抚大人，有大事要办。”

“我正要去巡抚衙门，那我们见了巡抚再说？”

“好，一会在巡抚衙门见。”沙莫胡索特说完，独自走向书院巷尽头一座新建的宫殿式建筑。这建筑真是雄伟，门楣上方“博达书院”四个金字熠熠生辉，他在此止步。

新疆建省前，教育几乎是一片空白，经济文化更落后得不成样子，刘锦棠继任新疆军务督办和首任巡抚之后，根据新疆地区的民族特点，采取了以分设义塾，推行汉语教育为主的政策。早在光绪八年（1882年）刘锦棠就指出："缠回（维吾尔）语言文字，本与满、汉不同，遇有讼狱征收各事件，官民隔阂不通。阿奇木伯克，通事（翻译）人等，得以从中舞弊，是非被以文教，无由除彼锢习。"当时新疆的各民族文化水平太低，"非独其地有以限之，抑由其俗积渐使然也。……究其居处、服食、文字、语言，迥异中土。"建省后，为了革除民族地区新疆社会的弊病，刘锦棠倡导新的教育政策，增设义塾，并颁发奖励办法，鼓励新疆各族青少年踊跃入塾读书。随着教育事业的发展，又审时度势，创办了博达书院，成为全省选拔贡生登科的唯一场所。书院根据当时新疆教育的实际，因时制宜，除讲授儒学知识培养文人科举应试外，还承担了为各县义学启蒙教材的编选和校订任务。如用维文字母注音的《三字经》《百家姓》《千字文》等，经乌鲁木齐印书局板刻印刷，作为识字课本发往全疆各地，在当时，博达书院就为沟通民族语言，培养翻译人才开拓了广阔而深远的道路。

闲话少叙。沙莫胡索特王爷迈过书院那高高的门槛，院内全貌展现眼前，真是惊呆了，自己在家办的王府义塾，就是王府中那么一间大厅，学生从自家带去的课桌，高矮不等，二十多名学生年龄参差不齐，大小悬殊十多岁，但都是刚刚启蒙。读完书，学子一哄而散。而这书院正前方一座大殿，气宇轩昂，肃然矗立，两厢并列着几十间房舍，门上挂着写有"山长""讲书""堂长""斋长""讲堂""斋舍""书楼"等一块块小牌子。王爷悄悄地走上前去，朝一间教室偷窥，室内二三十个学子，从着装上就可辨别出学子们来自多个民族，有的是富豪人家少爷，也有的是寒门之子。学子们一个个正襟危坐，认真地听取先生的讲解。

“那不是刘先生吗？”沙莫胡索特王爷为学汉文，曾在哈密钦差府拜师刘先生门下。

刘先生也认出了门外的沙莫胡索特，即令学子们温故自学，自己出门打趣地对王爷说：“草民不知王爷驾到，有失远迎，请勿怪罪。”

王爷也调侃刘先生：“学生来此拜见先生，欲听您的教诲！”

“草民岂能做王爷的先生？再莫折煞老朽了。”

“教一字亦有先生之称，何况我在您门下差不多半年，读了《四书》《五经》，怎么不是我的先生呢？”

两人说罢相视一笑。

沙莫胡索特王爷再次向刘先生鞠躬，说道：“先生，我此来之目的意在家乡开设一所书院，想聘一山长，不知先生是否有意助学生一臂之力？”

刘先生没有料到，这王爷有如此之请，想了一会才说：“王爷之请，本人才识肤浅，只怕难以胜任山长一职。而且博达书院刚刚建成开学，师资贫乏，我走了对不住巡抚大人。”

“先生，我会向巡抚大人说明的，我也相信巡抚大人一定会支持草民的啊！”沙莫胡索特认真地回答后，又说道：“我也相信先生一定会支持学生的啊！”

刘先生回答：“王爷如此抬举老朽，如有吩咐，随时效命。”

请到了能人，沙莫胡索特王爷高兴地出了书院。

此时，巡抚衙门中，刘锦棠与魏光焘正邀集罗镇嵩、谭嗣同一班幕僚商量着如何发展全省教育大业。

门官来报：“启禀两位大人，哈密回王沙莫胡索特求见。”

魏光焘笑道：“哈密回王昨天就到了省城，今天在书院巷逛了半天，我看着他进了博达书院，估摸着他也想办一所书院。”

“好事呀，他想办书院的话，我们一定支持。”刘锦棠说着，与魏光焘起身出府迎接。

府门外的回王，一见到刘锦棠亲自领着一班人出门迎接，真是大喜过望，连忙上前行礼说道：“草民拜见巡抚、布政使大人！”

刘锦棠与沙莫胡索特关系非常融洽，于是也打趣地回答：“回王驾到，本官有失远迎，请莫见怪呀！”

魏光焘说道：“回王是无事不登三宝殿，本官猜着，你这次来迪化，是为办学之事吧？”

“布政使大人真是诸葛再世，小王的确为办学之事而来。”

“还是先入府再说吧。”刘锦棠说道。

三人一道进入巡抚大堂，沙莫胡索特人未入座就说道：“两位大人，自新疆全境收复后，各地办学蔚然成风，昌吉州青湖书院、布尔津金山书院、阿克苏镇西松峰书院、迪化桐华书院，现在两位大人又开设了博达书院，这些书院都是学子满堂，唯有我哈密还没有一所书院。”

“王爷，你的‘王府塾师’聘请汉、满先生任教汉、满用两种语言和文字，授以《百家姓》《千字文》《三字经》《论语》《孟子》，而且辖内维族子弟入读一律免费，开全省教育先锋，本官在此代表民众谢谢你了！”刘锦棠衷心赞美沙莫胡索特这一善举。

回王说道：“巡抚大人，现在哈密人民送子弟读书的人越来越多，塾师肄业要继续深造的学子，只能去外地求学了。近日，小王与福晋商议，拨王府三道岭煤税开办一所书院。”

刘锦棠回答说：“此乃王爷开明之举，哈密人民一定会感谢你的呀！”

“开办书院最大的困难是缺少先生，本王欲聘博达书院刘先生前去出任山长，请钦差、布政使两位大人给予支持。”回王恳切地提出了要求。

刘锦棠说道："刘先生是我奶奶请来协助本人办学的，王爷若有需要，哪有不允之理？"

回王咬文嚼字地说："巡抚大人，君子一言九鼎，小王在此谢过两位大人了。"

沙莫胡索特还真是一个颇有能力的人，他在哈密绿洲修建了号称新疆五大书院的"伊州书院"，民间称之为"王爷书院"。这所哈密当时的最高学府，就读学子都是辖内县义学、私塾的精华者，主讲老师也是社会学者及各界名流，课程设置以《四书》《五经》、习字为主，全用汉语教学，主要培养科举应试和双语人才。书院培养了很多学子，肄业后多任通事（翻译），亦有派往南疆担任公职者。光绪三十一年（1905年）回王将书院改为私立第一、第二初等小学堂。宣统三年（1911年）回王又把两所小学堂合办一处，改名忠爱汉文小学堂，招维吾尔族子弟入学，用汉文授课。

刘锦棠和魏光焘经过多年努力，全疆办学蔚然成风，南北各大城镇遍设义塾，琅琅书声响彻天山。

青天衙门

巡抚衙门对面留仕巷一家高档客栈，已经过了晚膳的点，可栈内依旧灯火通明，南北疆一些有头脸的台吉、伯克聚到一起来了。当然，这些人并不是在饮酒作乐，事实上他们连吃饭心思都没有。原来，自新疆建省，巡抚上任，意味着世袭了几百年的军府制废止，过去治理地方的王爷、台吉、伯克也随着失去了世袭官衔。他们中的一些爱国人士，建省前，刘锦棠就安排他们在善后局，现在这些人又转入各道、府、厅、州、县担任政府官员。还有一些原是人上之人的台吉、伯克，如今是什么职位也没有，一道圣旨让他们变成了普通百姓，心里当然不是滋味，于是大家集合到一块，想到巡抚衙门讨个官衔。

肚子早就饿了，但一个个都没有食欲，他们在等待王爷把巡抚请来共进晚餐。

巡抚、王爷都没有来，他们也没有离开，全都待在客栈。

好不容易，垂头丧气的王爷来了，他一坐下，就长叹一声："巡抚衙门的人不买我的账！"

"你们说巡抚是不是对我们这些人不满，不仅不接受我们的招待，而且连礼都不肯收。"

"是呀，过去到新疆来的朝廷军府要员，哪个不收礼？"

"这下如何是好，我们怎么就得罪了刘巡抚？"

"我们到底是哪里没有做好，难道是我们送的礼太轻了？"

官员们你一言我一句，言语中透着不安与惶恐，那位王爷哭丧着一张脸说："您就帮我们去说一句话吧？"

"是呀，王爷你说我们要怎么办呀，要是再想不到办法，这么回去，可真没脸面，我们可如何是好？"

"王爷，要不我们再去打听一下，是不是我们哪里得罪了巡抚，礼物我们再加三成？"

王爷一张脸阴沉得吓人，完全没有了过去的官威，听到众人的讨论，这位王爷沉重地开口："本王让人去打听一下，你们也继续准备准备，把礼物再加五成，如果还是不行，本王也没有办法。"

"这样成群结队去衙门送礼，会不会太嚣张冒险了，刘锦棠是出了名的清廉人，早两年嵩武军有人向地方伯克索取财物，被他拿了下来了……”

王爷相信官场有官场的圈子，如果巡抚一直不收礼，他就无法融入新疆这个圈子，处在什么位置做什么事，不是皇帝他就不能游离在这个圈子外。王爷诡异一笑：“兄弟，富贵险中求，你要学的还有很多，要是一个无权无势的人，我们还看不上。”

在场者对官场的黑暗都了解。又是一番商量，他们相信巡抚做事需要我们这些人支持，其实皇上也是一样，要是把所有的官员都得罪光了，下面的人阳奉阴违，联手欺瞒，即使是皇上也没辙。

第二天，送礼的台吉、伯克在巡抚衙门前排成了队，他们奉上比之前多了五成的重礼，巡抚依旧没有收。

王爷长叹一声：“以前只知北京城里的皇帝管不到我这‘土皇帝’，今日才知‘土皇帝’终究是臣子，皇上下令撤掉‘土皇帝’，我这王爷也就做到头了。”王爷以前认为自己在新疆的势力很大，可放到朝廷的官场来看，真的算不了什么。

其他人一听，也是万分不安。知道买官的路子在刘锦棠这里行不通。

买官一事在新疆闹得沸沸扬扬，各地文武官员更加钦佩刘锦棠。

而普通百姓知道这件事后，只说刘锦棠是青天大老爷。

然而，西坑阿奇木伯克却是这样想的：你巡抚不给我封官，买官也没有买到，我照样做官，天高皇帝远，你巡抚的权势在迪化，我这深山僻壤之地，你根本管不着；另外，在他看来，朝廷是满人爱新觉罗的，又不是你汉人刘锦棠的，朝中也有为我们西域伯克说话的大官。他这样想也就无所顾忌，大言不惭地说：“以前，西坑的天是我家的天，西坑的地是我家的地，西坑的百姓都是我家的奴仆，现在我要把祖上的天地要回来，谁也管不了。”

“主人，奴仆斗胆说一句，您这样做让巡抚知道了，恐怕招来仗势欺人的恶名呀！”一个诚实的家仆劝说。

“知道就知道！”伯克这话说得半点不心虚，仗势欺人什么的，只要你有势仗，欺欺人算什么？

家仆还想说什么，欲言又止。

伯克见状，指天画地狂妄地说：“今天你不仗势欺人，改天别人也会仗势欺负你，这世间之事便是如此，按君子之道行事最是愚蠢不过的。”

若要人不知，除非己莫为。不久，巡抚衙门收到西坑铁矿主管的信函，罗镇嵩拆开一看，里面是西坑伯克强占朝廷矿山，欺压百姓的恶径，这件事有些棘手，他把公文呈送刘锦棠。

刘锦棠看了信函后，怒火中烧：“岂有此理，竟敢如此胆大妄为！”随即令谭邦琥、武鼎臣带上一营亲兵，急匆匆赶往西坑。出发前，特意对罗镇嵩说：“你在家处理日常事务，叫壮飞（谭嗣同）与我同行，让这小子出去磨炼一下。”

西坑未到，就见大道中间匍匐着一大群人，齐声喊道：“青天大人，为我们做主啊！”

刘锦棠下马察看，这些人中维、汉、回都有，他上前扶起一位维族老人问道：“老人家，有何冤情，请起来说话。”

老人哭泣地说：“大人，我们都是西坑的百姓，善后局分给我家的土地，种子粮、复耕费还没还清，伯克就把我们的地圈走了，找他评理，他说这地是他家祖上的，现在官军赶走了阿古柏，他家的地要收回去。”

人群中还有一个小伯克，也上前说道：“阿奇木伯克把我们西坑的办学公益官地、公共墓地也圈了，请大人为百姓做主。”

又一人站出来说："阿奇木伯克还向各家强征劳力，为他家修建圈地围墙，劳力弱者，还要遭监工毒打。"

拦马告状的人嚷个不停，一个八品小官的汉人走近，跪地说道："巡抚大人，小人乃西坑铁矿主管，北疆收复后，左大帅就令小的在此开矿，矿石全都运往兰州枪械所。西坑伯克强行将矿厂抢去了，小的已发函禀报。"

刘锦棠说道："快起来，你已尽责任，本官收到你的信函，即时赶过来处理此事，决不能让西坑伯克乱了朝廷章法。"他见主管站起，接着问道："今晚，我们就在矿厂扎营，你回去腾出空地，我们一会就到。"

主管奉令离去。

谭邦琥对拦道告状的百姓说："各位父老，钦差巡抚大人为处理西坑伯克作恶事件，专程从省城迪化赶来，请大家放心，钦差巡抚大人决不会放下此事不管，一定给大家做主。现在请大家回吧。"

告状队伍散去，刘锦棠和亲兵直奔西坑矿厂而去。

西坑阿奇木伯克早已派人盯着巡抚行踪，一听到刘锦棠去了矿山，他的第一反应就是：坏事了！没想到巡抚真的和自己较上劲了，怎么办？他急得团团转。

"主人，胳膊扭不过大腿。您最好是向巡抚大人负荆请罪！"一直反对伯克圈地的家人在一旁提醒。

认错总比杀头好，伯克心想，只能如此了。

巡抚营帐里，西坑阿奇木伯克带着家人齐齐跪下，他双手将一沓账本捧过头顶，说道："钦差巡抚大人，小的该死，这是矿上的账本，请大人查收。"

刘锦棠令家人全都退去，独留伯克一人在帐中。

伯克一听只留下他一人，以为巡抚要开刀问斩了。要知道，钦差巡抚杀一个像他这样的地方官员，根本用不着向谁请示。伯克吓得直啰唆，颤巍巍地爬至刘锦棠脚前，一个劲地磕头哀求："大人，小的知罪，只要大人放过小的一马，我把矿山和所有的圈地全都退还朝廷和百姓。"

刘锦棠冷冰冰地说道："本官知道你的心思，阿古柏入侵以来，全疆各族人民深受祸害，现在民众亟待救济，你们这些王公、伯克的景况也好不了多少，大都早已家产荡尽，卯粮寅支，拮据万状。但你也不能不顾朝廷圣意，公然侵犯朝廷利益，还在百姓身上打主意，你这种与朝廷，与社会公德背道而驰的事，本官怎能不管？现在你主动认错，那明天就把圈占百姓的土地、村落的公益用地全都退还，围墙拆除，所用雇工全都付给报酬，并向全村人民赔礼道歉，本官不再予以追究。"

一听钦差不治他杀头之罪，伯克脑壳像捣蒜一样地磕个不停，口中说道："小的一定按大人的吩咐办。"

刘锦棠见伯克主动认罪悔过，为保持西坑社会安定，照顾民族关系，便说道："你照本官的吩咐去做，仍可保留原有顶戴，担任西坑乡约。今后，若重犯其错，定将拿你治罪。"

西坑阿奇木伯克听到如此吩咐，对刘锦棠真是感恩戴德，又一次跪谢："小的一定遵守国家法度，照钦差大人的吩咐去做。"

第二天，西坑百姓聚集矿厂大坪，伯克按照刘锦棠的旨意，当众兑现。接着，刘锦棠令谭嗣同以钦差巡抚大臣的名义拟发公告：西坑阿奇木伯克退还善后局分给百姓的土地，伯克不得向百姓强行勒租；伯克自行拆毁圈占办学、公益、公共墓地的围墙，其村堡铺屋、门面、官地、石山、木山，俱不得勒取地租，闲旷地面听军民取土资用、埋葬先人，伯克不得阻索；伯克修建围墙所征用的劳力全部付给报酬。公告再次重申皇舆一统之内，无寸土可以自私。公告最后说，结办之日，上述禁令由伯克泐石刊碑，立于西坑大道之旁，俾众目共瞻，永昭遵守。

公告一出，众百姓跪倒一地，高呼：“青天衙门！青天大人！”

事后，刘锦棠将处理西坑事件的经过和公告，行文各地，新疆境内王爷、台吉、伯克及属下都得以此为戒，倘有借端勒诈之人，即重治其罪，无所宽贷。

刘锦棠虽然只动了一个伯克，可却起到了杀鸡儆猴的作用。

全疆那些有类似行为的官员，害怕会成为第二个西坑伯克，一个个埋头想着最近自己治下发生的事件，强占了百姓财产的，一个个不着痕迹的退了回去，以免被巡抚盯上。

刘锦棠办完西坑公案，只觉身心疲倦，在营内稍事休息，即快马加鞭返回迪化。

距迪化只有半天路程时，马背上的刘锦棠突然腹中剧痛，眼前一瞎滚鞍落马，摔倒在地。亲兵纷纷下马，围成一团，只见躺在地上的刘锦棠鼻肿眼青，肢体强痉，牙关紧闭，口噤不开，两手握固，意识不清。

武鼎成慌得不知所措，盘腿而坐，扶住刘锦棠，口中喊道：“毅斋兄，快醒醒！”

谭邦琥还算沉着，上前掐住刘锦棠的人中，吩咐两名亲兵：“快回迪化，把军医谭邦瑚喊来。”

一会，刘锦棠醒转过来，见大家都围着他，便问道：“这是怎么回事？”

“毅斋兄，你刚才突然落马，把我们吓坏了。”武鼎成还心有余悸地回答。

刘锦棠欲自己站起，可手脚不听使唤，身子也是软乎乎的。他自言自语地问：“我这是怎么啦？”话未说完，自觉晕眩，神思不宁。

“毅斋兄，你终日奔波，这是劳累过度所致，休息一会吧？”谭邦琥轻言地劝说。

刘锦棠含泪说道：“我受朝廷重托，唯恐他人不似我尽心也！”

此语动人肺腑，在场者无不垂泪。

谭邦琥令人从最近驿站调来一乘大轿，劝说道：“毅斋兄，我们先到驿站休息，行吗？”

“不碍事的，我们上马，赶回迪化。”刘锦棠断断续续地说。

“你不能骑马了，我们只能等谭邦瑚到来诊断再做决定，你要真出了事，我们不好向朝廷、向百姓和你的家人交代。”谭邦琥回答。

“好吧，听你的。”刘锦棠不再坚持己见。

当晚，谭邦瑚疾马赶到驿站，一瞧这症状，从药箱中掏出银针，在腿脚、脑袋穴位上扎进去。刘锦棠大吼一声，吐出一口瘀血，旁人见状，大惊失色。谭邦瑚又从身上掏出一粒秘制的白虎丸，叫刘锦棠和水吞下。一会，刘锦棠手脚稍能伸缩，大脑清醒了许多。

谭邦瑚说道：“毅斋，你得的是‘暴尫’症（中风）啊，现在可得好好静养，再不能劳累过度，不然会留下后遗症的。”

“好吧，老兄听你的就是了！”

西域柱石

刘锦棠一行从驿站起程返回迪化，行不至一个时辰，忽值一人，松形鹤体，手拄禅杖，头顶菩萨巾，脚着云根履，身披金黄袈裟，迎头而来，喊道：“大人慢行，老衲有一物相赠。”

刘锦棠远瞧便知是佛门中人，近瞧又似曾相识，却又记不起在何处曾经相会，便问道：“大师寓所何处，今日至此，对弟子有何吩咐？”

老和尚说道："老衲乃九峰山人士，昨晚夜观天象，见紫气西散，牛斗冲天狼，紫微星泛红，奎胃星入中宫，水星逆行。掐指一算，大人生于道光二十四年（1844 年）甲辰五月初一申时，今年进入了水逆，大人乃西域柱石，必有一劫。老衲从仙姑宫中求得药丸一粒，特意前来，大人请即吞服，福体虽不能全康，但至少七八年无恙。"说罢，从袖中掏出一丸，送入躺在轿内的刘锦棠口中。不待他反应过来，那丸儿滚溜溜地进了腹中。

刘锦棠顿觉精神爽朗，欲起身下轿道谢，耳旁回荡着"九峰山人士"的声响。突然想起，原是九峰住持光明大师，他说的仙姑必是九峰山顶玄女仙姑，真是不可思议，早两年前家信中说光明大师圆寂了，今日怎么出现在西域？他大喊一声："大师留步，弟子有事请教！"然而，哪有大师踪影，早不知去向。

只听得一洪亮的声音在空中回荡："老衲与将军缘分已尽，不能再见，请自己多多保重。"

刘锦棠当即下轿，众人随他朝苍天拜别仙师。

回到迪化府中，夫人、儿子、家人、丫鬟一见刘锦棠得此重病，真是里外慌作一团。是夜，府外突然风声大作，狂风碰撞着窗户，发出呜呜的响声，如同一头野兽的低吼，绵长而凄异，"啪！"一道闪电如同一柄破空的利剑，打破了那最后的宁静。紧接着，暴雨倾泻而出！那雨点打在屋顶上，打在窗户上，发出惊心动魄的响声，这滂沱大雨不仅敲击着砖瓦，敲击着大地，也敲击着每一个人的心灵。老天突如其来的变化闹得刘锦棠怎么也睡不着，披衣下床，倚窗而望，一种莫名其妙的心绪令人心烦意乱。

第二天，刘锦棠刚进巡抚衙门，门官来报："启禀大人，门外有安远军信使来报，提督谭拔萃因积劳成疾，五天前卒于库车军中。大人去西坑巡视的这几天，小的先后接到信报，提督易开俊、席大成逝于湖南老家。”

刘锦棠一听，这几个与自己出生入死的兄弟，就这么撒手人间，他们都是刚过天命之年，怎么说没就没了呢？一想到自己突得大病，虽有军医治疗、神灵庇护，但说不定哪天也是和这些兄弟一样，说没就没了。他不觉洒下伤情泪水，悲痛地说道：“兄弟们，一路走好！”接着，他又派出官员，前往三个兄弟老家，代他祭奠。

又有门官来报：“启禀大人，府外有伊犁将军金顺管家求见。”

金顺将军不是应召回京述职去了吗？刘锦棠还在疑虑间，金将军管家哭丧着跪在他的面前，说道：“巡抚大人，金将军回京述职拜别大人后，刚出新疆地界，因宿疾发作病逝了。将军身无分文，遗体只得停于途中，将军夫人特令小的前来，向巡抚大人借款回家。”

刘锦棠一听，顿觉五雷轰顶，金顺回京述职前离去时，曾来巡抚衙门与自己商定：为了在全疆实行郡县制，伊犁不再设将军，只设伊塔道一员，驻扎伊犁，兼管塔城事务。改伊犁抚民厅为府，改塔城通判为抚民同知，加理事衔，兼管屯田水利事宜。两人统一意见后，刘锦棠拟了一折，金顺答应回京面见圣上、太后时，代转此折。临别时，金顺一再叮嘱说：“毅斋老弟，当年一同出关的张曜、徐占彪先后奉旨调离了，现在老夫也走了，这西域还有很多的事要做，你是唯一的砥柱，请多保重呀！”

刘锦棠命人取来千两银票，含泪对金府管家说：“回去后代本官在灵前悼念将军，告诉夫人，这银票不用还了，就说是毅斋代表新疆人民悼念金将军的一份薄礼。”

“小的先替夫人在此谢过巡抚大人。”说罢，再拜后呜咽离去。

办了这一串伤心的事，刘锦棠也似乎觉得自己的生命快到尽头了，神情恍惚。“叮当！叮当！”清脆的打铁声从大街上传来，激动府内沉默的空气。“打铁先得本领硬”，他一下子清醒了许多，心底在自我告诫，不能倒下，正如光明大师和金顺将军说的，现在自己是这西域砥柱，还有很多的事要做，特别是要安文忠负责官钱局的进展不知怎样了？

新疆建省后，北疆使用制钱，南疆使用红铜普尔钱。更让刘锦棠揪心的是，阿古柏伪政权灭亡多年了，但阿古柏铸造的银钱天罡，还与普尔钱一起在南疆流通。加之北路制钱也几乎全被内地商人携带入关，天罡遂通行于全疆各地，使得全疆币制十分混乱，对全省经济交流和商贸发展很不利。为了使新疆货币与内地各省统一起来，刘锦棠奏请朝廷批准，应朝廷“规复全国钱法”的政令着手统一新疆钱法，禁止天罡在新疆流通。为了完成统一全疆币制工作，他在迪化设置官钱总局，任命安文忠为总办。

刘锦棠正想了解官钱局事务，门官来报：“启禀大人，布政使魏光焘大人和官钱局总办安文忠前来，说有要事商量。”

“快请他俩进来。”

“不用请啊，我俩是特意前来看望巡抚大人的。”魏光焘人未进门，声先到。他是得知刘锦棠得了重病的消息后，特邀安文忠前来探望。

刘锦棠离座迎客进门，待两人坐定后，便说：“本人身体尚无大碍，还是谈谈官钱局的事吧。”

“启禀大人，小的上任一年多以来，先后派人开采库车、拜城等地铜矿，采取铸钱原料。产铜之区多系童山，且隔民居，动辄数站，负粮运炭咸苦远涉；加之工匠技艺未娴，效率很低，故延至上月，才批量铸制红铜普尔钱。”安文忠说完，向刘锦棠递上一枚普尔钱。

刘锦棠接过钱，仔细地瞧看，只见这钱，外圆内方，轮廓分明，字迹显朗，大小厚薄如一；正面铸有“光绪通宝”，钱背文字变化较多，左满文，右维吾尔文，且有星月纹。他心中在想，此钱比乾隆通宝铸得精湛多了。脸上露出了满意的笑容。

魏光焘在一旁解释说："毅斋，此普尔钱乃红铜铸造，故钱色发红。质以红铜为之，重二钱，每钱五十文。吾认为，用作全省通行钱币，应该没有问题。"

"魏大人的意见我同意。"刘锦棠又反复看着钱，对安文忠说："你看能不能在钱的背面再加上制造地址，阿克苏、库车、迪化，哪里铸造就标上哪里，你们看行不行？"

"文忠，毅斋说得有理，你就照他说的去做。"魏光焘首先表态同意巡抚的意见。

"小的遵照巡抚大人的意见去修正。"安文忠愉快地回答。原先他担心这钱得不到巡抚和布政使的认同。现在两位大人都说好，他心里当然高兴。

光阴似箭，光绪十四年（1888年）的正月到了。刘锦棠心情舒展，巡抚衙门上下喜气盈盈。正当大厅里洋溢着弹冠相庆的喜悦时，门官在外高喊："折差到！"

折差大步踏进来，将黄绫包封安放在案桌上。

刘锦棠穿上官服，来到大堂，焚香往东跪拜后，打开包封，从中取出一份上谕恭读："督办新疆军务钦差大臣、新疆巡抚刘锦棠一再上奏伊犁设道之折，户部准议，皇上、皇太后批准其计划，厅县官员由巡抚拟定，上报户部备案，钦此！"

刘锦棠读完圣谕，厅中众人高呼万岁！这道圣旨正式宣布伊塔道的设置工作终于完成。从此，郡县制就在全疆范围内得到了推行。

折差又喊道："太后懿旨……"说着，折差又将懿旨置于香案上。刘锦棠拆开恭读："钦差大臣督办新疆军务、新疆巡抚刘锦棠，实乃朝廷重臣，西域柱石，着赏白玉柄小刀一把，嘉赏夫人大荷包一对，小荷包两对。钦此！”

原来是皇上、太后赏赐的年礼。自从出任新疆巡抚后，每到新年，皇上、太后便有一包礼物寄给他，年年如此。每年接到这包礼物，也同时接到一份温暖，刘锦棠从心里感激皇上、太后的关怀。今天，这份心情似乎显得更浓烈：“卑职刘锦棠谢皇上、皇太后隆恩！”

谢恩后，即命谭嗣同誊写谢恩折。谭的折子写得好，入幕之初，刘锦棠叫他掌书记文案。几个月后便称赞说：“壮飞天资于公牍最相近，所拟奏咨函批，皆有过人之处，将来建树非凡，青出于蓝亦未可知。”现在经过巡抚衙门几年的历练，他的折子，文章更显条理缜密、文笔洗练。

第十三章

解甲归田

病遽发思乡情切，送巡抚万人空巷

一道圣旨，一道懿旨，真给这个新春增加了莫大的喜庆，巡抚衙门上下张灯结彩，喜气洋洋。新春的迪化，气候异常寒冷，吐口唾沫能摔成八瓣儿，刚淌出来的眼泪会冻出冰条，真是滴水成冰，冷得透骨。这天晚上下了一场大雪，到天亮也没停。北风呼呼吼叫，雪花漫天飞舞，直刮得眼睛睁不开，对面不见人。虽然冰天雪地，寒气袭人，但刘锦棠感觉愉快轻松。转眼到了正月十五日，门官来报："启禀大人，两湖会馆下午上演《元宵迷》，会长刘文发来了请帖，请大人和家眷前往观赏。"

前面说过，这刘文乃老家四叔的儿子，因负伤后留在迪化做生意，几年打拼的确发了财。两湖会馆成立时，大家一致推举他当了会长。

说到会馆，又得做一番交代：新疆建省，迪化为省会，政局逐步安定，随后进入新疆的湘军、豫军、陕军、甘军、蜀军、皖军等大批军人有的转入地方、有的告老还乡。客居在新疆的内地人为联络感情，相互帮助，互通家乡信息，同乡会馆相继兴起。加之，为了发展新疆，刘锦棠奏请朝廷，对省城迪化要进行扩建和改建，之后，迪化开始大兴土木，山西、陕西、甘肃、两湖、云贵川等省和乾州、五凉等地区，纷纷建立同乡会馆和帮会组织。各会馆仿造内地的会馆建筑，每个会馆都像一座华丽的庙宇。进入大门是高大的戏台，两侧配殿，正中是大殿。各馆都是雕梁画栋，飞檐朱壁。尤其是湘军的两湖会馆规模浩大，建筑宏伟，可谓迪化首屈一指的会馆建筑。会馆成立后，大家推荐有经济实力、地位、声望的人担任“会长”，收取会费，公布其公共产业收支情况、筹集款项、以工代赈等。会馆组织活动的时候，一般是搭台演戏。有的会馆还开办私塾。新春时，迪化以会馆为单位，举办“社火”：有湖南花鼓、陕西高跷、河南高抬、东北秧歌、山西腰鼓、云贵川龙灯及狮子、甘肃旱船等。今年，伊塔设道的消息传开，城内各地会馆当然要庆祝一番，会馆为啥如此高兴？要知道，新疆全域统一了，对于从内地来西域寻求发展的人来说，无疑又带来了商机。

闲话少叙。下午，刘锦棠令身怀六甲的安氏、何氏在家休养，他和夫人王氏兴致勃勃地赴两湖观赏花鼓戏《元宵迷》。临行前，谭嗣同上前劝说：“叔父大人，天这么冷，您老身体要紧呀！”

“壮飞，本人平日里很少与老乡们照面，所以会馆元宵演出，我每年都去，今年即使身体有碍，我也不能扫老乡的兴。”刘锦棠说完，便起轿赴会。

两湖会馆设在定湘王庙。庙内设有戏台，戏台下面为主要出入口；戏台面对定湘王大殿，两厢是几排女看台和官员座位，戏院内有高大的天棚，池中为方砖铺地，没有座位，男的不分老幼都是站着看戏，来去自由。今天，戏院特别热闹，大家都知道巡抚和他的家眷会来看戏，很多的人提前到了戏院中。巡抚大人未到，主戏不会上演，只有《刘海砍樵》中的男女主角在戏台上对唱。

巡抚八乘大轿一到门外，大家立马让出一条道来。刘锦棠入院，一一和大家打着招呼，进了院门，只见那戏院池中有吸旱烟的、水烟袋的人，四处乌烟瘴气，喧哗嘈杂。几个年老体弱的戏迷，则在戏院边角处或在大殿前背靠墙双目微闭，侧身听戏。

刘锦棠和家眷在看台坐定，主戏《元宵迷》上演。扮演荀慧生的演员上台念白“只因元宵佳节，我与秀英妹妹同游花园，不想爹爹大发雷霆，将郭公子赶出府去，又逼我自尽……”

“好！好！”戏院内叫好声一片。

……

就在大家聚精会神地观看时，刘锦棠似乎觉得一股寒风入脏，胸口里突生一口浓痰，憋着吐不出来，那种不上不下的感觉，压得人难受，难受得想把胸腔挖出来。

刘锦棠知大病复发，即命随从打道回府。从戏院回到府中，他感觉身子有些发冷，于是回房就寝，刚躺上炕，便着身子沉甸甸的，神情恍惚，忽见一人，疾步奔来，不问青红皂白，举剑便刺。他大喊：“有刺客！”话音一落，骨碌碌地从炕上滚到地上，原是一个噩梦。

王夫人进门一见此状，高声呼救。慌得府内上下齐都奔过来，国禄、国福欲扶躺在地上口吐白沫的父亲上炕，管家在一旁说：“少爷，大人暂时动不得，快喊军医过来。”

军医谭邦瑚闻信赶过来，一瞧，便知是受寒影响暴毙症第二次发作，幸亏没有移动。他从随身药箱中掏出银针扎下，刘锦棠才清醒过来。此时，才让家人抬其上炕。

刘锦棠大病复发，一连几天晕乎乎地躺在炕上不省人事。昏睡中，他沿着一条布满荆棘的山间小路朝前走，群山之中坐落着一栋好大的宅子。张眼四处一看，这不到了富托吗！那绕山蜿蜒的流水，恰是魂牵梦绕的涟水河；那苍翠的峰岭，正是日思夜想的九峰山。刘锦棠心里有说不出的痛快，呼着喊着，孩子似的奔向涟水河，奔向九峰山。

忽然，久别的祖父、父亲和叔父站在一山头上朝他大喊道：“毅斋伢子，你回家不先见病重的祖母就往外走，对得住一手抚养你成长的祖母吗？”

刘锦棠一听祖母病重，惊得暴出一身冷汗，高声喊道：“祖母，孙儿来迟了！”他口中呼喊着，撒开腿向家中跑去。脚下不小心绊着一块乱石，重重地摔倒在地，又是一场梦。

一直在炕边服侍的王氏夫人，见到丈夫突然坐了起来，大喜过望，立即传唤守在房外的军医和家人。

刘锦棠醒转过来后，一见炕边围满了人，知自己这次病得不轻，而且对刚才梦中之事记得清清楚楚，便喊着国禄的小名说道：“笃烈，前几天你岳父沈军提从浙江来信，他已请假回乡，欲在今春为你和他女儿完婚，刚才又梦见你太祖母在家病重，你收拾行李，与三娘、四娘和弟弟速回老家。为父身体已不行了，我即奏请朝廷解甲归田，开春后再返乡。一为你完婚，二为代父照顾你太祖母。”

一旁的安氏、何氏听后，黯然泪下。

刘锦棠又叫谭嗣同来到身旁，说：“壮飞，叔父知你才华非常人能及，两次奏请为你封赏，但朝廷一直未回复。你父亲去湖北上任前，嘱我说服你在今秋闱中博取功名。叔父即将告假回乡，新疆也不是你出头之地。现在还是按你父的要求，回乡参加秋闱还来得及。”

一切安排妥当，刘锦棠拟就“垦恩展假数月回籍省亲折”。谁知，折子到了朝廷，批准他休假半年，却不准回乡。是年十一月，八十四岁高龄的老祖母因病危思孙情急，危在旦夕。消息传到迪化，刘锦棠将其祖母之病报告朝廷，要求回乡省亲，以见其祖母最后一面。直至光绪十五年（1889 年）二月十五日，皇上才照请准奏。刘锦棠将巡抚关防、王命旗牌、文卷移交给魏光焘。

刘锦棠卸事起程，此时一算，光绪二年（1876年）四月从肃州出关，至今日离开，在新疆整整十四年，自己已经融入到了这片近中国六分之一的大地，一说要走，一切都将离他而去，还真是依依不舍。大车停在衙门外，几个亲兵欲上前搀扶，但被刘锦棠拒绝了，他坚持要自己走出巡抚衙门。

迪化城像新疆的许多城市一样，都有汉城和回城之分，迪化城门里就是汉城，住的基本是汉族，出南门到南梁一带的回城，住的基本是维吾尔族、哈萨克族、回族等少数民族。巡抚衙门设置在大十字路口，各行各业云集周围，形成了东西南北四条大街，因时局日趋稳定，边疆经济发展空前，许多新的商家陆续来迪化落户，四条大街不断延伸扩展到四五里，两旁店铺林立，把汉城和回城连接到了一块。

刘锦棠走出衙门，只见东、南、西、北四条大街挤满了男女老少，路那样长，人那样多，向东望不见头，向西望不见尾。各族百姓携老挈幼，头顶香盘，挨挨挤挤，眼睛都望着出现在衙门前的巡抚身影。一位满头银发的维族老奶奶拄着拐杖，背靠着一堵青砖墙，焦急而又耐心地等待着，老人一直有一个心愿，想再看看她心目中的菩萨。一对青年夫妇，丈夫抱着小女儿，妻子领着六七岁的儿子，踮着脚望着，望着……

众口同声挽留："巡抚大人，您要再回来啊！"

刘锦棠哽咽对着众百姓道："众位父老乡亲，我刘锦棠何德何能，受大家如此重情相送！"

军医谭邦瑚担心刘锦棠一路远涉，途中旧病复发，便要求随同回乡。现在，他见送行的人群围在巡抚衙门前，都不愿散去，时间一长，刘锦棠身体肯定吃不消，于是便组织亲兵在大轿周围围成一个大圈。刘锦棠这才依依不舍地进入车轿里。

这车轿做得还真大，中间放着一行军床，两侧给服侍的人还摆了两小条凳子，两匹壮马前导。里面还生着一盆木炭火，抵御车外的寒风。刘锦棠一上车就躺在床上，刚才那段短短的路程，已让他虚汗直流，喘咳不止。

送行的人群好像有谁在无声地指挥，让开一条大路让巡抚大车过去。老人、青年、小孩，都不约而同地喊道："大人，一路平安，请多保重！"

大车缓缓地前进，众百姓无奈，没一个不悲悲楚楚。

出了城门，成千上万的百姓还跟随轿后，不愿离去。刘锦棠下车说道："各位父老乡亲，各自请回罢！本官还会回来看望大家的！"

众人俱洒泪作别，眼睁睁地望着大车，哭泣着，顾不得擦去腮边的泪水。大车渐渐地远去了，最后消失在地平线上。人们还是面向大车远去的方向，静静地站着，站着，好像在等待刘锦棠回来……

乞终养祖母病笃，频催发送加恩赏

刘锦棠返乡，车轮在西征大军修建的泥土路上碾过，留下两行浅浅深深的辙印。车外一阵阵寒气袭来。他只觉得胸中发闷，头脑发胀。接到准许回乡省亲圣旨燃起的心中火焰，被途中劳顿掐灭得差不多了。

车过哈密，回王沙莫胡索特在城门摆下香案迎接。上自白发老者、官绅士人，下至兵丁、庶民妇孺，都感到刘锦棠这一走，他们似乎失去了一位可靠的保护人。一时人心惶惶，街谈巷议，都希望能留住这位巡抚大人，但得知巡抚祖母病危，只得依依不舍地送行。

车队从迪化到肃州，从肃州到汉中，一路上汉、回、维及其他各族父老、官员等都夹道挽留，焚香迎送，依依不舍。刘锦棠只得一路停下来，安慰送行的人民，和他们珍重道别。

途中四个多月的跋涉，到了汉中十八里铺码头换乘大船，这才少了一些陆路的颠簸。又是一个多月的水上漂泊，船进涟水，刘锦棠才觉得心里舒服多了。远远地望见河岸耸立着一座闪耀着明黄色彩的八角楼，一群雍容尊贵的非凡气派的宫殿群出现在眼帘，众人嘘一声，湘乡县城到了！

亲兵搬过椅子，扶着刘锦棠坐到船头，此时，已进三伏炎天，河风吹拂，令人格外舒坦。他朝前方看着看着，视线渐渐模糊，心底思潮翻卷。十六年了，多么不平凡的十六年啊！同治十二年（1873 年），自己还是个刚到三十来岁的青壮男人，奉左宗棠之令，带着五千故乡男丁，奔赴西北战场。这十六年间的腥风血雨，为了国家安定，为了拯民水火，为了中华领土完整，硬是挺过来了。如今虽然病魔缠身，但自己上对得起皇天后土，下对得起庶民百姓。

从山枣码头上岸，刘锦棠改乘大轿。一个时辰后，他看到了家里的宅子，三道大门全部打开，家中老少数十人一律站在中门两旁，两个夫人怀中各抱一娃和三个儿子站在正中。刘锦棠一见人群中没有奶奶的身影，一反平时稳重克制的常态，不等大轿落稳，便跌跌撞撞地下了大轿，慌得国福、国禄、国祉赶紧上前搀扶。他也不与迎接他的众人嘘问，径直朝奶奶的寝房奔去。

三个儿子簇拥着父亲进了大门。穿过第一进房屋，刘锦棠看见躺在床上的奶奶，奔过去双膝跪下，一声“奶奶”喊后，只觉得眼睛发黑，顿时眼前天旋地转，便什么都不知道了。

阖府上下慌成一团。谭邦瑚见状，对大家说：“不碍事。这是连日劳累过度引起，慢慢就会醒过来的。”他指挥众人把刘锦棠抬到旁边的竹床上，从随行药箱中掏出银针，掐着人中，一针扎下去，刘锦棠醒过来了。

这一阵吵闹，倒把奶奶吵醒了，老人挣扎着坐了起来。

刘锦棠跪到奶奶床前，“奶奶”“奶奶”一声声地叫喊着。

奶奶对跪在床前的孙子无动于衷，她和平日坐在床上一样，双手合十，嘴里不住地念叨：“阿弥陀佛，阿弥陀佛，菩萨保佑俺孙子天天平安！”

刘锦棠见状，想起奶奶一生为家庭的操劳，对自己的疼爱；想起奶奶病成这样，自己居然没有侍奉过一天汤药。一时间，他肝肠寸断，心胆俱裂，悲伤奔涌而出，他再也不能控制了，便在奶奶床边放声痛哭。

过了好一阵，前来迎接刘锦棠回乡省亲的老族长，上前说：“毅斋，”尽管刘锦棠已官居巡抚，族长仍习惯直呼其名，“你一路劳顿，不要太悲伤了。”

老族长的话无济于事，刘锦棠哭得更凶，惹得刘府上下一齐大哭起来。

一个男孩跪到刘锦棠跟前说道：“爷爷，您老保重身体要紧，孙子家璠给您老请安了！”

这个自称家璠的小孩，系国福之子。没料到他这幼稚童音出口，正哭得伤心的刘锦棠戛然而止。

刘锦棠看着跪在面前的这个白胖胖，口齿伶俐的小男孩，悲喜相加。悲的是奶奶病重，日夜思念孙子，当孙子跪在床前，老人家却不认识，患了真正的老年痴呆症了；喜的是自己做了爷爷，眼前这孙子逗人喜欢，第一次见面就说出了体贴爷爷的话来。

容不得刘锦棠多想，只听得槽门外折差高声喊道：“圣旨到，钦差大臣、新疆巡抚刘锦棠接旨！”

乡野百姓没见过大官接旨的场面，出于好奇，纷纷站立前坪围观。

刘府上下忙作一团，厅堂中摆一张四方大桌，有人点烛，有人焚香。一会儿工夫，刘锦棠换好了官服，端端正正地面北跪在大厅中间，身后是随行的文武官员、幕僚和家人。折差将黄绫包封安放在香烟缭绕的厅堂桌上。刘锦棠率领众人面对上谕行了三跪九拜大礼：“微臣刘锦棠领旨。”然后展开诵读，大厅里响起他洪亮的湘乡官话。外面的人听出，圣旨的大意是说，刘锦棠的假期快到了，接到此谕后，火速回任。

凑热闹的百姓议论开来，刚刚到家还没来得及与家人团聚，催促上任的圣旨就来了，皇帝也太不近人情了。

站立一旁的老族长说道：“毅斋，你的官做大了，名声也大，却没有老夫自由。人生在世有得必有失，有失必有得呀，如此看来，倒不如无官一身轻，活得自由。”

族长是平民百姓，说话不受约束。刘锦棠不行，这道圣旨虽然不近人情，但他还得面北跪拜，感谢朝廷的信任，感谢皇上隆恩。

“巡抚大人对本差还有交代吗？”折差问道。

“差官先歇息吧，本官有折请湖南巡抚王文韶转奏。”刘锦棠要国福安顿好折差，国禄、国祉扶父亲进书房拟折。

书案上，早有家人备下了文房四宝。刘锦棠提笔欲自己亲书，但手上好像很多力气却完全使不上来，颤抖得握不稳笔。他让儿子国福代为执笔，自己口述：“臣受皇上之重托，夙夜未尝有怠。此次恩准回乡，因沿途感受寒、暑淫、触动旧时便血及手足麻木诸症，坐卧不宁。回到家中，方知祖母病势增剧，恳请开缺休养。”

湖南巡抚王文韶接到刘锦棠的折子，立即替他转奏朝廷。

请假的折子送出后，刘锦棠安心在家中养病。案桌上的请帖已经堆了一尺多高。要在往常，他会基本上不予理睬，但这次不同。一来此为家乡，县官是个七品，但他是家乡父母官，自己不在家时，很多事情还得要他关照，省、府的官员就更不用说了；乡绅也是乡下有头有脸的人物，这群人在乡下最讲应酬，而且势利者居多，不能轻易回绝别人的邀请。二来离乡多年，他也想借此机会见面，叙叙故旧之情。他将相邀的帖子一一摆开，大致排了个日程，并吩咐国福注意到时提醒。

这以后，刘锦棠便是按日程所排去赴宴。首先是接受省、府、县官员在城里的设宴，一旦进城便是三五几天，每宴后必有戏，每天回寓所时都要到二更三更，弄得他疲倦不堪。接着便是乡绅，刘锦棠去的这些人家，人未至，那里早就搭台唱戏，锣鼓喧天，上下几里的人都在那里恭候。刘锦棠回到老家，休养一段时间后，身体本来有所恢复，这样一折腾，又累出病来了。

转眼到了年关，朝廷上谕下来了："刘锦棠沥陈祖母病状，恳恩开缺终养折，览奏情词悱恻，出于至诚，朝廷良深悯念，惟新疆事务重要，该抚久膺边寄，威望素孚，一时实难遽易生手，刘锦棠着毋庸开缺，再赏假四个月，并加恩赏给伊祖母人参八两，以资颐养，该抚其善求医药尽心调治，一俟亲疾就痊，即行驰赴本任"。

刘锦棠还想上折请辞，朝廷的上谕又来了，不仅不准他开缺，反而给他加官晋爵："甘肃新疆巡抚刘锦棠着赏加太子太保衔"，又赐给他祖母绸缎若干匹，"懿德高风"匾额一块，并令在正月元宵节后赴京陛见。

皇上、皇太后要召见，刘锦棠得见天颜，真是莫大荣耀。他在想，年轻的皇上是个什么模样，他想清楚地看一眼。两宫太后垂帘听政，听说西太后聪明过人，控制朝政大权，有当年则天女皇之风，他也想亲自掂量一下，她们对国事处理的才能究竟如何。他又在想，皇上和两位太后召见时，会提出些什么问题呢？他设想许多可能问到的事，又一一在心里作了回答。

刘氏族上的人得知皇上要召见刘锦棠的消息，也都觉得脸上有光彩。又恰逢新春佳节，城江刘氏宗祠天天盛筵庆贺，人心欢悦。

一切准备就绪，刘锦棠起程赴京的日子定在正月十六日。岂料其祖母于正月初九日病故。按照清政府官员丁忧惯例，其祖父母病逝时，如果父亲先故于祖父母的话，就应由嫡长孙代行守制。刘锦棠不得不放弃进京面驾，由湖南巡抚张煦代奏请求正式开缺，在家守制。此折获得朝廷批准，但朝廷要求服阕后应即行赴京。

在回到家乡的这几年里，刘锦棠自己的病情也未见好转，反而在不断加重。

倡义举兴办精舍，纳嘉言致力新学

刘锦棠在家守制，拜访者络绎不绝。一天，管家递上一张拜帖，上面写道："本邑首里举人许时遂、黄光达、陈膺福、王晓棠、蔡中銮、庾亿、潘学海、许襄云、杨容熙、彭国霖结伴拜见太子太保、一等男刘公。"

拜帖中说的"首里"，是湘乡的一域名。湘乡在西汉建制东汉置县时，辖涟水流域全境，设一总三坊四十四都。因县境面积广大，县衙分别在永丰、娄底两镇设县丞。涟水自娄底以上为上游称之上里，永丰段为中游称之中里，县署段为下游称之下里。下里之人对"下"字不称意，改称首里，上、中里之人也没意见，因为湘乡政治、经济、文化之中心基本在下里。首里辖一总三坊一至十五都。

闲话少叙。刘锦棠看了拜帖，心生疑惑：“这不是筹建首里书院的十才子吗？”在新任知县赵宜琛接待刘锦棠的宴会中，十才子也在场，他们说了筹建首里书院一事，今天难道是为此事结伴而来？刘锦棠即起身迎客。

十才子早已在门前等候，他们原以为刘锦棠是朝廷大官，一方诸侯，又有太子太保官衔，担心此次前来能不能见上面。一见刘锦棠亲自出门迎接，真是大喜过望，大家欲行大礼，刘锦棠说道：“众人免礼，本官守制在家，即为庶民百姓，尔等不必受礼节拘束。”

一行人进了会客室，问候之后，许时遂说出拜见之意。果不出刘锦棠所料，他们此行专为筹建首里书院而来。

首里筹建书院一事还得从湘军说起：文人带兵是湘军的主要特征，历史让曾国藩和一批文人走上了战场，当动乱平定之后，他们仍然要回到正常的社会生活中，文化对于他们来说是须臾不可缺少的。于是，他们开始想做一些文化上的事情的时候，最先想到的自然是办学堂，回乡和未回乡的湘军将领都在家乡和外地办起了学校。那些没有文化的湘军将士在战争中发了财，特别是攻陷天京后，湘军一些将士联樯而上，衣锦还乡。他们回乡后，湘乡便出现了一批大地主和大批不愁衣食的小地主。他们在过着舒适日子的同时，也在琢磨：我们为啥不能做在职的官呢？很多人通过反思得出了一个共同结论：就是吃了没有读书、没有文化的亏。还有一种思想也是促成办学的重要原因，那就是在战争中，很多底层的士兵、小官战死，家中用完了抚恤金后一贫如洗。那些没有战死并升了官的人，为照顾战友的后代和家乡的贫困子弟入学，在家乡分别以宗族或个人捐资的形式办起了义学。于是，湘乡出现了一股开办私塾的热潮，县籍湘军将领不乏热心办学者，富户办塾，族上开族塾，村里设村塾，一些塾师也开始授徒。咸丰四年（1854年），罗泽南以个人薪水百金置湾洲义学。光绪四年，湘军将领成大吉、成名标创办诒谋堂义学。几乎是同时，远在新疆的刘锦棠与族众商定，划公田四百石创办城江刘氏义学。另外的一些较有名气的私办义学是陶龛义学、攸叙义学、潭市易族义学、南熏新庙义学等等私办义学都是在曾国藩和湘军将领的影响下兴起的。全县设有塾馆一千余处，每年招生徒万余人。这些塾馆多为七八岁至十几岁的儿童，启蒙结束后择优进入书院学习。

湘乡境内有涟滨、东皋、双峰、连璧四所书院。前两所书院位于县治，属县办之学校。双峰书院为中里所办，位于永丰镇。连璧书院为上里所办，位于娄底。唯独首里没有创办书院，不能考入县属涟滨、东皋书院的学子，只能远赴外地或失学。所以，首里士绅许时遂等十余人于光绪十六年（1890年）四月发起集资筹建书院。因书院在东台山下选址，所以取名“东山书院”。士绅呈文知县严鸣琦，寻求官府的支持。严知县给予了积极的回应：“许时遂等筹建讲舍，作育人才，具见文教昌明，英才辈出，不胜雀跃三百，本县首捐银百两，以为之倡。其所清札饬诸绅经营其事，仰候分别照会，谕委妥为办理，以期不日成之。是为至望。”严知县不仅同意筹建讲舍，而且捐银百两，“以为之倡”。得到知县严鸣琦的批准后，士绅们在湘乡县城北正街东岳庙设立筹捐局为筹款机构，向城乡各绅民筹集款项。

万事开头难。筹建书院的第一桩大事就是经费，先后奔走求援多年，款项还差一大截。十绅士一筹莫展之时，他们想到了在家守制的刘锦棠，于是十人齐来拜访。

刘锦棠听后，随即对管家说道：“家中账上还有多少钱？”

管家拿来账本说："太保大人，文庙重修您捐了两千两银子后，账簿上只剩五千多两银子了。"

刘锦棠不假思索地说："拿两千两捐给东山书院。"

"太保大人，您这么大一个家庭，手中的钱不多了，开支怎么办啊？"管家担忧地说。

刘锦棠说道："家中的生活开支，我会想办法的，你注意节俭一点，能节约的尽量节约。"

在场者听了刘锦棠与管家这番对话，真不敢相信，一个堂堂的封疆大吏，太子太保，家中仅有五千两银子的余额。许时遂等人连忙站起说："大人，万万使不得，我们想请您挂'倡修'之头衔，借您的威望完成修建东山书院大业。"

"既然你们要我挂'倡修'衔头，我就带个头。"随即令管家取两千两银票给许举人。

许举人万万没料到，大人如此慷慨，一下子捐出两千两银子，又如此爽直地答应出任"倡修"，大家都对太保肃然起敬。这时，有人说了向首里在外省的大人物发出捐款倡议的问题，但又担心自己的面子小了，像陈湜、沈翰卿、易佩兰、章琢堂、刘吉元、许佛珠、彭虎臣这样一些文武大员，能相信我们这些小人物吗？

刘锦棠听后，笑着说："捐资办学是一件对子孙后代功德无量的好事，你们可用我的公函分别向他们发出倡议，在外的游子，时刻都在关注家乡的变化，我相信他们一定会支持创办书院这件好事的。"后来的事实证明了刘锦棠的推测，这些在外的大人物都捐了巨款。

许时遂沉吟了一会说："大人，我们在书院选址时，看中了两处佳地，一为仙林岗，二为莲花屋场，争论了好久，谁也说服不了谁，现在好了，大人出任倡修，我们就听大人决策。"

众人正说着，家人来报，说有位自称山人陈敷的老叟求见。刘锦棠一听，这位陈敷先生二十年前在曾国荃帐中就见过，那时已是古稀之人，如今尚在，此人一定不同寻常。他立即整顿装束，邀大家同至前门迎接。

只见这陈敷先生，鹤发童颜，仙风道骨，神采奕奕，脚蹬草鞋，绑腿至膝，耄耋老人，刚劲健步。刘锦棠迎上前去，行以大礼说："陈前辈许久未见，今来舍下，真是蓬荜生辉。"

陈敷先生哈哈大笑："山人云游湖南至此，知朝廷准太保回乡养病，特来看望。"

刘锦棠笑着对陈敷先生说："前辈如此说，真是折杀晚辈了！"说着，便将身旁举人逐一介绍。

陈敷听后，大笑道："看来今天老夫来得正是时候，大家正为书院选址发愁吧？"

众人大惊，这陈敷老先生未卜先知，真乃世外高人。

众人谈笑着走进厅堂，分宾主坐定。刘锦棠谦虚地请教说："前辈刚才说为晚辈选得一块建学堂的佳地，不瞒前辈，我们正商议此事呢！"

陈敷梳理着胸前银须，呷过一口茶水，不慌不忙地说起二十多年前曾国荃为兄择地，在东台山发现惊世佳地"莲花屋场"说起，一个时辰滔滔不绝。坐在一旁的人越听越入神，大家已深深地被陈敷的渊深才学和风水理论所折服。老人从怀中掏出一幅图来说："主仙林岗者确实不如主莲花屋场者，古人甘德和石申在《甘石星经》中就说过，万物乃上天所生，吉地也是天生所致。仙林岗确有龙脉但缺天时，得此地虽有百来年之光景，却无千秋永世不凋之气候。选莲花地者，虽知天地一统之说，但不知天时地利二者只是构成事物的基础，缺人和的话，天时地利又有什么用呢？只有天时、地利、人和三者融为一体，吉地才会成为稀世瑰宝。若照此图施工，这就是一朵永不凋谢的莲花。”

刘锦棠接过图一看，顿时喜上眉梢，真是一幅绝世好图，一朵含苞待放的莲花跃然纸上。刘锦棠对这位世外高人更是佩服得五体投地。

陈敷放下茶杯，说出一段惊天地、震鬼神的话来。“天分三垣，地分五州，居中神州，孔孟传道数千年之久，孔圣人端坐文庙，谁敢动焉？殊不知，传道越久，谬误越多，再过数十年，神州就要翻天覆地，山人夜观星相，上天紫垣星日月隐曜。这捣海翻江九天揽月之人已经降生，新主的位置应在莲花地之北，相距不过半百里之遥，据我推算，新主有引路之人，定会在莲花地上取天之灵气，采地之精华，受天地之托，拯救万众于水火。新主一出，此地更吉，它将与日月同辉，代有贤才。京官们说县令为七品芝麻官，在这块宝地办学，将来学子中的芝麻官就有三斗三升芝麻之多。”

刘锦棠一听此语，高兴得连呼：“好！好！就定莲花宝地。”话未说完，突然，心血往上一冒，顿觉天旋地转，跌倒在地。陈敷见状，掐指一算，顿时明白过来，动用此地者，必然短寿二十年。可天机又不可泄露。陈敷此时真有点后悔，可转念一想，天意如此，就是神仙也不可逆转。

春夏之交，刘锦棠看到东山书院定址莲花屋场如期建设开工，心情好多了，身体也一天天有了好转。这天，他正和两个儿子国福、国祉，长孙家璠在后花园中享天伦之乐。管家忽至，说有一个自称学生的浏阳人士谭嗣同求见太保大人。

刘锦棠大喜，立即起身往前厅迎接。同时命管家速告国祉，就说他的二舅哥嗣同来了。

谭嗣同一见刘锦棠独自行走，比四五年前在迪化见到的身体好多了。他匆匆迎上跪地说道："姻侄兼学生拜见亲家爷兼师傅！"

刘锦棠听后大笑道："哈！哈！只有你谭嗣同在拜见我时胆敢说出这样的绕口令。"

谭嗣同起身说道："草民说得没错啊，此次奉父之命为小妹婚约而来，我是您的姻侄，您是亲家爷；在迪化时我是巡抚幕府中职员，我是您徒弟，您是师傅。"他说着，从怀中掏出父亲的信函，双手奉上。

原来，刘锦棠在新春给时任湖北巡抚的谭继洵去了一信，说到当年两人在迪化结为亲家之事，现在国祉已成人，想在今夏为子完婚。谭继洵接信后，同意按时送女前来湘乡完婚，因在巡抚之位，事务较多，令儿子谭嗣同前来商量婚事。后面还特别强调，此事全由太保做主。他看完谭继洵来信，脸上洋溢着愉快的笑容。

谭嗣同说道："太保大人，听说您在倡修一所书院，小侄特意给您带来了一个信息，不知大人感不感兴趣？"

"小鬼头别卖关子了，是什么东西，快给我拿出来。"刘锦棠用命令式口气对谭嗣同说。

谭嗣同从包袱中一本小册子，封面写着"湖北自强学堂章程"。他恭敬地送到刘锦棠手中，说："大人，此学堂是继京都、上海、广州同文馆之后，由中国人自行创办和管理的新式学堂，它揭开了近代湖北教育的序幕。"

刘锦棠接过小册子，翻过扉页一阅，首先见到的是湖广总督张之洞上奏皇帝《设立自强学堂片》的奏折："……湖北地处（长江）上游，南北要冲，汉口宜昌均为通商口岸，洋务日繁，动关大局，造就人才，似不可缓，亟应及时创设学堂。兹于湖北省城内铁政局之旁，购地鸠工造学堂一所，名曰自强学堂。分方言、格致、算学、商务四门。"再往下翻，有分斋、资格、学制、教习等章程内容。刘锦棠粗略地翻阅后，便问道："壮飞，你小子是要老夫创办一所新式学堂？"

谭嗣同说："我泱泱中华大国，屡遭西洋小国之欺侮，原因何在？详考数十年之世变，西国之兴，凡课士、训农、通商、考工与陆军水师无不入学堂读书，共明其理，习见其器，而躬亲其事……国家之隆替，系乎人才；人才之兴衰，由于学校。"

刘锦棠感叹地说："是啊，维国家之隆替系于人才，人才之盛衰由于学校。教育乃国之基。本县书院虽盛，山长系本县举贡轮充，兰艾不分，书院究成虚设，何以造就人才？"

谭嗣同从这位长辈的话中，似乎觉察了什么，于是大胆地说出一段叛逆之话："小的苦思精研，挽救民族危亡之根本大计，在于变，大化之所趋，风气之所溺，非守文因旧所能挽回，物而穷理，必须对上层实行改革，才能救亡图存。"

刘锦棠见他越说越离谱，这些掉脑袋的话还是不说为好，于是，他重新回到书院的话题上来："不瞒你说，筹建书院的士绅，最初目的是创立一所传统书院，旨在使士子尊孔读经，修身、齐家、治国、平天下。现在时局的变化和社会的变迁使得一些人改变了看法，有人主张建立一所新式学堂，'循囿义理之学，辅以泰西富强之术'。为此事，已经争论多次了，老夫也在踌躇不决。"

谭嗣同此行之前，曾在老家向浏阳知县呈文，准备将浏阳南台书院改作算术馆。此议一出，多士云集，众论大哗，至诋浏阳为妖异。今天与恩师长谈，本来堵得气闷的胸膛似乎轻松了许多。

刘锦棠本来是一个开明之士，谭嗣同的一些话正合他意，两人彻夜面谈，越谈越投机。后来谭嗣同在他的《浏阳兴算记》中作了这样的记述："湘乡改东山书院之举，继之以起，趋向亦渐变矣。"从谭嗣同的这一段话中，可以看出，他和刘锦棠已形成了开办新学的共识。

两人谈兴正浓，国祉来了："小弟拜见二舅哥！"

"哈哈！你这个妹夫几年不见，比我高出了半个头了，真是一表人才，我为妹妹高兴了！"谭嗣同上前拥抱国祉，继续说道："我把妹妹交给你了，可要好好待她啊！"

谭嗣同走后，刘锦棠坚定了开办新学的决心，于是，他召集大家开会协商。这是一次决定学校命运的会议，争得面红耳赤的双方互不相让，会议陷入僵局，主持会议的刘锦棠对双方都不予评说，只给大家说了一个故事：

咸丰末年，曾国藩在安庆攻打太平军时，英国舰队在长江水域横行，他就萌发了派人到英国留学的念头，不过后来因与太平军、捻军的交战愈加激烈，不容他对这个问题作过多思考。太平军、捻军被镇压后，曾国藩又忙于办教案、办马案，一直没有再提这件事。直至同治八年（1869 年），曾国藩任两江总督期间，刘锦棠跟随他视察上海江南机器制造总局时，曾国藩向机器局会办容闳郑重其事地说："我们这个国家太落后了，家底太薄了，与洋人打交道总是吃亏，经常忍辱含垢。"他对容闳严肃地说："世上一切事情都是人做出来的，有人才，才会有事业，国家要中兴，要自强，就要开局办厂，造机器，造军火，造轮船，而这些都要人来做，要靠有血性有本事的人来做。人才不是天生的，靠的是教育培养。机器局有这么多好匠师，又有翻译馆，译了许多外国书报，具备了办学的良好条件。你要把这件事摆在第一位，选拔一些聪明好学的年轻人，选几个洋文教师教洋文、化学，匠师教技术，还要有教数学的。经过十年八年的努力，机器局就会有一大批品学兼优的专家，这样，岂有不兴旺的道理？"

容闳见曾大人提出办学，他也就坦率地对曾国藩说："历史上只有四个国家派使到中国来寻师请教，不见中国派人出去求学问道，如果提出派人出国拜洋人为师，很可能便会有人以华夷有别，尊华攘夷等大道理来斥责，结果事情没办成，反倒招来恶名。卑职在安庆听大人说过留学的事，以后再没提过，是不是也出自于这个顾虑？”

曾国藩对容闳这个尖锐的问话并不回避，他说：“同治六年（1867年），恭王奏请在同文馆里增设天文算学馆，聘请洋人执教，朝中就有人坚决反对。请洋人当教师都不同意，何况派人出国留学！”接着，曾国藩语气沉缓：“其实，我看那些人都是枉读了圣人书，孔子云：‘三人行，必有吾师’。洋人也是人，他有长处，我们就要学习，学到手后再超过他，制服他。魏源‘师夷长技以制夷’的话说得很深刻。我就曾经在咸丰十年（1860年）对皇上说过要师夷智以造炮制船。”

故事说至此处，刘锦棠环视与会者。主张建新式学校者脸色更加庄重，主张开旧学者脸色有了缓和。于是，他带着征询意见的语气问大家：“你们说，还是建什么学校好？”

与会者异口同声地回答：“太保大人决定，我们听大人的。”

刘锦棠站起身来，意味深长地说：“曾大人这个划时代的建议，没有来得及实现就离去了，我们作为他家乡的百姓，就一定要为实现曾大人的愿望而努力。”

刘锦棠说至此处，话锋一转，继续激动地对大家说：“我们这所学堂培养的学生，除了各有专长，各有根底的骨干外，要培养关心国家政治、抱负远大的学生，与之反复讲明政治所以然之理，国以何而强，以何而弱；民以何而智，以何而愚，令其恍然于中国种种旧习之必不可以立国，然后授以东西史志各书，使之维新有功；授以内外公法各书，使明公理之是贵，更折中于古经古史之精华，略览夫格致各学之流别，进而使其以保国、保种为己任。”

痛感旧式书院培养崇儒通经的旧式人才已不适当时形势的许时遂等人站了起来：“请刘大人给学校取个名吧？”

刘锦棠略经思索道：“叫东山精舍为好，我们的学校要走出一批国家的精英。”

东山精舍由于规模小，人们对东山精舍的了解很少，但是，民国第一部《教育志》将东山精舍与湖北自强学堂（武汉大学前身）等五所学校并列为全国最新式的学堂。戊戌变法后东山精舍改为东山书院，光绪三十一年（1905 年）改为东山高等小学堂，培养出了毛泽东、萧三、陈赓、谭政、易礼容、毛泽覃等闻名世界的领袖、将军、诗人；又有黄国璋、萧子风、汤藻真等教育泰斗。

逞野心倭寇猖狂，扶病体誓扫贼氛

光绪二十年六月十二日（1894 年 7 月 14 日），直隶提督叶志超从朝鲜发来急电，正在养心殿批阅奏折的光绪皇帝，其心情和殿外的三伏天一样，燥热不安。

叶志超在电文中说，东邻小国日本向皇皇大清国发出通牒，拒绝从朝鲜撤兵，宣称“两国如起不测之变，日不仁其责”。叶在电文中通报说，日军在朝鲜已屯兵万余，而我国驻扎兵力仅有两千五百人。他建议朝廷要么调遣大军水、陆并进，守备朝鲜，要么从朝鲜撤军，在国际道义上陷日本于被动；如此不进不退，实为下策。

“世事沧桑，物是人非！”光绪皇帝这声长叹，道出了当时国人的心思。看官要知，中国在上千年的中日交往历史上已经养成了高高在上俯视的心态，压根没有把日本放在眼里。之前两次鸦片战争和中法战争，大清帝国虽然败于英法，但是好歹是英法这种当时的头号和二号的强国，别说大清了，当时世界上能打得过英法的国家又有几个呢？可是大清朝并没有把日本当回事。殊不知，明治维新已经三十年，日本早已非昔日吴下阿蒙了。

光绪心里明白，虽说自己亲政以来，周围逐步形成了敢于同皇太后分庭抗礼的政治势力，也就是旁人所说的“帝党”，但依附于皇太后的守旧派“后党”，仍旧不可小瞧。

春天，东北的那个属国朝鲜东学党作乱时，帝党力主一战，守旧派却极不赞成，一时间朝野形成了“主战”与“主和”两大派系。主持北洋的李鸿章已经自认军事上不敌日本，希望通过外交来化解危机。六月，李鸿章频繁联络英国、俄国公使，请他们出面调停，并与日本多次交涉。但是他低估了日本发动战争的决心，一切努力最终未能奏效。

从叶志超的电文中，光绪看到了中日在朝鲜对峙，剑拔弩张，局势已经到了最危急的时候，朝鲜的战事已经不可避免。

光绪急召大臣们入朝议事。

金銮大殿上，满朝文武分列两旁，总理衙门大臣宣读完叶志超的电文后。朝堂上下，议论汹汹。

六十四岁的翁同龢、七十四岁的李鸿藻和一批学士、御史疾呼对日一战，速行决战，先发制人，打击倭寇的嚣张气焰，维护大国体面。

一时间，主战派占了上风。

谁来挂帅出征？

帝党们想到一块了：急召远在湖南湘乡老家养病的刘锦棠。

召刘锦棠挂帅，控制着清政府的军政大权的后党主和派似乎也看到了中国胜利的希望，不再阻挠主战派的决策。

两派不再争议了，朝廷发出急电：着张之洞传谕刘锦棠召集旧部，别练一军，北上出征，开赴抗日前线。

八百里加急，圣旨抵达湘乡。刘锦棠正在县衙商议东山精舍开课之事。折差高喊：“太子太保刘锦棠接旨！”

知县慌忙点烛，摆列接旨案桌。

刘锦棠跪着拆开黄绫布包一看：“奉天承运，皇帝诏曰，太子太保刘锦棠，戍守边防，积劳成疾，圣谕回乡养病。今因边防战事，十万火急……倭寇犯我天朝……卿乃国之大臣，朕之爱将，驱除倭寇妖孽，复安社稷，树天朝虎威，勿负朕意。”

读完圣旨，刘锦棠三磕九叩，山呼万岁，拜谢皇恩。

刘锦棠接到谕旨，令家人送信给长子刘国福速至湘乡县城，集结旧部，择日出师。自己则留在县衙，还要和知县商量一下东山精舍的筹建工作。此行北上，是凶是福，还不能料定。东山精舍的筹建刚刚开始，实在有些放不下心。

东山精舍的筹建者得知俱修即将挂帅出征，一时不知所措，人心惶惶，精舍还能不能办呢？

许时遂等人直奔县衙。

此时正值炎夏，六月骄阳似火。湘乡县衙后院，丛竹相拥，翠柏苍松垂展，凉风习习，正是歇凉佳处。刘锦棠接旨后就和县令步入后院，交代有关东山精舍事宜。

刘锦棠见众人来到，就在后院依次坐定，对众人说：“国家有难，匹夫有责，带兵之将，更义不容辞。精舍筹建之事，只能寄望乡绅。众位谨记，国家之隆替系乎人才，人才之盛衰由于学校。日本倭寇，数小岛耳。然通国学校，乃至三万余所。授西法，启维新，故能崛起，犯我天朝。吾邑之东山精舍，意在革科举之弊，开民智，普教育，兴中华。”说至此处，刘锦棠两手平于胸前，掰着指头，显得语重心长：“人才非急切可成，就目前而论，精舍开办新学。亦须十数年后，人才始出，坚持二十年三十年，则收效甚巨。人才兴，地方盛，国家强，吾北上之后，诸位切不可轻废办学之宏志，精舍决不可半途而废，圣谕令吾北上，此次征战，不比往常，吾将舍命疆场，誓与倭寇血战，归来之时，定将与诸位摆酒莲花屋场，共庆精舍之建成。吾若血洒疆场，命赴黄泉，诸位亦在精舍落成之日，为我备酒一杯，同祭天地，吾之心愿可足矣。”

这番肺腑之言，在场者无不肃然起敬，以至于异口同声地回答：“请太保大人放心，我等决不负公之厚望，一定齐心协力建好精舍。”

了却一桩心愿，刘锦棠回到山枣老家，清点行装，准备北上。几日之后，涟滨书院湘军演兵场上，旌旗飘飘，两千多老湘营旧部，再次为民族存亡而战，出征男儿个个热血沸腾，激情满怀，踏上抗击倭寇出征之路。

书院前的石板街道，挤满送行的群众，人们敬烟献茶，杀牲设祭，为远征北上抗日的勇士壮行。

天有不测风云，人有旦夕祸福。队伍出城不远，刘锦棠突然吐血数口，暴毙症复发，他仰天长叹：“苍天为何对我如此苛刻，此刻不能临阵讨贼，吾心不甘啊！”

刘锦棠心感憋屈，叹息良久，唤过几位营官说道：“你们代我率队赴长沙，随李光久将军北上，李系老湘营后裔，乃忠义之士，久经战阵，多负勤劳，老湘营交给他，吾可放心矣。”

一切安排妥当，国福搀扶颤巍巍的父亲上轿回程，众军士齐齐跪送，刘锦棠在轿中泪如泉涌，痛苦地告别部下将士，回到山枣老家。

老湘营的这些旧部，随同李光久北上出山海关，虽在海城、牛庄把骄横的日军也打得焦头烂额，阻挡了日军的进攻。但湘军没能挽救大清的命运，老湘营的命运正如后人评述的那样：“老湘军起于壮武，盛于战陇坂，收复天山南北两万里，而终于牛庄。”

尾声
天山雪崩

刘锦棠回到富托，其病愈深，渐渐沉重，两目昏花。他独卧床上，心中伤心至极，难道自己就这样走到了尽头？悠悠苍天，不愿再多给我哪怕一点点时间吗？曷此其极！

刘锦棠一躺就是三四日，当他醒转时，知道自己大限将至，将儿孙召集床前，命儿子取纸笔，代拟一份奏折。他口述说，自己不能赴抗日前线，死不瞑目，伏愿皇上圣谟坚定，激励将帅，扫荡夷氛，绥请藩服，自统湘军以来，咸荷殊恩，至今感戴奋发之忱，未尝稍替，尚有知兵宿将，年力未衰，择而用之，必当力图报称，臣犬马依恋，图报来生……伏闻生死有常，难逃定数；死之将至，愿尽愚忠。

拟完奏折，尚有一息，弥留之际，口中喃喃呼将士，指述边事，大呼“公辈好为之！”

言毕，溘然长逝，享年五十，时光绪二十年（1894年）七月十日。

远在万里之遥的天山，突然发出雷鸣般的响声。迪化、哈密、吐鲁番的人们，被这突如其来的震耳欲聋的响声惊呆了。人们不知发生了什么事，紧接着，房屋便东倒西歪、吱吱作响地坍塌下来。随即大地像波涛中的航船，在猛烈地颤抖着。

忽然，又一阵惊雷似的响声由远至近，从天山传来。一会儿，山崩地裂，雪花飞扬，狂风扑面而来。

原来，由地震诱发天山的巨大雪崩爆发了。

这是迄今为止，天山最大、最悲惨的雪崩灾祸。

全书终

后记一

笔者不是家庭主男，偶尔也要进厨房。每当我拧开天然气的开关时，总会想起左宗棠和刘锦棠带领湖湘先辈们远赴万里边塞，收复新疆这段血与火铸就的历史奇迹。当年，我国如果丢失了这片六分之一的国土，也就没有了今天祖国惠及超过四亿人口的“西气东输”这一伟大工程。

后人说到收复新疆就想到左宗棠，但是，笔者却想替被左宗棠光芒长期掩盖的“飞将军”刘锦棠说一句话。收复新疆的战役打响，左宗棠坐镇陕甘，前敌总指挥是刘锦棠，他出关不到两年，底定新疆。左宗棠赞叹，在中国几千年的历史上，从外敌手中收复这么大一块沦丧的国土，用兵如此神速，实在是前所未有！的确如此，收复新疆的战争一气呵成，刘锦棠雄才大略的军事才能发挥得淋漓尽致。当然，为了收回伊犁，左宗棠抬棺出征，虽然只到哈密待了三个月，但这一空前之举，从气势上打败入侵者，对前线官兵也是极大的鼓舞。如果说，收复新疆的战争是左宗棠坚持不懈努力的话，那么成功收复新疆，并且将被外族肆虐不堪的新疆恢复生产的最大功臣，就是刘锦棠。在收复新疆的战争中，我们当然不应忘记左宗棠，但是我们更不能忘记在收复新疆的战争前线骁勇善战的刘锦棠。由此，笔者从 2009 年开始就琢磨写一本《刘锦棠大传》长篇历史人物小说。这是一件自己折磨自己的事，直至 2017 年完成了五十多万字的初稿，又经一年多的打磨，全书压缩到了四十多万字。

创作中，笔者对章育良，曹建英先生的《刘锦棠评传》；邓元杰先生在“新浪博客”上发表的“不应忘却的超级民族英雄——刘锦棠”长文；左景伊先生《我的曾祖左宗棠》、王衍振等人编写的《左宗棠收复新疆》、李全安先生的《左宗棠》、好友王纪卿先生的《清末有个左宗棠》、美国 W. L 贝尔斯著（王纪卿先生翻译）的《左宗棠传》、唐浩明主席的长篇历史小说《曾国藩》等书籍及互联网上可见到刘锦棠相关身影的文章都认真拜读，并从这些著述中汲取营养。广东人民出版社为本书的出版付出了辛勤劳动，在此一并致谢。

后记的文字似乎在此应该结束，但笔者还要多说几句：近年意识形态领域斗争异常激烈，一些人以“解构历史”为名，在所谓告诉“你不知道的历史”“真实的历史”和“揭秘”的旗号下，恶搞、泼污英雄人物，甚至连许多少年英雄也不放过，其行径之荒谬令人无比愤慨，为人所不齿。他们的真实目的，是通过颠覆中国人民用鲜血和生命书写的历史，毁掉我们的民族自尊心和自信心。因此，在这大是大非面前，我们决不能掉以轻心。

对民族英雄的认识是有阶级性的。人民大众真诚地拥护、支持、讴歌自己心中的民族英雄，而奸邪之徒则拼命解构、诋毁、陷害中华民族各个时期最伟大的英雄。什么是民族英雄？在反抗外来民族侵略、压迫斗争中做出杰出贡献的人物就是民族英雄。左宗棠、刘锦棠收复新疆的历史功绩是无法抹杀的，对于这样的民族英雄，后人不应忘记。这是笔者创作该书之另一目的。

作者
2018 年秋

后记二

在《刘锦棠大传》的结尾，父亲对刘锦棠的去世是这样描述的：“这是迄今为止，天山最大、最悲惨的雪崩灾祸。”2019 年 9 月 5 日下午 4 点，当我急匆匆地赶回家时，父亲已安详地躺在地上，与我们不辞而别。对我而言，更甚于“雪崩灾祸”，成了我心中永远的痛，这也给我们整个家庭带来了最大、最沉重的打击。

父亲是我们一个家族的榜样。湘乡人“吃得苦、霸得蛮、耐得烦”的精神，在他身上体现得淋漓尽致。他初二辍学，然后参军，当过警卫员，回乡任过大队（村）干部，做过粮食系统的炊事员、粮管员，后从事过新闻工作，担任过中共湘乡市委宣传部副部长、市委文明办主任。无论从事什么样的职业，父亲总是孜孜不倦地自学，笔耕不辍、钟情翰墨，用勤学励志、刻苦耐劳为我们树立了榜样。

父亲因“文革”休学，文化底子相对较薄，但他非常勤奋。20 世纪八十年代，乡下农耕时节，他白天在田间劳动，晚上为了防止蚊虫叮咬，常常穿着长袖、套鞋或把双脚泡在水桶里，在微弱的煤油灯下挑灯夜读。进城后，我们一家四口搬进了筒子楼，挤在二十平米的房间里，他常常将读到的好书、自学考试的重点知识，用毛笔摘抄到纸上，然后贴在窗户上、墙壁上、柜子上。我们走到房间的任何一个地方，都可以看到他张贴的各种字条。1988 年，我家住上了一室一厅的公房，父亲的书房却占了大半间客厅。柜子里、凳子下都是父亲的书。母亲问："老谭呀，到处都是书，书能当饭吃呀！"父亲却呵呵一笑："书中自有黄金屋。等以后条件好了，我就一个人一间书房，不影响你们！"果然，随着家庭条件的改善，父亲给他的爱书专门开辟了一间书房。密密麻麻的书，塞满了整整两面墙。父亲每天在书房里如痴如醉地阅读，废寝忘食地写作，先后完成了《东山学校演义》《曾国藩与湘乡》等多部著作。

父亲致力于湘乡地方文化及湘军文化的研究。从事宣传工作以来，他为弘扬湖湘文化和促进湘乡文化事业的蓬勃发展，殚精竭虑，忘我工作。整理父亲的电脑时发现，他最后一次修改本书是在过世当天上午九点多钟，可以说，为创作这本书，父亲倾注了太多的心血。从收集资料到实地走访，从构思创作到最终定稿，将近十年的时间。他用"板凳要坐十年冷"的勤勉，完成了这部著作。但他万万没有想到，书还没有出版，自己却离开了。

现在，研究刘锦棠的著作寥若晨星，此书既有严谨治学的态度、科学辩证的唯物史观，又栩栩如生地再现了"飞将军"刘锦棠的一生；书的语言风格平易晓畅，简洁生动，对研究刘锦棠具有较高的史料价值，同时也为湘乡地方史提供了有益参考，极大地丰富了湘乡精神和湘军文化。

为完成父亲的遗愿，作为长女的我接过了父亲手中的笔，一边继续修改书稿，一边努力联系出版社机构。在广东人民出版社的大力支持下，此书终于得以正式出版。中国作协会员、父亲生前领导和好友赵叶惠先生为本书提出了宝贵的修正意见并拨冗作序；李国平、刘湘、尹松平先生为本书的出版出谋划策；我的好友张茜、杨科、陈飒为本书作了校对并提了中肯的修改意见。在此，一并感谢！同时，衷心感谢所有关心和帮助过我们的人！

我们知道，父亲是舍不得离开我们的。他只不过是换了一个住处，换了一种方式和我们在一起。

父亲和我们在一起，永远！

谭华

2023 年 5 月 28 日